禮

中華禮藏 禮術卷

卜筮之屬

周易

（外十二種）

趙爲亮　關長龍　點校

浙江大學出版社 · 杭州

ZHEJIANG UNIVERSITY PRESS

國家古籍工作規劃重點出版項目（二〇二一至二〇三五年）

本書受浙江大學『中華優秀傳統文化傳承與創新專項』資助

總　序

　　中華民族的禮義傳統積澱了人與人、人與社會、人與自然和諧相處的經驗與秩序，從而形成了一種"標誌着中國的特殊性"（錢穆語）的生存方式。《禮記·曲禮上》對此有概括的説明："道德仁義，非禮不成；教訓正俗，非禮不備；分争辨訟，非禮不決；君臣上下，父子兄弟，非禮不定；宦學事師，非禮不親；班朝治軍，蒞官行法，非禮威嚴不行；禱祠祭祀，供給鬼神，非禮不誠不莊。"千百年來，正因爲中華民族各個階層對"禮"的認同與踐行，不僅構建了中華民族的精神家園，彰顯了民族文化的獨特面貌，也爲人類社會樹立了一個"禮義之邦"的文化典範。實際上，對"禮"的認同，體現了對文化的認同，對民族的認同，對國家的認同。

　　在不同文化交流日益頻繁的今天，弘揚傳統文化，提升文化實力，强化精神歸屬，增强民族自信，已是社會各界的共識，也是刻不容緩的要務。温故籍以融新知，繼傳統而闡新夢，大型專業古籍叢書的整理與編纂，分科別脈，各有專擅，蔚然已成大觀。然而對於當今社會有重要意義的禮學文獻的整理與編纂，至今仍付之闕如。即使偶有禮學文獻被整理出版，因未形成規模而不成系統，在傳統觀念的影響下往往還被視爲經學典籍，既不能反映中華禮學幾千年的總體面貌與發展軌迹，也直接影響了在弘揚優秀傳統文化的前提下重建體現民族精神的禮儀規範。醪澄莫饗，孰慰饑渴。浙江大學古籍研究所全體同仁爲順應時代要求，發揮學科特色與優勢，在學校的大力支持下，願精心整理、編纂傳統禮學文獻，謹修《中華禮藏》。

　　自從歷史上分科治學以來，作爲傳統體用之學之致用部分的禮學就失去了學科的獨立性。漢代獨尊儒術，視記載禮制、禮典、禮義的《周禮》《儀禮》《禮記》爲儒家的經學典籍。《漢書·藝文志》著録禮學文獻十三家，隸屬於六藝，與《易》《書》《詩》《樂》《春秋》《論語》《孝經》相提並論。迄至清修《四庫全書》，采用經、史、子、集四分法，將禮學原典及歷代研究禮學原典的文獻悉數歸於經學，設《周禮》之屬、《儀禮》之屬、《禮記》之屬、三禮總義之屬、通禮之屬、雜禮之屬六個門類著録纂輯禮學文獻，又於史部政書類下設典禮之屬著録纂輯本屬於禮學範疇的文獻，至於記載區域、家族、個人禮儀實踐的文獻則又散見於多處。自《漢書·藝文志》至於《四庫全書》，著録纂輯浩如煙海的禮學文獻，不僅使禮學失去了學科的獨立性，而且還使禮學本身變得支離破碎。因此，編纂《中華禮藏》，既以專門之學爲標幟，除了裒輯、點校等方面的艱苦工作外，還面臨着如何在現代學術語境中界定禮學文獻範圍的難題。

《説文》云："禮，履也，所以事神致福也。"事神以禮，即履行種種威儀以表達敬畏之義而得百順之福。禮本是先民用來提撕終極關懷的生存方式，由此衍生出了在政治生活和社會生活中表達尊讓、孝悌、仁慈、敬畏等禮義的行爲規範。《禮記·禮器》云："禮器，是故大備。"以禮爲器而求成人至道，與儒學亞聖孟子的"禮門義路"之論頗相一致。然而踐履之禮、大備之禮的具體結構又是怎樣的呢？《禮記·樂記》云："簠簋俎豆、制度文章，禮之器也；升降上下、周還裼襲，禮之文也。故知禮樂之情者能作，識禮樂之文者能述。作者之謂聖，述者之謂明。明聖者，述作之謂也。"根據黄侃《禮學略説》及沈文倬《略論禮典的實行和〈儀禮〉書本的撰作》的論述，所謂"禮之文""禮之情"又被稱爲"禮儀"和"禮意"。禮器、禮儀用以呈現和表達禮意，此即所謂"器以藏禮，禮以行義"（《左傳·成公二年》）。三者之中，禮儀和禮意的内容相對明確，而禮器的内容則比較複雜，具目則可略依《樂記》所論分爲三種：物器（簠簋俎豆之類）、名器（制度之類）和文器（文章之類）。基於這樣的理解，參考歷代分門別類著録匯輯專業文獻的經驗，可以將歷史上遺留下來的全部傳統禮學文獻析分爲如下三個部分。

第一部分是作爲源頭的禮學原典和歷代研究禮學的論著。根據文獻的性質，又可細分爲兩類。

1. 禮經類。《四庫提要》經部總序所謂“經稟聖裁，垂型萬世”，乃“天下之公理”之所，爲後世明體達用、返本開新的源頭活水。又經部禮類序云：“三《禮》並立，一從古本，無可疑也。鄭康成注，賈公彦、孔穎達疏，於名物度數特詳。宋儒攻擊，僅摭其好引讖緯一失，至其訓詁則弗能逾越。……本漢唐之注疏，而佐以宋儒之義理，亦無可疑也。”《周禮》是制度之書，《儀禮》主要記載了士大夫曾經踐行過的各種典禮儀式，《禮記》主要是七十子後學闡發禮義的匯編。雖然三《禮》被列爲儒家研習的典籍之後變成了經學，然而從禮學的角度來看，於《周禮》可考名物典章制度，於《儀禮》可見儀式典禮的主要儀節及揖讓周旋、坐興起跪的威儀，於《禮記》可知儀式典禮及日常行爲的種種威儀皆有意義可尋。若再從更加廣泛的禮學角度審視先秦兩漢的文獻，七十子後學闡釋禮義的文獻匯編還有《大戴禮記》，漢代出現的禮緯也蘊藏着不見於其他文獻記載的禮學内容。因此，禮經類除三《禮》之外還應該包括《大戴禮記》與禮緯。至於後人綜合研究禮經原典而又不便歸入任何一部經典之下的文獻，宜做《四庫全書》設通論之屬、雜論之屬分別纂輯。

2. 禮論類。此類文獻特指歷代綜合禮學原典與其他文獻，突破以禮學原典爲經學典籍的傳統觀念，自擬論題，自定體例，結合禮儀實踐、禮學原典與禮學理念等進行研究而撰作的文獻，如朱熹的《儀禮經傳通解》、任啓運的《天子肆獻祼饋食禮纂》、秦蕙田的《五禮通考》等都宜歸入禮論類。此類文獻與禮經類中綜論性質的文獻容易混淆，最大的區別就在於禮經類中綜論性質的文獻是對禮學原典的闡釋，而禮論類文獻則是對各類文獻所記禮儀實踐與理念的綜合探索，二者研究的問題、對象，特別是研究目的皆有所不同。

第二部分是基於對禮儀結構的觀察而針對某一方面進行獨立研究而撰作的文獻。根據文獻關注的焦點，又可分爲三類。

3. 禮器類。根據前引《禮記·樂記》的説明，禮器包括物器、名器和文器。物器爲禮器之代表形態，自來皆無疑議。名器所涉及之制度、樂舞、數術，因逐漸發展而略具專業特點，有相對的獨立性，固當別爲門類。就制度、樂舞、數術本屬於禮儀實踐活動而言，可分別以禮法、禮樂、禮術概之。又文器亦皆因器而顯，故宜附於禮器類中。因此，凡專門涉及輿服、宮室、器物的禮學文獻，如聶崇義的《新定三禮圖》、張惠言的《冕弁冠服圖》和《冕弁冠服表》、程瑤田的《釋宮小記》、俞樾的《玉佩考》等都屬禮器類文獻。

4. 禮樂類。據《禮記·樂記》所言“樂統同，禮辨異，禮樂之説，管乎人情矣”，可知禮與樂本是關乎人情的兩個方面。因此，禮之所至，樂必從之。考察歷代各個階層踐行過的許多儀式典禮，若不借助於禮樂則無以行禮。《通志·樂略第一》云：“禮樂相須以爲用，禮非樂不行，樂非禮不舉。”禮與樂既相將爲用，則凡涉及禮樂的文獻，皆當歸入禮樂類。然而歷史上因囿於經學爲學科正宗、樂有雅俗之分的觀念，故有將涉及禮樂的文獻一分爲二分別纂輯的方法。《四庫提要》樂類云：“大抵樂之綱目具於《禮》，其歌詞具於《詩》，其鏗鏘鼓舞則傳在伶官。漢初制氏所記，蓋其遺譜，非別有一經爲聖人手定也。特以宣豫導和，感神人而通天地，厥用至大，厥義至精，故尊其教得配於經。而後代鍾律之書亦遂得著録於經部，不與藝術同科。顧自漢代以來，兼陳雅俗，豔歌側調，並隸《雲》《韶》。於是諸史所登，雖細至箏琶，

亦附於經末。循是以往，將小説稗官未嘗不記言記事，亦附之
《書》與《春秋》乎？悖理傷教，於斯爲甚。今區別諸書，惟以辨律
吕、明雅樂者仍列於經，其謳歌末技、弦管繁聲，均退列雜藝、詞
曲兩類中。用以見大樂元音，道侔天地，非鄭聲所得而奸也。"此
乃傳統文獻學之舊旨，今則據行禮時禮樂相將的事實，凡涉及禮
樂的文獻不分雅俗兼而存之，一並歸於禮樂類。

　　5. 禮術類。《禮記・表記》載孔子之語云："昔三代明王，皆
事天地之神明，無非卜筮之用。"卜筮之用在於"決嫌疑，定猶與"
(《禮記・曲禮上》)。歷代踐行的各種儀式典禮，正式行禮之前
往往都有卜筮的儀節，用於判斷時空、賓客、牲牢等的吉凶，本是
整個儀式典禮的組成部分。《儀禮》於《士冠禮》《士喪禮》《既夕
禮》《特牲饋食禮》《少牢饋食禮》皆記卜筮的儀節，而於其他儀式
典禮如《士婚禮》等皆略而不具。沈文倬先生已指出，《儀禮》一
書，互文見義，其實每一個儀式典禮都有卜筮的儀節。因儀式典
禮所用數術方法有相對的獨立性，故歷代禮書多有專論。秦蕙
田《五禮通考》立"觀象授時"之目，黄以周《禮書通故》設"卜筮通
故"之卷。自《漢書・藝文志》數術略分數術爲六類：天文、曆譜、
五行、著龜、雜占、形法，又於諸子略中收有與數術相關的陰陽家
及兵陰陽文獻之目，至清修《四庫全書》子部術數類分爲六目：數
學(三易及擬易書)、占候、相宅相墓、占卜、命書相書、陰陽五行
(栻占曆數)，分類著録纂輯數術文獻，各有錯綜，亦因時爲變以
求其通耳。因此，就歷代各個階層踐行的儀式典禮皆有卜筮的
儀節而言，凡涉及卜筮的文獻宜收入禮術類。

　　第三部分是基於對歷代禮儀實踐的規模、等級、性質的考察
而撰作的文獻，又可以分爲如下四類。

　　6. 禮制類。《左傳・桓公二年》載晉大夫師服之語云："禮以
體政，政以正民，是以政成而民聽，易則生亂。"《國語・晉語四》
記寧莊子之語云："夫禮，國之紀也……國無紀不可以終。"凡此

皆説明禮在政治生活和社會生活中有重要的主導作用，故自春秋戰國之際禮崩樂壞之後，歷代皆有制禮作樂的舉措。《隋書·經籍志》云："儀注之興，其所由來久矣。自君臣父子，六親九族，各有上下親疏之別，養生送死、弔恤賀慶則有進止威儀之數，唐虞已上分之爲三，在周因而爲五，《周官》宗伯所掌吉、凶、賓、軍、嘉，以佐王安邦國，親萬民，而太史執書以協事之類是也。是時典章皆具，可履而行。周衰，諸侯削除其籍；至秦，又焚而去之；漢興，叔孫通定朝儀，武帝時始祀汾陰后土，成帝時初定南北之郊，節文漸具；後漢又使曹襃定漢儀，是後相承，世有制作。"歷代踐行的禮，不僅僅是進止威儀之數，而是對文明制度的實踐。因此，歷代官方頒行的儀注典禮皆可稱爲禮制，是朝野實現認同的文化紐帶，涉及禮制的文獻世有撰作。漢代以後，此類文獻也往往被稱爲儀注，傳統目録學多歸入史部。今則正本清源，一並歸入禮制類。

7. 禮俗類。從人類學的角度來看，禮俗的產生先於禮制並成爲歷代制禮作樂的基礎。所謂"禮失而求諸野"，正説明俗先於禮、禮本於俗。實際上，歷代踐行的禮制，根基都在於風俗，長期流行於民間的風俗若得到官方認可並制度化就是禮制。因此，禮俗者，禮儀之於風俗也，特指在民間習慣上形成而具備禮儀特點的習俗，其特點是以民間生活爲基礎、以禮儀制度爲主導，在一定程度上兼具形式的自發性和內容的複雜性。早在先秦時代，荀子就曾説："儒者在本朝則美政，在下位則美俗。"又説："遇君則修臣下之義，遇鄉則修長幼之義，遇長則修子弟之義，遇友則修禮節辭讓之義，遇賤而少者則修告導寬容之義。無不愛也，無不敬也，無與人爭也，恢然如天地之苞萬物。如是則賢者貴之，不肖者親之。"因此，自漢代應劭《風俗通義》以來，歷代有識之士往往述其所聞、條其所遇之禮俗，或筆記偶及，或著述專論，數量之多，可汗馬牛，以爲美俗、修義之資糧，故立禮俗類以集其精華,以見禮儀風俗具有强大的生命力且早已滲透到民族精神之中。此類文獻在傳統的文獻學中分佈較廣,史部的方志、譜牒,子部的儒家、農家、雜家乃至小説家,集部中的部分著作,皆有涉及禮俗的篇章,固當集腋成裘,匯編爲册,歸於禮俗類中。

8. 家禮類。《左傳·隱公十一年》云:"禮,經國家、定社稷、序民人、利後嗣者也。"禮之於國,則爲國家禮制;禮之於家,則爲家禮。家禮一詞,最早見於先秦禮書。《周禮·春官》云:"家宗人掌家祭祀之禮,凡祭祀致福。國有大故,則令禱祠,反命,祭亦如之。掌家禮,與其衣服、宫室、車旗之禁令。"自古以來,家禮就是卿大夫以下至於庶人修身、齊家的要器,上至孝悌謹信等倫理觀念,下至婚喪嫁娶之居家禮儀,無不涵蓋於其中。家禮包括家庭内部的禮儀規範和倫理觀念:禮儀規範主要涉及冠婚喪祭等吉凶禮儀以及居家雜儀;倫理觀念則包括父慈子孝、兄友弟恭、夫義婦順等綱常。涉及家禮的文獻源於《周禮》,經《孔子家語》《顏氏家訓》的發展,定型於司馬光的《書儀》《家範》和朱熹的《朱子家禮》,其中《朱子家禮》成了宋代以來傳統家禮的範本。因國家禮制的"宏闊"和民間禮俗的"偏狹",故素負修身、齊家、治國、平天下之理想的有識之士,往往博稽文獻、出入民俗而備陳家禮儀節之曲目與要義,以爲齊家之據、易俗之本。家禮類文獻中以此種撰作爲代表形態,延伸則至於鄉約、學規之類的文獻。

9. 方外類。中華民族是一個多種文化相互融合的共同體,整理、編纂《中華禮藏》不能不涉及佛、道兩家有關儀軌的文獻。佛教儀軌是規範僧尼、居士日常生活與行爲之戒律清規以及用於各種節日與法事活動之科儀,雖然源於印度,與中華本土文化長期互動交融,固已成爲中華禮樂文明不可分割的一部分。佛教儀軌與儒家禮儀相互影響,在一定程度上改變、重塑了中華傳統的禮樂文明。道教是中國的本土宗教,深深根植於中國的現實社會，具有鮮明的中國特色與社會調節功能。魯迅曾指出：“中國根柢全在道教。”道教儀軌有其特定的從教規範，體現了道教的思想信仰，規範着教徒的生活方式，體現了儀式典禮的特點。另外，佛教儀軌和道教儀軌保存相對完整，也是重建中華禮樂文明制度的重要參考。因此，凡涉及佛教儀軌和道教儀軌的文獻分别歸入方外佛教類和方外道教類。

綜上所述，《中華禮藏》的編纂是因類設卷，卷内酌分子目，子目内的文獻依時代順序分册纂輯（其中同書異注者則以類相從），目的是爲了充分展示中華禮儀實踐和禮學研究的全貌以及發展變化的軌迹。

編纂《中華禮藏》不僅僅是爲了完成一項學術事業，更重要的現實意義是爲了通過整理、編纂傳統禮學文獻，從中提煉出滲透了民族精神的價值觀和價值體系，爲民族國家認同提供思想資源，爲制度文明建設提供借鑒，爲構建和諧社會提供禮儀典範。

《中華禮藏》編委會

二〇一六年

總目録

周　易

佚　名　撰

趙爲亮　點校

【題解】

《周易》九卷,上下經及十翼共十二篇,本書僅收經傳白文,不涉歷代注疏。

《禮記·表記》引孔子言:"昔三代明王,皆事天地之神明,無非卜筮之用,不敢以其私褻事上帝。是故不犯日月,不違卜筮。"可見古人對於卜筮的重視,因此每遇重大政治舉措、戰爭以及個人的重大抉擇等都要經過卜筮後,方採取行動,以達到趨吉避凶的目的。《周禮》有"三易"之說,即《連山》《歸藏》以及《周易》。《連山》《歸藏》已佚,後人的輯佚,只存隻言片語,出土的王家臺秦簡是否爲《歸藏》原書,也難以斷定。

《左傳》《國語》中載有二十餘則筮案,其解卦方法,或重易象,或重卦爻辭,或象辭並舉,保存了一些很有價值的古人占筮的實例。馬王堆帛書本《周易》,其卦序不同於通行本卦序,卻與京房的八宮卦序相似,但又有區別。京房八宮卦爲納甲筮法的基礎,帛書本與之相似,恐亦與卜筮關係密切。阜陽漢簡本《周易》於每卦後有卜辭,即占斷之語,如同人卦九三後有"卜病者不死",大有卦後有"卜雨不雨"等。這些都留有古人將《周易》用作卜筮的痕跡。

《周易》古筮法,即採用揲蓍求卦的方法,是所有卜筮方法中最基礎的,後代的筮法都是在此基礎之上演變發展而來。其法見於《繫辭傳》所言,"大衍之數五十,其用四十有九。分而爲二以象兩,掛一以象三,揲之以四以象四時,歸奇於扐以象閏;五歲再閏,故再扐而後掛"。關於此種筮法的解讀,後人又有掛扐法與過揲法之異,但總的說來,兩種方法沒有本質上的差異。古筮法揲蓍三變成一爻，十八變才成一卦，過程繁瑣複雜，後來出現了以錢代蓍的搖銅錢法，只須用三枚銅錢，搖動六次即可成一卦，大大簡化了求卦的程序，很快得到了普及。與此相應的納甲筮法起而與古筮法並行，其解卦不需卦爻辭，一依五行生克定吉凶。楊景磐先生《中國歷代易案考》所收的 184 則易案，多數都是納甲筮法的案例。

本次點校以中華書局影印民國十五年茆忍堂摹刻《景刊唐開成石經》爲底本，並參考廣東經濟出版社、海天出版社《西安碑林全集》107－110 卷開成石經《周易》部分。以上海古籍出版社影印《南宋初刻本周易注疏》（簡稱越州本）、四部丛刊景上海涵芬樓藏宋刊本《周易九卷附略例一卷》（即撫州公史庫本，簡稱撫州本）、嘉慶二十年阮元重刊《宋本周易注疏附校勘記》（簡稱阮本）三種爲參校本。陸德明《經典釋文》保存了漢魏六朝衆多文本的異文及古音訓詁，對於研究《周易》文本異文有很大的參考價值，而且所引異文多有與出土文獻相合者，亦或引爲參證。另外，對於有關《周易》的出土文獻，如馬王堆帛書、上海博物館藏戰國楚竹書、阜陽雙古堆漢墓竹簡、漢熹平石經殘石，以及敦煌本《周易》王弼注殘卷等，僅擇其與通行本《周易》關係密切的異文，録以參校，其他從略。其中有引用前人論著的地方，皆於校勘記中加以説明。避唐帝諱者，如虎、淵、世、民、恒、純、豫等，徑改不出校。

目　録

周易上經乾傳第一

▤▤乾下乾上

乾：元、亨、利、貞。

初九，潛龍勿用。

九二，見龍在田，利見大人。

九三，君子終日乾乾，夕惕若，厲无咎①。

九四，或躍在淵，无咎。

九五，飛龍在天，利見大人②。

上九，亢龍有悔。

用九，見羣龍无首，吉。

彖曰：大哉乾元，萬物資始，乃統天。雲行雨施，品物流形。大明終始，六位時成，時乘六龍以御天。乾道變化，各正性命，保合大和，乃利貞。首出庶物，萬國咸寧。

象曰：天行，健。君子以自強不息。

“潛龍勿用”，陽在下也。“見龍在田”，德施普也。“終日乾乾”，反復道也。“或躍在淵”，進无咎也。“飛龍在天”，大人造也。“亢龍有悔”，盈不可久也。用九，天德不可爲首也。

文言曰“元”者，善之長也；“亨”者，嘉之會也；“利”者，義之

---

①　“夕惕若，厲”，許慎《説文解字》夕部“夤”字下引此句作“夕惕若夤”。此處依《文言》“故乾乾因其時而惕，雖危无咎”意，作“夕惕若”絶句，“厲”屬下，卦内並同。昔人有以“夕惕若厲”絶句者，亦可通。

②　“飛”，馬王堆帛書《周易·二三子》作“蜚”。

和也;"貞"者,事之幹也。君子體仁足以長人,嘉會足以合禮,利物足以和義,貞固足以幹事。君子行此四德者,故曰"乾,元、亨、利、貞"。

初九曰"潛龍勿用",何謂也? 子曰:"龍德而隱者也。不易乎世,不成乎名。遯世无悶,不見是而无悶。樂則行之,憂則違之,確乎其不可拔,潛龍也。"

九二曰"見龍在田,利見大人",何謂也? 子曰:"龍德而正中者也。庸言之信,庸行之謹,閑邪存其誠,善世而不伐,德博而化。《易》曰:'見龍在田,利見大人',君德也。"

九三曰"君子終日乾乾,夕惕若,厲无咎",何謂也? 子曰:"君子進德脩業。忠信,所以進德也。脩辭立其誠,所以居業也。知至至之,可與幾也①。知終終之,可與存義也。是故居上位而不驕,在下位而不憂,故乾乾因其時而惕,雖危无咎矣。"

九四曰"或躍在淵,无咎",何謂也? 子曰:"上下无常,非爲邪也。進退无恒,非離羣也。君子進德脩業,欲及時也,故无咎。"

九五曰"飛龍在天,利見大人",何謂也? 子曰:"同聲相應,同氣相求。水流濕,火就燥,雲從龍,風從虎,聖人作而萬物覩。本乎天者親上,本乎地者親下,則各從其類也。"

上九曰"亢龍有悔",何謂也? 子曰:"貴而无位,高而无民,賢人在下位而无輔,是以動而有悔也。"

"潛龍勿用",下也。"見龍在田",時舍也。"終日乾乾",行事也。"或躍在淵",自試也。"飛龍在天",上治也。"亢龍有

---

① 阮本校勘記謂"古本、足利本'與'下有'言'字",李鼎祚《周易集解》同。按以下文"可與存義"例觀之,似當有之。

“悔”，窮之災也。乾元“用九”，天下治也。

“潛龍勿用”，陽氣潛藏。“見龍在田”，天下文明。“終日乾乾”，與時偕行。“或躍在淵”，乾道乃革。“飛龍在天”，乃位乎天德。“亢龍有悔”，與時偕極。乾元“用九”，乃見天則。

乾“元”者，始而亨者也。“利貞”者，性情也。乾始能以美利利天下，不言所利，大矣哉！大哉乾乎！剛健中正，純粹精也。六爻發揮，旁通情也。時乘六龍，以御天也。雲行雨施，天下平也。

君子以成德爲行，日可見之行也，“潛”之爲言也，隱而未見，行而未成，是以君子弗用也。

君子學以聚之，問以辯之，寬以居之，仁以行之。《易》曰：“見龍在田，利見大人”，君德也。

九三重剛而不中，上不在天，下不在田，故乾乾因其時而惕，雖危无咎矣。

九四重剛而不中，上不在天，下不在田，中不在人，故“或”之。“或”之者，疑之也，故“无咎”。

夫“大人”者，與天地合其德，與日月合其明，與四時合其序，與鬼神合其吉凶。先天而天弗違，後天而奉天時。天且弗違，而況於人乎？況於鬼神乎？

“亢”之爲言也，知進而不知退，知存而不知亡，知得而不知喪。其唯聖人乎，知進退存亡而不失其正者，其唯聖人乎！

䷁坤下坤上

坤：元亨，利牝馬之貞。君子有攸往，先迷後得主，利[1]。西

---

[1]　此處句讀依尚秉和《周易尚氏學》。

南得朋,東北喪朋,安貞,吉。

　　彖曰:至哉坤元,萬物資生,乃順承大。坤厚載物,德合无疆,含弘光大,品物咸亨。牝馬地類,行地无疆,柔順利貞。君子攸行,"先迷"失道,後順得常;"西南得朋",乃與類行;"東北喪朋",乃終有慶;"安貞"之吉,應地无疆。

　　象曰:地勢,坤。君子以厚德載物①。

　　初六,履霜,堅冰至。象曰:"履霜,堅冰"②,陰始凝也,馴致其道,至"堅冰"也。

　　六二,直、方、大,不習,无不利。象曰:六二之動,直以方也;"不習,无不利",地道光也。

　　六三,含章可貞,或從王事,无成有終。象曰:"含章可貞",以時發也;"或從王事",知光大也。

　　六四,括囊,无咎无譽。象曰:"括囊,无咎",慎不害也。

　　六五,黄裳元吉。象曰:"黄裳元吉",文在中也。

　　上六,龍戰于野,其血玄黄。象曰:"龍戰于野",其道窮也。

　　用六,利永貞。象曰:用六"永貞",以大終也。

　　文言曰:坤至柔而動也剛,至靜而德也方③,後得主而有常,含萬物而化光。坤道其順乎,承天而時行。

　　積善之家必有餘慶,積不善之家必有餘殃。臣弑其君,子弑

---

　　① "勢",段玉裁《説文解字注》謂:"《説文》無勢字,蓋古用埶爲之。"

　　② 郭京《周易舉正》云"通行本於'陰始凝也'四字上誤增'堅冰'二字",可通,然觀前後文例,似覺有欠缺。《三國志·魏志·文帝紀》裴注引許芝稱引《周易》作"初六履霜,陰始凝也",竊謂頗近理也。

　　③ "也"字底本雙鈎補書於"德"字右下角行間,越州本、撫州本、阮本无此字,依上文"坤至柔而動也剛"例,似當有之。

其父,非一朝一夕之故,其所由來者漸矣,由辩之不早辩也①。《易》曰"履霜,堅冰至",蓋言順也。

"直"其正也,"方"其義也。君子敬以直内,義以方外,敬義立而德不孤。"直、方、大,不習无不利",則不疑其所行也。

陰雖有美,含之以從王事,弗敢成也,地道也,妻道也,臣道也,地道无成而代有終也。

天地變化,草木蕃。天地閉,賢人隱。《易》曰"括囊,无咎无譽",蓋言謹也。

君子黄中通理,正位居體,美在其中而暢於四支,發於事業,美之至也。

陰疑於陽必戰,爲其嫌於无陽也,故稱"龍"焉②。猶未離其類也,故稱"血"焉。夫玄黄者,天地之雜也,天玄而地黄。

☵ 震下坎上

屯:元亨,利貞。勿用有攸往,利建侯。

彖曰:屯,剛柔始交而難生。動乎險中,大亨貞。雷雨之動滿盈,天造草昧,宜建侯而不寧③。

象曰:雲雷,屯。君子以經綸④。

初九,磐桓,利居貞,利建侯⑤。象曰:雖磐桓,志行正也。以貴下賤,大得民也。

六二,屯如邅如,乘馬班如,匪寇,婚媾。女子貞不字,十年

---

① "故"下,熹平石經本《周易》有"也"字。
② "疑",陸德明《經典釋文》謂荀、虞、姚信、蜀才作"凝"。
③ "盈",李鼎祚《周易集解》引荀爽、虞翻説作"形"。
④ "綸",陸德明《經典釋文》引此字作"論"。
⑤ "磐",阜陽漢簡本《周易》作"般"。

乃字。象曰:六二之難,乘剛也。十年乃字,反常也。

六三,即鹿无虞,惟入于林中,君子幾,不如舍,往吝①。象曰:"即鹿无虞",以從禽也。君子舍之,往吝窮也。

六四,乘馬班如,求婚媾。往吉,无不利。象曰:求而往,明也。

九五,屯其膏,小,貞吉;大,貞凶。象曰:"屯其膏",施未光也。

上六,乘馬班如,泣血漣如②。象曰:"泣血漣如",何可長也。

☵坎下艮上

蒙:亨。匪我求童蒙,童蒙求我。初筮告,再三瀆,瀆則不告。利貞③。

彖曰:蒙,山下有險,險而止,蒙。"蒙,亨",以亨行,時中也。"匪我求童蒙,童蒙求我",志應也。"初筮告",以剛中也。"再三瀆,瀆則不告",瀆蒙也。蒙以養正,聖功也。

象曰:山下出泉,蒙。君子以果行育德。

初六,發蒙,利用刑人,用説桎梏,以往吝。象曰:"利用刑人",以正法也。

九二,苞蒙,吉④。納婦,吉。子克家。象曰:"子克家",剛柔接也。

---

① "鹿",陸德明《經典釋文》謂王肅作"麓",云山足;虞翻《周易注》謂山足稱鹿,則虞翻本亦當作"麓";馬王堆帛書本《周易》此句作"即鹿毋華"。
② "泣血漣如",許慎《説文解字》心部㦗字下引此句作"泣涕㦗如"。
③ "不告",熹平石經本《周易》作"不吉"。
④ "苞",越州本、撫州本、阮本作"包"。陸德明《經典釋文》引鄭玄説謂當作"彪",馬王堆帛書本《周易》作"枹"。

六三,勿用取女,見金夫,不有躬,无攸利。象曰:"勿用取女",行不順也。

六四,困蒙,吝。象曰:"困蒙"之"吝",獨遠實也。

六五,童蒙,吉。象曰:"童蒙"之"吉",順以巽也。

上九,擊蒙,不利爲寇,利禦寇。象曰:"利"用"禦寇",上下順也。

䷄乾下坎上

需:有孚,光亨,貞吉,利涉大川。

彖曰:需,須也。險在前也,剛健而不陷,其義不困窮矣。"需,有孚,光亨貞吉",位于天位,以正中也①。"利涉大川",往有功也。

象曰:雲上於天,需。君子以飲食宴樂。

初九,需于郊,利用恒,无咎。象曰:"需于郊",不犯難行也。"利用恒,无咎",未失常也。

九二,需于沙,小有言,終吉。象曰:"需于沙",衍在中也。雖小有言,以吉終也②。

九三,需于泥,致寇至。象曰:"需于泥",災在外也。自我致寇,敬慎不敗也。

六四,需于血,出自穴。象曰:"需于血",順以聽也。

九五,需于酒食,貞吉。象曰:"酒食""貞吉",以中正也。

上六,入于穴,有不速之客三人來,敬之,終吉。象曰:"不速之客來,敬之終吉",雖不當位,未大失也。

---

① "于",越州本、撫州本、阮本作"乎"。
② "吉終",阮本作"終吉",於韻不合。

☷坎下乾上

訟:有孚,窒惕,中吉,終凶。利見大人,不利涉大川①。

彖曰:訟,上剛下險,險而健,訟。"訟,有孚,窒惕,中吉",剛來而得中也。"終凶",訟不可成也。"利見大人",尚中正也。"不利涉大川",入于淵也。

象曰:天與水違行,訟。君子以作事謀始。

初六,不永所事,小有言,終吉。象曰:"不永所事",訟不可長也,雖"小有言",其辯明也。

九二,不克訟,歸而逋,其邑人三百户,无眚。象曰:"不克訟",歸逋竄也。自下訟上,患至掇也。

六三,食舊德,貞厲,終吉。或從王事,无成。象曰:"食舊德",從上吉也。

九四,不克訟,復即命,渝,安貞,吉。象曰:"復即命,渝",安貞不失也。

九五,訟,元吉。象曰:"訟,元吉",以中正也。

上九,或錫之鞶帶,終朝三褫之②。象曰:以訟受服,亦不足敬也。

☷坎下坤上

師:貞,丈人吉,无咎③。

彖曰:師,衆也。貞,正也。能以衆正,可以王矣。剛中而

---

① "窒",熹平石經本《周易》作"懫"。

② "褫",陸德明《經典釋文》謂鄭本作"拖";惠棟《周易述》亦作"拖",云俗作"褫"。

③ "丈",李鼎祚《周易集解》引崔憬云:《子夏傳》作"大"。

應,行險而順,以此毒天下,而民從之,吉,又何咎矣。

象曰:地中有水,師。君子以容民畜衆。

初六,師出以律,否臧凶①。象曰:"師出以律",失律凶也。

九二,在師中吉,无咎,王三錫命。象曰:"在師中,吉",承天寵也。"王三錫命",懷萬邦也。

六三,師或輿尸,凶。象曰:"師或輿尸",大无功也。

六四,師左次,无咎。象曰:"左次,无咎",未失常也。

六五,田有禽,利執言,无咎。長子帥師,弟子輿尸,貞凶。象曰:"長子帥師",以中行也。"弟子輿尸",使不當也。

上六,大君有命,開國承家,小人勿用②。象曰:"大君有命",以正功也。"小人勿用",必亂邦也。

☷☵坤下坎上

比:吉。原筮,元永貞,无咎。不寧方來,後夫凶。

象曰:比,吉也;比,輔也,下順從也。"原筮,元永貞,无咎",以剛中也;"不寧方來",上下應也;"後夫凶",其道窮也。

象曰:地上有水,比。先王以建萬國,親諸侯。

初六,有孚比之,无咎。有孚盈缶,終來有它吉。象曰:比之初六,有它吉也。

六二,比之自內,貞吉。象曰:"比之自內",不自失也。

六三,比之匪人。象曰:"比之匪人",不亦傷乎?

六四,外比之,貞吉。象曰:"外比"於賢,以從上也。

---

① "否",馬王堆帛書本《周易》作"不"。
② "開國",上博簡本、阜陽漢簡本《周易》皆作"启邦"。

九五，顯比，王用三驅，失前禽，邑人不誡，吉①。象曰："顯比"之吉，位正中也。舍逆取順，失前禽也。邑人不誡，上使中也。

上六，比之无首，凶②。象曰："比之无首"，无所終也。

☰乾下巽上

小畜：亨。密雲不雨。自我西郊。

彖曰：小畜，柔得位而上下應之，曰小畜。健而巽，剛中而志行，乃亨。"密雲不雨"，尚往也。"自我西郊"，施未行也。

象曰：風行天上，小畜。君子以懿文德。

初九，復自道，何其咎？吉。象曰："復自道"，其義"吉"也。

九二，牽復，吉。象曰："牽復"在中，亦不自失也。

九三，輿説輻。夫妻反目③。象曰："夫妻反目"，不能正室也。

六四，有孚，血去惕出，无咎。象曰："有孚""惕出"，上合志也。

九五，有孚攣如，富以其鄰。象曰："有孚攣如"，不獨富也。

上九，既雨既處，尚德載！婦貞厲，月幾望，君子征，凶④。象曰："既雨既處"，德積載也。"君子征，凶"，有所疑也。

---

① "誡"，李鼎祚《周易集解》引虞翻注及馬王堆帛書本《周易》皆作"戒"。

② "之"，熹平石經本《周易》無此字。

③ "輿説輻"，許慎《説文解字》車部"輹"字下引此作"輿説輹"，馬王堆帛書《周易》作"車説緮"。

④ "幾"，熹平石經本《周易》及陸德明《經典釋文》引《子夏傳》皆作"近"。

☱ 兑下乾上

履①：履虎尾，不咥人，亨。

彖曰：履，柔履剛也。説而應乎乾，是以"履虎尾，不咥人"；"亨"，剛中正，履帝位而不疚，光明也。

象曰：上天下澤，履。君子以辯上下，定民志。

初九，素履，往无咎。象曰："素履之往"，獨行願也。

九二，履道坦坦，幽人貞吉。象曰："幽人貞吉"，中不自亂也。

六三，眇能視，跛能履，履虎尾，咥人，凶。武人爲于大君。象曰："眇能視"，不足以有明也；"跛能履"，不足以與行也。"咥人"之"凶"，位不當也。"武人爲于大君"，志剛也。

九四，履虎尾，愬愬，終吉。象曰："愬愬，終吉"，志行也。

九五，夬履，貞厲。象曰："夬履，貞厲"，位正當也。

上九，視履考詳，其旋元吉②。象曰："元吉"在上，大有慶也。

---

① "履"，底本及校本並无，黄寿祺、张善文《周易译注》引衆説謂當補"履"字，今從之。

② 唐石經原殘缺，皕忍堂摹刻據阮本補"詳"字，越州本、撫州本作"祥"，二字古通。

周易上經泰傳第二

☰☷乾下坤上

泰：小往大來，吉，亨。

彖曰："泰，小往大來。吉，亨"，則是天地交而萬物通也，上下交而其志同也。內陽而外陰，內健而外順，內君子而外小人，君子道長，小人道消也。

象曰：天地交，泰。後以財成天地之道，輔相天地之宜，以左右民①。

初九，拔茅茹，以其彙。征吉。象曰：拔茅征吉，志在外也。

九二，苞荒，用馮河，不遐遺②。朋亡，得尚于中行。象曰："苞荒，得尚于中行"，以光大也。

九三，无平不陂，无往不復。艱貞，无咎。勿恤其孚，于食有福。象曰："无往不復"，天地際也。

六四，翩翩，不富以其鄰，不戒以孚。象曰："翩翩不富"，皆失實也。"不戒以孚"，中心願也。

六五，帝乙歸妹，以祉元吉。象曰："以祉元吉"，中以行願也。

上六，城復於隍，勿用師，自邑告命。貞吝。象曰："城復于隍"，其命亂也。

---

① "財"，陸德明《經典釋文》謂荀作"裁"。
② "苞"，越州本、撫州本、阮本作"包"，象傳同。

☰☷坤下乾上

否①：否之匪人，不利君子貞，大往小來。

彖曰："否之匪人，不利君子貞，大往小來"，則是天地不交而萬物不通也，上下不交而天下无邦也。內陰而外陽，內柔而外剛，內小人而外君子，小人道長，君子道消也。

象曰：天地不交，否。君子以儉德辟難，不可榮以祿②。

初六，拔茅茹，以其彙。貞吉，亨。象曰：拔茅貞吉，志在君也。

六二，苞承，小人吉，大人否，亨③。象曰："大人否，亨"，不亂羣也。

六三，苞羞。象曰："苞羞"，位不當也。

九四，有命，无咎，疇離祉。象曰："有命，无咎"，志行也。

九五，休否，大人吉。其亡其亡，繫于苞桑。象曰：大人之吉，位正當也。

上九，傾否，先否後喜。象曰：否終則傾，何可長也。

☰☲離下乾上

同人④：同人于野，亨。利涉大川，利君子貞。

彖曰：同人，柔得位得中，而應乎乾，曰同人。同人曰："同人于野，亨。利涉大川"，乾行也。文明以健，中正而應，君子正也。

---

① "否"，底本及校本並无，黃壽祺、張善文《周易译注》引衆説謂當補"否"字，今從之。

② "榮"，王引之《經義述聞》卷二謂當作"營"。

③ "苞"，越州本、撫州本、阮本作"包"，六三及象傳並同。

④ "同人"，底本及校本並无，黃壽祺、張善文《周易译注》引衆説謂當補"同人"字，今從之。

唯君子爲能通天下之志。

象曰：天與火，同人。君子以類族辨物。

初九，同人于門，无咎。象曰：出門同人，又誰咎也。

六二，同人于宗，吝。象曰："同人于宗"，吝道也。

九三，伏戎于莽，升其高陵，三歲不興。象曰："伏戎于莽"，敵剛也。"三歲不興"，安行也。

九四，乘其墉，弗克攻，吉①。象曰："乘其墉"，義弗克也。其"吉"，則困而反則也。

九五，同人先號咷而後笑，大師克相遇。象曰：同人之先，以中直也。大師相遇，言相克也。

上九，同人于郊，无悔。象曰："同人于郊"，志未得也。

☰ 乾下離上

大有：元亨。

彖曰：大有，柔得尊位，大中而上下應之，曰大有。其德剛健而文明，應乎天而時行，是以元亨。

象曰：火在天上，大有。君子以遏惡揚善，順天休命。

初九，无交害，匪咎。艱則无咎。象曰：大有初九，无交害也。

九二，大車以載，有攸往，无咎。象曰："大車以載"，積中不敗也。

九三，公用亨于天子，小人弗克。象曰："公用亨于天子"，小人害也。

---

① "墉"，馬王堆帛書本《周易》作"庸"。

九四,匪其彭,无咎。象曰:“匪其彭,无咎”,明辯晢也。

六五,厥孚交如威如,吉。象曰:“厥孚交如”,信以發志也。“威如”之“吉”,易而无備也。

上九,自天祐之,吉无不利。象曰:大有上吉,自天祐也。

䷎艮下坤上

謙:亨。君子有終。

彖曰:“謙,亨”,天道下濟而光明,地道卑而上行。天道虧盈而益謙,地道變盈而流謙,鬼神害盈而福謙,人道惡盈而好謙。謙,尊而光,卑而不可踰,君子之終也。

象曰:地中有山,謙。君子以裒多益寡,稱物平施①。

初六,謙謙君子,用涉大川,吉。象曰:“謙謙君子”,卑以自牧也。

六二,鳴謙,貞吉。象曰:“鳴謙,貞吉”,中心得也。

九三,勞謙,君子有終,吉。象曰:“勞謙君子”,萬民服也。

六四,无不利,撝謙。象曰:“无不利,撝謙”,不違則也。

六五,不富以其鄰,利用侵伐,无不利。象曰:“利用侵伐”,征不服也。

上六,鳴謙,利用行師,征邑國。象曰:“鳴謙”,志未得也。可用行師,征邑國也②。

---

① “裒”,陸德明《經典釋文》謂鄭、荀、董、蜀才作“捊”。
② “征邑國”,陸德明《經典釋文》出此條作“征國”,謂本或作“征邑國”者,非。

☷☳坤下震上

豫：利建侯行師。

彖曰：豫，剛應而志行，順以動，豫。豫順以動，故天地如之，而況建侯行師乎！天地以順動，故日月不過，而四時不忒。聖人以順動，則刑罰清而民服，豫之時義大矣哉！

象曰：雷出地奮，豫。先王以作樂崇德，殷薦之上帝，以配祖考。

初六，鳴豫，凶。象曰："初六鳴豫"，志窮凶也。

六二，介于石，不終日，貞吉。象曰："不終日貞吉"，以中正也。

六三，盱豫，悔，遲有悔。象曰："盱豫""有悔"，位不當也。

九四，由豫，大有得，勿疑。朋盍簪。象曰："由豫，大有得"，志大行也。

六五，貞疾，恒不死。象曰："六五貞疾"，乘剛也。"恒不死"，中未亡也。

上六，冥豫，成有渝，无咎。象曰："冥豫"在上，何可長也？

☳☱震下兑上

隨：元亨，利貞，无咎。

彖曰：隨，剛來而下柔，動而説，隨。大亨，利貞，无咎，而天下隨時，隨時之義大矣哉！①

---

① "利"，底本無，陸德明《經典釋文》謂本又作"大亨，利貞"，郭京《周易舉正》云："注：相隨而不爲利正，災之道也，故大通利貞，乃得无咎也。爲隨而令大通利貞，得於時也。謹按：彖'大亨'下脱'利'字，觀文驗注，理亦昭然。"據補。"天下隨時"，陸德明《經典釋文》謂王肅本作"天下隨之"。

象曰:澤中有雷,隨。君子以嚮晦入宴息。

初九,官有渝,貞吉,出門交有功。象曰:"官有渝",從正吉也。"出門交有功",不失也。

六二,係小子,失丈夫。象曰:"係小子",弗兼與也。

六三,係丈夫,失小子,隨有求,得,利居貞。象曰:"係丈夫",志舍下也。

九四,隨有獲,貞凶。有孚在道,以明,何咎? 象曰:"隨有獲",其義凶也。"有孚在道",明功也。

九五,孚于嘉,吉。象曰:"孚于嘉,吉",位正中也。

上六,拘係之,乃從,維之。王用亨于西山。象曰:"拘係之",上窮也。

䷑巽下艮上

蠱:元亨。利涉大川,先甲三日,後甲三日。

彖曰:蠱,剛上而柔下,巽而止,蠱。蠱,元亨而天下治也。"利涉大川",往有事也。"先甲三日,後甲三日",終則有始,天行也。

象曰:山下有風,蠱。君子以振民育德。

初六,幹父之蠱,有子考,无咎,厲,終吉①。象曰:"幹父之蠱",意承考也。

九二,幹母之蠱,不可貞。象曰:"幹母之蠱",得中道也。

九三,幹父之蠱,小有悔,无大咎。象曰:"幹父之蠱",終无咎也。

---

① 兹依馬融、王肅以"考"字絕句,陸德明、王弼作"有子,考无咎"。

六四，裕父之蠱，往見吝。象曰："裕父之蠱"，往未得也。

六五，幹父之蠱，用譽。象曰："幹父""用譽"，承以德也。

上九，不事王侯，高尚其事。象曰："不事王侯"，志可則也。

☷☱兌下坤上

臨：元亨，利貞。至于八月有凶。

彖曰：臨，剛浸而長，説而順，剛中而應。大亨以正，天之道也。"至于八月有凶"，消不久也。

象曰：澤上有地，臨。君子以教思无窮，容保民无疆。

初九，咸臨，貞吉。象曰："咸臨，貞吉"，志行正也。

九二，咸臨，吉，无不利。象曰："咸臨，吉，无不利"，未順命也。

六三，甘臨，无攸利，既憂之，无咎。象曰："甘臨"，位不當也。"既憂之"，咎不長也。

六四，至臨，无咎。象曰："至臨，无咎"，位當也。

六五，知臨，大君之宜，吉。象曰："大君之宜"，行中之謂也。

上六，敦臨，吉，无咎。象曰："敦臨"之"吉"，志在内也。

☴☷坤下巽上

觀：盥而不薦，有孚顒若。

彖曰：大觀在上，順而巽，中正以觀天下。觀"盥而不薦，有孚顒若"，下觀而化也。觀天之神道而四時不忒①，聖人以神道設

---

① "道"字右下角行間，底本有雙鉤補書"日月不過"，越州本、撫州本、阮本无此四字。

24

教而天下服矣。

象曰：風行地上，觀。先王以省方觀民設教。

初六，童觀，小人无咎，君子吝。象曰："初六童觀"，小人道也。

六二，闚觀，利女貞。象曰："闚觀""女貞"，亦可醜也。

六三，觀我生，進退。象曰："觀我生，進退"，未失道也。

六四，觀國之光，利用賓于王。象曰："觀國之光"，尚賓也。

九五，觀我生，君子无咎。象曰："觀我生"，觀民也。

上九，觀其生，君子无咎。象曰："觀其生"，志未平也。

周易上經噬嗑傳第三

震下離上

噬嗑:亨。利用獄。

彖曰:頤中有物,曰噬嗑。噬嗑而亨,剛柔分,動而明,雷電合而章。柔得中而上行,雖不當位,利用獄也。

象曰:雷電,噬嗑。先王以明罰敕法[①]。

初九,屨校滅趾,无咎[②]。象曰:"屨校滅趾",不行也。

六二,噬膚滅鼻,无咎。象曰:"噬膚滅鼻",乘剛也。

六三,噬腊肉遇毒,小吝,无咎。象曰:"遇毒",位不當也。

九四,噬乾胏,得金矢,利艱貞,吉[③]。象曰:"利艱貞,吉",未光也。

六五,噬乾肉,得黃金,貞厲,无咎。象曰:"貞厲,无咎",得當也。

上九,何校滅耳,凶。象曰:"何校滅耳",聰不明也。

離下艮上

賁:亨。小利[④]有攸往。

彖曰:"賁,亨",柔來而文剛,故亨。分剛上而文柔,故小利

---

① "雷電",朱子《周易本義》謂當作"電雷"。

② "趾",熹平石經本《周易》及陸德明《經典釋文》皆作"止",按《說文》無"趾"字,當以作"止"是。

③ "吉"字右上角行間,底本有雙鉤補書"大",越州本、撫州本、阮本無此字。

④ "利"字右下角行間,底本有雙鉤補書"貞",越州本、撫州本、阮本無此字。

有攸往。剛柔交錯①，天文也；文明以止，人文也。觀乎天文，以察時變；觀乎人文，以化成天下。

象曰：山下有火，賁。君子以明庶政，无敢折獄。

初九，賁其趾，舍車而徒②。象曰："舍車而徒"，義弗乘也。

六二，賁其須。象曰："賁其須"，與上興也。

九三，賁如濡如，永貞吉。象曰："永貞"之"吉"，終莫之陵也。

六四，賁如皤如，白馬翰如，匪寇，婚媾。象曰：六四當位，疑也。"匪寇，婚媾"，終无尤也。

六五，賁于丘園，束帛戔戔，吝，終吉。象曰：六五之吉，有喜也。

上九，白賁，无咎。象曰："白賁，无咎"，上得志也。

䷖坤下艮上

剥：不利有攸往。

彖曰：剥，剥也，柔變剛也。"不利有攸往"，小人長也。順而止之，觀象也。君子尚消息盈虛，天行也。

象曰：山附於地，剥。上以厚下安宅。

初六，剥牀以足，蔑貞凶。象曰："剥牀以足"，以滅下也。

六二，剥牀以辨，蔑貞凶。象曰："剥牀以辨"，未有與也。

六三，剥之，无咎③。象曰："剥之，无咎"，失上下也。

---

① "剛柔交錯"，底本及校本並无，黃壽祺、張善文《周易译注》引衆説謂當補"剛柔交錯"四字，今從之。

② "車"，熹平石經本《周易》作"轝"。

③ "剥之无咎"，陸德明《經典釋文》作"剥无咎"，謂一本作"剥之无咎"非；熹平石經本《周易》亦作"剥无咎"。

六四，剥牀以膚，凶①。象曰："剥牀以膚"，切近災也。

六五，貫魚以宮人寵，无不利。象曰："以宮人寵"，終无尤也。

上九，碩果不食，君子得輿，小人剥廬②。象曰："君子得輿"，民所載也。"小人剥廬"，終不可用也。

䷗震下坤上

復：亨。出入无疾，朋來无咎。反復其道，七日來復，利有攸往。

彖曰："復，亨"，剛反，動而以順行，是以"出入无疾，朋來无咎"。"反復其道，七日來復"，天行也。"利有攸往"，剛長也。復，其見天地之心乎！

象曰：雷在地中，復。先王以至日閉關，商旅不行，后不省方。

初九，不遠復，无祇悔，元吉③。象曰："不遠"之"復"，以脩身也。

六二，休復，吉。象曰："休復"之"吉"，以下仁也。

六三，頻復，厲，无咎。象曰："頻復"之"厲"，義无咎也。

六四，中行獨復。象曰："中行獨復"，以從道也。

六五，敦復，无悔。象曰："敦復，无悔"，中以自考也。

上六，迷復，凶，有災眚。用行師，終有大敗，以其國君凶，至于十年，不克征。象曰："迷復"之"凶"，反君道也。

---

① "膚"，熹平石經本《周易》及陸德明《經典釋文》引京房本皆作"簠"。
② "輿"，馬王堆帛書《周易》作"車"。
③ "祇"，阮本作"祇"。

☳震下乾上

无妄:元亨,利貞。其匪正有眚,不利有攸往。

彖曰:无妄,剛自外來,而爲主于内,動而健,剛中而應。大亨以正,天之命也。"其匪正有眚,不利有攸往",无妄之往,何之矣?天命不祐,行矣哉!

象曰:天下雷行,物與无妄。先王以茂對時育萬物。

初九,无妄,往吉。象曰:"无妄"之"往",得志也。

六二,不耕穫,不菑畬,則利有攸往。象曰:"不耕穫",未富也。

六三,无妄之災,或繫之牛,行人之得,邑人之災。象曰:行人得牛,邑人災也。

九四,可貞,无咎。象曰:"可貞,无咎",固有之也。

九五,无妄之疾,勿藥有喜。象曰:"无妄"之"藥",不可試也。

上九,无妄,行有眚,无攸利。象曰:"无妄"之"行",窮之災也。

☶乾下艮上

大畜:利貞,不家食吉,利涉大川①。

彖曰:大畜,剛健篤實輝光,日新其德②。剛上而尚賢,能止健,大正也。"不家食吉",養賢也。"利涉大川",應乎天也。

---

① "畜",馬王堆帛書本《周易》作"蓄"。
② "輝",阮本作"輝"。

象曰:天在山中,大畜。君子以多識前言往行,以畜其德。

初九,有厲,利已①。象曰:"有厲,利已",不犯災也。

九二,輿説輹②。象曰:"輿説輹",中无尤也。

九三,良馬逐,利艱貞,曰閑輿衛,利有攸往③。象曰:"利有攸往",上合志也。

六四,童牛之牿,元吉。象曰:六四"元吉",有喜也。

六五,豶豕之牙,吉。象曰:六五之"吉",有慶也。

上九,何天之衢,亨。象曰:"何天之衢",道大行也。

▤震下艮上

頤:貞吉。觀頤,自求口實。

彖曰:頤,貞吉,養正則吉也。觀頤,觀其所養也。自求口實,觀其自養也。天地養萬物,聖人養賢以及萬民,頤之時大矣哉!

象曰:山下有雷,頤。君子以慎言語,節飲食。

初九,舍爾靈龜,觀我朵頤,凶。象曰:"觀我朵頤",亦不足貴也。

六二,顛頤,拂經于丘頤,征凶。象曰:六二"征凶",行失類也。

六三,拂頤,貞凶,十年勿用,无攸利。象曰:"十年勿用",道大悖也。

---

① "已",底本及校本並作"巳",諸儒多訓爲止,則當爲"已",據改。
② "輿説輹",馬王堆帛書本《周易》作"車説緮"。
③ "曰",阮本《校勘記》謂"釋文曰音越,鄭人實反,按人實反則當爲日月字"。

六四，顛頤，吉。虎視眈眈，其欲逐逐，无咎①。象曰："顛頤"之"吉"，上施光也。

六五，拂經，居貞吉，不可涉大川。象曰："居貞"之"吉"，順以從上也。

上九，由頤，厲，吉。利涉大川。象曰："由頤，厲，吉"，大有慶也。

☱☴ 巽下兌上

大過：棟橈，利有攸往，亨②。

彖曰：大過，大者過也。"棟橈"，本末弱也。剛過而中，巽而說行，利有攸往，乃亨。大過之時大矣哉！

象曰：澤滅木，大過。君子以獨立不懼，遯世无悶。

初六，藉用白茅，无咎。象曰："藉用白茅"，柔在下也。

九二，枯楊生稊，老夫得其女妻，无不利③。象曰："老夫女妻"，過以相與也。

九三，棟橈，凶。象曰："棟橈"之"凶"，不可以有輔也。

九四，棟隆，吉。有它，吝。象曰："棟隆"之"吉"，不橈乎下也。

九五，枯楊生華，老婦得其士夫，无咎无譽。象曰："枯楊生華"，何可久也。"老婦""士夫"，亦可醜也。

上六，過涉滅頂，凶。无咎。象曰："過涉"之"凶"，不可

---

① "逐逐"，陸德明《經典釋文》引《子夏傳》及上博簡本《周易》皆作"攸攸"；馬王堆帛書本《周易》作"笛笛"，《經典釋文》引蘇林音"迪"；阜陽漢簡本《周易》作"遂遂"。

② "橈"，阮本作"撓"，卦內並同。

③ "稊"，陸德明《經典釋文》引鄭玄本及馬王堆帛書本《周易》皆作"荑"。

咎也。

☵坎下坎上①

習坎:有孚維心,亨。行有尚。

彖曰:"習坎",重險也。水流而不盈,行險而不失其信,維心亨,乃以剛中也。"行有尚",往有功也。天險,不可升也;地險,山川丘陵也。王公設險以守其國,險之時用大矣哉!

象曰:水洊至,習坎。君子以常德行習教事。

初六,習坎,入于坎窞,凶。象曰:"習坎"入坎,失道凶也。

九二,坎有險,求小得。象曰:"求小得",未出中也。

六三,來之坎坎,險且枕,入于坎窞,勿用。象曰:"來之坎坎",終无功也。

六四,樽酒簋貳,用缶,納約自牖,終无咎。象曰:"樽酒簋貳",剛柔際也。

九五,坎不盈,祇既平,无咎②。象曰:"坎不盈",中未大也。

上六,係用徽纆,寘于叢棘,三歲不得,凶。象曰:上六失道,凶三歲也。

☲離下離上

離:利貞,亨。畜牝牛,吉。

彖曰:離,麗也。日月麗乎天,百穀草木麗乎土③。重明以麗

---

① "坎下坎上",底本作"坎上坎下",據越州本、阮本及《周易》言卦象通例改。

② "祇",阮本作"祇"。

③ "日月"二字下,王充《論衡·説日篇》引此句有"星辰"二字,作"日月星辰"。"穀",同上,王充作"果"。

乎正,乃化成天下。柔麗乎中正,故亨,是以"畜牝牛,吉"也。

象曰:明兩作,離。大人以繼明照于四方。

初九,履錯然,敬之,无咎。象曰:"履錯"之"敬",以辟咎也。

六二,黃離,元吉。象曰:"黃離,元吉",得中道也。

九三,日昃之離,不鼓缶而歌,則大耋之嗟,凶。象曰:"日昃之離",何可久也?

九四,突如,其來如,焚如,死如,棄如。象曰:"突如,其來如",无所容也。

六五,出涕沱若,戚嗟若,吉。象曰:六五之吉,離王公也。

上九,王用出征,有嘉折首,獲匪其醜,无咎。象曰:"王用出征",以正邦也。

周易下經咸傳第四

☷ 艮下兌上

咸：亨，利貞。取女吉。

彖曰：咸，感也。柔上而剛下，二氣感應以相與。止而説，男下女，是以"亨，利貞，取女吉"也。天地感而萬物化生，聖人感人心而天下和平。觀其所感，而天地萬物之情可見矣。

象曰：山上有澤，咸。君子以虛受人。

初六，咸其拇。象曰："咸其拇"，志在外也。

六二，咸其腓，凶；居吉。象曰：雖"凶，居吉"，順不害也。

九三，咸其股，執其隨，往吝。象曰："咸其股"，亦不處也。志在隨人，所執下也。

九四，貞吉，悔亡。憧憧往來，朋從爾思。象曰："貞吉，悔亡"，未感害也。"憧憧往來"，未光大也。

九五，咸其脢，无悔。象曰："咸其脢"，志末也。

上六，咸其輔頰舌。象曰："咸其輔頰舌"，滕口説也。

☳ 巽下震上

恒：亨，无咎，利貞。利有攸往。

彖曰：恒，久也，剛上而柔下。雷風相與，巽而動，剛柔皆應，恒。"恒，亨，无咎，利貞"，久于其道也。天地之道，恒久而不已也。"利有攸往"，終則有始也。日月得天而能久照，四時變化而能久成。聖人久于其道而天下化成。觀其所恒，而天地萬物之情可見矣。

象曰：雷風，恒。君子以立不易方。

初六，浚恒，貞凶，无攸利①。象曰："浚恒"之"凶"，始求深也。

九二，悔亡。象曰：九二"悔亡"，能久中也。

九三，不恒其德，或承之羞，貞吝。象曰："不恒其德"，无所容也。

九四，田无禽。象曰：久非其位，安得禽也。

六五，恒其德，貞婦人吉，夫子凶。象曰：婦人貞吉，從一而終也。夫子制義，從婦凶也。

上六，振恒，凶。象曰："振恒"在上，大无功也。

☶艮下乾上

遯：亨。小利貞。

彖曰："遯，亨"，遯而亨也。剛當位而應，與時行也。"小利貞"，浸而長也。遯之時義大矣哉！

象曰：天下有山，遯。君子以遠小人，不惡而嚴。

初六，遯尾，厲，勿用有攸往。象曰："遯尾"之"厲"，不往何災也？

六二，執之，用黄牛之革，莫之勝説。象曰：執用黄牛，固志也。

九三，係遯，有疾厲，畜臣妾，吉。象曰："係遯"之"厲"，有疾憊也。"畜臣妾，吉"，不可大事也。

———————

① "浚"，馬王堆帛書本《周易》作"复"。

九四，好遯，君子吉，小人否。象曰：君子好遯，小人否也。

九五，嘉遯，貞吉。象曰："嘉遯，貞吉"，以正志也。

上九，肥遯，无不利。象曰："肥遯，无不利"，无所疑也。

䷡乾下震上

大壯：利貞。

彖曰：大壯，大者壯也。剛以動，故壯。"大壯，利貞"，大者正也。正大，而天地之情可見矣。

象曰：雷在天上，大壯。君子以非禮弗履。

初九，壯于趾，征凶，有孚①。象曰："壯于趾"，其孚窮也。

九二，貞吉。象曰：九二"貞吉"，以中也。

九三，小人用壯，君子用罔，貞，厲。羝羊觸藩，羸其角。象曰："小人用壯"，君子罔也。

九四，貞吉，悔亡。藩決不羸，壯于大輿之輹。象曰："藩決不羸"，尚往也。

六五，喪羊于易，无悔。象曰："喪羊于易"，位不當也。

上六，羝羊觸藩，不能退，不能遂，无攸利，艱則吉。象曰："不能退，不能遂"，不詳也。"艱則吉"，咎不長也。

䷢坤下離上

晉：康侯用錫馬蕃庶，晝日三接。

彖曰：晉，進也，明出地上，順而麗乎大明，柔進而上行，是以"康侯用錫馬蕃庶，晝日三接"也。

---

① "趾"，馬王堆帛書本《周易》作"止"。

象曰：明出地上，晉。君子以自昭明德。

初六，晉如摧如，貞吉。罔孚，裕无咎。象曰："晉如摧如"，獨行正也。"裕，无咎"，未受命也。

六二，晉如愁如，貞吉。受兹介福，于其王母。象曰："受兹介福"，以中正也。

六三，衆允，悔亡。象曰："衆允"之志，上行也。

九四，晉如鼫鼠，貞厲。象曰："鼫鼠，貞，厲"，位不當也。

六五，悔亡，失得勿恤。往吉，无不利①。象曰："失得勿恤"，往有慶也。

上九，晉其角，維用伐邑，厲吉，无咎，貞吝。象曰："維用伐邑"，道未光也。

䷣離下坤上
明夷：利艱貞。

彖曰：明入地中，明夷。內文明而外柔順，以蒙大難，文王以之。"利艱貞"，晦其明也。內難而能正其志，箕子以之。

象曰：明入地中，明夷。君子以莅衆，用晦而明。

初九，明夷于飛，垂其翼。君子于行，三日不食。有攸往，主人有言②。象曰："君子于行"，義不食也。

六二，明夷，夷于左股，用拯馬壯，吉。象曰：六二之吉，順以則也。

九三，明夷于南狩，得其大首，不可疾貞。象曰："南狩"之

---

① "失"，陸德明《經典釋文》引孟、馬、鄭、虞、王肅本及馬王堆帛書本《周易》皆作"矢"。

② "垂其翼"，馬王堆帛書本《周易》作"垂其左翼"。

志，乃大得也。

六四，入于左腹，獲明夷之心，于出門庭。象曰："入于左腹"，獲心意也。

六五，箕子之明夷，利貞。象曰：箕子之貞，明不可息也。

上六，不明晦，初登于天，後入于地。象曰："初登于天"，照四國也。"後入于地"，失則也。

☲ 離下巽上

家人：利女貞。

彖曰：家人，女正位乎内，男正位乎外。男女正，天地之大義也。家人有嚴君焉，父母之謂也。父父、子子、兄兄、弟弟、夫夫、婦婦而家道正，正家而天下定矣。

象曰：風自火出，家人。君子以言有物而行有恒。

初九，閑有家，悔亡。象曰："閑有家"，志未變也。

六二，无攸遂，在中饋。貞吉。象曰：六二之吉，順以巽也。

九三，家人嗃嗃，悔厲，吉；婦子嘻嘻，終吝①。象曰："家人嗃嗃"，未失也。"婦子嘻嘻"，失家節也。

六四，富家，大吉。象曰："富家，大吉"，順在位也。

九五，王假有家，勿恤，吉。象曰："王假有家"，交相愛也。

上九，有孚威如，終吉。象曰："威如"之"吉"，反身之謂也。

---

① "嗃嗃"，陸德明《經典釋文》引劉本作"熇熇"，馬王堆帛書本《周易》作"樊樊"，丁四新《楚竹簡與漢帛書周易校注》以爲即"樂"字。

☲兑下離上

睽:小事吉。

彖曰:睽,火動而上,澤動而下。二女同居,其志不同行。説而麗乎明,柔進而上行,得中而應乎剛,是以小事吉。天地睽而其事同也。男女睽而其志通也。萬物睽而其事類也,睽之時用大矣哉!

象曰:上火下澤,睽。君子以同而異。

初九,悔亡,喪馬勿逐,自復,見惡人,无咎。象曰:"見惡人",以辟咎也。

九二,遇主于巷,无咎。象曰:"遇主于巷",未失道也。

六三,見輿曳,其牛掣,其人天且劓,无初有終。象曰:"見輿曳",位不當也。"无初有終",遇剛也。

九四,睽孤,遇元夫,交孚,厲,无咎。象曰:"交孚""无咎",志行也。

六五,悔亡,厥宗噬膚,往何咎?象曰:"厥宗噬膚",往有慶也。

上九,睽孤,見豕負塗,載鬼一車,先張之弧,後説之弧,匪寇,婚媾,往遇雨則吉①。象曰:"遇雨"之"吉",羣疑亡也。

☵艮下坎上

蹇:利西南,不利東北;利見大人。貞吉。

彖曰:蹇,難也,險在前也。見險而能止,知矣哉! 蹇"利西

---

① "弧",陸德明《經典釋文》云:本亦作"壼",京、馬、鄭、王肅、翟子玄作"壼",馬王堆帛書本《周易》亦作"壼"。

南”，往得中也；“不利東北”，其道窮也；“利見大人”，往有功也。當位“貞，吉”，以正邦也。蹇之時用大矣哉！

象曰：山上有水，蹇。君子以反身脩德。

初六，往蹇來譽。象曰：“往蹇來譽”，宜待也。

六二，王臣蹇蹇，匪躬之故。象曰：“王臣蹇蹇”，終无尤也。

九三，往蹇來反。象曰：“往蹇來反”，内喜之也。

六四，往蹇來連。象曰：“往蹇來連”，當位實也。

九五，大蹇朋來①。象曰：“大蹇朋來”，以中節也。

上六，往蹇來碩，吉，利見大人。象曰：“往蹇來碩”，志在内也。“利見大人”，以從貴也。

䷧坎下震上

解：利西南。无所往，其來復，吉。有攸往，夙吉。

彖曰：解，險以動，動而免乎險，解。解“利西南”，往得衆也。“其來復，吉”，乃得中也。“有攸往，夙吉”，往有功也。天地解而雷雨作，雷雨作而百果草木皆甲坼。解之時大矣哉！

象曰：雷雨作，解。君子以赦過宥罪。

初六，无咎。象曰：剛柔之際，義无咎也。

九二，田獲三狐，得黄矢，貞吉。象曰：九二“貞吉”，得中道也。

六三，負且乘，致寇至，貞吝。象曰：“負且乘”，亦可醜也。自我致戎，又誰咎也？

---

① “朋”，熹平石經本《周易》作“崩”，陸德明《經典釋文》於復卦“朋來”下引京房本亦作“崩”。

九四,解而拇,朋至斯孚。象曰:"解而拇",未當位也。

六五,君子維有解,吉,有孚于小人。象曰:君子有解,小人退也。

上六,公用射隼于高墉之上,獲之,无不利①。象曰:"公用射隼",以解悖也。

䷨兑下艮上

損:有孚,元吉,无咎。可貞,利有攸往。曷之用?二簋可用享。

彖曰:損,損下益上,其道上行。損而"有孚,元吉,无咎,可貞,利有攸往,曷之用?二簋可用享",二簋應有時。損剛益柔有時,損益盈虛,與時偕行。

象曰:山下有澤,損。君子以懲忿窒欲。

初九,已事遄往,无咎,酌損之②。象曰:"已事遄往",尚合志也。

九二,利貞。征凶,弗損,益之。象曰:"九二利貞",中以爲志也。

六三,三人行則損一人,一人行則得其友。象曰:"一人行",三則疑也。

六四,損其疾,使遄有喜,无咎。象曰:"損其疾",亦可喜也。

六五,或益之十朋之龜,弗克違,元吉。象曰:六五"元吉",自上祐也。

---

① "墉",馬王堆帛書《周易》作"庸"。
② "已",陸德明《經典釋文》引虞翻本作"祀",許慎《説文解字》引此句作"目事遄往"。

上九，弗損，益之，无咎，貞吉，利有攸往，得臣无家。象曰："弗損，益之"，大得志也。

䷩震下巽上

益：利有攸往，利涉大川①。

彖曰：益，損上益下，民説无疆。自上下下，其道大光。"利有攸往"，中正有慶。"利涉大川"，木道乃行。益，動而巽，日進无疆。天施地生，其益无方。凡益之道，與時偕行。

象曰：風雷，益。君子以見善則遷，有過則改。

初九，利用爲大作，元吉，无咎。象曰："元吉无咎"，下不厚事也。

六二，或益之十朋之龜，弗克違。永貞吉。王用享于帝，吉。象曰："或益之"，自外來也。

六三，益之用凶事，无咎。有孚中行，告公用圭。象曰：益"用凶事"，固有之也。

六四，中行告公從，利用爲依遷國。象曰："告公從"，以益志也。

九五，有孚惠心，勿問，元吉。有孚，惠我德。象曰："有孚惠心"，勿問之矣。"惠我德"，大得志也。

上九，莫益之，或擊之，立心勿恒，凶。象曰："莫益之"，偏辭也。"或擊之"，自外來也。

---

① "有"，熹平石經本《周易》作"用"。

周易下經夬傳第五

☱乾下兌上

夬：揚于王庭，孚號有厲。告自邑，不利即戎，利有攸往。

彖曰：夬，決也，剛決柔也。健而説，決而和。"揚于王庭"，柔乘五剛也。"孚號有厲"，其危乃光也。"告自邑，不利即戎"，所尚乃窮也。"利有攸往"，剛長乃終也。

象曰：澤上於天，夬。君子以施禄及下，居德則忌。

初九，壯于前趾，往不勝爲咎①。象曰：不勝而往，咎也。

九二，惕號，莫夜有戎，勿恤②。象曰："有戎""勿恤"，得中道也。

九三，壯于頄，有凶。君子夬夬，獨行遇雨，若濡，有愠，无咎③。象曰："君子夬夬"，終无咎也。

九四，臀无膚，其行次且。牽羊悔亡，聞言不信。象曰："其行次且"，位不當也。"聞言不信"，聰不明也。

九五，莧陸夬夬，中行，无咎。象曰："中行无咎"，中未光也。

上六，无號，終有凶。象曰："无號"之"凶"，終不可長也。

☰巽下乾上

姤：女壯，勿用取女④。

---

① "趾"，馬王堆帛書本《周易》作"止"。

② "惕"，馬王堆帛書本《周易》作"傷"。

③ "頄"，陸德明《經典釋文》引鄭本及馬王堆帛書本《周易》皆作"頯"。

④ "姤"，底本作"姤"，陸德明《經典釋文》謂薛云古文作"遘"，鄭同；且"姤"爲《説文》新附字，據改，卦内並同。

彖曰：姤，遇也，柔遇剛也。"勿用取女"，不可與長也。天地相遇，品物咸章也。剛遇中正，天下大行也。姤之時義大矣哉！

象曰：天下有風，姤。后以施命誥四方①。

初六，繫于金柅，貞吉。有攸往，見凶，羸豕孚蹢躅。象曰："繫于金柅"，柔道牽也。

九二，包有魚，无咎，不利賓。象曰："包有魚"，義不及賓也。

九三，臀无膚，其行次且，厲，无大咎。象曰："其行次且"，行未牽也。

九四，包无魚，起凶。象曰："无魚"之"凶"，遠民也。

九五，以杞包瓜，含章，有隕自天。象曰：九五"含章"，中正也。有隕自天，志不舍命也。

上九，姤其角，吝，无咎。象曰："姤其角"，上窮吝也。

䷬坤下兌上

萃：亨，王假有廟，利見大人，亨，利貞。用大牲吉，利有攸往②。

彖曰：萃，聚也。順以説，剛中而應，故聚也。"王假有廟"，致孝享也。"利見大人，亨"，聚以正也。"用大牲吉，利有攸往"，順天命也。觀其所聚，而天地萬物之情可見矣。

象曰：澤上於地，萃。君子以除戎器戒不虞。

初六，有孚不終，乃亂乃萃，若號，一握爲笑，勿恤，往无咎③。

---

① "誥"，陸德明《經典釋文》引鄭玄本作"詰"。

② "王假有廟"前"亨"字，陸德明《經典釋文》謂馬、鄭、陸、虞等並無此字，上博簡及馬王堆帛書本《周易》亦無，前人多以此"亨"爲衍文。

③ "握"，陸德明《經典釋文》引鄭云，"握"當讀爲夫三爲屋之屋，蜀才同；馬王堆帛書本《周易》亦作"屋"。

象曰："乃亂乃萃"，其志亂也。

六二，引吉，无咎。孚，乃利用禴。象曰："引吉，无咎"，中未變也。

六三，萃如嗟如，无攸利，往无咎，小吝。象曰："往无咎"，上巽也。

九四，大吉，无咎。象曰："大吉，无咎"，位不當也。

九五，萃有位，无咎。匪孚，元永貞，悔亡。象曰："萃有位"，志未光也。

上六，齎咨涕洟，无咎。象曰："齎咨涕洟"，未安上也。

☷☴巽下坤上

升：元亨。用見大人，勿恤。南征吉。

彖曰：柔以時升，巽而順，剛中而應，是以大亨，"用見大人，勿恤"，有慶也。"南征吉"，志行也。

象曰：地中生木，升。君子以順德，積小以高大。

初六，允升，大吉。象曰："允升，大吉"，上合志也。

九二，孚乃利用禴，无咎①。象曰：九二之"孚"，有喜也。

九三，升虛邑。象曰："升虛邑"，无所疑也。

六四，王用亨于岐山，吉，无咎。象曰："王用亨于岐山"，順事也。

六五，貞吉，升階。象曰："貞吉，升階"，大得志也。

上六，冥升，利于不息之貞。象曰：冥升在上，消不富也。

---

① "孚乃利用禴"，熹平石經本《周易》作"孚乃利瀹"。

䷮坎下兑上

困:亨。貞大人吉,无咎。有言不信。

彖曰:困,剛揜也。險以説,困而不失其所,亨,其唯君子乎。“貞,大人吉”,以剛中也。“有言不信”,尚口乃窮也。

象曰:澤无水,困。君子以致命遂志。

初六,臀困于株木,入于幽谷,三歲不覿①。象曰:“入于幽谷”,幽不明也。

九二,困于酒食,朱紱方來,利用享祀。征凶,无咎。象曰:“困于酒食”,中有慶也。

六三,困于石,據于蒺藜,入于其宫,不見其妻,凶。象曰:“據于蒺藜”,乘剛也。“入于其宫,不見其妻”,不祥也。

九四,來徐徐,困于金車,吝,有終。象曰:“來徐徐”,志在下也。雖不當位,有與也。

九五,劓刖,困于赤紱,乃徐有説,利用祭祀②。象曰:“劓刖”,志未得也。“乃徐有説”,以中直也。“利用祭祀”,受福也。

上六,困于葛藟,于臲卼,曰動悔有悔,征吉③。象曰:“困于葛藟”,未當也。“動悔有悔”,吉行也。

䷯巽下坎上

井:改邑不改井,无喪无得。往來井井。汔至亦未繘井,羸

---

① “覿”,江藩《周易述補》云:“覿,俗字,或曰當作覿。”

② “劓刖”,陸德明《經典釋文》謂荀、王肅本作“臲卼”,楊軍《周易經傳校異》云:“馬王堆帛書本《周易》,與通行本《周易》九五之劓刖、上六之臲卼相對應處皆作‘貳椽’,亦可證通行本《周易》之劓刖即臲卼。”其説似可從。

③ “于臲卼”,熹平石經本《周易》作“于劓劊”。

其瓶,凶[①]。

彖曰:巽乎水而上水,井。井養而不窮也。"改邑不改井",乃以剛中也。"汔至亦未繘井",未有功也。"羸其瓶",是以凶也。

象曰:木上有水,井。君子以勞民勸相。

初六,井泥不食,舊井无禽。象曰:"井泥不食",下也。"舊井无禽",時舍也。

九二,井谷射鮒,甕敝漏。象曰:"井谷射鮒",无與也。

九三,井渫不食,爲我心惻,可用汲。王明,並受其福。象曰:"井渫不食",行惻也。求"王明",受福也。

六四,井甃,无咎。象曰:"井甃,无咎",脩井也。

九五,井洌,寒泉食。象曰:"寒泉"之"食",中正也。

上六,井收勿幕,有孚元吉。象曰:"元吉"在"上",大成也。

☰☱ 離下兑上

革:己日乃孚[②]。元亨,利貞,悔亡。

彖曰:革,水火相息,二女同居,其志不相得曰革。"己日乃孚",革而信之。文明以説,大亨以正。革而當,其悔乃亡。天地革而四時成,湯武革命,順乎天而應乎人。革之時大矣哉!

象曰:澤中有火,革。君子以治曆明時。

初九,鞏用黄牛之革。象曰:"鞏用黄牛",不可以有爲也。

六二,己日乃革之,征吉,无咎。象曰:"己日""革之",行有

---

①　"羸",馬王堆帛書《周易》作"纍"。
②　"己",底本及校本並作"巳",黄壽祺、張善文《周易译注》引衆説謂當作"己",從之據改,卦内並同。

嘉也。

九三，征凶。貞厲。革言三就，有孚。象曰："革言三就"，又何之矣。

九四，悔亡。有孚，改命，吉。象曰："改命"之"吉"，信志也。

九五，大人虎變，未占有孚①。象曰："大人虎變"，其文炳也。

上六，君子豹變，小人革面，征凶，居貞吉。象曰："君子豹變"，其文蔚也。"小人革面"，順以從君也②。

䷱巽下離上

鼎：元吉，亨。

彖曰：鼎，象也。以木巽火，亨飪也。聖人亨以享上帝，而大亨以養聖賢。巽而耳目聰明，柔進而上行，得中而應乎剛，是以元亨。

象曰：木上有火，鼎。君子以正位凝命。

初六，鼎顛趾，利出否。得妾以其子，无咎③。象曰："鼎顛趾"，未悖也。"利出否"，以從貴也。

九二，鼎有實，我仇有疾，不我能即，吉。象曰："鼎有實"，慎所之也。"我仇有疾"，終无尤也。

九三，鼎耳革，其行塞，雉膏不食，方雨虧悔，終吉。象曰："鼎耳革"，失其義也。

九四，鼎折足，覆公餗，其形渥，凶④。象曰："覆公餗"，信如

---

① "變"，馬王堆帛書本《周易》作"使"，阜陽漢簡本《周易》作"便"，熹平石經本《周易》作"辯"，本卦上六"君子豹變"同。

② "蔚"，許慎《説文解字》引此作"斐"。

③ "趾"，馬王堆帛書本《周易》作"止"。

④ "形渥"，馬王堆帛書本《周易》作"刑屋"，熹平石經本《周易》作"刑剭"。

何也？

六五，鼎黄耳金鉉，利貞。象曰："鼎黄耳"，中以爲實也①。

上九，鼎玉鉉，大吉，无不利。象曰：玉鉉在上，剛柔節也。

☳震下震上

震：亨。震來虩虩，笑言啞啞，震驚百里，不喪匕鬯②。

彖曰：震，亨。"震來虩虩"，恐致福也。"笑言啞啞"，後有則也。"震驚百里"，驚遠而懼邇也。"不喪匕鬯"③，出可以守宗廟社稷，以爲祭主也。

象曰：洊雷，震。君子以恐懼脩省。

初九，震來虩虩，後笑言啞啞，吉。象曰："震來虩虩"，恐致福也。"笑言啞啞"，後有則也。

六二，震來厲，億喪貝，躋于九陵，勿逐，七日得④。象曰："震來厲"，乘剛也。

六三，震蘇蘇，震行无眚⑤。象曰："震蘇蘇"，位不當也。

九四，震遂泥。象曰："震遂泥"，未光也。

六五，震往來厲，億无喪，有事⑥。象曰："震往來，厲"，危行也。其事在中，大无喪也。

上六，震索索，視矍矍，征凶。震不于其躬，于其鄰，无咎。

---

① "象"，底本作"彖"，顯誤，據越州本、撫州本、阮本及《周易》通例改。

② "虩虩"，陸德明《經典釋文》引荀爽本作"愬愬"，馬王堆帛書本《周易》作"朔朔"。

③ "不喪匕鬯"，底本及校本並无。郭京《周易舉正》云"謹按經脱'不喪匕鬯'四字"，據補。

④ "億"，馬王堆帛書本《周易》作"意"。"于"，熹平石經本《周易》無。

⑤ "眚"，熹平石經本《周易》作"省"。

⑥ "億"，馬王堆帛書本《周易》及阮本作"意"。

婚媾有言。象曰："震索索",中未得也。雖凶无咎,畏鄰戒也。

䷳艮下艮上

艮①:艮其背,不獲其身,行其庭,不見其人,无咎。

彖曰:艮,止也。時止則止,時行則行,動静不失其時,其道光明。"艮其止",止其所也。上下敵應,不相與也。是以"不獲其身,行其庭,不見其人,无咎"也。

象曰:兼山,艮。君子以思不出其位。

初六,艮其趾,无咎。利永貞②。象曰:"艮其趾",未失正也。

六二,艮其腓,不拯其隨,其心不快③。象曰:"不拯其隨",未退聽也。

九三,艮其限,列其夤,厲薰心。象曰:"艮其限",危薰心也。

六四,艮其身,无咎。象曰:"艮其身",止諸躬也。

六五,艮其輔,言有序,悔亡。象曰:"艮其輔",以中正也。

上九,敦艮,吉。象曰:"敦艮"之"吉",以厚終也。

䷴艮下巽上

漸:女歸吉,利貞。

彖曰:漸之進也,女歸吉也。進得位,往有功也。進以正,可以正邦也,其位剛得中也;止而巽,動不窮也④。

象曰:山上有木,漸。君子以居賢德善俗。

_____

① "艮",底本及校本並無,黄壽祺、張善文《周易譯注》引衆説謂當補"艮",從之據補。

② "趾",馬王堆帛書本、熹平石經本《周易》皆作"止"。

③ "拯",熹平石經本《周易》作"抍"。

④ "漸之進也",朱子《周易本義》云:"之字疑衍,或是漸字。"

初六,鴻漸于干,小子厲有言,无咎。象曰:"小子"之"厲",
義无咎也。

六二,鴻漸于磐,飲食衎衎,吉①。象曰:"飲食衎衎",不素
飽也。

九三,鴻漸于陸,夫征不復,婦孕不育,凶。利禦寇。象曰:
"夫征不復",離羣醜也。"婦孕不育",失其道也。"利用禦寇",
順相保也。

六四,鴻漸于木,或得其桷,无咎。象曰:"或得其桷",順以
巽也。

九五,鴻漸于陵,婦三歲不孕,終莫之勝,吉。象曰:"終莫之
勝,吉",得所願也。

上九,鴻漸于陸,其羽可用爲儀,吉。象曰:"其羽可用爲儀,
吉",不可亂也。

☰☱ 兑下震上

歸妹:征凶,无攸利②。

彖曰:歸妹,天地之大義也。天地不交而萬物不興,歸妹,人
之終始也。説以動,所歸妹也。"征凶",位不當也。"无攸利",
柔乘剛也。

象曰:澤上有雷,歸妹。君子以永終知敝。

初九,歸妹以娣。跛能履,征吉③。象曰:"歸妹以娣",以恒

---

① "磐",馬王堆帛書《周易》作"坂",熹平石經本《周易》作"般"。"衎衎",熹平
石經本《周易》作"衍衍"。
② "妹",熹平石經本《周易》作"昧"。
③ "跛",熹平石經本《周易》作"尰"。

也。"跛能履"，吉相承也。

九二，眇能視，利幽人之貞。象曰："利幽人之貞"，未變常也。

六三，歸妹以須，反歸以娣①。象曰："歸妹以須"，未當也。

九四，歸妹愆期，遲歸有時。象曰："愆期"之志，有待而行也。

六五，帝乙歸妹，其君之袂不如其娣之袂良。月幾望，吉②。象曰："帝乙歸妹"，不如其娣之袂良也。其位在中，以貴行也。

上六，女承筐无實，士刲羊无血，无攸利。象曰：上六"无實"，承虛筐也。

---

① "須"，陸德明《經典釋文》引荀、陸本及馬王堆帛書本《周易》皆作"嬬"。
② "幾"，陸德明《經典釋文》引荀本及熹平石經本、馬王堆帛書本《周易》皆作"既"。

周易下經豐傳第六

䷶離下震上

豐：亨，王假之。勿憂，宜日中。

彖曰：豐，大也。明以動，故豐。“王假之”，尚大也。“勿憂，宜日中”，宜照天下也。日中則昃，月盈則食，天地盈虛，與時消息，而況於人乎，況於鬼神乎！

象曰：雷電皆至，豐。君子以折獄致刑。

初九，遇其配主，雖旬无咎，往有尚①。象曰：“雖旬无咎”，過旬災也。

六二，豐其蔀，日中見斗。往得疑疾，有孚發若，吉。象曰：“有孚發若”，信以發志也。

九三，豐其沛，日中見沫，折其右肱，无咎。象曰：“豐其沛”，不可大事也。“折其右肱”，終不可用也。

九四，豐其蔀，日中見斗，遇其夷主，吉。象曰：“豐其蔀”，位不當也。“日中見斗”，幽不明也。“遇其夷主”，吉行也。

六五，來章有慶譽，吉。象曰：六五之吉，有慶也。

上六，豐其屋，蔀其家，窺其戶，闃其无人，三歲不覿，凶。象曰：“豐其屋”，天際翔也。“窺其戶，闃其无人”，自藏也②。

---

① “配”，陸德明《經典釋文》引鄭本作“妃”，馬王堆帛書本《周易》作“肥”。“雖”，馬王堆帛書本《周易》作“唯”。

② “藏”，陸德明《經典釋文》謂衆家作“戕”。

☲ 艮下離上

旅：小亨。旅貞吉。

彖曰："旅，小亨"，柔得中乎外而順乎剛，止而麗乎明，是以
"小亨，旅貞吉"也。旅之時義大矣哉！

象曰：山上有火，旅。君子以明慎用刑而不留獄。

初六，旅瑣瑣，斯其所取災①。象曰："旅瑣瑣"，志窮災也。

六二，旅即次，懷其資，得童僕，貞。象曰："得童僕，貞"，終
无尤也。

九三，旅焚其次，喪其童僕，厲。象曰："旅焚其次"，亦以傷
矣。以旅與下，其義喪也。

九四，旅于處，得其資斧，我心不快②。象曰："旅于處"，未得
位也。"得其資斧"，心未快也。

六五，射雉，一矢亡，終以譽命。象曰："終以譽命"，上逮也。

上九，鳥焚其巢，旅人先笑後號咷。喪牛于易，凶。象曰：以
旅在上，其義焚也。"喪牛于易"，終莫之聞也。

☴ 巽下巽上

巽：小亨。利有攸往，利見大人。

彖曰：重巽以申命。剛巽乎中正而志行，柔皆順乎剛，是以
"小亨，利有攸往，利見大人"。象曰：隨風，巽。君子以申命
行事。

初六，進退，利武人之貞。

---

① "斯"，上博簡及馬王堆帛書本《周易》皆作"此"。

② "資"，熹平石經《周易》作"齊"，陸德明《經典釋文》亦謂《子夏傳》及衆家並
作"齊"。

象曰:"進退",志疑也。"利武人之貞",志治也。

九二,巽在牀下,用史巫紛若,吉,无咎。象曰:"紛若"之"吉",得中也。

九三,頻巽,吝①。象曰:"頻巽"之"吝",志窮也。

六四,悔亡,田獲三品。象曰:"田獲三品",有功也。

九五,貞吉,悔亡,无不利,无初有終。先庚三日,後庚三日,吉。象曰:九五之吉,位正中也。

上九,巽在牀下,喪其資斧,貞凶。象曰:"巽在牀下",上窮也。"喪其資斧",正乎凶也。

☱ 兌下兌上

兌:亨,利貞。

彖曰:兌,說也。剛中而柔外,說以利貞,是以順乎天而應乎人。說以先民,民忘其勞。說以犯難,民忘其死。說之大,民勸矣哉!

象曰:麗澤,兌。君子以朋友講習。

初九,和兌,吉。象曰:"和兌"之"吉",行未疑也。

九二,孚兌,吉,悔亡。象曰:"孚兌"之"吉",信志也。

六三,來兌,凶。象曰:"來兌"之"凶",位不當也。

九四,商兌未寧,介疾有喜②。象曰:九四之"喜",有慶也。

九五,孚于剝,有厲。象曰:"孚于剝",位正當也。

上六,引兌。象曰:"上六引兌",未光也。

---

① "頻",熹平石經本《周易》作"顰"。
② "喜",熹平石經本《周易》作"憙"。

☵ 坎下巽上

渙:亨。王假有廟。利涉大川,利貞。

彖曰:"渙,亨",剛來而不窮,柔得位乎外而上同。"王假有廟",王乃在中也。"利涉大川",乘木有功也。

象曰:風行水上,渙。先王以享于帝立廟。

初六,用拯馬壯,吉。象曰:初六之"吉",順也。

九二,渙奔其机,悔亡①。象曰:"渙奔其机",得願也。

六三,渙其躬,无悔。象曰:"渙其躬",志在外也。

六四,渙其羣,元吉。渙有丘,匪夷所思。象曰:"渙其羣,元吉",光大也。

九五,渙汗其大號,渙王居,无咎。象曰:"王居,无咎",正位也。

上九,渙其血去逖出,无咎。象曰:"渙其血",遠害也。

☱ 兑下坎上

節:亨。苦節,不可貞。

彖曰:"節,亨"。剛柔分而剛得中。"苦節不可貞",其道窮也。説以行險,當位以節,中正以通。天地節而四時成。節以制度,不傷財,不害民。

象曰:澤上有水,節。君子以制數度,議德行。

初九,不出户庭,无咎。象曰:"不出户庭",知通塞也。

九二,不出門庭,凶。象曰:"不出門庭,凶",失時極也。

六三,不節若則嗟若,无咎。象曰:"不節"之"嗟",又誰咎也。

---

① "机",馬王堆帛書《周易》作"階",上博簡《周易》作"冗"。

六四，安節，亨。象曰："安節"之"亨"，承上道也。

九五，甘節，吉，往有尚。象曰："甘節"之"吉"，居位中也。

上六，苦節，貞凶，悔亡。象曰："苦節，貞凶"，其道窮也。

兌下巽上

中孚：豚魚，吉。利涉大川，利貞。

彖曰：中孚，柔在內而剛得中，說而巽，孚乃化邦也。"豚魚，吉"，信及豚魚也。"利涉大川"，乘木舟虛也。中孚以利貞，乃應乎天也。

象曰：澤上有風，中孚。君子以議獄緩死。

初九，虞吉，有它不燕①。象曰：初九"虞吉"，志未變也。

九二，鶴鳴在陰，其子和之。我有好爵，吾與爾靡之。象曰："其子和之"，中心願也。

六三，得敵，或鼓或罷，或泣或歌。象曰："或鼓或罷"，位不當也。

六四，月幾望，馬匹亡，无咎②。象曰："馬匹亡"，絕類上也。

九五，有孚攣如，无咎。象曰："有孚攣如"，位正當也。

上九，翰音登于天，貞凶。象曰："翰音登于天"，何可長也？

艮下震上

小過：亨。利貞。可小事，不可大事。飛鳥遺之音，不宜上，宜下，大吉。

---

① "燕"，馬王堆帛書本《周易》作"寧"。

② "幾"，陸德明《經典釋文》引荀本及馬王堆帛書本《周易》皆作"既"。

彖曰：小過，小者過而亨也。過以“利貞”，與時行也。柔得中，是以小事吉也。剛失位而不中，是以不可大事也。有飛鳥之象焉，“飛鳥遺之音，不宜上，宜下，大吉”，上逆而下順也。

象曰：山上有雷，小過。君子以行過乎恭，喪過乎哀，用過乎儉。

初六，飛鳥以凶。象曰：“飛鳥以凶”，不可如何也。

六二，過其祖，遇其妣。不及其君，遇其臣，无咎。象曰：“不及其君”，臣不可過也。

九三，弗過防之，從或戕之，凶。象曰：“從或戕之”，凶如何也？

九四，无咎。弗過遇之，往厲必戒，勿用永貞。象曰：“弗過遇之”，位不當也。“往厲必戒”，終不可長也。

六五，密雲不雨，自我西郊。公弋取彼在穴。象曰：“密雲不雨”，已上也。

上六，弗遇過之，飛鳥離之，凶，是謂災眚。象曰：“弗遇過之”，已亢也。

䷾離下坎上

既濟：亨小，利貞①。初吉終亂。

彖曰：“既濟，亨”，小者亨也。“利貞”，剛柔正而位當也。“初吉”，柔得中也。終止則亂，其道窮也。

象曰：水在火上，既濟。君子以思患而豫防之。

初九，曳其輪，濡其尾，无咎。象曰：“曳其輪”，義无咎也。

---

① 此據陸德明《經典釋文》句讀。

六二，婦喪其茀，勿逐，七日得。象曰："七日得"，以中道也。

九三，高宗伐鬼方，三年克之，小人勿用。象曰："三年克之"，憊也。

六四，繻有衣袽，終日戒①。象曰："終日戒"，有所疑也。

九五，東鄰殺牛，不如西鄰之禴祭，實受其福。象曰："東鄰殺牛"，不如西鄰之時也。"實受其福"，吉大來也。

上六，濡其首，厲。象曰："濡其首，厲"，何可久也？

坎下離上

未濟：亨。小狐汔濟，濡其尾，无攸利。

彖曰："未濟，亨"，柔得中也。"小狐汔濟"，未出中也。"濡其尾，无攸利"，不續終也。雖不當位，剛柔應也。

象曰：火在水上，未濟。君子以慎辨物居方。

初六，濡其尾，吝。象曰："濡其尾"，亦不知極也。

九二，曳其輪，貞吉。象曰：九二"貞吉"，中以行正也。

六三，未濟，征凶。利涉大川。象曰："未濟，征凶"，位不當也。

九四，貞吉，悔亡，震用伐鬼方，三年有賞于大國。象曰："貞吉，悔亡"，志行也。

六五，貞吉，无悔。君子之光，有孚吉。象曰："君子之光"，其暉吉也。

上九，有孚于飲酒，无咎。濡其首，有孚失是。象曰："飲酒"濡首，亦不知節也。

---

① "袽"，陸德明《經典釋文》引子夏本及馬王堆帛書本《周易》皆作"茹"。

周易繫辭上第七

　　天尊地卑，乾坤定矣。卑高以陳，貴賤位矣。動靜有常，剛柔斷矣。方以類聚，物以羣分，吉凶生矣。在天成象，在地成形，變化見矣。是故剛柔相摩，八卦相盪，鼓之以雷霆，潤之以風雨；日月運行，一寒一暑。乾道成男，坤道成女。乾知大始，坤作成物。乾以易知，坤以簡能①；易則易知，簡則易從；易知則有親，易從則有功；有親則可久，有功則可大；可久則賢人之德，可大則賢人之業。易簡而天下之理得矣。天下之理得而成位乎其中矣②。

　　聖人設卦觀象，繫辭焉而明吉凶，剛柔相推而生變化。是故吉凶者，失得之象也；悔吝者，憂虞之象也；變化者，進退之象也；剛柔者，晝夜之象也。六爻之動，三極之道也。是故君子所居而安者，易之序也③；所樂而玩者，爻之辭也。是故君子居則觀其象而玩其辭，動則觀其變而玩其占，是以自天祐之，吉无不利。

　　彖者，言乎象者也；爻者，言乎變者也。吉凶者，言乎其失得也；悔吝者，存乎其小疵也④。无咎者，善補過者也。是故列貴賤者存乎位，齊小大者存乎卦，辯吉凶者存乎辭，憂悔吝者存乎介，震无咎者存乎悔。是故卦有小大，辭有險易；辭也者，各指其所之。

---

① “能”，陸德明《經典釋文》引姚云，“能”當爲“從”。
② “而成位乎其中矣”，陸德明《經典釋文》引馬、王肅作“而易成位乎其中矣”。
③ “序”，陸德明《經典釋文》引虞翻本作“象”。
④ “存”，越州本、撫州本、阮本作“言”。

易與天地準，故能彌綸天地之道。仰以觀於天文，俯以察於地理，是故知幽明之故；原始反終，故知死生之説；精氣爲物，遊魂爲變，是故知鬼神之情狀。與天地相似，故不違；知周乎萬物而道濟天下，故不過；旁行而不流、樂天知命，故不憂；安土敦乎仁，故能愛。範圍天地之化而不過，曲成萬物而不遺，通乎晝夜之道而知，故神无方而易无體。

一陰一陽之謂道，繼之者善也，成之者性也。仁者見之謂之仁，知者見之謂之知，百姓日用而不知，故君子之道鮮矣。顯諸仁，藏諸用，鼓萬物而不與聖人同憂，盛德大業，至矣哉！富有之謂大業，日新之謂盛德。生生之謂易，成象之謂乾，效法之謂坤，極數知來之謂占，通變之謂事，陰陽不測之謂神。

夫易，廣矣大矣，以言乎遠則不禦，以言乎邇則静而正，以言乎天地之間則備矣。夫乾，其静也專，其動也直，是以大生焉。夫坤，其静也翕，其動也闢，是以廣生焉。廣大配天地，變通配四時，陰陽之義配日月，易簡之善配至德。子曰：“易其至矣乎！夫易，聖人所以崇德而廣業也。知崇禮卑，崇效天，卑法地①。天地設位，而易行乎其中矣。成性存存，道義之門。”聖人有以見天下之賾而擬諸其形容，象其物宜，是故謂之象；聖人有以見天下之動而觀其會通，以行其典禮，繫辭焉以斷其吉凶，是故謂之爻。言天下之至賾而不可惡也，言天下之至動而不可亂也②。擬之而後言，議之而後動，擬議以成其變化。

“鳴鶴在陰，其子和之。我有好爵，吾與爾靡之。”子曰：“君

---

①　“禮”，陸德明《經典釋文》引蜀才作“體”，馬王堆帛書本《周易》作“膻”，疑即“體”字。

②　“惡”，陸德明《經典釋文》引荀本及馬王堆帛書本《周易》皆作“亞”。

子居其室，出其言善，則千里之外應之，況其邇者乎？居其室，出其言不善，則千里之外違之，況其邇者乎？言出乎身，加乎民；行發乎邇，見乎遠。言行，君子之樞機，樞機之發，榮辱之主也。言行，君子之所以動天地也，可不慎乎！”“同人，先號咷而後笑。”子曰：“君子之道，或出或處，或默或語。二人同心，其利斷金。同心之言，其臭如蘭。”“初六，藉用白茅，无咎。”子曰：“苟錯諸地而可矣，藉之用茅，何咎之有？慎之至也。夫茅之爲物薄，而用可重也。慎斯術也以往，其无所失矣。”“勞謙，君子有終，吉。”子曰：“勞而不伐，有功而不德，厚之至也，語以其功下人者也，德言盛，禮言恭，謙也者，致恭以存其位者也。”“亢龍有悔。”子曰：“貴而无位，高而无民，賢人在下位而无輔，是以動而有悔也。”“不出戶庭，无咎。”子曰：“亂之所生也，則言語以爲階。君不密則失臣，臣不密則失身，幾事不密則害成，是以君子慎密而不出也。”子曰：“作《易》者，其知盜乎？《易》曰：‘負且乘，致寇至。’負也者，小人之事也；乘也者，君子之器也。小人而乘君子之器，盜思奪之矣。上慢下暴，盜思伐之矣。慢藏誨盜，冶容誨淫①。《易》曰：‘負且乘，致寇至。’盜之招也。”

大衍之數五十，其用四十有九。分而爲二以象兩，掛一以象三，揲之以四以象四時，歸奇於扐以象閏；五歲再閏，故再扐而後掛。天數五，地數五，五位相得而各有合。天數廿有五，地數卅，凡天地之數五十有五，此所以成變化而行鬼神也②。乾之策二百一十有六，坤之策百四十有四，凡三百有六十，當期之日。二篇

---

① “冶”，陸德明《經典釋文》引鄭、陸、虞、姚、王肅作“野”。

② “廿”，越州本、撫州本、阮本作“二十”，義同，下“萬有一千五百二十”同此。“卅”，越州本、撫州本、阮本作“三十”，義同。

之策，萬有一千五百二十，當萬物之數也。是故四營而成易，十有八變而成卦，八卦而小成。引而伸之，觸類而長之，天下之能事畢矣。顯道神德行，是故可與酬酢，可與祐神矣。子曰：“知變化之道者，其知神之所爲乎。”

　　易有聖人之道四焉：以言者尚其辭，以動者尚其變，以制器者尚其象，以卜筮者尚其占。是以君子將有爲也，將有行也，問焉而以言，其受命也如響①。无有遠近幽深，遂知來物。非天下之至精，其孰能與於此？參伍以變，錯綜其數。通其變，遂成天下之文；極其數，遂定天下之象。非天下之至變，其孰能與於此？易无思也，无爲也，寂然不動，感而遂通天下之故。非天下之至神，其孰能與於此？夫易，聖人之所以極深而研幾也。唯深也，故能通天下之志；唯幾也，故能成天下之務；唯神也，故不疾而速，不行而至。子曰“易有聖人之道四焉”者，此之謂也。

　　天一，地二；天三，地四；天五，地六；天七，地八；天九，地十。子曰：“夫易何爲者也？夫易開物成務，冒天下之道，如斯而已者也。”是故聖人以通天下之志，以定天下之業，以斷天下之疑。是故蓍之德圓而神，卦之德方以知，六爻之義易以貢②。聖人以此洗心，退藏於密，吉凶與民同患③。神以知來，知以藏往，其孰能與此哉，古之聰明叡知、神武而不殺者夫！是以明於天之道而察於民之故，是興神物以前民用。聖人以此齊戒，以神明其德夫！是故闔户謂之坤，闢户謂之乾，一闔一闢謂之變，往來不窮謂之通，見乃謂之象，形乃謂之器，制而用之謂之法，利用出入、民咸

①　“是以”，《漢書・藝文志・數術略》引此句及馬王堆帛書本《周易》皆作“是故”。
②　“貢”，陸德明《經典釋文》引京、陸、虞及馬王堆帛書本《周易》皆作“工”。
③　“洗”，陸德明《經典釋文》引京、荀、虞、董、張、蜀才作“先”，石經同。

用之謂之神。

是故易有大極①,是生兩儀,兩儀生四象,四象生八卦,八卦定吉凶,吉凶生大業。是故法象莫大乎天地,變通莫大乎四時,縣象著明莫大乎日月,崇高莫大乎富貴,備物致用、立成器以爲天下利,莫大乎聖人,探賾索隱、鉤深致遠以定天下之吉凶、成天下之亹亹者,莫大乎蓍龜②。是故天生神物,聖人則之;天地變化,聖人效之;天垂象,見吉凶,聖人象之;河出圖,洛出書,聖人則之③。易有四象,所以示也;繫辭焉,所以告也;定之以吉凶,所以斷也。

《易》曰:"自天祐之,吉无不利。"子曰:"祐者助也,天之所助者順也,人之所助者信也,履信思乎順,又以尚賢也,是以'自天祐之,吉无不利'也。"子曰:"書不盡言,言不盡意。"然則聖人之意其不可見乎? 子曰:"聖人立象以盡意,設卦以盡情僞,繫辭焉以盡其言,變而通之以盡利,鼓之舞之以盡神。"乾坤其易之緼邪? 乾坤成列而易立乎其中矣,乾坤毀則无以見易,易不可見則乾坤或幾乎息矣。是故形而上者謂之道,形而下者謂之器。化而裁之謂之變,推而行之謂之通,舉而錯之天下之民謂之事業。是故夫象,聖人有以見天下之賾而擬諸其形容,象其物宜,是故謂之象;聖人有以見天下之動而觀其會通,以行其典禮,繫辭焉以斷其吉凶,是故謂之爻。極天下之賾者存乎卦,鼓天下之動者存乎辭,化而裁之存乎變,推而行之存乎通,神而明之存乎其人,默而成之、不言而信存乎德行。

---

① "大",阮本作"太",古通。
② "莫大乎蓍龜",陸德明《經典釋文》及馬王堆帛書本《周易》皆作"莫善乎蓍龜"。
③ "洛",陸德明《經典釋文》引王肅本及馬王堆帛書《周易》皆作"雒"。

周易繫辭下第八

　　八卦成列，象在其中矣；因而重之，爻在其中矣；剛柔相推，變在其中矣；繫辭焉而命之，動在其中矣。吉凶悔吝者，生乎動者也；剛柔者，立本者也；變通者，趣時者也。吉凶者，貞勝者也；天地之道，貞觀者也；日月之道，貞明者也；天下之動，貞夫一者也。夫乾，確然示人易矣；夫坤，隤然示人簡矣。爻也者，效此者也；象也者，像此者也。爻象動乎内，吉凶見乎外，功業見乎變，聖人之情見乎辭。天地之大德曰生，聖人之大寶曰位，何以守位曰仁，何以聚人曰財，理財正辭、禁民爲非曰義[①]。

　　古者包犧氏之王天下也，仰則觀象於天，俯則觀法於地，觀鳥獸之文與地之宜，近取諸身，遠取諸物，於是始作八卦，以通神明之德，以類萬物之情。作結繩而爲罔罟，以佃以漁，蓋取諸離[②]。包犧氏没，神農氏作，斲木爲耜，揉木爲耒，耒耨之利，以教天下，蓋取諸益[③]。日中爲市，致天下之民，聚天下之貨，交易而退，各得其所，蓋取諸噬嗑。神農氏没，黄帝、堯、舜氏作，通其變，使民不倦，神而化之，使民宜之。易窮則變，變則通，通則久，是以“自天祐之，吉无不利”也。黄帝、堯、舜垂衣裳而天下治，蓋取諸乾、坤。刳木爲舟，剡木爲楫，舟楫之利，以濟不通，致遠以

---

① “仁”，陸德明《經典釋文》及馬王堆帛書本《周易》皆作“人”。
② “佃”，陸德明《經典釋文》云：本亦作“田”，馬王堆帛書本《周易》即作“田”。
③ “耨”，馬王堆帛書本《周易》作“槈”，《説文》無“耨”字，似以作“槈”是。

利天下，蓋取諸渙。服牛乘馬，引重致遠，以利天下，蓋取諸隨①。重門擊柝，以待暴客，蓋取諸豫。斷木爲杵，掘地爲臼，杵臼之利，萬民以濟，蓋取諸小過。弦木爲弧，剡木爲矢，弧矢之利，以威天下，蓋取諸睽。上古穴居而野處，後世聖人易之以宮室，上棟下宇，以待風雨，蓋取諸大壯。古之葬者，厚衣之以薪，葬之中野，不封不樹，喪期无數，後世聖人易之以棺椁，蓋取諸大過。上古結繩而治，後世聖人易之以書契，百官以治，萬民以察，蓋取諸夬。是故易者，象也，象也者，像也；彖者，材也；爻也者，效天下之動者也。是故吉凶生而悔吝著也。

陽卦多陰，陰卦多陽，其故何也？陽卦奇，陰卦耦。其德行何也？陽一君而二民，君子之道也；陰二君而一民，小人之道也。

《易》曰：“憧憧往來，朋從爾思。”子曰：“天下何思何慮？天下同歸而殊塗，一致而百慮。天下何思何慮？日往則月來，月往則日來，日月相推而明生焉；寒往則暑來，暑往則寒來，寒暑相推而歲成焉；往者屈也，來者信也，屈信相感而利生焉。尺蠖之屈，以求信也；龍蛇之蟄，以存身也。精義入神，以致用也；利用安身，以崇德也。過此以往，未之或知也，窮神知化，德之盛也。”

《易》曰：“困于石，據于蒺藜，入于其宫，不見其妻，凶。”子曰：“非所困而困焉，名必辱。非所據而據焉，身必危。既辱且危，死期將至，妻其可得見耶！”

《易》曰：“公用射隼于高墉之上，獲之，无不利。”子曰：“隼者，禽也；弓矢者，器也；射之者，人也。君子藏器於身，待時而動，何不利之有？動而不括，是以出而有獲，語成器而動者也。”

---

① “服”，馬王堆帛書本《周易》作“備”，《説文》引此句作“犕牛乘馬”。

子曰：“小人不恥不仁，不畏不義，不見利不勸，不威不懲。小懲而大誡，此小人之福也①。《易》曰‘履校滅趾，无咎’，此之謂也。”

“善不積不足以成名，惡不積不足以滅身。小人以小善爲无益而弗爲也，以小惡爲无傷而弗去也，故惡積而不可揜，罪大而不可解。《易》曰：‘何校滅耳，凶。’”

子曰：“危者安其位者也，亡者保其存者也，亂者有其治者也，是故君子安而不忘危，存而不忘亡，治而不忘亂，是以身安而國家可保也。《易》曰：‘其亡其亡，繫于苞桑。’”

子曰：“德薄而位尊，知小而謀大，力少而任重，鮮不及矣。《易》曰：‘鼎折足，覆公餗，其形渥，凶。’言不勝其任也。”

子曰：“知幾其神乎！君子上交不諂，下交不瀆，其知幾乎！幾者，動之微，吉之先見者也。君子見幾而作，不俟終日。《易》曰：‘介于石，不終日，貞吉。’介如石焉，寧用終日？斷可識矣！君子知微知彰，知柔知剛，萬夫之望。”

子曰：“顏氏之子，其殆庶幾乎！有不善未嘗不知，知之未嘗復行也。《易》曰：‘不遠復，无祇悔，元吉。’”

“天地絪縕，萬物化醇。男女構精，萬物化生。《易》曰：‘三人行則損一人，一人行則得其友。’言致一也。”

子曰：“君子安其身而後動，易其心而後語，定其交而後求。君子脩此三者，故全也。危以動則民不與也，懼以語則民不應也，无交而求則民不與也，莫之與則傷之者至矣。《易》曰：‘莫益之，或擊之，立心勿恒，凶。’”

---

① “誡”，馬王堆帛書《周易》作“戒”。

子曰："乾坤，其《易》之門邪？"乾，陽物也；坤，陰物也。陰陽合德，而剛柔有體。以體天地之撰，以通神明之德。其稱名也，雜而不越。於稽其類，其衰世之意邪？夫《易》，彰往而察來，而微顯闡幽①，開而當名、辨物、正言、斷辭則備矣。其稱名也小，其取類也大。其旨遠，其辭文，其言曲而中，其事肆而隱。因貳以濟民行，以明失得之報。

《易》之興也，其於中古乎？作《易》者，其有憂患乎？是故履，德之基也；謙，德之柄也；復，德之本也；恒，德之固也；損，德之脩也；益，德之裕也；困，德之辯也②；井，德之地也；巽，德之制也。履，和而至；謙，尊而光；復，小而辯於物；恒，雜而不厭；損，先難而後易；益，長裕而不設；困，窮而通；井，居其所而遷；巽，稱而隱。履以和行，謙以制禮，復以自知，恒以一德，損以遠害，益以興利，困以寡怨，井以辯義，巽以行權。

《易》之為書也不可遠，為道也屢遷，變動不居，周流六虛，上下无常，剛柔相易，不可為典要，唯變所適。其出入以度，外內使知懼，又明於憂患與故。无有師保，如臨父母，初率其辭而揆其方。既有典常，苟非其人，道不虛行。

《易》之為書也，原始要終以為質也。六爻相雜，唯其時物也。其初難知，其上易知，本末也。初辭擬之，卒成之終。若夫雜物撰德，辯是與非，則非其中爻不備。噫！亦要存亡吉凶，則居可知矣。知者觀其彖辭，則思過半矣。二與四同功而異位，其善不同。二多譽，四多懼，近也。柔之為道，不利遠者，其要无

---

① "而微顯闡幽"，朱子《周易本義》疑當作"微顯而闡幽"，然依"彰往而察來"例，似應作"顯微而闡幽"。

② "辯"，阮本作"辨"，下同。

咎，其用柔中也。三與五同功而異位，三多凶，五多功，貴賤之等也。其柔危，其剛勝邪？

《易》之爲書也，廣大悉備。有天道焉，有人道焉，有地道焉。兼三材而兩之，故六。六者非它也，三材之道也。道有變動，故曰爻；爻有等，故曰物；物相雜，故曰文；文不當，故吉凶生焉。

《易》之興也，其當殷之末世、周之盛德邪？當文王與紂之事邪？是故其辭危。危者使平，易者使傾。其道甚大，百物不廢。懼以終始，其要无咎，此之謂易之道也。

夫乾，天下之至健也，德行恒易以知險；夫坤，天下之至順也，德行恒簡以知阻。能説諸心，能研諸慮，定天下之吉凶、成天下之亹亹者①。是故變化云爲，吉事有祥。象事知器，占事知來。天地設位，聖人成能。人謀鬼謀，百姓與能。八卦以象告，爻彖以情言，剛柔雜居，而吉凶可見矣。變動以利言，吉凶以情遷。是故愛惡相攻而吉凶生，遠近相取而悔吝生，情僞相感而利害生。凡《易》之情，近而不相得則凶，或害之，悔且吝。將叛者其辭慚，中心疑者其辭枝，吉人之辭寡，躁人之辭多，誣善之人其辭遊，失其守者其辭屈。

---

① 底本及校本“諸”下有“侯之”二字，據朱子説删。

周易説卦第九

昔者聖人之作《易》也,幽贊於神明而生蓍,參天兩地而倚數。觀變於陰陽而立卦,發揮於剛柔而生爻,和順於道德而理於義,窮理盡性以至於命。

昔者聖人之作《易》也,將以順性命之理。是以立天之道曰陰與陽,立地之道曰柔與剛,立人之道曰仁與義。兼三才而兩之,故《易》六畫而成卦。分陰分陽,迭用柔剛,故《易》六位而成章①。

天地定位,山澤通氣,雷風相薄,水火不相射,八卦相錯。數往者順,知來者逆,是故《易》逆數也。雷以動之,風以散之,雨以潤之,日以烜之,艮以止之,兑以説之,乾以君之,坤以藏之。

帝出乎震,齊乎巽,相見乎離,致役乎坤,説言乎兑,戰乎乾,勞乎坎,成言乎艮。萬物出乎震,震東方也。齊乎巽,巽東南也,齊也者,言萬物之絜齊也。離也者,明也,萬物皆相見,南方之卦也,聖人南面而聽天下,嚮明而治,蓋取諸此也。坤也者,地也,萬物皆致養焉,故曰“致役乎坤”。兑,正秋也,萬物之所説也,故曰“説言乎兑”。戰乎乾,乾西北之卦也,言陰陽相薄也。坎者水也,正北方之卦也,勞卦也,萬物之所歸也,故曰“勞乎坎”。艮,東北之卦也,萬物之所成終而所成始也,故曰“成言乎艮”。

神也者,妙萬物而爲言者也。動萬物者莫疾乎雷,橈萬物者

---

① “故易六位而成章”,熹平石經本《周易》作“故易六畫而成章也”。

莫疾乎風，燥萬物者莫熯乎火，説萬物者莫説乎澤，潤萬物者莫潤乎水，終萬物、始萬物者莫盛乎艮。故水火相逮，雷風不相悖，山澤通氣，然後能變化，既成萬物也①。

乾，健也。坤，順也。震，動也。巽，入也。坎，陷也。離，麗也。艮，止也。兑，説也。

乾爲馬，坤爲牛，震爲龍，巽爲雞，坎爲豕，離爲雉，艮爲狗，兑爲羊。

乾爲首，坤爲腹，震爲足，巽爲股，坎爲耳，離爲目，艮爲手，兑爲口。

乾，天也，故稱乎父。坤，地也，故稱乎母。震一索而得男，故謂之長男。巽一索而得女，故謂之長女。坎再索而得男，故謂之中男。離再索而得女，故謂之中女。艮三索而得男，故謂之少男。兑三索而得女，故謂之少女。

乾爲天，爲圜，爲君，爲父，爲玉，爲金，爲寒，爲冰，爲大赤，爲良馬，爲老馬，爲瘠馬，爲駁馬，爲木果。

坤爲地，爲母，爲布，爲釜，爲吝嗇，爲均，爲子母牛，爲大輿，爲文，爲衆，爲柄，其於地也爲黑。

震爲雷，爲龍，爲玄黄，爲旉，爲大塗，爲長子，爲決躁，爲蒼筤竹，爲萑葦。其於馬也爲善鳴，爲馵足，爲作足，爲的顙。其於稼也爲反生。其究爲健，爲蕃鮮。

巽爲木，爲風，爲長女，爲繩直，爲工，爲白，爲長，爲高，爲進退，爲不果，爲臭。其於人也，爲寡髮，爲廣顙，爲多白眼，爲近利市三倍，其究爲躁卦。

---

①　“水火相逮”，陸德明《經典釋文》作“水火不相逮”。

坎爲水，爲溝瀆，爲隱伏，爲矯輮，爲弓輪。其於人也，爲加憂，爲心病，爲耳痛，爲血卦，爲赤。其於馬也，爲美脊，爲亟心，爲下首，爲薄蹄，爲曳。其於輿也，爲多眚，爲通，爲月，爲盜。其於木也，爲堅多心。

離爲火，爲日，爲電，爲中女，爲甲胄，爲戈兵。其於人也，爲大腹。爲乾卦，爲鱉，爲蟹，爲蠃，爲蚌，爲龜。其於木也，爲科上槁。

艮爲山，爲徑路，爲小石，爲門闕，爲果蓏，爲閽寺，爲指，爲狗，爲鼠，爲黔喙之屬。其於木也，爲堅多節。

兌爲澤，爲少女，爲巫，爲口舌，爲毀折，爲附決。其於地也，爲剛鹵。爲妾，爲羊①。

---

① “羊”，陸德明《經典釋文》引虞翻本作“羔”。

周易序卦第十

　　有天地，然後萬物生焉。盈天地之間者唯萬物，故受之以屯。屯者，盈也。屯者，物之始生也。物生必蒙，故受之以蒙。蒙者，蒙也，物之稺也。物稺不可不養也，故受之以需。需者，飲食之道也。飲食必有訟，故受之以訟。訟必有衆起，故受之以師。師者，衆也。衆必有所比，故受之以比。比者，比也。比必有所畜，故受之以小畜。物畜然後有禮，故受之以履。履而泰，然後安，故受之以泰。泰者，通也。物不可以終通，故受之以否。物不可以終否，故受之以同人。與人同者，物必歸焉，故受之以大有。有大者，不可以盈，故受之以謙。有大而能謙必豫，故受之以豫。豫必有隨，故受之以隨。以喜隨人者必有事，故受之以蠱。蠱者，事也。有事而後可大，故受之以臨。臨者，大也。物大然後可觀，故受之以觀。可觀而後有所合，故受之以噬嗑。嗑者，合也。物不可以苟合而已，故受之以賁。賁者，飾也。致飾然後亨則盡矣，故受之以剝。剝者，剝也。物不可以終盡剝，窮上反下，故受之以復。復則不妄矣，故受之以无妄。有无妄，物然後可畜，故受之以大畜。物畜然後可養，故受之以頤。頤者，養也。不養則不可動，故受之以大過。物不可以終過，故受之以坎。坎者，陷也。陷必有所麗，故受之以離。離者，麗也。

　　有天地然後有萬物，有萬物然後有男女，有男女然後有夫婦，有夫婦然後有父子，有父子然後有君臣，有君臣然後有上下，有上下然後禮義有所錯。夫婦之道不可以不久也，故受之以恒。

恒者，久也。物不可以久居其所，故受之以遯。遯者，退也。物不可以終遯，故受之以大壯。物不可以終壯，故受之以晉。晉者，進也。進必有所傷，故受之以明夷。夷者，傷也。傷於外者必反於家，故受之以家人。家道窮必乖，故受之以睽。睽者，乖也。乖必有難，故受之以蹇。蹇者，難也。物不可以終難，故受之以解。解者，緩也。緩必有所失，故受之以損。損而不已必益，故受之以益。益而不已必決，故受之以夬。夬者，決也。決必有遇，故受之以姤。姤者，遇也。物相遇而後聚，故受之以萃。萃者，聚也。聚而上者謂之升，故受之以升。升而不已必困，故受之以困。困乎上者必反下，故受之以井。井道不可不革，故受之以革。革物者莫若鼎，故受之以鼎。主器者莫若長子，故受之以震。震者，動也。物不可以終動，止之，故受之以艮。艮者，止也。物不可以終止，故受之以漸。漸者，進也。進必有所歸，故受之以歸妹。得其所歸者必大，故受之以豐。豐者，大也。窮大者必失其居，故受之以旅。旅而无所容，故受之以巽。巽者，入也。入而後説之，故受之以兑。兑者，説也。説而後散之，故受之以渙。渙者，離也。物不可以終離，故受之以節。節而信之，故受之以中孚。有其信者必行之，故受之以小過。有過物者必濟，故受之以既濟。物不可窮也，故受之以未濟，終焉。

周易雜卦第十一

　　乾剛坤柔，比樂師憂；臨觀之義，或與或求。屯見而不失其居。蒙雜而著。震，起也。艮，止也。損、益盛衰之始也。大畜，時也。无妄，災也。萃聚而升不來也。謙輕而豫怠也。噬嗑，食也。賁，无色也。兌見而巽伏也。隨无故也。蠱則飾也[①]。剥，爛也。復，反也。晉，晝也。明夷，誅也。井通而困相遇也。咸速也。恒，久也。涣，離也。節，止也。解，緩也。蹇，難也。睽，外也。家人，内也。否、泰反其類也。大壯則止，遯則退也。大有，衆也。同人，親也。革，去故也。鼎，取新也。小過，過也。中孚，信也。豐，多故也。親寡旅也。離上而坎下也。小畜，寡也。履，不處也。需，不進也。訟，不親也。大過，顛也。遘，遇也，柔遇剛也[②]。漸，女歸待男行也。頤，養正也。既濟，定也。歸妹，女之終也。未濟，男之窮也。夬，決也，剛決柔也。君子道長，小人道憂也。

---

① “飾”，撫州本、阮本作“飭”。
② “遘”，阮本作“姤”，按“姤”爲《説文》新附字，似當以“遘”爲是。

焦氏易林

〔漢〕焦　贛　撰

趙爲亮　點校

【題解】

《焦氏易林》十六卷,舊題西漢焦延壽撰。

《焦氏易林》一書的分卷,自《隋書·經籍志》開始,皆爲十六卷,至明時始有二卷、四卷、十卷不同的本子。然其内容則大致相同,分卷多寡無關宏旨,置之勿論可矣。其書著者亦自明代始有爭議,以前各史志、公私目録皆作焦延壽。據《漢書·京房傳》:"(焦)延壽,字贛。贛貧賤,以好學得幸梁王,王共其資用,令極意學。既成,爲郡史,察舉補小黄令。以候司先知奸邪,盗賊不得發。愛養吏民,化行縣中。舉最當遷,三老官屬上書願留贛,有詔許增秩留,卒於小黄。"焦延壽爲京房師,故附於《京房傳》中,其仕履始末約略如此。明鄭曉疑《易林》非焦氏作,後始有崔篆、東漢以後人、許峻所作等幾種説法,其中主要以焦延壽與崔篆之爭爲主。牟庭、丁晏、余嘉錫、胡適等皆主崔篆所作,尚秉和、今人陈良运、汤太祥、马新钦等則力主仍爲焦延壽所作,聚訟紛紛,莫衷一是,如果没有新材料發現,恐怕也很難有定論。

《焦氏易林》以一卦變六十四卦,六十四卦變四千零九十六卦,將卜筮中所能遇到的所有情況都考慮進來。每一種變化繫以一首詩,大部分爲四字一句,也有幾首三字句的,每首少則兩句,多則八九句,前人謂之林辭,來占斷所卜之事的吉凶。林辭多取自《周易》《詩》《書》以及《左傳》等典籍,化用書中典故,也有很多不可考的故實,或爲著書之時存有的書籍,而後來亡佚之故,或爲當時傳説,而今人難以夷考其實。林辭頗爲質樸古雅,意藴豐富,如豫之兑"秋蛇向穴,不失其節。夫人姜氏,自齊復入",以秋蛇起興,秋蛇冬眠,合於時節,人卻屢爲失節之事,頗有

《詩·鄘風·相鼠》比興之風。錢鍾書先生的《管錐編》便專門選擇幾十首來賞析其文辭,認爲《易林》是可以和《詩經》並列的四言詩的典範。

尚秉和先生謂之象學淵藪,《焦氏易林》的林辭無一字不從象生,人名、地名等亦是如此,從《焦氏易林》中勾稽出與《周易》相關的一百七十餘逸象,用此逸象以及《説卦》廣象、虞翻所用的逸象,方才將整部《周易》大致能講通。

關於《焦氏易林》的版本,校者所見有如下數種:

1.上海涵芬樓影印元刊殘本、烏程蔣氏密韻樓藏影元寫本(簡稱元本);

2.明崇禎虞山毛氏汲古閣刻《津逮祕書》本(簡稱津逮本);

3.1987 年上海古籍出版社影印清乾隆文淵閣《四庫全書》抄本(簡稱四庫本);

4.清嘉慶十三年(1808)黃丕烈士禮居刻陸敕先校宋本(簡稱士禮居本);

5.清嘉慶十年(1805)虞山張氏照曠閣刻《學津討原》本(簡稱學津本);

6.《續修四庫全書》影印華東師大圖書館藏清道光翟氏刻《五經歲徧齋校書》本翟云升《焦氏易林校略》十六卷(簡稱翟本);

7.民國十五年(1926)上海涵芬樓影印萬曆《續道藏》本(簡稱道藏本);

8.2005 年中國大百科全書出版社張善文校理《尚氏易學存稿》所收尚秉和《焦氏易林注》(簡稱尚本);

9.2011 年巴蜀書社劉黎明《焦氏易林校注》(簡稱劉本);

10.2012 年上海古籍出版社徐傳武、胡真點校《易林彙校集注》（簡稱徐本）；

11.2018 年鳳凰出版社馬新欽點校《易林》（簡稱馬本）。

《焦氏易林》一書版本差異之大，異文之多，爲其他古籍中少見。本次點校以士禮居本爲底本，通校元本、津逮本、尚本。

諸本中以元本現存最早，其中多有一詞詞序與諸本前後顛倒者，然多無關林意解讀，另外元本各卦次序與他本多有不同，似無深意。士禮居本從宋本臨得，文字十之九同於元本，可知其源相同，然其所存舊注又近同於津逮本，正文則與津逮本差異較大。其舊注有津逮本誤而士禮居本不誤者，亦有津逮本不誤而士禮居本誤者，黃丕烈刻書之例，雖明知其誤，亦多不輕改原書。其訛誤相對較少，故取爲底本。學津本以士禮居本爲底本，然又參校多本並附於下，正文亦有改定，本次點校雖不通校之，遇有疑處亦酌情參考。

道藏本、津逮本、四庫本三者文字接近，四庫本與津逮本文字近全同，可知四庫本的底本即爲津逮本。道藏本與此二者頗爲接近，然其文字訛誤尤多，然可知道藏本、津逮本、四庫本三者爲同一系統。本次點校僅取津逮本通校之，對於道藏本可通的異文亦酌情存之，與他本同者則不入校勘記中。

清翟云升《焦氏易林校略》，校改之處很多，有很高的的參考價值。然而有很多無版本依據，憑己意而改定的地方，雖所言亦可成理，卻不可謂之必是，本次點校取其說合理者附於校記中。

尚秉和傾十餘年之功，校勘《易林》頗精，其"求易象之根源，考稽林辭之依據，校勘板本之沿革，糾正音韻之訛謬，逐字注釋，使讀者燎若觀火，無一不解之詞，亦無一無根之象"（仵埙序）。

其價值是毋庸置疑的，然尚氏以象定《焦氏易林》異文的是非，其法可作輔助，不可必謂其是。考核其實，仍在於己意的好惡，然後以象驗之。尚氏取象先取之卦，取其上下二卦及上下二互，之卦不足，用之卦的旁通卦補之，又不足，用本卦（即遇卦）補之，又不足，本卦的旁通卦補之，取象多途，未免予人以隨意之感。尚氏所參校者亦不過士禮居本、元本以及津逮本，亦有依前後重出者校改而與諸校本皆異者。

　　避清帝及孔子諱者，如曆、弘、玄、丘、恒等，徑改不出校。校本中"无""無"用法各異，今仿張善文先生校理尚本之例，統一爲僅"无咎""无妄"等《易》中詞作"无"，餘則皆作"無"。底本校本皆可通者或點校者不能斷其是非者，則存其舊，列校本異文於校勘記中。前人校勘《易林》，多據重出者而改定林辭，此不失爲一法，然重出者間有稍許異文，其原本本同而在流傳中產生歧異，還是焦氏有意爲之，不易斷言。故本次點校，若某林辭可通，即不依重出者校訂。《焦氏易林》爲詩體，本有韻，然何處用韻、用何韻則不如後世律詩的謹嚴，本次點校，異文則盡量多取合古韻者列入正文，餘則列入校勘記中。異文中底本不誤而校本誤者不出校，異體字、俗字徑改不出校，兩可者，則於校勘記中加以説明。本次點校校者對劉本、徐本、馬本等以及其他前修時賢考訂的文章亦隨文腳注於下。

目　録

刻易林序

廣圻十六七歲時，從游於長洲張白華師，假館程子念鞠家。鄙性不耽尚時藝，每問師讀古書之法，師指誨靡倦。念鞠既同門而頗蓄書，甚相得也。先是念鞠有陸敕先手校本《易林》，在師所，枚菉漫士吳君，借而失去。廣圻後聞其事，恨不一見。多方搜訪，久之，遂獲。

袁君綬階以枚菉所臨及餘姚盧抱經學士所臨等本相示，最後陸本歸黃君蕘圃，取勘一過，良多是正。乙丑冬，客江寧，蕘圃以札來告，將謀付刊。去冬返及里門，則矗然在目焉，而屬序其簡首，回憶初知有是書之日，倏忽二十五六寒暑，曾不一瞬，唯師頤德弗諼，精神歸然，而念鞠以薄宦遷化於外。廣圻亦復行年四十有三，久見二毛矣。方思悉數吾吳人物源淵、典籍流派，所聞所見，加以筆記，存諸敝篋，示我兒曹，稍傳文獻之信，而蕘圃刻是書顛末，乃可爲其中一事者也，敢即舉而書之。

嘉慶十三年歲在戊辰春正月下旬元和顧廣圻。

刻陸敕先校宋本焦氏易林序

　　世所行諸刻《易林》，悉出自明內閣本，成化癸巳彭華題後可證也。分上下經爲卷，或又析之作四卷，而其譌舛，不可卒讀，則盡同。近好事者多傳臨陸敕先校宋本，文句碩異，實視諸刻遠勝。往歲陸手勘者，歸予家。續又收葉石君校本，取以參驗，先所傳臨，竟有稍益失真處，故付之刻。凡陸勘而誤，必存其真。雖可知當爲某字者，終不輒以改竄，亦猶予向日刻他書之意耳。其諸刻所附，而陸勘未及者，蓋皆非出於宋本，概不載入。陸僅就嘉靖四年所刻以勘，而記於上方，云：卷次非宋本。考季滄葦《延令宋板書目》，《焦氏易林》十六卷，八本，未知其爲即校宋本之祖，抑板同而又有一部。然分卷十六，確鑿可信，尚與《隋志》數合。又嘗見一別本乃如此，今特據之，實每卷四卦也。延令藏書，散失流轉，予得之頗不少。此書當仍在天壤間，安能一旦再出，使所謂全注並傳，且行款偏旁均復舊觀，必將爲陸勘助掃落葉，豈不更快。識於此，冀我二三同志搜訪之云。

　　嘉慶十三年閏五月十日黃丕烈書。

焦氏易林卷第一

乾之第一

乾 道陟石阪，胡言連謇。譯瘖且聾，莫使道通。請謁不行，求事無功①。

坤 招殃來蟄，害我邦國。病在手足，不得安息②。

屯 陽孤亢極，多所恨惑。車傾蓋亡，身常憂惶。乃得其願，雌雄相從。

蒙 鵠鶪鳲鳩，專一無尤。君子是則，長受嘉福。

需 目瞤足動，喜如其願，舉家蒙寵。

訟 罷馬上山，絕無水泉。喉焦脣乾，舌不能言③。

師 倉盈庾億，宜稼黍稷。國家富有，人民蕃息④。與比之升、坤之恒同。

比 中夜狗吠，盜在牆外。神明祐助，銷散皆去⑤。

小畜 据斗運樞，順天無憂。所行造德，與樂並居⑥。

---

① "石"，津逮本作"多"。"謇"，底本作"蹇"，據元本、尚本改。

② "殃"，元本作"禍"。"在"，津逮本作"傷"。

③ "罷"，元本、津逮本作"龍"。"焦"，元本作"噍"。

④ "稼"，津逮本、尚本作"種"。"國家富有"，津逮本、尚本作"年豐歲熟"。"人民"，元本、津逮本、尚本作"民人"。"蕃"，津逮本、尚本作"安"。

⑤ "狗"，津逮本、尚本作"犬"。"銷"，津逮本、學津本、尚本作"消"。

⑥ "所行造德"，底本無，據津逮本補。

履　空拳握手，倒地更起。富饒豐衍，快樂無已①。

泰　不風不雨，白日皎皎。宜出驅馳，通理大道②。_{與坤同。}

否　載日晶光，驂駕六龍。禄命徹天，封爲燕王③。

同人　子號索哺，母行求食。反見空巢，訾我長息④。

大有　上帝之生，福祐日成。脩德行惠，樂安且寧⑤。

謙　山險難登，澗中多石。車馳轄擊，載重傷軸。儋負差躓，跌蹉右足⑥。

豫　禹鑿龍門，通利水源。東注滄海，民得安存。

隨　乘龍上天，兩蛇爲輔。踊躍雲中，遊觀滄海，安樂長處⑦。

蠱　彭祖九子，據德不殆。南山松柏，長受嘉福。

臨　南山昊天，刺政閔身。疾悲無辜，背憎爲仇⑧。

觀　江河淮海，天之奥府。衆利所聚，可以饒有。樂我君子，百福是受⑨。

噬嗑　堅冰黄鳥，啼哀悲愁。不見甘粒，但觀藜蒿。數驚鷙鳥，爲我心憂⑩。

---

① "倒"，津逮本作"委"。
② "理"，元本、尚本作"利"。
③ "載"，元本作"戴"。"晶"，元本作"精"。
④ "巢"，津逮本作"窠"。
⑤ "安且"，津逮本、尚本作"且安"。
⑥ "儋"，津逮本、尚本作"擔"。"負"，道藏本作"載"。"差"，底本作"善"，據津逮本、尚本改。"跌蹉"，津逮本作"踠跌"。
⑦ "踊"，底本作"湧"，據元本改。"安樂長處"，津逮本、尚本作"民樂安處"。
⑧ "閔"，底本作"關"，據學津本、尚本改。
⑨ "海"，翟本依四瀆説，謂當作"濟"。
⑩ "啼哀悲愁"，津逮本作"常哀悲愁"，尚本依解之夬改作"終日悲號"。

賁　室如懸磬，既危且殆。早見之士，依山谷處①。

剝　大禹戒路，蚩尤除道。周匝萬里，不危不殆。見其所使，無所不在②。

復　三人爲旅，俱歸北海。入門上堂，拜謁王母，勞賜我酒③。

无妄　傳言相誤，非干徑路。鳴鼓逐狐，不知迹處。

大畜　三羊爭雌，相逐奔馳。終日不食，精氣勞疲④。

頤　純服素裳，載主以興。德義茂生，天下歸仁⑤。

大過　桀跖並處，人民愁苦。擁兵荷糧，戰於齊魯⑥。

坎　黃鳥采菉，既嫁不答。念我父兄，思復邦國⑦。

離　胎生孚乳，長息成就。充滿帝室，家國昌富。

咸　三人求橘，反得丹穴。女清以富，黃金百鎰⑧。

恒　東山西嶽，會合俱食。百家送從，以成恩福。

遯　眵雞無距，與鵲交鬪。翅折目盲，爲鳩所傷⑨。

大壯　隙大墻壞，蠹衆木折。狼虎爲政，天降罪罰。高弒望夷，胡亥以斃。

晉　三癡俱走，迷路失道。惑不知歸，反入患口。

---

① “早”，元本作“蚤”，二字古通。“谷處”，元本作“處谷”。

② “戒”，底本作“式”，據津逮本、學津本、尚本改。

③ “上”，元本作“昇”。“王”，津逮本作“主”。“勞賜”，津逮本、尚本作“飲勞”。

④ “羊爭雌”，津逮本作“年爭妻”。

⑤ “素”，底本作“黃”，據尚本改。“載主以”，底本作“戴上與”，據尚本改。“茂”，底本作“既”，據尚本改。

⑥ “愁”，元本、尚本作“勞”。

⑦ “采菉”，學津本作“來集”。

⑧ “丹穴”，津逮本作“大栗”。“清”，底本作“貴”，據尚本改。

⑨ “眵”，底本作“弱”，據津逮本、尚本改。

明夷　弓矢俱張，把彈折絃。丸發不至，道遇害患①。

家人　三女求夫，伺候山隅。不見復關，長思憂歎②。

睽　陽旱炎炎，傷害禾穀。稽人無食，耕夫歎息。

蹇　騎狙逐羊，不見所望。徑涉虎穴，亡羊失羔③。

解　暗昧冥語，傳相註誤。鬼魅所舍，誰知臥處④。

損　姬姜祥淑，二人偶食。論仁議福，以安王室。

益　公孫駕驪，載聘東齊。延陵説産，遺季紵衣⑤。

夬　孤竹之墟，失婦亡夫。傷於蒺藜，不見少妻。東郭棠姜，武氏以亡⑥。

姤　仁政不暴，鳳凰來舍。四時順節，民安其處。

萃　任劣力薄，孱駑恐怯。如蜎見鵲，不敢拒格⑦。

升　衛侯東遊，惑於少姬。亡我考妣，久迷不來⑧。

困　噂噂所言，莫如我垣。歡喜堅固，可以長安⑨。大有之屯。

井　鸞鳴岐山，黿應幽淵。男女媾精，萬物化生。文王以成，爲周開庭⑩。

革　玄黃虺隤，行者勞疲。役夫憔悴，踰時不歸。

---

① "絃"，學津本、尚本作"弦"，二字通。
② "憂歎"，底本作"歎憂"，據津逯本、尚本改。
③ "穴"，津逯本、尚本作"廬"。"亡羊"，津逯本、尚本作"亡羝"。
④ "傳相"，底本作"相傳"，據元本、尚本改。
⑤ "聘"，底本作"昒"，據津逯本、學津本、尚本改。
⑥ "失"，尚本作"老"。"妻"，尚本作"齊"。"氏"，尚本作"子"。
⑦ "孱駑"，元本作"駑孱"。
⑧ "亡"，學津本作"忘"。"久迷"，津逯本作"又逝"。
⑨ "如"，元本、學津本作"知"。
⑩ "鸞"，津逯本作"黿"。"黿"，津逯本作"鱉"。"幽"，津逯本作"山"。"媾"，元本作"搆"。"周開"，津逯本作"開周"。

鼎　弱足刖跟,不利出門。市賈不利,折亡爲患①。

震　懸貆素餐,居非其安。失輿剝廬,休坐徒居②。

艮　民怯城惡,姦人所伏。寇賊大至,入我郛郭,妻子俘獲③。一本爲歸妹辭。

漸　陽低頭,陰仰首。水爲災,傷我足。進不利,難生子④。

歸妹　背北相憎,心意不同,如火與金。一本爲艮辭。

豐　太微帝室,黃帝所值。藩屛周衞,不可得入,常安無患⑤。

旅　繭栗犧牲,敬享鬼神。神嗜飲食,受福多孫⑥。

巽　出門逢惡,與禍爲怨。更相擊刺,傷我手端⑦。

兌　鶬飛中退,舉事不遂,衆人亂潰⑧。

渙　跛踦相隨,日暮牛罷。陵遲後旅,失利亡雌。泰之復。

節　龍角博顙,位至公卿。世祿久長,起動安寧⑨。

中孚　舜升大禹,石夷之野。徵詣王庭,拜治水土⑩。師之小畜同。

小過　從風放火,荻芝俱死。三害集房,叔子中傷⑪。

既濟　梗生荆山,命制輸班。袍衣剝脫,夏熱冬寒。飢餓枯

---

① "市賈不利"之"不",元本、尚本作"無"。
② "安",元本、尚本作"官"。"徒",元本、尚本作"徙"。
③ "郛",津逮本作"邦"。"俘",津逮本作"係"。
④ "災",津逮本作"凶"。"足",津逮作"實"。"難生子",津逮本作"生其子"。
⑤ "值",底本作"宜",據津逮本、學津本、尚本改。"周",津逮本作"固"。
⑥ "受",道藏本作"錫"。
⑦ "惡",學津本作"患"。"與禍",學津本作"與福",津逮本、尚本作"爲患"。
⑧ "遂",底本作"進",據元本、尚本改。"衆",津逮本、尚本作"宋"。
⑨ "顙",底本作"預",據津逮本、學津本、尚本改。
⑩ "拜",底本作"并",據元本、津逮本、學津本、尚本改。"治",學津本作"理"。
⑪ "房",津逮本作"亡"。

槁，衆人莫憐①。

未濟　長面大鼻，來解己憂。遺吾福子，與我惠妻，惠吾嘉喜②。

坤之第二

坤　不風不雨，白日皎皎。宜出驅馳，通利大道。

乾　谷風布氣，萬物出生。萌庶長養，華葉茂成③。

屯　蒼龍單獨，與石相觸。摧折兩角，室家不足。

蒙　城上有烏，自名破家。招呼酖毒，爲國患災④。

需　霜降閉户，蟄蟲隱處。不見日月，與死爲伍。小畜之解。

訟　天之德室，温仁受福。衣裳所在，凶惡不起。

師　皇陛九重，絕不可登。謂天蓋高，未見王公⑤。

比　孔德如玉，出於幽谷。升高鼓翼，輝光照國⑥。

小畜　五軛四軌，復得饒有。陳力就列，騶虞悦喜⑦。

履　四足無角，君子所服。南征述職，以惠我國⑧。

泰　雷行相逐，無有攸息。戰於平陸，爲夷所覆。

---

① “梗”，元本、學津本作“梗”。“衆”，底本作“莫”，據津逮本、學津本、尚本改。

② “與我惠妻”，津逮本、尚本無此句。

③ “成”，津逮本、尚本作“盛”。

④ “患災”，津逮本作“災患”。

⑤ “陛”，元本作“階”。“謂天蓋高，未見王公”兩句底本倒置，據津逮本、尚本改。

⑥ “升高鼓翼”，津逮本、尚本作“飛上喬木，鼓其羽翼”。

⑦ “軛”，津逮本作“範”。“軌”，尚本作“軦”。“復”，尚本作“優”。“騶虞悦喜”下，津逮本有“四足無角，君子所服。南征述職，以惠我國”四句。

⑧ 此首林辭，津逮本作“敝笥在梁，魴逸不禁。漁父勞苦，連室乾口”，尚本作“敝笥在梁，魴逸不禁。漁父勞苦，焦喉乾口，虛空無有”。

否 六龍争極，服在下飾。謹愼管鑰，結禁毋出①。

同人 長男少女，相向共語，福祿歡喜②。

大有 遷延惡人，使德不通。炎火爲殃，禾穀大傷③。

謙 修其翰翼，隨風向北。至虞夏國，與舜相得。年歲大樂，邑無盜賊。

豫 鉛刀攻玉，堅不可得。盡我筋力，胝繭爲疾。比之大過。

隨 舉被覆目，不見日月。衣衾簋簋，就長夜空④。泰之臨同。

蠱 賊仁傷德，天怒不福。斬刈宗社，失其邦國⑤。

臨 白龍赤虎，戰鬪俱怒。蚩尤敗走，死於魚口。

觀 北辰紫宫，衣冠立中。含和建德，常受天福。需之夬、坤之解俱同。

噬嗑 稷爲堯使，西見王母。拜請百福，賜我善子⑥。

賁 三人異趣，反覆迷惑。一身五心，亂無所得⑦。

剥 南山大獲，盜我媚妾。怯不敢逐，退而獨宿。

復 衆鬼所趨，反作大怪。九身無頭，魂驚魄去，不可以居⑧。

---

① "毋"，津逮本作"無"。

② "相向共語"下，津逮本有"析薪在剡"四字。

③ "遷"，底本作"奸"，據津逮本、尚本改。"炎"，津逮本、學津本作"災"。"禾穀"，元本作"年穀"，津逮本、尚本作"禾稼"。

④ "被"，津逮本、尚本作"袂"。"衾"，底本作"裳"，據元本、尚本改。

⑤ "國"，底本作"域"，據津逮本、尚本改。

⑥ "善"，津逮本作"嘉"，尚本作"喜"。

⑦ "三"，津逮本作"二"。"趣"，元本作"趨"，二字可通。"亂"，道藏本作"見"。

⑧ "衆鬼所趨"，津逮本作"衆尤所逐"，尚本作"衆鬼所逐"。"大"，津逮本作"尖"，學津本、尚本作"光"。

无妄 延頸遠望，眣爲目疾。不見叔姬，使伯心憂①。

大畜 典册法書，藏在蘭臺。雖遭亂潰，獨不遇災。大有之恒。

頤 自衛反魯，時不我與。冰炭異室，仁道隔塞②。

大過 瘤瘻禿疥，爲身瘡害。疾病癃殘，常不遠逮③。

坎 齊東郭盧，嫁於洛都。俊良美好，媒利過倍④。

離 齊魯争言，戰於龍門。搆怨連禍，三世不安⑤。比之蠱、同
人之睽。

咸 膏澤肥壤，農人豐敵。利居長安，歷世無患⑥。

恒 倉盈庾億，宜種黍稷。年豐歲熟，民得安息。乾之師、比
之升。

遯 鴟鴞破斧，邦人危殆。賴旦忠德，轉禍爲福，傾危
復立⑦。

大壯 歲飢無年，虐政害民。乾溪驪山，秦楚結冤。

晉 椆潔累累，締結難解。媢母銜嫁，媒不得坐，自爲
身禍⑧。

明夷 訾陬開門，鶴鳴彈冠。章甫進用，舞韶和鸞。三人翼
事，國無災患⑨。

---

① "頸"，底本作"頭"，據元本、津逮本、學津本、尚本改。"眣"，津逮本作"昳"。
"疾"，津逮本、尚本作"病"。

② "我"，津逮本作"可"。

③ "遠逮"，津逮本作"屬遠"。

④ "齊東"，底本作"東齊"，據元本、尚本改。"於"，元本作"我"。

⑤ "連"，學津本作"結"。

⑥ "膏"，元本作"芳"。"敵"，底本作"敵"，據津逮本、學津本、尚本改。

⑦ "旦"，底本作"其"，據津逮本、尚本改。

⑧ "椆潔累累"，元本作"椆絜累累"，津逮本作"捌潔累累"，尚本作"捌絜堁堁"。

⑨ "訾陬"，尚本作"娵訾"。

家人 弟妹合居，與類相扶。願慕羣醜，不離其友①。

睽 邯鄲反言，兄弟生患。涉叔憂恨，卒死不還②。

蹇 三人逐兔，各争有得。愛亡善走，多獲鹿子③。

解 北辰紫宮，衣冠立中。含和建德，常受天福。坤之觀，需之解。

損 拜跪請免，不得其哺。俛首銜枚，低頭北去④。

益 鶴盜我珠，逃於東隅。求之郭墟，不見所居。

夬 一簧兩舌，妄言謬語。三姦成虎，曾母投杼⑤。

姤 孤獨特處，莫與爲旅。身日勞苦，使布五穀，陰陽順序⑥。

萃 褰衣涉河，澗流浚多。賴遇舟子，濟脱無他⑦。

升 憑河登山，道路阻難，求事少便。

困 兔罝之容，不失其恭。和謙致樂，君子攸同。

井 三女求夫，伺候山隅。不見復關，泣涕漣如⑧。

革 螟蟲爲賊，害我五穀。中雷空虛，家無所食⑨。需之明夷。

鼎 望尚阿衡，太宰周公。藩屏輔弼，福禄來同⑩。

---

① "弟妹合居"，元本、尚本作"弟姊合居"，津逮本作"姊妹本居"。"友"，底本作"處"，據津逮本、尚本改。

② "兄弟"，津逮本、尚本作"父兄"。

③ "三"，津逮本、尚本作"二"。"有"，津逮本作"其"。"亡"，津逮本作"妾"。"鹿"，津逮本作"其"。

④ "枚"，元本作"枝"。

⑤ "謬語"，津逮本作"謀訣"，尚本作"謬訣"。

⑥ 此首林辭，津逮本作"伯虎仲熊，德義洵美，使布五穀，陰陽順序"。元本同於底本，然後又附"伯虎仲熊，德义四布"。

⑦ "澗流浚多"，尚本作"水深漬罷"。

⑧ "如"，津逮本作"洳"。

⑨ "五"，元本作"黍"。"中雷"，津逮本、尚本作"簞笥"。

⑩ "周"，底本作"國"，據元本、尚本改。

震　三年生狗,以戌爲母。荆夷上侵,姬伯出走①。需之訟,否之姤。

艮　塗遏道塞,求事不得②。

漸　探懷得蚤,無有凶憂。所願失道,善居漸好③。

歸妹　飛樓屬道,趾多攬垣。居之不安,覆厭爲患④。

豐　義不勝情,以欲自傾。幾利危寵,折角摧頸⑤。

旅　潼瀥蔚薈,扶首來會。津液來降,流淹滂霈⑥。

巽　白駒生芻,猗猗盛姝。赫喧君子,樂以忘憂⑦。

兌　車馳人趍,卷甲相仇。齊魯寇戰,敗於犬丘。

渙　舉首望城,不見子貞,使我悔生。

節　龍鬪時門,失理傷賢。内畔外賊,則生禍難⑧。

中孚　安如泰山,福喜屢臻。雖有豺虎,不致危身⑨。

小過　初憂後喜,與福爲市。八佾列陳,飲御嘉友。訟之坎。

既濟　持刀操肉,對酒不食。夫行從軍,小子入獄,抱膝獨宿⑩。

未濟　陰衰老極,陽建其德。履離戴光,天下昭明。功業不

---

① “年”,津逮本、尚本作“牛”。
② “遏”,津逮本作“回”。
③ 此首林辭,津逮本、元本作“探懷得蚤,所願失道”。
④ “攬”,津逮本、尚本作“擾”。“厭”,元本、尚本作“壓”,二字古通。
⑤ “利危”,底本作“危利”,據元本、尚本改。
⑥ “來”,元本、津逮本、尚本作“下”。“淹”,元本、津逮本、尚本作“潦”。“滂霈”,元本作“霈霈”。
⑦ “喧”,元本作“咺”。
⑧ “外”,津逮本作“生”。
⑨ “喜”,津逮本作“祐”。“豺”,津逮本作“豹”。
⑩ “刀”,元本作“刃”。“小”,津逮本、尚本作“少”。

長，蝦蟆代王①。否之无妄，大有之臨。

屯之第三

屯　兵征大宛，北出玉關。與胡寇戰，平城道西。七日絕糧，身幾不全②。

乾　汎汎柏舟，流行不休。耿耿寤寐，心懷大憂。仁不逢時，退隱窮居③。

坤　採薪得麟，大命隕顛。豪雄爭名，天下四分。豫之未濟。

蒙　山崩谷絕，天福盡竭。涇渭失紀，玉曆盡已④。

需　夏臺羑里，湯文所厄。鬼侯俞賄，商王解舍⑤。

訟　泥滓污辱，棄捐溝瀆。所共笑哭，終不顯錄⑥。

師　李梅冬實，國多盜賊。擾亂並作，君不能息⑦。同人之損。

比　獐鹿逐牧，飽歸其居。反還次舍，無有疾故。訟之小畜。

小畜　夾河爲婚，期至無船。搖心失望，不見所歡⑧。

履　百足俱行，相輔爲強。三聖翼事，王室寵光。比之无妄。

泰　坐位失處，不能自居。賊破王邑，陰陽顛倒⑨。

否　登几上輿，駕駟南遊。合從散橫，燕齊以強。

---

① “代”，津逮本、尚本作“大”。
② “關”，元本作“門”。
③ “懷”，元本作“裹”。“退”，底本作“復”，據尚本改。
④ “天”，津逮本、尚本作“大”。
⑤ “俞”，津逮本、尚本作“輸”，“俞”亦有進義。
⑥ “滓”，底本作“津”，據元本、尚本改。“所共”，元本作“爲衆”。
⑦ “能”，津逮本、尚本作“得”。
⑧ “搖”，底本作“淫”，據元本、尚本改。
⑨ “位”，元本作“立”。“賊破王邑”，津逮本、尚本作“調攝違和”。

同人 三孫荷弩，無益於輔。城弱不守，邦君受討①。

大有 河伯大呼，津不得渡。船空無人，往來亦難②。

謙 甘露醴泉，太平機關。仁德感應，歲樂民安。大過之未濟。

豫 重茵厚席，循皋採藿。雖躓不懼，復反其宅③。

隨 太乙駕騮，從天上來。徵我叔季，封爲魯侯，無有凶憂④。需之比，否之大壯。

蠱 南巴六安，石斛戟天。所指不已，耆老復丁。敝室舊墟，更爲新家⑤。

臨 家給人足，頌聲並作。四夷賓伏，干戈韜閣⑥。一作觀卦。

觀 東鄰嫁女，爲王妃后。莊公築館，以尊王母。歸於京師，季姜悦喜。一作臨卦，否之既濟。

噬嗑 陳嬀敬仲，兆興齊姜。營丘是適，八世大昌⑦。姤之師，比之豫。

賁 路多枳棘，步刺我足。不利旅客，爲心作毒。損卦同。

剥 天官列宿，五神共舍。宮闕光堅，君安其居⑧。

復 牧羊稻園，聞虎呻喧。懼畏惕息，終無禍患⑨。否之節。

无妄 鳴條之圖，北奔犬胡。左衽爲長，國號匈奴。主君旄

---

① “孫荷”，津逮本、尚本作“系維”。“邦”，津逮本、尚本作“郭”。
② “得”，元本作“可”。
③ “復反”，底本作“反復”，據尚本改。“復反其宅”，津逮本作“後反其處”。“復反其宅”後，元本有“猿墮高木，不蹉手足，還歸其室，保我金玉”四句。
④ “無有凶憂”四字，底本無，據津逮本、尚本補。
⑤ “斛”，底本作“解”，據津逮本、尚本改。“耆老復丁”，津逮本、尚本作“已老復一，將耆乃嫁”。“敝室舊墟”，津逮本、尚本作“墟敝室舊”。
⑥ “伏”，津逮本、學津本作“服”，二字可通。
⑦ “嬀”，底本作“妻”，據津逮本、尚本改。
⑧ “共舍”，津逮本作“室屋”。“宮闕光”，津逮本作“空門完”。
⑨ “無”，津逮本作“免”。

頭,立尊單于①。

大畜 剋身潔己,逢禹巡狩。錫我玄珪,拜受福佑。

頤 冬華不實,國多盜賊。疾病難醫,鬼哭其室。

大過 襄送季女,至于蕩道。齊子旦夕,留連久處。

坎 朽根倒樹,花葉落去。卒逢火焱,隨風偃仆。

離 陰變爲陽,女化作男。治道得通,君臣相承。

咸 炎絕續光,火滅復明。簡易理得,以成乾功②。

恒 多載重負,捐棄於野。予母誰子,但自勞苦③。

遯 江河海澤,衆利安宅。可以富有,飲御嘉客④。

大壯 冬採薇蘭,地凍堅坏。利走室北,暮無所得⑤。

晉 烏鳴嘻嘻,天火將起。燔我室屋,災及姬后⑥。

明夷 蠆室蜂戶,螫我手足。不可進取,爲身害速⑦。履之泰。

家人 崔嵬北嶽,天神貴客。温仁正直,主布恩德。開衣不已,蒙受大福⑧。

睽 伯蹇叔盲,莫與守牀。失我衣裘,伐民除鄉⑨。

蹇 爲季求婦,家在東海。水長無船,不見所歡。

解 山陵丘墓,魂魄失舍。精神盡竭,長寢不覺⑩。

---

① "圖",津逮本、尚本作"災"。

② "以",津逮本作"仍"。

③ "予",津逮本作"王"。

④ "安",元本作"室"。

⑤ "坏",津逮本作"難"。"室",津逮本、尚本作"東"。

⑥ "烏",尚本改作"鳥"。"鳴",津逮本作"鵲"。"姬",津逮本、尚本作"妃"。

⑦ "速",津逮本作"咎"。

⑧ "嶽",底本作"獄",據元本、津逮本、尚本改。"開衣",尚本據局本改作"閔哀",似可從。

⑨ "牀",津逮本、尚本作"牧"。"伐民除鄉",津逮本、尚本作"代己除服"。

⑩ "神",元本、尚本作"誠"。

損　跨牛失角，下山傷軸，失其利祿①。

益　水載船舟，無根以浮。往來溶溶，心勞且憂②。

夬　有鳥來飛，集于宮樹。鳴聲可惡，主將出去③。

姤　東徙不時，觸患離憂。井泥無濡，思叔舊居④。

萃　黃帝所生，伏羲之宇。兵刃不至，利以居止。履之家人。

升　東山救亂，處婦思夫。勞我君子，役無休已⑤。

困　跛躓未起，失利後市，不得鹿子⑥。

井　大蛇當路，使季畏懼。湯火之災，切近我膚。賴其天幸，趨於王廬⑦。損之比。

革　從容長閒，遊戲南山。拜祠禱神，神使無患⑧。一作震卦。

鼎　區脫康居，慕義入朝。湛露之歡，三爵畢恩。復歸野廬，與母相扶⑨。

震　龜鱉列市，河海饒有。長錢善價，商李悅喜⑩。一作革卦。

艮　年常蒙慶，今歲受福。三夫採葩，出必有得⑪。

漸　二人俱東，道路爭訟。意乖不同，使君惱惱⑫。

---

①　“跨牛失角”，元本作“騎牛折角”。“失其利祿”後，津逮本多“過在誰執”四字。
②　“載”，底本作“戴”，據元本、尚本改。“溶溶”，元本作“濟濟”。
③　“宮”，底本作“古”，據元本、尚本改。
④　“濡”，翟本謂當作“禽”。
⑤　“救”，津逮本、尚本作“拯”。“役無休已”，津逮本作“役使休止”。
⑥　“失”，底本作“先”，據津逮本、尚本改。
⑦　“季”，津逮本作“我”。“王”，津逮本作“主”。
⑧　“長”，元本作“常”。“禱”，津逮本作“祀”。“神使”，底本作“使神”，據津逮本、尚本改。“無”，津逮本作“免”。
⑨　“義”，津逮本作“仁”。“扶”，津逮本作“候”。
⑩　“長錢善價”，津逮本作“長財善賈”。
⑪　“夫”，津逮本作“扶”。“葩”，津逮本作“芭”。
⑫　“路”，元本作“怒”。“惱惱”，底本作“惱惱”，據元本、尚本改。

歸妹 樹我藿豆，鹿兔爲食。君不恤護，秋無收入①。

豐 黃鳥悲鳴，愁不見星。困於鷙鳥，鶪使我驚②。

旅 雙鳬俱飛，欲歸稻池。經涉萑澤，爲矢所射，傷我胸臆③。否之晉。

巽 久客無依，思歸我鄉。雷雨盛溢，道未得通④。

兌 道路辟除，南至東遼。衛子善辭，使國無憂⑤。

渙 同枕同袍，中年相知。少賈無失，獨居愁思⑥。

節 衆神集聚，相與議語。南國虐亂，百姓愁苦。興師征討，更立賢主⑦。小畜之豫。

中孚 北陸閉蟄，隱伏不出。目盲耳聾，道路不通。

小過 痴狂妄作，心誑善惑。迷行失路，不知南北。

既濟 棟隆輔強，寵貴日光。福善並作，樂以高明。

未濟 愛我嬰女，牽衣不與。冀幸高貴，反曰賤下⑧。

---

① "我"，津逮本作"栽"。"鹿兔爲食"，津逮本作"爲鹿兔食"。"恤"，津逮本作"慎"。

② "困於鷙鳥，鶪使我驚"，津逮本作"困於鷙鶪，使我心驚"。

③ "池"，底本作"食"，據津逮本、尚本改。

④ "依"，津逮本作"休"。"我"，津逮本、尚本作"故"。"雷"，津逮本、尚本作"霖"。

⑤ "辟"，底本作"僻"，據元本、尚本改。

⑥ "同"，津逮本、尚本作"共"。"相知"，津逮本、學津本作"分去"。"失"，津逮本、學津本、尚本作"利"。

⑦ "聚"，底本作"衆"，據元本、津逮本、尚本改。

⑧ "曰"，元本、尚本作"日"。

蒙之第四

蒙　何草不黃，至未盡玄。室家分離，悲愁於心①。

乾　海爲水王，聰聖且明。百流歸德，無有叛逆，常饒優足。損之履。

坤　天之所有，禍不過家。左輔右弼，金玉滿堂。常盈不亡，富如敖倉②。

屯　安息康居，異國穹廬。非吾習俗，使我心憂。

需　范公鴟夷，善賈飾資。東之營丘，易字子皮。把珠載金，多得利歸。

訟　老楊日衰，條多枯枝。爵級不進，遂下摧隤③。泰之咸。

師　小狐渡水，污濡其尾。利得無幾，與道合契④。

比　豕生魚魴，鼠舞庭堂。奸佞施毒，上下昏荒，君失其邦⑤。

小畜　天地配享，六位光明。陰陽順序，以成和平⑥。訟之震。

履　踝踵足傷，右指病癃。失旅後時，利走不來⑦。

泰　異體殊患，各有所屬。西鄰孤媼，欲寄我室。王母罵

---

① “愁”，元本、尚本作“憂”。
② “天之所有，禍不過家”，尚本刪。“有”，津逮本作“佑”。“堂”，津逮本作“匱”。
③ “堂”，津逮本作“匱”。
④ “契”，津逮本作“符”。
⑤ “魚”，津逮本作“如”。“奸佞施毒”，津逮本作“雄俟施姜”。“邦”，底本作“國”，據津逮本、尚本改。
⑥ “序”，元本、尚本作“敘”。“和平”，津逮本、尚本作“厥功”。
⑦ “來”，津逮本、尚本作“歸”。

罟,求不可得①。

否 操稻鄉畝,祈貸稷黍。飲食充口,安利无咎②。

同人 所受大喜,福祿重來。樂且日富,蒙慶得財③。

大有 舉盃飲酒,無益溫寒,指直失取,亡利不懽④。

謙 日月相望,光明盛昌。三聖茂承,功德大隆⑤。師之節,否之賁。

豫 猾夫爭強,民去其鄉。公孫叔子,戰於瀟湘⑥。

隨 猿墮高木,不踤手足。還歸其室,保我金玉⑦。否之臨,益之豫,訟之艮。

蠱 逐狐東山,水遏我前。深不可涉,失利後便⑧。

臨 鑿井求玉,非卞氏寶。名困身辱,勞無所得。

觀 黃玉溫厚,君子所服。甘露溽暑,萬物生茂⑨。

噬嗑 畫龍頭頸,文章不成。甘言善語,說辭無名⑩。

賁 招禍致凶,來弊我邦。病在手足,不得安息。

剝 履位乘勢,靡有絕斃。皆爲隸圉,與衆庶伍⑪。

復 獐鹿雉兔,羣聚東圃。盧黃白脊,俱往趨逐。九齝十

---

① "異體殊患",津逯本作"思體同恩"。"王",津逯本、尚本作"主"。"求不可得",津逯本作"求子不得"。

② "稌",津逯本、尚本作"秬",孫詒讓《札迻》謂當作"秏"。"祈貸",底本作"折貨",據津逯本、尚本改。"利",津逯本、尚本作"和"。

③ "所受大喜",津逯本、尚本作"新受大寵"。

④ "無益溫寒,指直失取",津逯本作"指宜失取,無益溫寒"。

⑤ "承",學津本作"功"。"功",學津本作"仁"。

⑥ "瀟湘",津逯本、尚本作"城南"。

⑦ "還歸其室,保我金玉",津逯本作"保我全生,還歸其室"。

⑧ "遏",津逯本作"過"。

⑨ "厚",津逯本作"德"。

⑩ "善",津逯本作"美"。

⑪ "皆爲隸圉",津逯本作"贊爲隸圉"。"伍",元本、尚本作"位"。

得，君子有喜①。

无妄　纖錦未成，緯盡無名。長子逐兔，鹿起失路。後利不得，因無所據②。

大畜　天厭周德，命與仁國。以禮靖民，兵革休息。

頤　重譯賀芝，來除我憂。善説遂良，與喜相求③。

大過　膏澤肥壤，人民孔樂。宜利居止，長安富貴④。

坎　白龍黑虎，起鬐暴怒。戰於涿鹿，蚩尤敗走。居止不殆，君安其所⑤。同人之比，益之比。

離　抱關傳語，聾跛摧殆。衆賤無下，災殃所在⑥。

咸　憂禍解除，喜至慶來。坐立歡門，與樂爲鄰。小畜之井。

恒　折鋒載殳，輿馬放休。狩軍依營，天下安寧⑦。

遯　至德之君，仁政且溫。伊吕股肱，國富民安⑧。

大壯　千里望城，不見山青。老兔蝦蟆，遠絶無家。

晉　有莘季女，爲夏妃后。貴夫壽子，母字四海⑨。

明夷　不虞之患，禍至無門。奄忽暴卒，痛傷我心。

---

①　“圃”，底本作“囿”，據津逮本、尚本改。“盧黄白脊”，孫詒讓《札迻》謂當作“黄盧白昔”。“趨”，津逮本作“追”。

②　“錦”，底本作“金”，據元本、尚本改。“盡”，底本作“畫”，據元本、尚本改。“鹿起失路”，津逮本作“鹿失先路”。“後”，津逮本、尚本作“見”。

③　“賀”，津逮本作“買”，尚本作“貢”。

④　“膏澤肥壤”，元本、尚本作“膏壤肥澤”。“居”，底本作“俱”，據元本、尚本改。“貴”，津逮本、尚本作“有”。

⑤　“鬐”，津逮本作“伏”。“涿鹿”，津逮本作“阪泉”。

⑥　“語”，津逮本、尚本作“言”。“摧殆”，津逮本、尚本作“摧筋”，孫詒讓《札迻》謂當作“嗺筋”。“衆賤無下，災殃所在”，津逮本作“破賊無災，不安其所”。

⑦　“狩”，元本、尚本作“行”。

⑧　“民”，津逮本作“長”。

⑨　“字”，津逮本作“於”。

家人　飛鷹退去，不食鄰鳥。憂患解除，君主安居①。

睽　踤蹉側跌，申酉爲祟。亥戌滅明，顔子隱藏②。

蹇　司禄憑怒，謀議無道。商氏失政，殷人乏祀③。

解　望鷄得雛，冀馬獲駒。大德生少，有瘳從居④。

損　忉忉怛怛，如將不活。黍稷之恩，靈輒以存⑤。

益　莫莫輯輯，夜作晝匿。謀議我資，來攻我室。空盡我財，幾無以食⑥。

夬　天之所壞，不可強支。衆口指笑，雖貴必危。

姤　目動睫瞤，喜來加身。舉家蒙歡，吉利無殃⑦。

萃　黿羹芬香，染指弗嘗。口飢於手，子公恨饞⑧。

升　天福所豐，兆如飛龍。成子得志，六二以興⑨。

困　氓伯以婚，抱布自媒。棄禮急情，卒罹悔憂⑩。

震　夏姬親附，心聽悦喜。利以搏取，無言不許⑪。

艮　南山昊天，刺政閔身。疾悲無辜，背憎爲仇⑫。

————————

①　“鄰鳥”，津逮本、尚本作“雉雞”。“解除”，津逮本作“心解”。“君主”，元本、尚本作“主君”。

②　“蹉”，元本作“差”。“亥戌”，津逮本、尚本作“戌亥”。

③　“禄”，底本作“録”，據元本、尚本改。“氏”，底本作“民”，據元本、尚本改。“祀”，尚本作“嗣”。

④　“雛”，底本作“雉”，據津逮本、尚本改。“冀”，津逮本作“求”。“瘳”，津逮本、尚本作“廖”。

⑤　“靈輒以存”後，津逮本多“獲生保年”四字。

⑥　“莫莫輯輯”，尚本作“噂噂囁囁”。

⑦　“睫”，津逮本作“煩”。

⑧　“弗嘗”，津逮本、尚本作“拂裳”。“饞”，津逮本作“讒”。

⑨　“二”，底本作“三”，據元本、津逮本、尚本改。

⑩　“以婚”，元本、尚本作“易絲”。“罹”，元本作“離”。

⑪　此首林辭津逮本、學津本、尚本皆作井林辭，元本及底本作震林辭。“姬”，津逮本作“姒”。“搏”，津逮本作“博”。

⑫　此首林辭津逮本、學津本、尚本皆作革林辭，元本及底本作艮林辭。

井　三人爲旅，俱歸北海。入門上堂，拜謁王母。勞賜我酒，懽樂無疆①。

革　愆淫旱疾，傷害稼穡。喪制病來，農人無食②。

鼎　攫飯把肉，以就口食。所往必得，無有虛乏③。

漸　鳥飛無翼，兔走折足。雖欲會同，未得所欲④。

歸妹　體重飛難，不得踰關。行坐憂愁，不離室垣⑤。

豐　四雄並處，人民愁苦。擁兵西東，不得安所⑥。

旅　譯重關牢，求解已憂。心感乃成，與喜俱居⑦。

巽　患解憂除，王母相於。與喜俱來，使我安居⑧。

兌　冬生不華，老女無家。霜冷蓬室，更爲枯株⑨。

渙　震慄恐懼，多所畏惡。行道留難，不可以步⑩。

節　三夫共妻，莫適爲雌。子無名氏，公不可知⑪。

中孚　早凋被霜，花葉不長。非時爲災，家受其殃⑫。

小過　雉兔之東，狼虎所從。貪叨凶惡，不可止息⑬。

---

①　此首林辭津逮本、學津本、尚本皆作鼎林辭，元本及底本作井林辭。

②　此首林辭津逮本、學津本、尚本皆作震林辭，元本及底本作革林辭。"愆"，津逮本作"陽"。"疾"，津逮本作"病"。"制"，津逮本、學津本作"刈"。

③　此首林辭津逮本、學津本、尚本皆作艮林辭，元本及底本作鼎林辭。"所"，元本作"萬"。

④　"所欲"，津逮本作"已惑"。

⑤　"不得"，元本、尚本作"未能"。"行坐憂愁"，底本無，據津逮本、尚本補。

⑥　"西東"，津逮本作"東西"。

⑦　"感"，元本作"惑"。"喜"，津逮本、尚本作"善"。"俱"，尚本作"並"。

⑧　"於"，津逮本作"予"。"王"，元本作"皇"。

⑨　"更"，津逮本作"競"。

⑩　"步"，津逮本作"涉"。

⑪　"夫"，底本作"人"，據津逮本、尚本改。"公"，津逮本、尚本作"翁"。

⑫　"早"，元本、學津本作"草"。"災"，元本作"落"。

⑬　"從"，津逮本作"食"。"叨"，津逮本作"饕"。

既濟　馬驚破車,主墮深溝。身死魂去,離其室廬①。

未濟　山林麓藪,非人所處。鳥獸無禮,使我心苦②。

---

① "破車",元本作"車破"。"主",津逮本作"王"。
② "處",底本作"往",據元本、尚本改。

焦氏易林卷第二

需之第五

需 久旱三年，草木不生。粢盛空乏，無以供靈。

乾 火滅復息，君明其德。仁人可遇，身受利福①。

坤 温山松柏，常茂不落。鸞鳳以庇，得其歡樂②。否之恒。

屯 西誅不服，恃強負力。倍道趨敵，師徒敗覆。益之同人。

蒙 三塗五嶽，陽城太室。神明所伏，獨無兵革③。

訟 二牛生狗，以戌爲母。荆夷上侵，姬伯出走④。坤之震，否之姤。

師 鳧遊江海，役行千里。以爲死亡，復見空素，長主凶憂⑤。

比 太乙駕驪，從天上來。徵召叔季，封爲魯侯，無有凶憂⑥。屯之隨，否之大壯。

小畜 紝績獨居，寡處無夫。陰陽失志，爲人僕使⑦。

---

① “福”，津逮本作“禄”。
② “鳳”，津逮本作“凰”。“以”，津逮本、尚本作“所”。
③ “所伏”，津逮本作“之保”。
④ “二”，津逮本、尚本作“三”。
⑤ “役”，津逮本、尚本作“没”。“素”，津逮本、尚本作“桑”。“長主凶憂”，津逮本、尚本作“長生樂鄉”。
⑥ “乙”，元本作“一”。“來”，元本作“求”。“召”，底本作“君”，據元本、尚本改。
⑦ “紝績”，津逮本作“任宿”。“志”，底本作“忘”，據津逮本、尚本改。

履 兵征大宛，北出玉門。與胡寇戰，平城道西。七日絕糧，身幾不全。<small>與屯同。</small>

泰 楚靈暴虐，罷極民力。禍起乾溪，棄疾作毒。扶伏奔逃，死申亥室①。

否 雌單獨居，歸其本巢。毛羽憔悴，志如死灰。

同人 兩矛相刺，勇力鈞敵。交綏結和，不破不缺。

大有 乘船渡濟，載水逢火。賴幸免禍，蒙我生全②。

謙 喪寵溢尤，政傾家覆。我宗失國，秦滅周室③。

豫 冬無藏冰，春陽不通。陰流爲賊，國被其殃。

隨 田鼠野雞，意常欲逃。拘制籠檻，不得動搖。

蠱 佩玉藥兮，無所繫之。旨酒一盛，莫與笑語。孤寡獨特，常愁憂苦。

臨 沒游源口，求鮫爲寶。家危自懼，復出生道。

觀 河水孔穴，壞敗我室。水深無岸，魚鱉傾側④。

噬嗑 教羊牧兔，使魚捕鼠。任非其人，費日無功。

賁 升户入室，就溫燠食。冰凍北陸，不能相賊⑤。

剝 孤竹之墟，老婦無夫。傷於蒺藜，不見少妻。東郭棠姜，武氏破亡⑥。<small>乾之夬。</small>

---

① "伏"，底本作"仗"，據元本、尚本改。"死申亥"，底本作"身死亥"，據元本、尚本改。

② "渡濟"，尚本作"濟渡"。"幸"，津逮本作"行"。"禍"，元本作"患"。

③ "溢"，津逮本、尚本作"益"。

④ "側"，津逮本、尚本作"倒"。

⑤ "燠"，津逮本作"煖"。"冰"，元本作"水"。

⑥ "老"，津逮本作"失"。"無"，津逮本、尚本作"亡"。"棠"，底本作"堂"，據元本、尚本改。

復 凶禍災殃，日益明彰。福不可釐，三郃夷傷①。

无妄 載璧秉珪，請命於河。周公作誓，沖人瘳愈②。

大畜 鳥升鵲舉，照臨東海。龍降庭堅，爲陶叔後。封圻英六，履禄綏厚③。謙之頤同。

頤 危坐至暮，請求不得。膏澤不降，政戾民忒④。

大過 宜昌娶婦，東家歌舞。宴樂有序，長樂嘉喜⑤。

坎 鑿井求玉，非卞氏寶。名困身辱，勞無所得⑥。蒙之臨。

離 鵠思其雄，欲隨鳳東。順理羽翼，出次須日。中留北邑，復反其室。

咸 早霜晚雪，傷害禾麥。損功棄力，飢無所食。比之遯。

恒 蝙蝠生子，深目黑醜。雖飾相就，衆人莫取⑦。

遯 去如飛鴻，避凶且東。遂得全脱，與福相逢⑧。

大壯 婚姻合配，同枕共牢。以降休嘉，子孫封侯。

晉 咸陽辰巳，長安戌亥。丘陵生止，非魚鮪市。不可辭阻，終無悔咎⑨。

明夷 螟蟲爲賊，害我五穀。簞食空虚，家無所食⑩。坤之革。

---

① "禍"，元本、尚本作"憂"。
② "作誓"，津逮本作"克敏"。
③ "升"，津逮本、尚本作"飛"。"龍"，元本、津逮本、尚本作"龙"。"六"，津逮本作"雄"。"禄"，津逮本、尚本作"福"。
④ "忒"，津逮本作"惑"。
⑤ "序"，津逮本、尚本作"緒"。"樂"，津逮本、尚本作"安"。
⑥ "氏"，元本作"和"，卞氏名和。
⑦ "蝠"，底本作"螺"，據元本、尚本改。
⑧ "且"，元本、津逮本、尚本作"直"。
⑨ "辭"，津逮本、尚本作"避"。
⑩ "食"，津逮本、尚本作"笥"。

家人　謀恩拜德，東歸吾國。慷慨宴笑，歡樂有福①。

睽　齋貝贖狸，不聽我辭。係於虎鬚，牽不得來②。否之革。

蹇　比目附翼，歡樂相得。行止集周，終不離忒③。

解　一指食肉，口無所得。染其鼎鼐，舌饞於腹。

損　曳綸江海，釣挂魴鯉。王孫得利，以享仲友④。

益　商紂牧野，顛敗所在。賦斂重數，黎元愁苦。

夬　北辰紫宮，衣冠立中。含和建德，常受天福⑤。坤之觀，履之需。

姤　輕戰尚勇，不知兵權。爲敵所制，從師北奔⑥。

萃　大口宣舌，神使伸言。黃龍景星，出應德門。興福上堂，天下安昌⑦。大有之蠱。

升　凶子禍孫，把劍向門。凶訟讙囂，驚駭我家⑧。一作争訟。

困　祝伯善言，能事鬼神。辭祈萬歲，使君延年。

井　珪璧琮璋，執贄見王。百里甯戚，應聘齊秦。否之訟。

革　昧旦乘車，履危蹈溝。亡失裙襦，摧折兩軸⑨。

鼎　膠著木連，不出牛欄。斯饗羔羊，家室相安⑩。

---

① “謀”，津逮本、尚本作“蒙”。“宴”，元本作“歡”。
② “齋貝”，底本作“齋具”，據元本、津逮本、尚本改。
③ “周”，津逮本作“同”。
④ “江海”，津逮本、學津本作“汀洲”。
⑤ “建”，津逮本作“達”。
⑥ “從”，津逮本作“征”。
⑦ “舌”，元本、尚本作“脣”。“身”，底本作“仲”，據津逮本、尚本改。“興福上堂”，底本作“與福上天”，據津逮本、尚本改。
⑧ “把”，元本、尚本作“仗”。“向”，尚本作“出”。
⑨ “蹈”，元本作“陷”。
⑩ “木連”，津逮本作“未通”。

震　卷領遯世，仁德不舍。三聖攸同，周家茂興①。

艮　黍稷苗稻，垂秀方造。中旱不雨，傷風枯槁。

漸　冠帶南遊，與福喜逢。期於嘉貞，拜爲公卿②。

歸妹　一巢九子，同公共母。柔順利貞，出入不殆，福禄所在。

豐　韓氏長女，嫁於東海。宜家富主，柔順以居，利得過倍③。

旅　因禍受福，喜盈我室。先人後己，所願必得④。

巽　晉平有疾，迎醫秦國。病乃大患，分爲兩豎。逃匿膏肓，和不能愈⑤。

兌　牡飛門啓，患憂大解。脩福行善，不爲身禍⑥。同人之夬。

渙　追亡逐北，至山而得。稚叔相呼，反其室廬⑦。

節　鳥鳴葭端，一呼三顛。動搖東西，危慄不安，疾病無患⑧。

中孚　龍化爲虎，泰山之陽。衆多從者，莫敢救藏⑨。

小過　焱風忽起，車馳揭揭。棄名追亡，失其和節，憂心

①　“領”，津逮本作“舌”。“家”，元本、尚本作“國”。

②　“逢”，津逮本作“期”。“期於嘉貞”，津逮本作“邀於嘉徵”。

③　“宜家富主，柔順以居”，津逮本作“多貌美好，宜家富壽”。“過”，津逮本作“十”。

④　“先人後己”，底本無，據津逮本補。

⑤　“患”，津逮本作“秘”。“逃匿膏肓”，津逮本、尚本作“逃匿肓上，伏於膏下”。

⑥　“牡”，底本作“杜”，據津逮本、尚本改。

⑦　“山”，底本作“止”，據尚本改。

⑧　“葭”，底本作“既”，據尚本改。

⑨　“救”，元本、尚本作“牧”。

惙惙①。

既濟 遊居石門，祿安身全。受福西鄰，歸飲玉泉。

未濟 登高上山，見王自言。申理我讒，得職蒙恩②。比之未

濟同。

訟之第六

訟 文巧俗弊，將反大質。僵死如麻，流血濡櫋。皆知其

母，不識其父，干戈乃止③。

乾 文王四乳，仁愛篤厚。子畜十男，夭折無有④。

坤 日入望車，不見子家。長女無夫，左手搔頭⑤。

屯 東上泰山，見堯自言。申理我冤，以解憂患。

蒙 奎軫溫湯，過角宿房。宣時布和，無所不通⑥。

需 引船牽頭，雖拘無憂。王母善禱，禍不成災⑦。

師 梟得水沒，喜笑自啄。毛羽悅澤，利以攻玉。公出不

復，伯氏客宿⑧。

比 水流趨下，欲至東海。求我所有，買魴與鯉⑨。

———————————

① "焱"，元本、尚本作"猋"。"忽起"，尚本作"阻越"。"棄名追亡"，尚本作"棄古
追思"。

② "讒"，津逮本作"冤"。

③ "漂"，底本作"濡"，據津逮本、尚本改。"櫋"，津逮本作"杅"。

④ "子"，翟本謂當作"字"，似可從。

⑤ "車"，底本作"東"，據津逮本、尚本改。

⑥ "溫"，津逮本、尚本作"湯"。

⑦ "船"，津逮本、尚本作"髥"。"頭"，津逮本作"鬚"。"拘"，津逮本、尚本作
"懼"。

⑧ "澤"，元本、尚本作"懌"。"伯"，津逮本作"柏"。

⑨ "買魴與鯉"下，元本有"足關路止"四字。

小畜　獐鹿逐牧，安飽其居。反還次舍，無有疾故。屯之比。

履　樹植藿豆，不得芸鋤。王事靡盬，秋無所收①。

泰　弱水之西，有西王母。生不知老，與天相保②。

否　數窮廓落，困於歷室。卒登玉堂，與堯侑食③。

同人　子鉏執麟，春秋作經。元聖將終，尼父悲心④。

大有　尹氏伯奇，父子生離。無罪被辜，長舌所爲。

謙　播木折枝，與母別離。九皋難和，絕不相知⑤。

豫　眵雞無距，與鵲格鬭。翅折目盲，爲鳩所傷⑥。

隨　甲乙丙丁，俱歸我庭。三丑六子，入門見母。

蠱　桑葉蟓蠹，衣弊如絡。女工不成，絲布爲玉⑦。

臨　開牢闢門，巡狩釋冤。夏臺羑里，湯文悦喜。

觀　欽明之德，坐前玉食。必保嘉美，長受安福⑧。

噬嗑　武夫司空，多口争訟。金火當户，民不安處，年飢無有。

賁　紫閣九重，尊嚴在中。黄帝堯舜，履行至公。冠帶垂衣，天下康寧⑨。

剥　負牛上山，力劣行難。烈風雨雪，遮遏我前。中道復

---

① “所”，津逮本、尚本作“人”。

② “老”，底本作“死”，據津逮本、尚本改。“與天相保”下，津逮本有“行者危殆，利居善喜”八字。

③ “卒”，津逮本、尚本作“幸”。

④ “經”，底本作“元”，據津逮本、尚本改。“元”，底本作“陰”，據津逮本、尚本改。

⑤ “木”，元本作“枚”。“和”，底本作“扣”，形近而誤，據津逮本、尚本改。

⑥ “眵”，底本作“弱”，據津逮本、尚本改。“爲鳩所傷”下，津逮本有“復歸野廬，與母相扶”八字。

⑦ “工”，元本作“功”。

⑧ “美”，津逮本作“善”。

⑨ “閣”，津逮本、尚本作“闕”。“衣”，元本、尚本作“裳”。

還,憂者自歡①。

復 蹇兔缺唇,行難齒寒。口痛不言,爲身生患②。

无妄 合體比翼,嘉耦相得。與君同好,使我有福。

大畜 口啄卒卒,憂從中出。喪我寶貝,妻妾失位③。

頤 兩心不同,或從西東。明論終日,莫適相從④。

大過 啞啞笑言,與善飲食。長樂行觴,千秋起舞,拜受大福⑤。

坎 初憂後喜,與福爲市。八佾列陳,飲御諸友⑥。坤之小過。

離 西徙無家,破其新車。王孫失利,不如止居。

咸 鳳凰在左,麒麟處右。仁聖相遇,伊吕集聚。時無殃咎,福爲我母。

恒 區脱康居,慕仁入朝。湛露之歡,三爵畢恩。復歸舊廬,與母相扶⑦。否之坎。

遯 疾貧望幸,賈販市井。關牢擇羊,多得大牂⑧。

大壯 處高不傷,雖危不亡。握珠懷玉,還歸其鄉。

晉 右手棄酒,左手收牂。行逢禮御,餌得玉杯⑨。

---

① "力劣行難",津逯本作"力行少難"。"憂者自歡",尚本無。

② "蹇",底本作"賽",據元本、津逯本、學津本、尚本改。"痛",元本、尚本作"病"。

③ "口啄卒卒",津逯本作"憒憒不脱"。"妻妾",津逯本作"亡妾",尚本作"无妄"。

④ "相",津逯本、尚本作"我"。

⑤ "善",津逯本、尚本作"喜"。

⑥ "諸",元本、尚本作"嘉"。

⑦ "與母相扶",底本無,據尚本補。

⑧ "賈販市井",底本作"使伯行販",據元本一云、尚本改。"賈販市井"前,津逯本有"使伯行販"四字。"關",津逯本、尚本作"開"。

⑨ "收牂",底本作"牧牂",據津逯本、尚本改。

明夷　養虎牧狼，還自賊傷。大勇小捷，雖危不亡。

家人　戴堯扶禹，松喬彭祖。西遇王母，道路夷易，無敢難者①。損之離，師之離。

睽　秋冬探巢，不得鵲鶸。銜指北去，愧我少姬②。

蹇　兩羝三牂，俱之代鄉。留連多難，損其食糧③。

解　南徙無廬，鳥破其巢。伐木思初，不利動搖④。

損　爭訟不已，更相牽擊。張季弱口，被髮北走⑤。

益　延頸望酒，不入我口。初喜後否，得利無有⑥。履之萃。

夬　被髮傾走，寇逐我後。亡失刀兵，身全不傷。

姤　麟鳳所遊，安樂無憂。君子撫民，世代千秋。

萃　褰衣涉河，水深漬罷。賴幸舟子，濟脱無他。

升　憒憒不悦，憂從中出。喪我金罍，无妄失位。

困　絆跳不遠，心與言反。尼父望家，莒菡未華⑦。

井　大牡肥牸，惠我諸舅。内外和睦，不憂飢渴⑧。

革　黄帝建元，文德在身。禄若陽春，封爲魯君⑨。

鼎　虎聚摩牙，以待豚豬。往必傷亡，宜利止居⑩。

---

① “遇”，元本作“過”。

② “愧”，津逮本作“慚”。

③ “牂”，津逮本作“羊”。“代”，津逮本、尚本作“我”。

④ “初”，津逮本作“切”。

⑤ “牽擊”，底本作“擊劍”，據津逮本、尚本改。

⑥ “得利”，津逮本、尚本作“利得”。

⑦ “絆”，津逮本作“解”。“望家”，津逮本作“妄行”。

⑧ “牡”，底本作“壯”，據元本注按語、尚本改。“絆”，津逮本作“解”。“睦”，元本、尚本作“穆”。

⑨ “身”，津逮本、學津本作“手”。

⑩ “摩”，津逮本、尚本作“磨”，磨摩可通。“利”，津逮本作“待”。

震　天地配享，六位光明。陰陽順序，以成和平①。蒙之小畜。

艮　猿墜高木，不跲手足。保我金玉，還歸其室②。蒙之履。

漸　營室紫宮，堅不可攻。明神建德，君受大福③。

歸妹　孤翁寡婦，獨宿悲苦。目張耳鳴，無與笑語。歸妹之履。

豐　低頭窺視，有所畏避。行者不利，酒酸魚敗，衆莫貪嗜④。

旅　載金販狗，利棄我走。藏匿淵底，悔折爲咎。

巽　行觸大忌，與司命牾。執囚束縛，拘制於吏⑤。中孚之震。

兌　執玉歡喜，佩之解攣。危詳反安，使我無患⑥。

渙　機杼紛擾，女功不成。長妹許嫁，衣無襦袴。聞禍不成，凶惡消去⑦。

節　金人鐵距，火燒左右。雖懼不恐，獨得全處⑧。

中孚　謝恩拜德，東歸吾國。舞蹈欣躍，歡樂受福⑨。

小過　青牛白咽，呼我俱田。歷山之下，可以多耕。歲樂時節，民人安寧⑩。

既濟　白雉羣雊，慕德朝貢。湛露之恩，使我得歡。

---

① “以成和平”，津逮本作“以成厥功，天下和平”。

② “墜”，津逮本作“墮”。

③ “建”，津逮本作“達”。

④ “窺”，津逮本、尚本作“竊”。“利”，津逮本作“至”。

⑤ “忌”，津逮本作“諱”。“牾”，津逮本作“忤”。“縛”，津逮本、尚本作“繫”。“拘”，津逮本作“鉗”。“拘制於吏”後，津逮本有“憂人有喜”四字。

⑥ “反”，底本作“及”，據元本、尚本改。

⑦ “紛”，津逮本作“騰”。“妹”，津逮本、尚本作“女”。

⑧ “距”，津逮本作“鉅”。

⑨ “欣”，津逮本作“歡”。“歡”，津逮本作“忩”。

⑩ “寧”，津逮本作“業”。

未濟　避患東西，反入禍門。糟糠不足，憂愁我心①。

師之第七

師　烏鳴呼子，哺以酒脯。高樓之處，子來歸母。穡人成功，年歲大有，妒婦無子②。

乾　一簧兩舌，佞言諂語。三姦成虎，曾母投杼③。

坤　春桃生花，季女宜家。受福且多，在師中吉，男爲封君④。

屯　殊類異路，心不相慕。牝牛牡豭，獨無室家。

蒙　折葉蔽目，不見稚叔。三足孤烏，遠其元夫⑤。

需　雀東求粒，誤入罔域。賴逢君子，脫服歸息⑥。

訟　王孫季子，相與孝友。明允篤誠，升擢薦舉，爲國幹輔⑦。

比　削樹無枝，與子分離。飢寒莫食，獨泣哀悲⑧。

小畜　舜升大禹，石夷之野。徵詣玉闕，拜理水土⑨。

履　義不勝情，以欲自營。見利危寵，滅君令名⑩。

---

① “愁”，津逮本、尚本作“心”。
② “烏”，津逮本、尚本作“鳥”。“穡”，津逮本、尚本作“嗇”。
③ “虎”，底本作“市”，據津逮本、尚本改。
④ “封”，津逮本、尚本作“邦”。
⑤ “葉”，尚本作“若”。“目”，尚本作“日”。“遠”，津逮本作“達”。
⑥ “逢”，津逮本、尚本作“仁”。“服”，底本作“復”，據尚本改。
⑦ “幹”，津逮本作“藩”。
⑧ “泣”，津逮本作“立”。
⑨ “玉”，津逮本作“王”。“理”，津逮本、尚本作“治”。
⑩ “寵”，尚本作“躬”。

泰 三人北行,六位光明。道逢淑女,與我驪子。

否 羿張烏號,彀射天狼。柱國雄勇,鬭死滎陽。

同人 季姬踟躕,結衿待時。終日至暮,百兩不來。

大有 鴻雁翩翩,始怨勞苦。災疫病民,鰥寡愁憂①。

謙 穿胸狗邦,僵離旁春。天地易紀,日月更始。

豫 北山有棗,使叔壽考。東嶺多栗,宜行賈市。陸梁雌雄,所至利喜。

隨 干旄旌旗,撫幟在郊。雖有寶玉,無路致之②。

蠱 精潔塞淵,爲讒所言。證訊詰請,繫於枳溫。甘棠聽斷,怡然蒙恩③。

臨 玄黃勊隤,行者勞罷。役夫憔悴,踰時不歸。

觀 膚敏之德,發憤晨食。虞豹禽説,以成主德④。禽一作擒。

噬嗑 采唐沬鄉,要我桑中。失信不會,憂思約帶。

賁 伯寧子福,惠我邦國。蠲除苛殘,使季無患。

剝 讒父佞雄,賊亂邦國。生雖忠孝,敗恩不福⑤。

復 淵泉隄防,水道利通。順注湖海,邦國富有⑥。

无妄 江南多蝮,螫我手足。冤繁詰屈,痛徹心腹⑦。

---

① "怨",津逮本作"若"。"勞苦",元本作"苦勞"。

② "撫",津逮本、尚本作"執"。"玉",津逮本、尚本作"珠"。

③ "塞淵",底本作"淵塞",據尚本改。"請",元本、尚本作"問"。

④ "晨",底本作"忘",據元本、尚本改。"虞豹禽説"後,津逮本有"爲王求福"四字。

⑤ "父",元本作"言"。"賊",元本作"敗"。"雖",津逮本作"離"。"恩",津逮本、尚本作"困"。"福",元本作"足"。

⑥ "利通",底本作"通利",據元本、尚本改。

⑦ "南",津逮本作"旁"。

大畜 三人俱行，別離獨食。一身五心，反覆迷惑，亂無所得①。

頤 鴉鳴庭中，以戒災凶。重門擊柝，備不速客。

大過 功成事就，拱手安居。立德有言，坐飾貢賦②。

坎 國亂不安，兵革爲患。掠我妻子，家中飢寒。

離 戴堯扶禹，從喬彭祖。西遇王母，道路夷易，無敢難者③。

咸 長尾委蛇，畫地成河。深不可涉，絕無以比，惆悵噴息④。

恒 乘龍從蜺，微詣北闕。乃見宣室，拜守東城。鎮慰黎元，舉家蒙福⑤。

遯 土與山連，終身無患。天地高明，萬歲長安。

大壯 久旱水涸，枯槁無澤。虛修其德，未有所獲。

晉 依天倚地，凶危不至。上清下淨，受福大明，君受其利⑥。

明夷 火烈不去，必殪僵仆。燔我衣裾，禍不可悔⑦。

家人 配合相迎，利之四鄉。欣喜興懌，所言得當⑧。

---

① “食”，津逮本、尚本作“宿”。

② “飾”，津逮本、尚本作“飭”。

③ “從”，學津本、尚本作“松”。“遇”，元本、尚本作“過”。

④ “委蛇”，元本作“蜲蝛”，音義並同。“比”，津逮本、尚本作“北”。“惆悵”，津逮本作“惆然”。“噴”，底本作“會”，據津逮本、尚本改。

⑤ “城”，津逮本、尚本作“域”。

⑥ “天”，津逮本、尚本作“山”。“淨”，津逮本作“降”。“受福大明”，津逮本、尚本無。

⑦ “禍”，底本作“福”，據元本、津逮本、尚本改。

⑧ “懌”，底本作“釋”，據學津本、尚本改。

睽　清人高子，久屯外野。逍遥不歸，思我慈母①。

蹇　武庫軍府，甲兵所聚。非里邑居，不可舍止②。

解　三德五才，和合四時。陰陽順序，國無咎災。

損　解衣毛羽，飛入大都。晨門戒守，鄭忽失家。

益　削根燒株，不生肌膚。病在心腹，日以燋枯③。

夬　文山紫芝，雍梁朱草。生長和氣，王以爲寶。公尸侑
食，福禄來處④。

姤　多載重負，捐棄於野。予母誰子，但自勞苦⑤。

萃　鳧雁啞啞，以水爲家。雌雄相和，心志娛樂，得其歡欲。

升　耳目盲聾，所言不通。佇立以泣，事無成功。

困　天官列宿，五神所舍。宮闕堅固，君安其居⑥。

井　范子妙材，戮辱傷膚。然後相國，封爲應侯⑦。

革　秋冬探巢，不得鵲雛。銜指北去，愍我少夫。

鼎　子畏於匡，厄困陳蔡。德行不危，竟脱厄害。

震　鴻飛在陸，公出不復。仲氏任止，伯氏客宿⑧。

艮　鶴鳴九皋，避世隱居。抱朴守真，竟不隨時⑨。

漸　舜升大禹，石夷之野。徵詣玉闕，拜治水土⑩。乾之中孚，
師之小畜。

---

① “逍”，底本作“道”，據元本、尚本改。
② “非里邑居”，孫詒讓《札迻》謂當作“非邑居里”。
③ “削”，元本、尚本作“刪”。
④ “王以爲寶，公尸侑食”八字，底本無，據尚本補。
⑤ “予母誰子”，津逮本作“小任其大”。
⑥ “官”，底本作“宮”，據元本、尚本改。
⑦ “然後相國”，尚本作“後相秦國”。
⑧ “止”，津逮本、尚本作“只”。
⑨ “真”，津逮本、尚本作“貞”。“隨時”，津逮本作“相隨”。
⑩ “詣”，元本作“諸”。

歸妹 左輔右弼，金玉滿堂。常盈不亡，富如廐倉[①]。與蒙之坤下四句同。

豐 崔嵬北嶽，天神貴客。衣冠不已，蒙被恩德[②]。

旅 空槽注器，獶彘不至。張弓祝雞，雄父飛去[③]。

巽 胡蠻戎狄，太陰所積。涸冰凍寒，君子不存[④]。

兌 甘露醴泉，太平機關。仁德感應，歲樂民安。屯之謙。

渙 惡來呼伯，慎驚外客。甲守閉宅，以備凶急。臨折之憂，將滅無災[⑤]。

節 日月相望，光明盛昌。三聖茂功，仁德大隆。蒙之謙，否之賁。

中孚 葛藟蒙棘，花不得實。讒佞亂政，使恩壅塞。

小過 鄰不我顧，而望玉女。身多癲疾，誰肯媚者[⑥]。

既濟 精誠所在，神爲之輔。德教尚忠，彌世長久。三聖尚功，多受福祉[⑦]。

未濟 鑽木取火，掘地索泉。主母飢渴，手爲心禍[⑧]。

---

① "堂"，底本作"匱"，據元本、尚本改。

② "被"，元本作"彼"。

③ "器"，底本作"豬"，據尚本改。"獶"，津逮本作"狃"。"至"，底本作"到"，據尚本改。"父"，津逮本作"鳩"。

④ "胡蠻"，尚本作"蠻夷"。"凍"，尚本作"冱"。

⑤ "甲"，津逮本作"中"。"急"，津逮本作"黠"。"將"，津逮本、尚本作"雖"。

⑥ "媚"，津逮本作"婦"。

⑦ "忠"，津逮本作"中"。"尚功"，津逮本作"與爲"，尚本作"茂功"。"祉"，元本作"祐"。

⑧ "泉"，元本、尚本作"水"。"手"，津逮本、尚本作"子"。"禍"，津逮本作"福"。

比之第八

比 鹿得美草，鳴呼其友。九族和睦，不憂飢乏①。同人之蹇，益之恒。

乾 繼祖復宗，追朋成康。光照萬國，享世久長②。

坤 麟子鳳雛，生長嘉國。和氣所居，康樂無憂，邦多聖人③。

屯 取火流泉，釣鱨山顛。魚不可得，火不肯燃④。小畜之屯。

蒙 彭生爲豕，白虎行菑。盜堯衣裳，桀跖荷兵。青禽照火，三日夷傷⑤。

需 黍稷醇醴，敬奉山宗。神嗜飲食，甘雨嘉降。黎庶蕃殖，獨蒙福祉，時災不至⑥。

訟 李花再實，鴻飛降集。仁哲權輿，蔭國受福⑦。小畜之離，豫之小過。

師 千歲之墟，大國所屠。不見子都，城空無家⑧。

---

① "睦"，元本作"穆"。"不憂飢乏"後，底本有"長子入獄，霜降族哭"八字，據津逮本、尚本刪。

② "朋"，底本作"明"，津逮本作"用"，據學津本、劉本改。

③ "嘉"，底本作"家"，據津逮本、尚本改。"無憂"，元本、尚本作"温仁"。"聖"，津逮本、尚本作"哲"。

④ "取火流泉"，尚本作"灼火泉源"。"鱨"，元本作"魴"，津逮本、尚本作"鯉"。

⑤ "生"，元本作"名"。"豕"，底本作"娱"，學津本作"妖"，據津逮本、尚本改。"虎"，元本、尚本作"龍"。"行"，元本、尚本作"作"。"衣"，元本作"舜"。"火"，津逮本、尚本作"夜"。

⑥ "醴"，元本作"釀"，尚本作"醲"。"黎庶"，元本、尚本作"庶物"。"時災不至"，底本無，據津逮本、尚本補。

⑦ "飛"，津逮本、尚本作"卵"。

⑧ "國"，津逮本作"兵"。

小畜　公子王孫，把彈摄丸。發輒有得，室家饒足①。

履　驪姬讒喜，與二嬖謀。譖殺恭子，賊害忠孝。申生以縊，重耳奔逃②。

泰　長生無極，子孫千億。柏柱載青，堅固不傾③。

否　失意懷憂，如幽狴牢。亡子喪夫，附托寄居。

同人　仁智隱伏，麟不可得。龍蛇潛藏，虛居堂室。

大有　捌絜累累，締結難解。嬤母銜嫁，媒不得坐，自爲身禍④。

謙　蜩飛墜木，不毀頭足。保我羽翼，復歸其室⑤。

豫　陳嬀敬仲，兆興齊姜。乃適營丘，八世大昌。姤之師,屯之噬嗑。

隨　過時不歸，雌雄苦悲。徘徊外國，與母分離。

蠱　齊魯争言，戰於龍門。搆怨結禍，三世不安⑥。坤之離,同人之睽,謙之咸。

臨　府藏之富，王以賑貸。捕魚河海，苟願多得⑦。損之睽,同人之益。

觀　鳴鶴北飛，下就稻池。鱣鮪鰹鯉，衆多饒有。一笱獲兩，利得過倍⑧。

---

① "彈"，津逮本作"鍬"。
② "恭"，津逮本作"公"。"逃"，津逮本作"走"。
③ "青"，津逮本、尚本作"梁"。
④ "捌絜累累"，津逮本作"列潔垛垛"。
⑤ "蜩"，津逮本作"鳥"。"墜"，元本作"墮"。
⑥ "結"，津逮本作"連"。"安"，津逮本作"寧"。
⑦ "苟願"，津逮本、尚本作"笱網"。
⑧ "鮪"，津逮本作"鰭"。"笱"，底本作"狗"，據學津本、尚本改。

噬嗑　蒼梧鬱林，道易利通。元龜象齒，寶貝南金，爲吾福功①。

賁　兩火爭明，雛鬪不傷。分離且忍，全我弟兄。

剝　伯夷叔齊，貞廉之師。以德防患，憂禍不存。泰之乾。

復　季去我東，髮櫛如蓬。展轉空牀，內懷憂傷②。一本作賁辭。

无妄　百足俱行，相輔爲强。三聖翼事，王室寵光。

大畜　壅遏隄防，水不得行。火盛陽光，陰蚖伏藏，退還其鄉。

頤　螣蛇乘龍，年歲飢凶，民食草蓬。

大過　鉛刀攻玉，堅不可得。盡我筋力，胝繭爲疾③。坤之豫。

坎　恒山浦壽，高邑所在。陰氣下淋，洪水不處，牢人開戶④。

離　比目四翼，來安我國。福善上堂，與我同牀。損之隨，同人之兌。

咸　杜口結舌，心中怫鬱。去災生患，莫所告冤⑤。否之巽、之井。

恒　牽尾不前，逆理失臣。忠莫往來，惠朔以奔⑥。

遯　早霜晚雪，傷害禾麥。損功棄力，飢無所食。需之咸。

---

① “福”，津逮本作“歸”。
② “季”，尚本作“伯”。
③ “疾”，底本作“候”，據津逮本、尚本改。
④ “壽”，津逮本作“泛”。“所”，津逮本、尚本作“具”。“牢”，元本作“勞”。
⑤ “生患”，底本作“患生”，據津逮本、尚本改。
⑥ “忠莫往來”四字，津逮本、尚本無。“惠”，元本、尚本作“衞”。

大壯　適戍失期，患生無知。懼以懷憂，發藏閉塞，邦國騷愁①。

晉　昊天白日，照臨我國。萬民康樂，咸賴嘉福②。

明夷　元吉无咎，安寧不殆。時行則行，勿之有悔③。

家人　懿公淺愚，不深受謀。無援失國，爲狄所賊④。

睽　城上有烏，自號破家。呼喚鴆毒，爲國患災⑤。

蹇　長股善走，趨步千里。王良嘉言，伯來在道，申見王母⑥。

解　耕石山顛，費種家貧。無聊處作，苗髮不生⑦。

損　二人異路，東趨西步。千里之行，不相知處⑧。

益　純服素裳，載主以興。德義茂生，天下歸仁⑨。

夬　玉銑鐵頤，倉庫空虛。賈市無盈，與利爲仇⑩。

姤　登崑崙，入天門。過糟丘，宿玉泉。問惠觀，見仁君⑪。

萃　團團白日，爲月所食。損上毀下，鄭昭出走。

---

① "知"，底本作"聊"，元本作"斯"，據尚本改。"懷"，底本作"發"，據元本、尚本改。"發"，津逮本作"開"。"騷"，津逮本作"窮"。

② "樂"，元本作"寧"。

③ "時行則行，勿之有悔"，津逮本無。

④ "深受"，尚本作"受深"。

⑤ "號"，元本、尚本作"名"。

⑥ "善"，底本作"喜"，據元本、尚本改。"言"，津逮本、尚本作"喜"。"來"，津逮本、尚本作"樂"。"申見王母"，津逮本作"申生見母"，其下有多"下有由子"四字。

⑦ "處"，津逮本、尚本作"虛"。

⑧ "異"，尚本作"共"。"行"，津逮本、尚本作"外"。

⑨ "素"，底本作"黄"，據津逮本、尚本改。"主"，底本作"土"，據津逮本、尚本改。

⑩ "玉"，底本作"五"，據津逮本、尚本改。"銑"，津逮本作"銳"。"頤"，津逮本作"頭"。

⑪ "問惠觀"，津逮本作"開惠觀"，尚本作"同惠歡"。

升　倉盈庾億，宜稼黍稷。年歲有息，國家富有①。乾之師，坤之恒。

困　虎狼結謀，相聚爲保。伺噬牛羊，道絶不通，傷我商人②。

井　木年摧折，常恐不活。老賴福慶，光榮相輔③。

革　同載共車，中道分去。喪我元夫，獨爲孤苦④。隨之比。

鼎　飲酒醉酗，跳躍爭鬭。伯傷叔僵，東家治喪⑤。

震　出值凶災，逢五赤頭。跳言死格，扶杖伏聽，不敢動搖⑥。

艮　狼虎爭強，禮義不行。兼吞其國，齊晉無主⑦。小畜之隨。

漸　南國少子，才畧美好。求我長女，薄賤不與。反得醜惡，後乃大悔⑧。泰之晉。

歸妹　一身兩頭，莫適其軀。亂不可治，孰爲湯漢⑨。

豐　李耳彙鵲，更相恐怯。偃爾以腹，不能距格⑩。

旅　松柏棟梁，相輔爲強。八哲五教，王室寧康⑪。

---

① “年歲有息”，津逯本作“年豐歲熟”。

② “伺噬”，津逯本作“思嚼”。

③ “木”，津逯本、尚本作“中”。“相輔”，元本作“輔相”。

④ “車”，元本作“輿”。“爲”，津逯本、尚本作“與”。“苦”，元本、尚本作“居”。

⑤ “跳躍”，津逯本、尚本作“距跳”。“鬭”，尚本作“訟”。

⑥ “死格”，津逯本作“無佑”。“仗”，元本、尚本作“伏”。“伏聽”，尚本作“聽命”。

⑦ “齊晉無主”，津逯本、尚本作“齊魯無王”。

⑧ “才”，底本作“方”，據元本、津逯本、尚本改。“薄賤”，津逯本、尚本作“賤薄”。

⑨ “亂不可治，孰爲湯漢”，津逯本、尚本作“無見我心，亂不可治”。

⑩ “相”，津逯本作“逢”。“怯”，津逯本作“惜”。“偃爾”，津逯本作“擾余”。“距”，津逯本作“舉”。

⑪ “松柏”，津逯本、尚本作“柏桂”。“八哲”，津逯本、尚本作“入敷”。“寧康”，底本作“康寧”，據元本、尚本改。

巽　雀行求食，暮歸孚乳。反其屋室，安寧如故①。

兑　四尾六頭，爲凶作妖。陰不奉陽，上失其明。

涣　一衣三闕，結緝不便。歧道異路，日暮不到②。

節　牙蘖生齒，室當啓户。幽人利貞，鼓翼起舞③。

中孚　春鴻飛東，以馬質金。利得十倍，重載歸鄉④。

小過　歡悦以喜，子孫俱在。守發能忍，不見殃咎⑤。

既濟　精神消落，形骸醜惡。齲齘頓挫，枯槁腐蠹⑥。

未濟　登高上山，見王自言。申理我冤，得職蒙恩。

---

① “孚”，津逮本作“呼”。“屋室”，元本、尚本作“室舍”。“如”，元本、尚本作“無”。

② “衣”，津逮本作“旅”。“闕”，津逮本、尚本作“關”。

③ “蘖”，元本作“孽”。“當”，津逮本、尚本作“堂”。

④ “質”，津逮本、尚本作“貨”。

⑤ “發”，津逮本作“强”。

⑥ “神”，元本、尚本作“華”。“齲齘”，津逮本、尚本作“齟齬”。

焦氏易林卷第三

小畜之第九

小畜 白鳥銜餌，鳴呼其子。翰枝張翅，來從其母。伯仲叔季，尤賀舉手①。

乾 東遇虎蛇，牛馬奔驚。道絕不通，南困無功②。

坤 子鉏執麟，春秋作元。陰將以終，尼父悲心③。

屯 取火泉源，釣魚山顛。魚不可得，火不可然④。比之屯。

蒙 機關不便，不能出言。精誠不通，爲人所冤⑤。

需 故室舊廬，稍弊且徐。不如新巢，可治樂居⑥。

訟 蝼蛇循流，東求大魚。預且舉網，庖人歌謳。

師 鑿山通道，南至嘉國。周公祝祖，襄適荆楚⑦。

比 鵲近卻縮，不見頭目。日以困急，不能自復⑧。

---

① “翰枝”，津逮本作“施披”。“尤”，元本、尚本作“元”。

② “遇”，元本作“過”。“蛇”，底本作“地”，據津逮本、尚本改。“南”，津逮本、尚本作“商”。

③ “執”，津逮本作“獲”。“元”，尚本作“經”。“陰將以終”，尚本作“元聖將終”。後三句，津逮本作“庶士開元，豪雄争名，都邑倍遊”。

④ “取”，津逮本、尚本作“灼”。“釣魚”，元本作“釣魴”。“可”，津逮本、尚本作“肯”。

⑤ “能”，津逮本作“得”。

⑥ “弊且徐”，津逮本、尚本作“蔽綏組”。“治”，尚本作“以”。

⑦ “祝祖”，津逮本作“所祝”。

⑧ “近”，津逮本作“足”。“以”，津逮本作“久”。

履　五舌啄難，各自有言。異國殊俗，使心迷惑，所求不得。

泰　天門開闢，牢戶寥廓。桎梏解脫，拘囚縱釋①。

否　堅冰黃鳥，常哀悲愁。數驚鷙鳥，雛爲我憂②。

同人　日走月步，趣不同舍。夫妻反目，主君失居。

大有　金牙鐵齒，西王母子。無有患殃，扶舍陟道，到來不久③。

謙　式微式微，憂禍相絆。隔以巖山，室家分散④。

豫　衆神集聚，相與議語。南國虛亂，百姓勞苦。興師征伐，更立賢主⑤。

隨　虎狼爭食，禮義不行。兼吞其國，齊魯無主⑥。比之艮。

蠱　寄生無根，如過浮雲。本立不固，斯須落去，更爲枯樹。

臨　子啼索哺，母行求食。反見空巢，長息訾弋⑦。

觀　駕駟逐狐，輪掛荆棘。車不結轍，公子無得。

噬嗑　方喙廣口，仁智聖厚。釋解倒懸，唐國太安⑧。

賁　駕福乘喜，來至家國。戴慶南行，離我安居⑨。

---

①　“囚”，津逮本作“困”。

②　“常”，津逮本、尚本作“啼”。“悲愁”，底本作“愁悲”，據元本、津逮本、尚本改。“鷙鳥”，津逮本作“鷙鶹”。“雛”，津逮本作“飄”。

③　“患”，津逮本、尚本作“禍”。“扶”，津逮本、尚本作“候”。“陟”，元本、津逮本、尚本作“涉”。“到”，津逮本作“別”。

④　“絆”，底本作“半”，據津逮本、尚本改。

⑤　“虛”，津逮本、尚本作“虐”。“更”，津逮本作“別”。

⑥　“禮義不行”，津逮本作“禮讓不能”。“魯”，津逮本作“晉”。“主”，尚本作“王”。

⑦　“求”，津逮本作“取”。“長息訾弋”，學津本、尚本作“訾我長息”。

⑧　“喙”，底本作“啄”，據津逮本、尚本改。“唐”，尚本作“家”。“太”，元本、尚本作“大”。

⑨　“來至家國”，津逮本、尚本作“東至嘉國”。“離我安居”，津逮本、尚本作“移居安宅”。

剥 孔鯉伯魚，北至高奴。木馬金車，駕遊大都。王母送我，來牝字駒①。

復 三足無頭，不知所之。心狂精傷，莫使爲明，不見日光。

无妄 駼牝龍身，日馭三千。南止蒼梧，與福爲婚。道里夷易，安全無忌②。

大畜 辰次降婁，王駕巡狩。廣佑施惠，安國無憂③。

頤 望幸不到，文章未就。王子逐走，馬騎銜傷。昳跡不得，曷其有常④。

大過 中原有菽，以待饗食。飲御諸友，所求大得。

坎 亂茅縮酒，靈巫拜禱。神怒不許，痒愁憂苦⑤。

離 李華再實，鴻卵降集。仁哲以興，蔭國受福。比之訟，豫之小過。

咸 源出陵足，行於山趾。不爲暴害，民得安居⑥。

恒 客入其門，奔走東西。童女不織，士棄耕畝。暴骨千里，歲寒無年⑦。

遯 天之所予，福禄常在。以永康寧，不憂危殆⑧。

大壯 蝗食我稻，驅不可去。實穗無有，但見空藁。

---

① "來"，學津本、尚本作"駼"。"字"，津逮本作"牸"。
② "駼"，元本作"貙"。"日馭"，元本作"刃馭"，津逮本作"日越"。"止"，津逮本作"上"。"忌"，元本作"患"。
③ "狩"，底本作"時"，據津逮本、尚本改。"安國"，津逮本作"國安"。"安國無憂"後，津逮本有"望季不來"四字。
④ "幸"，津逮本作"車"。"昳"，津逮本作"失"。
⑤ "愁憂"，津逮本作"盡愁"。
⑥ "居"，元本、尚本作"處"。
⑦ "歲寒無年"，津逮本、尚本作"歲飢民苦"。
⑧ "以永康寧"，津逮本無。

晉 牛驥同堂，郭氏已亡。國破空虛，君奔走逃①。

明夷 狗無前足，陰謀其北。爲身賊害，何以安息②。

家人 兩輪自轉，南上大阪。四馬共轅，無有重難。與禹笑言，鶴鳴竅穴，不離其室③。

睽 芽孽生達，陽昌於外。左手執籥，公言錫爵④。

蹇 秋花冬萼，數被嚴霜。甲兵當庭，萬物不生。雄犬夜鳴，民擾大驚⑤。

解 霜降閉戶，蟄蟲隱處。不見日月，與死爲伍。坤之需。

損 身載百里，功加四海。爲文開基，武立大柱⑥。

益 禹作神鼎，伯垂銜指。斧斤高閣，憧立獨坐。賣庸不售，苦困爲禍⑦。

夬 福祚之家，喜至憂除。如風兼雨，出車入魚⑧。

姤 蒼龍隱伏，麟鳳遠匿。寇來同處，未得安息⑨。

升 白鶴銜珠，夜食爲明。懷安德音，身受光榮⑩。

---

① “堂”，尚本作“槽”。“已”，津逮本、尚本作“以”。

② “其”，尚本作“叛”。“賊害”，元本、尚本作“害賊”。

③ “重”，元本、尚本作“屯”。“鶴鳴竅穴，不離其室”，津逮本、尚本無。

④ “芽”，元本、津逮本作“牙”。“孽”，津逮本、尚本作“蘖”。

⑤ “雄犬夜鳴”，津逮本作“雄火夜明”。

⑥ “加”，元本作“如”。“大”，津逮本、尚本作“天”。

⑦ “垂”，底本作“益”，據孫詒讓《札迻》改。“立”，底本作“位”，據津逮本、尚本改。“售”，元本、尚本作“讎”，讎，售也。“禍”，津逮本作“害”。

⑧ “家”，津逮本、尚本作“聚”。“如風兼雨”，津逮本、尚本作“如魚逢水”。“出車入魚”，津逮本作“長樂受庇”，尚本作“長樂受喜”。

⑨ “寇來”，元本作“冠履”，津逮本、尚本作“寇賊”。

⑩ 此首林辭津逮本、尚本皆作萃林辭，元本、學津本及底本作升林辭。“爲”，津逮本作“待”。“安”，津逮本作“胡”。

萃　旦生夕死，名曰嬰鬼，不可得祀①。

困　行役未已，新事復起。姬姜勞苦，不得休息②。

井　憂患解除，喜至慶來。坐立懽忻，與樂爲鄰。蒙之咸。

革　晨風之翰，大舉就溫。昧過我邑，羿無所得③。

鼎　下田稷黍，方華生齒。大雨集降，紛澇滿甕④。

震　君子碌碌，鳥庇茂木。見春百穀，心勞願德⑤。

艮　折臂蹳足，不能進酒。祠祀闊曠，神怒不喜⑥。

漸　學靈三年，聖且神明。光見善祥，吉喜福慶。鳴鳩飛來，告我無憂⑦。一作鹿鳴鴻飛，鳴見善祥。

歸妹　三婦同夫，志不相思。心懷不平，志常愁悲⑧。

豐　中田膏黍，以享王母。受福千億，所求大得⑨。

旅　陽火不災，喜至慶來。降福送喜，鼓琴歌謳⑩。

兌　陽明不息，君無恩德。伯氏失利，農喪其力⑪。

巽　燕雀銜茅，以生孚乳。兄弟六人，姣好孝悌。各得其

---

①　此首林辭津逮本、尚本皆作升林辭，元本、學津本及底本作萃林辭。“旦”，津逮本作“朝”。“祀”，底本作“視”，據津逮本、尚本改。

②　“休”，津逮本作“安”。

③　“之”，津逮本作“天”，尚本作“文”。

④　“稷”，津逮本、尚本作“種”。“方”，底本作“芳”，據元本、尚本改。“集降”，津逮本、尚本作“淋集”。“紛澇滿甕”，津逮本作“紛榮滿甕”。

⑤　此林辭津逮本作“鳥庇茂林，君子碌碌。心樂願得，見者有穀”，尚本作“鳥庇茂木，心樂願得。君子碌碌，見者有穀”。

⑥　“闊曠”，元本作“曠開”。

⑦　“聖且神明”，津逮本、尚本作“仁聖且神”。“光”，津逮本、尚本作“明”。“鳴鳩飛來”，尚本作“鴉鵠知來”。

⑧　“志”，津逮本、尚本作“至”。

⑨　“膏”，津逮本作“膏”。

⑩　此林辭津逮本作“陽火不憂，二耕喜至。慶來降福，爲我鼓瑟，歌謠送喜”。

⑪　此首林辭元本、尚本作巽林辭，津逮本、學津本及底本作兌林辭。“農”，津逮本作“民”。

願,和悦相樂①。

渙　鶂尾奔奔,火中成軍。虢叔出奔,下失其君。

節　兩人相距,止不同舍。夫妻離散,衛侯失居。

中孚　魃爲燔虐,風吹雲卻。欲上不得,反歸其宅②。

小過　關雎淑女,配我君子。少妻在門,君子嘉喜③。

既濟　慈母赤子,饗賜得士。夷狄服除,以安王家④。

未濟　三足孤烏,靈鳴督郵。思過罰惡,自賊其家⑤。

履之第十

履　十烏俱飛,羿得九雌。雄得獨全,雖驚不危⑥。

乾　東嚮藩垣,相與笑言。子般執鞭,圉人作患。

坤　循河榜舟,旁淮東游。漁父舉網,先得大鰭⑦。

屯　轅折輪破,馬倚僕臥。後旅先宿,右足跌蹉⑧。

---

①　此首林辭元本、尚本作兑林辭,津逮本、學津本及底本作巽林辭。"姣",津逮本作"交"。"孝悌"。元本、尚本作"悌孝"。

②　"燔",津逮本作"災",尚本作"旱"。"吹",元本作"推"。"上",津逮本、尚本作"止"。

③　"妻",津逮本、尚本作"姜"。

④　"士",津逮本作"土"。"夷狄",元本作"襄夷"。"除",津逮本作"降"。"家",津逮本作"室"。

⑤　"鳴",尚本作"明"。"郵",底本作"卸",據元本、津逮本、尚本改。"思",尚本作"司"。"自賊其家"後,尚本補"毀敗爲憂"四字。

⑥　"得",津逮本、尚本作"射"。"雄得獨全,雖驚不危",底本作"雖得淂全,且驚不危",據津逮本、尚本改。

⑦　"榜",底本作"摘",據津逮本、尚本改。

⑧　"先",津逮本作"失"。

蒙　兩人相絆，相與悖戾。心乖不同，訟爭惱惱①。

需　北辰紫宮，衣冠立中。含和建德，常受天福②。需之夬，坤之觀。

訟　遊居石門，禄身安全。受福西鄰，歸飲玉泉③。需之既濟。

師　羊腸九縈，相推併前。止須王孫，乃能上天④。

比　爭訟相倍，和氣不處。陰陽俱否，谷風毋子⑤。

小畜　郭叔距頤，爲棘所拘。龍額重顙，禍不成殃，復歸其鄉⑥。

泰　蠶室蜂户，螫我手足。不得進止，爲吾害咎。屯之明夷。

否　怒非其怨，因拘有遷。貪妬腐鼠，而呼鴉鳶。自令失餌，倒被困患⑦。

同人　嬰孩求乳，母歸其子。黃麂悦喜，自樂甘餌⑧。

大有　鍼鏤勝服，錦繡不成。鷹逐雉兔，爪折不得⑨。

謙　雨潦集降，河梁不通。鄒魯閉塞，破費市空⑩。

豫　封豕溝瀆，水潦空谷。客止舍宿，泥塗至腹，處無黍稷。

隨　三姦相擾，桀跖爲交。上下騷離，隔絶天道⑪。

---

①　"絆"，津逮本作"伴"。"心乖不同"，底本作"心不同爭"，據津逮本、尚本改。"訟爭惱惱"，底本作"訟惱惱然"，據尚本改。

②　"立"，津逮本作"在"。

③　"禄身安全"，津逮本作"禄祉安全"，尚本作"禄安身全"。

④　"併"，尚本作"稍"。

⑤　"谷"，底本及校本並作"穀"，據翟本説改。"毋"，底本作"母"，據尚本改。

⑥　"距"，尚本作"矩"。"龍額"，津逮本作"童顔"。

⑦　"怨"，津逮本作"願"。"拘"，津逮本、尚本作"物"。"自令失餌"，底本無，據尚本補。"倒被困患"，底本作"失反被困"，據尚本改。

⑧　"自樂甘餌"，津逮本、尚本無。

⑨　"勝服"，津逮本、尚本作"徒勞"。

⑩　"梁"，津逮本、尚本作"渠"。"鄒"，津逮本、尚本作"齊"。

⑪　"交"，津逮本、尚本作"友"。

蠱　齊景惑疑，爲孺子牛。嫡庶不明，賊孽爲患。

臨　三羊俱亡，走奔南行。會暮失跡，不知所藏①。

觀　請伯行賈，岱山之野。夜歷險阻，不逢危殆，利如澆酒②。

噬嗑　桑之將落，殞其黃葉。失勢傾側，而無所立③。

賁　上山求魚，入水捕狸。市非其歸，自令久留④。

剝　名成德就，項領不試。景公鬈老，尼父逝去。否之屯。

復　天之奧隅，堯舜所居。以存保身，爲我國家⑤。

无妄　雎鳩淑女，賢聖配偶。宜家壽福，吉慶長久⑥。

大畜　兩人俱爭，莫能有定。心乖不同，訟言起凶。

頤　涉伯徇名，棄禮誅身。不得其道，成子奔燕⑦。

大過　踰江求橘，并得大栗。烹羊食肉，飲酒歌笑⑧。

坎　山險難升，磵中多石。車馳轊擊，重傷載軸。擔負差躓，跌蹸右足⑨。乾之謙。

離　元利孔福，神所子畜。般樂無苦，得其歡欲⑩。

---

①　“走奔”，津逮本、尚本作“奔走”。“所”，津逮本作“其”。

②　“岱”，底本作“代”，據津逮本、尚本改。“夜”，津逮本作“犯”。

③　“之”，津逮本作“方”。

④　“狸”，津逮本作“兔”。

⑤　“以存保身”，津逮本、尚本作“可以存身”。“爲我國家”，津逮本作“保我邦國”，尚本作“保我國家”。

⑥　此首林辭津逮本、尚本作頤林辭，元本、學津本及底本作无妄林辭。“賢聖”，津逮本作“聖賢”。“壽”，津逮本、尚本作“受”。“慶”，津逮本作“善”。

⑦　此首林辭津逮本、尚本作无妄林辭，元本、學津本及底本作頤林辭。“徇”，津逮、尚本作“殉”，二字可通。“不得其道”，津逮本無。

⑧　“江”，津逮本作“河”。“肉”，津逮本、尚本作“炙”。

⑨　“升”，津逮本、尚本作“行”。“轊”，津逮本作“頞”。“重傷載軸”，津逮本、尚本作“重載折軸”。“差”，底本作“善”，據津逮本、尚本改。

⑩　“元”，津逮本、尚本作“允”，疑誤。

咸　烏鵲食穀，張口受哺。蒙被恩福，長大成就。柔順利貞，君臣合好①。

恒　潼瀷蔚薈，膚寸來會。津液下降，流潦滂沛。

遯　路多枳棘，步刺我足。不利旅客，爲心作毒。損卦同。

大壯　虺蝮所聚，難以居處。毒螫痛甚，瘡不可愈②。

晉　麟鳳相隨，觀察安危。東郭聖人，后稷周公。共和政令，君子攸同。利以居止，長無憂凶③。

明夷　桀亂不時，使民恨憂。立祉爲笑，君危臣騷④。

家人　黃帝所生，伏羲之宇。兵刃不至，利以居止⑤。屯之萃。

睽　雀行求食，暮歸屋宿。反其室舍，安寧無故⑥。屯之巽。

蹇　太倉積穀，天下饒食。陰陽調和，年歲時熟⑦。

解　竿旄旗旌，執幟在郊。雖有寶珠，無路致之⑧。師之隨，豫之中孚。

損　履機蹈顛，墜入寒淵。行不能前，足踒不便⑨。

---

① “烏”，津逮本、尚本作“鳥”，疑誤，通觀全詩，有烏鴉反哺之意，作“烏”意勝。“好”，津逮本、尚本作“德”。

② “蝮所”，津逮本作“蛇求”。

③ “觀察”，津逮本、尚本作“察觀”。“郭”，津逮本、尚本作“國”。“共和政令”，津逮本、尚本無。“憂”，津逮本作“災”。

④ “桀”，底本作“築”，據津逮本、尚本改。“立祉”，津逮本作“六祉”，尚本作“六趾”。“騷”，津逮本、尚本作“羞”。

⑤ “宇”，底本作“宅”，據津逮本、尚本改。

⑥ “食”，津逮本、尚本作“粒”。“屋宿”，津逮本作“喔嚅”。“無”，津逮本、尚本作“如”。

⑦ “太”，津逮本作“大”。“調和”，元本、尚本作“和調”。

⑧ 此首林辭元本作損林辭。“竿旄旗旌”，元本作“竿旄旌旗”，津逮本作“干旄旗旌”，尚本作“干旄旌旗”。

⑨ 此首林辭元本作解林辭。“機”，津逮本作“危”，尚本作“尾”。“寒”，津逮本作“泉”。“行”，津逮本作“蹇”。“踒”，底本作“矮”，據元本、津逮本、尚本改。

益　銜命止車，和合兩家。蛾眉皓齒，二國率殭①。

夬　吉日車攻，田弋獲禽。宣王飲酒，以告嘉功。

姤　重伯黃寶，宜以我市。嫁娶有恩，利得過母②。

萃　延頸望酒，不入我口。深以自喜，利得無有。訟之益。

升　牧爲代守，饗養甘賜。得吏士意，戰大破胡，長安國家③。

困　日出溫谷，臨照萬國。高明淑仁，虞夏配德④。

井　逐兔索烏，破我弓車。日暮不及，失利後時。

革　讇言妄語，傳相註誤。道左失迹，不知所處⑤。

鼎　履虎躡蛇，貶損我威。君子失車，去其國家⑥。

震　本根不固，花葉落去。更爲孤嫗，不得相親⑦。

艮　五軶四軛，優得饒有。陳力就列，騶虞喜悅⑧。

漸　黃帝紫雲，聖哲且神。光見福祥，告我無殃⑨。

歸妹　五利四福，俱佃高邑。黍稷盛茂，多獲藁稻⑩。

豐　羣虎入邑，求索肉食。大人衛守，君不失國。

旅　烏子鵲雛，常與母居。願慕羣侶，不離其巢⑪。

---

①　“止”，元本、津逮本、尚本作“上”。“率殭”，津逮本、尚本作“不殆”。

②　“重伯黃”，津逮本、尚本作“金帛貴”。“以”，津逮本、尚本作“與”。“恩”，元本、尚本作“息”。“利得過母”，津逮本作“得利過倍”。

③　“養”，元本、尚本作“食”。“吏”，津逮本作“利”。

④　“臨照”，津逮本作“照臨”。“仁”，津逮本作“人”。“德”，津逮本作“合”。

⑤　“所”，津逮本作“户”。

⑥　“蛇”，津逮本作“尾”。“車”，津逮本作“否”。

⑦　“花葉”，津逮本作“新花”。

⑧　“軶”，津逮本作“國”。

⑨　“聖哲且神”，底本作“聖且神明”，據津逮本、尚本改。“光見福祥”，津逮本、尚本作“光明見祥”。

⑩　“佃”，津逮本、尚本作“田”，二字可通。

⑪　“侶”，津逮本作“旅”。“離”，津逮本作“育”。

巽　蹇驢不材，駿驥失時。筋勞力盡，罷於沙丘。

兌　玄鬐黑顙，東歸高鄉。朱鳥道引，靈龜載莊。遂抵天門，見我貞君[1]。

渙　探巢得雛，鳩鵲來俱，使我音娛[2]。

節　安上宜官，一日九遷。升擢超等，牧養常山，君臣獲安[3]。

中孚　大頭目明，載受嘉福。三雀飛來，與祿相得[4]。

小過　遠視千里，不見黑子。離婁之明，無益於光[5]。

既濟　三女爲姦，俱遊高園。倍室夜行，與伯笑言。不忍主母，失禮酒冤，皇天誰告[6]。

未濟　日辰不和，強弱相振。一雌兩雄，客勝主人[7]。

泰之第十一

泰　求玉陳國，留連東域。須我王孫，四月來復。主君有德，蒙恩受福[8]。

乾　伯夷叔齊，貞廉之師。以德防患，憂禍不存。比之剝。

---

① “道”，津逮本作“導”。“見我貞君”下，津逮本有“人馬安全”四字。
② “來俱”，津逮本作“俱來”。“音”，津逮本作“欣”。
③ “君臣獲安”，津逮本無。
④ “目明”，津逮本、尚本作“明目”。“載”，元本作“戴”。
⑤ “離婁之明，無益於光”，津逮本作“離婁明視，移於小人”。
⑥ “爲”，津逮本作“成”。“俱遊高園”，津逮本無。“倍室”，津逮本、尚本作“背夫”。“主”，津逮本作“王”。“失禮酒冤”，津逮本、尚本作“爲失醴酒”。“皇天誰告”，津逮本作“冤天誰告”，尚本作“冤尤誰告”。
⑦ “和”，津逮本、尚本作“良”。“一雌兩雄”，津逮本、尚本作“一鳥兩雛”。
⑧ “求玉”，津逮本作“有求”。“月”，元本作“日”。

坤　濟深難渡,濡我衣袴。五子善櫂,脱無他故。他字一作衣。

屯　倚立相望,適得道通。驅駕奔馳,比目同牀①。

蒙　葛藟蒙棘,花不得實。讒佞爲政,使恩壅塞。師之中孚。

需　四足無角,君子所服。南征述職,與福相得②。

訟　踝踵之傷,左指病癃。失旅後時,利走不來③。蒙之履。

師　春城夏國,生長之域。可以服食,保全家國④。

比　望驥不來,駒蹇爲憂。雨驚我心,風撼我肌⑤。

小畜　久客無牀,思歸我鄉。雷雨涌盈,道不得通⑥。

履　舫船備水,旁可燃火。積善有徵,終身無禍⑦。

否　陟岵望母,役事未已。王政無鹽,不得相保⑧。

同人　多載重負,捐棄於野。予母誰子,但自勞苦⑨。師之姤。

大有　生直地乳,上皇大喜。賜我福祉,受命無極⑩。

謙　翕翕輸輸,稍墮山顛。滅其令名,長没不全⑪。否之離。

豫　東鄰嫁女,爲王妃后。莊公築館,以尊王母。歸於京師,季姜悦喜。

---

① “得”,津逮本作“我”。

② “四足無角”,津逮本作“四牡兼用”。“相得”,津逮本作“同德”。

③ “之”,津逮本、尚本作“足”。“左”,津逮本作“大”。

④ “生長”,津逮本作“長生”。

⑤ “駒”,津逮本、尚本作“拘”。

⑥ “涌”,津逮本作“浸”,尚本作“滿”。

⑦ “舫”,津逮本、尚本作“方”。“旁可”,津逮本、尚本作“傍河”。“終身無禍”後,津逮本有“天福吉昌,永得安康”八字。

⑧ “未”,津逮本作“不”。“無”,津逮本、尚本作“靡”。

⑨ “予母誰子,但自勞苦”,津逮本作“王母離子,思勞自苦”。

⑩ “直”,津逮本作“值”。“受命”,津逮本、尚本作“壽算”。“受命無極”後,津逮本有“賓於作命”四字。

⑪ “稍墮山顛”,元本作“稍墮崩顛”,津逮本、尚本作“隕墜山顛”。“其”,津逮本、尚本作“我”。“全”,津逮本作“存”。

隨 伯虎仲熊，德義淵閎。使布五穀，陰陽順敘①。坤之姤，益之屯。

蠱 敏捷敬疾，如猨升木。彤弓雖調，終不能獲②。

臨 舉被覆目，不見日月。衣裘簟牀，就長夜室③。坤之隨。

觀 忍醜少羞，無面有頭。虛日以弊，消寡耗減④。

噬嗑 涸陰沍寒，常冰不溫。凌人墮怠，雹大爲災⑤。

賁 夏麥麨麷，霜擊其芒。疾君敗國，使民夭傷⑥。

剝 淵涸龍憂，箕子爲奴。干叔隕命，殷破其家⑦。午當作干，謂比干也。

復 跛踦相隨，日暮牛罷。陵遲後旅，失利亡雌。

无妄 桑之將落，隕其黃葉。失勢傾側，如無所立⑧。

大畜 生長以時，長育根本。陰陽和德，歲樂無憂⑨。

頤 童女無夫，未有匹配。陰陽不和，空坐獨宿⑩。

大過 春令原宥，仁德不周。三聖攸同，周國茂興⑪。

坎 金精耀怒，帶劍過午。兩虎相距，雖驚无咎⑫。

---

① "穀"，津逮本作"教"。"敘"，津逮本作"序"。
② "敬"，津逮本、尚本作"勁"。
③ "被"，津逮本、尚本作"袂"。"牀"，津逮本、尚本作"席"。
④ "虛日以弊"，津逮本、尚本作"耗減寡虛"。"消寡耗減"，津逮本作"日以削酒"，尚本作"日以削消"。
⑤ "涸"，津逮本作"固"。"凌"，底本作"令"，據元本、尚本改。"墮"，尚本作"惰"。"雹大"，津逮本作"庖火"。"雹大爲災"後，津逮本有"雷火爲蕃"四字。
⑥ "麷"，津逮本作"麴"。"民"，津逮本作"我"。
⑦ "干"，底本作"午"，據元本、尚本及底本注改。
⑧ "之"，津逮本作"方"。"側"，津逮本作"倒"，失韻。
⑨ "生長"，津逮本作"長生"。"育"，津逮本作"柱"。"和德"，津逮本作"相和"。
⑩ "夫"，津逮本作"室"。"匹配"，津逮本、尚本作"配合"。
⑪ "周"，底本作"合"，據津逮本、尚本改。
⑫ "耀"，津逮本、尚本作"躍"。"距"，津逮本作"炉"。

離　危坐至暮，請求不得。膏澤不降，政戾民忒①。

咸　老楊日衰，條多枯枝。爵級不進，日下摧隤②。蒙之訟。

恒　蔡侯適楚，留連江濱。踰時歷月，思其后君③。

遯　右撫劍頭，左受鈎帶。凶訟不止，相與爭戾，失利市肆④。

大壯　水流趨下，遠至東海。求我所有，買鮪與鯉⑤。訟之比。

晉　登几上輿，駕駟南遊。合縱散衡，燕齊以強⑥。

明夷　求兔得獐，過其所望。歡以相迎，高位夷傷。

家人　過時不歸，道遠且迷。旅人心悲，使我徘徊。

睽　魂孤無室，銜指含食。盜張民饋，見敵失肉⑦。

蹇　居如轉丸，危不得安。東西不寧，動生憂患。

解　坤厚地德，庶物蕃息。平康正直，以綏大福⑧。

損　樹蔽牡荊，生蘙山傍。仇敵背憎，孰肯相迎⑨。

益　鳳凰銜書，賜我玄珪，封爲晉侯⑩。

夬　作凶不善，相牽入井。溺陷辜罪，禍至憂有⑪。

---

① "請"，津逮本作"謀"。

② "隤"，津逮本、尚本作"頹"。

③ "濱"，津逮本作"湖"。"時"，津逮本、尚本作"日"。"后君"，底本作"君后"，據津逮本、尚本改。

④ "頭"，津逮本、尚本作"佩"。"受"，津逮本、尚本作"援"。

⑤ "與"，津逮本作"得"。

⑥ "齊"，底本作"秦"，據尚本改。"以"，津逮本作"治"。

⑦ "銜指含食"，津逮本、尚本作"御宿舍食"。"饋"，津逮本、尚本作"潰"。"肉"，津逮本、尚本作"内"。

⑧ "德"，津逮本作"載"。"大"，津逮本、尚本作"百"。

⑨ "樹"，底本作"拥"，據尚本改。"蘙"，底本作"賢"，據尚本改。"山傍"，元本、尚本作"山旁"，津逮本作"止侮"。"孰肯相迎"後，津逮本有"上下有害"四字。

⑩ "賜我玄珪"，津逮本作"玄珪賜我"。

⑪ "禍至憂有"，津逮本作"禍生憂滋"。

姤　悲鳴北行，失其長兄。伯仲不幸，骸骨散亡①。

萃　羔衣豹裘，高易我家，君子維好②。

升　日中爲市，各抱所有。交易資貨，貪珠懷寶，心悦歡喜③。

困　振急絶理，常陽不雨。物病焦乾，華實無有④。

井　狐貉載剥，徙温厚蓐。寒棘爲疾，有所不足⑤。

革　履踐危難，脱執去患。入福喜門，見誨大君。

鼎　四亂不安，東西爲患。退止我足，毋出國城。乃得全完，賴其生福⑥。

震　南國少子，才略美好。求我長女，賤薄不與。反得醜惡，後乃大悔。比之漸。

艮　妄怒失理，陽孤無輔。物病焦枯，年飢於黍。

漸　倬然遠咎，避患害早。田獲三狐，巨貝爲寶⑦。

歸妹　逐鹿山巓，利去我西。維邪南北，無所不得⑧。

豐　龍蛇所聚，大水來處。滑滑沛沛，使我無賴⑨。

旅　從風吹火，牽騏驥尾。易爲功力，因催受福⑩。

---

① “散”，津逮本作“敗”。

② “家”，津逮本、尚本作“字”。“好”，津逮本作“新”。

③ “資貨”，津逮本、尚本作“貨貨”。“貪珠”，津逮本作“含味”。

④ “常”，津逮本、尚本作“恒”，義同。

⑤ “徙”，津逮本作“凌”。“厚”，津逮本作“翠”。“有”，津逮本作“何”。

⑥ “毋”，津逮本、尚本作“毋”。“城”，尚本作“域”。

⑦ “避”，津逮本、尚本作“辟”，二字可通。“巨貝”，底本作“見民”，據津逮本、尚本改。

⑧ “維邪”，津逮本作“雖祁”。

⑨ “來”，津逮本作“樂”。“沛沛”，津逮本、尚本作“沛沛”。

⑩ “功力”，津逮本作“之功”。“催”，津逮本、尚本作“摧”。

巽　澤狗水梟，難畜少雛。不爲家饒，心其亟通①。

兌　水壞我里，東流爲海。黽鼃讙囂，不覩慈母②。

渙　褰衣涉行，水深漬多。賴幸舟子，濟脫無他③。訟之萃。

節　黽厭河海，陸行不止。自令枯槁，失其都市。憂悔爲咎，亦無及己④。

中孚　同本異業，樂仁政德。東鄰慕義，來興我國⑤。

小過　桃李花實，累累日息。長大成熟，甘美可食，爲我利福。

既濟　重瞳四乳，聰明順理。無隱不形，微視千里。災害不作，君子集聚⑥。

未濟　實沈參墟，以義討尤。次止結盟，以成霸功。

否之第十二

否　秦爲虎狼，與晉爭強。併吞其國，號曰始皇。

乾　江河淮濟，天之奧府。衆利所聚，可以饒有，樂我君子⑦。謙之豫。

坤　天之所災，凶不可居。轉徙獲福，留止危憂⑧。

---

① “亟”，底本作“函”，據津逮本、尚本改。
② “覩”，津逮本、尚本作“見”。
③ “行”，津逮本作“水”，尚本作“河”。“水深漬多”，津逮本作“深漬請罷”，尚本作“水深漬罷”。
④ “厭”，津逮本作“猒”。“悔爲”，津逮本作“害无”。“亦無及己”，津逮本無。
⑤ “業”，津逮本、尚本作“菜”。“政”，津逮本作“正”。
⑥ “視”，尚本作“見”。
⑦ “江河淮濟”，底本無，據津逮本、尚本補。
⑧ “危憂”，津逮本、尚本作“憂危”。

屯 名成德就，項領不試。景公耋老，尼父逝去。履之剥。

蒙 特善避患，福禄常存。雖有豹虎，不能危患①。

需 避患東西，反入禍門。糠糟不屬，憂動我心②。訟之未濟。

訟 珪璧琮璋，執贄見王。百里甯戚，應聘齊秦③。需之井。

師 揚水潛鑿，使石潔白。衣素朱表，遊戲皋沃。得君所願，心志娱樂④。

比 官爵相保，居之无咎。求免不得，怕使恨悔⑤。

小畜 載元無褌，裸裎出門。小兒作笑，君爲憂患⑥。

履 把珠入口，爲我利寶。得吾所有，欣然嘉喜⑦。

泰 行不如還，直不如屈。進不若退，可以安吉⑧。

同人 衆鬼凡聚，還生大怪。九身無頭，魂驚魄去，不可以居⑨。

大有 家給人足，頌聲並作。四夷賓服，干戈囊閣⑩。

謙 人面鬼口，長舌爲斧。斲破瑚璉，殷商絶祀⑪。

豫 南山之峻，真人所在。德配唐虞，天命爲子。保佑飲享，身受大慶⑫。

---

① “特善避患”，津逮本、尚本作“持善避惡”。“常”，元本作“長”。
② “糠糟不屬”，津逮本、尚本作“糟糠不足”。
③ “戚”，底本作“越”，據津逮本、尚本改。
④ “石”，底本作“君”，據津逮本、尚本改。“衣素朱表”，尚本作“裹素表朱”。
⑤ “免”，元本、尚本作“兔”。“怕使”，津逮本、尚本作“使伯”。
⑥ “載元”，元本、尚本作“戴元”，津逮本作“載車”。“爲”，津逮本、尚本作“子”。
⑦ “然”，津逮本、尚本作“善”。
⑧ “還”，津逮本作“止”。“如屈”，津逮本作“可曲”。“若”，津逮本、尚本作“如”，義同。
⑨ “凡”，津逮本、尚本作“瓦”。“還生”，津逮本、尚本作“中有”。
⑩ “頌”，元本作“訟”。“囊”，津逮本、尚本作“橐”。
⑪ “爲”，津逮本、尚本作“如”。“祀”，尚本作“嗣”。
⑫ “飲”，尚本作“歆”。

隨　春桃生花，季女宜家。受福多年，男爲邦君。師之坤。

蠱　鴟鴞破斧，沖人危殆。賴其忠德，轉禍爲福，傾危復立。

臨　猿墮高木，不踤手足。保我金玉，還歸其室。訟之艮，益之豫，蒙之隨。

觀　天之奧隅，堯舜所居。可以存身，保我邦家。履之復。

噬嗑　伯蹇叔盲，足病難行。終日至暮，不離其鄉①。

賁　日月相望，光明盛昌。三聖茂功，仁德大隆②。師之節，蒙之謙。

剝　桃李花實，累累日息。長大成就，甘美可食③。泰之小過。

復　入和出明，動作有光。運轉休息，動作尤康④。

无妄　陰冥一作衰老極，陽建其德。履離載光，天下昭明。功業不長，蝦蟆代王⑤。大有之臨，坤之未濟。

大畜　行役未已，新事復起。姬姜勞苦，不得休息⑥。

頤　狐鳴苑北，飢無所食。困於空丘，莫與同力⑦。

大過　雄聖伏，名人匿，麟遠走，鳳飛北，擾亂未息。

坎　病貧望幸，使伯行販。開牢擇羊，多得大牂⑧。訟之遯。

離　翕翕輖輖，稍稍崩顛。滅其令名，長没不存⑨。泰之謙，噬

---

① “病”，津逮本作“痛”。

② “茂”，津逮本作“成”。

③ “甘美可食”後，津逮本有“爲我利福”四字。

④ “動作尤”，津逮本、尚本作“所爲允”。

⑤ “冥”，津逮本、尚本作“衰”。“建”，津逮本作“見”。“載”，尚本作“戴”。“代”，津逮本、尚本作“大”。

⑥ “息”，津逮本、尚本作“止”。

⑦ “苑”，津逮本、尚本作“室”。

⑧ “病”，津逮本、尚本作“疾”。

⑨ “輖輖”，元本、學津本作“輖輖”。“稍稍崩顛”，津逮本、尚本作“隕墜顛崩”。若以韻論，似當作“翕翕輖輖，稍稍崩顛”或“翕翕輖輖，隕墜顛崩”。

嗑之坎。

咸 花薄實槁，衣弊如絡。女功不成，絲布如玉①。

恒 温山松柏，常茂不落。鸞鳳所止，得以歡樂②。需之坤。

遯 失恃毋友，嘉偶出走。獲如失兔，儽如虐狗③。虐作喪。

大壯 太乙駕騮，從天上求。徵我叔季，封爲魯侯④。屯之隨，需之比。

晉 雙鳬俱飛，欲歸稻池。徑涉藿澤，爲矢所射，傷我胸臆⑤。屯之旅。

明夷 深坑復平，天下安寧。意娛心樂，賴福長生⑥。

家人 俱爲天民，雲過吾西。風伯雨師，與我無恩⑦。

睽 野鳥山鵲，來集六博。三鳥四散，主人勝客⑧。

蹇 北陰司寒，堅冰不温。凌人情怠，大雹爲災⑨。

解 伊尹致仕，去桀耕野。執順以傳，反和无咎⑩。

損 北風牽手，相從笑語。伯歌季舞，讌樂以喜⑪。

益 徙巢去家，南過白馬。東西受福，與母相得⑫。

---

① "花薄"，津逮本作"華薄"，尚本作"華落"。"功"，津逮本作"巧"。"如"，津逮本作"爲"。

② "止"，津逮本作"庇"。"以"，津逮本、尚本作"其"。

③ "失恃毋友"，津逮本作"失持母教"。"獲"，津逮本、尚本作"攫"。"儽如虐狗"，津逮本作"如喪家狗"，尚本作"儽如喪狗"。

④ "求"，津逮本作"來"。"徵我叔季"，津逮本作"微我季叔"。

⑤ "藿"，津逮本作"藿"。

⑥ "坑"，津逮本作"坎"。

⑦ "雨師"，津逮本作"疾雨"。

⑧ "鳥"，津逮本、尚本作"梟"。

⑨ "情"，尚本作"惰"，似是。

⑩ "伊尹致仕"，元本作"伊尹智士"，津逮本作"伊伯致仕"，尚本作"伊伯智士"。"傳"，津逮本、尚本作"待"。

⑪ "北"，津逮本、尚本作"秋"。"從"，津逮本作"提"。

⑫ "徙"，底本作"從"，據津逮本、尚本改。

夬　鳥飛跌跛，兩兩相和。不病四支，但去莫疑。

姤　三年生駒，以戌爲母。荆夷上侵，姬伯出走①。坤之震,需之訟。

萃　破筐敝筥，棄捐於道。壞落穿敗，不復爲寶②。

升　結紐得解，憂不爲禍。食利供家，受福安坐③。

困　白日陽光，雷車避藏。雲雨不行，各自止鄉④。

井　杜口結舌，心中怫鬱。凶災生患，無所告冤⑤。否之巽,比之咸。

革　齎貝贖狸，不聽我辭。繫於虎髯，牽不得來。需之睽。

鼎　持鶴抱子，見蛇何咎。室家俱在，不失其所⑥。

震　逐兔山西，利走入門。賴我仁德，獲爲我福。

艮　興役不休，與民争時。牛生五趾，行危爲憂。

漸　春栗夏梨，少鮮希有。斗千石萬，貴不可販⑦。

歸妹　悲號北行，失其長兄。伯仲不幸，骸骨散亡⑧。

豐　賦斂重數，政爲民賊。杼軸空盡，家去其室⑨。

旅　履服白縞，殃咎並到，憂不敢笑⑩。

---

① "三年生駒"，元本作"三馬生駒"，津逮本、尚本作"三牛生狗"。
② "爲"，津逮本作"所"。
③ "紐"，津逮本作"紉"。"供"，津逮本作"偯"。
④ "陽"，津逮本、尚本作"揚"。"止"，津逮本、尚本作"還"。
⑤ "凶"，津逮本、尚本作"去"。
⑥ "持"，津逮本作"如"，尚本作"鳴"。
⑦ "栗"，底本作"粟"，據津逮本、尚本改。"少"，尚本作"山"。"販"，津逮本作"求"。
⑧ "散"，津逮本作"敗"。
⑨ "盡"，尚本作"虛"。"家去其室"，尚本作"去其家室"。
⑩ "白縞"，津逮本作"自敝"。"敢"，津逮本、尚本作"能"。

巽　杜口結舌，言爲禍母。代伯受患，無所禱冤①。否之井，比之咸。

兌　免冠進賢，步行出朝。門體不正，賊孽爲患②。

渙　娶於姜女，駕迎新婦。少齊在門，夫子悦喜③。

節　牧羊稻園，聞虎喧嚾。思恐悚息，終無禍患④。屯之復。

中孚　老妾据機，緯絶不知。女功不成，冬寒無衣⑤。

小過　乘龍吐光，使陰復明。燎獵載聖，六師以昌⑥。

既濟　東鄰嫁女，爲王妃后。莊公築館，以尊主母。歸於京師，季姜悦喜⑦。屯之觀。

未濟　灌鵠東從，道頓跌跱。日食不退，病爲身禍⑧。

---

① “冤”，津逮本、尚本作“免”。
② “步行出朝”，津逮本、尚本作“步出朝門”。“門”，津逮本、尚本作“儀”。
③ “齊”，津逮本作“妻”。“夫”，津逮本作“之”。
④ “思”，津逮本、尚本作“畏”。
⑤ “据”，津逮本作“踞”。“寒無”，津逮本作“無寒”。
⑥ “乘”，津逮本、尚本作“黑”。“明”，津逮本作“陽”。“燎”，津逮本作“熊”。
⑦ “主”，元本、津逮本、尚本作“王”。
⑧ “灌鵠東從”，津逮本作“灌韻同徒”，尚本作“灌韻東從”。“跌跱”，元本作“跌跱”津逮本、尚本作“跌跱”。“日食不退”，津逮本、尚本作“日辰不良”。

焦氏易林卷第四

同人之第十三

同人　密橐山巔，銷鋒鑄刃。示不復用，天下大勸①。

乾　一臂六手，不便於口。莫肯與用，利棄我走②。

坤　獐鹿逐牧，飽歸其居，安寧無悔③。

屯　鴻魚逆流，至人潛渚。蓬蒿代柱，大屋顛倒④。

蒙　三羖五羘，相隨俱行。迷入空澤，經涉六駮，爲所傷賊⑤。

需　黃帝出遊，駕龍乘馬。東上太山，南過齊魯，邦國咸喜⑥。

訟　履危不安，心欲東西。步走逐鹿，空無所得。

師　望尚阿衡，太宰周公。藩屏湯武，立爲侯王。

比　白龍黑虎，起伏俱怒。戰於阪泉，蚩尤敗走，死於魯首⑦。蒙之坎，益之比同。

---

① “密橐”，津逮本、尚本作“橐置”。“勸”，津逮本、尚本作“歡”。
② “便於”，津逮本作“使堵”。“與”，津逮本、尚本作“爲”。
③ “寧”，津逮本作“息”。“牧”，津逮本作“木”。
④ “渚”，津逮本、尚本作“處”。“大”，津逮本作“天”。“倒”，尚本作“仆”。
⑤ “駮”，津逮本作“駿”。“爲所傷賊”，津逮本作“爲賊所傷”。
⑥ “東”，津逮本作“乘”。“太”，津逮本、尚本作“泰”，二字可通。
⑦ “泉”，底本作“兆”，據尚本改。“敗走”，底本作“走敗”，據尚本改。“魯”，尚本作“魚”。

小畜　載石上山，步跌不前。嚬眉之憂，不得所歡[1]。

履　周德既成，杼軸不傾。申酉昳暮，耄老衰去，箴石不祐[2]。

泰　乘雲帶雨，與飛鳥俱。動舉千里，見我慈母[3]。

否　齎貝贖狸，不聽我辭。繫我虎鬚，牽不得來[4]。

大有　三翼飛來，是我逢時。俱行先至，多得大利[5]。

謙　兩足四翼，飛入家國。寧我伯子，與母相得[6]。

豫　按民呼池，玉盃文案。魚如白雲，一國獲願[7]。

隨　季姬踟躕，望我城隅。終日至暮，不見齊侯，君上無憂[8]。

蠱　龍渴求飲，黑雲影從。河伯奉觴，跪進酒漿，流潦滂滂[9]。

臨　出門逢患，與福爲怨。更相擊刺，傷我手端[10]。

觀　播天舞地，神明所守，安樂无咎[11]。

---

① "嚬"，津逮本作"顯"。"不得所歡"後，尚本有"長思憂歎"四字，補此似與前意複。

② "杼"，津逮本、尚本作"行"。"昳"，底本作"跌"，據學津本、尚本改。

③ "動舉"，津逮本作"舉動"。

④ "我"，津逮本、尚本作"於"。

⑤ "是"，津逮本作"字"。

⑥ "家"，津逮本、尚本作"我"。"子"，津逮本、尚本作"姊"。

⑦ "按民呼池"，津逮本作"案民湖池"。"玉盃文案"，津逮本作"玉盃天授"，尚本作"玉仗文案"。"願"，津逮本作"鯉"。

⑧ "我"，津逮本作"還"。"君上"，津逮本作"居室"，尚本作"居止"。

⑨ "龍渴求飲"，津逮本作"龍隅求泉"。"黑"，津逮本作"置"。"奉"，津逮本、尚本作"捧"。

⑩ "福"，津逮本作"怒"。

⑪ 此林辭津逮本作"播衣樂天，乾坤所命，安樂无咎"，尚本作"播天舞，光地乳，神所守，樂无咎"。

噬嗑　兩金相擊，勇氣鈞敵。終日大戰，不破不缺①。

賁　車雖駕，兩紖絕。馬奔出，雙輪脱。行不至，道遇害②。

剥　文山紫芝，雍梁朱草。長生和氣，王以爲寶。公尸侑食，福禄來處③。

復　把珠入口，爲我畜寶。得吾所有，欣然嘉喜④。

无妄　負牛上山，力劣行難。烈風雨雪，遮遏我前。中道復還，憂者得歡⑤。

大畜　陶朱白圭，善賈息資。三致千金，德施上人⑥。

頤　子鉏執麟，春秋作元。陰聖將終，尼父悲心⑦。

大過　春日載陽，福履齊長。四時不忒，與樂爲昌⑧。

坎　孔德如玉，出於幽谷。飛上喬木，鼓其羽翼，大光照國⑨。坤之比。

離　甌脱康居，慕仁入朝。湛露之歡，三爵畢恩。復歸窮廬，以安其居⑩。

咸　秋冬夜行，照覽星辰。道理利通，終身何患⑪。

恒　鳴鵠抱子，見蛇何咎。室家俱在，不失其所⑫。

---

① “勇氣鈞敵”，津逮本作“勇武敢敵”。

② 此林辭津逮本作“大車難駕，兩靭如繩。馬奔山後，輪脱不行，中道遇害”。

③ “王”，津逮本作“與”。“福禄”，津逮本作“神福”。

④ “欣”，元本作“忻”。

⑤ “牛”，津逮本作“車”。“劣”，津逮本、尚本作“盡”。“遏”，津逮本作“過”。

⑥ “人”，津逮本作“仁”。

⑦ “元”，尚本作“經”。“陰”，津逮本、尚本作“元”。

⑧ “昌”，元本作“倡”。

⑨ “德”，津逮本作“懷”。“大”，津逮本作“耀”，尚本作“輝”。“國”，津逮本作“目”。

⑩ “甌”，元本、津逮本、尚本作“區”。“窮”，津逮本、尚本作“穹”。

⑪ “何”，津逮本、尚本作“無”。

⑫ “鳴”，津逮本作“如”。

遯　安如泰山，福祿屢臻。雖有豹虎，不能危身①。

大壯　老目瞢眠，不知東西。君失理命，以直爲偏，王珍其寶②。

晉　植璧秉珪，請命於河。周公克敏，沖人瘳愈③。

明夷　大王執政，歲熟民富。國家豐有，主者有喜④。

家人　爭訟相背，和氣不處。陰陽俱否，穀風無子⑤。

睽　齊魯爭言，戰於龍門。搆怨結禍，三世不安。比之蠱，坤之離。

蹇　鹿得美草，鳴呼其友。九族和穆，不離邦域⑥。

解　百里南行，雖微復明。去虞適秦，爲穆國卿⑦。

損　梅李冬實，國多寇賊。亂擾並作，王不能制。屯之師。

益　府藏之富，王以賑貸。捕魚河海，笱罔多得。巨蛇大輴，戰於國郊，君遂走逃⑧。比之臨，損之睽。

夬　牡飛門啓，患憂大解。去老乘馬，不爲身禍⑨。需之兌。

姤　宜昌娶婦，東家歌舞，長樂歡喜。

萃　正陽之央，甲氏以亡。禍及留吁，煙滅爲墟。

---

① “如”，底本作“和”，據津逮本、尚本改。“祿”，津逮本、尚本作“壽”。

② “老目瞢眠”，津逮本、尚本作“耆蒙睡眠”。“君失理命，以直爲偏”，津逮本、尚本作“歲君失理，命直爲曲”。“珍其”，津逮本、尚本作“稱爲”。

③ “植璧秉珪”，津逮本作“戴璧乘珪”。“愈”，津逮本、尚本作“癒”。

④ “大”，元本、尚本作“太”。“主”，津逮本、尚本作“王”。

⑤ “爭訟”，津逮本、尚本作“訟爭”。“無”，津逮本作“母”。

⑥ “穆”，津逮本、尚本作“睦”。

⑦ “南”，津逮本作“難”。“微”，底本作“徵”，據津逮本、尚本改。

⑧ “笱”，底本作“苟”，據津逮本、尚本改。“罔”，津逮本、尚本作“網”，二字可通。“輴”，津逮本、尚本作“鰌”。

⑨ “牡”，底本作“杜”，據津逮本、尚本改。“患憂”，津逮本、尚本作“憂患”。“去老乘馬”，津逮本無，尚本作“修福行善”。

升　鳥過稻廬，甘樂蠻鰌。雖驅不去，田畯懷憂①。

困　跋踦俱行，日暮車傷，失旅乏糧。

井　龍門水穴，流行不害。民安其土，君臣相保②。

革　山陵四塞，遏我徑路。欲前不得，復還故處③。

鼎　兩虎爭鬭，血流漂杵。城郭空墟，蒿藜塞道④。

震　依叔墙隅，志下心勞。楚亭晨食，韓子低頭⑤。

艮　龍生無常，或托空桑。憑乘風雲，爲堯立功⑥。

漸　魁行摇尾，逐雲吹水。污泥爲陸，下田爲稷⑦。

歸妹　跋踦相隨，日暮牛罷。陵遲後旅，失利亡雌。

豐　三人俱行，北求大牂。長孟病足，請季負囊。柳下之寶，不失驪黄⑧。

旅　鳳凰在左，麒麟在右。仁聖相遇，伊吕集聚。傷害不至，時無殃咎，福爲我母⑨。訟之咸。

巽　乘筏渡海，雖深不殆。曾孫皇祖，累累俱在⑩。

兑　比目四翼，來安吾國。齎福上堂，與我同牀。比之離，損之隨。

---

① "鳥"，津逮本、尚本作"梟"。"去"，津逮本、尚本作"走"。
② "水穴"，津逮本作"小冗"。"土"，津逮本作"上"。
③ "四"，津逮本作"西"。"前"，津逮本作"全"。"土"復，津逮本作"俱"。
④ "漂"，津逮本作"浮"。"郭"，津逮本作"廓"。"墟"，津逮本、尚本作"虚"。
⑤ "叔"，津逮本作"束"。
⑥ "桑"，底本作"葉"，據津逮本、尚本改。
⑦ "水"，元本、津逮本作"火"。"爲"，尚本作"宜"。
⑧ "孟"，津逮本作"子"。"囊"，尚本作"糧"。"寶"，津逮本作"賣"。"驪黄"，尚本作"我邦"。
⑨ "在右"，元本、尚本作"處右"。
⑩ "累累俱在"後，津逮本有"受其大福"四字。

涣 娶於姜吕，駕迎新婦。少齊在門，夫子悦喜①。否之涣。

節 螟蟲爲賊，害我稼穡。盡禾單麥，秋無所得②。

中孚 衣裳顛倒，爲王來呼。成就東周，邦國大休。

小過 王孫季子，相與爲友。明允篤誠，升擢慶舉③。

既濟 踊泉滑滑，流行不絶。污爲江海，敗毁邑里。家無所處，聞虎不懼，向我笑喜④。

未濟 桑户竊脂，啄粟不宜。亂政無常，使心孔明⑤。

大有之第十四

大有 白虎張牙，征伐東來。朱雀前驅，讚道説辭。敵人請服，銜璧前趨⑥。

乾 南山大行，困於空桑。老沙爲石，牛馬無糧⑦。

坤 蟠枝失岐，與母別離，絶不相知⑧。

屯 噂噂所言，莫知我恒。懽樂堅固，可以長安⑨。乾之困。

蒙 李梅零墜，心思憒憒。懷憂少愧，亂我魂氣⑩。

---

① “吕”，津逮本作“女”。“齊”，津逮本作“妻”。
② “盡”，津逮本作“冬”。“單”，津逮本、尚本作“殫”。
③ “慶”，津逮本、尚本作“薦”。
④ “踊”，津逮本作“漏”。“懼”，津逮本作“悖”。
⑤ “户”，津逮本、尚本作“扈”。“心”，津逮本作“我”。
⑥ “來”，津逮本作“華”，尚本作“萊”。“雀”，津逮本作“鳥”。“道説”，津逮本作“導悦”。“前”，津逮本、尚本作“而”。
⑦ “大”，尚本作“太”。“糧”，津逮本、尚本作“食”。
⑧ “蟠枝失岐”，尚本作“播木折枝”。
⑨ “莫知我恒”，津逮本、尚本作“莫如我垣”。
⑩ “李”，尚本作“雹”。“憒憒”，津逮本作“積憒”。“懷憂少愧”，津逮本作“懷憂小愧”。

需　火雖熾，在吾後。寇雖多，在吾右。身安吉，不危殆。

訟　虎臥山隅，鹿過後胸。弓矢設張，猾爲功曹。伏不敢起，逐至平野，得我美草①。

師　三火起明，兩滅其光。高位疾巔，驕恣誅傷②。

比　疋居楚烏，遇讒無辜，久旅離憂③。

小畜　一室百子，同公異母。以義防患，禍災不起④。

履　商人行旅，資所無有。貪貝利珠，留連王市。還旋内顧，公子何咎⑤。

泰　禹將爲君，北入崑崙。稍進揚光，登入温湯。代舜爲治，功德昭明⑥。

否　乾行天德，覆幬無極。嘔呼烹熟，使各自得⑦。

同人　南國盛茂，黍稷醴酒。可以享老，樂以嘉友⑧。

謙　方船備水，旁河然火，終身無禍⑨。

豫　雷行相逐，無有休息。戰於平陸，爲夷所覆。

隨　躑躅踟躕，拊心搔頭。五晝四夜，睹我齊侯⑩。

蠱　大口宣唇，神使伸言。黄龍景星，出應侯門。與福上

---

①　“設”，津逮本作“復”。“逐”，津逮本、尚本作“遂”。“平”，津逮本作“洋”。

②　“兩”，津逮本、尚本作“雨”。“巔”，津逮本、尚本作“顛”。“誅”，津逮本作“深”。

③　“疋居楚烏”，底本作“匹君楚馬”，據尚本改。“旅”，津逮本作“散”。

④　“百”，津逮本作“十”。“公”，津逮本作“心”。

⑤　“貝”，津逮本、尚本作“其”。“旋”，津逮本、尚本作“家”。

⑥　“揚”，津逮本作“陽”。“代舜爲治”，津逮本無。

⑦　“天”，津逮本作“大”。“烹”，津逮本作“享”。

⑧　“醴”，津逮本作“醲”。“以”，津逮本、尚本作“我”。

⑨　“旁”，津逮本、尚本作“傍”。“終身無禍”後，津逮本有“與夫吉昌，永得安康”八字。

⑩　“拊”，津逮本作“撫”。“睹”，底本作“睹”，據元本、尚本改。

堂,天下安昌①。需之萃。

臨 陰衰老極,陽建其德。離陽載光,天下昭明②。否之无妄,坤之未濟。

觀 三塗五嶽,陽城太室。神明所伏,獨無兵革③。

噬嗑 年豐歲熟,政仁民樂。利以居止,旅人獲福。

賁 楚烏逢矢,不時久放。離居無羣,意昧精喪。作此哀詩,以告孔憂④。

剝 出門大步,與凶惡忤。罵公詈母,爲我憂恥⑤。

復 火至井谷,陽芒生角。犯歷天户,闚觀太微。登上玉牀,家易六公⑥。

无妄 牧羊逢狼,雖憂不傷。畏怖惕息,終無禍殃⑦。

大畜 繭栗犧牲,敬奉貴神。享者飲食,受福多孫。望季不來,孔聖厄陳⑧。乾之旅。

頤 大蓋治牀,南歸殺羊。長伯爲我,多得牛馬,利於徙居⑨。

大過 枯樹無枝,與子分離。飢寒莫養,獨立哀悲。

---

① "侯",津逮本、尚本作"德"。"堂",底本作"天",據元本、津逮本、尚本改。

② "離陽載光",津逮本作"離載陽光",尚本作"履離戴光"。

③ "獨無兵革"後,津逮本有"下有保國"四字。

④ "烏",津逮本作"鳥"。"矢",底本作"天",據津逮本、尚本改。"時",津逮本、尚本作"可"。"羣",津逮本作"辜"。"意昧精喪",津逮本無。

⑤ "凶",津逮本作"兄"。"恥",津逮本作"趾"。

⑥ "至",津逮本作"之"。"陽",津逮本作"楊"。"户",津逮本、尚本作"市"。"微",津逮本、尚本作"極"。

⑦ "惕",底本作"既",據津逮本、尚本改。

⑧ "奉貴",津逮本、尚本作"事鬼"。"享者",津逮本作"神耆",尚本作"神嗜"。

⑨ "大蓋治牀",津逮本、尚本作"大澤治妝"。"南歸殺羊",津逮本作"南販牧牂",尚本作"南歸牧羊"。

坎　天地九重，堯舜履中。正冠垂裳，宇宙平康①。

離　鳧鷖遊涇，君子以寧。履德不忞，福禄來成②。

咸　贏禮逐狐，爲人觀笑。牝雞司晨，主作亂根③。

恒　典册法書，藏在蘭臺。雖遭亂潰，獨不遇災④。　大過，坤之大畜。

遯　三癡俱狂，欲之平鄉。迷惑失道，不知昏明⑤。

大壯　瘿瘤瘍疥，爲身瘡害。疾病癃痢，常不屬逮⑥。

晉　三豕俱走，鬭於虎口。白豕不勝，死於坂下⑦。

明夷　賴先之光，受德之佑。雖遭顛沛，獨不凶咎⑧。

家人　上義崇德，以建大福。明哲且聰，周武立功⑨。

睽　四亂不安，東西爲患。身止無功，不出國城。乃得全完，賴其生福⑩。

蹇　金牙鐵齒，西王母子。無有患殆，減害道利⑪。　小畜之大有。

解　賀喜從福，曰利蕃息，歡樂有得⑫。

---

①　"履"，津逮本作"治"。"垂"，津逮本作"衣"。

②　"涇"，元本作"滛"。"履"，津逮本作"復"。

③　"贏禮"，津逮本、尚本作"裸裎"。"觀"，津逮本作"所"。"司"，元本、尚本作"雄"。

④　"書"，津逮本作"言"。"亂"，津逮本作"禍"。

⑤　"俱"，津逮本、尚本作"且"。

⑥　"疥"，津逮本作"疹"。"害"，津逮本作"患"。"痢"，津逮本、尚本作"疴"。"屬逮"，津逮本、尚本作"危殆"。

⑦　"虎"，津逮本、尚本作"谷"。"坂"，元本作"阪"。

⑧　"先"，津逮本、尚本作"主"。"遭"，津逮本作"造"。

⑨　"明哲且聰"，津逮本作"吉宜詰旦"。

⑩　"患"，津逮本作"恨"。"全完"，津逮本作"完全"。

⑪　"減害道利"，津逮本、尚本作"涉道大利"。

⑫　"曰"，津逮本、尚本作"日"。

損　昊天白日，照臨我國。萬民康寧，咸賴嘉福①。

益　左眇右盲，視闇不明。下民多孽，君失其常。

夬　吾家黍粱，積委道傍。有囊服箱，運到我鄉，藏於嘉倉②。

姤　殊類異路，心不相慕。牝豭無猥，鰥無室家③。

萃　雀行求食，出門見鷂。顛蹶上下，幾無所處。

升　野有積庾，穉人駕取。不逢狼虎，暮歸其宇④。

困　膚敏之德，發憤忘食。虞豹禽說，爲王求福⑤。師之觀，虎當作虞。

井　光祀春成，陳項雞鳴。陽明失道，不能自守，消亡爲咎⑥。

革　左抱金玉，右得熊足。常盈不亡，獲心所欲。

鼎　履泥污足，名困身辱。兩仇相得，身爲痛瘧⑦。

震　安居重遷，不去其廛。未來相聞，樂得常產⑧。

艮　天災所遊，凶不可居。轉徙獲福，留止危憂⑨。

漸　昧昧墨墨，不知白黑。景雲亂擾，光明隱伏。犬戎來

---

①　“嘉”，津逮本作“受”。

②　“吾家”，津逮本、尚本作“吾有”。“積委”，津逮本、尚本作“委積”。“囊”，津逮本作“架”。

③　“豭”，津逮本、尚本作“豕”。“鰥無”，津逮本作“鰥居”。

④　“庾”，底本作“庚”，據津逮本、尚本改。“狼虎”，底本作“虎狼”，據津逮本、尚本改。

⑤　“忘”，尚本作“晨”。“虞”，底本作“虎”，據津逮本、尚本及底本小注改。

⑥　“光祀”，津逮本作“光禮”。“項”，尚本作“寶”。“消亡爲咎”，底本無，據津逮本、尚本補。

⑦　“身爲痛瘧”，津逮本作“身其爲虐”。

⑧　“廛”，底本作“亶”，據津逮本、尚本改。“未來”，津逮本、尚本作“禾米”。“聞”，尚本作“間”。

⑨　“危憂”，津逮本、尚本作“憂危”。

攻，幽王失國①。

歸妹 鳧雁啞啞，以水爲宅。雌雄相和，心志娛樂，得其所欲②。大畜之鼎。

豐 長生無極，子孫千億。柏柱載器，堅固不傾③。

旅 麒麟鳳凰，善政得祥。陰陽和調，國無災殃。

巽 天之奧隅，堯舜所居。可以存身，保我室家。

兌 配合相迎，利之四鄰。昏以爲期，與福笑喜④。

渙 砥德礪材，果當成周。拜受大命，封爲齊侯。

節 與福俱坐，畜水備火。思患豫防，終無殃禍⑤。

中孚 晨昏潛處，候時煦煦。卒連白日，爲世榮主⑥。

小過 視日再光，與天相望。長生懽悦，以福爲多⑦。曰當作日。

既濟 大頭明目，載受嘉福。三雀飛來，與禄相觸⑧。

未濟 梗生荆山，命載輸班。袍衣剥脱，夏熱冬寒。立餓枯槁，衆人莫憐⑨。

---

① “墨墨”，津逯本作“默默”。“黑”，津逯本作“日”。“王”，底本作“主”，據津逯本、尚本改。“犬戎來攻”，津逯本無。

② “心志”，津逯本作“常共”。

③ “器”，津逯本、尚本作“梁”。

④ “鄰”，津逯本作“鄉”。

⑤ “思患豫防”，津逯本、尚本無。“殃”，津逯本、尚本作“災”。

⑥ “晨”，元本作“畏”。“候時煦煦”，底本作“候明昭昭”，據津逯本、尚本改。“連”，元本作“遭”，津逯本、尚本作“逢”。

⑦ “日”，底本作“曰”，據津逯本、尚本及底本小注改。“再”，元本作“載”。“以”，津逯本、尚本作“與”。“多”，津逯本作“兄”。

⑧ “載受嘉福”，津逯本作“再受喜福”。“三”，津逯本作“二”。“觸”，底本作“單”，據津逯本、尚本改。

⑨ “梗”，津逯本作“梗”。“載”，津逯本、尚本作“屬”。“餓”，津逯本、尚本作“成”。

謙之第十五

謙 王喬無病，苟頭不痛。亡破失履，乏我送從①。

乾 喋囁處曤，昧冥相待。多言少實，終無成事②。

坤 北辰紫宮，衣冠立中。含和建德，常受大福。鉛刀攻玉，堅不可得③。

屯 東壁餘光，數暗不明。主母嫉妬，亂我事業④。

蒙 下背其上，盜明相讓。子嬰兩頭，陳破其虛⑤。

需 鳳生會稽，稍巨能飛。翶翔往來，爲衆鳥雄⑥。

訟 鑿井求玉，非卞氏寶。名困身辱，勞無所得⑦。 —作師卦。

師 邦桀載役，道至東萊。百僚具舉，君王嘉喜⑧。 —作訟卦。

比 安息康居，異國同廬。非吾邦域，使伯憂惑⑨。

小畜 江河淮海，天之都市。商人受福，國家富有。

履 同木異葉，樂仁上德。東鄰慕義，來興吾國⑩。

---

① “苟”，津逮本、尚本作“狗”。“破”，津逮本、尚本作“跛”。“送”，津逮本、尚本作“徒”。

② “喋囁處曤”，津逮本作“嗛囁嚎嚶”，尚本作“喋囁嚎曤”。“待”，津逮本作“持”，尚本作“搏”。“終”，津逮本、尚本作“語”。

③ “建”，津逮本作“達”。

④ “壁”，底本作“璧”，據元本、津逮本、尚本改。“主”，津逮本作“王”。

⑤ “盜明相讓”，津逮本作“資明其讓”。“子嬰”，底本作“嬰子”，據津逮本、尚本改。“虛”，津逮本、尚本作“墟”，二字可通。

⑥ “巨”，津逮本作“具”。“往來”，津逮本、尚本作“桂林”。

⑦ “卞”，津逮本、尚本作“和”。

⑧ “邦桀載役”，津逮本作“拜傑載復”，尚本作“邦桀載殳”。“道”，津逮本作“送”。

⑨ “同”，津逮本、尚本作“穹”。“惑”，津逮本、尚本作“戚”。

⑩ “同木異葉”，尚本作“同本異業”。“上”，津逮本、尚本作“尚”。

泰　白鶴銜珠，夜食爲明。懷我德音，身受光榮①。

否　踐履危難，脱厄去患。入福喜門，見吾邦君②。

同人　宫商既和，聲音相隨。驪駒在門，主君以歡。

大有　天地配享，六位光明。陰陽順序，以成厥功。

豫　江河淮海，天之奥府。衆利所聚，可以饒有，樂我君子。否之坤。

隨　雙鳥俱飛，欲歸稻池。經涉蘿澤，爲矢所射，傷我胸臆③。屯之旅，比之晉。

蠱　伯仲叔季，日暮寢寐。羸臥失限，虐我具囊，銜却道傍④。

臨　受終文祖，承衰復起。以義自閉，雖苦无咎⑤。

觀　据斗運樞，順天無憂，與天並居⑥。益之節。

噬嗑　周師伐紂，戰於牧野。甲子平旦，天下悦喜。

賁　十雌百雛，常與母俱。抱雞搏虎，誰敢害諸⑦。

剥　桀跖並處，人民愁苦。擁兵荷糧，戰於齊魯。

復　南山昊天，刺政閔身。疾悲無辜，背憎爲仇。

无妄　百川朝海，流行不止。道雖遼遠，無不到者。

---

① “食”，津逮本、尚本作“室”。“爲”，津逮本作“反”。“我”，元本作“吾”。

② “福”，津逮本作“臨”。“邦”，津逮本作“母”。

③ “俱”，津逮本作“並”。“經”，津逮本、尚本作“徑”。“蘿”，津逮本作“藋”。

④ “伯”，底本作“留”，據津逮本、尚本改。“羸臥失限”，津逮本作“裸臥失明”，尚本作“羸臥失明”，羸裸可通。“虐我具囊”，津逮本、尚本作“喪我貝囊”。“却”，津逮本作“卸”。

⑤ “閉”，津逮本、尚本作“閑”。

⑥ “据”，津逮本作“旋”。“與天”，元本、津逮本、尚本作“與樂”。“居”，津逮本作“俱”。

⑦ “百”，元本作“伯”。“搏”，底本作“搏”，據元本、津逮本、尚本改。

大畜　目不可合，憂來搖足。悚惕爲懼，去我邦域①。

頤　鳥升鵠舉，照臨東海。龍降庭堅，爲陶叔後。封於英六，履禄綏厚②。

大過　北方多棗，橘柚所聚。荷囊載黍，盈我筐筥③。

坎　懸狟素餐，食非其任。失望遠民，實勞我心④。

離　羔羊皮革，君子朝服。輔政扶德，以合萬國。

咸　齊魯爭言，戰於龍門。構怨致禍，三歲不安。坤之離，同人之睽，比之蠱。

恒　久陰霖雨，塗行泥潦。商人休止，市無所有⑤。

遯　桃雀竊脂，巢於小枝。搖動不安，爲風所吹。寒心慄慄，常憂殆危⑥。

大壯　防患備災，凶惡不來。雖困無憂，未獲安休⑦。

晉　引頸絶糧，與母異門。不見所歡，孰與共言⑧。

明夷　鰌鰕去海，藏於枯里。街巷褊隘，不得自在。南北極遠，渴餒成疾⑨。

---

①　"悚"，元本作"怵"。"爲"，津逮本、尚本作"危"。"我"，津逮本、尚本作"其"。

②　"鳥升鵠舉"，元本、尚本作"烏升鵠舉"。"龍"，元本作"厖"，津逮本、尚本作"龙"。"英六"，津逮本作"蓼丘"。"履禄綏厚"，元本作"履福爲厚"，津逮本作"福履綏厚"，尚本作"履福綏厚"。

③　"荷"，尚本作"何"，二字可通。"黍"，津逮本作"香"。

④　"狟"，津逮本、尚本作"貆"。

⑤　"市無所有"，津逮本、尚本作"市空無有"。

⑥　"雀"，津逮本作"鵲"。"巢"，津逮本作"來"。"寒心"，尚本作"心寒"。"慄慄"，津逮本作"悚悚"。

⑦　"惡"，津逮本、尚本作"禍"。"憂"，津逮本、尚本作"災"。"未獲安休"，津逮本、尚本無。

⑧　"頸"，底本作"順"，據津逮本、尚本改。

⑨　"褊"，津逮本作"偏"。"極遠"，津逮本作"無極"。

家人 恭寬信敏，功加四海。辟去不祥，喜來從母①。

睽 歲飢無年，虐政害民。乾谿驪山，秦楚結怨。

蹇 右目無瞳，偏視寡明。十步之外，不知何公②。

解 蝍蜛歡喜，草木嘉茂。百果蕃熾，日益多有③。

損 常德自如，安坐無尤。莘入貴鄉，到老安榮④。絕一作無。

益 狡兔趯趯，良犬逐咋。雄雉受害，爲鷹所獲⑤。

夬 春桃生花，季女宜家。受福多年，男爲封君⑥。

姤 山石朽弊，稍崩墜落。上下離心，君受其祟⑦。

萃 水壞我里，東流爲海。黿鼉讙囂，不睹我家⑧。

升 七竅龍身，造易八元。法天則地，順時施恩，富貴長存⑨。

困 四夷慕德，來興我國。文君陟降，同受福德⑩。

井 華首山頭，仙道所遊。利以居止，長無咎憂。

革 鸇鳩徙巢，西至平州。遭逢雷雹，關我葦蘆。室家飢寒，思吾故初⑪。

---

① "祥"，尚本作"詳"。

② "外"，津逮本作"内"。

③ "多"，津逮本、尚本作"庶"。

④ "常德"，元本作"當得"。"莘"，元本作"華"，津逮本、尚本作"幸"。

⑤ "雄雉受害"，尚本作"雄雌爰爰"。

⑥ "封"，尚本作"邦"。

⑦ "稍崩墜落"，元本、津逮本作"稍崩墮落"，尚本作"消崩墮落"。"君受其祟"，津逮本作"君失其祟"。

⑧ "囂"，津逮本、尚本作"譁"。

⑨ "七"，津逮本作"十"。"易"，津逮本作"化"。"恩"，津逮本作"行"。

⑩ "同受福德"，津逮本作"合受其德"。

⑪ "巢"，津逮本作"來"。"關"，津逮本、尚本作"損"。"室家"，津逮本、尚本作"家室"。

鼎　狗無前足,陰謀叛背,爲身害賊[①]。

震　陽孤亢極,多所恨惑。車傾蓋亡,身常驚惶。乃得其願,雌雄相從[②]。乾之屯。

艮　空槽注豬,豚彘不到。張弓祝雞,雄父飛去[③]。

漸　長夜短日,陰爲陽賊。萬物空枯,藏於北陸。

歸妹　爪牙之士,怨毒祈父。轉憂與己,傷不及母[④]。

豐　拜跪請兔,不德臭腐。挽眉銜指,低頭北去[⑤]。

旅　有莘季女,爲夏妃后。貴夫壽子,母字四海[⑥]。

巽　季姜躊躕,待孟城隅。終日至暮,不見齊侯[⑦]。

兌　邯鄲反言,父兄生患。涉叔援俎,一死不還[⑧]。

渙　逐鹿山巔,利去我西。維邪南北,利無不得[⑨]。

節　穿鼻繫株,爲虎所拘。王母祝福,禍不成災,突然自來[⑩]。

中孚　虎豹熊羆,遊戲山谷。君子仁賢,皆得所欲[⑪]。

小過　梅李冬實,國多賊盜。擾亂並作,王不能制[⑫]。

---

① “謀”,津逮本作“雄”。“背”,津逮本、尚本作“北”。
② “從”,津逮本作“存”。
③ “豬”,尚本作“器”。“到”,津逮本作“至”。“父”,尚本作“鳩”。
④ “與”,津逮本、尚本作“於”。
⑤ “德”,元本、津逮本、尚本作“得”。“挽眉”,津逮本作“俛首”,尚本作“俛眉”。“低頭”,津逮本作“不得”。
⑥ “夏”,津逮本作“王”。
⑦ “姜”,元本、尚本作“姬”。“躕”,元本、學津本作“跼”。“暮”,津逮本作“旦”。
⑧ “援俎”,津逮本、尚本作“憂恨”。“一”,津逮本、尚本作“卒”。
⑨ “利無”,津逮本、尚本作“所求”。
⑩ 此首林辭元本作中孚林辭。“株”,津逮本作“珠”。“福”,底本作“榴”,津逮本、尚本作“福”,據孫詒讓《札迻》改。
⑪ 此首林辭元本作節林辭。“皆”,津逮本作“亦”。
⑫ “賊盜”,津逮本、尚本作“盜賊”。“能”,津逮本、尚本作“得”。

既濟 望幸不到，文章未就。王子逐兔，犬蹄不得①。

未濟 千柱百梁，終不傾僵。仁智輔聖，周宗寧康。

豫之第十六

豫 冰將泮散，鳴雁雝雝。丁男長女，可以會同，生育聖人②。

乾 龍馬上山，絶無水泉。喉燋唇乾，口不能言③。

坤 蔡侯朝楚，留連江濱。踰時歷月，思其后君。

屯 文厄羑里，湯拘夏臺。仁聖不害，數困何憂。免於縲索，爲世雄侯④。

蒙 典册法書，藏在蘭臺。雖遭亂潰，獨不遇災⑤。

需 氈裘羶國，文禮不飭。跨馬控弦，伐我都邑⑥。

訟 星隕如雨，弓弱無輔。強陽制陰，不得安土⑦。

師 蝗囓我稻，驅不可去。實穗無有，但見空藁⑧。

比 虎飢欲食，爲蝟所伏。禹導龍門，辟咎除患，元醜以安⑨。

小畜 蝙蝠夜藏，不敢晝行。酒爲酸漿，魴臭鮑羹。

---

① “王”，津逮本作“羊”。
② “雝雝”，津逮本作“雍雍”。“聖”，津逮本作“賢”。
③ “燋”，津逮本、尚本作“焦”。
④ “拘”，津逮本、尚本作“緤”。“雄”，津逮本作“明”。
⑤ “册”，元本作“策”。
⑥ “氈”，元本作“旃”。
⑦ “弓”，津逮本、尚本作“力”。“強陽制陰”，津逮本、尚本作“強陰制陽”。
⑧ “可”，津逮本作“我”。
⑨ “所”，底本作“而”，據津逮本、尚本改。

履 精華墮落,形體醜惡。齟齬挫頓,枯槁腐蠹①。

泰 兩足不獲,難以遠行。疾步不能,後旅失時②。

否 令妻壽母,宜家无咎。君子之歡,得以長久。

同人 蠶飢作室,昏多亂纏,緒不可得③。

大有 子鉏執麟,春秋作元。陰聖將終,尼父悲心④。

謙 螟蟲爲賊,害我稼穡。禾殫麥盡,秋無所得⑤。

隨 憂在腹內,山崩爲疾。禍起蕭墻,竟制其國。

蠱 茹芝餌黃,飲食玉瑛。與神流通,長無憂凶⑥。

臨 一夫兩心,被刺不深。所爲無功,求事不成⑦。

觀 十里望煙,散渙四方。形容滅亡,終不見君⑧。

噬嗑 張弓廓弩,經涉山道。雖有伏虎,誰敢害諸⑨。

賁 泉閉澤竭,王母飢渴。君子困窮,乃徐有說⑩。

剝 野鳶山鵲,弈棊六博。三梟四散,主人勝客⑪。

復 羊驚馬走,上下揮擾。鼓音不絕,頃公奔敗。

无妄 黃帝神明,八子聖聰。俱受大福,天下康平。

大畜 住車釃酒,疾風暴起。泛亂福器,飛揚位草。明神降

---

① "墮",津逮本、尚本作"墜"。"體",津逮本作"掩"。

② "旅",津逮本作"倡"。

③ "蠶飢",津逮本、尚本作"飢蠶"。"昏",津逮本、尚本作"緡"。"緒",尚本作"端"。

④ "元",尚本作"經"。"陰",津逮本、尚本作"元"。

⑤ "禾殫麥盡",津逮本、尚本作"盡禾殫麥"。

⑥ "與神",津逮本、尚本作"神與"。

⑦ "被",津逮本作"技",尚本作"歧"。

⑧ "方",元本、尚本作"分"。

⑨ "廓",津逮本、尚本作"控"。

⑩ "王",津逮本、尚本作"主"。

⑪ "鳶",津逮本作"猿"。

禄,道無害寇①。

  頤 滕蛇乘龍,宋鄭飢凶,民食草蓬②。

  大過 揚水潛鑿,使石潔白。裏素表朱,遨遊皋澤。得君所願,心志娛樂③。

  坎 西過虎廬,驚其前樞,雖憂無尤④。

  離 衣成無袖,不知所穿。客指東西,未得便安⑤。

  咸 晨風文翰,隨時就温。雄雌相和,不憂危殆⑥。

  恒 心多恨悔,出言爲怪。梟鳴於北,聲醜可惡,請謁不得⑦。

  遯 離女去夫,閔思苦憂。齊子無良,使我心愁⑧。

  大壯 過時不歸,雌雄苦悲。徘徊外國,與叔分離。

  晉 鵲巢柳樹,鳩集其處。任力薄德,天命不佑⑨。

  明夷 鶴盜我珠,逃於東都。懷怒追求,郭氏之墟。不見踪跡,使伯心憂⑩。

  家人 夫婦相背,和氣弗處。陰陽俱否,莊姜無子。

---

  ① "住車釀酒",津逮本作"住馬釀酒",尚本作"輕車釀祖"。"疾",尚本作"痰"。"福",尚本作"祭"。"位草",津逮本作"位卓",尚本作"鼓舞"。"禄",津逮本作"佑",尚本作"祐"。

  ② "滕",津逮本作"騰",尚本作"謄"。

  ③ "裏",津逮本作"衣"。"遨遊皋澤",津逮本作"遊戲皋澤",尚本作"遊戲皋沃"。"願",津逮本、尚本作"欲"。

  ④ "驚其前樞",津逮本、尚本作"驚我前驅"。"尤",津逮本、尚本作"危"。

  ⑤ "袖",津逮本作"開"。"便",津逮本作"使"。

  ⑥ "雄雌",津逮本、尚本作"雌雄"。"危殆",津逮本、尚本作"殆危"。

  ⑦ "於",津逮本、尚本作"室"。

  ⑧ "愁",津逮本作"悲"。

  ⑨ "集",津逮本、尚本作"奪"。"天",津逮本作"人"。"佑",元本、尚本作"祐"。

  ⑩ "懷",津逮本、尚本作"鵠"。

睽　月走日步,趣不同舍。夫妻反目,主君失位①。

蹇　雒陽嫁女,善逐人走。三寡失夫,婦妬無子。

解　周德既成,杼軸不傾。太宰東西,夏國康寧②。

損　日中爲市,交易資寶。各利所有,心悦以喜③。

益　童妾獨宿,長女未室,利無所得④。

夬　忠言輔成,王政不傾。公劉兆基,文武綏之。

姤　牛驥同堂,郭氏以亡。國破爲虛,主君奔逃⑤。

萃　中原有菽,以待雉食。飲御諸友,所求大得⑥。

升　多虛少實,語不可覆。尊虛無酒,飛言如雨⑦。

困　青蠅集蕃,君子信讒。害賢傷忠,患生婦人⑧。

井　履株覆輿,馬驚傷車,步爲我憂。

革　商風召寇,呼我北盜。間諜内應,與我爭鬭。殫己寶藏,主人不勝⑨。

鼎　逸豫好遊,不安其家。惑於少姬,久迷不來⑩。

震　吾有驊騮,畜之以時。東家翁孺,來請我車。價極可與,後無賤悔⑪。

---

①　"月走日步",元本、尚本作"日走月步"。"趣",底本作"逃",據津逮本、尚本改。"位",津逮本作"居"。
②　"太",津逮本作"大"。
③　"各",津逮本作"名"。
④　"童",津逮本作"僮"。
⑤　"堂",尚本作"槽"。"虛",津逮本作"墟",二字可通。"逃",津逮本作"走"。
⑥　"雉",尚本作"饔"。
⑦　"覆",津逮本、尚本作"知"。"尊虛",元本作"樽虛",津逮本、尚本作"尊空"。
⑧　"君子信讒",津逮本作"君信讒言"。
⑨　"呼我北盜",尚本作"來呼外盜"。
⑩　"惑於",津逮本作"或有"。
⑪　"請",津逮本作"詣"。"車",元本、尚本作"駒"。"賤",津逮本作"賊"。

艮　阨窮上通，與堯相逢。登升大麓，國無凶人①。

漸　眾兔俱走，熊羆在後。跂不能進，失信寡處②。

歸妹　旁行不遠，三思復返。心多畏惡，中日止舍③。

豐　倉唐奉使，中山以孝。文侯悅喜，繫子徵召。

旅　入天門，守地戶。居安樂，不勞苦。一説：文山蹲鵃，肥腯多脂。王孫獲願，載福巍巍④。

巽　登階上堂，見吾父兄。左酒右漿，與福相迎。

兌　秋蛇向穴，不失其節。夫人姜氏，自齊復入。

涣　忍醜少羞，無面有頭。滅耗寡虛，日以削銷⑤。

節　景星照堂，麟鳳遊翔。仁施大行，頌聲以興⑥。

中孚　竿旄旌旗，執幟在郊。雖有寶珠，無路致之⑦。師之隨，履之解。

小過　李華再實，鴻卵降集。仁德以興，陰國受福⑧。小畜之離，比之訟。

既濟　白馬赤烏，戰於東都。天輔有德，敗悔爲憂⑨。

未濟　採薪得麟，大命殞顛。豪雄爭名，天下四分。屯之坤。

---

① “阨”，津逮本、尚本作“厄”。

② “跂”，津逮本作“騎”。

③ “惡”，津逮本作“患”。“中日”，津逮本、尚本作“日中”。

④ “地”，津逮本作“城”。“居”，津逮本、尚本作“君”。“一説：文山蹲鵃，肥腯多脂。王孫獲願，載福巍巍”，尚本删之。

⑤ “滅耗”，津逮本、尚本作“耗滅”。“銷”，津逮本、尚本作“消”。

⑥ “麟鳳遊翔”，津逮本、尚本作“麟遊鳳翔”。“以”，津逮本、尚本作“並”。

⑦ “竿”，津逮本、尚本作“干”。

⑧ “陰”，津逮本作“廕”，尚本作“蔭”。

⑨ “天輔有德”，津逮本無。

焦氏易林卷第五

隨之第十七

隨　鳥鳴東西，迎其羣侶。似有所屬，不得自專，空返獨還①。

乾　鼻目易處，不知香臭。君迷於事，失其寵位②。

坤　唐虞相輔，鳥獸喜舞。安樂無事，國家富有③。

屯　左輔右弼，金玉滿櫃。常盈不亡，富如敖倉④。師之歸妹，蒙之坤。

蒙　蒼龍單獨，與石相觸，摧折兩角⑤。

需　釣目厭部，善逐人走。來嫁無夫，不安其廬⑥。

訟　逐虎驅狼，避去不祥。凶惡北行，與喜相逢⑦。

師　齎貝贖狸，不聽我辭。繫於虎鬚，牽不得來。需之睽，同人之否，否之革。

---

① “鳥”，元本作“烏”。“似有所屬”，底本無，據津逮本、尚本補。
② “失其寵位”，元本作“失於共居”。
③ “樂”，津逮本作“康”。
④ “櫃”，津逮本作“匱”，尚本作“堂”。
⑤ “單”，津逮本作“見”。
⑥ “目”，津逮本、尚本作“日”。
⑦ “虎”，津逮本作“兔”。“去”，底本作“者”，據津逮本、尚本改。“喜”，津逮本作“善”。

比　同載共輿，中道別去。喪我元夫，獨與孤居①。比之革。

小畜　奮翅鼓翼，將之嘉國。愆期失時，反得所欲②。

履　目傾心惑，夏姬在側。申公顛倒，巫臣亂國。

泰　搏鳩彈鵲，逐兔山北。丸盡日暮，失獲無得③。

否　鹿求其子，虎廬之里。唐伯李耳，貪不我許④。

同人　敗魚鮑室，臭不可息。上山履塗，歸傷我足。

大有　華燈百枝，消衰暗微。精光訖盡，奄有灰靡⑤。

謙　顏叔子夏，遨遊仁宇。溫良受福，不失其所⑥。

豫　梁柱堅固，子孫蕃盛。福喜盈積，終無禍悔⑦。

蠱　邊鄙不聳，民狎其野。穡人成功，年歲大有⑧。

臨　鼃池鳴呴，呼求水潦。雲雨大會，流成河海⑨。

觀　志合意同，姬姜相從。嘉耦在門，夫子悅喜。

噬嗑　白馬駮驪，更生不休。富有商人，利得如丘。

賁　大姒夏禹，經營九道。各有攸家，民得安所⑩。

剝　甲戊己庚，隨時轉行。不失其心，得且安寧⑪。

---

① “居”，津逮本作“苦”。

② “反”，津逮本作“乃”。

③ “逐”，津逮本作“獵”。

④ “李”，底本作“季”，據津逮本、尚本改。

⑤ “衰暗”，津逮本、尚本作“暗衰”。“奄有灰靡”，津逮本作“奄有灰飛”，尚本作“奄如灰糜”。

⑥ “遨遊”，津逮本、尚本作“遊遨”。

⑦ “盛”，津逮本作“熾”。

⑧ “聳”，津逮本作“寧”。“其”，津逮本、尚本作“於”。“穡”，津逮本作“嗇”。

⑨ “鼃池”，底本作“蚍牛”，津逮本作“蝸池”，據尚本改。“呴”，津逮本作“呵”。“求”，津逮本作“我”。

⑩ “家”，津逮本、尚本作“處”。

⑪ “得且安寧”，津逮本、尚本作“唐季發憤，擒滅子嬰”。

復　穆違百里，使孟厲武。將帥襲戰，敗於殽口①。

无妄　茅茹本居，與類相扶。顧慕羣旅，不離其巢②。

大畜　伯仲叔季，日暮寢寐。坐臥失明，喪其貝囊。

頤　亡羊補牢，張氏失牛。騂駣奔走，鵲盜我魚③。

大過　雀目燕頷，畏昏無光。思我狡童，不見子充。

坎　入暗出明，動作有光。運轉休息，常樂允康④。

離　不勝私情，以利自嬰。北室出孤，毀其良家。

咸　稱幸上靈，媚悅於神。受福重重，子孫蕃功。

恒　齊姜叔子，天文在手。實沈參墟，封爲康侯⑤。

遯　遨遊無患，出入安全。長受其懽，君子萬年。

大壯　被服文德，升入大麓。四門雍肅，登受大福⑥。

晉　負金懷玉，南歸嘉國。蜂蠆不螫，利入我室。_{蠆音邁，螫音釋。}

明夷　日在阜顛，鄉昧爲昏。小人成羣，君子傷倫⑦。

家人　水父火母，先來鳴呴。澤皋之土，從高而處⑧。

睽　東鄰少女，爲王長婦。柔順利貞，宜夫壽子。

---

① "孟"，津逮本作"明"。"帥"，元本作"師"。"口"，津逮本、尚本作"右"。

② "茅茹"，津逮本作"茆如"。"扶"，津逮本、尚本作"投"。"顧"，津逮本、尚本作"願"。

③ "補"，底本作"捕"，據元本、津逮本、尚本改。

④ "暗"，津逮本作"和"。

⑤ "文"，津逮本作"命"。"手"，底本作"位"，據尚本改。"沈"，元本、尚本作"沈"，二字可通。

⑥ "登受大福"後，津逮本有"慈烏鳴鳩，執一無尤，寢門內治，君子悅喜"十六字。

⑦ "鄉"，津逮本、尚本作"嚮"。

⑧ "水父火母"，底本作"水父海母"，津逮本作"水火父母"，據尚本改。"土"，津逮本作"上"，尚本作"士"。

蹇　戴鉼望天，不見星辰。顧小失大，福逃於外①。顧當作顧。

解　王喬不病，狗頭不痛。三尸失履，乏我逆從②。

損　使燕築室，身無庇宿。家不容車，微我衣服③。

益　威權分離，烏夜徘徊。爭蔽月光，大人誅傷④。家人之
无妄。

夬　辯變白黑，巧言亂國。大人失福，君子迷惑⑤。

姤　依踞甲鎧，敝筐受貝。大人不顧，少婦不取，棄捐
於道⑥。

萃　燕雀銜茆，以生孚乳。兄弟六人，妓好悌孝。得心歡
欣，和悦相樂⑦。小畜之兑。

升　登几上輿，駕駟南遊。合從散衡，燕齊以僵⑧。

困　黷黷許許，仇偶相得。冰入炭室，消亡不息⑨。許許當作
訏訏。

井　鴟鴞破斧，邦人危殆。賴其忠德，轉禍爲福，傾亡
復立⑩。

革　載金販狗，利棄我走。藏匿淵渠，悔折爲咎⑪。

---

① “顧”，底本作“願”，據元本、尚本及底本小注改。

② “不病”，津逮本、尚本作“無病”。“三尸”，津逮本、尚本作“亡跛”。“逆”，津逮
本、尚本作“徒”。

③ “微”，津逮本、尚本作“後”。

④ “爭”，津逮本作“羣”。

⑤ “白黑”，尚本作“黑白”。

⑥ “依”，津逮本、尚本作“衣”。“踞”，津逮本作“鋸”。“受貝”，津逮本作“爲具”。

⑦ “茆”，津逮本作“泥”，尚本作“茅”。“妓”，津逮本作“交”，尚本作“姣”，作“交”
“姣”皆可通，“妓”疑誤。“悌孝”，津逮本、尚本作“孝悌”。“欣”，元本作“忻”。

⑧ “齊”，底本作“秦”，據尚本改。“僵”，津逮本、尚本作“強”。

⑨ “黷黷”，津逮本作“黯黯”。“偶”，津逮本作“禍”。

⑩ “亡”，津逮本作“危”。

⑪ “渠”，尚本作“底”。

鼎 泉坑復平，宇室安寧。憂患解除，賴福長生①。

震 驪姬讒嬉，與二嬖謀。譖啄恭子，賊害忠孝。駕出嘉門，商伯有喜②。

艮 刲羊不當，血少無羹。女執空筐，不得採桑③。

漸 牧羊稻園，聞虎喧嘩。畏懼悚息，終無禍患。

歸妹 明德隱伏，麟鳳遠匿。周室傾側，不知所息④。

豐 鄰不我顧，而求玉女。身多禿癩，誰肯媚者⑤。

旅 初雖無輿，後得戰車。賴幸逢福，不罹兵革⑥。

巽 水壞我里，東流爲海。黿鼉讙囂，不睹王母。

兌 兩心不同，或欲西東。明論終始，莫適所從。

渙 天帝懸車，廢禮不朝。禳福不制，失其寵家⑦。

節 交川合浦，遠濕難處。水土不同，思吾皇祖。

中孚 勾踐之危，棲於會稽。太宰機言，越國復存⑧。

小過 慈烏鳴鳩，執一無尤。寢門內治，君子悦喜⑨。隨之大壯。

既濟 當年早寡，獨立孤居。雞鳴犬吠，無敢問諸。我生不

---

① “泉”，津逮本、尚本作“淵”。“室”，津逮本作“穴”。
② “嬉”，尚本作“喜”。“嬖”，底本作“孽”，據尚本改。“啄”，津逮本、尚本作“我”。“駕出嘉門，商伯有喜”，津逮本作“駕出喜門，商伯有害”，尚本作“申生以縊，重耳奔逃”。
③ “刲”，底本作“刺”，據津逮本、尚本改。
④ “鳳”，津逮本作“得”。
⑤ “玉女”，津逮本作“寶玉”。
⑥ “戰”，津逮本作“載”。“不罹”，津逮本、尚本作“得離”，則離者，去也，亦可通。
⑦ “禳福”，津逮本、尚本作“攘服”。“失其寵家”，津逮本作“失寵其家”。
⑧ “機”，津逮本作“譏”。
⑨ “鳴”，尚本作“鳲”。

遇，獨離寒苦①。

未濟 江河變服，淫湎無側。高位顛崩，寵禄反覆②。

蠱之第十八

蠱 魴生江淮，一轉爲百。周流天下，無有難惡③。

乾 首澤與目，載受福慶。我有好爵，與汝相迎④。

坤 輈輈輼輼，歲莫偏蔽。寵名捐棄，君衰在位⑤。

屯 折若蔽日，蘭屏王目。司馬無良，平子没傷⑥。

蒙 家在海隅，撓繞深流。王孫單行，无妄以趨⑦。

需 執義秉德，不危不殆。延頸盤桓，安其室垣。屯耗未得，終無大恤⑧。

訟 長舌亂家，大斧破車。陽陰不得，姬姜衰憂⑨。

師 二人異路，東趨西步。千里之外，不相知處⑩。

---

① “當”，津逮本、尚本作“富”。“獨立孤居”，津逮本作“孤與獨居”。“離”，津逮本、尚本作“罹”。

② “河”，津逮本、尚本作“海”。“側”，津逮本作“測”。

③ “魴”，津逮本作“紡”。“天下”，津逮本作“四浸”，尚本作“四海”。

④ “澤”，津逮本作“釋”。“汝”，津逮本作“喜”。

⑤ “輈輈”，津逮本作“輈輈”。“輼輼”，津逮本、尚本作“轀轀”。“莫”，津逮本、尚本作“暮”，二字可通。“偏”，津逮本作“編”。“衰”，津逮本作“襄”。

⑥ “若”，津逮本作“箬”。“蘭屏”，津逮本、尚本作“屏遮”。

⑦ “撓繞”，津逮本、尚本作“繞旋”。“无妄以趨”後，津逮本有“固陰沍寒，常冰不温。後入墮胎，大雹爲害”十六字。

⑧ “垣”，底本作“檀”，據津逮本、尚本改。

⑨ “家”，津逮本作“國”。“陽陰”，元本、津逮本、尚本作“陰陽”。“得”，津逮本作“順”。

⑩ “異”，津逮本、尚本作“共”。

比　視暗不見，雲蔽日光。不見子都，鄭人心傷①。

小畜　初憂後喜，與福爲市。八佾列陳，飲御嘉友。

履　童妾獨宿，長女未室，利無所得②。

泰　玄黄四塞，陰雌伏謀。呼我墻屋，爲巫所識③。

否　中復摧頹，常恐衰微。老復賴慶，五羖爲相④。

同人　伯氏殺牛，行悖天時。亳社夷燒，朝歌丘墟⑤。

大有　日短夜長，禄命分張。早離父兄，免見憂傷⑥。

謙　采唐沬鄉，期於桑中。失期不會，憂思忡忡⑦。

豫　昧視無光，夜不見明。冥抵空牀，季葉逃亡。

隨　舉趾振翼，南至嘉國。見我伯姊，與惠相得。

臨　則天順時，周流其墟。與樂並居，無有咎憂⑧。

觀　蠆室蜂户，螫我手足。不可進取，爲吾害咎⑨。

噬嗑　公孫駕驪，載遊東齊。延陵悦産，遺季紵衣。

賁　轉作驪山，大失人心。劉季發怒，禽滅子嬰⑩。

剥　羊腸九縈，相推稍前。止須王孫，乃能上天⑪。

復　蠨蝀充側，佞人傾惑。女謁横行，正道壅塞。

---

① “暗”，元本作“闇”。“視暗不見”之“見”，津逮本、尚本作“明”。

② “童”，津逮本作“僮”。

③ “我”，津逮本作“爲”。

④ “復”，津逮本、尚本作“歲”。“頹”，津逮本作“隤”。

⑤ “牛”，底本作“羊”，據津逮本、尚本改。

⑥ “分張”，津逮本、尚本作“不光”。“兄”，尚本作“母”。“憂傷”，津逮本作“分張”。

⑦ “期於”，津逮本、尚本作“徼期”。“失期”，津逮本作“失心”。“忡忡”，底本作“約帶”，據津逮本、尚本改。

⑧ “無”，底本作“元”，據元本、津逮本、尚本改。

⑨ “吾”，津逮本作“我”。

⑩ “人”，津逮本作“元”。“禽”，津逮本作“命”。

⑪ “能”，津逮本作“得”。

无妄 福禄不遂,家多怪祟。麋鹿悲啼,思其大雄①。

大畜 雲雷因積,大雨重疊。久不見日,使心悒悒②。

頤 三河俱合,水怒踊躍。壞我王室,民困無食③。

大過 旦雨夜行,早遍都城。更相覆傾,終無所成④。

坎 褒后生蛇,垂老盲微。側跌哀公,酉滅黃離⑤。

離 鴻雁南飛,隨時休息。轉逐天和,千歲不衰⑥。

咸 後時失利,不得所欲。莫亨偕結,自逐自逐⑦。

恒 心多恨悔,出言爲怪。梟鳴室北,醜聲可惡,請謁不得⑧。

遯 四馬過隙,時難再得。尼父孔聖,繫而不食⑨。

大壯 陰變爲陽,女化爲男。治道得通,君臣相承。

晉 崑崙源口,流行不止。龍門砥柱,民不安處。母歸孩子,黃麑悦喜⑩。

明夷 葛纍蒙棘,華不得實。讒佞亂政,使恩壅塞⑪。

---

① "啼",津逮本、尚本作"鳴"。

② "使心悒悒",津逮本、尚本作"使我心悒"。

③ "室",尚本作"屋"。

④ "旦",尚本作"冒"。"都",底本作"辟",據津逮本、學津本、尚本改。"終無所成"後,津逮本有"三頭兩眼,不見其真"八字。

⑤ "垂",津逮本作"經"。"盲",津逮本作"育",尚本作"皆"。"側跌哀公",元本作"倒跌哀公",尚本作"倒跌衰耄"。"酉滅",津逮本作"酒減"。

⑥ "時",津逮本、尚本作"陽"。"逐",津逮本作"送"。"歲",津逮本、尚本作"里"。"衰",津逮本作"哀"。

⑦ "莫亨偕結,自逐自逐",津逮本、尚本無。

⑧ "醜聲",津逮本、尚本作"聲醜"。

⑨ "四",元本、尚本作"駟"。

⑩ "孩",津逮本、尚本作"扶"。"龍門",津逮本作"鯀伊"。"麑",津逮本作"塵"。

⑪ "纍",元本、尚本作"虆"。

家人 公無長驅,大王駿馬。非其當所,傷折爲害①。

睽 大倉充盈,庶民蕃盛,年歲熟榮②。

蹇 執蕡炤犧,爲風所吹。火滅無光,不見玄黃③。

解 鳥反故巢,歸其室家。心平意正,與叔相和。登高殞墜,失其寵貴④。

損 弩弛弓藏,良犬不行。內無怨女,征夫在堂⑤。

益 特犧孔博,日新其德。文公燎獵,姜氏受福⑥。

夬 季秋孟冬,寒露霜降。大陰在庭,品物不生。雞犬夜鳴,家擾數驚⑦。

姤 心多恨悔,出門見怪。有蛇三足,醜聲可惡。嫫母爲媒,請求不得⑧。

萃 虎豹爭強,道閉不通。小人讙訟,貪夫受空⑨。

升 雞方啄粟,爲狐所逐。走不得食,惶懼惕息⑩。

困 陳嫣敬仲,兆興齊姜。乃適營丘,八世大昌。

井 昊天白日,照臨我國。萬民康寧,咸賴嘉福。

革 雲夢大藪,嘉有所在。虞人共職,驪駒樂喜⑪。

---

① "驅",津逮本作"詢"。"大",津逮本作"天"。"駿",津逮本作"駁"。"當所",津逮本、尚本作"所當"。"害",津逮本、尚本作"患"。
② "庶民蕃盛",津逮本作"萬物蕃成"。
③ "蕡",津逮本作"簣"。
④ "相和",津逮本作"和鳴"。
⑤ "行",津逮本作"烹"。
⑥ "特",津逮本作"牡"。"公",津逮本、尚本作"君"。"燎",津逮本作"出"。
⑦ "品",津逮本作"庶"。"雞犬夜鳴",津逮本作"雞鳴犬吠"。
⑧ "有",津逮本作"反"。
⑨ "貪夫受空",津逮本、尚本作"貪天之功"。
⑩ "懼",津逮本、尚本作"怖"。
⑪ "嘉",津逮本、尚本作"索"。

鼎　獐鹿雞兔，羣聚東國。盧黃白脊，俱往逐追。九齝十得，主君有喜①。

震　德惠孔明，雖衰復章，保其室堂②。

艮　天之所壞，不可強支。衆口嘈嘈，雖貴必危。

漸　天之奥隅，堯舜所居。可以全身，保我邦家。

歸妹　下泉苞稂，十年無王。荀伯遇時，憂念周京③。

豐　江河海隅，衆利聚居。可以遨遊，卒歲無憂④。

旅　南山黃竹，三身六目。出入制命，東皇宣政。主尊君安，鄭國無患⑤。

巽　重驛置之，來除我憂。與喜俱居，同其福休⑥。

兑　南山高崗，麟鳳室堂。含和履中，國無災殃。

渙　紫芝朱草，與仙爲侶。公尸侑食，福禄來下⑦。

節　宮成室就，進樂相舞。英俊在堂，福禄光明。

中孚　商人子孫，資無所有。貪狼逐狐，留連都市。還轅内鄉，嘉喜何咎⑧。

小過　執贄入朝，獻其狐裘。元戎燮安，沙漠以懽⑨。

---

① “雞”，元本、尚本作“雄”。“盧黃白脊”，底本無，據津逮本、尚本補。“逐追”，津逮本、尚本作“追逐”。

② “雖衰”，津逮本、尚本作“主君”。

③ “無”，津逮本作“九”。

④ “河”，津逮本、尚本作“淮”。

⑤ “皇”，元本注、尚本作“里”。

⑥ “重驛置之”，津逮本作“重譯置之”，尚本作“重譯貢芝”。“與喜”，津逮本、尚本作“喜樂”。“同其福休”，津逮本無。

⑦ “與仙爲侶”，津逮本、尚本作“生長和氣”。

⑧ “人”，津逮本作“之”。“有”，津逮本作“食”。“狼”，津逮本作“貝”。

⑨ “燮”，元本、尚本作“變”。

既濟 湧泉汨汨,南流不絕。洿爲淮海,壞敗邑里,家無所處①。

未濟 固陰沍寒,常冰不温。凌人惰怠,大雹爲災②。

臨之第十九

臨 弱水之上,有西王母。生不知老,與天相保。行者危怠,利居善喜③。

乾 黃獹生子,以戌爲母。晉師在郊,虞公出走④。

坤 倉唐奉使,中山以孝。文侯悦喜,擊子徵召。

屯 機關不便,不能出言。精誠不通,爲人所冤。

蒙 白茅醴酒,靈巫拜禱。神嗜飲食,使君壽考。

需 重瞳四乳,耳聰目明。普爲仁表,聖作元輔⑤。

訟 水長無船,破城壞堤。大夫從役,困於泥塗。一朝喪殞,不見少妻⑥。

師 二人俱行,各遺其囊。鴻鵠失珠,無以爲明⑦。

比 隨時轉行,不失其常。咸樂厥類,身无咎殃⑧。

---

① "汨汨",元本作"滑滑"。"洿爲淮海",底本無,據津逮本、尚本補。"壞敗",津逮本、尚本作"敗壞"。

② "惰怠",底本作"情怠",津逮本作"怠惰",據學津本、尚本改。

③ "上",津逮本、尚本作"西"。"怠",元本、尚本作"殆"。

④ "子",底本作"馬",據津逮本、尚本改。"以",底本作"白",據尚本改。

⑤ "普爲仁表,聖作元輔",津逮本、尚本作"普仁表聖,爲作元輔"。

⑥ "長",津逮本作"漲"。"困於泥塗",津逮本、尚本無。"喪",尚本作"亡"。

⑦ "二",津逮本作"六"。

⑧ "咸",津逮本作"各"。

小畜　蔡女蕩舟，爲國患憂。襃后在側，屏蔽王目，搔擾六國①。

履　駕龍騎虎，周遍天下。爲人所使，西見王母，不憂不殆②。

泰　員怨之吴，畫策闔閭。鞭平服荆，除大咎殃。威震敵國，還受上卿③。

否　唐邑之墟，晉人之居。虞叔受福，實沈是國，世載其樂④。

同人　管鮑相知，至德不離。三言相桓，齊國以安⑤。

大有　三十無室，長女獨宿。心勞未得，憂在胸臆。

謙　散涣水長，風吹我鄉。火滅無光，墮敗桓公⑥。

豫　飛蛡蠕動，各有配偶。小大相保，咸得其所⑦。

隨　安樂几筵，未出王門⑧。

蠱　火生月窟，上下恩塞，舐亂我國⑨。

觀　長生無極，子孫千億。柏柱載梁，堅固不傾⑩。

噬嗑　欽敬昊天，曆象星辰。宣授民時，陰陽和調⑪。

---

① "搔擾六國"，津逮本作"早衰六畜"。
② "爲人所使"，津逮本、尚本作"爲神人使"。"不殆"，津逮本、尚本作"危殆"。
③ "員怨"，津逮本作"胥恐"。
④ "墟"，津逮本作"廬"。"之"，津逮本、尚本作"以"。
⑤ "相"，津逮本作"於"。
⑥ "墮"，津逮本、尚本作"隳"。"公"，津逮本作"功"。
⑦ "飛蛡"，津逮本、尚本作"蛡飛"。
⑧ "王"，津逮本作"玉"。
⑨ "火生月窟"，津逮本作"大生災禍"。"上下"，津逮本、尚本作"下土"。
⑩ "梁"，底本作"青"，據津逮本、尚本改。
⑪ "宣"，津逮本作"宜"。

賁 三河俱合,水怒踴躍。壞我王屋,民困於食①。

剥 壽如松喬,與日月俱。常安康樂,不見禍憂②。

復 天之所予,福禄常在,不憂危殆。

无妄 受讖六符,招搖空虛。雖跌無憂,保我全財③。

大畜 齎金買車,失道後時。勞罷爲憂,我心則休④。

頤 華首山頭,仙道所遊。利以居止,長無咎憂⑤。

大過 采唐沬鄉,要期桑中。失信不會,憂思約帶⑥。

坎 八面九口,長舌爲斧。斵破瑚璉,殷商絶後⑦。

離 臨溪蟠枝,雖恐不危,樂以笑歌⑧。

咸 泱泱沸溢,水泉爲害,使我無賴。

恒 蝗螟爲賊,傷害稼穡。愁飢於年,農夫鮮食⑨。

遯 八百諸侯,不期同時。慕西文德,興我宗族,家門雍雍⑩。

大壯 長男少女,相向笑語。來歡致福,和悦樂喜。

晉 平國不君,夏氏作亂。烏號竊發,靈公殞命。

明夷 春多膏澤,夏潤優渥。稼穡成熟,畝獲百斛⑪。

---

① "屋",津逮本作"室"。
② "見",津逮本、尚本作"離"。
③ "空",津逮本、尚本作"室"。"全財",津逮本作"命則",尚本作"命財"。
④ "我心則休",津逮本、尚本無。
⑤ "以",津逮本作"於"。"咎憂",底本作"憂咎",據津逮本、尚本改。
⑥ "要",津逮本作"徼"。
⑦ "八面九口",津逮本作"人面九口",尚本作"人面鬼口"。
⑧ "蟠枝",津逮本、尚本作"橋欱"。
⑨ "傷害",津逮本、尚本作"害我"。"愁",津逮本、尚本作"秋"。
⑩ "雍雍",津逮本、尚本作"雍睦"。
⑪ "成熟",底本作"熟成",據津逮本、尚本改。

家人　客宿臥寒，席蓐不安。行危爲害，留止得歡①。

睽　乘桴於海，雖懼不殆。母載其子，終焉何咎②。

蹇　手拙不便，不能伐檀。車無軸轅，行者苦難。

解　唐虞相輔，鳥獸喜舞。民安無事，國家富有③。

損　秋蛇向穴，不失其節。夫人姜氏，自齊復入。

益　病篤難醫，和不能治。命終斯訖，下即蒿廬④。

夬　青蛉如雲，城邑閉門。國君衞守，民困於患⑤。

姤　牙蘖生齒，室堂啓户。幽人利貞，鼓翼起舞⑥。

萃　鳬游江海，没行千里。以爲死亡，復見空桑，長生樂鄉。

升　黃帝出遊，駕龍乘馬。東上太山，南遊齊魯，邦國咸喜⑦。

困　履危不止，與鬼相視。驚恐失氣，如騎虎尾。

井　秋南春北，不失消息。涉和履中，時無隱慝⑧。

革　龍門砥柱，通利水道。百川順流，民安其居。

鼎　千歲廟堂，棟橈傾僵。天厭周德，失其寵光。

震　折若蔽目，不見稚叔。三足孤烏，遠離室家⑨。

艮　望叔山北，陵隔我目。不見所得，使我憂惑⑩。

---

① “行危爲害，留止得歡”，津逮本作“行爲危害，留不得歡”。
② “桴於”，津逮本作“槎浮”，尚本作“桴浮”。
③ “喜”，津逮本、尚本作“率”。
④ “斯”，津逮本、尚本作“永”。
⑤ “閉”，底本作“閑”，據元本、尚本改。
⑥ “牙蘖生齒”，尚本作“牙蘖生達”。“幽人”，津逮本、尚本作“出入”。
⑦ “馬”，津逮本作“鳳”。“太”，津逮本、尚本作“泰”。
⑧ “隱慝”，津逮本作“陰匿”，尚本作“隱匿”。
⑨ “若”，津逮本作“箬”。“三足孤烏”，津逮本作“五足孤鳥”。
⑩ “憂”，津逮本、尚本作“心”。

漸　匏瓠之息，一畝千室。萬國都邑，北門有福①。

歸妹　域域牧牧，憂禍相伴。隔以巖山，室家分散②。

豐　騏驎騄耳，遊食萍草。逍遥石門，循山上下，不失其所③。

旅　天所祚昌，文以爲良。篤生武王，姬受其福。

巽　羊腸九縈，相推稍前。止須王孫，乃能上天。

兑　貧鬼守門，日破我盆。孤牝不駒，雞不成雛。

渙　飽食從容，入門上堂。不失其常，家無凶殃④。

節　陰淫不止，白馬爲洶。皋澤之子，就高而處⑤。

中孚　執戈俱立，以備暴急。千人守門，因以益卑，終安何畏⑥。

小過　夾河爲婚，水長無船。遥心失望，不見歡君⑦。

既濟　陰陽變化，各得其宜。上下順通，奏爲膚功。

未濟　任劣德薄，失其臣妾。田不見禽，犬無所齚⑧。

觀之第二十

觀　歷山之下，虞舜所處。躬耕致孝，名聞四海。爲堯所

---

① “息”，底本作“恩”，據津逮本、尚本改。“千”，津逮本作“十”。

② “禍”，津逮本作“和”。“伴”，底本作“半”，據津逮本、尚本改。“以”，津逮本作“我”。

③ “騏驎”，津逮本作“麒麟”，尚本作“騏驥”。“不失其所”，津逮本無。

④ “入”，底本作“出”，據津逮本、尚本改。“凶”，津逮本、尚本作“咎”。

⑤ “洶”，津逮本、尚本作“海”。

⑥ “守門”，津逮本作“犀龍”。“因以益卑”，津逮本作“困危得海”。

⑦ “長”，津逮本作“漲”。“遥”，津逮本作“追”，尚本作“槌”。“歡君”，尚本作“所歡”。

⑧ “齚”，津逮本、尚本作“得”。

薦,纘位天子①。

乾 蜎飛蠕動,各有所配。歡悦相逢,咸得其處②。

坤 繼祀宗邑,追明成康。光照萬國,享世久長。疾病不醫,下即蒿廬③。

屯 秋冬探巢,不得鵲雛。銜指北去,媿我少姬。

蒙 童妾獨宿,長女未室,利無所得④。

需 鴻波逆流,主人潛去。蒿蓬代柱,大屋顛仆⑤。

訟 日闇不明,讒夫在堂。右臂疾痺,君失其光⑥。

師 王孫季子,相與孝友。明允篤誠,昇擢薦舉,爲國幹輔⑦。

比 麟趾龍身,日馭三千。南上蒼梧,與福爲昏。道里夷易,安全無患⑧。

小畜 三子成駒,破其堅車。輪載空輿,後時失期⑨。

履 逐禍除患,道德神仙。遏惡萬里,常歡以安⑩。

泰 黄池之盟,吳晉争強。勾踐爲患,夷國不安⑪。

否 青牛白咽,呼我俱田。歷山之下,可以多耕。歲露時

---

① "孝",津逮本作"教"。"纘",津逮本作"禪"。
② "逢",津逮本、尚本作"迎"。
③ "疾病不醫,下即蒿廬",尚本删之,似可從。
④ "童",津逮本作"僮"。
⑤ "鴻",津逮本、尚本作"洪"。"波",津逮本作"魚"。"主",津逮本、尚本作"至"。"去",尚本作"處"。"蒿蓬",尚本作"蓬蒿"。
⑥ "右臂疾痺",底本作"左辟疾瘁",據津逮本、尚本改。
⑦ "輔",津逮本作"柱"。
⑧ "馭",底本作"取",據津逮本、尚本改。"昏",津逮本、尚本作"婚"。
⑨ "破其堅車",津逮本作"折損輨軸"。
⑩ "禍",津逮本作"福"。"遏",津逮本作"避"。
⑪ "國",津逮本作"門"。"夷國不安"後,津逮本有"探轂得蠡,所願不喜"八字。

節，人民安寧①。呼我句，一作：招我於田。

同人　有頭無目，不見菽粟。消耗爲疾，三年不復②。

大有　山沒丘浮，陸爲水魚。燕雀無巢，民無室廬。

謙　高崗鳳凰，朝陽梧桐。嗈嗈喈喈，奉奉萋萋。陳辭不多，以告孔嘉③。

豫　鰥寡獨宿，憂動胸臆，莫與宿食④。

隨　馬躓破車，惡婦破家。青蠅污白，恭子離居⑤。

蠱　長女三嫁，進退不羞。逐狐作妖，行者離憂⑥。

臨　人無定法，緩除才出。地雄走歸，陽不制陰，男失其家⑦。

噬嗑　茹芝餌黄，飲食玉英。與神流通，長無憂凶。

賁　東行無門，西出華山。道塞畏難，遊子爲患⑧。

剝　壽如松喬，與日月俱。常安康樂，不罹禍憂。

復　探鷇得螽，所願不喜。道宜小人，君子咎蹇。

无妄　蝸螺生子，深目黑醜。雖飾相就，衆人莫取⑨。

大畜　喜怒不時，雪霜爲災。稼穡無功，后稷飢憂⑩。

---

① “呼我俱田”，尚本作“招我於田”。“露”，津逮本、尚本作“藏”。

② “不見菽粟”，津逮本作“赫赫粟粟”。

③ “崗”，元本、津逮本、尚本作“岡”。“嗈嗈”，津逮本、尚本作“雍雍”。“奉奉”，津逮本作“奉奉”。

④ “宿”，津逮本作“笑”。

⑤ “馬躓破車”，津逮本作“躓馬破車”，尚本作“馬蹄躓車”。“恭”，底本作“共”，據津逮本、尚本改。

⑥ “三”，津逮本作“二”。“不”，津逮本、尚本作“無”。

⑦ “定”，津逮本作“足”。“除才出”，津逮本作“行長姦”。“人無定法，緩除才出，地雄走歸”，尚本作“人無足，法緩除。牛出雄，走羊驚”。

⑧ “畏”，津逮本作“於”。

⑨ “蝸”，尚本作“蠣”。

⑩ “雪霜”，津逮本、尚本作“霜雪”。“憂”，津逮本、尚本作“寒”。

頤　烏升鵲舉，照流東海。厖降庭堅，爲陶叔後。封圻蓼六，履禄綏厚①。

大過　黄離白日，照我四國。元首昭明，民賴其福。

坎　黍稷醇醲，敬奉山宗。神嗜飲食，甘雨嘉降。獨蒙福力，時災不至②。

離　禍不更生，福過我里。入門笑喜，與吾利市③。

咸　晝臥里門，悚惕不安。目不得闔，鬼搔我足④。

恒　春草榮華，長女宜夫。受福多年，世有封禄⑤。

遯　雍門内崩，賊賢傷人。暴亂狂悖，簡公失位⑥。

大壯　心志無良，昌披妄行。觸抵墙壁，不見户房⑦。

晉　膠車木馬，不利遠賈。出門爲患，安止得全⑧。

明夷　家在海隅，橈短流深。企立望宋，無木以趨。

家人　冬葉枯槁，當風於道。蒙被塵埃，左右勞苦⑨。

睽　過時不行，妄逐王公。老女失度，不安其居⑩。

蹇　履泥污足，名困身辱。兩仇相當，身爲疾病⑪。

---

① “厖”，津逮本、尚本作“龙”。“流”，津逮本、尚本作“臨”。“圻”，津逮本作“爲”。
② “醲”，元本作“釀”。
③ “禍不更生”，底本無，據津逮本補。
④ “闔”，底本作“閡”，據津逮本、尚本改。
⑤ “草”，津逮本作“旱”。
⑥ “人”，津逮本、尚本作“仁”。
⑦ “志”，津逮本作“壯”。“昌披”，津逮本作“猖獗”。“觸抵墙壁”，尚本作“觸墙抵壁”。
⑧ “木”，津逮本作“秣”。“得全”，津逮本作“不危”。
⑨ “葉”，津逮本作“桑”。“於”，津逮本作“恔”，尚本作“失”。
⑩ “失度”，津逮本、尚本作“無夫”。
⑪ “身爲疾病”，津逮本、尚本作“自爲痛疾”。

解　精華墮落，形體醜惡。齲齟挫頓，枯槁腐蠹①。

損　長生無極，子孫千億。松柏爲梁，堅固不傾②。

益　去辛就蓼，毒愈酷毒。避穽入坑，憂患日生③。

夬　行堯欽德，養賢致福。衆英積聚，國無寇賊④。

姤　狗逐兔走，俱入谷口。與虎逢晤，迫不得去⑤。

萃　望尚阿衡，太宰周公。藩屏湯武，立爲侯王。

升　清人高子，久屯野外。逍遥不歸，思我慈母⑥。

困　三虫作蠱，削跡無與。勝母盜泉，君不安處⑦。

井　驢作龍身，進所無前。三日五夜，得其所欽⑧。

革　黃裏綠衣，君服不宜。淫湎毀常，失其寵光。

鼎　天所顧祐，禍災不至，安吉不懼⑨。

震　盤紆九迴，行道留難。止須子丘，乃睹所歡⑩。

艮　暴虐失國，爲下所逐。北奔陰胡，王居旄頭⑪。

漸　御驊從龍，至於華東。與離相逢，送致于邦⑫。

---

① “體”，津逮本作“容”。“齲齟”，津逮本、尚本作“齟齬”。

② “松柏爲梁”，底本作“柏柱載青”，據津逮本、尚本改。

③ “酷毒”，津逮本作“酷甚”。“毒愈酷毒”後，元本有“不思我家”四字。“穽”，津逮本作“井”。“坑”，津逮本作“坎”。

④ “福”，津逮本作“禮”。

⑤ “晤”，津逮本作“之”。

⑥ “野外”，津逮本、尚本作“外野”。

⑦ “君”，津逮本、尚本作“居”。

⑧ “驢”，津逮本、尚本作“玁”。“作”，元木、尚本作“牝”。“進所無前”，津逮本、尚本作“進無所前”。“欽”，尚本作“歡”。

⑨ “至”，津逮本、尚本作“到”。“不”，津逮本、尚本作“無”。

⑩ “子”，津逮本作“千”，尚本作“于”。

⑪ “胡”，底本作“月”，據津逮本、尚本改。“王居”，津逮本、尚本作“主君”。

⑫ “至於”，津逮本、尚本作“至霍”。“離”，津逮本、尚本作“禹”。“致”，津逮本作“至”。“于邦”，津逮本作“子邦”。

歸妹　銅人鐵距，雨露勞苦。終日卒歲，無有休息。

豐　大人失宜，盈滿復虧。長冬之木，盛者滅衰①。

旅　梅李冬實，國多盜賊。亂擾並作，王不能制。

巽　澤枯無魚，山童無株。長女嫉妬，使身空虛。

兑　天門東虛，既盡爲災。膔膝黯蒼，秦伯受殃②。

涣　褰衣涉河，水深漬衣。賴幸舟子，濟脱無他③。

節　推車上山，高仰重難。終日至暮，惟見阜顛④。

中孚　鼎易其耳，熱不可舉。大路壅塞，旅人心苦⑤。

小過　四亂不安，東西爲患。退身止足，無出邦域。乃得完全，賴其生福。

既濟　班馬還師，以息勞罷。役夫嘉喜，入户見妻。

未濟　積德不息，遇主逢時。載喜渭陽，身受榮光⑥。

---

① “長冬”，津逮本作“成長”，尚本作“長成”。
② “東”，津逮本、尚本作“冬”。“既盡”，津逮本作“晉季”。“黯”，津逮本作“默”。
③ “衣”，尚本作“罷”。“賴幸”，津逮本、尚本作“幸賴”。
④ “惟”，元本作“唯”，津逮本作“不”。
⑤ “易”，尚本作“煬”。
⑥ “喜”，津逮本作“善”。

焦氏易林卷第六

噬嗑之第二十一

噬嗑 麒麟鳳凰,善政德祥。陰陽和調,國無災殃①。

乾 北風相牽,提笑語言。伯歌叔舞,讌樂以喜。

坤 甲戊己庚,隨時運行。不失常節,達性任情,各樂其類②。

屯 破亡之虛,神祇哀憂。進往無光,留止有慶③。

蒙 注斯膏澤,扞衛百毒。防以江南,虺不能螫④。

需 日月相望,光輝盛昌。三聖茂功,仁德大隆⑤。

訟 大蛇巨魚,戰於國郊。上下隔塞,衛侯廬曹⑥。

師 龍入天關,經歷九山。登高上下,道里險難。日晏不食,絕無甘酸。

比 沙漠北塞,絕無水泉。君子征凶,役夫苦艱⑦。

---

① "德",津逮本、尚本作"得"。
② "達性任情,各樂其類",津逮本、尚本作"咸逢出生,各樂其類,達性任情"。
③ "神祇哀憂",津逮本作"神所憂衰"。"往",津逮本作"德"。
④ "扞",津逮本作"祈"。
⑤ "輝",尚本作"明"。"茂",津逮本作"成"。
⑥ "隔",津逮本作"濟"。"曹",津逮本、尚本作"漕",尚秉和言:《左傳》作曹,《毛詩》序作漕。
⑦ "絕",津逮本作"純"。"苦艱",津逮本、尚本作"力殫"。

小畜　關折門啓，衿帶解墮。福與善坐，憂不爲禍①。

履　狼虎所噑，患害必遭。不利有爲，宜以遁逃。

泰　金精耀怒，帶劍過午。兩虎相距，弓弩滿野，雖憂無苦②。

否　朽根枯樹，葉落花去。卒逢火焱，相隨偃仆③。

同人　入和出明，動作有光。轉運休息，常樂永康④。

大有　國多忌諱，大人恒畏。結口無患，可以長存。

謙　天地淳厚，六合光明。陰陽順序，以成厥功⑤。

豫　贏裎逐狐，爲人觀笑。牝雞雄晨，主作亂妖⑥。

隨　陰升陽伏，桀失其室，相餧不食⑦。

蠱　蜎飛蠢動，各有配偶。小大相保，咸得其所⑧。臨之豫。

臨　鬼守我廬，欲呼伯去。曾孫壽考，司命不許，與生相保。

觀　禍走患伏，喜爲我福。凶惡消亡，災害不作。

賁　智不別揚，張狂妄行。蹈淵仆顛，傷殺伯身⑨。

剝　凶憂災殃，日益章明。禍不可休，三郤夷傷⑩。

---

① “折”，津逮本作“柝”。“坐”，津逮本、尚本作“生”。
② “苦”，津逮本作“咎”。
③ “葉落花去”，津逮本、尚本作“華葉落去”。
④ “入和出明”，津逮本作“入和出暗”，尚本作“入暗出明”。“永”，津逮本作“允”。
⑤ “厚”，津逮本作“亨”。“陰陽順序”，津逮本作“陰序陽順”。“以成厥功”，津逮本、尚本作“厥功以成”。
⑥ “贏”，津逮本、尚本作“裸”。“雄”，津逮本作“鳴”。
⑦ “陰升陽伏”，津逮本作“陰失陽復”。
⑧ “蠢”，尚本作“蠕”。“小大”，津逮本、尚本作“大小”。
⑨ “狂”，津逮本作“誑”。“蹈”，津逮本作“陷”。
⑩ “章明”，津逮本、尚本作“明章”。“休”，津逮本、尚本作“救”。

復　長尾蝼蛇，畫地爲河。深不可涉，組絶以無，惆然喟息[①]。

无妄　愛我嬰女，牽引不與。冀幸高貴，反得賤下[②]。

大畜　凫游江海，甘樂其餌。既不近人，雖驚不駭[③]。

頤　明滅光息，不能復食。精魄既喪，以夜爲室[④]。

大過　奇適無偶，習靖獨處。所願不從，心思勞苦[⑤]。

坎　葛藟蒙棘，華不得實。讒佞亂政，使忠壅塞。

離　鵲笑鳩舞，來遺我酒。大喜在後，授吾龜紐。龍喜張口，起拜福祉[⑥]。

咸　摇尾逐災，雲沉孽除。洿泥生粱，下爲田主[⑦]。

恒　白鶴銜珠，夜食爲明。膏潤優渥，國歲年豐。

遯　内執柔德，止訟以默。宗邑賴德，禍災不作。

大壯　犬吠驚駭，公拔戈起。玄冥厭火，消散瓦解。

晉　公悦嫗喜，孫子俱在。榮譽日登，福禄來處[⑧]。

明夷　鳥鳴哺轂，長欲飛去。循枝上下，適與風遇。顛隕樹根，命不可救[⑨]。

家人　析薪熾酒，使媒求婦。和合齊宋，姜子悦喜。

---

① “組絶以無”，津逮本、尚本作“絶無以北”。“惆”，津逮本、尚本作“悵”。“喟”，底本作“憒”，據尚本改。

② “反得賤下”，津逮本作“反曰下賤”。

③ “海”，津逮本、尚本作“湖”。

④ “魄”，津逮本作“魂”。

⑤ “偶”，元本作“耦”。“靖”，津逮本、尚本作“静”。

⑥ “起”，津逮本、尚本作“超”。“吾”，津逮本、尚本作“我”。

⑦ “雲沉孽除”，津逮本作“雲孽辟除”。

⑧ “孫子”，津逮本、尚本作“子孫”。

⑨ “哺”，底本作“捕”，據元本、尚本改。

睽　鄰不我顧，而求玉女。身多疾癩，誰當媚者①。

蹇　遠視無明，不知青黃。黇纊塞耳，使君闇聾②。

解　尪身已整，逢禹巡狩。賜我玄珪，蒙受福祐③。

損　遠望千里，不見黑子。離妻之明，無益於光。

益　斧斤所斫，瘡痏不息。鍼石不施，下即空室④。

夬　齊侯少子，才略美好。求我長女，賤薄不與。反得醜陋，後乃大悔⑤。

姤　失儷後旅，天門地戶。不知所在，安止无咎。

萃　烏孫氏女，深目黑醜。嗜欲不同，過時無偶⑥。

升　叔駕純騽，南至東萊。求索駒馬，道闕中止⑦。

困　二女寶珠，誤鄭大夫。交父無禮，自爲作笑⑧。

井　陽城太室，神明所息。仁智之居，獨無兵革⑨。

革　大蛇爲殃，使道不通。歲露尠少，年穀敗傷⑩。

鼎　三足孤烏，靈明爲御。司過罰惡，自殘其家，毀敗爲憂。

坎之渙。

震　車雖駕，兩靷絕。馬欲步，雙輪脫。行不至，道遇害⑪。

---

①　“我”，底本作“可”，據津逮本、尚本改。“求”，津逮本、尚本作“望”。“玉”，津逮本作“至”。“疾”，津逮本、尚本作“疣”。

②　“明”，津逮本、尚本作“光”。

③　“己整”，津逮本、尚本作“整己”。“祐”，底本作“祉”，據津逮本、尚本改。

④　“斫”，底本作“砟”，據元本、津逮本、尚本改。

⑤　“齊侯”，尚本作“南國”。

⑥　“偶”，津逮本作“咎”。

⑦　“叔”，津逮本、尚本作“伯”。“萊”，津逮本作“華”。“駒”，津逮本、尚本作“車”。“闕”，底本作“悅”，據津逮本、尚本改。

⑧　“交”，底本作“君”，據尚本改。

⑨　“仁智之居”，津逮本作“仁者之君”。

⑩　“大”，津逮本作“反”。“露”，津逮本、尚本作“收”。“尠”，津逮本作“甚”。

⑪　此首林辭津逮本作“車駕兩靷，絕馬欲步，雙輪脫行，至道遇害”。

艮　鬱怏不明，爲陰所傷。衆霧集聚，共奪日光①。

漸　鶹鳩鷗鴉，治成遇災。周公勤勞，綏德安家②。

歸妹　名成德就，項領不試。景公耄老，尼父逝去。

豐　一夫兩心，歧刺不深。所爲無功，求事不成③。

旅　羿張烏號，彀射天狼。趙國雄勇，敗於滎陽④。

巽　東家殺牛，污臭腥臊。神背西顧，命絕衰周⑤。

兌　火起吾後，喜炙我廡。蒼龍銜水，泉噴柱屋，雖憂无咎⑥。

渙　桃雀竊脂，巢於小枝。搖動不安，爲風所吹。寒心慄慄，常憂不殆⑦。

節　徙足去域，飛入東國。有所畏避，深藏隱匿⑧。

中孚　瓊英朱草，仁政得道。鳧鷖在渚，福祿來下⑨。

小過　陳蔡之厄，從者飢罷。明德上通，憂不爲凶⑩。

既濟　春桃生花，季女宜家。受福多年，男爲封君⑪。

---

① “怏”，津逮本作“映”。“集聚”，津逮本作“麗集”。

② “鶹”，津逮本作“鷭”。“鴉”，津逮本、尚本作“梟”。“成”，津逮本作“城”。“遇”，底本作“禦”，據尚本改。“德”，津逮本作“得”。

③ “歧”，底本作“岐”，據尚本改。

④ “趙”，尚本作“柱”。

⑤ “臭”，尚本作“穢”。“背”，津逮本作“皆”。“絕衰”，津逮本、尚本作“衰絕”。

⑥ “吾”，津逮本作“我”。“廡”，底本作“鹿”，津逮本作“廬”，據尚本改。“柱屋”，津逮本、尚本作“屋柱”。“憂”，津逮本作“難”。

⑦ “慄慄”，津逮本作“飄搖”。“不殆”，津逮本、尚本作“殆危”。

⑧ “徙”，津逮本作“徒”。“隱”，津逮本、尚本作“遠”。

⑨ “瓊”，津逮本作“瑀”。

⑩ “厄”，底本作“危”，據津逮本、尚本改。“罷”，津逮本作“瘦”。

⑪ “封”，津逮本、尚本作“邦”。

未濟 徑邪賊田，政惡傷民。夫婦咒詛，太山覆顛①。

賁之第二十二

賁 政不暴虐，鳳凰來舍。四時順節，民安其居②。

乾 八口九頭，長舌破家。帝辛沉湎，商滅其墟。

坤 鬼守我門，呼伯入山。去其室家，舍其兆墓。

屯 日出阜東，山蔽其明。章甫薦屨，箕子佯狂③。

蒙 戴盆望天，不見星辰。顧小失大，福逃墙外。

需 兩輪並轉，南上大阪。四馬共轅，無有重難，與語笑言④。

訟 羊驚狼虎，悚耳羣聚。行旅稽難，留連愁苦⑤。

師 梗生荆山，命制輪班。袍衣剝脱，夏熱冬寒。立餓枯槁，衆人莫憐⑥。

比 鳥飛無翼，兔走折足。不常其德，自爲羞辱。

小畜 條風制氣，萬物出生。明庶長養，花葉茂榮⑦。

履 坤厚地德，庶物蕃息。平康正直，以綏大福⑧。

---

① “詛”，津逮本作“咀”。“太”，津逮本、尚本作“泰”。“山”，底本作“上”，據津逮本、尚本改。
② “政不暴虐”，津逮本、尚本作“仁政不暴”。
③ “屨”，津逮本作“履”。
④ “並”，津逮本作“日”。
⑤ “悚”，津逮本、尚本作“聳”。
⑥ “梗”，津逮本作“梗”。“立”，津逮本、尚本作“飢”。
⑦ “出生”，底本作“生出”，據津逮本、尚本改。“茂榮”，津逮本作“壯茂”。
⑧ “庶”，津逮本作“萬”。

泰 昴畢附耳,將軍乘怒。徑路隔塞,燕雀驚駭①。

否 東風啓户,黔啄翻舞。各樂其類,咸得生處。

同人 兩足四翼,飛入家國。寧我伯姊,與母相得。

大有 歲暮花落,陽入陰室。萬物伏匿,藏不可得②。

謙 釋然遠咎,避患高阜。田獲三狐,以貝爲寶③。

豫 鵲延卻縮,不見頭目。日以困急,不能自復④。

隨 秋隼冬翔,數被嚴霜。雞犬夜鳴,家擾不寧。

蠱 班馬還師,以息勞罷。役夫嘉喜,入户見妻⑤。

臨 老楊日衰,條多枯枝。爵級不進,逐下摧隤⑥。

觀 順風吹火,牽騏驥尾。易爲功力,因權受福⑦。

噬嗑 六人俱行,各遺其囊。黄鶴失珠,無以爲明⑧。

剝 依叔墻隅,志下勞苦。楚相辰食,韓子低頭⑨。

復 三牛生狗,以戌爲母。荆夷上侵,姬伯出走。坤之震,需之
訟,否之姤。

无妄 鶴盗我珠,逃於東都。鵲怒追求,郭氏之墟。不見蹤
跡,反爲患災⑩。

---

① "乘",底本作"求",據津逮本、尚本改。
② "藏",津逮本作"歲"。
③ "高阜",底本作"害旱",據津逮本、尚本改。"以貝爲寶"後,津逮本有"君子所
在,安寧不殆"八字。
④ "鵲",津逮本、尚本作"遷"。"不能自復",津逮本無。
⑤ "罷",津逮本、尚本作"疲",可通。"户",津逮本作"室"。
⑥ "逐下",津逮本作"遂至"。
⑦ "騏",底本作"騎",據劉本及泰之旅改。"權",底本作"懼",據劉本及翟本改。
⑧ "鶴",津逮本、尚本作"鵠"。
⑨ "勞苦",津逮本、尚本作"心勞"。"相辰",津逮本作"王晨",尚本作"亨晨"。
⑩ "怒",津逮本作"起"。"患",津逮本、尚本作"禍"。

大畜 升輿中退，舉事不遂。哺糜毁齒，失其道理①。

頤 鴻鵠高飛，鳴求其雌。雌來在户，雄哺嘻嘻。甚獨勞苦，枭鰲膾鯉。

大過 褰衣涉河，水深漬衣。幸賴舟子，濟脱無他②。觀之涣，剥之賁。

坎 虎齧龍指，太山之崖。天命不佑，不見其雌。

離 明不處暗，智不履危。終日卒歲，樂以笑歌③。

咸 三足俱行，傾危善僵。六指不便，恩累弟兄。樹柱閡車，失其正當④。

恒 舍車而徒，亡其駁牛。雖喪白頭，酒以療憂。

遯 析薪熾酒，使媒求婦。和合齊宋，姜子悦喜。

大壯 夜視無明，不利賈商。子反笑歡，與市爲仇⑤。

晉 徒行離車，冒厭泥塗，利以休居⑥。

明夷 作室山根，人以爲安。一夕崩顚，破我壺飧⑦。

家人 東山西山，各自言安。雖相登望，竟未同堂⑧。

睽 君子在朝，凶言去消。驚駭逐狼，不見英雄⑨。

---

① “升輿”，津逮本作“外輿”。“哺”，津逮本、尚本作“餔”。“糜”，底本作“麋”，據津逮本、尚本改。

② “衣”，元本、尚本作“罷”。

③ “日”，津逮本、尚本作“年”。

④ “便”，底本作“使”，據津逮本、尚本改。“車”，津逮本作“居”。

⑤ “利”，津逮本作“離”。

⑥ “冒厭”，底本作“不冒”，據津逮本、尚本改，林辭言“利以休居”，自以“冒厭”爲是。

⑦ “夕”，底本作“昔”，據津逮本、尚本改。

⑧ “東山西山”，底本作“山東山西”，據津逮本、尚本改，既言“登望”，則必兩山，一山之東西，與林辭意不合。“竟”，底本作“意”，據津逮本、尚本改。

⑨ “去消”，津逮本作“消去”。“英雄”，津逮本、尚本作“雄英”。

蹇 轞轞填填，火燒山根。不潤我鄰，獨不蒙恩①。

解 南山之蹊，真人所在。德配唐虞，天命爲子。保佑歆享，身受大慶②。復之比，否之豫。

損 龍蛇所聚，大水來處。泱泱霈霈，淡淡磕磕，使我無賴③。

益 旄裘苫蓋，慕德獻服。邊鄙不聳，以安王國④。

夬 光體春成，陳倉雞鳴。陽明失道，不能自守，消亡爲咎⑤。大有之井。

姤 下泉苞稂，十年無王。荀伯遇時，憂念周京。蠱之歸妹。

萃 仁德不暴，五精就舍。四牧允釐，民安其居⑥。

升 隨和重寶，衆多貪有。相如睆柱，趙王危殆⑦。

困 鳳生五雛，長於南郭。君子康寧，悅樂身榮。

井 二人爲侶，俱歸北海。入門上堂，拜謁王母。勞賜我酒，女功悅喜⑧。

革 逐憂去殃，洿泥生粱，下田爲王⑨。

鼎 東門之壇，茹蘆在坂。禮義不行，與我心反⑩。

---

① "轞轞"，底本作"轂"，據元本、尚本改。"填填"，底本作"墳墳"，津逮本作"慎慎"，據尚本改。

② "真人所在"，津逮本作"其人所遊"。

③ "霈霈"，底本作"濡濡"，據津逮本、尚本改。"淡淡磕磕"，津逮本作"淡淡磕磕"。

④ "苫蓋"，津逮本作"若闓"。"聳"，津逮本作"悚"，義同。

⑤ "體"，尚本作"祀"。"倉"，尚本作"寶"。

⑥ "牧"，津逮本、尚本作"序"。

⑦ "多"，津逮本、尚本作"所"。

⑧ "侶"，津逮本、尚本作"旅"。

⑨ "去"，津逮本作"除"。

⑩ "壇"，津逮本作"墠"。"坂"，津逮本、尚本作"阪"。

震 凫遇稻廬,甘樂趨鮨,雖驅不去[①]。

艮 清人高子,久屯外野。逍遥不歸,思我君母。公子奉請,王孫嘉許[②]。

漸 讒人所言,語不成全。虎狼之患,不爲我殘[③]。

歸妹 張羅捕鳩,鳥麗其災。雌雄俱得,爲罔所賊[④]。

豐 安仁尚德,東鄰慕義,來安吾國。

旅 猾醜如誠,前後相違。言如鱉咳,語不可知[⑤]。

巽 懷璧越鄉,不可遠行。蔡侯兩裘,久苦流離[⑥]。

兑 伯氏歸國,多所恨惑。車傾蓋亡,身常驚惶。乃得其願,雌雄相從[⑦]。

涣 火石相得,乾無潤澤。利少囊縮,秖益促迫[⑧]。

節 君知聖哲,嗚呼其友。顯德之徒,可以禮仕[⑨]。

中孚 騎豚逐羊,不見所望。經涉虎廬,亡豚失羊[⑩]。乾之蹇。

小過 玄黄瘽隤,行者勞罷。役夫憔悴,處子畏哀[⑪]。

既濟 右手掩目,不見長叔。失其所得,悔吝相仍。

未濟 免冠進賢,步出朝門。儀體不正,賊孽爲患。否之兑。

---

① "廬",津逮本、尚本作"蘆"。"趨",津逮本、尚本作"麯"。
② "君",尚本作"慈"。"奉",津逮本作"謁"。"公子奉請,王孫嘉許",尚本删之。
③ "人",津逮本、尚本作"佞"。
④ "鳥",尚本作"兔"。"罔",津逮本、尚本作"網",二字可通。
⑤ "如",津逮本、尚本作"假"。
⑥ "可",津逮本作"如",以林辭意觀之,作"如"疑誤。
⑦ "車傾蓋亡",津逮本作"車頓蓋傾"。
⑧ "秖",元本作"秪",尚本作"衹"。"秖益促迫",津逮本無。
⑨ "知",津逮本、尚本作"明"。"顯",底本作"鎮",據津逮本、尚本改。
⑩ "經",津逮本、尚本作"徑"。"豚",底本作"瓶",據津逮本、尚本改。
⑪ "瘽",津逮本作"虺"。"畏哀",津逮本作"猥衰"。

剥之第二十三

剥 行觸大忌，與司命牾。執囚束縛，拘制於吏，幽人有喜①。中孚之震。

乾 穿胸狗邦，僵離旁春。天地易紀，日月更始。師之謙。

坤 從風縱火，荻芝俱死。三害集房，十子中傷。

屯 北山有棗，橘柚於聚。荷囊載香，盈我筐筥②。

蒙 齎貝贖狸，不聽我辭。繫於虎鬚，牽不得來③。否之革，需之睽，震之咸，巽之需。

需 上下惟邪，戾其元夫。歡心隔塞，君子離居④。

訟 二人輦車，徙去其家。井沸釜鳴，不可安居。復之旅。

師 蹇驢不才，俊驥失時。罷於沙丘，筋力勞盡⑤。履之巽。

比 明夷兆初，爲穆出交。以讒復歸，名曰豎牛。剥亂叔孫，餧於空丘⑥。

小畜 天火大起，飛鳥驚駭。作事不時，自爲身咎⑦。

履 土與山連，共保歲寒。終無災患，萬世長安。

---

① "忌"，津逮本、尚本作"諱"。"牾"，津逮本、尚本作"忤"。"幽"，津逮本作"憂"。

② "於"，津逮本、尚本作"所"。"香"，津逮本、尚本作"擔"。"盈我"，津逮本、尚本作"香盈"。

③ "貝"，津逮本作"金"。

④ "惟"，元本作"唯"。"戾其元夫"，津逮本、尚本作"寡婦無夫"。

⑤ "俊"，津逮本作"駿"。"罷於沙丘，筋力勞盡"，津逮本、尚本作"筋力勞盡，罷於沙丘"。

⑥ "夷兆"，底本作"傷之"，據尚本改。"交"，津逮本、尚本作"郊"。"餧"，底本作"餕"，津逮本作"飫"，據尚本改。"空"，尚本作"虛"。

⑦ "身"，津逮本作"多"。

泰　日出阜東，山蔽其明。章甫薦屨，箕子佯狂①。貫之屯。

否　龍馬上山，絕無水泉。喉燋脣乾，口不能言。乾之訟。

同人　雄處弱水，雌在海濱。別將持食，悲哀於心②。

大有　庭燎夜明，追嗣日光。陽軟不制，陰雄坐戾③。

謙　三婦同夫，忽不相思。志恒悲愁，顏色不怡。

豫　鶴盜我珠，逃於東都。鵠怒追求，郭氏之墟。不見武跡，反爲患災。豫之明夷。

隨　獼猴冠帶，盜載非位。眾犬共吠，麢走蹶足④。

蠱　黍稷禾稻，垂歆方好。中旱不雨，傷風病燥⑤。

臨　雄聖伏，名人匿，麟遠走，鳳飛北，亂禍未息。中孚之損。

觀　王母多福，天祿所伏。居之寵光，君子有福⑥。

噬嗑　班馬還師，以息勞疲。役夫忻喜，入戶見妻⑦。觀之既濟，貫之蠱，兌。

賁　褰裳涉河，流深漬衣。賴幸舟子，濟脫無他⑧。觀之渙，賁之大過，坤之萃。

復　被服文德，升入大麓。四門雍肅，登受大福⑨。

---

①　“屨”，津逮本、尚本作“履”。

②　“別將”，津逮本、尚本作“將別”。

③　“追嗣日光”，尚本作“追古傷今”。“軟”，尚本作“弱”。“制”，津逮本作“至”。

④　“獼”，津逮本作“沐”。“載”，津逮本作“在”。“麢走”，津逮本作“倉狂”，尚本作“狂走”。

⑤　“燥”，津逮本、尚本作“槁”。

⑥　“王”，津逮本作“三”。

⑦　此首林辭津逮本、尚本作復林辭，元本、學津本及底本作噬嗑林辭。“疲”，元本作“罷”。“忻”，津逮本、尚本作“嘉”。

⑧　“裳”，尚本作“衣”。“流深漬衣”，津逮本作“水流漬衣”，尚本作“水深漬罷”。“賴幸”，津逮本、尚本作“幸賴”。

⑨　此首林辭津逮本、尚本作噬嗑林辭，元本、學津本及底本作復林辭。

无妄　東鄰嫁女,爲王妃后。莊公築館,以尊王母。歸於京師,季姜悅喜。

大畜　百足俱行,相輔爲強。三聖翼事,王室寵光。屯之履,晉之坤,遯之復。

頤　危坐至暮,請求不得。膏澤不降,政戻民忒。泰之離,需之頤,漸之坎。

大過　百川朝海,流行不止。路雖遼遠,無不到者①。

坎　乘騮駕驪,東至於齊。遭遇仁友,送我以資,厚得利歸②。

離　禮壞樂崩,成子傲慢。欲求致理,力疲心爛。陰陽不調,成子驕傲,爲簡生殃③。

咸　三人輦車,乘入虎家。王母貪叨,盜我犁牛④。

恒　羊頭兔足,少肉不飽。漏囊敗粟,利無所得。渙之艮。

遯　新田宜粟,上農得穀。君子惟好,以紆百福⑤。恒之離。

大壯　夷羿所射,發輒有獲。雙鳧俱得,利以伐國⑥。

晉　鳧舞鼓翼,嘉樂堯德。虞夏美功,要荒賓服。

明夷　登丘上山,對酒道觀。終年卒歲,優福無患⑦。

家人　歲暮花落,陽入陰室。萬物伏匿,藏不可得。

睽　螟虫爲賊,害我禾穀。簞瓶空虛,飢無所食。

---

①　"流行",津逮本、尚本作"泛流"。
②　"齊",津逮本作"濟"。
③　"陰陽不調,成子驕傲,爲簡生殃",尚本作"陰請不當,爲簡生殃"。此林辭津逮本作"禮壞樂崩,陰請不當。成子傲慢,爲簡生殃。欲求致理,力疲心爛"。
④　"三",津逮本作"一"。"叨",津逮本作"饕"。
⑤　"惟好",津逮本作"懷德",元本、尚本作"唯好"。"紆",津逮本作"干"。
⑥　"以伐",津逮本作"伐王"。
⑦　"道",津逮本作"遇"。"觀",津逮本、尚本作"歡"。

蹇 陽虎脅主，使得不通。火離爲殃，年穀病傷①。

解 四馬共轅，東上泰山。驊騮同力，無有重難，與君笑言②。渙之豐。

損 牧羊稻園，聞虎喧嘑。懼畏悚息，終無禍患③。隨之漸，井之否，中孚之小過。

益 揚花不時，冬實生危。憂多橫賊，生不能服。崑崙之玉，所求不得④。

夬 高阜所在，陰氣不臨。洪水不處，爲家利寶⑤。

姤 釋然遠咎，辟患高阜。田獲三狐，以貝爲寶。君子所在，安寧不殆⑥。

萃 兩目不明，日奪無光。脛足跛曳，不可以行。頓於丘旁，亡妾莫逐，嵬然獨宿⑦。

升 鴻飛循陸，公出不復，伯氏客宿⑧。中孚之同人。

困 桑芳將落，隕其黃葉。失勢傾側，如無所得⑨。一作佩玉云云。

---

① "得"，津逮本、尚本作"德"。"火"，津逮本、尚本作"炎"。"病"，津逮本作"患"。

② "驊"，津逮本、尚本作"驪"。

③ "嘑"，津逮本、尚本作"讙"。"懼畏"，津逮本、尚本作"畏懼"。

④ "揚花"，津逮本作"陽花"，元本、尚本作"揚華"。"不"，底本作"必"，據元本、尚本改。

⑤ "臨"，津逮本作"淋"。

⑥ "高阜"，底本作"害早"，津逮本作"革害"，據尚本改。"辟"，津逮本、尚本作"避"。

⑦ "不"，元本、津逮本、尚本作"失"。

⑧ "循"，尚本作"遵"，蓋依《詩·豳風·九罭》改。"出"，尚本作"歸"，蓋亦依《詩·豳風·九罭》改。

⑨ 此首林辭津逮本、尚本作震林辭，元本、學津本及底本作困林辭。"芳"，津逮本作"方"，尚本作"之"。"傾側"，津逮本作"顛倒"，尚本作"傾倒"。"得"，津逮本、尚本作"立"。小注"一作佩玉云云"，謂此或作震林辭，震首句即"佩玉鸞蕊"，下略焉。

井　載船渡海，雖深難咎。孫子俱在，不失其所①。

革　鵠求魚食，道遇射弋。繒加我頸，繳縛羽翼。欲飛不能，爲羿所得②。

鼎　泥面亂頭，忍恥少羞。日以削消，凶其自招③。

震　佩玉纍蕊，無以繫之。孤悲獨處，愁哀相憂④。一作桑芳云云。

艮　巨蛇大鰌，戰於國郊。上下隔塞，逐君走逃⑤。異之臨。

漸　已動死，連商子。揚砂石，狐狢擾。軍鼓振，吏士苦⑥。

歸妹　二人俱行，別離特食。一身五心，亂無所得⑦。賁之歸妹。

豐　三聖相輔，鳥獸喜舞。安樂富有，三人偕偶⑧。

旅　三奇六耦，相隨俱市。王孫善賈，先得利寶。居止不安，洪水爲咎⑨。

巽　三人俱行，一人言北。伯仲欲南，少叔不得。中路分

---

①　"難"，津逮本、尚本作"何"。

②　"道遇射弋"，元本作"道過射矢"。"羽"，津逮本、尚本作"兩"。

③　"凶其自招"，津逮本、尚本無。

④　此首林辭津逮本、尚本作困林辭，元本、學津本及底本作震林辭。"悲"，津逮本、尚本作"怨"。小注"一作桑芳云云"，謂此或作困林辭，困首句即"桑芳將落"，下略焉。

⑤　"逐"，津逮本、尚本作"主"。

⑥　此林辭底本作"已動死連，商子揚沙。石流狐狢，擾軍鼓振，吏士恐落"，據津逮本、尚本改，津逮本僅"狐"作"胡"。

⑦　此林辭津逮本作"張羅搏鳩，鳥麗其災，雌雄俱得，爲網所滅"，尚本近同津逮本，僅"鳥"作"兔"，"滅"作"賊"，津逮本小注謂一作"二人同行，別離持食，一身五心，亂無所得"。

⑧　"三人偕偶"，元本作"又云三人偕偶"，蓋引他本也，津逮本作"二人諧偶"，尚本刪之。

⑨　"耦"，津逮本作"偶"，可通。"安"，津逮本作"紡"。"洪水"，津逮本、尚本作"大盜"。

爭，道鬭相賊①。歸妹之中孚。

兌　播天舞，光地乳，神所守，樂無咎，言不信誤②。

渙　坐爭立訟，紛紛匆匆。卒成禍亂，災及家公③。大過之坎。

節　蛇行蜿蜒，不能上阪。履節安居，可以無憂。

中孚　邵大墻壞，蠹衆木折。狼虎爲政，天降罪伐。高殺望夷，胡亥以斃④。

小過　陽不違德，高山多澤。顏子逐兔，未有所得。

既濟　心多畏惡，時愁自懼。雖有小咎，終無大悔⑤。

未濟　衆神集聚，相與議語。南國虐亂，百姓愁苦。興師征伐，更立賢主⑥。

復之第二十四

復　周師伐紂，剋於牧野。甲子平旦，天下悦喜。

乾　任重負力，東征不伏。陷泥履塗，雄師敗覆⑦。

坤　義不勝情，以欲自營。覬利危寵，折角摧頸⑧。

---

①　"一"，底本作"二"，據津逮本、尚本改。"爭"，津逮本、尚本作"道"。"道"，津逮本、尚本作"爭"。小注"歸妹"，底本作"豐"，據津逮本改。

②　此林辭句讀依尚本。"光地乳"，津逮本作"地擾亂"。"守"，津逮本作"居"。"誤"，元本、學津本無。

③　"匆匆"，津逮本、尚本作"洶洶"。"家"，津逮本作"我"。

④　"邵"，津逮本、尚本作"陬"。"狼虎"，尚本作"虎狼"。"伐"，尚本作"罰"。"似有所屬"，底本無，據津逮本、尚本補。

⑤　"自"，津逮本、尚本作"日"。

⑥　"興"，津逮本作"舉"。"更"，津逮本作"別"。

⑦　"重"，津逮本、尚本作"武"。"陷泥履塗"，津逮本作"陷履泥塗"，元本、尚本作"蹈泥履塗"。

⑧　"覬"，元本作"覰"。"寵"，津逮本、尚本作"躬"。

屯 懸狙素湌，食非其任。失輿剝廬，休坐徙居，室家何憂①。

蒙 鶪鷗娶婦，深目窈身。折腰不媚，與伯相背②。

需 東風解凍，河川流通。西門子産，升擢有功。

訟 三足俱行，傾危善僵。六指不便，愳累弟兄。樹柱關中，失其正當③。賁之咸。

師 京庾積倉，黍稷以興。已極行疾，至以饜飽④。

比 南山之跡，真人所遊。德配唐虞，天命爲子。保祐歆享，身受大慶⑤。賁之解。

小畜 車馳人趨，卷甲相仇。齊魯寇戰，敗於犬丘。坤之兌。

履 十五許室，柔順有德。霜降既嫁，文以爲合。先王日至，不利出域⑥。

泰 任力劣薄，遠托邦國。轉車不彊，爲癰所傷⑦。

否 千歲舊室，將有困急。荷糧負囊，出門直北⑧。

同人 惡災殆盈，日益彰明。禍不可救，三郤夷傷⑨。

大有 冠危戴患，身驚不安。與福馳逐，凶來入門⑩。

---

① “狙”，尚本作“貍”。“湌”，元本作“殮”。

② “鶪”，津逮本、尚本作“鵙”。

③ “愳累”，底本作“恩累”，津逮本作“累恩”，據尚本改。“關中”，津逮本、尚本作“閣車”。

④ “已極行疾，至以饜飽”，津逮本、尚本作“極行疾至，以厭飽食”。

⑤ “跡”，津逮本、尚本作“蹊”。“遊”，津逮本、尚本作“在”。“祐”，津逮本、尚本作“佑”。

⑥ “既”，津逮本作“歸”。“文”，津逮本作“夫”。

⑦ “托”，元本、尚本作“託”。“轉”，津逮本、尚本作“輔”。“彊”，津逮本作“僵”。

⑧ “歲”，津逮本作“載”。

⑨ “惡災殆盈”，尚本作“凶憂災殃”。

⑩ “戴”，津逮本作“載”。

謙　虎狼並處，不可以仕。忠謀轉政，禍必及己。退隱深山，身乃不殆①。

豫　卵與石鬭，糜碎無處。摯瓶之使，不爲憂懼②。

隨　五心六意，岐道多怪。非君本志，生我恨悔③。

蠱　雨雪載塗，東行破車。旅人無家，利益咨嗟④。

臨　尚刑壞義，月出平地。國亂天常，咎徵滅亡⑤。

觀　東行破車，步入危家。衡門穿射，無以爲主。賣袍續食，糟糠不飽⑥。

噬嗑　逐禽出門，并失玉丸。往來井上，破甂缺盆⑦。

賁　孟春醴酒，使君壽考。南山多福，宜行賈市。稻粱雌雉，所至利喜⑧。

剝　持刃操肉，對酒不食。夫亡從軍，少子入獄，抱膝獨宿⑨。

无妄　踦牛傷暑，不能成畝。草萊不墾，年歲無有⑩。

大畜　南邦大國，鬼魅滿室。讙聲相逐，爲我行賊⑪。

頤　噂噂所言，莫如我垣。歡樂堅固，可以長安⑫。

---

① “仕”，津逮本作“事”。“輔”，底本作“轉”，據元本、尚本改。

② “糜”，津逮本、尚本作“靡”。

③ “岐”，元本、尚本作“歧”。

④ “利益咨嗟”，津逮本、尚本無。

⑤ “刑”，津逮本、尚本作“利”。“壞”，底本作“懷”，據津逮本、尚本改。

⑥ “危”，津逮本作“范”。

⑦ “禽”，津逮本作“金”。“丸”，津逮本作“几”。“破甂”，元本作“破甕”，津逮本作“甂破”。

⑧ “稻粱”，元本作“稻梁”，津逮本作“秋梁”。

⑨ “少”，津逮本作“長”。

⑩ “墾”，尚本作“闓”。

⑪ “國”，津逮本作“域”。

⑫ “垣”，底本作“恒”，據津逮本、尚本改。

大過 堯舜禹湯，四聖敦仁。允施德音，民安無窮。旅人相望，未同朝鄉①。

坎 桎梏拘獲，身入牢獄。髠刑受法，終不得釋。耳閉道塞，求事不得。

離 桀跖並處，民困愁苦。行旅遲遲，留連齊魯②。

咸 求雞獲雛，買鱉失魚。出入鈞敵，利得無饒。齊姜宋子，婚姻孔喜③。

恒 雨師駕駟，風伯吹雲。秦楚爭強，施不得行。

遯 仲冬無秋，烏鵲飢憂。困於米食，數驚鷦鵬④。

大壯 三羝上山，俱至陰安。遂到南陽，見其芝香。兩崖相望，未同枕牀⑤。

晉 飛至日南，還歸遼東。雌雄相從，和鳴雍雍，解我胸春⑥。

明夷 堯飲舜舞，禹拜上酒。禮樂所豐，可以安處，保我淑女。

家人 太乙置酒，樂正起舞。萬福攸同，可以安處，綏我齯齒⑦。

---

① “鄉”，底本作“卿”，據元本、尚本改。尚本疑最後兩句爲衍文，似是。

② “桀跖並處”，津逯本作“跖並桀處”。

③ “雛”，津逯本、尚本作“雄”。“鈞敵”，津逯本作“均貨”。“饒”，津逯本、尚本作“餘”。“喜”，底本作“嘉”，據元本、尚本改。

④ “烏鵲飢憂”，津逯本作“烏散飲憂”。

⑤ “見”，津逯本作“完”。“同”，津逯本作“有”。

⑥ “至”，津逯本、尚本作“之”。“胸春”，底本作“迵春”，元本作“迴春”，據津逯本、尚本改。

⑦ “乙”，元本作“一”。“齯齒”，津逯本作“齒兒”。

睽 白馬騧騮,生乳不休。富我商人,得利饒優①。

蹇 宛馬疾步,盲師坐御。目不見路,中止不到②。

解 春桃萌生,萬物華榮。邦君所居,國樂無憂。

損 把珠入口,蓄爲玉寶。得吾所有,欣然嘉喜③。

益 襦燒袴燔,羸剥飢寒,病瘧凍攣④。

夬 水沫沉浮,沮濕不居,爲心疾憂⑤。

姤 行如桀紂,雖禱不祐。命衰絶周,文王乏祀⑥。

萃 蜱蜉戴盆,不能上山。腳推跛蹶,頓傷其顔⑦。

升 長子入獄,婦饋母哭。霜降愈甚,鄉晦伏法⑧。

困 求犬得兔,請新遇故。雖不當路,踰吾舊舍。

井 鳥鳴葭端,一呼三顛。摇動東西,危而不安。靈祝禱祉,疾病無患⑨。

革 天厭禹德,命興湯國。祓社釁鼓,以除民疾。

鼎 陰霧作匿,不見白日。邪徑迷道,使君亂惑⑩。

震 猿墮高木,不踒手足。握珠懷玉,還歸我室⑪。益之豫,蒙之隨。

---

① "騧",津逮本作"騂"。

② "宛",津逮本作"踠"。

③ "欣",元本作"忻",津逮本作"歡"。

④ "羸",津逮本、尚本作"羸"。"瘧",津逮本作"歡",元本、尚本作"虐"。"攣",底本作"孿",據元本、津逮本、尚本改。

⑤ "沉",學津本、尚本作"沈",二字可通。

⑥ "祐",底本作"祥",據津逮本、尚本改。"王",津逮本、尚本作"君"。

⑦ "蜱蜉",津逮本作"蜉蝣"。"推",津逮本、尚本作"摧"。"頓",津逮本、尚本作"損"。"顔",津逮本作"頭"。

⑧ "愈",津逮本作"旬"。"鄉",津逮本、尚本作"嚮",可通。

⑨ "摇動",津逮本、尚本作"動摇"。"祝",津逮本作"符"。

⑩ "道",津逮本作"通"。

⑪ "高",津逮本作"喬"。"踒",津逮本作"跛"。

艮　三驪負衡，南取芝香。秋蘭芬馥，盛滿匣匱，利我少姜①。

漸　春生夏乳，羽毛成就。舉不失宜，君臣相好。盜走奔北，終無有晦②。

歸妹　東行破車，遠反室家。天命訖終，無所禱凶③。

豐　九雁列陳，雌獨不羣。爲矕所牽，死於庖人④。

旅　二人輦車，徙去其家。井沸釜鳴，不可以居。

巽　閉塞復通，與善相逢。甘棠之人，解我憂凶⑤。

兌　賦斂重數，政爲民賊。杼軸空虛，去其家室⑥。

渙　怒非其怨，貪垢腐鼠。而呼鵙鷗，自令失餌，致被殃患⑦。

節　簪跌帶長，幽思窮苦。瘠貌小瘦，以病疾降⑧。

中孚　三人俱行，各別採桑。蘊其筐筥，留我嘉旅。得歸无咎，四月來處⑨。

小過　逐鳩南飛，與喜相隨。并獲鹿子，多得利歸，雖憂不危⑩。

---

① “盛滿匣匱”，津逮本作“盈滿匣匱”，尚本作“盈滿籃筐”。
② “夏”，津逮本作“孚”。“有晦”，津逮本作“所悔”，元本、尚本作“有悔”。
③ “遠反室家”，津逮本作“還反室家”，元本、尚本作“遠反失家”。
④ “陳”，津逮本、尚本作“陣”，二字古通。“牽”，元本作“舉”。
⑤ “善”，津逮本作“喪”。
⑥ “軸”，元本舊注、尚本作“柚”，二字可通。“去其家室”，津逮本作“家去其室”。
⑦ “貪垢”，元本作“含垢”，津逮本、尚本作“貪妒”。“令”，底本作“分”，據津逮本、尚本改。“致被殃患”，津逮本作“倒被災患”。
⑧ “跌”，尚本作“短”。“窮苦”，津逮本作“最苦”，尚本作“苦窮”。“瘠貌小瘦”，津逮本作“瘠貌少疲”。“以病疾降”，津逮本作“以疾病降”，尚本作“以病之癃”。
⑨ “旅”，津逮本作“侶”。
⑩ “不”，津逮本作“無”。

　　既濟　驅羊南行，與禍相逢。狼驚吾馬，虎盜我子，悲恨自咎。

　　未濟　東鄰西國，福喜同樂。出得隋珠，留獲和玉，俱利有喜①。

---

① "喜"，津逮本、尚本作"息"。

焦氏易林卷第七

无妄之第二十五

无妄 夏臺羑里,湯文厄處。皋陶聽理,岐人悦喜。西望華首,東歸无咎①。

乾 儋耳穿胸,僵離旁春。天地易紀,日月更始。蝮螫我手,痛爲吾毒②。

坤 慈母之恩,長大無孫。消息襁褓,害不入門。

屯 僞言妄語,傳相詿誤。道左失跡,不知鄉處③。

蒙 鬱映不明,陰積無光。日在北陸,萬物彫藏④。

需 王母多福,天禄所伏。居之寵光,君子有昌⑤。

訟 不耕而獲,家食不給。中女無良,長子徒足。疎齒善市,商人有息⑥。

師 火起上門,不爲我殘。跳脱東西,獨得生完。不利出鄰,病疾憂患。

---

① "理",津逮本作"斷"。"首",底本作"夏",據津逮本、尚本改。

② "僵離旁春",津逮本作"纏離勞春"。

③ "僞",津逮本、尚本作"譌"。"傳",學津本、尚本作"轉"。"鄉",津逮本作"郎",尚本作"狼"。

④ "映",底本作"快",據津逮本、尚本改。

⑤ "王",津逮本作"主"。"居",元本、尚本作"君"。"光",津逮本作"昌"。"昌",津逮本作"光"。

⑥ "徒",津逮本、尚本作"跛"。"息",津逮本、尚本作"喜"。

　　比　持刀操肉，對酒不食。夫亡從軍，長子入獄，抱膝獨宿①。復之剥。

　　小畜　鰌鰕去海，遊於枯里。街巷迫狹，不得自在。南北四極，渴餒成疾。

　　履　啞啞笑喜，與歡飲酒。長樂行觴，千秋起舞，拜受大福②。

　　泰　登高上山，賓於四門。吾士得懽，福爲我根③。

　　否　天厭周德，命我南國。以禮静民，兵革休息④。

　　同人　甕遏隄防，水不得行。火光盛陽，陰蜺伏匿，走歸其鄉⑤。

　　大有　海河都市，國之奥府。商人受福，少子玉食⑥。

　　謙　東行避兵，南去不祥。西逐凶惡，北迎福生，與喜相逢。

　　豫　東家中女，嫫母最醜。三十無室，媒伯勞苦。

　　隨　破亡之國，天所不福，難以止息。

　　蠱　驂駕蹇驢，日暮失時。居者無憂，保我樂娛。

　　臨　蝃蝀充側，佞幸傾惑。女謁横行，正道壅塞⑦。

　　觀　三殺五祥，相隨俱行。迷入空澤，循谷直北。經涉六駮，爲所傷賊⑧。

---

①　“刀”，元本作“刃”。“長”，津逮本、尚本作“少”。
②　“喜”，津逮本、尚本作“語”。
③　“吾士”，津逮本、尚本作“士伍”。
④　“我”，津逮本作“與”。
⑤　“蜺”，津逮本作“魄”。“匿”，尚本作“藏”。
⑥　“海河”，津逮本、尚本作“河海”。“食”，津逮本作“石”。
⑦　“蝃”，尚本作“蟀”。“充”，津逮本作“之”。“正道壅塞”，津逮本作“王道充塞”。
⑧　“俱”，津逮本、尚本作“並”。“經”，津逮本、尚本作“徑”。

噬嗑　戴喜抱子，與利爲友。天之所命，不憂危殆。荀伯勞苦，西來王母①。

賁　織縷未就，勝折無後。女工多能，亂我政事②。

剝　行露之訟，貞女不行。君子無食，使道壅塞。

復　羿張烏號，彀射天狼。鐘鼓不鳴，將軍振旅。趙國雄勇，鬭死滎陽③。

大畜　延頸望酒，不入我口。商人勞苦，利得無有。夏臺羑里，雖危復喜④。

頤　冠帶南遊，與喜相期。邀於嘉國，拜位逢時⑤。坎之井。

大過　東西觸垣，不利出門。魚藏深水，無以樂賓。爵級摧頹，光威減衰⑥。

坎　兩母十子，轉息無已。五乳百雛，驊駮驪駒⑦。

離　重黎祖後，司馬太史。陵氏之災，雕宮悲苦⑧。

咸　內執柔德，止訟以默。宗邑賴福，禍災不作。

恒　采唐沫鄉，要期桑中。失信不會，憂思約帶⑨。一作：牛驥同堂，郭氏以亡。國破爲墟，君奔走逃。巽之乾，師之噬嗑。

遯　宮成立政，衣就缺袂。恭謙爲衛，終無禍尤⑩。

---

①　"戴"，元本作"載"。"西"，底本作"未"，據津逮本、尚本改。
②　"勝折無後"，津逮本、尚本作"針折不復"。"能"，津逮本作"態"。
③　"旅"，津逮本作"攘"。
④　"雖危"，津逮本作"難爲"。
⑤　"位"，底本作"爲"，據津逮本、尚本改。
⑥　"減"，津逮本作"咸"。
⑦　"十"，津逮本作"千"，以理揆之，兩母焉有千子，似誤。"驪"，津逮本作"驤"。
⑧　"陵"，底本作"陸"，津逮本、尚本作"陽"，據翟本改。"宮"，底本作"害"，據津逮本、尚本改。
⑨　"要"，津逮本、尚本作"邀"。
⑩　"宮"，津逮本、尚本作"官"。"謙"，尚本作"儉"。

大壯 麒麟鳳凰,子孫盛昌。少齊在門,利以合婚。振衣彈冠,貴人所歡①。

晉 亂危之國,不可涉域。機發身頓,遂至僵覆②。

明夷 千雀萬鳩,與鷂爲仇。威勢不敵,雖衆無益,爲鷹所擊③。

家人 衆神集聚,相與議語。南國虐亂,百姓愁苦。興師征討,更立聖主④。剥之未濟,屯之節,小畜之豫。

睽 顔淵閔騫,以禮自閑。君子所居,禍災不存。

蹇 三桓子孫,世秉國權。爵世上卿,富於周公⑤。

解 鶴鳴九皋,處子失時。載土販鹽,難爲功巧⑥。

損 方軸圓輪,車行不前。組囊以錐,失其事便。還師振旅,兵革休止⑦。二句疑衍文。

益 魚擾水濁,桀亂我國。駕龍出遊,東之樂邑。天賜我禄,與生爲福⑧。

夬 白虎黑狼,伏司亦長。遮遏牛羊,病我商人⑨。

姤 履危不安,跌頓我顔,傷踵爲癲⑩。

---

① "振",底本作"招",據尚本改。"振衣彈冠",津逮本無。"所",津逮本、尚本作"大"。

② "機發身頓,遂至僵覆",津逮本作"機機發發,身頓僵覆"。

③ "勢",底本作"挈",據津逮本、尚本改。"爲鷹所擊"後,津逮本有"萬事皆失"四字。

④ "聖",津逮本作"賢"。

⑤ "世",津逮本作"勢"。

⑥ "巧",津逮本作"力"。

⑦ "車",底本作"東",據津逮本、尚本改。

⑧ "天賜我禄",津逮本作"尺賜我樂"。

⑨ "伏司亦長",津逮本、尚本作"伏伺山陽"。

⑩ "跌頓",底本作"跌頓",津逮本作"踈顛",據元本、尚本改。"傷踵爲癲",津逮本、尚本作"傷腫爲瘵"。

萃　三人輦車，乘入旁家。王母貪叨，盜我資財，亡失犁牛①。

升　三雁南飛，俱就井地。鰕鰌饒有，利得過倍②。

困　鷹棲茂樹，猴雀往來。一擊獲兩，伏不枝梧③。

井　堯舜欽明，禹稷股肱。伊尹往來，進禮登堂。顯德之徒，可以輔王④。

革　枯旱三年，草葉不生。粢盛空乏，無以供靈⑤。

鼎　口方緩脣，爲和樞門。解釋鉤帶，商旅以歡⑥。

震　鼉鷩池水，高陸爲海。江河橫流，魚鱉成市。千里無墙，鴛鳳游行⑦。

艮　烹魚失刀，駕馬車亡。鉛刀不及，魴鯉腥臊⑧。

漸　戎狄蹲踞，無禮貪叨。非吾族類，君子攸去⑨。

歸妹　渡河踰水，濡洿其尾。不爲禍憂，捕魚遇蟹，利得無幾⑩。

豐　河水小魚，不宜勞煩。苛政苦民，君受其患⑪。

---

①　“乘”，津逮本、尚本作“東”。“王”，津逮本作“主”。“叨”，津逮本作“饕”，義同。

②　“雁”，津逮本作“鶴”。“井地”，津逮本、尚本作“塘池”。

③　“猴”，津逮本、尚本作“候”。“伏不枝梧”，津逮本、尚本作“利在枝柯”。

④　“禮”，津逮本、尚本作“履”。

⑤　“葉”，津逮本、尚本作“萊”。

⑥　“口方緩脣”，津逮本作“方口圓舌”，元本、尚本作“方口緩脣”。“和”，津逮本、尚本作“知”。

⑦　“鼉鷩池水”，津逮本、尚本作“鼉池水溢”。

⑧　“駕馬車亡”，津逮本、尚本作“駕車馬亡”。“鉛刀不及”，津逮本、尚本作“錫刃不入”。

⑨　“踞”，元本作“居”。“叨”，津逮本作“饕”。

⑩　“濡洿”，津逮本、尚本作“狐濡”。

⑪　“水”，津逮本、尚本作“出”。“苦”，津逮本、尚本作“害”。

旅　偃武修文,兵革休安。清人逍遥,未歸空閑①。

巽　九疑鬱林,沮濕不中。鸑鳥所去,君子不安②。

兑　持猬逢虎,患厭不起。遂至懽國,與福笑語,君王樂喜③。

涣　狗生龍馬,公勞嫗苦。家無善駒,折悔爲咎④。

節　嬰孩求乳,慈母歸子。黄麑悦喜,得其甘餌。

中孚　有兩赤鷦,從五隼噪。操矢無括,趣釋爾射。扶伏聽命,不敢動摇⑤。

小過　伊尹智士,去桀耕野。執順以强,文和无咎⑥。

既濟　逐鹿西山,利入我門。陰陽和調,國無災殃。長子東遊,須其三仇⑦。二句疑衍文。

未濟　龍興之德,周武受福。長女宜家,與君相保。長股遠行,狸且善藏⑧。

大畜之第二十六

大畜　朝鮮之地,箕伯所保。宜人宜家,業處子孫,求事

---

① “未”,津逮本作“來”。
② “所”,津逮本作“易”。
③ “持”,津逮本、尚本作“搏”。“王”,津逮本、尚本作“子”。
④ “善駒”,津逮本作“筐筥”。“咎”,元本作“咎”。
⑤ “括”,津逮本、尚本作“筈”。“射”,底本作“財”,據津逮本、尚本改。
⑥ “文和”,津逮本、尚本作“无咎”。
⑦ “西山”,津逮本作“山西”。“長子東遊,須其三仇”,尚本删之。
⑧ “受”,津逮本作“成”。“保”,津逮本作“德”。“且”,孫詒讓《札迻》謂當作“首”。

大喜①。

乾 金柱鐵關，堅固衛災。君子居之，安無憂危②。

坤 轉禍爲福，喜來入屋。春成夏囷，可以飲食，保全家室③。

屯 水暴橫行，緣屋壞墻。泱泱溢溢，市師驚惶。居止不殆，與母相保④。

蒙 虎豹熊羆，遊戲山隅。得其所欲，君子無憂。旅人失利，市空無人⑤。

需 躬體履仁，尚德止訟。宗邑以安，三百無患⑥。

訟 江淮易服，玄黃朱飾。靈公夏徵，哀相無極。高位崩顛，失其寵室⑦。

師 不虞之患，禍至無門。奄忽暴卒，痛傷我心。蒙之明夷。

比 三塗五嶽，去危入室。凶禍不作，桀盜堯服。失其寵福，貴人有疾。

小畜 配合相迎，利之四鄉。昏以爲期，明星煌煌。欣喜君奭，所言得當⑧。

履 三手六身，莫適所閑。更相搖動，失事便安。箕子佯

---

① "喜"，元本、尚本作"吉"。

② "堅"，津逮本作"紡"。"危"，津逮本作"疑"。

③ "春成夏囷"，津逮本、尚本作"春城夏國"。

④ "緣"，津逮本、尚本作"浮"。

⑤ "旅人失利，市空無人"，尚本斷爲衍文，刪之。

⑥ "體"，津逮本、尚本作"禮"。"以"，津逮本作"已"。"百"，津逮本作"伯"。

⑦ "哀相"，津逮本作"哀禍"，尚本及顧千里皆謂當作"衷祖"，然前有夏徵舒，何衷祖之有？與不得已，似以作"哀禍"爲近之。

⑧ "之"，底本作"心"，據津逮本、尚本改。"煌煌"，底本作"熠熠"，據津逮本、尚本改。"君奭"，津逮本作"奭澤"，尚本作"奭懌"。"當"，津逮本作"償"。

狂，國乃不昌①。

泰 虎臥山隅，鹿過後胸。弓矢設張，猾爲功曹。伏不敢起，遂全其軀，得我美草②。大有之訟。

否 麟鳳執獲，陰雄失職。自衛反魯，猥昧不起，禄福訖已③。

同人 欒子作殃，伯氏誅傷。州犂奔楚，失其寵光。

大有 黃帝出遊，駕龍騎馬。東至太山，南過齊魯。王良御右，文武何咎，不利市賈④。

謙 齊魯爭言，戰於龍門。遘怨致禍，三世不安。

豫 道禮和德，仁不相賊。君子往之，樂有其利⑤。

隨 嫗妬公妮，毀益亂賴。使我家憒，利得不遂⑥。

蠱 一巢九子，同公共母。柔順利貞，出入不殆，福禄所在⑦。

臨 崔嵬北嶽，天神貴客。温仁正直，主布恩德。閔哀不已，蒙受大福。

---

① “手”，津逮本作“首”。“相”，津逮本作“伏”。“失事便安”，津逮本作“動失事宜”。

② “猾”，底本作“會”，據津逮本改。

③ “陰”，津逮本、尚本作“英”。“反”，元本作“返”，可通。“猥”，津逮本作“畏”。“福禄”，津逮本作“禄福”。

④ “騎”，津逮本、尚本作“乘”。“太”，津逮本、尚本作“泰”。“右”，底本作“左”，據津逮本、尚本改，按《漢書》顏師古注曰：乘車之法，尊者居左，御者居中，又有一人處車之右，以備傾側。據此，以左爲尊，則御者王良當居右也。

⑤ “禮”，元本作“理”。

⑥ “妮”，底本作“姥”，據元本、尚本改。“賴”，津逮本、尚本作“類”。“利得不遂”，津逮本作“利不得遂”。

⑦ “出入”，津逮本作“君子”。

觀　三蛆逐蠅,陷墮釜中。灌沸弆殢,與母長決①。

噬嗑　東山西陵,高峻難升。滅夷掘壘,使道不通。商旅無功,復反其邦②。

賁　常得自如,不逢禍災。樂只君子,福禄自來③。

剝　范子妙材,戮辱傷膚。然後相國,封爲應侯④。

復　狼虎結集,相聚爲保。伺嚙牛羊,道絶不通,病我商人⑤。

无妄　不直杜公,與我争訟。媒伯無禮,自令塞壅⑥。

頤　上天樓臺,登降受福,喜慶自來⑦。

大過　三羊上山,東至平原。黃龍服箱,南至魯陽。完其佩囊,執綏車中,行人無功⑧。

坎　天地閉塞,仁智隱伏。商旅不行,利深難得。

離　延陵適魯,觀樂太史。車轔白顛,知秦興起。卒兼其國,一統爲主⑨。

咸　囊戢甲兵,歸放馬牛。徑路開通,國無凶憂。朽墻不

①　"蛆",底本作"睢",據津逮本、尚本改,按《説文》蛆,蠅乳,肉中蟲也,故下文云"與母長決",蛆以蠅爲母,作"睢"則不合母義。"弆",津逮本作"淹",學津本、尚本作"潯"。"決",津逮本、尚本作"訣"。

②　"掘",元本作"握"。

③　"得",津逮本、尚本作"德"。"樂只君子",底本無,據元本、尚本補。

④　"然後相國",津逮本、尚本作"後相秦國"。

⑤　"集",津逮本作"謀"。"保",津逮本作"儔"。

⑥　"直",津逮本作"宜"。

⑦　"降",津逮本、尚本作"拜"。"自",津逮本、尚本作"大"。

⑧　"原",津逮本作"康"。"完",底本作"貌",據津逮本、尚本改,蓋"貌"與"兒"通,原作"兒","兒""完"形近而訛。"佩",津逮本、尚本作"珮"。"綏",津逮本、尚本作"綬"。"無功",津逮本、尚本作"有慶"。

⑨　"適",津逮本作"過"。"轔",津逮本作"鄰",作"鄰"合於《毛詩》,然"轔轔"亦車聲,杜詩"車轔轔,馬蕭蕭"是也,二字皆可通。

鑿,疾病難治[①]。

恒　牛驥同堂,郭氏以亡。國破爲墟,君奔走逃[②]。

遯　大尾小腰,重不可摇。棟撓榱壞,臣爲君憂。陽大之言,消不爲患,使我復安[③]。

大壯　太一置酒,樂正起舞。萬福攸同,可以安處。綏我齯齒,指空無餌,不利爲旅[④]。

晉　飲酒醉酗,跳起争鬭。伯傷叔僵,東家治喪。

明夷　山險難登,澗中多石。車馳𨍭擊,重載傷軸。載擔善躓,跌踒右足[⑤]。

家人　争訟不已,更相擊詾。張事弱口,被髮北走。耳順從心,躬行至仁。不須以兵,天下太平[⑥]。

睽　心志無良,傷破妄行。觸墻觝壁,不見户房。先王閉關,商旅委棄[⑦]。

蹇　寧夬鴟鴞,治成遇災。綏德安家,周公勤勞[⑧]。

解　清人高子,久在外野。逍遥不歸,思我慈母[⑨]。

---

① "橐",元本作"槖"。"朽墻不鑿,疾病難治",津逮本、尚本無。

② "堂",尚本作"槽"。"君奔",尚本作"主君"。"逃",津逮本作"趨"。

③ "撓",尚本作"橈",按《易》大過卦作"橈",意同。"陽大",津逮本、尚本作"湯火"。

④ "一",津逮本作"乙"。"綏",津逮本作"保"。"指空無餌,不利爲旅",津逮本、尚本無。

⑤ "山",津逮本作"陵"。"澗",底本作"渭",據津逮本、尚本改。"載擔",津逮本、尚本作"擔負"。

⑥ "擊詾",底本作"咨詾",據尚本改。"事",津逮本作"李",尚本作"季"。"耳順從心,躬行至仁。不須以兵,天下太平",津逮本、尚本無。

⑦ "觝",津逮本作"抵"。

⑧ "寧夬",津逮本、尚本作"鶉鳩"。"遇",底本及津逮本作"御",元本作"禦",據尚本改。

⑨ "在",津逮本、尚本作"屯"。

損 兩虎争鬭，股創無處。不成仇讎，行解卻去①。

益 天女推牀，不成文章。南箕無舌，飯多沙糠。虛象盜名，雄雞折頸②。

夬 太子扶蘇，走出遠郊。佞幸成邪，改命生憂。慈母之恩，無路致之③。

姤 寒暑相推，一明一微。赫赫宗周，光榮滅衰④。

萃 雞狗相望，仁道篤行。不吠昏明，各安其鄉。周鼎和餌，國富民有，八極蒙祐。

升 窗牖戶旁，道利明光。賢智輔聖，仁施大行。家給人足，海内殷昌⑤。

困 雨雪三日，鳥獸飢乏。旅人失宜，利不可得。幾言解患，以療紛難，危者復安⑥。

井 白鵠銜珠，夜食爲明。膏潤渥優，國歲年豐。中子來同，見惡不凶⑦。

革 從豕牽羊，與虎相逢，雖驚不凶。

鼎 鳧雁啞啞，以水爲宅。雌雄相和，心志娛樂。得其所欲，絶其患惡⑧。大有之歸妹。

---

① “股”，底本作“服”，據津逮本、尚本改。

② “推”，尚本作“踞”。“糠”，底本作“糖”，據元本舊注、尚本改。“虛象”，津逮本、尚本作“虐衆”。

③ “走出”，津逮本、尚本作“出於”。

④ “光榮”，津逮本作“榮光”。

⑤ “旁”，津逮本、尚本作“房”。“道”，津逮本、尚本作“通”。

⑥ “日”，津逮本作“月”，雨雪三月，過於失實，恐非。“幾”，津逮本作“機”。“紛”，津逮本作“篤”。“者”，津逮本作“身”。

⑦ “渥優”，津逮本、尚本作“優渥”。

⑧ “絶其患惡”，津逮本、尚本無。

震　逐狐平原，水過我前。深不可涉，暮無所得。

艮　窟室蓬戶，寒賤所處。十里望烟，散渙四方。形體滅亡，下入深淵，終不見君①。

漸　桀紂之主，悖不可輔。貪榮爲人，必定其咎。聚斂積實，野在鄙邑，未得入室②。

歸妹　倉庫盈億，年歲有息。商人留連，雖久有得。陰多陽少，因地就力。

豐　火山不然，釣鯉失綸。魚不可得，利去我北。三人同福，以興周國，君子安息③。

旅　童女無媒，不宜動搖。安其居廬，傅母何憂④。

巽　載風雲母，遊觀東海。鼓翼千里，見吾愛子。

兌　鴻盜我襦，逃於山隅。不見武迹，使伯心憂⑤。

渙　視夜無明，不利遠鄉。閉門塞牖，福爲我母⑥。

節　三狗逐兔，於東北路。利以進取，商人有得⑦。

中孚　武王不豫，周公禱謝。載璧秉珪，安寧如故。

小過　同載共車，中道別去。爵級不進，君子不興⑧。

既濟　六雁俱飛，遊戲稻池。大飲多食，食飽無患。舉事不

---

① “十”，津逮本、尚本作“千”。“體”，津逮本作“休”，刻本中多有俗字，蓋“体”之訛。

② “可”，津逮本、尚本作“堪”。“斂”，底本作“毀”，據津逮本、尚本改。“野”，津逮本作“都”。“未得入室”，津逮本作“未來我室”。

③ “火”，津逮本作“泰”。“三人同福，以興周國，君子安息”，津逮本、尚本無。

④ “宜”，津逮本作“利”。“居”，津逮本、尚本作“室”。“傅母何憂”，津逮本作“待母動憂”。

⑤ “武”，津逮本作“其”。

⑥ “視夜”，津逮本、尚本作“夜視”。“無”，津逮本作“失”。

⑦ “於”，底本作“子”，據津逮本、尚本改，蓋因“于”致誤。“北”，津逮本作“門”。

⑧ “不興”，津逮本、尚本作“下輿”。

遂，商旅作憒①。

未濟 符左契右，相與合齒。乾坤利貞，幸生六子。長大成就，颯然如母，不利爲咎②。

頤之第二十七

頤 家給人足，頌聲並作。四夷賓服，干戈卷閣。

乾 思初道古，哀吟無輔。陽明不制，上失其所③。

坤 江河淮海，天之奧府。衆利所聚，賓服饒有，樂我君子④。

屯 三雁俱行，避暑就涼。適與矰遇，爲繳所傷⑤。

蒙 秋南春北，隨時休息。處和履中，安無憂凶。

需 履危無患，跳脫獨全。不利出門，傷我左踝。疾病不食，鬼哭其室⑥。

訟 東家凶婦，怒其公姑。毀枠破盆，棄其飯殘，使吾困貧⑦。

---

① “舉事不遂，商旅作憒”，津逯本、尚本無。

② “合齒”，底本作“虐亂”，據津逯本、尚本改。“乾坤利貞”，津逯本作“乾以坤利”。“幸生”，津逯本作“季生”，尚本作“出生”。“颯然”，津逯本、尚本作“風言”。“不利爲咎”，尚本刪之。

③ “道”，元本作“悼”。

④ “賓服”，津逯本、尚本作“可以”。

⑤ “行”，津逯本作“飛”。

⑥ “跳”，津逯本作“逃”。“踝”，津逯本、尚本作“膝”。

⑦ “怒”，津逯本、尚本作“怨”。“姑”，津逯本、尚本作“姥”。“枠”，津逯本作“盤”。“殘”，津逯本作“食”。

師　泥滓洿辱，棄捐溝瀆。衆所笑哭，終不顯禄①。

比　旦往暮還，各與相存，身無凶患②。

小畜　六翮長翼，夜過射國。高飛冥冥，羿氏無得③。

履　蜂蠆之門，難以止息。嘉媚之士，爲王所食，從去其室④。

泰　被狐乘龍，爲王道東。過時不返，使我憂聾⑤。

否　苞梅零墮，心思情憤，亂我魂氣⑥。

同人　長女三嫁，進退多態。牝狐作妖，夜行離憂⑦。

大有　轟轟輷輷，驅車東西。盛盈必毁，高位崩顛⑧。

謙　乘船道濟，載水逢火。賴得無患，蒙我生全⑨。

豫　至德之君，政仁且溫。伊吕股肱，國富民安⑩。

隨　生不逢時，困且多憂。無有冬夏，心常悲愁。

蠱　南歷玉山，東入生門。登福上堂，飲萬歲漿。

臨　大斧破木，讒人敗國。東關二五，禍及三子。晉人亂危，懷公出走⑪。

---

① "洿"，津逮本、尚本作"污"，意同。"捐"，津逮本作"損"。"禄"，津逮本、尚本作"録"。
② "凶患"，津逮本作"患凶"。
③ "高飛冥冥"，津逮本無。
④ "門"，津逮本作"國"。
⑤ "被"，底本作"放"，據津逮本、尚本改。"返"，底本作"及"，據津逮本、尚本改。
⑥ "墮"，津逮本、尚本作"情憤"。"情憤"，津逮本作"情憤"，尚本作"憤憤"。"心思情憤"後，津逮本有"懷憂少愧"四字。
⑦ "多態"，尚本作"無羞"。
⑧ "驅車東西"，津逮本作"驅東逐西"。"輷輷"，津逮本作"輈輈"。
⑨ "道"，津逮本、尚本作"涉"。"生全"，津逮本作"全生"。
⑩ "至德"，津逮本作"德至"。
⑪ "破"，津逮本、尚本作"斫"。

觀　一室百孫,公悅婦歡。相與笑言,家樂以安①。

噬嗑　隨陽轉行,不失其常。君安於鄉,國无咎殃。

賁　羣虎入邑,求索肉食。大人禦守,君不失國。

剝　弱足刖跟,不利出門。商賈無贏,折明爲患。湯火之憂,轉解喜來②。

復　夏臺羑里,湯文厄處。鬼侯飲食,岐人悅喜③。

无妄　棟橈榱壞,廊屋大敗。宮闕空廊,如冬枯樹④。

大畜　說以内安,不離其國。室家相懽,幽囚重閉。疾病多求,罪亂憒憒⑤。

大過　六龍俱怒,戰於阪下。倉黃不勝,旅人難苦⑥。

坎　天下雷行,塵起不明。市空無羊,疾人憂凶。三木不辜,脫歸家邦。

離　一指食肉,口無所得。染其鼎鼐,舌饞於腹。

咸　喜笑不常,失其福慶。口辟言疛,行者畏忌⑦。

恒　毛生豪背,國樂民富,侯王有德⑧。

遯　豶豕童牛,害傷不來。三女同堂,生我福人⑨。

---

①　"婦",津逮本、尚本作"媍"。

②　"商",元本作"市"。"明",津逮本、尚本作"崩"。

③　"羑里",底本作"幽户",據尚本改。"湯文",底本作"文君",據尚本改。

④　"橈",元本、津逮本作"撓"。"榱",津逮本作"攘"。"廊",津逮本、尚本作"廓"。

⑤　"說",津逮本、尚本作"讒"。"離",津逮本、尚本作"利"。"相懽",津逮本、尚本作"大懼"。"憒憒",津逮本作"憒憒"。

⑥　"阪",津逮本作"陂"。"倉",津逮本、尚本作"蒼"。"難",津逮本、尚本作"艱"。

⑦　"辟",津逮本作"辨"。"疛",津逮本、尚本作"疛"。

⑧　"豪",底本作"毫",據津逮本、尚本改。

⑨　"害",底本作"童",據津逮本、尚本改。"女",津逮本作"光"。"人",津逮本、尚本作"仁"。

大壯　江河淮海,盈溢爲害。邑被其瀨,年困無歲①。

晉　兩虎争鬭,股瘡無處。不成仇讎,行解卻去②。

明夷　五嶽四瀆,潤洽爲德。行不失理,民賴恩福。

家人　載車乘馬,南逢君子。與我嘉喜,雖憂无咎③。

睽　缺囊破筐,空無黍粱。不媚如公,棄於糞墻④。

蹇　殺行桃園,見虎東西。螳螂之敵,使我無患⑤。

解　飢人入室,政衰弊極。抱其彝器,奔於他國,因禍受福⑥。

損　庭燎夜明,追古傷今。陽弱不制,陰雄坐戾。

益　懸狙素飡,食非其任。失輿剥廬,休坐從居⑦。

夬　喜門福善,繒帛盛熾。日就爲得,財寶敵國⑧。

姤　執綏登車,驂乘東遊。説齊解燕,霸國以安。

萃　水深無桴,蹇難何游。商伯失利,庶人愁憂。

升　三鳥鴛鴦,相隨俱行。南到饒澤,食魚與粱。君子樂長,見惡不傷⑨。

困　遠視目眄,臨深苦眩。不離越都,旅人留連⑩。

---

① “海”,津逮本、尚本作“濟”。“瀨”,津逮本作“癩”。

② “瘡”,尚本作“創”。“卻”,底本作“欲”,據津逮本、尚本改。

③ “喜”,津逮本、尚本作“福”。“雖”,津逮本作“離”。

④ “粱”,底本作“稷”,據津逮本、尚本改。“如”,津逮本作“始”。“墻”,津逮本作“場”。

⑤ “殺”,翟本引牟庭説謂當作“役”,似可從。“西”,津逮本、尚本作“還”。

⑥ “飢人”,津逮本、尚本作“箕仁”。

⑦ “狙”,學津本、尚本作“狟”。“飡”,元本、尚本作“殢”。“從”,津逮本、尚本作“徙”。

⑧ “喜門福善”,津逮本作“嘉聞福喜”,尚本作“嘉門福喜”。“財寶敵國”,津逮本無。

⑨ “樂長”,津逮本、尚本作“長樂”。

⑩ “連”,津逮本、尚本作“難”。

井　終風東西，散渙四方。終日至暮，不見子懽①。

革　言無要約，不成券契。殷叔季姬，公孫爭之。彊入委禽，不悅於心②。

鼎　牛馬聾聵，不知聲味。遠賢賤仁，自令亂憒。疾病無患，生福在門③。

震　從商近遊，飽食無憂。囹圄之困，中子見囚④。

艮　據斗運樞，順天無憂，與樂並居。

漸　姬奭姜望，爲武守邦。藩屛燕齊，周室以彊，子孫億昌。

歸妹　亡羊東澤，循隄直北。子思其母，復返其所⑤。

豐　張鳥關口，舌直距齒。然諾不行，政亂無緒⑥。

旅　載船逢火，憂不爲禍。家在山東，入門見公。

巽　絕言異路，心不相慕。蛇子兩角，使我心惡⑦。

兌　鼻頂移徙，君不安坐。枯竹復生，失其寵榮⑧。

渙　殷商以亡，火息無光。年歲不長，殷湯光明⑨。

節　文王四乳，仁愛篤厚。子畜十男，無有折夭⑩。

---

①　“散渙”，津逮本、尚本作“渙散”。

②　“禽”，津逮本作“命”，按依《左傳》當作“禽”，禽者，納采之雁也。“於”，津逮本作“我”。

③　“聵”，津逮本作“憒”。“令”，底本作“合”，據津逮本、尚本改。“疾病無患，生福在門”，尚本斷爲衍文，依小過之謙刪。

④　“飽食”，津逮本作“食飽”。

⑤　“復”，津逮本作“隨”。

⑥　“鳥”，尚本作“目”。

⑦　“言”，津逮本、尚本作“國”。“心”，津逮本、尚本作“相”。

⑧　“頂”，津逮本作“項”。“復”，津逮本作“後”。“君”，津逮本、尚本作“居”。

⑨　“殷商以亡”，津逮本無。“年”，津逮本作“千”。“光”，津逮本作“遠”，按，依大過之臨“唐叔失明”證之，似以作“遠”是。此林辭尚本改作“火息無光，年歲不長，殷商以亡”。

⑩　“無有折夭”，元本作“無有折友”，尚本作“夭折無有”。

中孚 熊羆豺狼，在山陰陽。伺鹿取獐，道候畏難①。

小過 彫葉被霜，獨蔽不傷。駕入喜門，與福爲婚②。

既濟 黃離白日，照我四國。元首昭明，民賴恩福。漢有游女，人不可得③。

未濟 順風直北，與歡相得。歲熟年樂，邑無寇賊。長女行嫁，子孫不昌，係疾爲殃④。

大過之第二十八

大過 典册法書，藏閣蘭臺。雖遭亂潰，獨不遇災⑤。

乾 日在北陸，陰蔽陽目。萬物空虛，不見長育。

坤 鬼泣哭社，悲商無後。甲子昧爽，殷人絶祀⑥。

屯 涉塗履危，不利有爲。安坐垂裳，乃無災殃。門户自開，君憂不昌⑦。

蒙 陽失其紀，枯木復起。秋葉冬華，君不得息⑧。

需 大樹之子，百條共母。當夏六月，枝葉盛茂。鸞鳥以庇，召伯避暑。翩翩偃仰，甚得其所⑨。

---

① “候”，津逮本作“伏”。
② “彫”，元本、尚本作“凋”，二字義别，然古多通用。
③ “恩”，津逮本作“爲”。“漢有游女，人不可得”，津逮本、尚本無。
④ “寇”，津逮本、尚本作“盗”。“長女行嫁，子孫不昌，係疾爲殃”，津逮本、尚本無。
⑤ “册”，元本作“策”。“閣”，津逮本、尚本作“在”。
⑥ “商”，學津本作“傷”。
⑦ “裳”，津逮本作“堂”。
⑧ “秋葉冬華”，元本、津逮本、尚本作“秋華冬實”。“息”，津逮本作“失”。
⑨ “鳥”，津逮本、尚本作“鳳”。“翩翩”，元本作“偏偏”。“甚”，津逮本、尚本作“各”。

訟 秉鉞執殳,挑戰先驅。不從元帥,敗破爲憂。

師 啓室開關,逃得釋冤。夏臺羑里,湯文悦喜①。

比 衰滅無成,淵溺在傾。狗吠夜驚,家乃不寧。枯者復華,幽人無憂②。

小畜 西鄰少女,未有所許。志如委衣,不出房户。心無所處,傅母何咎③。

履 狗吠夜驚,履鬼頭頸。危者弗傾,患滅不成④。

泰 當年少寡,獨與孤處。雞鳴犬吠,無敢誰者。我生不辰,獨嬰寒苦⑤。

否 無道之君,鬼哭其門。命與下國,絶得不食⑥。

同人 乘龍南遊,夜過糟丘。脱厄無憂,矰絶弩傷,羿不得羹⑦。

大有 馬躓車傷,長舌破家。東關二五,晉君出走。

謙 瓜葩匏實,百女同室。苦醢不熟,未有妃合⑧。

豫 晨風文翰,大舉就温。昧過我邑,羿無所得⑨。

隨 瀺瀺浞浞,塗泥至轂。馬濘不進,虎囓我足⑩。

---

① "關",津逮本作"門"。"逃得",津逮本、尚本作"巡狩"。

② "成",津逮本作"幾"。"傾",津逮本作"項"。"狗吠",津逮本作"吠狗"。"枯者復華,幽人無憂",津逮本、尚本無。

③ "少",津逮本作"小"。

④ "滅",津逮本、尚本作"者"。

⑤ "犬",元本作"狗"。"誰",津逮本、尚本作"難"。

⑥ "絶得不食",津逮本、尚本作"絶不得食"。

⑦ "無",津逮本作"魯"。"矰絶弩傷,羿不得羹"八字,津逮本、尚本無。

⑧ "葩",津逮本作"花"。"匏",津逮本、尚本作"瓠"。"苦醢",津逮本、尚本作"醢苦"。"妃",津逮本作"配",妃,配也。

⑨ "大",津逮本作"火"。"昧",津逮本作"時"。

⑩ "浞浞",津逮本作"促促"。"馬",津逮本作"雨"。"我足",津逮本作"不得"。

蠱　膠車駕東，與雨相逢。故革懈惰，頹輪獨坐，憂不爲禍[①]。

臨　六家作權，公室剖分。陰制其陽，唐叔失明。

觀　去室離家，來奔大都。火息復明，姬伯以昌，商人失功。

噬嗑　牧羊稻園，聞虎喧讙。危懼喘息，終無禍患[②]。

賁　嬰孩求乳，母歸其子。黃麕懽喜，乃得甘飽[③]。

剝　廓落失業，跨禍度福，利無所得[④]。

復　出入無時，憂禍爲災。行人失牛，利去不來。老馬少駒，勿與久居[⑤]。

无妄　風怒漂水，女惑生疾。陽失其服，陰孽爲賊[⑥]。

大畜　車馬病傷，不利越鄉。幽人元亨，去晦就明[⑦]。

頤　三奇六耦，各有所主。周南召南，聖人所在。德義流行，民悅以喜[⑧]。

坎　坐爭立訟，紛紛詾詾。卒成禍亂，災及家公[⑨]。

離　憂凶爲殘，使我不安。從之南國，以除心疾[⑩]。

---

① “故革懈惰”，津逮本作“放革懈惰”，尚本作“五棜解墮”。“頹輪”，津逮本作“頓禹”，尚本作“頓軶”。“憂不爲禍”，尚本作“憂爲身禍”。

② “聞”，津逮本作“逢”。“喘”，元本作“惴”。

③ “孩”，津逮本、尚本作“兒”。“懽”，津逮本、尚本作“悅”。“乃得甘飽”，底本無，據津逮本補。

④ “度”，津逮本作“變”。

⑤ “無”，元本作“不”。“禍”，津逮本、尚本作“患”。“老”，津逮本作“若”。“少”，津逮本作“遣”，尚本作“遺”。

⑥ “水”，津逮本、尚本作“木”。“惑”，津逮本作“感”。“服”，津逮本作“時”。

⑦ “病”，津逮本作“疾”。“元亨”，津逮本作“無貪”。

⑧ “耦”，元本作“偶”。

⑨ “詾詾”，底本作“忽忽”，津逮本作“詢詢”，據尚本改。

⑩ “憂凶”，津逮本、尚本作“凶憂”。

咸 愛我嬰女，牽引不與。冀幸高貴，反得不興①。

恒 宜行賈市，所聚必倍。載喜抱子，與利爲市②。

遯 坐席未温，憂來扣門。踰墻北走，兵交我後，脱於虎口。

大壯 赤帝懸車，廢職不朝。叔帶之災，居於氾廬③。

晉 子畏於匡，厄困陳蔡。明德不危，竟自免害④。

明夷 逐雁南飛，馬疾牛罷。不見魚池，失利憂危。牢户之冤，脱免無患。

家人 推輦上山，高仰重難。終日至暮，不見皁巔⑤。

睽 憂不爲患，福在堂門，使吾偃安⑥。

蹇 春桃始華，季女宜家。受福多年，男爲邦君⑦。

解 高山之巔，去谷億千。雖有兵寇，足以自守⑧。

損 過時歷月，役夫顦領。處子嘆室，思我伯叔⑨。

益 太微復明，説升傅巖，乃稱高宗⑩。

夬 旁多小星，三五在東。早夜晨行，勞苦無功。

姤 東鄉煩煩，相與笑言。子般鞭掔，圉人作患⑪。

---

① “牽引不與”，津逮本作“牽引不得”，尚本作“牽衣不與”。“反得不興”，津逮本作“反目下賤”，尚本作“反得賤下”。

② “聚”，津逮本作“取”。“市”，津逮本、尚本作“友”。

③ “居於氾廬”，津逮本作“君子記廬”。

④ “免”，元本作“克”。

⑤ “巔”，學津本、尚本作“顛”。

⑥ “吾”，津逮本作“君”。

⑦ “始”，津逮本、尚本作“生”。

⑧ “谷”，津逮本、尚本作“地”。

⑨ “顦領”，津逮本作“憔悴”。

⑩ “宗”，底本作“室”，據津逮本、尚本改。“乃稱高宗”後，底本有“疾在頭頸，和不能生，滅其令名”十二字，與前三句文義不協，據津逮本、尚本删。

⑪ “煩煩”，劉本依履之乾改作“藩垣”。

萃　鼻移在頭，枯葦復生。下朽上榮，家乃不寧，其金不成①。

升　蝦蟆羣聚，從天請雨。雲雷疾聚，應時輒下，得其願所②。

困　大步上車，南到喜家。送我貂裘，與福載來。

井　賊仁傷德，天怒不福。斬刈宗社，失其宇守③。

革　從貁見虎，雖危不殆，終已无咎④。

鼎　履素行德，卒蒙祐福。與堯侑食，君子有息⑤。

震　利在北陸，寒苦難得。憂危之患，福爲道門，商叔生存。

艮　四蹇六盲，足痛難行。終日至暮，不離其鄉⑥。

漸　臺駘眛子，明知地理。障澤宣流，封君河水⑦。

歸妹　畜水待時，以備火災。柱車絆馬，郊行出旅，可以无咎⑧。

豐　歲暮花落，君衰於德。榮寵隕墜，陰奪其室⑨。

旅　夏販蔡悲，千里爲市。黃葉殨鬱，利得無有⑩。

巽　仲春巡狩，東見羣后。昭德允明，不失其所。

---

①　“金”，津逮本、尚本作“舍”。

②　“疾”，津逮本、尚本作“集”。“下”，津逮本、尚本作“與”。“願所”，津逮本作“所願”。

③　“宇守”，津逮本、尚本作“土宇”。

④　“不殆”，津逮本作“無殆”。“无咎”，津逮本作“不處”。

⑤　“履素行德”，津逮本作“履行素德”。

⑥　“鄉”，津逮本作“鄰”。

⑦　“流”，津逮本作“德”。“封君河水”，津逮本、尚本作“封居河涘”。

⑧　“待”，底本作“得”，據津逮本、尚本改。

⑨　“榮寵隕墜”，底本作“勞寵損墜”，元本作“勞寵損墮”，據津逮本、尚本改。“奪”，津逮本作“棄”。

⑩　“販”，津逮本、尚本作“敗”。“黃葉殨鬱”，津逮本、尚本作“黃落渣鬱”。

兌　椒潔縲縲，結締難解。嫫母銜嫁，媒不得坐，自爲身禍①。

渙　烏鳴庭中，以戒災凶。重門擊柝，備憂暴客②。

節　朝霽暮露，瀎我衣襦，道無行牛③。

中孚　抱璞懷玉，與桀相觸。詘坐不申，道無良人④。

小過　兩心相悅，共其茅蘆。夙夜在公，不離房中，得君子意⑤。

既濟　載餧如田，破鉏失食。苗穢不闢，獨飢於年⑥。

未濟　甘露醴泉，太平機關。仁德咸應，歲樂民安⑦。屯之謙。

---

①　“椒潔縲縲”，津逮本作“冽潔縲縲”，尚本作“捌絜堁堁”。“結締”，津逮本作“締構”，尚本作“締結”。

②　“烏”，津逮本、尚本作“鳥”。“鳴庭”，津逮本作“嚕夜”。“暴”，津逮本作“外”。

③　“露”，底本作“霞”，據津逮本、尚本改。“瀎”，津逮本作“纖”。“襦”，津逮本作“濡”。“道無行牛”，底本作“退無得牛”，據津逮本、尚本改。

④　“相觸”，津逮本作“跙觸”。“申”，底本作“中”，據津逮本、尚本改。

⑤　“茅蘆”，底本作“柔筋”，據尚本改。

⑥　“如”，津逮本作“茹”。“食”，津逮本、尚本作“餐”。“穢”，津逮本作“稼”。“闢”，元本作“辟”。

⑦　“咸”，元本、津逮本作“感”。

焦氏易林卷第八

坎之第二十九

坎 有鳥黃足，歸呼季玉。從我睢陽，可辟刀兵。與福俱行，有命久長①。

乾 太王爲父，季歷孝友。文武聖明，仁德興起。弘張四國，載福綏厚②。

坤 猿墮高木，不踒手足。保我金玉，還歸其室③。

屯 重耳恭敏，遇讒出處。北奔狄戎，經涉齊楚。以秦伐懷，誅殺子圉，身爲霸主④。

蒙 倚鋒據戟，傷我胸臆，耗折不息⑤。

需 狗冠雞步，君失其居。出門抵山，行者憂難。水灌我園，高陸爲泉⑥。

訟 衆鳥所翔，中有大壯。爪牙長頭，爲我驚憂⑦。

---

① “鳥黃”，底本作“黃鳥”，據津逮本、尚本改。“辟”，津逮本、尚本作“避”。
② “弘”，津逮本、尚本作“孔”。
③ “金玉”，津逮本作“全生”。
④ “狄戎”，津逮本、尚本作“戎狄”。“伐”，底本作“代”，據尚本改。“霸”，津逮本、尚本作“伯”，二字古通。
⑤ “耗”，底本作“拜”，據津逮本、尚本改。
⑥ “雞”，底本作“雛”，據津逮本、尚本改。“居”，津逮本、尚本作“所”。
⑦ “壯”，津逮本、尚本作“怪”。“爪牙”，津逮本、尚本作“丈身”。“頭”，津逮本作“頸”。

師 雷行相逐，無有休息。戰於平陸，爲夷所覆①。

比 禹鑿龍門，通利水泉。同注滄海，民得安土②。

小畜 堯舜仁德，養賢致福。衆英積聚，國無寇賊。商人失利，來爭寶貨③。

履 陸居少泉，山高無雲。車行千里，塗不污輪。渴爲我怨，佳思廣得④。

泰 朝視不明，夜不見光，皆抵空牀。季女奔亡，愴焉心傷⑤。

否 齊魯求國，仁聖輔德。進禮雅言，定公以安⑥。

同人 束帛玄圭，君以布德。伊吕百里，應聘輔國。

大有 棘鉤我襦，爲絆所拘。靈巫拜禱，禍不成災。東山之邑，中有土服，可以饒飽⑦。

謙 門燒屋燔，爲下所殘。西行出戶，順其道理。虎臥不起，牛羊歡喜⑧。

豫 墻高蔽日，崑崙翳月。遠行無明，不見懽叔⑨。

隨 天地際會，不見内外。祖辭遣送，與世長決⑩。

---

① "雷"，津逮本作"虎"。"無"，津逮本、尚本作"未"。

② "土"，津逮本作"然"。

③ "國無寇賊"後，底本有"商人失利，來爭寶貨"八字，與前四句文義不協，據津逮本、尚本删。

④ "佳思廣得"，津逮本、尚本無。

⑤ "朝視不明，夜不見光"，津逮本作"朝不見光，夜不見明"。"皆"，津逮本、尚本作"瞑"。"焉"，津逮本、尚本作"然"。

⑥ "求"，津逮本、尚本作"永"。"進"，津逮本作"造"。

⑦ "禱"，津逮本、尚本作"祝"。"土服"，津逮本作"肥土"。

⑧ "理"，元本、尚本作"里"。

⑨ "日"，津逮本、尚本作"目"。"月"，津逮本、尚本作"日"。

⑩ "決"，津逮本、尚本作"訣"。

蠱　深水難涉，塗難至轂。牛罷不進，濘陷我疾①。

臨　羊驚狼虎，獼猴羣走。無益於僵，爲齒所傷②。

觀　履蛇躡虺，與鬼相視。驚哭失氣，如騎虎尾③。

噬嗑　車驚人墮，兩輪脱去。行者不至，主人憂懼。結締復解，夜明爲喜④。

賁　南販北賈，與怨爲市，利得自治⑤。

剥　延陵適魯，觀樂太史。車轔白顛，知秦興起。卒兼其國，一統爲主⑥。

復　出門逢患，與禍爲怨。更相擊刺，傷我手端⑦。

无妄　獐鹿同走，自燕嘉喜。公子好遊，他人多有⑧。

大畜　恭寬相信，履福不殆。從其邦域，與喜相得⑨。

頤　欲飛無翼，鼎重折足。失其喜利，苞羞爲賊。上妻之家，喜除我憂，解吾思愁⑩。

大過　府藏之富，王以振貸。捕魚河海，罟網多得⑪。

離　陰生麐鹿，鼠舞鬼哭。靈龜陸蒙，釜甑草土。仁智盤

---

①　“塗難”，津逮本、尚本作“泥塗”。“濘”，津逮本作“浮”。“我”，津逮本、尚本作“爲”。

②　“狼虎”，津逮本、尚本作“虎狼”。“獼猴羣走”，尚本作“聳耳羣聚”。

③　“哭”，津逮本、尚本作“恐”。

④　“墮”，津逮本作“傾”。“至”，津逮本作“止”。“主人”，津逮本作“人生”。

⑤　“怨”，津逮本作“喜”。“自治”，津逮本、尚本作“百倍”。

⑥　“轔”，津逮本作“鄰”。

⑦　“患”，津逮本作“惡”。“禍”，津逮本、尚本作“福”。“怨”，津逮本作“患”。“更”，津逮本作“反”。

⑧　“同”，津逮本、尚本作“羣”。“自燕嘉喜”，津逮本、尚本作“自然燕喜”。

⑨　“相信”，津逮本、尚本作“信敏”。

⑩　“喜”，津逮本、尚本作“福”。“苞”，津逮本作“庖”。“上妻之家，喜除我憂，解吾思愁”，津逮本、尚本無。

⑪　“振”，學津逮本、尚本作“賑”。“罟”，津逮本作“布”。

桓,國亂無緒①。

咸 風塵暝迷,不見南北。行人失路,復反其室②。

恒 金革白黃,宜利我市。嫁娶有息,商人悦喜③。

遯 匏瓜之德,宜繫不食。君子失輿,官政懷憂④。

大壯 乘船渡濟,載冰逢火。賴得免患,蒙我所恃⑤。

晉 道途多石,傷車折軸。與市爲仇,不利客宿⑥。

明夷 託寄之徒,不利請求。結衿無言,乃有悔患⑦。

家人 三羊爭妻,相逐奔馳。終日不食,精氣竭罷⑧。

睽 退惡防患,見在心苗。日中之恩,解釋倒懸⑨。

蹇 兩足四翼,飛入嘉國。寧我伯姊,與母相得⑩。

解 寒露所降,漸至堅冰。草木瘡傷,花落葉亡⑪。

損 后稷農功,富利我國。南畝治理,一室百子。

益 設網張羅,捕魚園池。網罟自決,雖得復失。危訴之患,受其低懼⑫。

---

① "麿",津逮本作"麓"。"蒙",津逮本、尚本作"處"。"草",津逮本、尚本作"塵"。"土",津逮本作"生"。"緒",津逮本作"歡"。

② "暝迷",津逮本作"坎坷"。"行人失路",津逮本作"行迷失利"。

③ "我",底本作"戒",津逮本、尚本作"戎",據劉本改。

④ "輿",底本作"與",據津逮本、尚本改。"政",津逮本作"正"。

⑤ "冰",津逮本、尚本作"水"。"蒙我",津逮本、尚本作"我有"。"恃",津逮本作"持"。

⑥ "途",元本作"塗",津逮本、尚本作"險"。

⑦ "言",津逮本作"吉"。

⑧ "羊",津逮本作"年"。"妻",尚本作"雌"。

⑨ "見在心苗",津逮本無。"日中之恩",津逮本作"日之中息"。

⑩ "嘉",津逮本作"家"。

⑪ "降",津逮本、尚本作"凌"。"漸至",底本作"凌制",據津逮本、尚本改。"花",元本、尚本作"華"。

⑫ "訴",津逮本作"許"。"低",津逮本、尚本作"忻"。

夬　路興縣休，侯伯恣驕。上失其盛，周室衰微①。

姤　逐走追亡，相及扶桑。復見其鄉，使我悔喪。

萃　履禄綏厚，載福受祉。衰微復起，繼世長久。疾病獻麥，晉人赴告②。

升　鰥寡孤獨，禄命苦薄。入宮無妻，武子哀悲。

困　山没丘浮，陸爲水魚。燕雀無巢，民無室廬。

井　冠帶南遊，與福喜期。徽於嘉國，拜位逢時③。

革　東行亡羊，失其羝羘。少婦無夫，獨坐空廬④。

鼎　探巢捕魚，耕田捕鱔。費日無功，右手空虛⑤。

震　東行飲酒，與喜相抱。福吾家利，來從父母。水澤之徒，望邑而處⑥。

艮　妄怒失精，自令畏悔。松松之懼，君子无咎⑦。

漸　白雲如帶，往往旗處。飛風送迎，大雹將下。擊我禾稼，僵死不起⑧。

歸妹　南至之日，陽消不息。北風烈寒，萬物藏伏。

豐　火中仲夏，鴻雁解舍。體重難移，未能高舞。君子顯

---

① “興”，底本作“與”，據尚本改。“盛”，津逮本、尚本作“威”。“衰”，津逮本作“相”。

② “禄”，元本作“福”。“載福受祉”，津逮本作“載受福祉”。“獻麥”，元本作“獻凌”，津逮本作“無危”。“赴”，津逮本作“起”。

③ “徽於”，津逮本作“遨遊”。“位”，底本作“爲”，據津逮本、尚本改。

④ “婦”，津逮本、尚本作“女”。

⑤ “空虛”，津逮本作“虛空”。

⑥ “福吾家利，來從父母”，津逮本作“福爲吾家，利來從母”，尚本同於津逮本，僅“母”作“父”。

⑦ “松松之懼”，津逮本作“怡怡之歡”。

⑧ “旗”，津逮本、尚本作“來”。

名，不失其譽①。

旅　北行出門，履陷躓顛。蹉足據塗，污我襦袴②。

巽　輕車醊祖，焱風暴起。促亂祭器，飛揚錯華。明神降佑，道無害寇③。

兌　酒爲歡伯，除憂來樂。福喜入門，與君相索，使我有德④。

渙　三足孤烏，靈明督郵，司過罰惡。自賊其家，毀敗爲憂⑤。

節　三河俱合，水怒踴躍。壞我王屋，民飢於食⑥。

中孚　南行棗園，惡虎畏班。執火銷金，使我無患⑦。

小過　求鹿過山，與利爲怨。闇聾不言，誰知其懂。

既濟　行旅困蹙，失明守宿。囹圄之憂，啓執出遊⑧。

未濟　據棘履危，跌刺爲憂。夫婦不和，亂我良家⑨。

離之第三十

離　時乘六龍，爲帝使東。達命宣旨，無所不通。

---

① "仲"，尚本謂當作"季"。"解"，底本作"來"，據津逮本、尚本改。"舞"，津逮本、尚本作"擧"。

② "陷"，津逮本、尚本作"蹈"。

③ "焱"，津逮本、尚本作"疾"。"錯華"，津逮本、尚本作"鼓舞"。"佑"，元本作"祐"。

④ "德"，津逮本、尚本作"得"。

⑤ "靈明"，津逮本作"虛鳴"。

⑥ "踴"，元本、尚本作"湧"。

⑦ "金"，津逮本作"鋒"。

⑧ "執"，津逮本、尚本作"蟄"。

⑨ "危"，津逮本、尚本作"杞"。

乾　執彎四驪，王以爲師。陰陽之明，載受東齊。

坤　春秋禱祝，解過除憂，君子无咎①。

屯　坐朝乘軒，據國子民。虞叔受命，和合六親②。

蒙　開户下堂，與福相迎。禄於公室，曾孫以昌③。

需　高木腐巢，漏濕難居。不去甘棠，使我無憂。

訟　三女爲姦，俱遊高園。倍室夜行，與伯笑言。不忍主母，爲失醴酒，冤尤誰禱④。

師　漏卮盛酒，無以養老。春貸黍稷，年歲實有。履道坦坦，平安何咎⑤。

比　松柏枝葉，常茂不落。君子惟體，日富安樂⑥。

小畜　夫婦不諧，爲燕攻齊。良弓不張，騎劫憂亡⑦。

履　出令不勝，反爲大災。强不克弱，君受其憂。

泰　奔牛相錯，敗亂緒業，民不得作⑧。

否　載璧秉珪，請命於河。周公克敏，沖人瘳愈。

同人　素車僞馬，不任重負。王侯出征，憂危爲咎⑨。

大有　大樹之子，同條共母。比至火中，枝葉盛茂⑩。

---

①　“祝”，津逮本作“祀”。“過”，津逮本、尚本作“禍”。

②　“朝”，底本作“車”，據津逮本、尚本改。“和合六親”，元本、尚本作“六合和親”。

③　“孫”，尚本作“祖”。

④　“遊”，津逮本作“行”。“倍”，尚本作“背”，二字古通。“忍”，津逮本作“認”。“爲失醴酒”，底本作“爲設歡酒”，據尚本改。“禱”，尚本作“告”。

⑤　“何”，津逮本、尚本作“无”。

⑥　“惟體”，津逮本作“歡寧”。“安”，津逮本作“求”。

⑦　“騎劫憂亡”，底本作“騎驅憂凶”，據津逮本、尚本改。

⑧　“牛”，津逮本作“走”。“緒業”，津逮本作“諸緒”。

⑨　“僞”，津逮本作“爲”。

⑩　“同”，津逮本作“百”。“至”，津逮本作“之”。

謙　壅遏隄防，水不得行。火盛陽光，陰蜆伏藏，走婦其歸[①]。

豫　五嶽四瀆，合潤爲德。行不失理，民賴恩福[②]。

隨　駕駿南遊，虎驚我羊。陰不奉陽，其光顯揚。言之謙謙，奉義解患[③]。

蠱　早霜晚雪，傷害禾麥。損功棄力，飢無所食。

臨　岐周海隅，有樂無憂。可以避難，全身保財[④]。

觀　陰蔽其陽，目暗不明。君憂其國，求騂得黃，駒犢從行[⑤]。

噬嗑　金城鐵郭，上下同力。政平民歡，寇不敢賊[⑥]。

賁　平公有疾，迎醫秦國。和不能知，晉人赴國[⑦]。

剝　戴堯扶禹，松喬彭祖。西過王母，道里夷易，無敢難者[⑧]。

復　羔羊皮革，君子朝服。輔政天德，以合萬國[⑨]。

无妄　據鐘鼓翼，將軍受福。安帖之家，虎狼與憂。履危不殆，師行何咎[⑩]。

---

① “走婦其歸”，津逮本、尚本作“走歸其鄉”。
② “合潤”，尚本作“潤洽”。
③ “羊”，津逮本、尚本作“牛”。“顯揚”，津逮本作“滅蹷”。“言”，津逮本作“訾”。
④ “有”，津逮本作“獨”。“避”，元本作“辟”。
⑤ “目”，元本、尚本作“日”。
⑥ “郭”，津逮本作“廓”。
⑦ “知”，津逮本作“治”，尚本作“愈”。“赴國”，津逮本作“疑惑”，尚本作“赴告”。
⑧ “戴”，津逮本作“載”。“松”，底本作“從”，據尚本改。“過”，津逮本、尚本作“遇”。“里”，津逮本、尚本作“路”。
⑨ “天”，尚本作“扶”。
⑩ “據鐘鼓翼”，津逮本、尚本作“振鐘鼓樂”。“與”，津逮本、尚本作“爲”。“殆”，底本作“強”，據津逮本、尚本改。

大畜　嫡庶不明，孽亂生殃，陳失其邦。

頤　鳥驚狐鳴，國亂不寧。上弱下強，爲陰所刑①。

大過　六月采芑，征伐無道。張仲方叔，克勝飲酒②。

坎　被繡夜行，不見文章。安坐玉堂，乃无咎殃。長子帥師，得其正常③。

咸　昧暮乘車，東至伯家。踰梁越河，濟脱無他。

恒　東風解凍，和氣兆升，年歲豐登。

遯　三貍搏鼠，遮遏前後。無於圍域，不得脱走④。

大壯　綏德孔明，履禄久長。貴且有光，疾病憂傷⑤。

晉　三虎搏狼，力不相當。如摧腐枯，一擊破亡⑥。

明夷　使伯東乘，恨不肯行。與叔争訟，更相毀傷⑦。

家人　抱空握虛，鴟驚我雛，利去不來⑧。

睽　李花再實，鴻升降集。仁哲以興，隆國無賊⑨。

蹇　東山皋洛，勇捍不服。金玦玩好，衣爲身賊⑩。

---

①　“狐鳴”，底本作“狐鴻”，津逮本作“孤鴻”，據元本、尚本改。“國亂”，津逮本作“亂國”。“刑”，津逮本作“行”。

②　此首林辭津逮本、尚本作坎林辭，元本、學津本及底本作大過林辭。

③　此首林辭津逮本、尚本作大過林辭，元本、學津本及底本作坎林辭。“玉”，津逮本、尚本作“於”。

④　“搏”，尚本作“捕”。“無於圍域”，元本作“無於還域”，津逮本、尚本作“死於圍城”。

⑤　“憂”，翟云升謂當作“無”，按“疾病憂傷”與前三句文義不協，似當如此。

⑥　“腐枯”，底本作“壅祐”，據津逮本、尚本改。

⑦　“東乘”，津逮本、尚本作“采桑”。“恨”，津逮本、尚本作“狠”。

⑧　“抱”，元本作“把”。

⑨　“花”，元本、尚本作“華”。“升”，津逮本、尚本作“卵”。“隆國無賊”，津逮本作“隆國不賊”，尚本作“蔭國受福”。

⑩　“洛”，津逮本作“落”。“勇捍不服”，津逮本、尚本作“勇悍不服”，元本作“一朝殞落”。“玦”，津逮本作“瑛”。“衣爲身賊”後，津逮本有“絲麻不作”四字。

解 飛文污身,爲邪所牽。青蠅分白,貞孝放逐①。

損 南山大木,文身其目。制命出令,東里田畝。尊主安居,鄭國無患②。

益 泉起崑崙,東出玉門。流爲九河,無有憂患。

夬 命短不長,中年夭傷。鬼泣哭堂,哀其子亡③。

姤 君臣不和,上下失宜,宗子哭歌④。

萃 苛政日作,螟食華葉。割下啖上,民被其賊,秋無所得。

升 南行戴鎧,登場九魁。車傷牛罷,日暮咨嗟⑤。

困 春東夏南,隨陽有功,與利相逢。

井 頭尾顛倒,不知緒處,君失其國。

革 言無要約,不成券契。殷叔季姬,公孫爭之。強入委禽,不悦於心⑥。

鼎 缺破不成,胎卵不生,不見其形⑦。

震 見蛇交悟,惜蚖畏惡,心乃無悔⑧。

---

① “文”,津逮本、尚本作“蚊”。“牽”,津逮本作“率”。“貞”,津逮本作“真”。

② “大木”,尚本作“黃竹”。“文身其目”,津逮本作“丈身六目”,尚本作“三身六目”。“制命出令”,津逮本作“制命出文”,尚本作“出入命令”。“東里田畝”,津逮本作“東里宣敷”,尚本作“東里宣政”。“尊主安居”,尚本作“主尊君安”。

③ “鬼泣”,津逮本、尚本作“思及”。

④ “宗子哭歌”,元本作“宋子哭歌”,津逮本、尚本作“宗子哀歌”。

⑤ “戴”,津逮本、尚本作“載”。“場”,津逮本、尚本作“履”。“暮”,津逮本作“莫”,可通。“咨嗟”,津逮本、尚本作“嗟咨”。

⑥ “禽”,津逮本作“命”。“於心”,底本作“子南”,據尚本、劉本改。按《左傳》昭公元年,“女自房觀之,曰:子晳信美矣,抑子南夫也。夫夫婦婦,所謂順也。適子南氏。”由是觀之,女悦者,子南也。底本作“不悦子南”,與《左傳》不合,故知其誤也。劉本於“不悦於心”後,補“乃適子南”四字,意似足。

⑦ “破”,津逮本作“陷”。

⑧ “悟”,津逮本作“臥”。“蚖”,津逮本作“蜒”。

艮　河水孔穴，壞敗我室。水深無涯，魚鱉傾倒①。

漸　五嶽四瀆，地得以安。高而不危，敬慎避患②。

歸妹　南至之日，陽消不息。北風烈寒，萬物伏藏③。

豐　五利四福，俱佃居邑。黍稷盛茂，多獲高積④。

旅　公孫駕車，載遊東齊。延陵子産，遺季紵衣⑤。

巽　交亂當道，民困愁苦。望羊置羣，長子在門⑥。

兌　金玉滿室，忠直乘危。三老凍餓，鬼奪其室。求魚河海，網舉必得⑦。

涣　日入幽匽，陽明隱伏。小人勞心，求事不得⑧。

節　頻逢社飲，失利後福。不如子息，舊居故處。申請必與，乃無大悔⑨。

中孚　南有嘉魚，駕黃取遊。魴鱮詡詡，利來無憂⑩。

小過　黃裳建元，文德在身。禄祐洋溢，封爲齊君⑪。

既濟　口不從心，欲東反西。與意乖戾，動舉失使⑫。

---

① “倒”，元本作“側”。

② “敬慎”，津逮本作“驚懼”。

③ “烈”，津逮本、尚本作“冽”。“伏藏”，津逮本、尚本作“藏伏”。

④ “佃居”，津逮本、尚本作“田高”。“積”，津逮本、尚本作“稻”。

⑤ “子”，尚本作“説”。“季”，津逮本作“我”。“遺季紵衣”後，底本有“疾病哀悲”四字，與上文不類，據尚本删。

⑥ “交亂”，津逮本、尚本作“蛟虬”。

⑦ “室”，津逮本、尚本作“堂”。“其”，津逮本作“我”。

⑧ “幽匽”，津逮本、尚本作“明匿”。“明”，津逮本、尚本作“晶”。

⑨ “社”，津逮本作“招”。“與”，津逮本、尚本作“得”。“舊居故處”，津逮本作“舊器故杵”。

⑩ “遊”，尚本作“鮪”。

⑪ “祐”，津逮本作“佑”。“封爲齊君”後，底本有“賈市無門，股肱多根”八字，與上文吉凶不類，據津逮本、尚本删。

⑫ “舉”，元本作“步”。“使”，津逮本、尚本作“便”。

未濟 虎狼之鄉，日爭凶訟。叨爾爲長，不能定從①。

咸之第三十一

咸 雌單獨居，歸其本巢。毛羽憔悴，志如死灰②。

乾 十窗多明，道里通利。仁智君子，國安不僵③。

坤 心惡來怪，衝衝何懼。顏伯子騫，尼父聖誨④。

屯 鳥鳴呼子，哺以酒脯。高樓水處，來歸其母⑤。

蒙 國馬生角，陰孽萌作。變易常服，君失於宅。

需 入宇多悔，耕石不富。衡門屢空，使士失意⑥。

訟 諸孺行賈，遠涉山阻。與旅爲市，不危不殆，利得十倍⑦。

師 梁破橋壞，水深多畏。陳鄭之間，絕不得前。

比 雙鳧俱飛，欲歸稻池。經涉萑澤，爲矢所射，傷我胸臆⑧。

小畜 謾誕不成，倍梁滅文。許人賣牛，三夫爭之。失利後時，公孫懷憂⑨。

---

① "其"，津逮本作"証"。

② "憔悴"，元本作"顦領"。

③ "十"，津逮本、尚本作"小"。"里"，津逮本作"理"。"通利"，津逮本、尚本作"利通"。"智"，津逮本、尚本作"賢"。

④ "伯"，津逮本、尚本作"淵"。"誨"，底本作"母"，據津逮本、尚本改。

⑤ "樓"，底本作"樓"，據津逮本、尚本改。"處"，津逮本作"起"。

⑥ "宇"，津逮本作"年"。

⑦ "諸孺"，底本作"情懦"，據津逮本、尚本改。

⑧ "欲"，津逮本作"以"。"射"，津逮本作"傷"。"傷"，津逮本作"損"。

⑨ "成"，元本作"誠"。"倍"，津逮本作"佶"。"賣"，津逮本作"買"。"夫"，底本作"失"，據津逮本、尚本改。

履　南國凶飢，民食糟糠。少子困捕，利無所得①。

泰　狗吠非主，狼虎夜擾。驚我東西，不爲家咎。

否　望龍無目，不見手足。入水求玉，失其所欲。

同人　以鹿爲馬，欺誤其主。聞言不信，三口爲咎。黃龍三子，中樂不殆②。

大有　養幼新婚，未能出門。登宋望齊，不見太師。

謙　王孫季子，相與爲友。明允篤誠，升擢薦舉③。

豫　山水暴怒，壞梁折柱。稽難行旅，留連愁苦④。

隨　鷦鳩徙巢，西至平州。遭逢雷電，破我葦蘆。室家飢寒，思吾故初⑤。

蠱　登高傷軸，上阪棄粟。販鹽不利，買牛折角⑥。

臨　祝鮀王孫，能事鬼神。節用綏民，衛國以存。饗我旨酒，眉壽多年⑦。

觀　九里十山，道卻峻難。牛馬不前，復反來還。還一作道。

噬嗑　枯樹不花，空淵無魚。蕉鳥飛翔，利棄我去⑧。

賁　雄狐唯唯，登上山嵬。昭告顯功，大福允興⑨。

---

①　“凶飢”，津逮本、尚本作“饑凶”。
②　“口”，尚本作“日”。
③　“季”，津逮本作“貴”。
④　“稽難行旅”，津逮本作“稽旅難行”。
⑤　“破”，津逮本、尚本作“碎”。“葦”，津逮本作“茖”。
⑥　“買牛折角”，津逮本作“市賈折閵”。
⑦　“鮀”，底本作“駝”，據元本舊注、津逮本、尚本改。“饗我旨酒”，津逮本無。
⑧　“花”，元本作“華”。“蕉”，津逮本、尚本作“舊”，尚秉和謂作“舊”亦未安，疑爲“鷔”字。
⑨　“唯唯”，津逮本作“綏遺”，尚本作“綏綏”。“上”，津逮本作“山”。“山”，津逮本、尚本作“崔”。

剥 啞啞笑喜，相與飲酒。長樂行觴，千秋起舞，拜受大福①。

復 大椎破轂，長舌亂國。牀笫之言，三世不安。

无妄 男女合室，二姓同食。婚姻孔云，宜我孝孫②。

大畜 千仞之牆，禍不入門。金籠鐵疏，利以辟兵。欲南上阪，軸方不轉，還車復反③。

頤 華言風語，自相詿誤。終無凶事，安寧如故。

大過 汎汎柏舟，流行不休。耿耿寤寐，公懷大憂。仁不遇時，退隱窮居④。

坎 大尾小頭，重不可搖。上弱下強，陰制其雄。

離 一身三口，語無所主。東西南北，迷惑失道。

恒 南行求福，與喜相得。封受上賞，鼎足輔國。晉之謙同。

遯 過時不歸，雌雄苦悲。徘徊外國，與母分離⑤。

大壯 堯舜在國，陰陽和得。涿聚衣常，晉人無殃⑥。

晉 周城之降，越裳夷通。疾病多祟，鬼哭其公。狼子野心，宿客不同⑦。

明夷 申酉脫服，牛馬休息。君子以安，勞者得懄⑧。

---

① "喜"，津逯本作"言"。"相與"，津逯本作"與歡"。

② "二"，津逯本作"三"。

③ "禍不"，津逯本作"不得"。"辟"，津逯本作"避"。"南上"，津逯本作"上南"。"軸方"，底本作"轉萬"，據津逯本、尚本改。"反"，元本作"返"。

④ "公"，尚本作"心"。"耿耿寤寐"，津逯本作"耽耽寐寐"。

⑤ "雌雄苦悲"，底本作"苦悲雄惟"，元本作"苦悲雄雌"，據津逯本、尚本改。

⑥ "得"，津逯本作"德"。"常"，津逯本、尚本作"裳"。

⑦ "周城之降"，津逯本作"周公之隆"，尚本作"周成之隆"。"狼"，底本作"鳥"，據津逯本、尚本改。"宿客"，津逯本作"客宿"。

⑧ "休"，津逯本作"依"。

家人　凱風無母，何恃何怙。幼孤弱子，爲人所苦①。

睽　出門上堂，從容牖房，不失其常。天牢北戶，勞者憂苦②。

蹇　天厭周德，命與南國。以禮靜民，兵革休息。

解　常棠折衝，佐鬥者傷。暴臣失國，良臣破殃③。

損　合歡之國，嘉喜我福。東嶽西山，朝齊成恩。

益　耕石不生，棄禮無名。縫衣失針，襦袴不成。

夬　聾瞽闇盲，跛踦不行。坐尸爭骸，身被火災，因其多憂④。

姤　長生太平，仁政流行。四方歸德，社稷康榮⑤。

萃　桀跖並處，民之愁苦。擁兵荷糧，戰於齊魯。合晉同牢，姬姜並居⑥。

升　南與凶俱，破車失襦。西行無袴，亡其寶賂。

困　空槽注器，豚彘不至。張弓祝雞，雄父飛去。

井　望尚阿衡，太宰周公。藩屏湯武，立爲王侯。

革　朝鮮之地，箕子所保。宜家宜人，業處子孫⑦。

鼎　昔憂解笑，故貧今富。載樂履善，與福俱遇⑧。

---

①　“苦”，底本作“咎”，據津逮本、尚本改。
②　“北”，津逮本、尚本作“地”。
③　“常棠”，津逮本、尚本作“堂桑”。“衝”，津逮本作“衡”。“暴臣”，元本作“暴君”。“失”，津逮本作“反”。“破”，津逮本、尚本作“被”。
④　“闇盲”，底本作“闇瞽”，據津逮本、尚本改。“踦”，底本作“倚”，據元本改。“坐尸爭骸”，津逮本作“坐戶孚骸”。“火”，津逮本作“大”。“因”，津逮本、尚本作“困”。
⑤　“長生”，津逮本、尚本作“生長”。
⑥　“之”，津逮本、尚本作“人”。“擁”，津逮本作“捕”。
⑦　“箕子”，津逮本作“姬伯”。
⑧　“昔”，津逮本、尚本作“息”。“貧”，底本作“貪”，據津逮本、尚本改。“樂”，底本作“策”，據津逮本、尚本改。“遇”，津逮本作“憂”，其下舊注疑“憂”當作“優”。

震　叔迎伯兄，遇卷在陽。君子季姬，並坐鼓簧①。

艮　順風縱火，芝艾俱死。三官集房，十子中傷②。剝之坤作三害。

漸　駕車入里，求鮮魴鯉。非其肆居，自令失市。君子所在，安無危咎③。

歸妹　拔劍傷手，見敵不起。良臣無佐，困辱爲咎④。

豐　亂君之門，佐鬪傷跟。營私貪禄，身爲悔殘。東下泰山，見我所歡。

旅　慈母望子，遥思不已。久客外野，使我心苦。

巽　魴生淮邵，一轉爲百。周流四海，無有患惡。

兑　甘露醴泉，太平機關。仁德感應，歲樂民安。

涣　采薇出車，魚麗思初。上下役急，君子免憂⑤。

節　豕生魚魴，鼠舞庭堂。雄佞施毒，上下昏荒，君失其邦。

中孚　三頭六目，道畏難宿。寒苦之國，利不可得。

小過　燕雀銜茅，以生孚乳。昆弟六人，姣好悌孝。各同心願，和悦相樂⑥。

既濟　文君之德，仁義致福。年無胎夭，國富民實。君子在室，曾累益息⑦。

---

① “卷”，津逮本、尚本作“巷”。“芝艾俱死”，津逮本作“艾芝俱亡”。

② “三官”，尚本作“三害”。

③ “其”，津逮本作“吾”。“市”，津逮本作“布”。“咎”，津逮本、尚本作“殆”。

④ “咎”，津逮本作“苦”。

⑤ “役”，底本作“從”，據津逮本、尚本改。

⑥ “燕”，底本作“驚”，據津逮本、尚本改。“姣”，津逮本作“憻”。“悌孝”，津逮本、尚本作“孝悌”。

⑦ “之德”，津逮本作“德義”。“義”，津逮本作“聖”。“君子在室”，元本作“君子在堂”，津逮本作“臥者在室”。“息”，底本作“恩”，據津逮本、尚本改。

未濟　秋粱未成,無以至陳。水深難涉,使我不前。

恒之第三十二

恒　黄帝所生,伏羲之宇。兵刀不至,利以居止①。

乾　登墀踒足,南行折角。長夜之室,不逢忠直。

坤　燕雀衰老,悲鴻入海。憂不在鄉,差池其羽。頡頏上下,在位獨處②。

屯　開門除憂,伯自外來。切切無患,我之得歡③。

蒙　郊耕釋耜,有所疑止,空虚無子④。

需　張牙切齒,齗怒相及。咎起蕭墻,牽引吾子。患不可解,憂驚吾母⑤。

訟　履不容足,南山多棘。毋出房闥,乃無病疾⑥。

師　牛騂亡子,鳴於大野。申后陰微,還歸其母⑦。

比　龍生於淵,因風身天。章虎炳文,爲凶敗軒。發輗温

---

① "宇",底本作"宗",據津逮本、尚本改。"刀",津逮本、尚本作"刃"。

② "鴻",津逮本、尚本作"鳴"。"憂不在鄉",津逮本、尚本作"憂在不飾"。"在",津逮本、尚本作"寡"。

③ "開",津逮本作"關"。"切切",尚本作"忉忉"。"無",津逮本作"之"。"之",津逮本、尚本作"心"。

④ "郊",底本作"効",據津逮本、尚本改。"釋",津逮本作"擇"。"耜",底本作"耟",據津逮本、尚本改。"空虚無子"後,津逮本有"蒙昧不知"四字。

⑤ "齗",底本作"斷",據尚本改。"及",津逮本、尚本作"視"。"咎",津逮本、尚本作"禍"。

⑥ "毋",底本作"母",據元本、尚本改。"闥",津逮本作"閨"。"病疾",底本作"疾病",據津逮本、尚本改。

⑦ "申后陰微",底本作"申後陰徵",據津逮本、尚本改。"還",底本作"罡",據津逮本、尚本改。

谷，暮宿崑崙。終身無患，充精照耀，不被禍難①。

小畜 既嫁宜吉，出入無憂。三聖並居，國安無災②。

履 北陸陽伏，不知白黑。君子傷讒，正害善人③。

泰 一身兩頭，近適二家，亂不可治④。

否 牝馬牝駒，歲字不休。君子衣服，利得有餘⑤。

同人 南行懷憂，破其金輿。安坐故廬，乃無災患⑥。

大有 憂人之患，履傷浮願，爲身禍殘。篤心自守，與喜相抱⑦。

謙 咸陽辰巳，長安戌亥。丘陵生上，非魚鱐市。可以避水，終無凶咎⑧。

豫 不知何孫，夜來扣門。我慎外寢，兵戎且來⑨。

隨 昧旦不明，日暗無光。喪滅失常，使我心傷⑩。

蠱 江陰水側，舟楫破乏。狐不得南，豹無以北。雖欲會盟，河水絕梁⑪。

臨 神之在丑，逆破爲咎。不利西南，人休止後⑫。

觀 然諾不行，欺天誤人。使我靈宿，夜歸温室。神怒不

---

① "身天"，津逮本、尚本作"昇天"。"凶"，津逮本、尚本作"禽"。"充"，津逮本、尚本作"光"。"照"，元本作"炤"。"禍"，津逮本作"患"。

② "憂"，津逮本、尚本作"咎"。

③ "白黑"，津逮本作"黑白"。

④ "近"，津逮本作"延"。

⑤ "牝駒"，津逮本、尚本作"牡駒"。"字"，津逮本作"孳"。

⑥ "災"，津逮本作"殃"。

⑦ "願"，津逮本作"顏"。

⑧ "上"，津逮本、尚本作"心"。"水"，底本作"不"，據津逮本、尚本改。

⑨ "寢"，津逮本作"寇"。

⑩ "日暗"，底本作"暗我"，據津逮本、尚本改。

⑪ "狐"，底本作"孤"，據津逮本、尚本改。"絕梁"，津逮本作"梁絕"。

⑫ "人休止後"，津逮本、尚本作"商人休止"。

直,鬼擊無目。欲求福利,適反自賊①。

噬嗑　攘臂極肘,怒不可止。狼戾復很,無與爲市②。

賁　販馬賣牛,會值虛空。利得尠少,留連爲憂③。

剥　高樓陸處,以避風雨。深堂邃宇,君安其所。牝雞之晨,爲我利弗,求得弗得④。

復　阿衡服箱,太乙載行。逃時歷舍,所之吉昌⑤。

无妄　飛來之福,入我嘉室,以安吾國⑥。

大畜　不孝之患,子爲母殘。老耄莫養,獨坐空垣⑦。

頤　南過棘門,鈎裂我冠。鬬之傷襦,使君恨憂⑧。

大過　重或射卒,不知所定。質疑蓍龜,孰可避之。明神報答,告以肌如,宜利止居⑨。

坎　驎麂鳳稚,安樂無憂。捕魚河海,利踰從居⑩。

離　新田宜粟,上農得穀。君子推德,千百以福⑪。

---

① “天”,津逮本作“訟”。“靈”,津逮本作“虛”,尚本作“露”。“擊”,津逮本作“繫”。“無”,尚本作“其”。

② “極”,津逮本作“拯”。“復”,津逮本、尚本作“愎”。“很”,津逮本作“狠”。

③ “賣”,津逮本、尚本作“買”。“虛空”,津逮本、尚本作“空虛”。

④ “晨”,元本、津逮本作“息”。“利弗”,津逮本、尚本作“利福”。“求得”,津逮本、尚本作“請求”。

⑤ “乙”,元本作“一”。“之”,津逮本作“求”。

⑥ “嘉”,津逮本作“居”。

⑦ “子爲母殘”,津逮本、尚本作“子孫爲殘”。

⑧ “鈎”,津逮本作“駒”。“鬬之”,津逮本、尚本作“斷衣”。

⑨ “重或射卒”,津逮本作“重門射平”,尚本作“重弋射隼”。“之”,底本作“大”,津逮本作“火”,據尚本改。“報答”,津逮本、尚本作“答報”。“肌如”,津逮本作“犧牲”。“宜利止居”,底本無,據津逮本、尚本補。

⑩ “驎”,津逮本、尚本作“麟”。“稚”,津逮本、尚本作“雛”。“從”,津逮本、尚本作“徙”。

⑪ “君子推德,千百以福”,津逮本、尚本作“君子懷德,以干百禄”。

咸　簪短帶長,幽思苦窮。瘠蠹小瘦,以病之隆①。

遯　爭訟之門,不可與鄰。出入爲憂,生我心患②。

大壯　朽根枯株,不生肌膚。病在心腹,日以焦枯③。

晉　雨師娶婦,黃巖季子。成禮就昏,相呼南上。膏我下土,歲年大茂④。

明夷　冬採薇蘭,地凍堅難。利走失北,暮無所得⑤。

家人　昧之東域,誤過虎邑。失我熊羆,飢無所食⑥。

睽　日莫閉目,隨陽休息。箕子以之,乃受其福。舉首多言,必爲悔殘⑦。

蹇　蓼蕭瀼瀼,君子龍光。鳴鸞雍雍,福禄來同⑧。

解　鳥飛無翼,兔走折足。雖不會同,未得醫工⑨。

損　五勝相賊,火得水息。精光消滅,絶不長續⑩。

益　東資齊魯,得騂大馬。便辟能言,巧賈善市。八鄰併户,請火不與。人道閉塞,鬼守其宇⑪。

---

① “幽”,津逮本作“出”。“隆”,津逮本、尚本作“癃”。
② “出入爲憂,生我心患”,津逮本作“出入有爲,憂生我患”,尚本同於津逮本,唯“患”作“心”。
③ “腹”,津逮本作“腸”。“焦”,津逮本作“燋”。“枯”,底本作“勞”,據津逮本、尚本改。
④ “子”,津逮本作“女”。“就”,尚本作“既”。“南上”,尚本作“南去”。“膏我下土,歲年大茂”,尚本作“潤澤田里,年歲大喜”。
⑤ “薇”,底本作“微”,據津逮本、尚本改。“失”,元本、尚本作“室”。
⑥ “熊羆”,津逮本作“熟羆”。
⑦ “莫”,元本、尚本作“暮”,二字古通。“首”,津逮本作“事”。
⑧ “雍雍”,津逮本作“嗈嗈”。
⑨ “會同”,津逮本作“同會”。“未得醫工”,津逮本作“未能利達”。
⑩ “長”,津逮本、尚本作“能”。
⑪ “巧賈善市”,津逮本作“市人善賈”。“八鄰”,津逮本作“鄰人”。“守”,津逮本作“祟”。

夬　爭雞失羊，亡其金囊，利不得長。陳蔡之患，賴楚以安。

姤　九登十陟，馬跌不前。管子佐之，乃能上山①。

萃　東鄰愁苦，君亂天紀。甘貪禄寵，必受其咎。意合志同，自外相從，見吾伯公②。

升　三狸捕鼠，遮遏前後。死於壞城，不得脱走③。

困　狼虎爭强，禮義不行。兼吞其國，齊晉無主④。

井　五嶽四瀆，合潤爲德。行不失理，民賴息福⑤。

革　六月種黍，歲晚無雨。秋不宿酒，神失其所。先困後通，與福相逢⑥。

鼎　騄牝龍身，日取三千。南上蒼梧，與福爲婚。道里夷易，身安無患⑦。取疑當作馭。

震　出入休居，安止無憂。上室之權，虎爲季殘⑧。

艮　南山昊天，刺政關身。疾病無辜，背憎爲仇⑨。

漸　蒼耳東從，道頓跛踦。日辰不良，病爲崇禍⑩。

歸妹　兄征東燕，弟伐遼西。大克勝還，封君河間⑪。

豐　播輪折輻，馬不得行。豎牛之讒，賊其父兄。布裘不

---

① “陟”，元本作“涉”。

② “甘”，津逮本、尚本作“日”。“意合志同，自外相從，見吾伯公”，津逮本、尚本無。

③ “壞城”，津逮本作“壞域”，尚本作“環城”。“得”，津逮本、尚本作“能”。

④ “齊晉無主”，津逮本、尚本作“齊魯無王”。

⑤ “息”，津逮本、尚本作“恩”。

⑥ “逢”，津逮本、尚本作“從”。

⑦ “取”，尚本作“馭”。“里”，津逮本作“理”。

⑧ “無”，底本作“相”，據津逮本、尚本改。“權”，津逮本、尚本作“懽”。“虎”，津逮本作“虐”。

⑨ “關”，津逮本、尚本作“閔”。“憎”，底本作“增”，據津逮本、尚本改。

⑩ “蒼耳東從”，津逮本作“潼頓東徙”。“頓跛”，津逮本作“路跛”。

⑪ “君”，津逮本、尚本作“居”。

傷，終身無殘①。

旅　駕之南海，晨夜不止。君子勞疲，僕使燋苦②。

巽　怨虱燒被，忿怒生禍。偏心作難，意如爲亂③。

兑　張狂妄行，竊食盜糧。狗吠非主，嚙傷我足。

渙　警蹕戒道，先驅除害。王后親桑，以率羣功，安我祖宗④。

節　門户乏食，困無誰告。對門不通，莫所歸急。種藏五穀，一花百葉，市賈有息⑤。

中孚　被蔽復貌，危者得安。鄉善無患，商人有息，利來入門⑥。

小過　壘壘壘壘，如其之室。一身十子，古公治邑⑦。

既濟　三嫗治民，不勝其任。兩馬争車，敗壞室家⑧。

未濟　蔽鏡無光，不見文章。少女不市，棄其邵王⑨。

---

①　"輪"，底本作"輪"，據津逮本、尚本改。"裘"，津逮本、尚本作"衣"。"殘"，津逮本、尚本作"患"。

②　"疲"，津逮本、尚本作"罷"，二字可通。"使燋"，津逮本、尚本作"夫憔"。

③　"怨虱燒被"，津逮本作"怨重被燒"。"偏"，津逮本、尚本作"褊"。"難"，津逮本作"事"。

④　"戒"，津逮本作"式"。"害"，津逮本、尚本作"咎"。

⑤　"無"，津逮本、尚本作"死"。"莫"，津逮本、尚本作"安"。"種"，津逮本、尚本作"積"。"百"，津逮本、尚本作"千"。"市賈有息"，底本無，據津逮本、尚本補。

⑥　"被蔽復貌"，津逮本、尚本作"破敝復完"。"患"，津逮本作"損"。

⑦　"壘壘壘壘"，津逮本、尚本作"疊疊累累"。"其"，津逮本、尚本作"岐"。"身"，津逮本、尚本作"息"。

⑧　"室家"，津逮本作"家室"。

⑨　"棄其邵王"，津逮本、尚本作"棄於相望"。

焦氏易林卷第九

遯之第三十三

遯 三塗五嶽，陽城太室。神明所保，獨無兵革①。

乾 軟弱無輔，不能自理。意在外野，心懷勞苦，雖憂無殆②。

坤 周成之隆，刑措無凶。太宰讚佑，君子作仁③。

屯 穴有孤烏，坎生蝦蟆。象出萬里，不可得捕④。

蒙 俱爲天民，雲過吾西。伯氏嫉妬，與我無恩⑤。

需 三手六目，政多煩惑。皋陶瘖聾，亂不可從⑥。

訟 德積不輕，辭王釣耕。三媒不已，大福來成⑦。

師 堅固相親，日篤無患。六體不易，執以安全。雨師駕西，濡我轂輪。張伯李季，各坐關門⑧。

---

① “保”，津逮本作“住”。
② “無殆”，津逮本、尚本作“不殆”。
③ “太宰”，津逮本作“大衆”。“佑”，元本作“右”。
④ “孤”，津逮本作“狐”。“出”，津逮本作“云”，尚本作“去”。
⑤ “民”，尚本作“門”。“西”，津逮本作“面”。“伯氏”，津逮本作“治民”。
⑥ “手”，元本、津逮本、尚本作“首”。
⑦ “辭王釣耕”，津逮本作“辭出真心”。
⑧ “日篤無患”，底本作“曰篤無患”，津逮本作“日用自完”，據尚本改。“執以”，津逮本作“執爲”。“坐”，津逮本作“噬”。

比　方内不行，輻摧輪傷。馬楚踶甚，受子閔時[①]。

小畜　畜牝無駒，養雞不雛。羣羊三歲，不生兩頭。

履　老耄罷極，無取中直。懸輿致仕，得歸鄉里[②]。

泰　縮緒亂絲，手與爲哭。越畝逐兔，斷其禪襦[③]。

否　海老水乾，魚鱉盡索。藁落無潤，獨有沙石[④]。

同人　入市求鹿，不見頭足。終日至夜，竟無所得[⑤]。

大有　築門甕戶，虎臥當道。驚我騂騮，不利出處。

謙　陶朱白圭，善賈息資。公子王孫，富貴不貧。

豫　王良善御，伯樂知馬。周旋步驟，行中規矩。止息有節，延命壽考[⑥]。

隨　堯問伊舜，聖德增益。使民不懼，安無悚惕[⑦]。

蠱　昭公失常，季氏悖狂。遜齊處鄆，喪其寵身[⑧]。

臨　昏暮不行，候待旦明。從住止後，未得相從[⑨]。

觀　安上宜官，一日九遷。升擢超等，牧養常山[⑩]。

噬嗑　去惡就凶，東西多訟，行者無功。

賁　老馬垂耳，不見百里。君子弗恃，商人莫取，無與爲市。

剝　蝸螺生子，深目黑醜。似類其母，雖或相就，衆人

---

① “馬楚踶甚”，津逮本作“馬禁陡輿”。“受”，津逮本作“愛”。
② “里”，津逮本、尚本作“國”。
③ “哭”，津逮本、尚本作“災”。“禪”，津逮本、尚本作“襌”。
④ “盡”，津逮本、尚本作“蕭”。“藁”，津逮本作“高”。“潤”，津逮本作“澗”。
⑤ “頭”，津逮本作“頓”。
⑥ “節”，津逮本作“前”。
⑦ “伊舜”，津逮本作“大舜”，尚本作“尹壽”。“悚”，津逮本、尚本作“怵”。
⑧ “遜”，津逮本作“遊”。
⑨ “候待旦明”，津逮本、尚本作“候旦待明”。“從”，津逮本、尚本作“復”。
⑩ “上”，津逮本作“止”。

莫取^①。

復 百足俱行，相輔爲强。三聖翼事，王室寵光^②。

无妄 容民畜衆，履德有信。大人受福，童蒙憂惑，利無所得。

大畜 左跌右僵，前躓觸桑。其指據石，傷其弟兄。老蠶不作，家無織帛。貴貨賤身，久留連客^③。

頤 昏人宜明，賣食老昌。國祚東表，號稱太公^④。

大過 敝笱在梁，魴逸不禁。漁父勞苦，藏空乾口^⑤。

坎 盛中後跌，衰老復掇。盈滿減毁，疾羸肥脂。鄭昭失國，重耳與立^⑥。

離 折亡破甕，使我困貧。與母生分，別離異門^⑦。

咸 野有積庚，穑人駕取。不逢虎狼，暮歸其宇^⑧。

恒 襁褓孩呱，冠帶成家。出門如賓，父母何憂^⑨。

大壯 陳力就列，官職並廢。手不勝盆，失其寵門^⑩。

晉 積雪大寒，萬物不生。陰制庶土，時本冬貧^⑪。

明夷 龍鬬時門，失理傷賢。內畔生賊，自爲心疾^⑫。

---

① “蝸”，津逮本作“蟻”。“目”，津逮本作“自”。
② “王室”，元本作“不見”。
③ “久留連客”，尚本作“留連久客”。
④ “宜”，津逮本、尚本作“旦”。
⑤ “藏空乾口”，津逮本、尚本作“焦喉乾口，虚空無有”。
⑥ “老”，津逮本作“者”。“減”，津逮本作“或”。“與”，津逮本、尚本作“興”。
⑦ “困貧”，尚本作“貧困”。
⑧ “穑”，津逮本、尚本作“嗇”。“虎狼”，津逮本、尚本作“狼虎”。
⑨ “呱”，津逮本作“孤”。
⑩ “並”，津逮本作“無”。
⑪ “土”，底本作“士”，據翟本改。“冬”，津逮本作“寒”。
⑫ “時”，津逮本作“海”。

家人 狗畏猛虎，依人爲輔。三夫執戟，伏不敢趨，身安无咎[1]。

睽 南山高罡，回隤難登。道里遼遠，行者無功。憂不成凶，惡亦消去[2]。

蹇 逢時陽遂，富且尊貴。

解 求我所欲，得其利福，終身不辱。盈盛之門，高屋先覆，君失邦國[3]。

損 安坐至暮，禍災不到。利詰奸妖，罪人弗赦[4]。

益 膠車駕東，與雨相逢。五粲解墮，頓輈獨宿，憂爲身禍[5]。

夬 擇日高飛，遂至東齊。見孔聖師，使我和諧[6]。

姤 陳嬀敬仲，兆興齊姜。乃適營丘，八世大昌。

萃 缺垎無埠，難從東西。毀破我盆，泛棄酒食[7]。

升 中夜狗吠，盜在廬外。神光祐助，消散解去[8]。

困 雷車不藏，隱隱西行。霖雨三旬，流爲河江，使國憂凶[9]。

---

① "狗"，津逮本作"不"，尚本作"犬"。"猛"，元本作"狼"。"戟"，津逮本作"獸"。"趨"，津逮本、尚本作"起"。

② "罡"，津逮本作"崗"，尚本作"岡"。"里"，津逮本、尚本作"路"。"成"，津逮本作"改"。

③ "君失邦國"，津逮本作"君先其固"。

④ "奸妖"，津逮本作"妒姝"。"罪人弗赦"，津逮本作"皇宥不赦"，尚本作"罪人不赦"。

⑤ "頓輈"，津逮本作"頓斬"。"宿"，尚本作"坐"。"禍"，津逮本作"福"。

⑥ "遂"，津逮本、尚本作"遠"。"使我和諧"，津逮本作"徒我相諧"。

⑦ "缺垎無埠"，津逮本作"缺將無憚"。

⑧ "狗"，尚本作"犬"。"祐"，津逮本、尚本作"佐"。"解"，津逮本、尚本作"歸"。

⑨ "國"，津逮本、尚本作"我"。

井　老河虛空,舊井無魚。利得不饒,避患東鄰。禍入我門,使我悔存①。

革　福德之士,歡悅日喜。夷吾相國,三歸爲臣,賞流子孫②。

鼎　清人高子,久屯外野。逍遥不歸,思我慈母。

震　驄驪黑騩,東歸高鄉。白虎推輪,蒼龍把衡。朱雀導引,虚烏載遊。逐扣天門,入見真君,馬安人全③。

艮　路多枳棘,步刺我足。不利旅客,爲心作毒④。

漸　端坐生患,憂來入門,使我不安⑤。

歸妹　小陬之市,利不足喜。二世積仁,蒙其祖先。匪躬之言,狂悖爲患。

豐　登高望時,見樂無憂。求利南國,與寶相得。

旅　疏足息肩,有所忌難。金城鐵廓,以銅爲關。藩屏自衛,安上無患⑥。

巽　江水沱汜,思附君子。伯仲受歸,不我肯顧,姪娣悔恨⑦。

---

①　“虛空”,津逮本、尚本作“空虛”。“禍入我門”,津逮本作“福來入門”,尚本作“禍來入門”。

②　“賞”,津逮本、尚本作“貴”。

③　“蒼”,元本作“倉”。“導”,元本作“道”。“虛烏”,津逮本、尚本作“靈烏”。“逐”,津逮本、尚本作“遠”。“馬安人全”,津逮本、尚本作“馬全人安”。

④　“步”,津逮本、尚本作“前”。

⑤　“坐”,津逮本作“作”。

⑥　“疏”,津逮本、尚本作“跛”。“廓”,元本、津逮本、尚本作“郭”,二字可通。“上”,尚本作“土”。

⑦　“水”,元本、尚本作“有”。“伯仲受歸”,津逮本作“伯仲處市”,尚本作“仲氏爰歸”。“悔恨”,津逮本作“恨悔”。

兌　牙蘖生達，陽倡於外。左手執籥，公言錫爵①。

渙　雲夢苑囿，萬物蕃熾。犀象玳瑁，荆人以富。

節　渠戎萬里，晝夜愁苦。橐甲戎服，雖荷不賊。鷹鸇之殘，害不能傷②。

中孚　鎡基逢時，稷契皋陶。貞良願得，微子解囚。市空無虎，謾誕妄語③。

小過　騎騅與蒼，南賈太行。逢駮猛虎，爲所吞殘，葬於渭陽④。

既濟　出門東行，日利時良。步騎與駟，經歷宗邦。暮宿北燕，與樂相逢⑤。

未濟　酒爲歡伯，除憂來樂。福善入門，與君相索，使我有得。

大壯之第三十四

大壯　左有噬熊，右有囓虎。前觸鐵矛，後躓強弩，無可抵者⑥。

---

①　“牙”，津逮本、尚本作“芽”。“倡”，津逮本作“唱”。

②　“戎服”，津逮本作“戍服”。“殘”，津逮本、尚本作“狹”。

③　此林辭津逮本作既濟林辭，元本、尚本及底本作中孚林辭。“願得”，津逮本、尚本作“得願”。“空”，津逮本、尚本作“恐”。“誕”，津逮本、尚本作“恐”。

④　“駮”，津逮本作“蛟”。“殘”，津逮本作“湌”。

⑤　此林辭津逮本作中孚林辭，元本、尚本及底本作既濟林辭。“時”，津逮本、尚本作“辰”。“經歷宗邦”，津逮本作“徑歷京邦”。

⑥　“熊”，元本作“羆”。

乾　金齒鐵牙，壽考宜家，年歲有儲。貪利者得，離其咎憂①。

坤　家給人足，頌聲並作。四夷賓服，干戈囊閣②。

屯　獼猴冠帶，盜載非位。衆犬嘈吠，狂走厥足③。

蒙　心患其身，不念安存。忠臣孝子，爲國除患。

需　君不明德，臣亂爲惑。丞相命馬，胡亥失所④。

訟　東行西窮，南北無功。張伯賣鹿，從者失羊⑤。

師　鹿下西山，欲歸其羣。逢羿箭鋒，死於矢端⑥。

比　明夷兆初，三日爲災。以讒後歸，名曰豎牛。剝亂叔孫，餒卒虛丘⑦。

小畜　秦失嘉居，河伯爲怪。還其御璧，神怒不祐。織組無文，燒香弗芬⑧。

履　德至之君，禍不過鄰。使我世存，身無患災⑨。

泰　衆惡之堂，相聚爲殃。出毒良人，使道不通⑩。

否　三痴六狂，欲之平鄉。迷惑失道，不知昏明。

同人　老弱無子，不能自理。郭氏雖憂，終不離咎。管子治

---

①　"離"，津逮本作"有"，按尚注謂：乾爲吉慶，故離咎憂。則尚氏詁離爲去，似誤，竊謂離，遇也，遇咎即有咎也，故與津逮本作"有"義同，此林有咎與前壽考意反也。

②　"囊"，津逮本、尚本作"橐"。

③　"嘈"，津逮本作"持"。"厥"，津逮本、尚本作"蹶"。

④　"馬"，津逮本作"駕"。

⑤　"賣"，津逮本作"買"。

⑥　"歸"，津逮本作"保"。"箭鋒"，元本、尚本作"鋒箭"。"死"，元本作"無"。

⑦　"明夷"，津逮本作"夷明"。"日"，津逮本作"旦"。"後"，津逮本、尚本作"復"。"餒"，元本作"餧"。

⑧　"御"，津逮本、尚本作"衛"。"弗"，津逮本、尚本作"不"。

⑨　"德至"，津逮本、尚本作"至德"。

⑩　"出"，津逮本、尚本作"幽"。

國，侯伯之服。乘輿八百，尊祀祖德①。

大有 褒后生蛇，經老皆微。追跌衰光，酒滅黃離②。

謙 驄驪黑鬣，東歸高鄉。白虎推輪，蒼龍把衡。遂至夷傷，不離咎殃③。

豫 信譖龍且，塞水上流。半涉決囊，楚師覆凶④。

隨 有莘季女，爲王妃后。貴夫壽子，母字四海⑤。

蠱 德被八表，蠻夷率服。蟊賊不作，道無苛慝。

臨 載日精光，驂駕六龍。禄命徹天，封爲燕王。

觀 縲急縮頸，行不得前。五石示象，襄霸不成⑥。

噬嗑 蛇失其公，載麻當喪。哀悲哭泣，送死離鄉⑦。

賁 回隤不安，兵革爲患。掠我妻子，客屬飢寒⑧。

剥 乘風雨橋，與鳥飛俱。一舉千里，見吾愛母⑨。

復 雷霆所擊，誅者五逆。磨滅無迹，有懼方息。

无妄 張氏揖酒，請謁左右。平叔枯槁，獨不蒙所⑩。王一作平。

大畜 坐爭立訟，紛紛匈匈。卒成禍亂，災及家公。

---

① "之"，津逮本、尚本作"來"。

② "經老皆微"，津逮本作"經孝曰微"，尚本作"經老曰微"。"追跌衰光"，津逮本作"追跌衰耄"，尚本作"退跌衰耄"。

③ "驄驪黑鬣"，津逮本作"聰驪黑髯"。"高"，津逮本作"南"。"遂"，元本作"逐"。

④ "涉"，津逮本、尚本作"渡"。"凶"，津逮本、尚本作"亡"。

⑤ "字"，津逮本作"尊"。

⑥ "霸"，津逮本作"伯"，二字古通。"不"，元本作"弗"。

⑦ "蛇失其公"，津逮本作"蛇鄉其穴"。"載"，尚本作"戴"。

⑧ "回"，津逮本作"四"。"屬"，津逮本、尚本作"屢"。

⑨ "雨橋"，津逮本作"禹橋"，尚本作"駕雨"。"鳥飛"，津逮本、尚本作"飛鳥"。

⑩ "平叔"，底本作"王叔"，津逮本作"王時"，據尚本及底本注改。

頤　霜降閉户，蟄蟲隱處。不見日月，與死爲伍①。

大過　鼠聚生怪，爲我患悔。道絶不通，商旅失意。

坎　寒暑不當，軌度失常。一前一後，年歲鮮有。

離　築室水上，危於一齒。丑寅不徙，辰卯有咎②。

咸　畜雞養狗，長息有儲。耕田得黍，王母喜舞③。

恒　東壁餘光，數暗不明。主母嫉妬，亂我業事④。

遯　剛柔相傷，火爛銷金。鶡鷹制兔，伐楚有功。

晉　鄭國讒多，數被楚憂。商人愁苦，民困無聊⑤。一本云：三豕俱走，鬮於虎口。白豕不勝，死於坎下。

明夷　弓矢其張，把彈弦折。丸發不至，道過害患⑥。

家人　舉觴飲酒，未得至口。側弁醉酗，拔劍相怒，武侯作悔⑦。

睽　蒼鷹羣行，相得旅前。王孫申公，驚奪我雄。北天門開，神火飛災。如不敬信，事入塵埃⑧。

蹇　穿空相宜，利倍我北。循邪詭道，逃不可得。南北望邑，遂歸入室⑨。

解　壽如松喬，與日月俱。常安康樂，不離禍憂⑩。

損　出門望東，伯仲不來。疾病爲患，使母憂歎。

---

① “閉”，津逮本作“門”。
② “卯”，尚本作“巳”。
③ “王”，津逮本、尚本作“主”。
④ “業事”，津逮本作“事業”。
⑤ “商人”，津逮本、尚本作“征夫”。
⑥ “其”，津逮本、尚本作“斯”。“過”，津逮本、尚本作“遇”。
⑦ “弁”，津逮本作“棄”。“相”，津逮本、尚本作“斫”。
⑧ 此林辭底本及元本缺，據津逮本、學津本、尚本補。
⑨ “空”，津逮本、尚本作“屋”。“逃”，津逮本作“迎”。
⑩ “離”，津逮本、尚本作“罹”，二字可通。

益　太姒之孫,周文九子。咸遂受成,寵貴富有①。

夬　桃李花實,累累日息。長大成熟,甘美可食,爲我利福②。

姤　婚禮不明,男女失常。行露反言,出争我訟③。

萃　空穿漏敝,破柝殘缺。陰弗能完,瓦碎不全④。

升　數窮廓落,困於歷室。往登玉堂,與堯侑食⑤。

困　道溼爲坑,輪陷躓彊。南國作譁,使我多畏⑥。

井　鰥寡孤獨,福禄苦薄。入室無妻,武子哀悲。

革　舉袂覆目,不見日月。衣衾杖机,就其夜室⑦。

鼎　長尾踐虵,畫地爲河,深不可涉。絶無以北,惆然憤息⑧。

震　晨風文翰,大舉就温。昧過我邑,羿無所得⑨。

艮　出入節時,南北無憂。行者亟至,在外歸來⑩。

漸　陽氏狂惑,季孫亂憒。陪臣執政,平子拘折,我心不快⑪。

歸妹　五烏六鷗,相對蹲跂。禮讓不興,虞芮争訟⑫。

<hr>

① “姒”,津逮本作“姬”。
② “花”,元本、尚本作“華”。“累累”,津逮本、尚本作“纍纍”。
③ “婚”,元本、尚本作“昏”。“露反”,津逮本作“路有”。
④ “空”,尚本作“室”。
⑤ “歷”,津逮本作“曆”。“堯”,津逮本作“老”。
⑥ “輪”,底本作“轉”,據元本、津逮本、尚本改。“彊”,元本、尚本作“僵”。
⑦ “袂”,元本作“被”。“机”,津逮本作“几”。
⑧ “虵”,津逮本、尚本作“跎”。“絶無以北”,津逮本作“絶世之比”。“惆”,津逮本、尚本作“憫”。
⑨ “大”,津逮本作“火”。
⑩ “行者亟至”,津逮本作“亟行所逐”。“歸來”,津逮本、尚本作“來歸”。
⑪ “憒”,津逮本作“潰”。“拘”,津逮本作“俱”。“我”,津逮本作“季”。
⑫ “烏”,津逮本作“鳥”。

豊　顧念所生,隔在東平。遭離滿沸,河川決潰。幸得無恙,復歸相室①。

旅　追獵東走,兔逃我後。吾銳不利,獨空無有。

巽　犬吠非主,上下膠擾。敵人襲戰,閔王逃走②。

兌　嵩高岱宗,峻直且神。觸石膚寸,千里蒙恩。

渙　陳魚觀社,佷荒踰矩。爲民開緒,亡其祖考③。

節　四壁無户,三步一止。東西南北,利不可得。

中孚　求君衣裳,情不可當。觸諱西行,爲伯生殃。君之上歡,得其安存④。

小過　春鴻飛東,以馬貿金,利可得深⑤。

既濟　禾生蟲蠹,還自剋賊,使我無得。

未濟　桀亂無道,民散不聚。倍室棄家,逃遁出走⑥。

晉之第三十五

晉　銷鋒鑄耜,休牛放馬。甲兵解散,夫婦相保。

乾　一衣三冠,無所加元。衣服不來,爲我災患⑦。

坤　百足俱行,相輔爲强。三聖翼事,王室寵光。

---

① "顧",津逮本作"願"。"復歸相室",津逮本作"復生歸室"。

② "膠",津逮本作"渾"。

③ "佷荒踰矩",津逮本作"狼虎逾距"。

④ "歡",津逮本作"安"。"其",津逮本作"生"。

⑤ "貿",津逮本作"貨"。

⑥ "倍",津逮本、尚本作"背"。"棄",津逮本作"之"。"逃遁",津逮本、尚本作"遁逃"。

⑦ "無所加元",津逮本、尚本作"冠無所絆"。"衣服不來",津逮本作"衣服不成",尚本作"元服不成"。"我",津逮本、尚本作"身"。

屯 魚蛇之怪，大人憂懼。梁君好城，失其安居。

蒙 少無強輔，長不見母。勞心遠思，自傷憂苦。

需 前涉溽暑，解不可取。離河三里，敗我利市。老牛病馬，去之何悔①。

訟 君明有德，登天大祿。布政施惠，以感恩福。中子南遊，翱翔未復②。

師 曉然唯諾，敬上尊客。執恭除患，禦侮致福③。

比 黍稷禾稻，垂秀方造。中旱不雨，傷風病藁。

小畜 三贏六罷，不能越跪。東賈失馬，往反勞苦④。

履 倚立相望，引衣欲莊。陰雲蔽日，暴雨祈集。使道不通，阻我歡會⑤。

泰 高腳疾步，受肩善趨。日走千里，賈市有得⑥。

否 北風寒涼，雨雪益冰。憂思不樂，哀悲傷心⑦。

同人 貞鳥鳴鳩，執一無尤。寢門治理，君子悅喜⑧。

大有 蓼蕭露瀼，君子龍光。鳴鸞雍和，福祿來同⑨。

謙 南行求福，與喜相得。封受上賞，鼎足輔國⑩。

---

① "涉"，津逮本作"不"。"河三"，津逮本、尚本作"門二"。
② "感"，津逮本、尚本作"成"。
③ "曉"，津逮本作"堯"。
④ "贏"，底本作"贏"，據元本、津逮本、尚本改。
⑤ "莊"，津逮本、尚本作"裝"。"祈"，元本作"所"，津逮本、尚本作"降"。"使道不通，阻我歡會"，底本作"降我歡會，使道不通"，據津逮本、尚本改。
⑥ "善"，津逮本作"喜"。
⑦ "益"，津逮本作"盈"。
⑧ "鳴"，津逮本、尚本作"睢"。
⑨ "龍"，津逮本作"寵"。"雍和"，津逮本、尚本作"嗺嗺"。
⑩ "封受"，津逮本作"受封"。

豫　桑葉腐蠹，衣弊如絡。女功不成，絲布爲玉①。

隨　左孫陽，右王良，心歡喜，利從己②。

蠱　壽考不忘，駕驊東行。之適陳宋，南賈楚荆。得利息長，旅自多罷，畏晝喜夜③。

臨　羔羊皮弁，君子朝服。輔政扶德，以合萬福④。

觀　鸇鳩徙巢，西至平州。遭逢雷電，破我葦蘆。室家飢寒，思吾故初⑤。

噬嗑　大尾小頭，重不可搖。上弱下強，陰制其雄。

賁　疏足息肩，有所忌難。金城銅郭，以鐵爲關。藩屏自衛，安止無患⑥。

剥　天命玄鳥，下生大商。造定四表，享國久長⑦。

復　賦斂重數，政爲民賊。杼軸空虛，家去其室⑧。

无妄　陰陽隔塞，許嫁不答。宛丘新臺，悔往歎息。

大畜　願望登虛，意常欲逃。賈辛醜惡，妻不安夫⑨。

頤　跛行竊視，有所畏避。蔽目伏藏，以夜爲利⑩。

大過　信敏恭謙，敬鬼尊神。五嶽四瀆，克厭帝心，受福宜年。

---

① “葉”，底本作“華”，據尚本改。“弊”，學津本、尚本作“敝”。

② “孫陽”，底本作“服易”，據孫詒讓《札迻》改。“喜”，底本作“嘉”，據津逮本、尚本改。

③ “驊”，津逮本、尚本作“驪”。“之”，津逮本、尚本作“三”。“自”，津逮本、尚本作“身”。

④ “弁”，尚本作“革”。“福”，津逮本、尚本作“國”。

⑤ “我”，津逮本作“全”。“蘆”，元本、尚本作“廬”。

⑥ “藩”，元本作“蕃”。“止”，津逮本作“心”。

⑦ “大”，元本作“太”。

⑧ “軸”，尚本作“柚”。“家”，津逮本、尚本作“我”。

⑨ “願”，元本作“顧”。

⑩ “跛”，津逮本作“跰”。

坎 懸懸南海，去家萬里。飛兔腰裏，一日見母，除我憂悔[1]。

離 雖污不辱，因何洗足。童子褰衣，五步平復[2]。

咸 宮城立見，衣就袂裙。恭謙自衛，終無禍尤[3]。

恒 敝筍在梁，不能得魚。望貧千里，所至空虛[4]。

遯 千里騹駒，爲王服車。嘉其驪榮，君子有成。

大壯 鼎足承德，嘉謀生福。爲王開庭，得心所欲。

明夷 右手無合，獨折左指。禹湯失佐，事功弗立[5]。

家人 憂凶憎累，患近不解。心意西東，事無成功[6]。

睽 東行食榆，困於枯株。失妻無家，志窮爲憂[7]。

蹇 五經六紀，仁道所在。正月繁霜，獨不離咎。離當作罹。

解 解緩不前，惛怠失便。二至之戒，家無禍凶。刻水象形，聞言不信[8]。

損 仁愛篤厚，不以所忿，害其所子。從我舊都，日益富有[9]。

益 缺破不成，胎卵未生，弗見兆形。

夬 摧角不傷，雖折復長。秉德無騫，老賴榮光[10]。

---

① "腰"，元本作"䐛"。

② "洗"，津逮本、尚本作"跣"。"步"，底本作"年"，據津逮本、尚本改。

③ "裙"，津逮本、尚本作"裾"。

④ "敝"，元本作"弊"，津逮本作"蔽"。"貧"，津逮本、尚本作"食"。

⑤ "佐"，津逮本作"位"。"弗"，尚本作"不"。

⑥ "憎"，津逮本、尚本作"增"。"心意西東"，津逮本作"心西意東"。

⑦ "失"，津逮本、尚本作"夫"。

⑧ "解"，元本、津逮本、尚本作"懈"。"惛怠"，津逮本、尚本作"怠惰"。"戒"，底本作"戎"，據津逮本、尚本改。"水"，元本、尚本作"木"。

⑨ "從"，津逮本作"徙"。

⑩ "騫"，津逮本、尚本作"愆"。

姤　乘枰渡海，免脱厄中，雖困无咎①。

萃　孔鸞鴛雛，鳲鵝鶼鴣，翺翔紫淵。嘉禾之圃，君子以娱②。

升　甘露温潤，衆來得願。樂易君子，不逢禍亂③。

困　東騎墮落，千里獨宿。高岸爲谷，陽失其室。

井　八才既登，以成善功。庬降庭堅，國無憂凶④。

革　邯鄲反言，父兄生患。竟涉憂恨，卒死不還。

鼎　玉銑鐵頤，倉庫空虚。賈市無盈，與利爲仇⑤。

震　白鳥銜餌，鳴呼其子。施技張翅，來從其母⑥。

艮　學靈三年，聖且明神。先見善祥，嘉吉福慶。鵠鵠知來，告我无咎⑦。

漸　雲孽蒸起，失其道理。傷害年穀，神君之精⑧。

歸妹　春耕有息，秋入利福。獻豻大㺢，以樂成功。<small>大疑當作私。</small>

豐　羸豕躑躅，虎入都邑。遮遏左右，國門救至⑨。<small>一作救急。</small>

旅　東行西維，南北善迷。逐旅失羣，亡我襦衣。

---

①　"渡"，津逯本、尚本作"浮"。"咎"，津逯本、尚本作"凶"。

②　"鳲鵝"，津逯本作"鴉鵝"，尚本作"鳲鵝"。"禾"，元本作"木"。"圃"，津逯本作"國"。"娱"，津逯本作"説"。

③　"甘露温潤，衆來得願"，底本作"衆來得願，甘露温潤"，據津逯本、尚本改。

④　"善"，津逯本、尚本作"嘉"。"庬"，津逯本、尚本作"龙"。"憂"，津逯本、尚本作"災"。

⑤　"玉銑"，底本作"五鋭"，據尚本改。

⑥　"施技"，津逯本作"施枝"，尚本作"旋枝"。

⑦　"明神"，津逯本、尚本作"神明"。"嘉吉"，津逯本作"吉盛"。"鵠鵠知來"，底本作"餌吉知來"，津逯本作"神馬來見"，據尚本改。

⑧　"蒸"，元本作"烝"。"理"，顧千里、尚秉和謂當作"里"。"之精"，津逯本、尚本作"乏祀"。

⑨　"入"，津逯本作"來"。"至"，津逯本、尚本作"急"。

巽　居室之倫，夫婦和親。小人乘車，碩果失豢①。

兌　東方孟春，乘冰戴盆。懼危不安，終失所歡②。

渙　風吹塵起，十里無所。南國年傷，不可安處③。

節　重載傷車，婦失無夫。三十不室，獨坐空廬④。

中孚　敗牛羸馬，與利爲市，不我嘉喜⑤。

小過　日出阜東，山蔽其明。章甫薦屨，箕子佯狂⑥。

既濟　出入門所，與道開通。杞梁之信，不失日中。少季渡江，來歸其邦，疾病危亡⑦。

未濟　邑兵衛師，如轉蓬時，居之危凶⑧。

明夷之第三十六

明夷　他山之儲，與璆爲仇。來攻吾城，傷我肌膚，邦家騷憂⑨。

乾　踐履寒冰，十步九尋。雖有苦痛，不爲憂病⑩。

坤　太公避紂，七十隱處。卒逢聖文，爲王室輔⑪。

---

① “小人乘車，碩果失豢”，津逮本作“小人乘車，車在夫家，碩果失豢，不知孰是”。

② “失”，底本作“身”，據尚本改。

③ “里”，津逮本作“地”。

④ “失”，津逮本、尚本作“女”。

⑤ “敗”，元本作“販”。

⑥ “日”，津逮本、尚本作“月”，以“日”喻君，作“月”疑誤。“薦屨”，津逮本作“憂僂”。“甫”，元本、津逮本作“父”。

⑦ “開通”，元本作“開道”。

⑧ “兵”，津逮本、尚本作“居”。“危凶”，津逮本、尚本作“凶危”。

⑨ “儲”，津逮本、尚本作“錯”。

⑩ “雖”，津逮本作“惟”。“憂病”，津逮本作“病憂”。

⑪ “避”，元本作“辟”。“逢”，元本作“遭”。

屯　日月之塗，所行必到，無有患悔。

蒙　諷德訟功，美周盛隆。旦輔成周，光濟沖人①。

需　童子無室，未有配合，空坐獨宿②。

訟　穿鼻繫株，爲虎所拘。王母祝祠，禍不成災，遂然脫來③。

師　黃帝神明，八子聖聰。佚受大福，天下平康。

比　深谷爲陵，衰者復興。亂傾之國，民得安息。中婦病困，遂入冥室④。

小畜　道遠遼絕，路宿多悔。頑囂相聚，生我畏惡⑤。

履　旦樹菽豆，暮成藿羹。心之所樂，志快心歡。

泰　切切之患，凶憂不成。虎不敢齝，利當我身⑥。切切疑作忉忉。

否　王伯遠宿，長婦在室。異袍恃食，所求不得⑦。

同人　寒燠失時，陽旱爲災，雖耗無憂。

大有　雖窮復通，履危不凶，保其明功⑧。

謙　狼虎所宅，不可以居，爲我患憂。

---

① “美周”，津逮本、尚本作“美風”。
② “子”，底本作“女”，據津逮本、尚本改，按《左傳》桓公十八年：女有家，男有室，無相瀆也，謂之有禮。
③ “祠”，津逮本、尚本作“詞”。“遂然脫來”，津逮本作“逐然脫來”，尚本作“惠然肯來”。
④ “得”，津逮本作“德”。
⑤ “惡”，津逮本、尚本作“忌”。
⑥ “成”，元本作“存”。“齝”，津逮本、尚本作“嚙”。
⑦ “袍恃”，津逮本、尚本作“庖待”。
⑧ “保”，津逮本、尚本作“得”。

豫　喋囁處耀，昧冥相傳。多言少實，語無成事①。

隨　履冰蹈凌，雖困不窮。播雀登巖，卒無憂凶②。

蠱　文文墨墨，憂禍相雜。南北失志，東西不得③。

臨　爭訟不已，更相談詢。張季弱口，被髮北走④。

觀　德積逢時，宜其美才。相明輔聖，拜受福休。長女不嫁，後爲大悔。

噬嗑　江水沱汜，思附君子。伯仲爰歸，不我肯顧，姪娣恨悔⑤。

賁　光禮春成，陳寶雞鳴。陽明失道，不能自守，消亡爲咎⑥。

剝　驚虎無患，虞爲我言，賴得以安。

復　僞言妄語，轉相詿誤，不知狼處⑦。

无妄　履悖自敵，凶憂來到，痛不能笑⑧。

大畜　牽尾不前，逆理失臣，惠朔以奔。

頤　三狸搏鼠，遮遏前後。死於環城，不得脱走⑨。

大過　言笑未卒，憂來暴卒。身墨丹索，檻囚裝束⑩。

----

① “處耀”，元本作“處曜”，尚本作“噱囄”。“昧冥”，津逮本作“明昧”。“傳”，尚本作“搏”。

② “雀”，津逮本、尚本作“鼓”。

③ “文文墨墨”，津逮本作“文墨且墨”。“憂禍”，津逮本作“禍福”。

④ “詢”，津逮本作“詢”。“口”，底本作“日”，據津逮本、尚本改。

⑤ “伯仲”，津逮本作“仲伯”，尚本作“仲氏”。

⑥ “禮”，尚本作“祀”。“寶”，津逮本作“室”。“陽”，津逮本作“師”。

⑦ “僞”，津逮本作“譌”。“相”，津逮本作“爲”。

⑧ “悖”，尚本作“隙”。“能笑”，津逮本作“死哭”。

⑨ “搏”，津逮本、尚本作“捕”。“前”，津逮本作“我”。

⑩ “卒”，津逮本、尚本作“畢”。“身墨丹索”，尚本作“身加檻纜”。“檻囚裝束”，津逮本作“檻内裝米”，尚本作“囚繫縛束”。

坎　陰積不已，雲作淫雨。傷害平陸，民無室屋。

離　山林麓藪，非人所處。鳥獸無禮，使我心苦。

咸　新作初陵，踚蹈難登。三駒推車，跌頓傷頤①。

恒　魂微惙惙，行繽聽絶。曠然大通，復更生活②。

遯　欒子作殃，伯氏誅傷。州犁奔楚，去其邑鄉③。

大壯　驕胡犬形，造惡作凶。無所能成，還自滅身④。

晉　陳辭達城，使安不傾。增榮益譽，以成功名⑤。

家人　三杞無棗，家無積莠。使鳩求婦，頑不我許。

睽　慎禍重病，顔子爲友，乃能安存。牢户繫羊，乃能受慶⑥。

蹇　鹿得美草，鳴呼其友。九族和穆，不憂飢乏⑦。

解　亡玉失鹿，不知所伏。利以避危，全我生福。甘雨時降，年歲有得⑧。

損　逢時得當，身受福慶⑨。

益　鵠思其雄，欲隨鳳東。順理羽翼，出次須日。中留北邑，復反其室⑩。

---

①　“蹈”，津逮本作“陷”。“頓”，津逮本作“損”。
②　“行”，津逮本、尚本作“屬”。“曠”，津逮本、尚本作“擴”。
③　“楚”，元本作“荆”。
④　“驕胡犬形”，津逮本作“高明大彤”，尚本作“驕胡大彤”。
⑤　“城”，津逮本、尚本作“情”。
⑥　“病”，津逮本、尚本作“患”。“慶”，津逮本、尚本作“福”。“友”，津逮本作“尤”。
⑦　“呼”，津逮本作“唤”。“穆”，津逮本、尚本作“睦”。
⑧　“歲”，學津本、尚本作“穀”。
⑨　“得當”，津逮本、尚本作“積德”。
⑩　“須日”，津逮本作“日中”。“中”，津逮本作“須”。

夬　環堵倚鉏，升升屬口。貧賤所處，心寒悲苦①。

姤　孤獨特處，莫依爲輔，心勞志苦。

萃　稷爲堯使，西見王母。拜請百福，賜我喜子，長樂富有。

升　鳴條之災，北奔犬胡。左袵爲長，國號匈奴。王君旄頭，立尊單于②。

困　絕而復通，雖危不窮。終得其願，姬姜相從③。

井　陽并悖狂，拔劍自傷，爲身坐殃④。

革　方圓不同，剛柔異鄉。掘井得石，勞而無功。

鼎　乘風雨會，與飛鳥俱。動舉千里，見我愛母⑤。

震　三塗五嶽，陽城太室。神明所扶，獨無兵革。

艮　鴟鴉取婦，深目窈身。折腰不媚，與伯相背⑥。

漸　轉行軌軌，行近不遠。旦夕入門，與君笑言。

歸妹　求利離國，逃去我北。復歸其城，不爲吾賊⑦。離疑當作離。

豐　日月之途，所行必到。無凶无咎，安寧不殆。

旅　管仲遇桓，得其願歡。膠目啓牢，振冠無憂。笑戲不止，空言妄行⑧。豐之困。

巽　出入蹈踐，動順天時。俯仰有節，禍災不來。

---

① "堵"，津逮本作"緒"。"升升"，津逮本、尚本作"斗升"。"悲"，底本作"昨"，據津逮本、尚本改。

② "災"，底本作"郊"，據津逮本、尚本改。"王"，津逮本、尚本作"主"。"尊"，津逮本、尚本作"爲"。

③ "危"，底本作"達"，據津逮本、尚本改。

④ "坐"，津逮本、尚本作"生"。

⑤ "雨會"，津逮本、尚本作"駕雨"。"飛"，津逮本、尚本作"鳴"。

⑥ "取"，津逮本、尚本作"娶"。"背"，津逮本作"悖"。

⑦ "離"，底本作"難"，據津逮本及底本注、尚本改。

⑧ "啓牢"，津逮本作"殺紏"。"笑戲不止"，津逮本、尚本作"笑喜不莊"。

兌　内崩傷中，上亂無恒。雖有美粟，我不得食①。

渙　逐禍除患，道德神仙。遏惡萬里，福常在前，身樂以安②。

節　牛驚馬走，上下渾擾。鼓音不絕，頃公奔敗。

中孚　西上九阪，往來留連。止須時日，虛與有德③。

小過　虎怒捕羊，猾不能攘。

既濟　湧泉滈滈，南流不絕。卒爲江海，敗壞邑里，家無所處。將帥襲戰，獲其醜虜④。

未濟　桃弓葦戟，除殘去惡，敵人執服。

---

① “傷中”，津逮本、尚本作“中傷”。“恒”，津逮本、尚本作“常”。“美”，津逮本作“米”。

② “遏”，津逮本作“過”。

③ “阪”，底本作“陂”，據元本、尚本改。“止”，津逮本作“心”。“虛”，津逮本作“靈”。“德”，元本、尚本作“得”。

④ “滈滈”，津逮本、尚本作“涓涓”。“敗壞邑里，家無所處”，津逮本無。“敗壞”，元本、尚本作“壞敗”。“帥”，尚本作“師”。

焦氏易林卷第十

家人之第三十七

家人 天命赤烏，與君徼期。征伐無道，誅其君傲，居止何憂①。

乾 千歲槐根，身多斧瘢。傷癰擣理，枝葉不出②。

坤 嗲嗲諤諤，虎豹相齟。懼畏悚息，終無難惡③。

屯 娶於姜呂，駕迎新婦。少齊在門，夫子歡喜。

蒙 膏壤肥澤，民人孔樂。宜利居止，長安富有④。

需 主有聖德，上配大極。皇靈建中，授我以福⑤。

訟 耄老蒙鈍，不見東西。少者弗慕，君不與謀。懸輿致仕，退歸里居。

師 三狂北行，道逢大狼。暮宿患澤，爲禍堪傷⑥。

比 更旦初歲，振除禍敗。新衣元服，拜受利福。

小畜 杲杲白日，爲月所食。損上毀下，鄭昭出走。

---

① "天"，津逯本作"王"。"與君"，元本、尚本作"與兵"。

② "瘢"，津逯本作"痕"。"傷癰擣理"，津逯本、尚本作"傷夷倒掘"。"出"，津逯本、尚本作"存"。

③ "懼畏"，津逯本、尚本作"畏懼"。

④ "膏"，津逯本作"高"。"富有"，津逯本作"有福"。

⑤ "主"，元本作"生"。"大"，津逯本、尚本作"太"。

⑥ "澤"，津逯本、尚本作"宅"。"堪"，津逯本作"所"。

　履　君子失意，小人得志。亂擾並作，姦邪充塞。雖有百堯，顛不可救①。

　泰　仁德履洽，恩及異域，澤被殊方。福慶隱伏，作蠶不織，寒無所得②。

　否　東求金玉，反得弊石。名曰無宜，字曰醜惡，眾所賤薄。

同人　擊鼓合戰，士怯叛亡。威令不行，敗我成功。

大有　仲春孟夏，和氣所舍。生我嘉福，國無殘賊。

　謙　尹氏伯奇，父子生離。無罪被辜，長舌為災③。

　豫　三穀不熟，民苦困極。駕之新邑，嘉樂有德④。

　隨　登虛望貧，暮食無飡。長子南戌，與我生分⑤。

　蠱　東市齊魯，南賈荊楚。羽毛齒革，為吾利寶。

　臨　節情省欲，賦斂有度。家給人足，公劉以富。

　觀　恭寬信敏，功加四海。辟去不祥，喜來從母。

噬嗑　張狂妄作，與惡相逢。不得所欲，生我獨凶⑥。

　賁　畫龍頭頸，文章不成。甘言美語，詭辭無名。

　剝　騎龍乘風，上見神公。彭祖受刺，王喬讚通。巫咸就位，拜壽無窮⑦。

　復　温仁君子，忠孝所在。八國為鄰，禍災不處⑧。

---

① “擾”，津逮本作“憂”。
② “履”，津逮本作“優”，尚本作“利”。
③ “生”，津逮本作“相”。
④ “三”，津逮本、尚本作“五”。“民苦困極”，津逮本作“困民惡極”，元本、尚本作“民苦困急”。“樂”，津逮本作“禾”。“德”，津逮本、尚本作“得”。
⑤ “飡”，元本、津逮本作“殯”。
⑥ “作”，津逮本、尚本作“行”。
⑦ “風”，津逮本作“鳳”。“刺”，津逮本作“制”。“讚”，津逮本作“贊”。
⑧ “處”，津逮本作“起”。

无妄 威權分離，烏夜徘徊。羣蔽月光，大人誅傷①。

大畜 學靈三年，聖且明神。先知善祥，吉喜福慶。神烏來見，告我無憂②。

頤 東山家辭，處婦思夫。伊威盈室，長股贏戶。歎我君子，役日未已③。

大過 張頷開口，舌直距齒。然諾不行，政亂無緒④。

坎 吹角高邦，有夫失羊，衆民驚惶。警慎避咎，勑不行殃⑤。

離 南行出城，世得福祉。王姬歸齊，賴其所欲⑥。

咸 心狂老悖，視聽聳類。政令無常，下民多孽⑦。

恒 安上宜官，一日九遷。踰羣超等，牧養恒山⑧。

遯 東鄰嫁女，爲王妃后。莊公築館，以尊王母。歸於京師，季姜悦喜⑨。

大壯 六甲無子，己喪其戊。五丁不親，庚失曾孫，癸走出門⑩。

---

① "月"，底本作"目"，據津逮本、尚本改。

② "聖且明神，先知善祥"，津逮本作"聖且神明，先知吉祥"，尚本作"仁聖且神，明見善祥"。"吉"，津逮本作"言"。"神烏來見"，津逮本作"神鳥來見"，尚本作"鴉鵠知來"。"憂"，津逮本作"窮"。

③ "家辭"，津逮本、尚本作"辭家"。

④ "直距"，津逮本作"宜絶"。

⑤ "有夫失羊"，津逮本、尚本作"有失牛羊"。"警"，津逮本、尚本作"敬"。"勑不行殃"，津逮本作"敕行不殃"。

⑥ "得"，津逮本作"德"。"歸"，津逮本作"嫁"。

⑦ "老"，津逮本、尚本作"志"。"視聽聳類"，津逮本作"耳聽從類"。"多"，津逮本作"食"。

⑧ "超"，津逮本、尚本作"越"。"恒"，津逮本、尚本作"常"。

⑨ "以尊王母"，津逮本作"以事主母"。

⑩ "己"，津逮本、尚本作"以"。

晉　陰霧不清，濁政亂民。孟秋季夏，水壞我居。

明夷　騎豚逐羊，不見所望。經涉虎廬，亡身失羔[1]。

睽　安牀厚褥，不歸久宿。棄我喜宴，困於南國。投杼之憂，弗成禍災[2]。

蹇　五方四維，平安不危。利以居止，保有玉女[3]。

解　西賈巴蜀，寒雪至轂。欲前不得，復反其室[4]。

損　剛柔相呼，二姓爲家。霜降既同，惠我以仁。

益　天馬五道，炎火分處。往來上下，住又駒亡。衣柔巾麻，相隨哭歌，凶惡如何[5]。

夬　出門懷憂，東上禍丘。與凶相遇，自爲災患。

姤　西行求玉，冀得隋璞。反見凶惡，使我驚惑。

萃　出門无妄，動作失利。銜憂懷禍，使我多悴[6]。門一作入，至一作妄。

升　高樓無柱，顛僵不久。紂失三仁，身死牧野。

困　避禍逃殃，身全不傷。高貴疾顛，華落墮凶[7]。

井　張牙反目，怒齗作怒。狂馬撓犬，道驚傷軫[8]。

---

① “騎豚”，津逮本作“騎肫”。“經”，津逮本、尚本作“徑”。“亡身”，尚本作“亡豚”。“羔”，津逮本、尚本作“羊”。

② “歸”，津逮本、尚本作“得”。“宴”，元本作“讌”，津逮本、尚本作“晏”。“弗”，津逮本、尚本作“不”。

③ “方”，津逮本作“日”。“平安”，津逮本、尚本作“安平”。

④ “復反”，津逮本作“反復”。

⑤ “炎火”，津逮本作“夾大”。“住又駒亡，衣柔巾麻”，津逮本、尚本無。

⑥ “門”，元本、尚本作“入”。“妄”，津逮本作“至”。按，底本正文之“妄”與其注“至一作妄”二者必有一誤，或改其正文之“妄”爲“至”，或改其注爲“妄一作至”。

⑦ “全”，底本作“外”，據津逮本、尚本改。“貴”，尚本作“位”。“墮凶”，津逮本、尚本作“墜亡”。

⑧ “作”，津逮本作“忿”。“撓”，底本作“燒”，據津逮本、尚本改。

革　泉涸龍憂，箕子爲奴。干叔隕命，殷破其家。

鼎　向食飲酒，嘉賓聚會。牂羊大猪，君子饒有①。

震　黄牛驛犢，東行折角。冀得百牂，反亡我囊②。

艮　路多枳棘，步刺我足。不利旅客，爲心作毒。

漸　執斧破薪，使媒求婦。和合二姓，親御斯酒。居比鄰里，姑公悦喜③。

歸妹　駕車出門，順時宜西。福佑我身，安寧無患④。

豐　日新東從，魁杓爲禍。僕臺爲秦，使我久坐⑤。

旅　山陵丘墓，魂魄室屋。精光竭盡，長臥無覺⑥。

巽　孩子貪餌，爲利所悦。探把釜甑，爛其臂手⑦。

兑　何材待時，閉户獨愁。蚯蚓冬行，解我無憂。桑蠶不得，女功弗成⑧。

涣　解商驚惶，散我衣裳，君不安邦⑨。

節　害政養賊，背主入愆。跛行不安，國危爲患⑩。

中孚　禍走患伏，喜爲我福。凶惡消亡，災害不作⑪。

---

①　"聚會"，津逮本作"會聚"。"大"，津逮本作"犬"。

②　"牂"，津逮本、尚本作"祥"。

③　"斯"，尚本作"飲"。"居比"，津逮本、尚本作"召彼"。"姑公"，津逮本、尚本作"公姑"。

④　"順"，津逮本作"顯"。"佑"，元本、津逮本、尚本作"祐"。

⑤　"從"，津逮本、尚本作"升"。"僕"，津逮本作"漢"。

⑥　"魄"，津逮本作"空"。

⑦　"貪"，津逮本作"含"。"悦"，元本、尚本作"説"。"探把釜甑"，津逮本、尚本作"探釜把甑"。"臂手"，津逮本作"手臂"。

⑧　"閉"，津逮本作"門"。"愁"，津逮本作"悲"。"功"，津逮本、尚本作"紅"。"弗成"，津逮本、尚本作"無成"。

⑨　"商"，津逮本作"傷"。"裝"，津逮本作"裳"。

⑩　"跛"，元本作"跛"。"國危爲患"，津逮本作"國爲危患"。

⑪　"亡"，元本作"去"。

小過　老馬無駒,病雞不雛。三雌獨宿,利在山北①。

既濟　播天舞地,曉亂神所,居樂无咎②。

未濟　異國殊俗,情不相得。金木爲仇,酉賊擅殺③。

睽之第三十八

睽　倉盈庾億,宜稼黍稷,年歲有息④。

乾　被服文衣,遊觀酒池。上堂見觴,喜爲吾兄,使我憂忘⑤。蹇之同人。

坤　邑姜叔子,天文在手。實沈參墟,封爲晉侯⑥。

屯　改柯易葉,飯溫不食。豪雄争強,先者受福。

蒙　馨香陟降,明德上登。社神佑顧,命予大鄰⑦。

需　老狼白貙,長尾大胡。前顛卻躓,進退遇祟⑧。

訟　山没丘浮,陸爲水魚,燕雀無廬。

師　懿公淺愚,不深受謀。無援失國,爲狄所賊⑨。

比　鼎煬其耳,熱不可舉。大塗塞壅,旅人心苦⑩。

小畜　凶聲醜言,惡不可聞。君子舍之,往恨我心⑪。

---

① “無駒”,津逮本作“爲病”,尚本作“爲駒”。
② 此林辭尚本作“播天舞,光地乳。神所守,樂无咎”。
③ “酉賊擅殺”,底本作“酉賊檀穀”,津逮本作“酉長擅役”,據尚本改。
④ “年歲有息”,津逮本作“年豐歲熟,民得安息”。
⑤ “觀”,津逮本作“視”。
⑥ “墟”,元本、尚本作“虚”。
⑦ “佑”,元本作“祐”。“予”,津逮本作“爲”。
⑧ “貙”,底本作“貙”,津逮本作“駒”,據尚本改。“胡”,底本作“狐”,據尚本改。
⑨ “深受”,津逮本、尚本作“受深”。“賊”,津逮本作“滅”。
⑩ “煬”,津逮本作“易”。“塞壅”,津逮本作“壅塞”。
⑪ “惡”,津逮本作“要”。

履　昧暮乘車,履危蹈溝。亡失羣物,摧折兩軸①。

泰　南有嘉魚,駕黃取鰦。魴鱮詡詡,利來毋憂②。

否　隔在九山,往來勞難。心結不通,失其所歡。

同人　下流難居,狂夫多罷。貞良溫柔,年歲不富③。

大有　狐狸雉兔,畏人逃去。分走竄匿,不知所處④。

謙　異體殊俗,各有所屬。西鄰孤嫗,欲寄我室。主母罵
詈,終不可得⑤。

豫　怒非怨妬,貪得腐鼠。而呼鵲鷃,自令失餌,致被
困患⑥。

隨　五心六意,歧道多怪。非君本志,生我恨悔⑦。

蠱　三班六黑,同室共食。日長月息,我家有德。

臨　方船備水,旁河燃火,終身無禍。

觀　翳屏獨語,不聞朝市。以利居服,兔跛後聞⑧。

噬嗑　以處不安,從反觸患⑨。

賁　剝刖髡劓,人所賤棄。批捍之言,我心不快⑩。

剝　皋田禾黍,搥壤麻枲。衣食我躬,室家饒有⑪。

---

① "蹈",元本作"陷"。
② "毋",元本、尚本作"無"。
③ "狂夫多罷",津逮本作"任失多態"。
④ "走",津逮本、尚本作"首"。
⑤ "體",學津本作"禮"。
⑥ "鵲",津逮本、尚本作"鷹"。"致",津逮本作"倒"。
⑦ "歧",底本作"岐",據學津、尚本改。"志",津逮本、尚本作"心"。
⑧ "翳",津逮本作"醫"。"以利居服",津逮本作"利以居言"。"兔跛後聞",津逮
本作"究被後門"。
⑨ "以",津逮本、尚本作"居"。"從",津逮本作"徒",尚本作"徙"。
⑩ "剝",學津本作"刺"。"賤",元本作"殘"。
⑪ "搥",津逮本、尚本作"堆"。"枲",底本作"阜",據尚本改。

復　兩目失明,日奪無光。脛足跛踦,不可以行,頓於丘傍①。

无妄　金城朔方,外國多羊。履霜不時,去復爲憂。

大畜　匿病不醫,亂政傷災。紂作淫虐,商破其墟②。

頤　鬼泣哭枉,悲傷無後。甲子昧爽,殷人絶祀③。

大過　焱風卒起,車馳袍褐。棄古追亡,失其和節,心憂惙惙④。

坎　耄老失明,聞善不從。自令顛沛,敗爲咎殃⑤。

離　隨風騎龍,與利相逢。田獲三狐,商伯有功。衝衝之邑,長安無他⑥。

咸　三牛五牂,重明作福,使我有得。疾入官獄,憂在心腹⑦。

恒　孟巳己丑,哀呼尼父。明德訖終,亂害滋起⑧。

遯　華燈百枝,消暗衰微。精光訖盡,奄如灰糜⑨。

大壯　鷹飛雉退,兔伏不起。弧張狼鳴,野雞飛驚⑩。

晉　鬪戰天門,身有何患。室家具在,不失其歡⑪。

明夷　東家殺牛,行逆腥臊。神背西顧,命衰絶周。亳社災

---

① “踦”,津逮本、尚本作“倚”。“傍”,尚本作“旁”。
② “病”,學津本作“痼”。“傷”,學津本作“生”。
③ “鬼泣哭枉”,津逮本、尚本作“鬼哭泣社”。“人”,學津本作“湯”。
④ “焱”,尚本作“焱”。“袍褐”,尚本作“揭揭”。“心憂”,津逮本、尚本作“憂心”。
⑤ “敗”,津逮本、尚本作“反”。
⑥ “田”,津逮本作“日”。
⑦ “人”,底本作“人”,據津逮本、尚本改。
⑧ “己”,底本作“乙”,據尚本改。“害”,津逮本作“虐”。
⑨ “糜”,津逮本、尚本作“縻”。
⑩ “退”,津逮本作“遽”。“弧”,津逮本、尚本作“狐”。“飛驚”,尚本作“駭驚”。
⑪ “鬪戰天門,身有何患”,津逮本作“鬪身戰天,門有何患”。

燒,宋人夷誅[①]。

家人 陰陽辨舒,二姓相合。婚姻孔云,生我利福。

蹇 東入海口,循流北走。一高一下,五邑無主。十日六夜,死於水涘[②]。

解 孤竹之墟,失婦無夫。傷於蒺藜,不見其妻。東郭棠姜,武子以亡[③]。

損 天户東墟,蠱既爲災。跰踦黯聾,秦伯受殃[④]。

益 賴先休光,受福之祉。雖遭亂潰,獨不危殆[⑤]。

夬 折若閉目,不見稚叔。三足孤烏,遠去家室[⑥]。

姤 二人同室,兄弟合食。和樂相好,各得所敬[⑦]。

萃 繼體守藩,縱欲廢賢。君臣淫遊,夏氏失身。側室之門,福禄來存[⑧]。

升 老狐屈尾,東西爲鬼。病我長女,坐涕詘指。或西或東,大華易誘[⑨]。

困 大樹之子,百條共母。當夏六月,枝葉盛茂。鸞鳳以庇,召伯避暑。穉穉卬甚,各得其所[⑩]。

---

① “行逆”,津逮本作“污臭”。“衰絶”,津逮本作“絶衰”。

② “邑”,津逮本作“色”。

③ “子”,元本作“氏”。

④ “户”,津逮本、尚本作“門”。“跰”,津逮本作“跡”。“黯”,津逮本、尚本作“暗”。

⑤ “賴先休光”,津逮本作“賴生光水”。

⑥ “折若閉目”,元本作“折若蔽目”,津逮本作“折舌閉目”,尚本作“折若蔽日”。“遠去家室”,津逮本作“遠其無夫”,尚本作“遠其元夫”。

⑦ “二”,津逮本作“七”。“敬”,津逮本、尚本作“欲”。

⑧ “遊”,津逮本、尚本作“佚”。

⑨ “坐”,津逮本、尚本作“哭”。“華”,津逮本作“革”。

⑩ “盛茂”,津逮本、尚本作“茂盛”。“穉穉卬甚”,津逮本作“穉穉印甚”,尚本作“翩翩偃仰”。

井　井堙木刊，國多暴殘。秦王失戌，壞其太壇①。

革　駕黃買蒼，與利相迎。心獲所守，不累弟兄②。

鼎　庾億倉盈，年歲安寧，稼穡熟成③。

震　人生馬淵，壽老且神。飛騰上天，舍宿軒轅，居常樂安④。

艮　思顧所之，乃令逢時。洗我故憂，拜我歡來⑤。

漸　魁罡所當，初爲敗殃。君子留連，困於水漿。求金東山，利在代鄉。賈市有息，子載母行⑥。

歸妹　鉛刀攻玉，無不鑽鑿。龍體其舉，魯般爲輔。三仁翼事，所求必喜⑦。

豐　喜來如雲，舉家蒙歡。衆才君子，駕福盈門⑧。

旅　響像無形，骨體不成。微行衰索，消滅無名。

巽　積水不溫，北陸苦寒。露宿多風，君子傷心⑨。

兌　黃馬綠車，駕之大都。讚達才能，使我無憂。

渙　從風放火，艾芝俱死。三害集聚，十子患傷⑩。

節　一身三手，無益於輔。兩足共節，不能克敏。

中孚　南向一室，風雨並入。塵埃積溼，主母盲痺。偏枯心

---

① “戌”，津逮本作“所”。“太”，津逮本作“大”。“其”，津逮本、尚本作“我”。
② “弟兄”，津逮本作“兄弟”。
③ 此林辭津逮本、尚本作“倉盈庾億，宜稼黍稷。年豐歲熟，民得安息”。
④ “人”，尚本作“龍”。“老”，津逮本、尚本作“考”。
⑤ “顧”，津逮本作“願”。“乃令”，津逮本、尚本作“今乃”。“我”，尚本作“濯”。
⑥ “罡”，津逮本作“剛”。“代鄉”，津逮本作“茂卿”。“載”，津逮本作“戴”。
⑦ “其”，津逮本、尚本作“具”。“般”，元本作“班”。“仁”，津逮本、尚本作“聖”。
⑧ “蒙歡”，津逮本作“歡忻”。
⑨ “露”，津逮本作“霜”。
⑩ “集聚”，尚本作“積房”。“十子患傷”，津逮本、尚本作“叔子中傷”。

疾,亂我家資①。

　　小過　采薇出車,魚麗思初。上下促急,君子懷憂。

　　既濟　先易後否,告我利市。騷蘇自苦,思吾故止②。

　　未濟　生宜地乳,上皇大喜。隆我祉福,貴壽無極③。

蹇之第三十九

　　蹇　同載共輿,中道別去。喪我元夫,獨與孤居④。

　　乾　叔肸拘冤,祁子自邑。乘遽解患,羊舌免脱,賴得生全⑤。

　　坤　兔聚東郭,衆犬俱獵。圍缺不成,無所能獲。

　　屯　作室山根,人以爲安。一旦崩頹,敗我盤湌⑥。

　　蒙　疾風塵起,亂擾崩始。強大并小,先否後喜⑦。

　　需　潔齊沐浴,思明君德。哀公怯弱,風氏復北⑧。

　　訟　土瘠瘦薄,培塿無柏,使我不樂。

　　師　褰衣涉河,水深漬罷。賴幸舟子,濟脱無他⑨。

---

　　① "一",津逮本、尚本作"陋"。"塵埃",津逮本、尚本作"埃塵"。"主",津逮本、尚本作"王"。"資",津逮本、尚本作"次"。

　　② "思吾故止",津逮本作"思再改正"。

　　③ "隆",元本作"降"。"祉福",尚本作"福祉"。

　　④ "同載共輿",津逮本作"同濟共輿"。"居",津逮本作"苦"。

　　⑤ "肸",底本作"昐",據津逮本、尚本改。"拘",津逮本、尚本作"居"。"免脱",尚本作"脱免"。"生全",底本作"全生",據津逮本、尚本改。

　　⑥ "一旦崩頹",津逮本、尚本作"一夕崩顛"。"盤",津逮本、尚本作"壺"。"湌",元本、尚本作"飱"。

　　⑦ "擾",津逮本作"我"。

　　⑧ "齊",津逮本作"齋"。"北",元本、津逮本作"比"。

　　⑨ "水深漬罷",津逮本作"潤流波多"。"幸",津逮本、尚本作"遇"。

比 送我季女，至於蕩道。齊子旦夕，留連久處①。

小畜 三孫六子，安無所苦。中歲廢殆，亡我所使②。

履 揚風偃草，塵埃俱起。清濁溷散，忠直隱處。

泰 歷險登危，道遠勞疲。玄豕自歸，困涉大波③。

否 六藝之門，仁義俱存。鎡基逢時，堯舜爲君。傷寒熱溫，下至黃泉。

同人 被服文衣，遊觀酒池。上堂見觴，喜爲吾兄，使我憂亡。

大有 生時不利，天命災至。制於斧瘢，晝夜苦勤④。

謙 天門開闔，牢户寥廓。桎梏解脱，拘囚縱釋⑤。

豫 川淵難遊，水爲我憂。多言少實，命鹿爲駒。建德開基，君子逢時，利以仲疑⑥。

隨 鄉歲逢時，與生爲期。枝葉盛茂，君子無憂。

蠱 六鷁退飛，爲衰敗祥。陳師合戰，左股夷傷。遂崩不起，霸功不成⑦。

臨 雷君出裝，隱隱西行。霖雨不止，流爲巨江，南國以傷⑧。

---

① “至”，津逮本作“瑩”。“留連久處”，元本作“久留連處”。
② “歲”，津逮本作“藏”。“廢”，底本作“發”，據津逮本、尚本改。
③ “歷”，尚本作“履”。“疲”，元本、尚本作“罷”，二字古通。“玄豕”，津逮本、尚本作“去家”。
④ “晝”，津逮本作“當”。“苦勤”，津逮本、尚本作“勤苦”。
⑤ “廓”，津逮本作“郭”。
⑥ “淵”，尚本作“原”。“建”，津逮本作“道”。“仲”，津逮本、尚本作“中”。
⑦ “衰敗”，津逮本作“衰毀”，尚本作“襄敗”。
⑧ “巨”，津逮本、尚本作“河”。“以傷”，津逮本作“憂凶”。

觀 牙孽生齒,室蟠啓戶。幽人利貞,鼓翼起舞①。

噬嗑 火起上門,不爲我殘。跳脱東西,獨得生完。不利出鄰,病疾憂患。

賁 舉事無成,不利出征。言不可用,衆莫能平②。

剥 老狼白獹,長尾大狐。前顛卻躓,進退遇祟③。

復 日入道極,勞者休息。班馬還師,復我燕室。

无妄 林麓山藪,非人所處。鳥獸無禮,使我心苦④。

大畜 蓄利積福,日新其德。高氏飲食,憂不爲患。

頤 張羅百目,鳥不得北。縮頸掛翼,困於窘國。君子治德,獲譽受福。

大過 伯虎仲熊,德義淵弘。使布五教,陰陽順序⑤。

坎 跛踦相隨,日暮牛罷。陵遲後旅,失利亡雌。

離 嬴氏違良,使孟尋兵。師老不已,敗於齊卿⑥。

咸 日月並居,常暗且微。高山崩顛,丘陵爲谿⑦。

恒 鳥鵲食穀,張口受哺。蒙被恩德,長大成就。柔順利貞,君臣合好⑧。

遯 雛躓復起,不毀牙齒。克免平復,憂除無疾。

大壯 草木黃落,歲暮無室。虐政爲賊,大人失福。

---

① "齒",尚本作"達"。此林辭津逮本作"牙孽生齒,陽倡於外。左手執籥,公言錫爵"。

② "莫",津逮本作"不"。

③ "獹",底本作"驢",據尚本改。"狐",尚本作"胡"。

④ "林麓山藪",津逮本作"山林麓藪"。

⑤ "弘",學津本、尚本作"宏"。

⑥ "師老",津逮本、尚本作"老師"。"卿",元本作"鄉"。

⑦ "崩",底本作"萌",據元本、津逮本、尚本改。

⑧ "被恩",津逮本作"恩被"。"合",津逮本作"相"。

晉 避凶東走，反入禍口。制於牙爪，骨爲灰土[1]。

明夷 欲飛不能，志苦心勞，福不我求[2]。

家人 羔裘豹袪，東與福遇。駕迎吾兄，送我驪黃[3]。

睽 東耕破犁，西失良妻。災害不避，家貧無資。

解 魚陸失所，鳧黿困苦。澤無蘿蒲，晉國以虛[4]。

損 脱兔無蹄，三步五罷。南行不進，後市身苦[5]。

益 行役未已，新事復起。姬姜勞苦，不得休止[6]。

夬 向日揚光，火爲正王。消金厭兵，雷車避藏。陰雨不行，民安其鄉[7]。

姤 放銜垂轡，奔馬不制。棄法作奸，君失其位。

萃 司命下游，喜解我憂。皇母緩帶，嬰子笑喜[8]。

升 黃帝出遊，駕龍乘馬。東上泰山，南過齊魯，郡國咸喜[9]。

困 既往不説，憂來禍結。比户爲患，無所申雪[10]。

井 荷蕢隱名，以避亂傾。終身不仕，遂其潔清[11]。

革 折梃舂稷，君不得食。頭痒搔跟，無益於疾[12]。

---

① "入"，津逮本作"以"。
② "求"，津逮本作"來"。
③ "袪"，津逮本作"襃"。"驪"，底本作"鸝"，據元本、津逮本、尚本改。
④ "鳧黿"，津逮本作"鳥蠅"。
⑤ 此林辭元本作益林辭。"身"，津逮本、尚本作"勞"。
⑥ 此林辭元本作損林辭。
⑦ "向"，元本、尚本作"白"。"安"，津逮本作"定"。
⑧ "子"，津逮本、尚本作"兒"。
⑨ "郡"，元本、尚本作"邦"。
⑩ "雪"，津逮本作"冤"。
⑪ "荷"，尚本作"何"，二字古通。"名"，津逮本、尚本作"居"。
⑫ "梃"，底本作"挺"，據尚本改。

鼎 植根不固，華葉落去，便爲枯樹①。

震 凶門生患，牢户多冤。沙池秃齒，使叔困貧②。

艮 登山履谷，與虎相觸。猬爲功曹，班叔奔北，脱之喜國③。

漸 麟鳳所翔，國无咎殃。賈市十倍，復歸惠里④。

歸妹 路險道難，水遏我前。進往不利，回車復還⑤。

豐 延頸望邑，思歸其室。臺榭不成，未得安息⑥。

旅 蒙生株矍，棘掛我須。小人妬嫉，使恩不遂⑦。

巽 南至隱域，深潛處匿。聰明閉塞，與死爲伍。

兑 機餌設張，司暴子良。范叔不廉，凶害及身⑧。

渙 從騎出門，遊戲空城。阪高不進，利無所得⑨。

節 西國彊梁，爲虎作狼。東吞楚齊，并有其王⑩。

中孚 登山伐輻，虎在我側。王孫無懼，仁見不賊⑪。

小過 六月騤騤，各欲有望。後來未壯，俟時旦明⑫。

---

① “便”，津逮本作“使”。

② “患”，津逮本作“意”。“池”，津逮本作“陁”。“叔”，津逮本作“我”。“貧”，津逮本作“窮”。

③ “叔”，津逮本作“奴”。

④ “歸”，津逮本作“臨”。

⑤ “遏”，津逮本作“過”。

⑥ “思”，底本作“恩”，據津逮本、尚本改。“其”，津逮本、尚本作“我”。“榭”，元本作“樹”。

⑦ “妬嫉”，津逮本作“嫉妬”。

⑧ “司”，津逮本作“計”。

⑨ “門”，津逮本、尚本作“谷”。“空城”，津逮本、尚本作“苦域”。

⑩ “楚齊”，津逮本、尚本作“齊楚”。“狼”，尚本作“悢”。

⑪ “伐”，底本作“代”，據津逮本、尚本改。“仁見不賊”，津逮本、尚本作“仁不見賊”。

⑫ “月”，津逮本作“目”。“騤騤”，底本作“睽睽”，據尚本改。“望”，津逮本、尚本作“至”。“後來未壯”，尚本作“專征束裝”。“俟時旦明”，津逮本作“候待明旦”。

既濟 道涉多阪，牛馬蜿蟺。車不麗載，請求不得①。

未濟 一口三舌，相妨無益。羣羊百羘，不爲威強。亡馬失駒，家耗於財②。

解之第四十

解 駕行出遊，鳥鬭車前，更相捽滅。兵寇旦來，回車亟還，可以無憂③。

乾 大都之居，無物不具。抱布貿絲，所求必得。

坤 膠著木連，不出牢關，家室相安。

屯 孟伯食長，懼其畏王。賴四蒙五，抱福歸房。

蒙 朽輿疲駟，不任銜轡。君子服之，談何容易④。

需 許嫁既婚，利福在身。適惠生桓，爲我魯君。

訟 入門大喜，上堂見母。妻子俱在，兄弟饒友⑤。

師 推車上山，力不能任。顛蹶蹉跌，傷我中心。

比 鴈飛退去，不食其雛。禽尚如此，何況人與⑥。

小畜 福棄我走，利不可得。幽人利貞，終無怨慝。

履 夫妻反目，不能正室。翁云於南，姬言還北。並后匹嫡，二政亂國⑦。

---

① “涉”，學津本、尚本作“陟”。“蜿”，津逮本作“蛇”。“麗”，津逮本、尚本作“利”。
② “財”，津逮本作“時”。
③ “行”，津逮本、尚本作“言”。“寇旦”，津逮本作“馬且”。
④ “朽”，底本作“防”，據津逮本、尚本改。“疲”，津逮本作“瘦”。
⑤ “友”，津逮本、尚本作“有”。
⑥ “鴈”，津逮本、尚本作“鷹”。“與”，津逮本、尚本作“乎”。
⑦ “翁”，津逮本作“公”。“姬”，元本、尚本作“嫗”。“匹”，津逮本作“正”。

泰　陽衰伏匿,陰淫爲賊。賴幸王孫,遂至喜國①。

否　入山求玉,不見和璞。終日至暮,勞無所得②。

同人　鳴鸞四牡,駕出行狩。合格有獲,獻公飲酒。

大有　覆手舉牘,易爲功力。月正元日,平飲致福③。

謙　三火高明,雨滅其光。高位疾顛,驕恣誅傷④。

豫　裏糗荷糧,與利相逢。高飛有德,君大獲福⑤。

隨　道理和得,人不相賊。君子往之,樂有利福⑥。

蠱　水土相得,萬物蕃殖。膏澤優渥,君子有德⑦。

臨　天孫帝子,與日月處。光榮於世,福禄繁祉。

觀　陪依在位,乘非其器。折足覆餗,毁傷寶玉⑧。

噬嗑　鷅飛中退,舉事不遂。且守仁德,猶免失墜⑨。

賁　經棘正冠,意盈不廉。桀紂迷惑,讒佞傷賢,使國亂煩⑩。

剥　申酉退跌,陰慝前作。柯條花枝,復泥不白⑪。

---

①　“賴幸”,津逮本作“幸賴”。“喜”,津逮本作“家”,尚本作“嘉”。

②　“山”,津逮本作“水”。

③　“舉牘”,津逮本作“齊犢”。“月正”,津逮本、尚本作“正月”。“平飲”,津逮本作“承平”。

④　“高”,津逮本、尚本作“起”。

⑤　“裏”,津逮本作“衰”。“德”,津逮本、尚本作“得”。“大”,津逮本、尚本作“子”。

⑥　此林辭津逮本、尚本作蠱林辭,元本、學津本及底本作隨林辭。

⑦　此林辭津逮本、尚本作隨林辭,元本、學津本及底本作蠱林辭。“渥”,尚本作“沃”。“德”,津逮本作“得”。

⑧　“陪依”,津逮本作“部衣”。“寶”,津逮本作“我”。

⑨　“免”,津逮本、尚本作“恐”。

⑩　“棘”,津逮本、尚本作“棗”。“正”,津逮本作“聖”。“廉”,津逮本作“厭”。“迷”,元本作“速”。“惑、讒”,元本、尚本作“讒、惑”。“煩”,津逮本作“傾”。

⑪　“慝”,津逮本作“雨”。“花”,元本、尚本作“華”。

復　平正賤使，主服苦事①。

无妄　釣魴河湄，水長無涯。振手徒歸，上下昏迷，屬公孫齊②。

大畜　胎養萌生，始見兆形。遭逢雷電，摧角折頸。采葴山頭，終安不傾③。

頤　陽春枯槁，夏多水潦。霜雹俱擊，傷我禾黍，年歲困苦④。

大過　三身六齒，痛疾不已。齲病蠹缺，墮落其宅⑤。

坎　失恃無友，嘉耦出走，傶如喪狗⑥。

離　寅重微民，歲樂年息。有國无咎，君子安喜⑦。

咸　登几上車，駕駟南遊。合散從橫，燕秦以強⑧。

恒　鳥集茂木，順柔利貞。心樂願得，感戴慈母⑨。

遯　啓蟄始生，萬物美榮。祉禄未成，市賈無贏⑩。

大壯　驕胡犬形，造惡作凶。無所能成，還自滅身⑪。

晉　異國他土，出良駿馬。去如奔蠹，害不能傷。一作：避亡東

---

① “主”，津逮本作“至”。

② “長”，津逮本、尚本作“泛”。“手”，津逮本、尚本作“衣”。“屬公孫齊”，津逮本作“屬公經齊”。

③ “采”，津逮本作“採”。“摧”，津逮本作“椎”。

④ “擊”，津逮本、尚本作“作”。

⑤ “身”，津逮本、尚本作“耳”。“缺”，津逮本作“鐵”。

⑥ “恃”，津逮本、尚本作“時”。

⑦ “寅”，津逮本、尚本作“宣”。“息”，津逮本作“豐”。“有”，津逮本作“害”。

⑧ “合散從橫”，元本、尚本作“合從散橫”。

⑨ “木”，元本、尚本作“林”。“心樂願得”後，津逮本有“鳥鵲食穀，張口受哺”八字。“順柔利貞”，津逮本作“柔順利貞”，在“張口受哺”後。

⑩ “祉禄”，津逮本作“福祉”。“贏”，底本作“贏”，元本作“盈”，據津逮本、尚本改。

⑪ “犬”，津逮本作“火”。

走,反入禍口。制於爪牙,骨爲灰土①。

明夷　恪敬竟職,心不作慝。君明臣忠,民賴其福②。

家人　三女求夫,伺候山隅。不見復關,長思憂歎。

睽　駕福乘喜,東至嘉國。戴慶南行,離我室居③。

蹇　四姦爲殘,齊魯道難。前驅執殳,戒守無患④。

損　下擾上煩,蠱蟲爲患,歲飢無年⑤。

益　雞雉失雛,常畏狐狸。黃池要盟,越國以昌⑥。

夬　堅冰黃鳥,終日悲號。不見白粒,但觀蓬蒿。數驚鷙鳥,孰爲我憂⑦。

姤　玉銑鐵頤,倉庫空虛。市賈無盈,與我爲仇⑧。

萃　竊名盜位,居非其家。霜隕不實,爲陰所賊⑨。

升　賊仁傷德,天怒不福。斬刈宗社,失其本域⑩。

困　萬物初生,蟄蟲振起。益壽增福,日受其喜⑪。

井　和氣所在,物皆不朽。聖賢居位,國無凶咎⑫。

---

① "於",津逮本作"拾"。
② "竟",津逮本、尚本作"兢"。
③ "戴",元本作"載"。"我",津逮本作"家"。
④ "殳",津逮本作"役"。"無患",尚本作"爲患"。
⑤ "擾",津逮本作"憂"。"蠱",津逮本、尚本作"政"。
⑥ "雉",元本作"稚"。
⑦ "終日悲號",津逮本作"常哀悲愁"。"白",津逮本作"米"。"孰爲我憂",津逮本、尚本作"爲我心憂"。
⑧ "玉銑",底本作"王銑",元本作"王統",津逮本作"五銳",據尚本改。"市賈",元本作"賈市"。
⑨ "爲陰所賊"後,津逮本有"三年失室"四字。
⑩ "宗",津逮本作"家"。
⑪ "初",津逮本作"和"。"壽",津逮本作"爵"。
⑫ "在",津逮本作"生"。

革　麟游鳳舞，歲樂民喜①。

鼎　行行窘步，次宿方舍。居安不懼，姬姜何憂②。

震　水深難遊，霜寒難涉。商伯失利，旅人稽留。

艮　跛踦相隨，日莫牛罷。陵遲後旅，失利亡雌③。

漸　一年九鎖，更相牽攣。案明如市，不得東西。請讞得報，日中被刑④。

歸妹　春桃生花，季女宜家。受福多年，男爲邦君⑤。

豐　雷鼓東行，稼穡凋傷。大夫執政，君替其明⑥。

旅　季世多憂，亂國淫遊。殃禍立至，民無以休⑦。

巽　發軔温湯，過角宿房。宜時布和，無所不通⑧。

兑　水中大賈，求利食子。商人至市，空無所有⑨。

涣　春草萌生，萬物敷榮。陰陽和調，國樂無憂⑩。

節　左眇右盲，目視不明。下民多孽，君失其常。

中孚　悦以内安，不利出門。憂除禍消，公孫何尤⑪。

小過　丹書之信，言不負語。易我驪驥，君子有德⑫。

---

①　"麟游"，津逮本、尚本作"龍遊"。

②　"行行"，津逮本作"鼎行"。"宿"，津逮本作"伯"。"姜"，津逮本作"妾"。

③　"踦"，津逮本、尚本作"倚"。"莫"，元本、津逮本、尚本作"暮"。"陵遲後旅"，津逮本作"陵原徙傷"。

④　"年"，津逮本、尚本作"牛"。

⑤　"花"，元本作"華"。"多年"，津逮本、尚本作"孔多"。

⑥　"替"，津逮本、尚本作"贊"。

⑦　"多"，津逮本作"君"。"無"，津逮本作"與"。

⑧　"湯"，津逮本作"陽"。"角"，津逮本作"雨"。"宜"，尚本作"宣"。

⑨　"食子"，津逮本作"十千"。"商人至市，空無所有"，津逮本、尚本作"商人不至，市空無有"。

⑩　"調"，津逮本作"暢"。

⑪　"憂除禍消"，津逮本作"憂禍消除"。

⑫　"丹"，津逮本作"册"。"語"，孫詒讓《札迻》謂當作"諾"。

既濟 上政搔擾,螟蟲並起。害我嘉穀,年歲無稷①。

未濟 干旄旌旗,執職在郊。雖有寶珠,無路致之②。

---

① "搔",津逮本作"搖"。"螟蟲",津逮本作"蟲螟"。"年",津逮本作"季"。
② "干",元本作"竿"。"職在",津逮本作"在載"。"珠",津逮本、尚本作"玉"。

焦氏易林卷第十一

損之第四十一

損 路多枳棘，步刺我足。不利孤客，爲心作毒①。

乾 鯉鮒鮪鰕，勸福多魚。資所有無，富我邦家②。

坤 景星照堂，麟遊鳳翔。仁施大行，頌聲作興。征者無明，失其寵光③。豫之節。

屯 羊腸九縈，相推稍前。止須王孫，迺能上天④。

蒙 四手共身，莫失所閑。更相放接，動失事便⑤。

需 水流趨下，逯至東來。求我所有，買魴與鯉⑥。益之无妄，逯疑作逮。

訟 春栗夏棗，少鮮希有。斗千石萬，貴不可販⑦。否之漸。

師 旦往暮還，相佑與聚，無有凶患。

比 大蛇當路，使季畏懼。湯火之災，切直我膚。賴其天

---

① “孤”，津逮本、尚本作“旅”。

② “鯉鮒鮪鰕”，津逮本作“鯉鮪鮒鯽”，尚本作“鯉鮪鯽鰕”。“勸”，津逮本、尚本作“積”。“有無”，津逮本、尚本作“無有”。“邦”，津逮本作“窮”。

③ “征者”，津逮本作“仁序”。

④ “上”，津逮本作“至”。

⑤ “失”，元本、津逮本、尚本作“適”。“閑”，津逮本作“國”。“放”，津逮本、尚本作“訪”。

⑥ “逯至東來”，津逮本作“逆至東來”，尚本作“遠至東海”。“魴”，津逮本作“鱧”。

⑦ “少”，津逮本、尚本作“山”。“石萬”，津逮本作“萬石”。

幸,歸於生廬①。屯之井。

小畜　從足去域,飛入陳國。有所畏避,深藏邃匿②。

履　海爲水宗,聰明且聖。百流歸德,無有叛逆,常饒優足③。

泰　夏麥孳䅌,霜擊其芒。病君敗國,使年大傷④。泰之賁。

否　秋隼冬翔,數被嚴霜。雄犬夜鳴,家憂不寧⑤。

同人　樂仁上德,東鄰慕義,來安吾國⑥。

大有　逐憂除殃,污泥生梁,下田爲汪⑦。

謙　暗昧冥語,轉相註誤。鬼魅所居,誰知臥處⑧。

豫　南歷玉山,東入玉關。登上福堂,飲萬歲漿⑨。

隨　比目四翼,來安我國。福善上堂,與我同牀。

蠱　乘牛逐驥,日暮不至。路宿多畏,亡其駢驪。

臨　元吉无咎,安寧不殆。

觀　奮翅鼓翼,翱翔外國。逍遙徙倚,來歸溫室。

噬嗑　河伯娶婦,東山氏女。新婚三日,浮雲洒雨。露我菅茅,萬家之祐⑩。

---

① "直",尚本作"近"。"生",津逮本、尚本作"室"。
② "從",津逮本作"徒",尚本作"徙"。
③ "聰明且聖",元本、尚本作"聰聖且明"。"德",津逮本作"得"。
④ "䅌",津逮本作"麴"。"病",津逮本作"疢"。
⑤ "犬",底本作"父",據津逮本、尚本改。"嚴",津逮本作"履"。"憂",尚本作"擾"。
⑥ "義",津逮本作"梁"。"安",尚本作"興"。
⑦ "逐",津逮本作"還"。"汪",津逮本作"江"。
⑧ "轉",津逮本作"傳"。"註",元本、尚本作"迷"。
⑨ "山",尚本作"田"。
⑩ "露",元本作"雨"。"菅茅",津逮本作"管第"。"萬家之祐",津逮本、尚本作"萬邦蒙祐"。

賁　嬰兒求乳，慈母歸子。黄麖悦喜，得見甘飽①。

剝　貧鬼守門，日破我盆。毀甊傷瓶，空虛無子②。

復　多載重負，損棄於野。予無稚子，但自勞苦③。

无妄　雄狐綏綏，登山崔嵬。昭告顯功，大福允興。

大畜　嬰兒孩笑，未有所識。彼童而争，亂我政事④。

頤　十丸同投，爲雉所維。獨得跳脱，完全不虧⑤。

大過　狐濟濡尾，求橘得枳。季姒懷悔，鮑舍魚臭⑥。

坎　跌足息肩，所忌不難。金城銅郭，以鐵爲關。藩屏周衛，安止無患⑦。

離　戴堯扶禹，松喬彭祖。西過王母，道路夷易，無敢難者⑧。訟之家人。

咸　京庾積聚，黍稷以極。行者疾至，可以厭飽。

恒　良夫孔姬，脅悝登臺。柴季不扶，衛輒走逃⑨。

遯　天之所予，福禄常在，不憂危殆。

大壯　行觸天網，馬死車傷。身無膠賴，困窮乏糧⑩。

---

①　“見”，津逮本作“其”。“得見甘飽”，尚本依履之同人删。

②　“瓶”，元本作“缸”。

③　“損”，學津本、尚本作“捐”。“予無稚子”，津逮本作“手無誰子”，尚本作“王母誰子”。

④　“孩”，津逮本作“駭”。“笑”，尚本作“子”。“所”，尚本作“知”。“彼童而争”，元本作“狄童而争”，津逮本作“狡童而争”，尚本作“彼童而角”。

⑤　“維”，尚本作“離”。“跳”，津逮本、尚本作“逃”。“不”，津逮本作“所”。

⑥　“求橘”，津逮本作“來揭”。“姒”，津逮本、尚本作“姜”。“臭”，津逮本作“斃”。

⑦　“跌”，津逮本、尚本作“踆”。“藩”，元本作“蕃”。“止”，津逮本、尚本作“全”。

⑧　“松”，津逮本作“從”。“路”，元本作“里”。

⑨　“夫”，底本作“天”，據元本、津逮本、尚本改。“脅悝”，津逮本作“負理”。“柴”，底本作“樂”，據尚本改。“衛”，底本作“叔”，據津逮本、尚本改。

⑩　“網”，元本、尚本作“剛”。“膠”，津逮本、尚本作“窻”。

晉　鉛刀攻玉，堅不可得。盡我筋力，胝蠠爲疾①。

明夷　穆違百里，使孟奮武。將軍師戰，敗於殽口②。

家人　有人追亡，鳥言所匿，不旅日得③。

睽　府藏之富，王以賑貸。捕魚河海，罟罔多得④。

蹇　鴻飛遵陸，公歸不復，伯氏客宿。

解　鳧過稻廬，甘樂廣鱐。雖驚不去，田畯懷憂⑤。

益　雨師娶婦，黃巖季子。成禮既婚，相呼面南。膏澤應時，年豐大喜⑥。

夬　蓄積有餘，糞土不居。美哉輪奐，出有高車。

姤　重門擊柝，介士守護。終有他道，雖驚不懼⑦。

萃　大都王市，稠人多寶。公孫宜賈，其貸萬倍⑧。

升　秋隼冬翔，數被嚴霜。甲兵當庭，萬物不生。雄犬夜鳴，民擾以驚⑨。

困　招禍致凶，來螫我邦。痛在手足，不得安息。

井　秦失其鹿，疾走先得。勇夫慕義，君子變服⑩。

革　山陵四塞，遏我逕路。欲前不得，復還故處。

---

① “攻”，津逮本、尚本作“切”。“蠠”，津逮本作“胇”。

② “違”，津逮本作“逢”。“師”，尚本作“帥”。

③ “鳥”，津逮本作“爲”。“不旅日得”，津逮本、尚本作“不日而得”。

④ “賑”，津逮本、尚本作“振”。“罟”，底本作“苟”，據津逮本、尚本改。“罔”，津逮本、尚本作“網”。

⑤ “廬”，津逮本作“蘆”。“廣鱐”，津逮本作“斈麲”，尚本作“鱶鱐”。

⑥ “子”，尚本作“女”。“面南”，津逮本作“而南”，尚本作“南去”。“澤”，元本作“潤”。“應時”，尚本作“田里”。

⑦ “介士守護，終有他道”，元本作“陵昧武守”。

⑧ “其貸”，津逮本、尚本作“資貨”。

⑨ “當庭”，津逮本作“庭堂”，尚本作“充庭”。“雄犬夜鳴，民擾以驚”，津逮本、尚本無。

⑩ “疾走”，津逮本作“高足”。“變”，津逮本、尚本作“率”。

鼎　一指食肉，口無所得，舌齅於腹。

震　晨夜驚駭，不知所止。皇母相佑，卒得安處①。

艮　豺狼所言，語無成全。誤我白馬，使乾口來②。

漸　呼精靈來，魄生無憂。疾病愈瘳，解我患愁③。

歸妹　牧羊逐兔，使魚捕鼠。任非其人，卒歲無功，不免辛苦④。

豐　堂祥上樓，與福俱居。席地妃治，國安無憂⑤。

旅　禹召諸神，會稽南山。執玉萬國，天下康安⑥。

巽　太姒文母，乃生聖子。昌發受命，爲天下主⑦。

兌　兩置同室，兔無誰告。與狂相觸，蒙我以惡⑧。

渙　桃雀竊脂，巢於小枝。動搖不安，爲風所吹。寒恐悚慄，常憂殆危⑨。

節　陽春長日，萬物華實，樂有利福。一作：春陽盛長，萬物成實。福利所鍾，忻忻過日⑩。

中孚　鄰不我顧，而望玉女。身疾瘡癩，誰肯媚者⑪。

小過　涸旱不雨，澤竭無流。魚鱉乾口，皇天不憂。

既濟　狼虎之鄉，日爭凶訟。受性貪饕，不能容縱。

---

① "佑"，元本作"祐"。
② "豺"，津逮本作"擒"。"誤"，津逮本作"設"。
③ "愈瘳"，元本作"瘉瘳"，津逮本、尚本作"瘳愈"。
④ "捕鼠"，底本作"相捕"，據津逮本、尚本改。"卒歲"，元本、尚本作"廢日"。
⑤ "席地妃治"，津逮本作"帝姬治好"，尚本作"帝姬冶好"。
⑥ "神"，元本作"臣"。
⑦ "乃"，津逮本、尚本作"仍"。
⑧ "以"，津逮本作"與"。
⑨ "寒恐悚慄"，津逮本、尚本作"心寒悚惕"。
⑩ "盛長"，元本作"成長"。"成實"，元本作"華實"。
⑪ "我顧"，津逮本作"顧我"。

未濟　陰注陽疾，水離其室。舟楫大作，傷害黍稷。民飢於食，亦病心腹①。

益之第四十二

益　文王四乳，仁愛篤厚。子畜十男，無有折夭②。

乾　下堂出門，東至九山。逢福值喜，得其安閑③。

坤　城上有烏，自名破家。招呼鴆毒，爲國患災④。

屯　伯虎仲熊，德義淵聞。使敷五教，陰陽順序⑤。

蒙　飲酒醉酣，跳起争鬭。手足紛挐，伯傷仲僵，東家治喪⑥。

需　四目相視，稍近同機。日昳之後，見吾伯姊⑦。

訟　隨時逐便，不失利門。多獲得福，富於封君⑧。

師　隴西冀北，多見駿馬。去如焱飆，害不能傷⑨。

比　白龍黑虎，起伏俱怒。蚩尤敗走，死於魯首⑩。同人之比，蒙之坎。

小畜　鴻飛戾天，避害紫淵。雖有鋒門，不能危身。

---

① "注"，津逮本作"住"。"陽"，元本作"寒"。

② "折夭"，津逮本、尚本作"夭折"。

③ "至"，津逮本作"西"。

④ "名"，津逮本作"鳴"。"鴆"，津逮本作"醜"。"患災"，津逮本、尚本作"災患"。

⑤ "聞"，津逮本、尚本作"泓"。"敷"，津逮本作"布"。"教"，津逮本作"穀"。"陰陽順序"後，元本有"行溢多悔，利無所得"八字，與上文不協。

⑥ "酣"，津逮本作"臥"，尚本作"酗"。"手足紛挐"，津逮本、尚本無。

⑦ "機"，元本作"机"津逮本作"執"，尚本作"軏"。"姊"，津逮本作"姨"。

⑧ "多"，津逮本作"靈"。

⑨ "焱"，尚本作"猋"。"飆"，津逮本作"颷"。

⑩ "起伏俱怒"後，津逮本有"期戰盤空"四字。"魯"，元本、津逮本、尚本作"魚"。

履　平國不君，夏氏作亂。烏號竊發，靈公隕命①。

泰　江漢上遊，政逆民憂。陰伐其陽，雄受其殃②。

否　東家殺牛，聞臭腥臊。神怒不顧，命衰絕周。亳社災燒，妄夷誅愁③。

同人　西誅不服，恃強負力。倍道趨敵，師走敗覆④。

大有　一婦六夫，亂擾不治。張王季疾，莫適爲公。政道壅塞，周君失邦⑤。

謙　配合相迎，利之四鄉。昏以爲期，明星煌煌。欣喜爽澤，所言得當⑥。

豫　猿墮高木，不踒手足。握金懷玉，還歸其室⑦。蒙之隨，訟之艮，否之臨。

隨　卷領遁世，仁德不害。三聖攸同，周國茂興⑧。需之震。

蠱　去患脫厄，安無怵惕。上福喜堂，見我懽悦⑨。

臨　帶季兒良，明知權兵。將師合戰，敵不能當，趙魏以強⑩。

觀　鵠思其雄，欲隨鳳東。順理羽翼，出次須日。中留北

---

① "君"，津逮本作"均"。
② "受其"，津逮本作"者受"。
③ "牛"，津逮本作"猪"。"衰絕周"，津逮本作"絕衰國"。"災"，津逮本作"火"。"折夭"，津逮本、尚本作"夭折"。"妄夷誅愁"，津逮本、尚本作"宋公夷誅"。
④ "走"，尚本作"徒"。
⑤ "亂擾"，津逮本作"擾亂"。"王"，尚本作"亡"。"疾"，津逮本作"莊"。"壅塞"，津逮本作"塞壅"。
⑥ "爽澤"，津逮本、尚本作"奭懌"。
⑦ "墮"，津逮本作"墜"。
⑧ "攸"，元本作"欣"。
⑨ "患"，津逮本作"危"。"懽"，津逮本作"喜"。"悦"，元本作"兄"。
⑩ "明知"，津逮本、尚本作"時利"。

邑，復反其室①。

　　噬嗑　耳如驚鹿，不能定足。室家分散，各走匿竄②。

　　賁　甲乙丙丁，俱位我庭。三丑六子，入門見母③。

　　剝　躡華巔，觀浮雲。風不搖，雨不薄。心安吉，無患咎④。

　　復　德施流行，利之四鄉。雨師洒道，風伯逐殃。巡狩封禪，以告成功。

　　无妄　水流趨下，遂成東海。求我所有，買鱣與鯉。損之需。

　　大畜　和氣相薄，膏潤津澤，生我嘉穀。

　　頤　憂驚以除，禍不成災，安全以來。

　　大過　堅冰黃鳥，常哀悲愁。不見白粒，但覩藜蒿。數驚鷙鳥，飄爲我憂⑤。

　　坎　翕翕輖輖，實墜崩顛，滅其命身⑥。泰之謙，否之離。

　　離　因禍致福，喜盈其室⑦。

　　咸　陸居千里，不見河海，無有魚市⑧。

　　恒　鹿得美草，鳴呼其友。九族和睦，不憂飢乏。同人之蹇。

　　遯　出門得堂，不逢禍殃。入戶自若，不見矛戟⑨。

----

①　"羽"，津逮本作"兩"。"出次須日"，津逮本作"出自日中"。"中"，津逮本作"須"。
②　"耳"，津逮本作"且"。"匿竄"，津逮本作"鼠匿"。
③　"位"，津逮本、尚本作"歸"。
④　此林辭元本作"躡華巔觀，浮雲風雨，不愽心安，匿無患咎"。"無患咎"，津逮本作"患無咎"。
⑤　"白"，津逮本作"甘"。"飄爲我憂"，津逮本、尚本作"爲我心憂"。
⑥　"輖輖"，津逮本作"輈輈"。"實"，尚本作"隕"。"滅其命身"，津逮本作"滅其令名，長命不全"，尚本作"滅其令名，身命不全"。
⑦　"致"，津逮本、尚本作"受"。"室"，津逮本作"身"。
⑧　"陸"，底本作"佳"，據津逮本、尚本改。
⑨　"堂"，尚本作"黨"。"若"，津逮本作"苦"。

大壯　疊尊重席，命我嘉客。福祐久長，不見禍殃①。

晉　鳴鴻俱飛，北就魚池。鱣鮪鰥鯉，多饒所有。一笴獲兩，利之過倍②。

明夷　當風奮翼，與鳥飛北。入我嘉國，見吾慶室③。

家人　麒麟鳳凰，善政得祥。陰陽和調，國無災殃④。

睽　逐狐東山，水遏我前。深不可涉，失其後便⑤。

蹇　丑戌亥子，飢饉前生。陰爲暴客，水絕我食⑥。

解　狐狸雉兔，畏人逃去。分走竄匿，不知所處⑦。

損　桀跖惡人，使德不通。炎旱爲殃，年穀大傷⑧。

夬　兔乳在室，行來雀食。虎攫我子，長號不已⑨。

姤　土階明堂，禮讓益興。雄二相得，使民無疾⑩。疾一作疢。

萃　送金出門，并失玉丸。往來井上，破甕壞盆⑪。

升　諷德誦功，美周盛隆。加其旦輔，光濟沖人⑫。

困　盜竊滅身，貳母不親。王后無黨，毀其寶靈。

---

① “疊”，津逮本作“累”。“嘉”，津逮本作“家”。“禍”，津逮本作“咎”。
② “鳴鴻”，津逮本、尚本作“鴻雁”。“鮪鰥”，津逮本作“鰥鮎”。“多饒所有”，津逮本作“衆鳥饒有”，尚本作“衆多饒有”。“笴”，津逮本作“鳴”。“利之”，津逮本作“得之”，尚本作“利得”。
③ “嘉”，津逮本、尚本作“家”。
④ “得”，元本作“德”。
⑤ “遏”，津逮本作“過”。
⑥ “前”，津逮本、尚本作“所”。“爲”，底本作“陽”，據津逮本、尚本改。
⑦ “人”，津逮本作“我”。“所處”，津逮本作“處所”。
⑧ “德”，津逮本作“得”。
⑨ “在”，津逮本作“立”。“來”，元本作“求”。“攫”，底本作“懼”，據津逮本、尚本改。
⑩ “二”，津逮本、尚本作“雌”。“民”，津逮本、尚本作“我”。
⑪ “丸”，津逮本作“兔”。
⑫ “光”，津逮本作“夬”。

井　六月騤騤,各欲有至。專征束裝,俟侍旦明①。

革　雀行求粒,誤入罟罦。賴仁君子,復脫歸室②。

鼎　仁德孔明,患禍不傷。期誓不至,室人銜恤。

震　黿厭江海,陸行不止。自令枯槁,失其都市,雖憂无咎③。

艮　孤獨特處,莫依爲輔,心勞志苦④。

漸　伯仲言留,叔子云去。雖去无咎,主母大喜⑤。

歸妹　初憂不安,後得笑懽,雖懼無患。

豐　好戰亡國,師不以律。稱上殞墜,齊侯狠戾,其被災祟⑥。

旅　鹿在澤陂,豺傷其麛,泣血獨哀⑦。

巽　天地閉塞,仁智隱伏。商旅不行,利潤難得⑧。

兌　福德之士,歡悦日喜。夷吾相桓,三歸爲臣,賞流子孫。

渙　上無飛鳥,下乏走獸。亂擾未治,民勞於事⑨。

節　據斗運樞,順天無憂,與樂並居⑩。謙之觀。

---

① "月",底本作"目",據尚本改。"騤騤",元本、津逮本作"睽睽"。"專征束裝",底本作"專止未裝",津逮本作"專正束裝",據尚本改。"俟侍旦明",元本作"俟侍旦明",津逮本作"俟侍明旦",尚本作"俟時旦明"。

② "罦",津逮本、尚本作"網"。"脫",津逮本、尚本作"説",二字古通。

③ "雖憂无咎",津逮本作"憂悔咎生"。

④ "心勞志苦",津逮本作"正心允濟,神勞志苦"。

⑤ "雖去",底本作"雖自",津逮本作"誰云",據尚本改。

⑥ "殞",元本、尚本作"隕"。"狠",津逮本作"狼"。"其被",津逮本、尚本作"被其"。

⑦ "在",津逮本作"生"。"泣",津逮本作"淬"。

⑧ "閉",津逮本作"鈴"。

⑨ "乏",津逮本、尚本作"無"。"亂擾",津逮本、尚本作"擾亂"。

⑩ 此林辭津逮本作小過林辭。"據",津逮本、尚本作"握"。"順天無憂"後,津逮本有"所行造德"四字。

中孚 戴瓶望天，不見星辰。顧小失大，福逃廬外①。

小過 月削日衰，工女下機。宇宙滅明，不見三光②。

既濟 操戟刺魚，被髮立憂。虎脱我衣，狼取我袍，亡馬失財③。

未濟 兩人俱醉，相與悖戾。心乖不同，争訟匈匈。

夬之第四十三

夬 戴堯扶禹，松喬彭祖。西過王母，道里夷易，無敢難者④。

乾 狼戾美謀，無言不殊。允厭帝心，悦以獲佑⑤。

坤 歲暮花落，陽入陰室。萬物伏匿，絶不可得⑥。

屯 雞鳴失時，君騷相憂。犬吠不休，行者稽留⑦。

蒙 鳧鷖遊涇，君子以寧。履德不怠，福禄來成⑧。

需 薄爲藩蔽，勁風吹却。欲上不得，復歸其宅⑨。

訟 東行破車，步入危家。衡門垂倒，無以爲主。賣袍續

① “瓶”，津逮本、尚本作“盆”。“廬”，津逮本、尚本作“牆”。
② 此林辭津逮本作節林辭。“女”，津逮本作“夫”。
③ “被”，津逮本作“披”。“衣”，津逮本作“輿”。
④ “松”，津逮本作“從”。“過”，津逮本、尚本作“遇”。“里”，津逮本、尚本作“路”。
⑤ “佑”，元本、尚本作“祐”。
⑥ “花”，元本、尚本作“華”。
⑦ “相”，津逮本作“於”。
⑧ “德”，津逮本作“任”。
⑨ “薄爲藩蔽，勁風吹却”，津逮本作“薄爲蕃皮，勁風吹却”，尚本作“魃爲災虐，風吹雲卻”。

食，糟糠不飽①。

　　師　青牛白咽，呼我俱田。歷山之下，可以多耕。歲稔時節，民人安寧②。

　　比　異國殊俗，情不相得。金木爲仇，百賊擅殺③。

　　小畜　陰陽精液，高熟晚拆。胎卵成魄，肇生頭目，日有大喜④。

　　履　飢蠱作害，偏多亂纏，緒不可得⑤。

　　泰　清冷如雲，爲兵導先。民人冤急，不知西東⑥。

　　否　班馬旋師，以息勞疲。役夫嘉喜，入戶見妻⑦。

　　同人　坐爭立訟，紛紛匈匈。卒成禍亂，災及家公⑧。

　　大有　鹿食美草，逍遥求飽。趨走山間，過期乃還，肥澤且厭⑨。

　　謙　田鼠野雛，意常欲去。拘制籠檻，不得搖動⑩。

　　豫　月趨日步，周遍次舍。歷險致遠，無有難處⑪。

---

　　①　"行"，津逮本作"人"。
　　②　"稔時"，津逮本作"精之"。
　　③　"殺"，津逮本作"穀"。
　　④　"高"，尚本作"膏"。"晚拆"，津逮本作"脱折"，尚本作"脱拆"。"胎卵成魄"，底本作"治卵成鬼"，元本作"胎卵成鬼"，津逮本作"治卵成鬼"據尚本改。
　　⑤　"飢蠱"，津逮本、尚本作"饑蟲"。"偏多亂纏，緒不可得"，津逮本作"多亂纏綿，不可得秋"。
　　⑥　"青蛉"，底本及津逮本作"清冷"，元本作"清泠"，據尚本改。"西東"，津逮本、尚本作"東西"。"冤"，津逮本作"寬"。
　　⑦　"疲"，元本作"罷"。
　　⑧　"匈匈"，津逮本作"訩訩"。"災"，津逮本作"靈"。
　　⑨　"趨走山間"，底本作"日暮後門"，據津逮本、尚本改。
　　⑩　"雛"，津逮本、尚本作"雉"。"常"，津逮本作"尚"。
　　⑪　"月趨日步"，津逮本、尚本作"日趨月步"。

隨　天孫帝子，與日月處。光榮於世，福禄祉祉①。

蠱　晨風文翰，大舉就温。昧過我邑，羿無所得②。

臨　旦生夕死，名曰嬰鬼，不可得視③。

觀　疾貧望仕，使伯南販。開牢擇羊，多得大牂④。

噬嗑　長城驪山，生民大殘。涉叔發難，唐叔爲患⑤。

賁　娶於姜吕，駕迎新婦。少齊在門，夫子歡喜。

剝　隨時春草，舊枝葉起。扶疎條桃，長大美盛，華沃鑠舒⑥。

復　姬姜既歡，二姓爲婚。霜降合好，西施在前⑦。

无妄　戴笠獨宿，晝不見日。勤苦無代，長勞悲思⑧。

大畜　始加元服，二十繫室。新婚既樂，伯季有得⑨。

頤　二至靈臺，文所止遊。雲物備故，長樂無憂⑩。

大過　久陰霖雨，塗行泥潦。商人依山，市空無有⑪。

坎　城壞壓境，數爲齊病。侵伐不休，君臣擾憂。上下屈竭，士民無財⑫。

---

① “祉祉”，津逮本作“祺祉”。
② “大”，津逮本作“火”。“昧”，津逮本作“時”。
③ “鬼”，津逮本作“兒”。“得視”，津逮本作“潛視”，尚本作“得祀”。
④ “仕”，津逮本、尚本作“幸”。
⑤ “民”，底本作“我”，據津逮本、尚本改。“叔”，津逮本作“丼”。
⑥ “春草”，津逮本、尚本作“草木”。“舊枝”，津逮本作“灌時”，尚本作“灌枝”。“美盛”，津逮本、尚本作“盛美”。“舒”，津逮本作“疎”。
⑦ “既”，津逮本作“悦”。
⑧ “勤苦無代”，津逮本作“勤勞無妄”。
⑨ “加”，津逮本作“如”。“得”，津逮本作“德”。
⑩ “至”，底本作“室”，據津逮本、尚本改。“故”，津逮本、尚本作“具”。
⑪ “依山”，津逮本、尚本作“休止”。“有”，尚本作“寶”。
⑫ “憂”，尚本作“亂”。“無”，津逮本、尚本作“乏”。

離　南國盛茂,黍稷醴酒。可以饗養,樂我嘉友①。

咸　憂在心腹,內崩爲疾。禍起蕭墻,意如制國。

恒　朽根刖樹,花葉落去。卒逢大猋,隨風僵仆②。

遯　樹表爲壇,相與期言。午中不會,寵名棄廢③。

大壯　四足俱走,奴疲在後。兩戰不勝,敗於東楚④。

晉　執彎西朝,回還故處。麥秀傷心,叔父有憂⑤。

明夷　長夜短日,陰爲陽賊。萬物空枯,藏於北陸⑥。

家人　鳲鳩七子,均而不殆。長大成就,棄而合好⑦。

睽　三羊上山,馳至大原。黃龍負舟,遂到夷傷,究其玉囊⑧。

蹇　手足易處,頭尾顛倒。公爲雌嫗,亂其蠶織⑨。

解　登高望家,役事未休。王政靡盬,不得逍遙⑩。

損　畏昏不行,候待旦明。燎獵受福,老賴其慶⑪。

益　孤獨特處,莫依無輔,心勞志苦⑫。

姤　山石朽破,消崩墮墜。上下離心,君受其祟。

---

①　“友”,津逮本作“祐”。

②　“花”,元本、尚本作“華”。“大猋”,底本作“火猋”,津逮本作“大猋”,據尚本改。

③　“名”,津逮本、尚本作“榮”。“廢”,津逮本作“袚”。

④　“兩”,底本作“德”,據津逮本、尚本改。“奴”,津逮本作“駑”。“疲”,元本作“罷”。“在”,津逮本作“任”。

⑤　“西”,津逮本作“在”。“有”,底本作“無”,據元本、尚本改。

⑥　“長夜短日”,津逮本、尚本作“夜長日短”。

⑦　“鳲”,底本作“鳴”,據元本、尚本改。“而合”,津逮本作“合如”。

⑧　“遂”,津逮本作“逐”。“傷”,津逮本、尚本作“陽”。“究”,津逮本作“宛”。

⑨　“手”,津逮本、尚本作“首”。

⑩　“政”,津逮本、尚本作“事”。

⑪　“候待旦明”,津逮本、尚本作“候旦待明”。

⑫　“無”,尚本作“爲”。

萃　文母聖子，無疆壽考。爲天下主，人受其福①。

升　倔傀加俄，前後相違。言如鱉咳，語不可知②。

困　五龍俱超，強者敢走。露我苗稼，年歲大有③。

井　虎除善猛，難爲功醫。驥疲鹽車，困於銜箠④。

革　江南多蝮，螫於手足。冤煩詰屈，痛徹心腹⑤。

鼎　心無所據，射鹿不得。多言少實，語成無事⑥。

震　君明主賢，鳴求其友。顯德之政，可以履事⑦。

艮　安上宜官，一日九遷。踰羣越等，牧在常山⑧。

漸　俊辭解謝，除去垢污。驚之成患，嬰氏醳殘⑨。

歸妹　翁狂嫗盲，相牽北行。欲歸高邑，迷惑不得⑩。

豐　醉臥道傍，迷旦失明，不全我生⑪。

旅　北登鬼丘，駕龍東遊。王叔御后，文武何憂⑫。

巽　恬淡無患，遊戲道門。與神往來，長樂以安⑬。

---

① “人受其福”，津逮本、尚本無。

② “加俄”，津逮本作“如儀”，尚本作“無儀”。

③ “超”，津逮本、尚本作“起”。“敢”，津逮本、尚本作“敗”。

④ “虎除善猛”，津逮本作“雷除善猛”，尚本作“虜除善疑”。“難”，津逮本作“雖”。“功”，元本作“政”，尚本作“攻”。“困”，津逮本作“出”。

⑤ “於”，津逮本、尚本作“我”。

⑥ “所”，津逮本作“可”。“成無”，津逮本、尚本作“無成”。

⑦ “主”，津逮本、尚本作“臣”。“政”，尚本作“士”。“事”，津逮本作“立”，學津本、尚本作“土”。

⑧ “上”，津逮本作“土”。“羣越”，津逮本作“越羣”。“在”，津逮本、尚本作“養”。

⑨ “俊”，津逮本作“保”，尚本作“峻”。“污”，津逮本作“活”。“嬰氏醳殘”，津逮本作“屢去酷殘”，尚本作“嬰去酷殘”。

⑩ “翁”，津逮本作“不”。“不得”，津逮本作“公得”。

⑪ “旦”，津逮本作“且”。“全”，津逮本作“合”。

⑫ “叔”，津逮本作“母”。

⑬ “往來”，津逮本作“來往”。“樂”，津逮本作“出”。

兌　以緗易絲，抱布自媒。棄禮急情，卒罹悔憂①。

渙　被服大冠，遊戲道門。以禮相終，身無殃患②。

節　大麓魚池，陸爲海涯。君子失行，小人相攜③。

中孚　淵泉溢出，爲我邑祟。道路不通，孩子心憒④。

小過　十里望煙，散渙四分，形體滅亡。可入深淵，終不見君⑤。

既濟　傳言相誤，非奸徑路。鳴鼓逐狼，不知迹處⑥。

未濟　東失大珠，西行棄襦。時多不利，使我後起。

姤之第四十四

姤　河伯大呼，津不可渡。往復爾故，乃無大悔⑦。

乾　蒙被恩德，長大成就。柔順利貞，君臣合好⑧。

坤　東山西山，各自止安。心雖相望，竟不同堂⑨。

屯　登山上谷，與虎相觸。猬爲功曹，班叔奔北，脫之嘉國。

蒙　蹳跛未起，失利後市，不得鹿子⑩。

需　結珠懷履，卑斯以鬼，爲君奴婢⑪。

---

① “急情”，津逮本作“怠惰”。“悔憂”，元本、尚本作“憂悔”。
② “大”，津逮本、尚本作“衣”。“異”，津逮本、尚本作“災”。
③ “大麓魚池”，津逮本作“天麓魚地”。
④ “我邑”，津逮本作“邑之”。
⑤ “分”，學津本、尚本作“方”。
⑥ “奸”，津逮本作“好”，尚本作“干”。
⑦ “爾”，津逮本作“示”。
⑧ “德”，津逮本作“澤”。
⑨ “心雖相望”，津逮本作“雖欲登望”。“竟”，底本作“意”，據津逮本、尚本改。
⑩ “跛”，津逮本、尚本作“跌”。“不得鹿子”，底本無，據津逮本、尚本補。
⑪ “卑斯以鬼”，津逮本作“卓斯以思”，尚本作“卑斯似鬼”。

訟　雞鳴失時，民僑勞苦。尨吠有威，行者留止①。

師　陳嬀敬仲，示兆興姜。乃寓營丘，八世大昌②。屯之噬嗑，比之豫。

比　鹿畏人匿，俱入深谷。短命不長，爲虎所得，死於牙腹。

小畜　言無約結，不成契券。殷叔季女，公孫争之。強人委禽，不悦於心，乃適子南③。

履　鼓瑟歌舞，懽遺於酒。龍喜張口，大喜在後④。

泰　凶憂災殃，日益章明。禍不可救，三郤夷傷⑤。

否　水流趨下，遂成東海。求我所有，買鱣與鯉⑥。

同人　陰爲陽賊，君不能尅。舉動失常，利無所得。

大有　離狀失案，龜喪其願。都市無會，叔季懷恨。

謙　壅遏隄防，水不得行。火盛陽光，陰霓伏藏，走歸其鄉⑦。

豫　躄屈復伸，本乘浮雲，貴寵毋前⑧。

隨　實沈參虛，以義斷割。次陸服刑，成我霸功⑨。

蠱　金泉黄寶，宜與我市。娶嫁有息，利得過母⑩。

---

①　“尨吠有威，行者留止”，津逮本作“犬吠不休，行者稽留”。

②　“寓”，尚本作“適”。“示兆興姜，乃寓營丘”，津逮本作“北興齊姜，營丘立適”。

③　“契券”，津逮本、尚本作“券契”。“女”，津逮本、尚本作“姬”。

④　“遺”，津逮本作“悦”。“大喜”，津逮本作“大悦”。

⑤　“章明”，津逮本作“明章”。

⑥　“成”，尚本作“至”。“買”，津逮本作“貿”。

⑦　“火”，津逮本作“大”。“盛”，底本作“慎”，據尚本改。“走歸”，津逮本作“先歸”。

⑧　“本”，津逮本、尚本作“東”。

⑨　“虛”，元本作“罰”，津逮本、尚本作“伐”。“刑”，底本作“薪”，據津逮本、尚本改。

⑩　“得”，津逮本作“後”。

臨 禹召諸侯,會稽南山。執玉萬國,天下康寧[①]。

觀 三蟲作蠱,踐跡無與。勝母盜泉,君子不處。

噬嗑 花葉墮落,公歸嫗宅。夷子失民,潔白不食[②]。

賁 履機懼毁,身王子廢。終得所欲,無有凶害。

剥 道理和德,仁不相賊。君子攸往,樂有利福[③]。

復 合匏同牢,姬姜並居,壽考長乂[④]。

无妄 關雎淑女,賢妃聖偶。宜家壽母,福禄長久[⑤]。

大畜 騏驥晚乳,不知子處。旋踵悲鳴,痛傷我心[⑥]。

頤 智嵓絶理,陰孽謀主。十日不食,困於申亥[⑦]。

大過 監諸攻玉,無不穿鑿。麟鳳成形,德象君子。三仁翼事,所求必喜[⑧]。

坎 昧暮乘車,以至伯家。踰梁渡河,濟脱無他。

離 吾有黍粱,委積外場。有角服箱,運致我藏,富於嘉糧[⑨]。

① "侯",津逮本、尚本作"神"。"康寧",津逮本作"安寧",尚本作"康安"。

② "花",元本、尚本作"華"。"墮",津逮本、尚本作"隕"。"嫗",津逮本作"樞"。"子",津逮本作"卒"。"白",津逮本、尚本作"己"。

③ "德",津逮本、尚本作"得"。"樂",津逮本作"我"。

④ "壽考長乂",底本無,據津逮本補。

⑤ "賢妃聖偶",元本作"賢賢妃偶"。

⑥ "騏",津逮本、尚本作"雖"。"晚",津逮本、尚本作"脱"。"踵",底本作"動",據津逮本、尚本改。

⑦ "智嵓",津逮本、尚本作"知嚴"。"主",底本作"生",津逮本作"王",據元本、尚本改。

⑧ "監",津逮本作"鑿"。"穿",津逮本作"宜"。"無不穿鑿"後,尚本補有"龍體具舉,魯班爲輔"八字。"三仁翼事,所求必喜",尚本删之。

⑨ "粱",津逮本、尚本作"稷"。"角",底本作"用",據津逮本、尚本改。"嘉",底本作"喜",據津逮本、尚本改。

咸　喜笑且語，不能掩口。官爵並至，慶賀盈户①。

恒　霧露雪霜，日暗不明。陰孽生疾，年穀大傷②。

遯　伯去我東，髮擾如蓬。瘒寐長歎，展轉空牀。内懷悵恨，摧我肝腸③。

大壯　亡羊補牢，毋損於憂④。

晉　販鼠賣卜，利少無謀，難以得家⑤。

明夷　西戎爲疾，幽君去室。陳子發難，項伯成就⑥。

家人　秋風生哀，花落生悲。公室多難，羊舌氏衰⑦。

睽　持福厭患，去除天殘。日長夜盡，喜世蒙恩⑧。

蹇　新授大喜，福復重來。樂且日富，是惟豐財⑨。

解　前頓卻躓，左跌右逆。登高安梯，復反來歸。

損　夢飯不飽，酒未入口。嬰女雖好，媒鴈不許⑩。

益　大都王市，稠人多寶。公孫宜賈，資貨萬倍⑪。

夬　兩人俱醉，相與悖戾。心乖不同，争訟匈匈⑫。

---

① “户”，津逮本作“門”。

② “生”，津逮本、尚本作“爲”。

③ “擾如”，津逮本、尚本作“如飛”。“摧我”，津逮本作“心摧”。

④ “毋損於憂”，津逮本、尚本作“張氏失牛，騂駟奔走，鵲盗我魚”。

⑤ “卜”，津逮本、尚本作“壽”，顧千里謂當作“朴”。

⑥ “疾”，津逮本作“秩”。“就”，津逮本作“亂”。

⑦ “花”，元本、尚本作“華”。“生”，津逮本、尚本作“心”。“羊舌”，津逮本作“蒙古”。

⑧ “天”，津逮本、尚本作“大”。“喜”，津逮本作“嘉”。

⑨ “授”，津逮本、尚本作“受”。“復”，津逮本、尚本作“履”。“是惟”，津逮本、尚本作“足用”。

⑩ “未”，津逮本作“來”。“鴈”，津逮本作“應”。

⑪ “賈”，津逮本作“買”。

⑫ “匈匈”，津逮本作“恟恟”。

萃　身無頭足，超蹦空乖。不能遠之，中道廢休，失利後時[1]。

升　三人俱行，六目光明。道逢淑女，與我驥子。

困　進仕爲官，不若復田，獲壽保年[2]。

井　先易後否，失我所市。騷蘇自苦，思吾故土[3]。

革　蘇氏發言，韓魏無患。張子馳説，燕齊以安[4]。

鼎　武庫軍府，甲兵所聚。非里邑居，不可舍止。師之蹇。

震　二桃三口，莫適所與。爲孺子牛，田氏主咎[5]。

艮　西山東山，各自止安。心雖相望，竟未上堂[6]。

漸　不改柯葉，和氣中適。君子所在，安無怵惕[7]。

歸妹　將戌擊亥，陽藏不起。君子散亂，太山危殆[8]。

豐　天官列宿，五神舍室。宮闕完堅，君安其居。

旅　左手把水，右手把火，如光與鬼，不可得從[9]。

巽　逐狐東山，水遏我前。深不可涉，失利後便。

兌　水瀆魚室，來灌吾邑。衝没我家，與狗俱遊[10]。

涣　山險難登，澗中多石。車馳轊擊，重載傷軸。擔負善躓，跌蹉右足。

---

① "空"，津逮本作"庶"。"廢"，津逮本作"疲"。"時"，津逮本作"市"。
② "仕"，津逮本作"士"。
③ "土"，津逮本、尚本作"事"。
④ "氏"，津逮本、尚本作"秦"。
⑤ "二桃"，底本作"一身"，津逮本作"三桃"，據尚本改。"主"，津逮本、尚本作"生"。
⑥ "心雖相望"，津逮本作"雖相登望"。"未上"，津逮本、尚本作"不同"。
⑦ "中"，津逮本、尚本作"沖"。
⑧ "擊"，津逮本、尚本作"繫"。"山"，津逮本作"上"。
⑨ "右手把火"，津逮本無。"從"，津逮本作"徙"。
⑩ "没"，津逮本作"破"。

節　槽空無實，豚彘不食。庶民屈竭，離其居室。

中孚　執熱爛手，火爲災咎。公孫無賴，敗我玉寶①。

小過　三虎上山，更相噬齧。心志不親，如仇與怨②。

既濟　西家嫁子，借鄰送女。嘉我淑姬，賓主俱喜③。

未濟　克身潔己，逢禹巡狩。錫我玄圭，拜受福祉。

---

① “玉寶”，津逮本、尚本作“王室”。
② “與”，津逮本作“如”。
③ “子”，津逮本作“女”。

焦氏易林卷第十二

萃之第四十五

萃　蒙慶受福，有所獲得。不利出城，病人困棘①。

乾　碩鼠四足，飛不上屋。顔氏淵德，未有爵禄②。

坤　新受大喜，福履重職，樂且日富③。

屯　尅身整己，逢禹巡狩。錫我玄圭，拜受福祉④。

蒙　置筐失筥，輪破無輔。家伯爲政，病我下土。

需　機言不發，頑不能達。齊魯爲仇，亡我葵丘。

訟　亡錐失斧，公輸無輔。抱其彝器，適君子處。

師　家在海隅，橈短深流。伯氏難行，無木以趨⑤。

比　德施流行，利之四鄉。雨師灑道，風伯逐殃。巡狩封禪，以告成功。

小畜　筐傾筥覆，喪我公粒。簡伯無禮，太師正食⑥。

履　泥滓污辱，棄捐溝瀆。爲衆所笑，終不顯禄⑦。

---

① “城”，尚本作“域”。“病人困棘”，津逮本作“疾人困極”。
② “淵”，尚本作“淑”。
③ “履”，津逮本作“優”。
④ “整”，津逮本、尚本作“潔”。“圭”，尚本作“龜”。
⑤ “木”，底本作“目”，據津逮本、尚本改。“趨”，津逮本作“超”。
⑥ “喪我公粒”，津逮本作“畏我公置”。
⑦ “捐”，津逮本作“損”。“禄”，尚本作“録”。

泰　獼猴兔走，腥臊少肉。漏卮承酒，利無所得①。

否　鹿畏人藏，俱入深谷。命短不長，爲虎所得，死於牙腹。

同人　南山蘭芝，君子所有。東家淑女，生我玉寶②。

大有　左指右揮，邪佞侈靡。執節無良，靈君以亡③。

謙　鬱映不明，爲濕所傷。衆陰羣聚，共奪日光④。

豫　穿鼻繫棘，爲虎所拘。王母祝禱，禍不成災，突然脫來⑤。

隨　貧鬼守門，日破我盆。毀甌傷缸，空虛無子⑥。

蠱　襄王叔帶，鄭人是賴。莊公卿士，皇母憂苦⑦。

臨　昭君死國，諸夏蒙德。異類既同，宗我王室⑧。

觀　冬薇枯腐，常風於道。蒙被塵埃，左右勞苦⑨。

噬嗑　六爻既立，神明喜告。文定吉祥，康叔受福⑩。

賁　泣涕長訣，我心不快。遠送衛野，歸寧無子⑪。

剥　三宿無主，南行勞苦。東里失利，喪其珍寶。本卦遞同。

復　大斧破木，讒佞敗國。東關梁五，禍及三子。晉人亂

---

① "走"，尚本作"足"。"承"，津逮本、尚本作"盛"。"得"，津逮本、尚本作"有"。

② "蘭芝"，津逮本、尚本作"芝蘭"。"寶"，津逮本作"室"。

③ "佞"，津逮本作"望"。

④ "鬱映"，底本作"鬱快"，津逮本作"爵秩"，據尚本改。"濕"，津逮本作"臣"，尚本作"陰"。"陰"，尚本作"霧"。

⑤ "棘"，津逮本、尚本作"株"。"禱"，元本作"福"。"脫"，津逮本作"自"。

⑥ "毀甌傷缸"，津逮本作"毀鼠傷綬"。

⑦ "皇"，津逮本、尚本作"王"。"苦"，津逮本作"喜"。

⑧ "死"，津逮本作"守"。"宗"，津逮本作"崇"。

⑨ "枯"，津逮本作"朽"。"常"，津逮本作"當"。

⑩ "喜"，津逮本作"所"。

⑪ "快"，津逮本、尚本作"快"。"子"，津逮本、尚本作"咎"。

邑,懷公出走①。

无妄 乘風上天,爲時服軒。周旋萬里,無有患難。

大畜 大樹百根,北與山連。文君作人,受福萬年②。

頤 陽伏在下,陰制祐福。生不逢時,潛龍隱處。

大過 亂頭多憂,搔虱生愁。膳夫仲允,使我無聊③。

坎 江河淮海,天之都市。商人受福,國家富有。

離 泰山幽谷,鳳凰游宿。威儀有序,可以來福④。

咸 山水暴怒,壞梁折柱。稽難行旅,留連愁苦。

恒 阿衡服箱,太一載行。巡時歷舍,所之吉昌⑤。

遯 三宿無主,南行勞苦。東里失利,喪其珍寶。本卦剝同。

大壯 生無父母,出門不喜。買菽失粟,亡我大乘⑥。

晉 安坐玉堂,聽樂行觴。飲福萬歲,日受無疆⑦。

明夷 登危入厄,四時變易。春霜變雪,物皆凋落⑧。

家人 衣穴履穿,無以禦寒。細小貧寠,不能自存⑨。

睽 目不可合,憂來搔足。悚惕恐懼,去其邦域⑩。

蹇 齎貝贖狸,不聽我辭。繫於虎鬚,牽不得來。

---

① "東關梁五",底本作"東間梁王",津逮本作"東關良工",據尚本改。"邑",元本、尚本作"危"。

② "人",津逮本作"義"。

③ "允",底本作"尹",津逮本作"年",據尚本改。

④ "泰",元本作"太"。"威儀",津逮本、尚本作"禮義"。"序",元本作"敘"。"來",津逮本、尚本作"求"。

⑤ "巡",津逮本作"延"。

⑥ "菽",津逮本作"椒"。"乘",津逮本、尚本作"利"。

⑦ "歲",津逮本作"鍾"。"日受",尚本作"曰壽"。

⑧ "變",津逮本、尚本作"夏"。

⑨ "穴",津逮本作"空"。"存",津逮本作"好"。

⑩ "悚",津逮本、尚本作"怵"。

解　伯夷叔齊，貞廉之師。以德防患，憂禍不存，聲芳後時①。

損　張王子季，爭財相制。商君頑囂，不知所申②。

益　長城既立，四夷賓服。交和結好，昭君受福③。

夬　千歡萬悦，舉事爲決。獲受嘉慶，動作有得④。

姤　種一得十，日益有息。仁政獲民，四國睦親。

升　安子富有，東國不殃。齊鄭和親，顯比以喜。

困　九里十山，道仰峻難。牛馬不前，復反來還。

井　鳩杖扶老，衣食百口。增添壽考，凶惡不起⑤。

革　霧露雪霜，日暗不明。陰孽爲疾，年穀大傷。

鼎　迷行數邪，不知東西。陰強暴逆，道理不通⑥。

震　登高上山，見王自言。信理我冤，得職蒙恩。

艮　三世爲德，天祚以國。封建少昊，魯侯之福。

漸　喬木無息，漢女難得。橘柚請佩，反手難悔⑦。

歸妹　東鄰西家，來即我謀。中告吉誠，使君安寧。

豐　襃衣出户，心欲北走。王孫母驚，使我長生⑧。

旅　三日不飲，遠水無酒。晝夜焦喉，傷鬼爲咎⑨。

巽　衆口銷金，愬言不驗。腐臭敗兔，入市不售。

---

① “聲芳”，津逮本作“芳聲”。
② “申”，津逮本、尚本作“由”。
③ “受”，津逮本、尚本作“是”。
④ “得”，津逮本作“福”。
⑤ “增添”，津逮本、尚本作“曾孫”。
⑥ “邪”，學津本、尚本作“卻”。“理”，尚本作“里”。
⑦ “橘柚”，津逮本作“禱神”。“難悔”，津逮本作“離汝”。
⑧ “北”，津逮本作“奔”。
⑨ “傷鬼”，津逮本、尚本作“使我”。

兌　姬冠應門，與伯爭言。東家失狗，意我不存。爭亂忘因，絕其所歡①。

渙　祚加明德，與我周國。公劉文母，福流子孫②。

節　針頭刺手，百病瘳愈。抑按捫灸，死人復起。

中孚　元龜象齒，大賂爲寶。稽疑當否，衰微復起。

小過　故室舊廬，消散無餘。不如新創，可以樂居。

既濟　老狐多態，行爲蠱怪，爲魅爲妖。驚我主母，終无咎悔③。

未濟　愛子多材，起迹空虛。避害如神，水不能濡④。

升之第四十六

升　禹鑿龍門，通利水泉。東注滄海，民得安全⑤。

乾　白鹿鳴呦，呼其老小。喜彼茂草，樂我君子⑥。

坤　百里南行，雖微得明。去虞適秦，爲穆國卿⑦。

屯　王宜孫喜，張名益有。龍子善行，西得大壽⑧。

蒙　畫龍頭頸，文章不成。所求不得，失利後時⑨。

---

①　"姬"，津逮本作"媹"。"我"，津逮本作"在"。"忘因"，津逮本作"無怠"。"其"，津逮本作"吾"。

②　"與"，元本、尚本作"興"。

③　"主"，津逮本、尚本作"王"。"爲魅爲妖"，底本無，據津逮本補。

④　"材"，元本作"才"。

⑤　"泉"，津逮本、尚本作"源"。"民得安全"，津逮本、尚本作"人民得安"。

⑥　"小"，津逮本作"少"。

⑦　"得"，津逮本、尚本作"復"。

⑧　"王宜孫喜"，津逮本、尚本作"王孫宜家"。

⑨　"所求不得，失利後時"，津逮本、尚本作"甘言善語，譎辭無名"。

需　商子無良，相怨一方。引剛交争，咎自以當①。

訟　衰老困極，無齒不食。痔病痌瘵，就陰爲室②。

師　鳶生會稽，稍巨能飛。翺翔桂林，爲衆鳥雄③。

比　安平不傾，載福長生，君子以寧。

小畜　牛驥同槽，郭氏以亡。國破爲墟，君奔走逃④。

履　日中明德，盛興兩國。仁聖會遇，君受其福，臣多榮禄⑤。

泰　公劉之居，太王所業。可以長生，拜受福爵。

否　時凋歲霜，君子疾病。宋女無辜，鄭受其殃⑥。

同人　濟河踰阨，脱母怵惕。四叔爲衛，使惠不廢⑦。

大有　缺破不完，殘瘵側偏。公孫幽遏，跛踦後門⑧。

謙　延頸遠望，昧爲目病。不見叔姬，使伯憂心⑨。

豫　上無飛鳥，下無走獸。擾亂未清，民勞於事。

隨　久陰霖雨，塗行泥潦。商人休止，市空無有⑩。

蠱　盲者張目，跛踦起行。瞻望日月，與王相迎⑪。

臨　據斗運樞，高步六虚。權既在手，寰宇可驅。國大無

---

① “剛”，津逮本、尚本作“鬭”。“自以”，津逮本、尚本作“以自”。
② “痌”，津逮本、尚本作“痏”。“就陰爲室”，尚本作“就長夜室”。
③ “鳶”，津逮本作“鴌”。
④ “墟”，元本作“虚”。
⑤ “盛興兩國”，津逮本作“兩國盛興”。
⑥ “霜”，津逮本作“寂”。“宋”，底本作“宗”，據津逮本、尚本改。
⑦ “叔”，津逮本作“序”。
⑧ “瘵”，津逮本作“際”。“踦”，津逮本、尚本作“倚”。
⑨ “昧”，元本作“昳”，尚本作“眜”。“憂心”，津逮本、尚本作“心憂”。
⑩ “商”，津逮本作“民”。“有”，尚本作“寶”。
⑪ “張目”，津逮本、尚本作“目張”。“踦”，津逮本、尚本作“倚”。“王”，津逮本、尚本作“主”。

憂,與樂並居①。

觀　稼穡不偏,重適不傾。巧言賊忠,傷我申生②。

噬嗑　金城鐵郭,上下同力。政平民親,寇不敢賊③。

賁　目鏡不明,冬災大傷。盜花失實,十年消亡④。

剝　鰥寡孤獨,命禄苦薄。入室無妻,武子悲哀。

復　飲酒醉飽,跳起争鬭。伯喪叔僵,東家治喪⑤。

无妄　介紹微子,使君不殆。二國合歡,燕齊以安⑥。

大畜　牽牛繫尾,詘折幾死。彫世無仁,不知所在⑦。

頤　東龍冤獨,不知所觸。南北困窮,王子危急⑧。

大過　疾貧王孫,北陸無禪。禄命苦薄,兩事孤門⑨。

坎　公孫駕驪,載遊東齊。延陵説産,遺季紵衣⑩。

離　王良善御,伯樂知馬。文王東獵,獲喜聖事。開福佑賢,周發興起⑪。

咸　日月不居,重耳趨舍。遊齊入秦,晉國是霸⑫。

恒　假文翰翼,隨風偕北。至虞夏國,與舜相得。年歲大

---

① 此林辭津逮本作“據斗運樞,順天無憂,與樂並居,萬代歡慶”。
② “適”,底本作“過”,據津逮本、尚本改。
③ “親”,津逮本作“歡”。
④ “目”,津逮本、尚本作“日”。“花”,元本、尚本作“華”。
⑤ “飽”,尚本作“醃”。“伯喪”,津逮本、尚本作“伯傷”。
⑥ “紹”,津逮本作“召”。
⑦ “牛”,津逮本作“頸”。“彫”,元本作“雕”。“在”,津逮本、尚本作“比”。
⑧ “冤”,津逮本作“究”。“獨”,津逮本、尚本作“毒”。
⑨ “陸”,津逮本作“極”。“禪”,津逮本、尚本作“輝”。“守”,津逮本、尚本作“事”。
⑩ “驪”,津逮本作“車”。“説”,津逮本作“故”。
⑪ “獲喜聖事”,津逮本、尚本作“獲嘉賢士”。“賢”,津逮本、尚本作“周”。“周發”,津逮本、尚本作“發旦”。“佑”,元本、尚本作“祐”。
⑫ “齊”,底本作“燕”,據尚本改。

樂，邑無盜賊①。

遯 南行無遯，延頸後食。舉止失利，累我子孫②。

大壯 開元作喜，建造利事。平準貨寶，海內殷富③。

晉 三犬俱走，鬪於谷口。白者不勝，死於坂下④。

明夷 驕胡犬形，造惡作凶。無所能成，還自滅身⑤。

家人 拜跪贊辭，無益於尤。大夫頑嚚，使我生憂⑥。

睽 辰以降婁，王駕巡狩。廣佑施惠，萬國咸喜⑦。

蹇 牽羭上樓，與福俱居。勞躬治國，安樂無憂⑧。

解 白鳥銜餌，鳴呼其子。挾施張翅，來從其母⑨。

損 盲瞽獨宿，莫與共食。老窮於人，病在心腹⑩。

益 登木出淵，稍上升天。明德孔聖，白日載榮⑪。

夬 彭離濟東，遷廢上庸。狠戾無節，失其寵功⑫。

姤 讚陽上舞，神明生氣。拜禹受福，君施我德⑬。

------

① “偕”，津逮本作“背”。“得”，津逮本作“傳”。“與舜”，底本作“興愛”，據津逮本、尚本改。

② “無遯”，津逮本、尚本作“北走”。“後”，津逮本、尚本作“望”。“止”，津逮本作“口”。“我”，底本作“爲”，據津逮本、尚本改。

③ “元”，津逮本、尚本作“市”。

④ “坂”，元本、尚本作“阪”。“者”，底本作“鷥”，據津逮本、尚本改。

⑤ “犬形”，元本作“大形”，津逮本作“火形”。

⑥ “嚚”，元本、尚本作“嚣”。“生”，津逮本、尚本作“心”。

⑦ “以”，津逮本、尚本作“次”。“王駕巡狩”，津逮本作“王嘉狩巡”。“佑”，元本作“祐”。“萬國咸喜”後，津逮本有“子孫榮品，長安不殆”八字。

⑧ “羭”，津逮本作“瑜”。“居”，津逮本、尚本作“遊”。

⑨ “挾施”，津逮本作“投杖”，尚本作“旋枝”。

⑩ “瞽”，津逮本作“聾”。

⑪ “榮”，津逮本作“熒”。“白日載榮”後，津逮本有“寵禄再榮”四字。

⑫ “廢”，津逮本作“之”。“狠”，津逮本作“狼”。

⑬ “陽”，學津本、尚本作“揚”。“生”，津逮本、尚本作“正”。“拜禹”，津逮本、尚本作“禹拜”。“施”，津逮本作“使”。“君施我德”後，津逮本有“居則厚禄”四字。

萃　從首至足，部分爲六。室家離散，逐南乞食。

困　民迷失道，亂我統紀。空使乾華，實無所有①。

井　刻畫爲飾，嫫母無鹽。毛嬙西施，求事必得②。

革　日居月諸，遇暗不明。長夜喪中，絕其紀綱③。

鼎　衣裳顛倒，爲王來呼。成就東國，封受大休④。

震　當變立權，摛解患難。渙然冰釋，六國以寧。

艮　西戎玁狁，病於我國。扶陝之岐，以保乾德⑤。

漸　南行逐羊，予利喜亡。陰孽爲病，復返其邦⑥。

歸妹　遊戲仁德，日益有福。凶言不至，妖孽滅息。

豐　春日新婚，就陽日溫。喜樂萬歲，獲福有年⑦。

旅　陰升陽伏，舜失其室。相飾不食，安巢如棘⑧。

巽　臣尊主卑，威權日衰。侵奪無光，三家逐公⑨。

兌　反言爲殘，戎女生患。亂吾家國，父子相賊⑩。

渙　迎福開戶，喜隨我後。康伯愷悌，治民以禮⑪。

---

① “華”，底本作“革”，據津逮本、尚本改。“實”，底本作“賓”，據元本、尚本改。“實無所有”後，津逮本有“先憂後樂”四字。

② “鹽”，尚本作“益”。“嫫母無鹽”，津逮本無。

③ “日居月諸”，底本作“居諸日月”，據津逮本、尚本改。“遇”，元本作“御”。“中”，津逮本作“用”。

④ “國”，津逮本、尚本作“周”。“休”，津逮本、尚本作“侯”。

⑤ “杖策之岐”，底本作“扶陝之岐”，津逮本作“扶陽之正”，據尚本改。“以保乾德”後，津逮本有“終無患惑”四字。

⑥ “予”，津逮本作“子”。“返”，元本作“反”。

⑦ “日溫”，底本作“曰溫”，據津逮本、尚本改。“喜”，津逮本、尚本作“嘉”。“有年”，津逮本、尚本作“大椿”。

⑧ “舜失”，津逮本、尚本作“鬼哭”。

⑨ “威權”，津逮本、尚本作“權威”。

⑩ “殘”，津逮本、尚本作“賊”。“家國”，津逮本作“國家”。

⑪ “隨”，津逮本作“逐”。“後”，津逮本作“后”。

節 日就月將，昭明有功。靈臺歡賞，膠鼓作人①。

中孚 百草嘉卉，萌芽將出。昆蟲扶户，陽明得所。

小過 天所佑助，萬國日有。福至禍去，壽命長久②。

既濟 窮夫失居，惟守弊廬。初憂中懼，終日兢兢。無悔無虞③。

未濟 買玉得石，失其所欲。荷蕢擊磬，隱世無聲④。

困之第四十七

困 席多針刺，不可以臥。動而有悔，言行俱過⑤。

乾 烏鵲食穀，張口受哺。蒙被恩德，長大成就。柔順利貞，君臣合好。

坤 六鷁退飛，爲襄敗祥。陳師合戰，右股夷傷。遂以薨崩，霸功不終⑥。

屯 匍匐出走，驚惶悼恐。白虎王孫，蓐收在後，居中无咎⑦。

蒙 庇廬不明，使孔德妨。女孼亂國，虐政傷仁⑧。

---

① “歡”，津逮本、尚本作“觀”。“人”，津逮本作“仁”。
② “佑”，元本作“祐”。“萬國日有”，津逮本無。“壽命長久”，津逮本作“君主何憂”。
③ “惟守”，津逮本、尚本作“唯守”。“終”，元本、尚本作“惟”。“兢兢”，底本作“兢兢”，津逮本作“競競”，據元本、尚本改。
④ “世”，津逮本作“耳”。
⑤ “不可以臥”後，津逮本有“爲身作累”四字。
⑥ “右”，津逮本、尚本作“左”。“終”，津逮本、尚本作“成”。
⑦ “王”，津逮本、尚本作“生”。
⑧ “廬”，底本作“盧”，據津逮本、尚本改。“孔”，津逮本作“禮”。

需　石鼠四足，不能上屋。顏氏淑德，未有爵禄①。

訟　襄送季女，至於蕩道。齊子旦夕，留連久處②。

師　麋鹿逐牧，飽歸其居。還反次舍，樂得自如③。

比　望尚阿衡，太宰周公。藩屏湯武，立爲侯王④。

小畜　開廓洪緒，王迹所基。報以八子，功得俟時⑤。

履　八會大都，饒富有餘。安民利國，可以長居。八疑當作入。

泰　陰雲四方，日在中央。人雖昏霧，我獨昭明。

否　薄爲災虐，風吹雲卻。欲上不得，復歸其宅⑥。

同人　昭昭略略，非忠信客。言語反覆，以黑爲白⑦。

大有　三女爲姦，俱遊高園。背室夜行，與伯笑言。禍及乃身，冤死誰禱⑧。

謙　涉尸留鬼，大斧所視。文昌司過，簡公亂死。

豫　大足長股，利出行道。困倉充盈，疏齒善市。宜錢富家，事得萬倍⑨。

隨　筐筥錡釜，可活百口。伊氏鼎俎，大福所起⑩。

蠱　升高登虛，欲有望候。駕之北邑，與喜相扶。

---

①　“石”，津逮本、尚本作“碩”。

②　“留連久處”，元本作“久留連處”。

③　“反”，津逮本作“於”。

④　“藩屏湯武，立爲侯王”，津逮本作“藩居輔弼，福禄來同”，尚本改“居”爲“屏”，餘同津逮本。

⑤　“基”，津逮本作“居”。“報以八子”，津逮本作“振以公子”。“得”，津逮本、尚本作“德”。“俟”，津逮本作“侯”。

⑥　“薄”，尚本作“魃”。“風吹雲卻”，津逮本作“大風吹卻”。

⑦　“語”，津逮本、尚本作“多”。

⑧　“園”，津逮本作“國”。“及乃”，津逮本、尚本作“反及”。“死誰”，津逮本、尚本作“無所”。

⑨　“宜錢富家”，津逮本作“宜以錢富”。

⑩　“可”，津逮本作“河”。“口”，津逮本作“呂”，尚本作“里”。

臨　用彼嘉賓，政平且均。螟蟲不作，民得安寧。

觀　桃夭少華，婚悦宜家。君子樂胥，長利止居①。

噬嗑　東行失旅，不知所處。西歸無妃，莫與笑語②。

賁　玩好亂目，巧聲迷耳。賊敗貞良，君受其咎③。

剝　明德孔嘉，萬歲無虧。駕龍巡狩，王得安所④。

復　同本異葉，樂仁尚德。東鄰慕義，來興吾國⑤。

无妄　戴山崔嵬，曰高無頽。君主好德，賜以家國⑥。

大畜　築室合歡，千里無患。周公萬年，佑我二人，壽以高遠⑦。

頤　養雞生雛，畜馬得駒。明堂太學，君子所居。

大過　雷行相逐，無有休息。戰於平陸，爲夷所覆。

坎　委蛇循河，北至海涯。涉歷要荒，君世無他⑧。

離　鴻聲大視，高舉神化。背昧向明，以道福功⑨。

咸　比目四翼，來安吾國。福喜上堂，與我同牀⑩。

恒　先縠彘季，反謀桓子。不從元帥，遂行挑戰，爲荆所敗。

遯　三頭六足，欲盜東國。顔子在邇，禍滅不成⑪。

---

①　“華”，底本作“葉”，據津逮本、尚本改。“悦”，元本作“説”。

②　“妃”，津逮本、尚本作“配”，按，妃，配也。

③　“咎”，津逮本、尚本作“殃”。

④　“安所”，津逮本作“所安”。

⑤　“樂”，津逮本、尚本作“安”。“吾”，津逮本、尚本作“古”。

⑥　“曰”，津逮本、尚本作“日”。“主好”，元本作“主我”，津逮本作“王好”，尚本作“王我”。“家”，津逮本、尚本作“嘉”。

⑦　“二”，津逮本作“三”。“壽以高遠”，底本無，據津逮本、尚本補。“佑”，元本作“祐”。

⑧　“北至”，津逮本作“至北”。“君”，津逮本作“在”。

⑨　“道”，津逮本、尚本作“通”。

⑩　此林辭津逮本作“比目四翼，安我邦國，上下無患，爲吾家福”。

⑪　“邇”，津逮本、尚本作“庭”。

大壯　緣山升木,中墮於谷。子輿失勞,黃鳥哀作①。

晉　南有嘉魚,駕黃取鰌。魴鯉灟灟,利來無憂②。

明夷　邅氣作雲,蒙覆大君。塞聰閉明,殷人賈傷③。

家人　舉翅攄翼,跂望南國。延頸卻縮,未有所得④。

睽　坎中蝦蟆,乍盈乍虛。三夕二朝,形消無餘。

蹇　僮子射御,不知所定。質疑蓍龜,孰知所避。國安土樂,宜利止居。兵寇不至,民無騷擾⑤。

解　陰淫寒疾,水離其室。舟楫大作,傷害黍稷。民飢於食,不無病厄⑥。

損　離友絕朋,巧言讒匿。覆白污玉,顏叔哀哭⑦。

益　童女無媒,不宜動搖。安其室廬,傅母何憂。傅一作傍。

夬　作凶作患,北橄困貧。東與禍連,傷我老根⑧。

姤　東南其户,風雨不處。曠睆仁人,父子相保⑨。

萃　被髮獸心,難與比鄰。來如飄風,去似絕絃,爲狼所殘⑩。

升　天覆地載,日月運照。陰陽允作,方内四富。

---

① "墮",元本作"墜"。"輿",津逮本作"與"。

② "鰌",底本作"鱗",據津逮本、尚本改。

③ "君",津逮本作"臣"。"閉",元本作"蔽"。

④ "跂",津逮本作"跣"。

⑤ "僮子射御",津逮本作"僮或射御",尚本作"重弋射隼"。"孰知所避",津逮本、尚本作"孰可避之"。"至",津逮本作"作"。"騷擾",元本作"搔擾",津逮本作"騷憂"。

⑥ "離",津逮本作"流"。

⑦ "匿",尚本作"慝"。

⑧ "作患",津逮本、尚本作"造患"。"橄",津逮本作"榭"。"禍",津逮本作"福"。"老",津逮本、尚本作"左"。

⑨ "曠睆",底本作"曠睍",元本作"曠睍",據尚本改。

⑩ "狼",津逮本作"狠"。

井　桀亂無道，民散不聚。背室棄家，君孤出走。

革　申酉稷射，陰慝萌作。柯葭載牧，泥塗不白①。

鼎　踝踵足傷，右指病瘍。失旅後時，利走不來②。

震　四足俱走，駑疲在後。戰既不勝，敗於東野③。

艮　塗行破車，醜女無媒。莫適爲耦，孤困獨居④。

漸　搏髀大笑，不知憂懼。開立大路，爲主所召⑤。

歸妹　伯圭東行，與利相逢。出既遭時，孰不相知，憂不成凶⑥。

豐　東行賊家，鄭伯失辭。國無貞良，居受其殃⑦。

旅　前屈後曲，形體飭急。絞黑大索，困於請室⑧。

巽　鼓腋大喜，行婚飲酒。嘉彼諸姜，樂我皇考⑨。

兌　國將有事，狐嘈向城。三日悲鳴，邑主大驚⑩。

渙　明德克敏，重華貢舉。放勳徵用，公晳蒙佑⑪。

節　秋隼冬翔，數被嚴霜。甲兵充庭，萬物不生。雞犬夜鳴，民人擾驚⑫。

中孚　絲絟布帛，人所衣服。摻摻女手，紡績善織。南國饒

---

①　“稷射”，津逮本作“敗時”。“慝”，津逮本作“匿”。“柯”，津逮本、尚本作“荷”。
②　“右”，津逮本、尚本作“左”。
③　“戰既”，津逮本、尚本作“俱戰”。
④　“耦”，元本、尚本作“偶”。
⑤　“搏”，學津本、尚本作“拊”。“髀”，津逮本作“𩪘”。“主”，津逮本、尚本作“王”。
⑥　“時”，底本作“昧”，據津逮本、尚本改。“憂不成凶”，津逮本、尚本無。
⑦　“居”，津逮本、尚本作“君”。
⑧　“飭”，津逮本作“勁”。“請”，底本作“清”，據尚本改。
⑨　“腋”，津逮本、尚本作“翼”。“婚”，津逮本作“嫁”。
⑩　“國將有事”，津逮本、尚本無。“日”，津逮本、尚本作“旦”。
⑪　“克”，津逮本作“光”。“公”，尚本作“潛”。“佑”，元本作“祐”。
⑫　“雞犬”，底本作“雄父”，據津逮本、尚本改。“人”，元本、津逮本作“大”。

足,取之有息①。

　　小過　鳳有十子,同巢共母。仁聖在位,懽以相保,興彼周魯②。

　　既濟　雄雞不晨,雌鳴且呻。志庇心離,三旅出哀③。

　　未濟　光祀春成,陳寶雞鳴。陽明失道,不能自守,消亡爲咎④。舉事不成,自取凶咎。

井之第四十八

　　井　躓跛未起,失利後市,不得鹿子⑤。

　　乾　左輔右弼,金玉滿堂。常盈不亡,富如敖倉⑥。

　　坤　雨師娶婦,黄巖季子。成禮既婚,相呼而歸。潤澤田里,年歲大喜⑦。

　　屯　螟蟲爲賊,害我稼穡。盡禾殫麥,秋無所得⑧。

---

　　①　"摻摻",津逮本作"摻搔"。"善",津逮本作"繕"。
　　②　"仁聖在位,懽以相保,興彼周魯",津逮本作"懽以相保,富市之地,多財積穀"。
　　③　"鳴且呻",底本作"雞且伸",據尚本改。"庇",津逮本、尚本作"疪"。"出",津逮本、尚本作"生"。
　　④　"光祀春成",津逮本作"光休出城",尚本作"光祀春城"。"明",底本作"鳥",據津逮本、尚本改。"亡",津逮本作"已"。"爲",底本作"无",據津逮本、尚本改。"消亡爲咎"後,元本有"舉事不成,自取凶咎"八字。
　　⑤　"鹿",津逮本作"麐"。
　　⑥　"敖",津逮本、尚本作"厫"。
　　⑦　"子",津逮本、尚本作"女"。"而歸",津逮本作"南上",尚本作"南去"。"潤",津逮本、尚本作"膏"。"田里",津逮本作"下土"。"年歲大喜",底本無,據津逮本、尚本補。
　　⑧　"稼穡",津逮本、尚本作"嘉穀"。"盡禾殫麥",津逮本作"中留空虛"。"秋",津逮本、尚本作"家"。"得",津逮本作"食"。

蒙　跛躃難步，遲不及舍。露宿澤陂，亡其襦袴①。

需　大夫行父，無地不涉。爲吾相土，莫如韓樂。可以居止，長安富有②。

訟　少孤無父，長失慈母。悖悖煢煢，莫與爲耦③。

師　側弁醉客，重舌作凶。披髮夜行，迷亂相誤，亡失居止④。

比　馬驚破處，王孫沉溝。身死魂去，自爲患害⑤。

小畜　東行述職，征討不服。侵齊伐陳，銜璧爲臣，大得意還。

履　百足俱行，相輔爲強。三聖翼事，王室寵光。

泰　本根不固，華葉落去，更爲孤嫗⑥。

否　牧羊稻園，聞虎喧喧。畏懼休息，終無禍焉⑦。

同人　履位乘勢，靡有絶蔽。爲隸所圖，與衆庶位⑧。

大有　大輿多塵，小人傷賢。皇甫司徒，使君失家。

謙　安和泰山，福祐屢臻。雖有狼虎，不能危身⑨。

豫　同氣異門，各別東西。南與凶遇，北傷其孫⑩。

---

① “遲”，津逮本作“道”。

② “行”，津逮本、尚本作“祈”。

③ “耦”，底本作“福”，據津逮本、尚本改。

④ “重”，津逮本、尚本作“長”。“止”，津逮本、尚本作“處”。

⑤ “破處”，津逮本、尚本作“車破”。“王孫沉溝”，津逮本、尚本作“王墜深津”。“死”，津逮本作“絶”。“自爲患害”，津逮本、尚本作“離其室廬”。

⑥ “本根”，津逮本作“根本”。

⑦ “喧喧”，津逮本、尚本作“喧讙”。“休息”，津逮本、尚本作“怵惕”。“焉”，尚本作“患”。

⑧ “位”，津逮本作“伍”。“蔽”，津逮本、尚本作“弊”。

⑨ “和”，津逮本、尚本作“如”。“祐”，津逮本、尚本作“禄”。

⑩ “東西”，學津本、尚本作“西東”。

隨　蜺見不祥，禍起我鄉。行人畏亡，使命不通①。

蠱　無事招禍，自取災殃。畜狼養虎，必見賊傷②。

臨　順風吹火，牽騎驥尾。易爲功力，因權受福③。

觀　五嶽四瀆，沾濡爲德。行不失理，民賴恩福④。

噬嗑　延陵聰敏，樂聽太史。雞鳴大國，姜氏受福⑤。

賁　神鳥五色，鳳凰爲主。集於王谷，使君得所⑥。

剝　媒妁無明，雖期不得。齊女長子，亂其紀綱⑦。

復　明月作晝，大人失居。衆星宵亂，不知所據。

无妄　少康興起，誅澆復祖。微滅復明，大禹享祀⑧。

大畜　千門萬户，大福所處。黃屋左纛，龍德獨有⑨。

頤　乾作聖男，坤爲智女。配合既成，長生得所⑩。

大過　羿張烏號，彀射驚狼。鐘鼓夜鳴，將軍壯心。趙國雄勇，鬬死滎陽⑪。

坎　炙魚梱斗，張伺夜鼠。不忍香味，機發爲祟。祟在頭

---

①　“蜺”，津逮本作“蜆”。“亡”，津逮本、尚本作“懼”。“使命不通”，津逮本、尚本作“邑客逃藏”。

②　此林辭津逮本作“養虎畜狼，還自賊傷。無事招禍，自取災殃”，尚本改“還自”爲“必見”，餘同津逮本。

③　“牽騎”，津逮本作“幸附”。

④　“沾濡”，尚本作“潤洽”。

⑤　“樂聽”，津逮本作“聽樂”。

⑥　“色”，津逮本作“氣”。“谷”，津逮本、尚本作“國”。

⑦　“無”，底本作“先”，據津逮本、尚本改。“得”，津逮本、尚本作“行”。“其”，津逮本作“我”。

⑧　“大禹享祀”，尚本作“享祀大禹”。

⑨　“左”，津逮本作“在”。“有”，津逮本作“右”。

⑩　“既成”，津逮本、尚本作“成就”。“長生得所”，津逮本作“長住樂所”。

⑪　“彀”，津逮本作“殷”。“驚”，尚本作“天”。“趙”，尚本作“柱”。

頸，笮不得去①。

離 高飛不視，貪叨所在。臭腐爲患，自害躬身②。一作：竊位貪榮，内污外清。時時暫過，日日禍生。

咸 鉛刀攻玉，堅不可得。單盡我力，齒爲疾賊③。

恒 方啄宣口，聖智仁厚。釋解倒懸，家國大安④。

遯 踟躕南北，誤入喪國。杜季利兵，傷我心腹⑤。

大壯 公孫之政，惠而不煩。喬子相國，終身無患。

晉 弧矢大張，道絶不通。小人寇賊，君子壅塞⑥。

明夷 藏戟之室，封豕受福。充澤肥腯，子孫蕃息。

家人 八子同巢，心勞相思，雖苦無憂。

睽 循理舉手，舉求取予。六體相摩，終无咎殃⑦。

蹇 王子公孫，把絃攝丸。發輒有獲，家室饒足⑧。

解 井者有悔，渴蜺爲怪。不亟徙鄉，家受其殃⑨。

損 鄭會細聲，國亂失頃。弘明早見，止樂不聽⑩。

---

① “梱”，底本作“銅”，據尚本改。“祟在頭頸”，尚本無。“笮不得去”，津逮本作“祟在頭頸”。

② “躬”，津逮本、尚本作“其”。

③ “單盡我力”，津逮本作“盡我筋力”。“齒爲疾賊”，津逮本、尚本作“胝胼爲疾”。

④ “啄”，津逮本、尚本作“喙”。“智”，元本作“知”。“釋解”，津逮本、尚本作“解釋”。“家國大安”，津逮本作“歷國安泰”。

⑤ “踟躕南北，誤入喪國”，尚本作“蜘蛛南北，巡行罔罟”。“腹”，尚本作“旅”。

⑥ “壅塞”，津逮本作“塞壅”。

⑦ “舉求取予”，津逮本作“典求相予”。“摩”，津逮本作“磨”。“咎殃”，津逮本、尚本作“殃咎”。

⑧ “王子公孫”，津逮本、尚本作“公子王孫”。“絃”，津逮本、尚本作“彈”。“家室”，津逮本、尚本作“室家”。

⑨ “者”，學津本、尚本作“渚”。

⑩ “會細”，津逮本作“澮有”。“聲”，底本缺，據津逮本、尚本補。“聽”，津逮本作“能”。

益　穿室鑿墙，不直生訟。褰衣涉露，雖勞無功①。

夬　脱卵免乳，長大成就。君子萬年，動有利得②。

姤　五心乖離，各引是非。莫適爲主，道路塞雍。

萃　百柱載梁，千歲不僵。大願輔福，文武以昌。

升　營城洛邑，周公所作。世逮三十，年歷七百。福佑封實，堅固不落③。

困　牛耳聾蔽，不曉聲味。委以鼎俎，方始亂潰④。

革　從叔旅行，食於東昌。嘉伯悦喜，與我芝香⑤。

鼎　姅訾開門，鶴鳴彈冠。文章進用，舞韶和鸞。三仁翼政，國無災殃⑥。

震　遊魂六子，百木所起。三男從父，三女隨母。至巳而反，各得其所⑦。

艮　南山蘭茝，使君媚好。皇女長婦，多孫衆子⑧。

漸　黄虹之野，賢君在位。榮叚爲相，國無災殃⑨。

歸妹　穿鑿道路，爲君除舍。開闢福門，喜在我鄰。

豐　商風數起，天下昏晦。旱魃爲虐，九土兵作⑩。

---

① "露"，津逮本作"河"。"勞"，津逮本作"勢"。
② "脱卵免乳"，津逮本作"胎卵胞乳"。
③ "逮"，津逮本作"連"。"佑"，元本作"祐"。"封"，津逮本、尚本作"豐"。
④ 此林辭津逮本、尚本作革林辭，元本、學津本及底本作困林辭。"牛"，津逮本作"失"。"潰"，津逮本作"憒"。
⑤ 此林辭津逮本、尚本作困林辭，元本、學津本及底本作革林辭。"香"，尚本作"酒"。
⑥ "姅訾"，底本作"訾姅"，據尚本改。"三"，津逮本作"二"。
⑦ "反"，津逮本作"足"。
⑧ "南山蘭茝，使君媚好"，津逮本作"兩山萠使，莘君娟好"。"蘭"，元本作"蕳"。
⑨ "在位"，津逮本作"所在"。"榮叚"，尚本作"管叔"。
⑩ "九土"，津逮本作"七凡"。

旅　自衛歸魯，時不我與。冰炭異室，仁道隔塞①。

巽　春陽生草，夏長條枝。萬物蕃滋，充實益有②。

兌　六蛇奔走，俱入茂草。驚於長注，畏懼啄口③。

渙　明月照夜，使暗爲晝。國有仁賢，君尊於故④。

節　避蛇東走，反入虎口。制於爪牙，骨爲灰土⑤。

中孚　頃迷不行，弱足善僵。孟縶無良，失其寵光⑥。

小過　十羊俱見，黃頭爲首。歲美民安，國樂无咎⑦。

既濟　望風入門，來到我鄰，餔吾養均⑧。

未濟　登高車反，視天彌遠。虎口不張，害賊消亡⑨。

---

① "歸"，津逮本、尚本作"反"。"隔"，津逮本、尚本作"閉"。
② 此林辭底本無，據津逮本、尚本補，唯尚本改"枝"作"肄"。
③ "俱"，津逮本作"奔"。"注"，津逮本作"住"。"啄"，津逮本作"喙"。
④ 此林辭底本無，據津逮本、尚本補。
⑤ "蛇"，津逮本作"地"。"爲"，津逮本作"於"。
⑥ "頃"，津逮本、尚本作"傾"。"足"，津逮本、尚本作"走"。
⑦ "羊"，津逮本作"年"。"美"，津逮本作"尾"。
⑧ "餔"，津逮本作"鋪"。
⑨ "車"，津逮本作"連"。"反"，津逮本、尚本作"返"。

焦氏易林卷第十三

革之第四十九

革　馬服長股，宜行善市。蒙佑諧偶，獲金五倍①。

乾　高原峻山，陸土少泉。草木林麓，嘉得所蓄②。

坤　一門二關，結緝不便。峻道異路，日暮不到③。

屯　憂禍解除，喜至慶來。坐立懽門，與樂爲鄰④。

蒙　殊類異路，心不相慕。牝牛牡猨，鰥無室家⑤。

需　太王爲父，王季孝友。文武聖明，仁政興起。旦隆四國，載福綏厚⑥。

訟　臨河求鯉，燕婉失餌。屛氣攝息，不得鯉子⑦。

師　買利求福，莫如南國。仁德所在，金玉爲寶⑧。

比　白虎赤憤，闚觀王庭。宮闕被甲，大小出征。天地煩

----

① “市”，元本作“布”。“蒙佑諧偶”，津逯本作“皆蒙福佑”。“五”，津逯本作“三”。

② “陸土”，津逯本作“阯大”。“嘉”，津逯本、尚本作“喜”。“蓄”，元本作“畜”。

③ “緝”，津逯本作“弭”。

④ “禍”，津逯本、尚本作“患”。

⑤ “殊”，底本作“疎”，據元本、尚本改。

⑥ “王季”，元本、尚本作“季歷”。

⑦ “失餌”，津逯本作“笑弭”。

⑧ “寶”，尚本作“質”。

憒，育不能嬰①。

小畜 子車鍼虎，善人危殆。黄鳥悲鳴，傷國無輔。

履 兩目失明，日暮無光。脛足跛步，不可以行，頓於丘傍②。

泰 羅網四張，鳥無所翔。伐征困極，飢窮不食③。窮一作寒。

否 伯夷叔齊，貞廉之師。以德防患，憂禍不存。歸妹之臨，泰之乾，比之剥。

同人 疾貧望幸，使伯行販。開牢擇羊，多得大牂④。

大有 南山之陽，華葉鏘鏘。嘉樂君子，爲國寵光⑤。

謙 東壁餘光，數暗不明。主母嫉妬，亂我業事⑥。

豫 迷行晨夜，道多湛露。瀸我袴襦，重不可涉⑦。

隨 目瞤足動，喜如其願，舉家蒙寵⑧。

蠱 鷹鷂欲食，雉兔困急。逃頭見尾，爲害所賊⑨。

臨 鼻移在項，枯葉傷生，下朽上榮。家擾不寧，失其金城⑩。

---

① "闌"，津逮本作"門"。"地"，津逮本作"下"。"憒"，元本、尚本作"潰"。
② "日"，津逮本作"入"。"步"，尚本作"曳"。
③ "窮"，尚本作"寒"。
④ "使伯行販"，尚本作"賈販市井"。
⑤ "陽"，津逮本、尚本作"楊"。"巽"，津逮本、尚本作"共"。"華葉鏘鏘"，津逮本作"其葉將將"，尚本作"其葉牂牂"。
⑥ "業事"，津逮本、尚本作"事業"。
⑦ "迷行"，尚本作"厭浥"。"瀸我袴襦"，津逮本作"瀸濡襦袴"，尚本作"瀸衣濡袴"。"重不可涉"，津逮本作"重不可步"，尚本作"重難以步"。
⑧ "喜如其願"，津逮本、尚本作"嘉喜有頃"。
⑨ "鷂"，元本、尚本作"鸇"。"逃頭"，津逮本作"延頸"。"害"，津逮本作"我"。
⑩ "朽"，津逮本作"枯"。

觀　飛不遠去，法爲罔待，禄養未富[1]。

噬嗑　倒基敗宮，重舌作凶。被髮長夜，迷亂相誤，深亡吉居[2]。

賁　亥午相錯，敗亂緒業，民不得作。

剥　野麋畏人，俱入山谷。命短不長，爲虎所得，死於牙腹。

復　秋冬探巢，不得鵲鷃。銜指北去，愧我少姬。觀之屯。

无妄　雙鳧俱飛，欲歸稻池。經涉蓳澤，爲矢所射，傷我胸臆。屯之旅，咸之比[3]。

大畜　天門開闢，牢户寥廓。桎梏解脱，拘囚縱釋。小畜之泰，蹇之謙。

頤　尼父孔丘，善釣鯉魚。羅釣一舉，得獲萬頭，富我家居[4]。漸之明夷。

大過　彭君爲妖，暴龍作災。盜堯衣裳，聚跖荷兵。青禽照夜，三日夷亡[5]。

坎　華言風語，亂相狂誤。終無凶事，安寧如故[6]。咸之頤。

離　延頸見足，身困名辱。欲隱避仇，爲害所賊[7]。

---

① "法爲罔待"，津逮本作"汝爲内傷"。"禄養未富"後，津逮本有"終無災咎，君善安止"八字。

② "宮"，津逮本作"宮"。"長夜"，尚本作"夜行"。"深亡吉居"，尚本作"亡失居止"。

③ "旅"，底本作"履"，翻檢各本，屯之旅與此林辭同，據正。

④ "羅釣"，津逮本、尚本作"羅網"。

⑤ "君"，津逮本、尚本作"生"。"妖"，尚本作"豖"。"聚"，尚本作"桀"。"日"，學津本、尚本作"旦"。

⑥ "狂"，元本、津逮本、尚本作"誆"。

⑦ "延"，底本作"逃"，據津逮本、尚本改。"名"，底本作"不"，據津逮本、尚本改。"賊"，津逮本作"滅"。

咸　無足斷跟，居處不安，凶惡爲殘①。

恒　三人俱行，北求大牂。長孟病足，倩季負糧。柳下之貞，不失我邦②。

遯　退飛見祥，傷敗毀墜。守小失大，功名不遂。

大壯　持心懼怒，善數搖動，不安其處。散渙府藏，無有利得③。

晉　牽尾不前，逆理失臣，惠朔以奔④。

明夷　禄如周公，建國洛東，父子俱封⑤。

家人　吾有八人，信允篤誠，爲堯所舉⑥。

睽　久陰霖雨，泥塗行潦。商人休止，市空無寶⑦。夬之大過。

蹇　無足斷跟，居處不安，凶惡爲殘。

解　馬蹄躓車，婦惡破家。青蠅污白，恭子離居。

損　噂噂所言，莫如我垣。懽樂堅固，可以長安⑧。乾之困，大有之屯。

益　懿公淺愚，不深受謀。無援失國，爲狄所賊⑨。

夬　騏驥綠耳，章明造父。伯夙奉獻，衰續厥緒。佐文成

---

① “凶惡爲殘”後，津逮本有“君臣相得”四字，顯與上文不協。

② “長孟”，津逮本作“孟長”。“季”，底本作“李”，據元本、津逮本、尚本改。“糧”，底本作“囊”，據津逮本、尚本改。“貞”，尚本作“寶”。“我邦”，底本作“我糧”，津逮本作“驪黄”，據尚本改。

③ “懼怒”，尚本作“瞿目”。“數搖”，津逮本、尚本作“搖數”。“渙”，底本作“災”，據津逮本、尚本改。“無有利得”，津逮本、尚本作“利得無有”。

④ “惠朔”，津逮本作“怒翔”，尚本作“衛朔”，此處蓋謂衛惠公朔也。

⑤ “建國洛東”，底本無，據津逮本補。

⑥ “吾”，津逮本作“君”。“誠”，津逮本作“敏”。

⑦ “寶”，津逮本作“有”。

⑧ “樂”，尚本作“喜”。

⑨ “深受”，津逮本、尚本作“受深”。“賊”，津逮本作“滅”。

伯，爲晉元輔[①]。

姤 駕車入里，求鮮魴鯉。非其肆居，自令後市[②]。

萃 求麞嘉鄉，惡地不行。道止中還，復反其牀[③]。

升 仗鳩負裝，醉臥道傍。不知何公，竊我錦囊[④]。

困 登崑崙，入天門。過糟丘，宿玉泉。同惠歡，見仁君[⑤]。比之姤，震之革。

井 水爲火牡，患厭不起。季伯夜行，與喜相逢[⑥]。

鼎 烏孫氏女，深目黑醜。嗜欲不同，過時無耦。

震 子鉏執麟，春秋作經。元聖將終，尼父悲心[⑦]。豫之大有。

艮 灼火泉原，釣魴山巔。魚不可得，炭不可燃[⑧]。鼎之旅。

漸 天馬五道，炎火久處。往來上下，非文釣己。衣衰絲麻，相隨在歌，凶惡如何[⑨]。

歸妹 鴟鴞破斧，沖人危殆。賴旦忠德，轉禍爲福，傾危復立[⑩]。否之蠱。

---

① “驥”，元本作“驎”。“伯夙”，津逮本作“夙伯”。“奉”，津逮本作“所”，尚本作“奏”。“衰”，底本作“襄”，據尚本改。“伯”，元本作“霸”，二字古通。

② “入”，津逮本作“十”。

③ “還”，津逮本、尚本作“返”。“反”，津逮本、尚本作“還”。

④ “杖”，津逮本作“使”。“錦”，津逮本作“衣”。

⑤ “仁”，底本作“欣”，據津逮本、尚本改。“糟”，津逮本作“槽”。“同惠歡”，津逮本作“開惠觀”。

⑥ “牡”，底本作“壯”，據尚本改。“水爲火牡”，津逮本作“木爲大牀”。“喜”，津逮本作“善”。

⑦ “經、元”，底本作“元、陰”，津逮本作“陰、元”，據尚本改。

⑧ “原”，津逮本、尚本作“源”。“炭不可”，津逮本、尚本作“火不肯”。

⑨ “非文釣己”，津逮本、尚本作“作文約己”。“衰”，津逮本、尚本作“枲”。“在”，津逮本、尚本作“笑”。

⑩ “傾危”，津逮本作“危傾”。

豐　杜飛門啓，憂患大解，不爲身禍①。

旅　石門晨門，荷蕢疾貧。遁世隱居，竟不逢時②。

巽　兔聚東郭，衆犬俱獵。圍缺不成，無所能獲③。

兌　三羊羣走，雊兔驚駭。非所畏懼，自令勞苦。

渙　羽翮病傷，無以爲強。宋公德薄，敗於水泓。

節　姬姜稚叔，三人偶食。論仁義福，以安王室④。

中孚　精誠所在，神爲人輔。德教之中，彌世長久。三聖乃興，多受福祉⑤。

小過　岐周海隅，獨樂不憂。可以避難，全身保才⑥。

既濟　孤獨特處，莫依爲輔，心勞志苦⑦。

未濟　顧望登臺，意常欲逃。賈辛醜惡，妻不安夫。

鼎之第五十

鼎　積德之至，君政且溫。伊吕股肱，國富民安⑧。

乾　頃筐卷耳，憂不得傷。心思故人，悲慕失母⑨。

坤　邵叔賈貸，行禄多悔，利無所得。

---

① “杜”，津逮本、尚本作“牡”。“門”，津逮本作“關”。
② “門”，底本作“開”，據津逮本、尚本改。“疾”，津逮本、尚本作“食”。
③ “郭”，底本作“廊”，據元本、津逮本、尚本改。
④ “稚”，底本作“雅”，據津逮本、尚本改。“義”，津逮本、尚本作“議”。
⑤ “爲人”，津逮本、尚本作“人爲”。“之中”，津逮本作“亡患”。“乃興”，津逮本作“仍事”。
⑥ “才”，津逮本作“財”。
⑦ “依爲”，津逮本作“爲依”。
⑧ “至、君”，津逮本、尚本作“君、仁”。
⑨ “頃”，津逮本、尚本作“傾”。“得”，津逮本、尚本作“能”。“故”，津逮本、尚本作“古”。

屯 蹙狂跛衹,辟坐不行。棄捐乎人,名字無中①。

蒙 文王四乳,仁愛篤厚。子畜十男,夭折無有②。

需 容民畜衆,不離其居③。

訟 三推相逐,蠅墜釜中。灌沸淹殪,與母長決④。

師 所望在外,鼎令方來。拭爵澡罍,炊食待之,不爲季憂⑤。

比 陸居少泉,高山無雲。車行千里,塗污爾輪,亦爲我患。

小畜 東家殺牛,聞臭腥臊。神背不顧,命衰絶周。亳社災燒,宋人夷誅⑥。

履 長子入獄,婦饋母哭。霜降旬日,嚮晦伏法⑦。

泰 温山松柏,常茂不落。鳳凰以庇,得其歡樂。

否 大屋之下,朝多君子。德施博育,宋受其福⑧。

同人 羅張目決,圍合耦缺。採捕無功,魚鳥生脱⑨。

大有 羔裘豹袪,高易我宇。君子維好,至老無憂⑩。

謙 大頭明目,載受喜福。三雀飛來,與禄相得⑪。

---

① "蹙狂跛衹,辟坐不行",津逮本、尚本作"蹶足狂跛,怪碎不行"。"捐乎",底本作"損乎",據尚本改。"中",津逮本、尚本作"申"。

② "夭折無有",底本作"無有夭折",元本作"無有折夭",據津逮本、尚本改。

③ "居",津逮本作"君"。

④ "推",津逮本、尚本作"雛"。"淹",津逮本作"潦"。

⑤ "澡",津逮本、尚本作"滌"。

⑥ "聞",津逮本作"污"。"不",津逮本、尚本作"西"。"衰絶",津逮本作"絶衰"。

⑦ "嚮",元本作"鄉"。

⑧ "博",津逮本、尚本作"溥"。

⑨ "耦",津逮本作"月"。"生",津逮本作"得"。"採捕無功",底本無,據津逮本補。

⑩ "袪",津逮本作"衣"。"至老無憂",底本無,據津逮本、尚本補。

⑪ "喜福",津逮本作"福善",尚本作"嘉福"。

豫　消鋒鑄耘，縱牛牧馬。甲兵解散，夫婦相保①。晉同。

隨　吉日舉釣，田弋獵禽。反行飲至，以告嘉功②。

蠱　商人行旅，資無所有。貪貝逐利，留連玉帛。輾轅內安，公子何咎③。

臨　火井暘谷，揚芒生角。犯歷天門，窺見太微。登上玉牀，家易共公④。

觀　秋隼冬翔，數被嚴霜。甲兵充庭，萬物不生。雞釜夜鳴，民擾大驚⑤。

噬嗑　東行西步，失其次舍。乾侯野井，昭君喪居。

賁　腫脛病腹，陷廁污辱。命短時極，孤子哀哭。

剝　切膚近火，虎絕我鬚。小人橫暴，君復何之⑥。

復　女室作毒，爲我心疾。和不能治，晉人赴告⑦。

无妄　兵征大宛，北出玉門。與胡寇戰，平城道西。七日無糧，身幾不全⑧。

大畜　九子十夫，莫適與居。貞心不壹，自令老孤。

頤　東行稻麥，遂至家國。樂土無災，君父何憂⑨。

---

① “消”，津逮本、尚本作“銷”。“耘”，底本作“刃”，據津逮本、尚本改。“縱牛牧馬”，元本、津逮本作“縱牛放馬”，尚本作“休放牛馬”。

② “日”，津逮本作“月”。“舉釣”，津逮本、尚本作“車攻”。“獵”，津逮本作“雙”。“反行飲至”，津逮本作“宣王飲酒”。“嘉”，底本作“喜”，據津逮本、尚本改。

③ “玉帛”，津逮本、尚本作“王市”。“輾”，底本作“馭”，據津逮本、尚本改。

④ “火井暘谷”，津逮本、尚本作“火入井口”。“揚”，津逮本作“陽”。“見”，尚本作“觀”。“共”，津逮本、尚本作“其”。

⑤ “充庭”，元本作“庭堂”。“雞釜”，津逮本作“雄父”。

⑥ “火”，津逮本作“災”。“復”，津逮本、尚本作“子”。“之”，津逮本作“災”。

⑦ “不”，津逮本作“弗”。

⑧ “無”，津逮本、尚本作“絕”。

⑨ “巽”，津逮本、尚本作“車”。“父”，津逮本、尚本作“子”。

大過　作室山根，所以爲安。一夕崩巘，破我饔飧①。

坎　六人俱行，各遺其囊。黃鵠失珠，無以爲明。

離　伯蹇叔盲，莫爲守裝。失我衣裘，不離其鄉②。

咸　褒寵洒尤，敗政傾家。覆我宗國，秦滅周室③。

恒　詭言譯語，仇禍相得。冰入炭室，消滅不息④。

遯　彭生爲豕，暴龍作災。盜堯衣裳，聚跖荷兵。青禽照夜，三旦夷亡⑤。

大壯　朝露白日，四馬過隙。歲短期促，時難再得⑥。

晉　耳闕道衰，所爲不成，求事匪得⑦。

明夷　申公患楚，危不自安。重耳出奔，側喪其魂⑧。

家人　南上泰山，困於空桑。左砂右石，牛馬無食⑨。

睽　海隅遼右，福祿所在。柔嘉蒙禮，九夷何咎⑩。

蹇　陽春生長，萬物茂壯。垂枝布葉，君子比德。

解　低頭竊視，有所畏避，行作不利。酒酸魚敗，眾莫貪嗜⑪。

---

① "巘"，元本、尚本作"顛"。"飧"，元本、尚本作"殯"。

② "不離其鄉"，底本作"我是陰鄉"，津逮本作"我是陰邦"，據尚本改。

③ "洒"，津逮本作"溢"。

④ "詭"，底本作"該"，據津逮本、尚本改。

⑤ "彭生爲豕"，底本作"彭名爲妖"，津逮本作"彭生爲妖"，據尚本改。"旦"，津逮本、尚本作"日"。

⑥ "朝露白日"，津逮本作"朝暮日月"。

⑦ "衰"，津逮本、尚本作"喪"。"求事"，津逮本作"所求"。

⑧ "重耳"，尚秉和謂當作"子重"。

⑨ "泰"，元本、尚本作"太"。"空"，底本作"此"，據津逮本、尚本改。"砂"，津逮本、尚本作"沙"。

⑩ "蒙"，津逮本作"義"。

⑪ "作"，底本作"伯"，據津逮本、尚本改。"莫"，底本作"若"，據津逮本、尚本改。

損　左輔右弼，金玉滿櫃。常盈不亡，富於敖倉①。師之歸妹。

益　坐朝乘軒，據德宰民。虞舜受命，六合和親②。

夬　東行西坐，喪其犬馬。南求驊騮，失車林下③。

姤　砥德礪材，果當成周。拜受大命，封爲齊侯。

萃　西逢王母，慈我九子，相對歡喜。王孫萬户，家蒙福祉。

升　安坐玉牀，聽韶行觴。飲福萬歲，日受無疆④。

困　登高望家，役事未休。王政靡盬，不得逍遥⑤。

井　擊鼓蹈阹，不得相踰。章甫文德，福厭禍洧⑥。

革　追亡逐北，呼還幼叔。至止而復，得反其室⑦。

震　老猾大貐，東行盜珠。困於噬敖，幾不得去⑧。

艮　禹召諸侯，會稽南山。執玉萬國，天下康安⑨。姤之臨。

漸　忉怛忉怛，如將不活。黍稷之恩，靈輒以存，獲生保年。蒙之損⑩。

歸妹　侯叔興起，季子富有。照臨楚國，蠻荆是安。

---

①　“櫃”，津逮本、尚本作“堂”。“於”，津逮本、尚本作“如”。

②　“乘”，津逮本、尚本作“垂”。“據”，津逮本作“探”。“舜”，津逮本、尚本作“叔”。

③　“坐”，津逮本作“走”。

④　“日受”，津逮本、尚本作“曰壽”。

⑤　“王政”，津逮本、尚本作“王事”。

⑥　“蹈”，底本作“陷”，據元本注及尚本改。“洧”，元本、津逮本、尚本作“消”。

⑦　“呼還幼叔，至止而復，得反其室”，津逮本作“呼還幼叔，至止而德，復歸其室”，尚本作“至山而復，稚叔相呼，反其室廬”。

⑧　“貐”，底本作“偷”，據津逮本、尚本改。“珠”，底本作“敖”，據津逮本、尚本改。“困”，底本作“因”，津逮本作“國”，據尚本改。

⑨　“侯”，津逮本、尚本作“神”。“會稽南山”，津逮本作“南山會稽”。

⑩　“忉怛忉怛”，津逮本、尚本作“忉忉怛怛”。“損”，底本作“豫”，據津逮本、尚本改。

豐　白馬驪駁，更生不休。富我商人，利得如丘①。

旅　灼火泉原，釣魴山巔。魚不可得，炭不可燃②。革之艮。

巽　避患東西，反入禍門。糟糠不足，憂動我心。

兌　成王多寵，商臣惶恐。生其禍心，使君危殆③。

渙　虎饑欲食，見蝟而伏。禹通龍門，避咎除患，元醜以安④。

節　按民呼池，玉杯文案。泉如白蜜，一邑獲願⑤。

中孚　雙鳧鴛鴦，相隨羣行。南至饒澤，食魚與粱，君子與長⑥。澤一作洋。

小過　蔡侯朝楚，留連江渚。踰時歷月，思其君后。

既濟　膠車駕東，與雨相逢。五糉解墮，頓阤獨坐，憂爲身禍⑦。

未濟　螟蟲爲賊，害我稼穡。盡禾單麥，利無所得⑧。同人之節，豫之謙。

---

　①　"驪駁"，津逮本、尚本作"駿驪"。

　②　"原"，津逮本、尚本作"源"。"巔"，元本、尚本作"顛"。"炭"，津逮本作"火"。"不可燃"，津逮本、尚本作"不肯燃"。

　③　"臣"，底本作"人"，據元本、尚本改。"君"，津逮本作"我"。"使君危殆"後，津逮本有"終無災咎"四字。

　④　"饑"，底本作"飲"，據津逮本、尚本改。"患"，津逮本作"禍"。

　⑤　"按"，底本作"安"，據尚本改。"文案"，底本作"大按"，津逮本作"大案"，據尚本改。"泉如白蜜"，尚本作"魚如白雲"。"邑"，底本作"色"，津逮本作"挹"，據尚本改。

　⑥　"羣"，底本作"君"，據津逮本、尚本改。"粱"，底本作"梁"，據津逮本、尚本改。"與"，津逮本、尚本作"樂"。

　⑦　"墮"，元本作"墜"。"頓阤"，津逮本、尚本作"頹杌"。

　⑧　"單"，元本、津逮本、尚本作"殫"。"利"，津逮本、尚本作"秋"。

震之第五十一

震 枯瓠不朽，利以濟舟。渡踰河海，無有溺憂①。

乾 陷塗溺水，火燒我履，憂患重累。

坤 旦生夕死，名曰嬰鬼，不可得祀②。小畜之升。

屯 揚水潛鼇，使君潔白。衣素附珠，遊戲皋沃。得其所願，心志娛樂③。豫之大過。

蒙 衆鳥所翔，中有大怪，九身無頭。魂驚魄去，不可以居。

需 刖根枯株，不生肌膚。病在於心，日以燋枯④。

訟 府藏之富，王以賑貸。捕魚河海，笱網多得⑤。損之睽，坎之大過。

師 一莖九纏，更相牽攣。宿明俯仰，不得東西。請獻當報，日中被刑⑥。

比 鮐老鮐背，齒牙動搖。近地遠天，下入黃泉。

小畜 羊舌叔虎，野心善怒。黷貨無厭，以滅其身。

履 謀疑八子，更相欺紿。管叔善止，不見邪期⑦。

---

① "瓠"，尚本作"匏"。"朽"，尚本作"材"。"河"，津逮本作"江"。

② "祀"，底本作"視"，據津逮本、尚本改。

③ "君"，津逮本、尚本作"石"。"衣"，尚本作"裹"。"附珠"，津逮本、尚本作"表朱"。"沃"，津逮本作"澤"。"其"，津逮本作"君"。

④ "日"，津逮本作"身"。

⑤ "賑"，元本、津逮本、尚本作"振"。"貸"，津逮本作"貧"。"笱網"，津逮本作"罟網"，元本、尚本作"笱竿"。

⑥ "纏"，津逮本作"躔"。"相"，津逮本作"用"。"宿"，津逮本作"安"。"請獻當報"，津逮本作"讚讞當決"，尚本作"請讞當決"。"中"，津逮本、尚本作"午"。

⑦ "謀"，津逮本、尚本作"訏"。"止"，津逮本、尚本作"政"。

泰　絆跳不遠，心與言反。尼丘顧家，茅蕈朱葦①。

否　蚍蜉載盆，不能上山。搖推跌跋，頓傷其顏②。

同人　朝露不久，爲恩惠少。膏潤欲盡，咎在枯槁③。

大有　河伯之功，九州攸同。載祀六百，光烈無窮。

謙　三人北行，大見光明。道逢淑女，與我驪子。

豫　金精耀怒，帶鈎通午。徘徊高庫，宿於木下。兩虎相拒，弓弩滿野④。

隨　江河淮海，天之奧府。衆利所聚，可以富有，好樂喜友⑤。

蠱　不虞之患，禍生無門。奄然暴卒，病傷我心⑥。

臨　畫龍頭頸，文章未成。甘言美語，説辭無名⑦。

觀　缺破不成，胎卵不生，不見兆形。晉之益。

噬嗑　旁行不遠，三里復反。心多畏惡，日中止舍。

賁　四隤不安，兵革爲患。掠我妻子，家復飢寒⑧。

剥　喜來如雲，嘉福盈門。衆才君子，舉家蒙懽。睽之豐。

復　載金販狗，利棄我走。藏匿淵底，折毀爲咎⑨。隨之革。

---

①　“絆”，底本作“伴”，據津逮本、尚本改。“跳”，津逮本作“逃”。“茅蕈朱葦”，津逮本、尚本作“茅簟朱華”。

②　“蚍蜉載盆”，津逮本、尚本作“蜉蝣戴盆”。“跌跋”，津逮本作“跂跛”。

③　“潤”，津逮本、尚本作“澤”。

④　“鈎通”，津逮本、尚本作“劍過”。“拒”，津逮本作“距”。

⑤　“聚”，元本作“處”。“好樂喜友”，津逮本作“安樂無憂”，尚本作“樂我君子，百福是受”。

⑥　“生”，津逮本、尚本作“至”。“無”，津逮本作“此”。“然”，津逮本、尚本作“忽”。

⑦　“頸”，津逮本、尚本作“角”。“辭”，津逮本作“譯”。

⑧　“隤”，津逮本作“潰”。“復”，底本作“履”，據津逮本、尚本改。

⑨　“毀”，底本作“晦”，元本作“悔”，據尚本改。

无妄 日中爲市，各抱所有。交易貲賄，函珠懷寶，心悦歡喜①。

大畜 月步日趨，周遍次舍。經歷致遠，無有難處②。

頤 陽明失時，陰凝爲憂。主君哀泣，喪其元侯。

大過 年衰歲暮，精魂遊去。形容消枯，喪子恩呼③。

坎 少無功績，老困失福。跂行徙倚，不知所立④。

離 持心瞿目，善數搖動。自東徂西，不安其處。散渙府藏，無有利得⑤。

咸 齎貝贖狸，不聽我辭。繫於虎鬚，牽不得來。需之睽，否之革，同人之否，隨之師。

恒 老狼白矑，長尾大胡。前顛卻躓，無有利得⑥。

遯 背地相憎，心志不同，如火與金。君猛臣慢，虎行兔伏⑦。

大壯 夏臺羑里，湯文阨處。鬼侯歡醢，岐人悦喜。

晉 牙孽生齒，螳蜋啓户。幽人利貞，鼓翼起舞⑧。

明夷 列女無夫，悶思苦憂。齊子無良，使我心愁⑨。

家人 踐履危難，脱阨去患。入福喜門，見悔大君⑩。

---

① “懷”，津逮本作“爲”。

② “月步日趨”，津逮本、尚本作“日趨月步”。

③ “消”，津逮本作“稍”。“喪子恩呼”，津逮本、尚本作“哀子相呼”，尚秉和謂“恩”必是“思”之訛，“喪子思呼”亦通。

④ “跂行徙倚”，津逮本作“跌行跛踦”。

⑤ “瞿目”，津逮本作“耀日”。“渙散”，津逮本作“散渙”。

⑥ “卻”，津逮本作“後”。

⑦ “慢”，津逮本作“懍”。

⑧ “牙孽生齒”，尚本作“牙櫱生達”。

⑨ “列”，津逮本、尚本作“烈”。

⑩ “阨”，津逮本、尚本作“厄”。“悔”，津逮本、尚本作“我”。

睽　折臂接手，不能進酒。祈祀閑曠，神怒不喜①。

蹇　蟻封户穴，大雨將集。鵲起數鳴，牝雞嘆室。相蕘雄父，未到在道②。

解　胡俗戎狄，太陰所積。固冰沍寒，君子不存③。

損　翕翕輸輸，消頹崩顛。減其令名，身不得全④。

益　災蟲爲賊，害我稼穡。盡禾殫麥，秋無所得⑤。

夬　三鳥飛來，自我逢時。俱行先至，多得大利⑥。

姤　龍馬上山，絶無水泉。喉燋唇乾，渴不能言⑦。

萃　春生孳乳，萬物繁熾。君子所集，禍災不至⑧。

升　王孫季子，相與爲友。明允篤誠，升擢薦舉。同人之小過。

困　六明並照，政紀有統。秦楚戰國，民受其咎⑨。

井　蝃蝀充側，佞人所惑。女謁橫行，正道壅塞⑩。

革　登崑崙，入天門。過糟丘，宿玉泉。問惠歡，見仁君⑪。

比之姤，革之困。

---

① “祈祀”，津逮本作“析杞”。“不喜”，津逮本作“弗喜”。

② “起數”，津逮本作“數起”。“父”，津逮本作“文”。“未”，津逮本作“來”。

③ “俗”，《周易研究》2016 年第 2 期載余格格、周晟《易林》校補十則，謂當作“狢”，可從。“固冰”，津逮本作“涸洌”。

④ “消”，底本作“稍”，據尚本改。“減”，津逮本、尚本作“滅”。

⑤ “災”，津逮本、尚本作“螟”。“異”，津逮本、尚本作“共”。

⑥ “鳥”，底本作“幸”，據津逮本、尚本改。

⑦ “絶”，底本作“焦”，據津逮本、尚本改。“喉燋唇乾”，津逮本作“喉唇燋乾”，元本、尚本作“喉焦唇乾”。

⑧ “繁”，津逮本、尚本作“蕃”。“至”，元本作“到”。

⑨ “紀”，津逮本作“入”。

⑩ “所”，尚本作“傾”。

⑪ “問惠歡”，津逮本作“開惠觀”，尚本作“同惠歡”。“仁”，底本作“欣”，據津逮本、尚本改。

鼎　體重飛難，未能越關。不啻留垣，上下墟塞，心不遑安①。

艮　玄黄虺隤，行者勞罷。役夫憔悴，踰時不歸。乾之革，師之臨。

漸　孔德如玉，出於幽谷，飛上高木。鼓其羽翼，輝光照國②。同人之坎。

歸妹　火雖熾，在吾後。寇雖衆，出我右。身安吉，不危殆③。

豐　旃裘羶國，文禮不飾。跨馬控弦，伐我都邑。豫之需。

旅　被髮八十，慕德獻服。邊鄙不聳，以安王國。

巽　心得所好，口常爲笑。公孫蛾眉，雞鳴樂夜④。

兌　馬能負乘，見邑之野。并獲粢稻，喜悦无咎⑤。

涣　高飛視下，貪叨所在。腐臭爲患，害於躬身。

節　東行西步，失其次舍。乾侯野井，昭君喪居⑥。鼎之噬嗑。

中孚　神鳥五彩，鳳凰爲主。集於山谷，使年歲育⑦。

小過　石門晨啓，荷蕢疾貧。遁世隱居，竟不逢時⑧。革之旅。

既濟　齟齟齛齛，貧鬼相責。無有懽怡，一日九結⑨。

---

① “不啻留垣，上下墟塞，心不遑安”，津逮本、尚本作“不離空垣”。
② “高”，尚本作“喬”。
③ “出我”，津逮本、尚本作“在吾”。“吉”，元本作“居”。
④ “爲”，津逮本、尚本作“欲”。“夜”，津逮本作“從”。
⑤ “能”，津逮本作“西”。“粢”，津逮本、尚本作“粱”。
⑥ “君喪”，津逮本作“公求”。
⑦ “彩”，元本作“采”。“山”，尚本作“王”。“育”，元本、尚本作“有”。
⑧ “晨啓”，元本作“晨關”，津逮本、尚本作“晨門”。“疾”，尚本作“食”。
⑨ “齟齟”，津逮本作“齟齟”。

未濟　白日揚光，雷車避藏。雲雨不行，各止其鄉①。

艮之第五十二

艮　君孤獨處，單弱無輔，名曰困苦②。

乾　憂驚已除，禍不爲災，安全以來③。

坤　穿匏挹水，籌鐵燃火。勞疲力竭，飢渴爲禍④。

屯　蹇牛折角，不能載粟。災害不避，年歲無穀。

蒙　邑將爲虛，居之憂危⑤。

需　根刖殘樹，花葉落去。卒逢火焱，隨風僵仆⑥。

訟　元后貪欲，窮極民力。執政乖互，爲夷所偪⑦。

師　北山有棗，使叔壽考。東領多栗，宜行賈市。陸梁雌雉，所至利喜⑧。

比　高原峻山，陸土少泉。草木林麓，嘉禾所炎⑨。

小畜　辰次降婁，王駕巡狩。廣祐德惠，國安無憂⑩。

---

① “各”，津逮本作“爲”。

② “名曰困苦”後，津逮本有“輔心湧泉，碌碌如山”八字。

③ “除”，津逮本作“深”。

④ “挹”，津逮本作“浥”。“籌”，津逮本作“搆”。“燃”，津逮本作“燚”，學津本、尚本作“然”。“疲”，元本作“罷”。

⑤ “虛”，津逮本、尚本作“墟”。

⑥ “殘樹”，津逮本、尚本作“樹殘”。“花”，元本、尚本作“華”。

⑦ “互”，津逮本作“劣”。“偪”，津逮本、尚本作“覆”。

⑧ “棗”，津逮本作“黍”。“領”，津逮本、尚本作“嶺”。“雌”，津逮本作“雄”。“喜”，底本作“害”，據津逮本、尚本改。

⑨ “炎”，津逮本作“災”。

⑩ “狩”，底本作“時”，據津逮本、尚本改。“廣祐德惠”，元本作“廣祐施惠”，津逮本、尚本作“廣施德惠”。

履　鞠鞠輴輴，歲暮偏弊。寵名損棄，君衰於位①。

泰　放銜委轡，奔亂不制。法度無恒，君失其位②。

否　獨坐西垣，莫與言笑。秋風多哀，使我心悲③。

同人　脛急股攣，不可出門。暮速歸旅，必爲身患④。

大有　情僞難知，使我偏頗。小人在位，雖聖何咎。

謙　黍稷醇醲，敬奉山宗。神嗜飲食，甘雨嘉降。庶物蕃廡，時無災咎⑤。

豫　公子王孫，把彈攝丸。發輒有獲，室家饒足。

隨　陰升陽伏，舜失其室。慈母赤子，相餧不食⑥。

蠱　七竅龍身，造易八元。法則天地，順時施恩，利以長存⑦。

臨　逐狐東山，水遏我前。深不可涉，失利後便。姤之巽，漸之夬，蒙之蠱。

觀　銜命辱使，不堪其事。中墜落去，更爲負載。

噬嗑　温仁君子，忠孝所在。入閨爲儀，禍災不處⑧。

賁　春多膏澤，夏潤優渥。稼穡成熟，畝獲百斛。師行失律，霸功不遂⑨。

---

①　"損"，津逮本作"復"。

②　"恒"，津逮本作"常"。

③　"坐"，津逮本作"登"。"言笑"，津逮本、尚本作"笑言"。

④　"歸"，津逮本、尚本作"羣"。

⑤　"降"，津逮本作"祥"。"廡"，津逮本、尚本作"茂"。"時無災咎"後，津逮本有"獨蒙福祉"四字。

⑥　"慈母"，津逮本作"元元"。"餧"，津逮本作"餧"。

⑦　"法則天地"，津逮本、尚本作"法天則地"。"利以長存"，津逮本作"引和貴長，以富永存"。

⑧　"入閨"，津逮本作"八閨"。"處"，津逮本、尚本作"起"。

⑨　"畝"，津逮本作"數"。"失"，津逮本作"以"。"遂"，津逮本作"遠"。

剝　二女共室，心不聊食。首髮如蓬，憂常在中①。

復　築關石顛，立本泉源。病疾不安，老孤爲鄰②。

无妄　欲避凶門，反與禍鄰。顛覆不制，痛薰我心。

大畜　跛行竊視，有所畏避。狸首伏藏，以夜爲利。

頤　八面九口，長舌爲斧。劈破瑚璉，殷商絕後③。

大過　和氣相薄，膏澤津液，生我嘉穀。

坎　消金厭兵，雷車不行，民安其鄉。

離　秦儀機言，解其國患。一説燕下，齊襄以權④。

咸　旦奭輔王，周德孔明。越裳獻雉，萬國咸康⑤。

恒　弱足刖跟，不利出門。賈市無盈，折亡爲患⑥。

遯　堅冰黃鳥，常哀悲愁。不見白粒，但覿藜蒿。數驚鷙鳥，爲我心憂⑦。乾之噬嗑，益之大過。

大壯　魂微惙惙，屬纊聽絕。曠然大通，復更生活⑧。

晉　陰生麈鹿，鼠舞鬼谷，靈龜陸處⑨。

明夷　諸石攻玉，無不穿鑿。龍體吾舉，魯班爲輔。麟鳳成形，德象君子⑩。

---

①　“共”，津逮本作“同”。

②　“關”，津逮本、尚本作“闗”。“本”，尚本作“基”。“孤”，底本作“狐”，據津逮本、尚本改。

③　“劈”，津逮本、尚本作“斲”。“八面九口”，尚本作“人面鬼口”。

④　“一説燕下，齊襄以權”，尚本作“説燕下齊，作相以權”。

⑤　“輔王”，底本作“王輔”，據津逮本、尚本改。“康”，津逮本作“寧”。

⑥　“盈”，津逮本作“過”。

⑦　“常”，底本作“帝”，據津逮本、尚本改。“白”，津逮本作“甘”。

⑧　“曠”，津逮本、尚本作“豁”。

⑨　“谷”，元本、尚本作“哭”。“靈龜陸處”後，津逮本有“釜甑草土，人知敗國，桀亂無緒”十二字。

⑩　“諸石”，津逮本作“鑿諸”。“吾”，元本、尚本作“具”。“麟”，津逮本作“舞”。

家人　山作天時，陸爲海口，民不安處。

睽　東風啓户，隱伏懽喜。萌庶蒙恩，復得我子①。

蹇　華燈百枝，稍暗衰微。精光欲盡，命如灰靡②。

解　三十無室，寄宿桑中。上宫長女，不得來同，使我失期③。

損　卵與石鬭，麋碎無疑。動而有悔，出不得時④。

益　秦兵争强，失其貞良，敗於殽鄉⑤。

夬　虜除善疑，難爲攻醫。驥窮鹽車，困於衘筭⑥。

姤　操筍搏狸，荷弓射魚。非其器用，自令心勞。

萃　葵丘之盟，晉獻會行。見太宰辭，復爲還興⑦。

升　臏詐龎子，夷竈書木。兵伏卒發，矢至如雨。魏師驚亂，將獲爲虜，涓死樹下⑧。

困　南行出城，世得天福。王姬歸齊，賴其所欲⑨。

井　冬采微蘭，地凍堅難。利走室北，暮無所得⑩。堅難一作冰堅。

---

①　“萌”，尚本作“氓”。

②　“枝”，底本作“杖”，據元本、津逮本、尚本改。“稍”，津逮本作“植”，尚本作“消”。“靡”，津逮本、尚本作“糜”。

③　“宿”，津逮本作“伯”。“來”，津逮本、尚本作“樂”。“使我失期”，津逮本無。

④　“麋”，津逮本、尚本作“糜”。“疑”，津逮本作“處”。

⑤　“秦”，津逮本作“尋”。“於”，津逮本作“我”。

⑥　“虜”，底本作“虐”，元本作“虎”，據尚本改。“疑”，底本作“猛”，據津逮本、尚本改。“筭”，津逮本作“御”。

⑦　“行”，津逮本作“庭”。“復爲還興”，津逮本作“後秦還興”。

⑧　“書木”，底本作“盡毁”，據津逮本、尚本改。“兵伏”，津逮本、尚本作“伏兵”。“卒”，津逮本作“率”。“涓死樹下”，津逮本無。

⑨　“天”，津逮本、尚本作“大”。“賴其所欲”後，津逮本有“以安邦國”四字。

⑩　“微”，津逮本、尚本作“薇”。“利走室北”，津逮本作“雖利奔走”。

革 王喬無病,狗頭不痛。亡屨失履,乏我送從①。

鼎 宛馬疾步,盲師坐御。目不見路,中宵弗到②。

震 求利難國,亡去我北。憂歸其城,反爲吾賊③。

漸 比目四翼,安我邦國。上下無患,爲吾喜福④。

歸妹 八材既登,以成股肱。厖降庭堅,國無災凶⑤。

豐 消弊穿空,家莫爲宗。奴婢逃走,子西父東,爲身作凶⑥。

旅 鳥舞國城,邑懼卒驚。仁德不脩,爲下所傾。

巽 五穀不熟,民苦困急。亞之南國,嘉樂有得⑦。

兌 黃裳建元,福德在身。禄祐洋溢,封爲齊君。賈市無門,富寶多孫⑧。

渙 齊東郭廬,嫁於洛都。驪婦美好,利得過倍⑨。

節 安牀厚褥,不得久宿。棄我嘉宴,困於南國。投杼之憂,不成禍災。

中孚 內崩身傷,中亂無常。雖有美粟,不我食得⑩。

小過 出門逢患,與禍爲怨。更相擊刺,傷我指端。

---

① "屨",津逮本作"破"。"乏我送從",津逮本作"之我欲送"。
② "目",津逮本作"自"。"宵",津逮本作"止"。"弗",元本、尚本作"不"。
③ "利",津逮本作"我"。"北",津逮本作"地"。"吾",津逮本作"我"。
④ "吾喜",津逮本作"我嘉"。
⑤ "股肱",津逮本作"嘉功"。"厖",津逮本、尚本作"尨"。
⑥ "消",底本作"稍",據尚本改。
⑦ "亞",津逮本、尚本作"駕"。
⑧ "福德",津逮本作"病得"。"禄祐",津逮本作"福祐"。"賈市無門",尚本斷爲衍文,刪之。"寶",津逮本、尚本作"貴"。"孫",底本作"殞",據尚本改。
⑨ "廬",尚本作"盧"。"嫁",津逮本作"嬪"。"驪婦",津逮本、尚本作"駿良"。"過",津逮本作"萬"。
⑩ "常",津逮本作"恒"。"食得",津逮本、尚本作"得食"。

既濟　出入節時，南北無憂。行者函至，在外歸來①。

未濟　公孫駕驪，載遊東齊。延陵説産，遺季紵衣②。

---

① "時"，津逮本作"持"。"函"，津逮本作"即"。
② "驪"，津逮本作"車"。

焦氏易林卷第十四

漸之第五十三

漸　別離分散，長子從軍。稚叔就賊，寡老獨居，莫爲種瓜。

乾　旦種菽荳，暮成藿羹。心之所願，志快意愜①。

坤　牡飛門啓，憂患大解，不爲身禍②。

屯　東山西山，各自止安。雖相登望，竟未同堂。姤之坤、艮。

蒙　衆鳥所翔，中有大怪，九身無頭。魂驚魄去，不可以居。
震之蒙。

需　交侵如亂，民無聊賴。追戎濟西，敵人破陣③。

訟　麟鳳所翔，國无咎殃。賈市十倍，復歸惠鄉。

師　鑿井求玉，非卞氏寶。身困名辱，勞無所得④。

比　文山鴻豹，肥腯多脂。王孫獲願，載福巍巍。

小畜　周成之隆，刑錯除凶。太宰費石，君子作人⑤。

履　珪璧琮璜，執贄見王。百里甯戚，應聘齊秦⑥。需之井，否
之訟。

---

① “菽”，津逮本、尚本作“穀”。
② “牡”，底本作“杜”，據津逮本、尚本改。
③ “戎”，底本作“我”，據尚本改。“敵人破陣”，津逮本作“狄人便殫”。
④ “寶”，底本作“室”，津逮本作“宅”，據學津本、尚本改。
⑤ “錯”，津逮本、尚本作“措”。“石”，津逮本作“祐”。“人”，津逮本作“仁”。
⑥ “璜”，津逮本、尚本作“璋”。

泰　穿空漏徹，破壞殘缺。陶弗能治，瓦甓不鑿①。

否　鴻飛循陸，公出不復，伯氏客宿②。損之蹇。

同人　蝦蟆羣聚，從天請雨。雲雷運集，應時輒下，得其所願③。大過之升。

大有　老弱無子，不能自理。爲民所憂，終不離咎。管子治國，侯伯賓服。乘輿八百，尊我桓德④。

謙　蟠梅折枝，與母別離，絕不相知⑤。

豫　盛中不絕，衰者復掇。盈滿減虧，癃瘱腄肥。鄭昭失國，重耳興立⑥。一云：盛去必衰，羸去卻肥。鄭昭失國，重耳得時⑦。

隨　聞虎入邑，必欲逃匿。無據易德，不見霍叔，終無憂慝⑧。

蠱　隨時逐便，不失利門。多獲得福，富於封君。

臨　禹作神鼎，伯益銜指。斧斤既折，憧立獨倚。賈市不讎，枯槀爲禍⑨。

觀　春鴻飛東，以馬貿金。利得十倍，重載歸鄉⑩。

---

① “徹”，津逮本作“弊”。“壞”，津逮本作“桴”。“殘”，底本作“我”，據津逮本、尚本改。“治”，尚本作“冶”。

② “循”，尚本作“遵”。

③ “運”，津逮本作“連”。“應時輒下，得其所願”，元本、尚本作“應其願所”。

④ “所”，津逮本作“雖”。

⑤ “蟠”，津逮本作“搖”，尚本作“播”。

⑥ “衰者復掇”，津逮本、尚本作“衰老復拙”。“瘱”，元本作“蠡”。“立”，津逮本、尚本作“起”。

⑦ “羸”，底本作“嬴”，據元本、津逮本改。

⑧ “必”，津逮本、尚本作“心”。“無據易德”，津逮本、尚本作“走據陽德”。“霍叔”，元本作“藿菽”。“終”，津逮本作“絕”。

⑨ “憧”，底本作“撞”，據津逮本、尚本改。“倚”，尚本作“坐”。“賈市不讎”，底本作“賣萬不售”，據尚本改。

⑩ “貿”，津逮本作“質”，尚本作“貨”。

噬嗑 金齒鐵牙，壽考宜家。年歲有儲，貪利者得，雖憂无咎[①]。

賁 膏澤沐浴，洗去污辱。振除災咎，更與福處[②]。浴一作德。

剝 履堦登墀，高升峻巍。福祿洋溢，依天之威[③]。

復 坤厚地德，庶物蕃息。平康正直，以綏大福。

无妄 絕域異路，多所畏惡。使我驚懼，思吾故處[④]。

大畜 襁褓孩幼，冠帶成家。出門如賓，父母何憂。遯之恒。

頤 一尋百節，綢繆相結。其指詰屈，不能解脫[⑤]。

大過 鷹鸇獵食，雊兔困極。逃頭見尾，爲人所賊[⑥]。

坎 危坐至暮，請求不得。膏澤不降，政庆民惑[⑦]。

離 剛柔相呼，二姓爲家。霜降既同，惠我以仁。

咸 慈母念子，饗賜得士。蠻夷來服，以安王國[⑧]。

恒 良夫孔姬，脅悁登臺。樂季不扶，衛輒走逃[⑨]。

遯 子長忠直，李氏爲賊。禍及無嗣，司馬失福[⑩]。

大壯 節度之德，不涉亂國。雖昧無光，後大受慶[⑪]。

晉 驅羊南行，與禍相逢。狼驚我馬，虎盜我子，悲恨自咎。

---

① “儲”，津逯本、尚本作“餘”。
② “福處”，津逯本作“壽福”。
③ “升”，元本作“登”。
④ “惡”，尚本作“避”。“懼”，津逯本、尚本作“惶”。
⑤ “屈”，元本作“詘”。
⑥ “極”，元本作“急”。“頭”，津逯本作“走”。“人”，底本作“害”，據津逯本、尚本改。
⑦ “庆”，津逯本作“行”。“惑”，尚本作“忒”。
⑧ “得”，津逯本作“德”。“以安王國”，津逯本、尚本作“國人歡喜”。
⑨ “脅”，津逯本作“負”。“樂”，尚本作“柴”。
⑩ “氏”，尚本作“陵”。
⑪ “度”，津逯本作“慶”。“後大受慶”，津逯本作“民受大福”。

明夷 尼父孔丘,善釣鯉魚。羅網一舉,得獲萬頭,富我家居①。

家人 本根不固,華葉落去,更爲孤嫗②。

睽 設罟捕魚,反得屠諸。員困竭忠,伍氏夷誅③。

蹇 敏捷極疾,如猿集木。彤弓雖調,終不能獲④。

解 冠帶南遊,與福相期。邀於嘉國,拜位逢時⑤。

損 年豐歲熟,政仁民樂,禄入獲福⑥。

益 築闕石巔,立基泉源。疾病不安,老孤無鄰⑦。

夬 逐狐東山,水遏我前。深不可涉,失利後便⑧。蒙之蠱,姤之巽,艮之臨。

姤 麟子鳳雛,生長嘉國。和氣所居,康樂温仁,邦多聖人。

萃 西行求玉,冀得瑜璞。反得凶惡,使我驚惑⑨。

升 心狂老悖,聽視聾盲。正命無常,下民多孽⑩。

困 南國少子,才略美好。求我長女,賤薄不與。反得醜惡,後乃大悔⑪。噬嗑之夬。

井 逶迤高原,家伯妄施,亂其五官⑫。

---

① “網”,元本作“釣”。“得獲”,津逮本、尚本作“獲利”。
② “本”,底本作“大”,據津逮本、尚本改。
③ “屠”,底本作“居”,據尚本改。
④ “極”,津逮本、尚本作“亟”。
⑤ “遊”,津逮本、尚本作“行”。“位”,底本作“爲”,據學津本、尚本改。
⑥ “入”,底本作“人”,據津逮本、尚本改。
⑦ “巔”,元本、尚本作“顛”。“泉”,津逮本作“水”。
⑧ “便”,津逮本、尚本作“還”。
⑨ “冀得瑜璞”,津逮本作“莫得卜璞”。
⑩ “老”,津逮本作“志”。
⑪ “南”,津逮本作“高”。
⑫ “五”,津逮本作“在”。

革　謝恩拜德,東歸吾國,歡樂有福。

鼎　雞鳴同舉,思配無家。執佩持鳧,無所致之[①]。

震　凶重憂累,身受誅罪,神不能解[②]。

艮　虎豹熊羆,遊戲山谷。仁賢君子,得其所欲。<small>謙之中孚。</small>

歸妹　海隅遼右,福祿所至。柔嘉蒙祉,九夷何咎[③]。

豐　華首之山,仙道所遊。利以居止,長无咎憂。<small>謙之井。</small>

旅　甲乙戊庚,隨時轉行。不失常節,萌芽律屈。咸達生出,各樂其類[④]。<small>歸妹之同人。</small>

巽　跛躓未起,失利後市,不得鹿子[⑤]。

兌　怙恃自負,不去於下。血從地出,誅罰失理[⑥]。

渙　江河淮海,天之都市。商人受福,國家饒有。

節　節情省慾,賦斂有度。家給人足,利以富貴[⑦]。

中孚　牝馬鳴呴,呼求其潦。雲雨大會,流成河海[⑧]。

小過　日月之塗,所行必到,無有患故。

既濟　乘風而舉,與飛鳥俱。一舉千里,見吾愛母。<small>明夷之鼎。</small>

未濟　陰配陽爭,臥木反立。君子攸行,喪其官職[⑨]。

---

① “舉”,尚本作“興”。“佩”,元本、尚本作“珮”。“無所”,津逮本作“莫使”。
② “累”,津逮本作“慮”。
③ “至”,元本作“在”。
④ “樂”,津逮本作“順”。“芽”,元本作“牙”。
⑤ “跛”,津逮本作“跋”。
⑥ “怙”,津逮本作“惟”。“去”,津逮本作“志”。
⑦ “利以富貴”,津逮本、尚本作“且貴且富”。
⑧ “牝馬”,元本作“牝牛”,尚本作“黿池”。“呴”,津逮本、尚本作“响”。“呼求”,津逮本作“求呼”。“其”,尚本作“水”。
⑨ “配”,元本作“醜”。“爭”,津逮本作“事”。

歸妹之第五十四

歸妹 堅冰黄裳，鳥哀悲愁。不見白粒，但覩藜蒿。數驚鷙鳥，爲我心憂①。

乾 荆木冬生，司寇緩刑。威權在下，國亂且傾。

坤 喘牛傷暑，弗能成畝。草萊不闢，年歲無有②。

屯 魚欲負流，衆不同心，至德安樂③。

蒙 春耕有息，秋入利福。獻豜大貔，以樂成功④。

需 生有聖德，上配太極。皇靈建中，授我以福。家人之需。

訟 右撫琴頭，左手援帶。凶訟不已，相與争戾，失利而歸。

師 炙魚楜斗，張伺夜鼠。舌不忍味，機發爲祟，筭不得去⑤。

比 申酉説服，牛馬休息。君子以安，勞者得憩⑥。

小畜 堯問尹壽，聖德增益。使民不疲，安無怵惕⑦。

履 孤公寡婦，獨宿悲苦。目張耳鳴，莫與笑語。訟之歸妹。

泰 外得好畜，相與嫁娶。仁賢集聚，諮詢厥事。傾奪我城，使家不寧。

---

① "裳、鳥"，津逮本、尚本作"鳥、常"。"哀悲愁"，津逮本作"悲哀鳴"。"白"，津逮本作"甘"。"但覩藜蒿"，津逮本作"但歡藜荆"。

② "弗"，尚本作"不"。"成"，津逮本、尚本作"耕"。

③ "安樂"，津逮本、尚本作"潛伏"。

④ "大"，尚本作"私"。"貔"，元本、尚本作"貑"。

⑤ "楜"，底本作"枯"，津逮本作"拈"，據尚本改。"張伺夜鼠"，津逮本作"陰倚碩鼠"。"忍"，津逮本作"思"。"機"，津逮本作"議"。

⑥ "説"，尚本作"脱"。

⑦ "堯問尹壽"，底本作"堯門尹爵"，據尚本改。

否 煎砂盛暑，鮮有不朽。去河千里，敗我利市。老牛盲馬，去之何悔①。

同人 甲乙戊庚，隨時轉行。不失常節，萌芽律屈。咸達出生，各樂其類。漸之旅。

大有 依宵夜遊，與君相遭。除解煩惑，使心不憂②。

謙 死友絕朋，巧言為讒。覆白污玉，顏叔哀暗③。

豫 逐利三年，利走如神。輾轉東西，如鳥避丸④。

隨 隄防壞決，河水放逸。傷害稼穡，居孤獨宿，没溺我邑⑤。

蠱 陰陽隔塞，許嫁不答。旄丘新臺，悔往嘆息。晉之无妄。

臨 伯夷叔齊，貞廉之師。以德防患，憂禍不存。泰之乾，革之否，比之剥。

觀 陽為狂悖，拔劍自傷，為身生殃。明夷之井。

噬嗑 進士為官，不若服田，獲壽保年⑥。

賁 耕石不生，棄禮無名。縫衣失針，襦褲弗成⑦。

剥 靈龜陸處，一旦失所。伊子復耕，桀亂無輔。

復 室當源口，溺漂為海。財産殫盡，衣食無有⑧。

无妄 雞方啄粟，為狐所逐。走不得食，惶懼喘息。

---

① "千"，底本作"三"，據尚本改，按若謂三里，似無敗之理。
② "依"，尚本作"衣"。
③ "死友絕朋"，津逯本作"無有絕明"。"暗"，津逯本作"音"。
④ "輾"，津逯本、尚本作"展"。
⑤ "放逸"，津逯本、尚本作"泛溢"。"稼穡"，尚本作"禾稼"。"傷害稼穡"後，津逯本有"民流去室"四字。"居"，津逯本、尚本作"君"。
⑥ "服"，元本作"復"。
⑦ "弗"，尚本作"不"。
⑧ "源"，津逯本作"原"。"溺漂"，津逯本、尚本作"漂溺"。

大畜　家在海隅，繞旋深流。豈敢憚行，無木以趨①。

頤　他山之錯，與環爲仇。來攻吾城，傷我肌膚，國家騷憂②。明夷。

大過　弊鏡無光，不見文章。少女不嫁，棄於其公。

坎　大蛇巨魚，相搏於郊。君臣隔塞，戴公出廬③。

離　絶世無嗣，福禄不存。精神涣散，離其躬身④。

咸　文君之德，養仁致福。年無胎夭，國富民實。憂者之望，憎參盜息⑤。

恒　合歡之國，喜爲我福。東嶽南山，朝躋成息⑥。

遯　憂人之患，履悖易顔。爲身禍殘，率身自守。與喜相抱，長子成老，封受福祉⑦。

大壯　太公避紂，七十隱處。卒受聖文，爲王室輔⑧。明夷之坤。

晉　江漢上流，政逆民憂。陰代其陽，雌爲雄公⑨。

明夷　縮緒亂絲，舉手爲災。越畋逐兔，喪其衣袴⑩。

家人　臭黿腐水，與狼相輔。亡夫失子，憂及父母⑪。

---

①　"繞旋深流"，尚本作"橈短流深"。

②　"錯"，底本作"儲"，據津逮本、尚本改。"環"，津逮本、尚本作"璆"。"吾"，元本作"我"。

③　"相搏於郊"，津逮本作"相輔殺之"。"戴公出廬"，津逮本作"郭公失廬"，尚本作"戴公廬漕"。

④　"不"，元本作"無"。

⑤　"仁"，津逮本、尚本作"人"。"憎"，元本作"增"，津逮本、尚本作"曾"。

⑥　"躋"，津逮本作"濟"。"息"，津逮本、尚本作"恩"。

⑦　"老"，津逮本作"考"。"祉"，津逮本作"祐"。

⑧　"受"，津逮本、尚本作"逢"。

⑨　"代"，底本作"伐"，據津逮本、尚本改。

⑩　"縮緒"，津逮本作"縮縮"。"喪"，津逮本作"濡"。

⑪　"水"，津逮本、尚本作"木"。

睽　刲羊不當，女執空筐。兔跛鹿踦，緣山墜墮，讒佞亂作。

蹇　拔劍傷手，見敵不善。良臣無佐，國憂爲咎①。

解　三羖五羘，相隨俱行。迷入空澤，循谷直北。經涉六駁，爲所傷敗②。

損　爭雞失羊，亡其金囊，利得不長。陳蔡之患，賴楚以安。恒之夬。

益　三驪負衡，南取芷香。秋蘭芬馥，盈滿神匱，利我仲季③。

夬　孟夏已丑，哀呼尼父。明德訖終，亂虐滋起。

姤　履不容足，南山多草。家有芳蘭，乃無病疾④。

萃　三足無頭，弗知所之。心狂睛傷，莫使爲明，不見日光⑤。

升　戴堯扶禹，松喬彭祖。西過王母，道里夷易，無敢難者⑥。師之離。

困　式微式微，憂禍相絆。隔以巖山，室家分散⑦。

井　靈龜陸處，一旦失所。伊子復耕，桀亂無輔。

革　仁德覆洽，恩及異域。澤被殊方，禍災隱伏。蠶不作室，寒無所得⑧。

---

① “善”，津逮本、尚本作“喜”。“國”，津逮本、尚本作“困”。
② “谷”，津逮本作“入”。“經”，尚本作“徑”。“敗”，元本、尚本作“賊”。
③ “衡”，元本作“衍”。“取芷”，底本作“芷取”，據津逮本、尚本改。
④ “草”，津逮本、尚本作“葉”。“芳”，津逮本、尚本作“芝”。
⑤ “弗知”，尚本作“不知”。“心狂睛傷”，底本作“心強睛傷”，津逮本作“心在精傷”，據尚本改。“日”，底本作“月”，據津逮本、尚本改。
⑥ “里”，津逮本、尚本作“路”。
⑦ “絆”，津逮本作“半”。
⑧ “被”，津逮本作“及”。

鼎　夏麥穄䅘，霜擊其芒。疾君敗國，使年夭傷。

震　火雖熾，在吾後。寇雖多，出我右。身安吉，不危殆①。震之歸妹，大有之需。

艮　遼遠絶路，客宿多悔。頑嚚相聚，生我畏惡。明夷之小畜。

漸　懸懸南海，去家萬里。飛兔裹駿，一日見母，除我憂悔②。

豐　困而後通，雖危不窮。終得其願，姬姜相從③。

旅　西賈巴蜀，寒雪至轂。欲前不得，還反空屋④。

巽　作新初陵，爛陷難登。三駒摧車，躓頓傷頤⑤。

兌　延頸望酒，不入我口。深目自苦，利得無有，幽人悦喜。

涣　仲春孟夏，和氣所舍。生我喜福，國無殘賊⑥。

節　張羅捕鳩，兔離其災。雌雄俱得，爲罝所賊⑦。離當作羅。

中孚　三人俱行，一人言北。伯仲欲南，少叔不得。中路分争，争鬭相賊⑧。

小過　然諾不行，欺紿誤人。使我露宿，夜歸温室。神怒不直，鬼欲求獨。刺擊其目，反言自賊⑨。恒之觀。

既濟　陳辭達誠，使安不傾。增禄益壽，以成功名。明夷之晉。

---

① “出我右”，津逮本、尚本作“在吾右”。
② “裹駿”，尚本作“腰裹”。
③ “雖”，津逮本作“難”。“危”，津逮本、尚本作“厄”。
④ “至轂”，津逮本作“已没”。“空屋”，元本作“室屋”，津逮本作“空室”。
⑤ “作新”，尚本作“新作”。
⑥ “喜”，尚本作“嘉”。
⑦ “羅”，津逮本、尚本作“網”。
⑧ “路”，津逮本作“欲”。“争、道”，津逮本作“道、争”。
⑨ “鬼欲求獨，刺擊其目，反言自賊”，津逮本、尚本作“鬼擊其目，欲求福利，適反自賊”。

未濟 火燒公牀,家破滅亡。然得安昌,先憂重喪①。

豐之第五十五

豐 諸孺行賈,經涉大阻。與杖爲市,不憂危殆,利得十倍②。

乾 鼎足承德,嘉謀生福。爲王開庭,得心所欲③。晉之大壯。

坤 曳綸河海,釣魴與鯉。王孫利得,以饗仲友④。

屯 東山皋落,叛逆不服。興師征討,恭子敗覆⑤。

蒙 千里騄駒,爲王服車。嘉其麗榮,君子有成⑥。

需 三龍北行,道逢六狼。暮宿中澤,爲禍所傷⑦。

訟 天災所遊,凶不可居。轉徙獲福,留止危憂。

師 狐狸雊兔,畏人逃去。分走竄匿,不知所處⑧。益之解,睽之大有。

比 雨師娶婦,黃巖季女。成禮既婚,相呼南去。膏潤下土,年歲大有⑨。損之益,井之坤,恒之晉,本卦之大過。

---

① "家破",津逮本作"破家"。"重",津逮本作"後"。
② "諸孺",津逮本作"清懦"。"經",津逮本作"徑"。"大",津逮本、尚本作"山"。"杖",津逮本、尚本作"狄"。
③ "開",津逮本作"閒"。
④ "河",津逮本、尚本作"江"。"釣魴與鯉",元本作"釣挂魴鯉"。"利得",津逮本、尚本作"列俎"。
⑤ "叛",元本作"畔"。
⑥ "麗",津逮本作"驪"。
⑦ "三",元本、尚本作"二"。"暮",津逮本、尚本作"莫"。
⑧ "知",底本作"如",據津逮本、尚本改。
⑨ "女",津逮本作"子"。"去",津逮本作"上"。"下土",尚本作"田里"。"有",尚本作"喜"。

小畜 外棲野鼠，與雞爲伍。瘡痍不息，即去其室①。

履 天命絶後，孤傷無主。彷徨兩社，獨不得酒②。

泰 鵠思其雄，欲隨鳳東。順理羽翼，出次須日。中留北邑，復反其室③。<small>明夷之益，需之離，益之觀。</small>

否 蝼蛇九子，長尾不殆。均明光澤，燕自受福。

同人 日走月步，趨不同舍。夫妻反目，君主失國。<small>小畜之同人，豫之睽。</small>

大有 宣房戶室，枯期除毒。文德淵府，害不能賊④。

謙 齊東郭廬，嫁於洛都。駿良美好，謀利過倍⑤。

豫 病篤難醫，和不能治。命終期訖，下即蒿里。<small>臨之益。</small>

隨 開郭緒業，王迹所起。姬德七百，報以八子⑥。

蠱 豐年多儲，江海饒魚。商客善賈，大國富有⑦。

臨 鵠求魚食，過彼射邑。繒加我頭，繳挂羽翼。欲飛不能，爲羿所得⑧。

觀 望城抱子，見邑不殆。公孫上堂，大君悦喜⑨。

噬嗑 左指右麾，邪淫侈靡。執節無良，靈公以亡⑩。

---

① “雞”，津逮本、尚本作“雄”。

② “傷”，尚本作“陽”。

③ “須日”，津逮本作“日中”。“中留”，津逮本作“傾流”。

④ “宣”，津逮本、尚本作“定”。“枯”，津逮本作“括”。“期”，津逮本、尚本作“薪”。

⑤ “齊東”，津逮本作“東齊”。“廬”，元本、尚本作“盧”。“謀利”，津逮本、尚本作“利得”。“駿良美好”後，津逮本有“多好讓主”四字。

⑥ “郭”，元本、尚本作“廓”。“報”，津逮本作“振”。

⑦ “江”，津逮本、尚本作“河”。

⑧ “射”，津逮本作“食”。“繒”，元本作“矰”。“頭”，津逮本、尚本作“頸”。

⑨ “大”，津逮本、尚本作“文”。“悦”，元本作“歡”。

⑩ “邪淫侈靡”，津逮本作“邪侈靡靡”。“公”，津逮本、尚本作“君”。

賁 日中爲市，各持所有。交易資賄，函珠懷寶，心悦歡喜①。泰之升。

剥 山没丘浮，陸爲水魚，燕雀無廬。

復 馬服長股，宜行善市。蒙祐諧偶，獲利五倍②。終日在市，詰朝獲利。既享嘉福，得之以義。

无妄 三狸捕鼠，遮遏前後。死於環域，不得脱走③。離之遯。

大畜 鬼舞國社，歲樂民喜。臣忠於君，子孝於父④。

頤 慈母望子，遥思不已。久客外野，我心悲苦。

大過 雨師娶婦，黄巖季子。成禮既婚，相呼南去。膏潤下土，年歲大有⑤。損之益，恒之晉，井之坤，本卦之比。

坎 百狗同室，相齧争食。枉矢西流，射我暴國。高宗鬼方，三年乃服⑥。

離 早霜晚雪，傷害禾麥。損功棄力，飢無可食⑦。離之蠱。

咸 腐臭所在，青蠅集聚。變白爲黑，敗亂邦國。君爲臣逐，失其寵禄⑧。

恒 牽羊不與，與心戾旋。聞言不信，誤紿丈人⑨。一云：言語

---

① “心悦歡喜”，底本無，據津逮本、尚本補。

② “偶”，津逮本作“偈”。“得之以義”，津逮本作“得久乃幾”。

③ “環域”，津逮本作“國城”，尚本作“圖城”。

④ “忠”，津逮本作“禮”。

⑤ “子”，尚本作“女”。“去”，津逮本作“上”。“膏潤下土”，尚本作“膏澤田里”。“有”，尚本作“喜”。

⑥ “百”，津逮本、尚本作“兩”。“同”，津逮本作“圍”。“齧”，津逮本作“咬”。“鬼方”，津逮本作“伐鬼”。

⑦ “害禾”，津逮本、尚本作“禾害”。“麥”，津逮本作“黍”。“損”，元本作“捐”。

⑧ “所”，津逮本作“何”。“變白爲黑”，元本作“辯變白黑”。“禄”，津逮本作“光”。

⑨ “與”，津逮本、尚本作“前”。此林辭元本作“牽羊不與，心戾旋聞。言語不畜，誤紿丈人”。

不富，誤紹丈人。

遯　甘忍利害，還相克敵。商子酷刑，鞅喪厥身[①]。

大壯　刲羊不當，女執空筐。兔跂鹿踦，緣山墜墮[②]。隨之艮。

晉　齫齫嚙嚙，貧鬼相責。無有歡怡，一日九結。震之既濟。

明夷　兩足四翼，飛入嘉國。寧我伯姊，與母相得[③]。賁之同人。

家人　天山紫芝，雍梁朱草。長生和氣，王以爲寶。公尸侑食，福禄來處[④]。

睽　絕世遊魂，福禄不存。精神涣散，離其躬身。

蹇　北辰紫宮，衣冠立中。含弘建德，常受大福[⑤]。

解　伯蹇叔瘠，莫與守株。失我衣裘，代爾陰鄉[⑥]。鼎之離。

損　兩女共室，心不聊食。首髮如蓬，憂常在中[⑦]。艮之剥。

益　去辛就蓼，毒愈苦甚。避穽遇坑，憂患日生[⑧]。

夬　初病終凶，季爲死喪，不見光明。

姤　三鳥飛來，自到逢時。俱行先至，多得大利[⑨]。同人之大有，震之夬。

萃　鹿食山草，不思邑里，雖久无咎。

---

① “害”，元本作“瘄”。“酷”，元本作“造”。“敵”，元本、尚本作“賊”。
② 此林辭津逮本作“刲羊不當，血少無羹。女執空筐，不得桑根”，尚本同，唯“桑根”作“採桑”。
③ “與”，津逮本作“子”。
④ “天”，津逮本、尚本作“文”。“長生”，津逮本、尚本作“生長”。
⑤ “弘”，元本、尚本作“和”。
⑥ “瘠”，津逮本、尚本作“盲”。“與”，津逮本、尚本作“爲”。“株”，尚本作“裝”。
⑦ “首”，津逮本作“亂”。
⑧ “苦”，津逮本、尚本作“酷”。
⑨ “自到”，尚本作“是我”。

升　羊腸九縈，相推稍前。止須王孫，乃能上天①。損之屯，履之師，蠱之剝，臨之巽。

困　管仲遇桓，得其願歡。膠牢振冠，冠帶無憂。笑戲不莊，空言妄行②。明夷之旅。

井　桀跖並處，民困愁苦。行旅遲遲，留連齊魯③。復之離。

革　魂孤無室，銜指不食。盜張民餌，見敵失福④。

鼎　讒言亂國，覆是爲非。伯奇乖難，恭子憂哀⑤。巽之觀。

震　衛侯東遊，惑於少姬。亡我考妣，久迷不來。乾之升，旅之師。

艮　雞鳴同興，思邪無家。執佩持毳，莫使致之⑥。漸之鼎。

漸　義不勝情，以欲自榮。覬利危寵，摧角折頸⑦。坤之豐，復之坤，小過之升。

歸妹　臣尊主卑，權力日衰。侵奪無光，三家逐公⑧。升之巽。

旅　叔仲善賈，與喜爲市。不憂危殆，利得十倍。

巽　六蛇奔走，俱入茂草。驚於長路，畏懼啄口。井之兌，中孚之家人。

兌　水壞我里，東流爲海。鼁黽讙囂，不得安居⑨。旅之歸妹。

---

① “推稍”，津逮本作“摧併”。

② “膠牢振冠，冠帶無憂”，津逮本作“膠日殺糾，振冠無憂”，尚本作“膠目啓牢，振冠無憂”。

③ “行旅”，津逮本、尚本作“旅行”。“留”，津逮本作“晉”。

④ “指”，津逮本作“損”。“民餌”，津逮本作“氏饋”，尚本作“民饋”。“福”，津逮本、尚本作“肉”。

⑤ “難”，津逮本、尚本作“離”。

⑥ “邪”，津逮本、尚本作“配”。“佩”，元本、尚本作“珮”。

⑦ “榮”，津逮本、尚本作“縈”。“寵”，津逮本、尚本作“躬”。

⑧ “權”，底本作“擁”，據津逮本、尚本改。

⑨ “黽”，津逮本、尚本作“繩”。“得”，津逮本作“可”。

渙　飛不遠去，卑斯內侍，禄養未富①。渙之大畜。

節　陰變爲陽，女化爲男。治道大通，君臣相承。屯之離，未濟之夬，渙之旅。

中孚　踐履危難，脱厄去患。入福喜門，見誨大君。震之家人，兑之乾。

小過　罟密網縮，動益蹶急，困不得息②。

既濟　負牛上山，力劣行難。烈風雨雪，遮遏我前，中道復還。同人之无妄，訟之剥，旅之睽。

未濟　喁喁嘉草，思降甘雨。景風升上，沾洽時澍，生我禾稼。

旅之第五十六

旅　羅網四張，鳥無所翔。征伐困極，飢窮不食③。革之泰，兑之小過。

乾　寄生無根，如過浮雲。立本不固，斯須落去，更爲枯樹。小畜之蠱。

坤　人無定法，綏降牛出。蛇雄走趨，陽不制陰，宜其家困④。

屯　衆鳥所聚，中有大怪，九身無頭。魂驚魄去，不可以

---

① “斯”，津逮本作“厮”。“養”，津逮本作“食”。
② “罟密網縮”，津逮本作“網密綱縮”。“蹶”，津逮本作“感”。“中道復還”後，津逮本有“憂者得歡”四字。
③ “窮”，津逮本、尚本作“渴”。
④ “綏”，元本作“緩”。“困”，底本作“國”，據津逮本、尚本改。此林辭尚本作“人無足，法緩除。牛出雄，走羊驚。陽不制陰，男失其家”。

居①。漸之蒙。

蒙　封豕溝瀆，灌潰國邑。火宿口中，民多疾病②。

需　奮翅鼓翼，翺翔外國。逍遥徙倚，來歸温室。損之觀。

訟　秋蠶不成，冬種不生。殷王逆理，棄其寵榮③。

師　衛侯東遊，惑於少姬。忘我考妣，久迷不來④。乾之升，豐之震。

比　烏合卒會，與惡相得。鴟鴞相酬，爲心所賊⑤。

小畜　鳴雞無距，與鵲格鬭。趐折目盲，爲仇所傷⑥。

履　木生內蠹，上下相賊，禍亂我國⑦。

泰　延陵適魯，觀樂太史。車轔白顛，知秦興起。卒兼其國，一統爲主。坎之剥，大畜之離。

否　輔相之好，無有休息。時行雲集，所在遇福。

同人　牀傾簀折，屋漏垣缺，季姬不愜。

大有　東入海口，循流北走。一高一下，五邑無主。七日六夜，死於水浦⑧。睽之蹇。

謙　羣虎入邑，求索肉食。大人禦守，君不失國⑨。

豫　四亂不安，東西爲患。退身止足，無出邦域。乃得完

---

①　“聚”，津逮本、尚本作“翔”。
②　“疾病”，津逮本、尚本作“病疾”。
③　“榮”，津逮本作“名”。
④　“忘”，津逮本作“亡”。
⑤　“烏合卒會”，元本作“鳥合卒會”，津逮本作“鳥會雀合”。“鴞”，元本作“梟”。
⑥　“鳴”，尚本作“眵”。“鵲”，津逮本作“雀”。“仇”，尚本作“鳩”。
⑦　“生內”，尚本作“內生”。
⑧　“邑”，底本作“色”，據津逮本、尚本改。“無”，津逮本作“失”。“七日六夜”，津逮本作“七夜六日。”
⑨　“禦守”，津逮本、尚本作“守禦”。“不失”，津逮本作“失其”。

全，賴其生福①。大有之睽。

隨　叔肦抱冤，祈子自邑。乘遽解患，羊舌以免，賴其福
全②。蹇之乾。

蠱　延頸望酒，不入我口。深目自苦，利得無有。訟之益，履
之萃。

臨　仁政之德，恭恭日息。成都就邑，人受厥福③。巽之屯。

觀　牽頭繫尾，屈折幾死。周世無人，不知所歸④。升之大畜。

噬嗑　教羊逐兔，使魚捕鼠。任非其人，費日無功⑤。需之
噬嗑。

賁　生角有尾，張孽制家。排羊逐狐，張氏易公，憂禍重凶。

剝　去安就危，墜陷井池，破我玉瑀⑥。

復　茹芝餌黃，塗飲玉英。與神流通，長無憂凶。既濟之蹇。

无妄　體重飛難，未能越關，不離室垣⑦。震之鼎。

大畜　巢成樹折，傷我彝器。伯跂叔跌，亡羊乃追。

頤　六人俱行，各遺其囊。黃鵠失珠，無以爲明。賁之噬嗑。

大過　蟠梅折枝，與母分離，絕不相知⑧。大有之坤。

坎　迎福開戶，喜隨我後。曹伯愷悌，爲宋國主。

離　既痴且狂，兩目又盲。箕踞喑啞，名爲無中⑨。

---

①　“止”，津逮本作“山”。
②　“肦”，底本作“昐”，據津逮本、尚本改。“福”，津逮本、尚本作“生”。
③　“恭恭”，津逮本、尚本作“參參”。“人”，津逮本作“日”。
④　“繫”，津逮本作“擊”。“周”，津逮本作“彤”。“人”，津逮本作“仁”。
⑤　“捕鼠”，底本作“相捕”，據津逮本、尚本改。
⑥　“瑀”，津逮本、尚本作“螭”。
⑦　“不離室垣”，底本無，據津逮本、尚本補。
⑧　“蟠”，津逮本、尚本作“播”。“梅折枝”，津逮本作“枝遷岐”。
⑨　“箕”，元本作“跂”。“喑啞”，津逮本作“坐喑”。“中”，津逮本作“用”。

咸　金梁鐵柱，千年牢固。完全不腐，聖人安處。

恒　裹粮荷糧，與跖相逢。欲飛不得，爲網所獲①。

遯　彭生爲豕，暴龍作災。盜堯衣裳，聚跖荷兵。青禽照夜，三旦夷亡②。鼎之遯，比之蒙。

大壯　獨夫老婦，不能生子，鰥寡俱處③。

晉　鷦鷯竊脂，巢於小枝。搖動不安，爲風所吹。心寒飄搖，常憂危殆④。

明夷　素車木馬，不任負重。王子出征，憂危爲咎⑤。

家人　土陷四維，安平不危。利以居止，保有玉女⑥。

睽　負牛上山，力劣行難。烈風雨雪，遮遏我前，中道復還。訟之剥。

蹇　金城鐵郭，上下同力。政平民親，寇不敢賊。

解　清潔淵塞，爲人所言。證訊詰問，繫於枳溫。甘棠聽斷，昭然蒙恩⑦。師之蠱。

損　皋陶聽理，岐伯悦喜。西登華道，東歸无咎⑧。

益　低頭竊視，有所畏避，行作未利。酒酸魚敗，衆莫貪嗜⑨。鼎之解。

夬　十雉百雛，常與母俱。抱雞搏虎，誰肯爲侣⑩。

---

① "網"，元本、尚本作"罔"。
② "彭生爲豕"，底本作"彭名爲妖"，津逮本作"彭生爲妖"，據尚本改。
③ "俱"，津逮本、尚本作"居"。
④ "飄搖"，尚本作"慄慄"。"危殆"，津逮本、尚本作"殆危"。
⑤ "馬"，津逮本作"輿"。"危"，津逮本作"疑"。
⑥ "危"，津逮本作"其"。
⑦ "人"，津逮本作"讒"。"訊"，津逮本作"訓"。"問"，津逮本、尚本作"情"。
⑧ "道"，尚本作"首"。
⑨ "未"，津逮本、尚本作"不"。"衆"，底本作"重"，據元本、津逮本、尚本改。
⑩ "雉"，尚本作"雞"。

姤　高阜山陵，陂陁顛崩。爲國妖祥，元后以薨①。

萃　六鷸退飛，爲襄敗祥。陳師合戰，左股疾傷。遂以薨崩，霸功不成②。塞之蠱。

升　異國殊俗，情不相得。金木爲仇，百賊擅殺③。家人之未濟。

困　鴉噪庭中，以戒災凶。重門擊柝，備憂暴客④。

井　慈母赤子，享賜得士。獲夷服除，以安王家，側陋逢時⑤。

革　劓迹惡人，使德不通。炎旱爲災，年穀大傷⑥。坤之大有。

鼎　躬履孔德，以待束帶。文君燎獵，呂尚獲福。號稱太師，封建齊國⑦。

震　征將止惡，鼓鞞除賊。慶仲奔莒，子般獲福⑧。

艮　良夫淑女，配合相保。多孫衆子，懽樂長久⑨。

漸　蜲蛇四牡，思念父母。王事靡盬，不我安處⑩。渙之復。

歸妹　水壞我里，東流爲海。鼃龜讙囂，不得安居。豐之兌。

---

①　“陂”，津逮本作“崚”。

②　“襄”，底本作“衰”，據津逮本、尚本改。“疾”，元本、尚本作“夷”。“薨崩”，津逮本、尚本作“崩薨”。“成”，元本作“終”。

③　“百賊擅殺”，底本作“百戰檀穀”，元本作“百戰檀轂”，津逮本作“酉賊擅役”，據尚本改。

④　“噪”，元本作“叫”。

⑤　“赤”，尚本作“念”。“享”，元本作“饗”。“士”，元本作“仕”。“獲夷服除”，尚本作“蠻夷來服”。“家”，尚本作“室”。

⑥　“劓迹”，津逮本作“跡造”，尚本作“遷延”。“災”，津逮本、尚本作“殃”。

⑦　“待”，津逮本作“帶”。“帶”，尚本作“帛”。“君”，津逮本作“王”。

⑧　“般”，丁晏《易林釋文》謂當爲“穀”之訛，似可從。

⑨　“衆”，津逮本作“壽”。

⑩　“蜲蛇”，津逮本作“逶迤”。“牡”，底本作“壯”，據元本、津逮本、尚本改。“思”，底本作“恩”，據元本、津逮本、尚本改。“我”，津逮本、尚本作“得”。

豐 束帛戔戔，賄我孟宣。徵召送君，變號易字①。

巽 乾行大德，覆贍六合。嘔煦成熟，使我福德②。

兌 秦晉大國，更相克賊。獲惠質圉，鄭被其咎。

渙 晦昧昏明，君無紀綱。甲午成亂，簡公喪亡③。

節 三足無頭，弗知所之。心狂睛傷，莫使爲明，不見日光④。小畜之復。

中孚 長夜短日，陰爲陽賊。萬物空枯，藏在北陸⑤。夬之明夷，謙之漸。

小過 依宵夜遊，與大君俱。除解煩惑，使我無憂⑥。無或作先，歸妹之大有。

既濟 逐鹿南山，利入我門。陰陽和調，國無災殘。長子出遊，須其仁君⑦。

未濟 請冀左耳，嗇不我與，驅我父母⑧。

---

① “宣”，津逮本作“空”。“變號易字”，津逮本作“處號易子”。

② “大”，元本、尚本作“天”。“煦”，元本作“呴”。

③ “明”，津逮本、尚本作“冥”。“午”，底本作“子”，據尚本改。

④ “弗”，尚本作“不”。“睛”，底本作“精”，據尚本改。“日”，底本作“月”，據津逮本、尚本改。

⑤ “在”，津逮本、尚本作“於”。

⑥ “與大君俱”，津逮本、尚本作“與君相遭”。“解煩”，津逮本、尚本作“煩解”。

⑦ “逐鹿南山”，元本作“逐麋西山”。“利入我門”，津逮本作“知我入門”。

⑧ “冀”，津逮本、尚本作“騎”。“左”，津逮本作“作”。“與，驅”，底本作“驅，與”，據津逮本、尚本改。

焦氏易林卷第十五

巽之第五十七

巽 温山松柏，常茂不落。鸞鳳以庇，得其歡樂。<small>鼎之泰，需之坤，否之恒。</small>

乾 采唐沬鄉，要期桑中。失信不會，憂思約帶①。<small>无妄之恒，師之噬嗑。</small>

坤 有鳥飛來，集於宮樹。鳴聲可畏，主將出去②。<small>屯之夬。</small>

屯 仁政之德，參參日息。成都就邑，入受厥福③。

蒙 他山之儲，與珍爲仇。來攻吾城，傷我肌膚，邦家搔憂④。<small>明夷。</small>

需 齎貝贖狸，不聽我辭。繫於虎鬚，牽不得來。<small>震之咸，萃之蹇，否之革，隨之師。</small>

訟 一簧兩舌，妄言諂語。三奸惑虛，曾母投杼⑤。<small>師之乾。</small>

師 薄行搔尾，逐雲除水。污泥爲陸，下田宜稷⑥。

---

① "鄉"，底本作"卿"，據元本、尚本改。"期"，津逮本作"我"。"思約"，津逮本作"在鉤"。

② "可畏"，津逮本作"畏惡"，尚本作"可惡"。

③ "入"，津逮本、尚本作"日"。

④ "儲"，津逮本、尚本作"錯"。"來"，津逮本作"夾"。

⑤ "妄"，津逮本、尚本作"佞"。"諂"，底本作"陷"，據元本、津逮本、尚本改。"惑虛"，津逮本、尚本作"成虎"。

⑥ "薄行搔尾"，尚本作"魁行搖尾"。"除"，津逮本作"涂"，尚本作"吹"。

比 天門九重，深内難通。明坐至暮，不見神公①。

小畜 闇目不明，耳闋聽聰。陷入深淵，滅頂憂凶②。兑之井。

履 霧露早霜，日暗不明。陰陽孽疾，年穀大傷。

泰 三階土廊，德義明堂。交讓往來，享燕相承。箕伯朝王，錫我玄黄③。

否 争雞失羊，利得不長。陳蔡之患，賴楚以安。

同人 天旱水涸，枯槁無澤，未有所獲。

大有 陶朱白圭，善賈息貨。公子王孫，富利不貧④。

謙 龜厭江海，陸行不止。自令枯槁，失其都市，憂悔爲咎⑤。

豫 黄鳥採蓄，既稼不答。念吾父兄，思復邦國⑥。

隨 田鼠野雞，意常欲逃。拘制籠檻，不得動摇⑦。既濟之噬嗑，夬之謙，需之隨。

蠱 平國不君，夏氏作亂。烏號竊發，靈公殞命。臨之晉。

臨 巨蛇大鰌，戰於國郊。上下閉塞，君道走逃⑧。剥之艮。

觀 讒言亂國，覆是爲非。伯奇流離，恭子憂哀⑨。豐之鼎。

---

① “深”，津逮本作“澤”。“坐”，津逮本、尚本作“登”。“暮”，津逮本、尚本作“莫”。

② “目不”，津逮本作“昧不”，元本、尚本作“目失”。“闋聽”，津逮本作“聾不”，尚本作“闋不”。“憂”，津逮本作“成”。

③ “階”，底本作“諧”，據津逮本、尚本改。“廊”，津逮本作“廓”。

④ “貨”，元本作“資”。

⑤ “爲”，津逮本、尚本作“無”。

⑥ “稼”，學津本、尚本作“嫁”。

⑦ “雛”，尚本作“雞”。

⑧ “道”，津逮本、尚本作“主”。

⑨ “流”，津逮本作“留”。

噬嗑　鬱映不明，爲陰所傷。衆霧集聚，共奪日光①。

賁　望城抱子，見邑不殆。公孫上堂，大君歡喜。

剥　三虫作蠱，劃迹無與。勝母盜泉，君子弗處②。姤之觀，觀之困。

復　車馳人趨，卷甲相求。齊魯寇戎，敗於犬丘③。復之小畜，坤之兌。

无妄　欲訪子車，善相欺紿。桓叔相迎，不見所期④。

大畜　爭雞失羊，亡其金囊，利得不長。陳蔡之患，賴楚以安⑤。歸妹之損。

頤　歲暮花落，陽入陰室。萬物伏藏，匿不可得⑥。

大過　晨風文翰，大舉就温。過我成邑，羿無所得⑦。大壯之震，小畜之革，大過之豫。

坎　時鵠抱子，見蛇何咎。室家俱在，不失其所⑧。

離　隱隱大雷，霶霈爲雨。有女癡狂，驚駭鄰里。

咸　無足斷跟，居處不安，凶惡爲患。革之蹇。

恒　破筐敝筥，棄捐於道，不復爲寶。

遯　三雞啄粟，十雛從食。飢鳶卒擊，亡其兩叔。十，一作八。中孚之頤。

大壯　乘車七百，以明文德。踐土葵丘，齊晉受福。兑之剥。

---

①　"映"，底本作"快"，據尚本改。

②　"作"，津逮本、尚本作"爲"。

③　"戎"，津逮本、尚本作"戰"。

④　"紿"，元本作"詒"。

⑤　"雞"，津逮本作"雉"。

⑥　"暮"，津逮本作"莫"。"花"，元本作"華"。"藏，匿"，津逮本、尚本作"匿，利"。

⑦　"翰"，底本作"翿"，據津逮本、尚本改。"大"，津逮本作"火"。"過我成邑"，元本作"過我城邑"，尚本作"昧過我邑"。

⑧　"時"，津逮本作"持"。

晉 百足俱行，相輔爲強。三聖翼事，王室寵光。屯之履，晉之坤，遯之復，井之履。

明夷 典策法書，藏閣蘭臺。雖遭潰亂，獨不逢災[①]。坤之大畜，大有之恒，中孚之恒。

家人 四誅不服，恃強負力。倍道趨敵，師徒敗覆[②]。益之同人，需之屯。

睽 春陽生草，夏長條肆。萬物蕃滋，充實益有。

蹇 磽磽秃白，不生黍稷。無以供祭，祇靈乏祀[③]。

解 褰衣涉河，水深漬罷。賴幸舟子，濟脱無他[④]。坤之萃，蹇之師。

損 宜行賈市，所求必倍。戴喜抱子，與利爲友[⑤]。未濟之益，大過之恒。

益 兄征東夷，弟伐遼西。大克勝還，封君河間[⑥]。

夬 初雖驚惶，後乃無傷。受其福慶，相孝爲王[⑦]。

姤 隨風乘龍，與利相逢。田獲三倍，商旅有功。憧憧之邑，長安無他。

萃 魚擾水濁，寇圍吾邑。城危不安，驚恐狂惑。

升 雖窮復通，履危不凶，保其明公[⑧]。

---

① "策"，尚本作"册"。"閣"，津逮本作"在"。"逢"，津逮本、尚本作"遇"。

② "四"，津逮本、尚本作"西"。"趨"，津逮本作"奔"。

③ "磽磽"，津逮本、尚本作"磽礉"。"乏"，津逮本作"代"。

④ "水深漬罷"，津逮本作"潤流浚多"。"賴幸"，津逮本、尚本作"幸賴"。

⑤ "戴"，津逮本作"載"。

⑥ "夷"，津逮本作"燕"。"君"，學津本、尚本作"居"。

⑦ "相孝爲王"，底本無，據津逮本、尚本補。

⑧ "窮"，津逮本、尚本作"塞"。"公"，津逮本、尚本作"功"。"保其明公"後，津逮本有"以道立宗"四字。

困　坤厚地德，庶物蕃息。平康正直，以綏大福①。泰之解，賁之履，渙之解，漸之復。

井　山水暴怒，壞梁折柱。稽難行旅，留連愁苦。咸之豫。

革　使燕築室，身不庇宿。家無聊賴，瀸我衣服②。

鼎　矢石所射，襄公痀劇。吴子巢門，傷病不治③。

震　日月運行，一寒一暑。榮寵赫赫，不可得保。顛隕墜墮，更爲士伍。中孚之晉。

艮　宮門愁鳴，臣圍其君，不得東西④。

漸　戴盆望天，不見星辰。顧小失大，福逃墙外⑤。賁之蒙，小過之蠱。

歸妹　天之所明，禍不遇家。反自相逐，終得和鳴⑥。

豐　天陰霖雨，塗行泥潦。商人休止，市無所有。革之睽，升之隨，夬之大過。

旅　嘉門福喜，增累盛熾。日就有德，宜民宜國⑦。

兑　南山之陽，華葉將將。嘉樂君子，爲國寵光⑧。革之大有。

渙　畫龍頭頸，文章未成。甘言美語，説辭無名⑨。升之蒙，蒙之噬嗑，家人之賁。

---

①　“息”，津逮本作“植”。

②　“瀸”，底本作“殱”，津逮本作“織”，據尚本改。

③　“劇”，津逮本作“據”。

④　“愁”，津逮本、尚本作“悲”。

⑤　“盆”，元本作“甕”。

⑥　“自”，津逮本、尚本作“目”。“鳴”，津逮本、尚本作“美”。

⑦　“嘉”，津逮本作“善”。“德”，津逮本作“得”。“宜民宜國”，津逮本、尚本作“宜其家國”。

⑧　“將將”，津逮本作“鏘鏘”。“嘉”，元本作“喜”。

⑨　“説”，津逮本、尚本作“詭”。

節 嬰兒孩子，未有所識。彼童而角，亂我政事①。

中孚 陰作大奸，欲君勿言。鴻鵠利口，發患禍端。荆季懷憂，張伯被患②。

小過 德之流行，利之四鄉。雨師灑道，風伯逐殃。巡狩封禪，以告成功。萃之比，益之復。

既濟 禹將爲君，裝入崑崙。稍進陽光，登見溫湯，功德昭明。

未濟 五嶽四瀆，含潤爲德。行不失理，民賴恩福。恒之井，頤之明夷，離之豫。

兌之第五十八

兌 班馬還師，以息勞疲。役夫嘉喜，入戶見妻③。觀之既濟，賁之蠱，剥之復④。

乾 踐履危難，脫危去患。入福喜門，見悔大君⑤。震之家人，豐之中孚。

坤 子鉏執麟，春秋作經。元聖將終，尼父悲心⑥。訟之同人，豫之大有，革之震。

屯 夾河爲婚，期至無船。搖心失望，不見所歡⑦。屯之小畜。

---

① "所"，津逮本、尚本作"知"。"政"，元本作"正"。
② "患"，津逮本、尚本作"其"。"端"，津逮本作"亂"。
③ "役"，底本作"後"，據津逮本、尚本改。
④ "復"，底本作"噬嗑"，經核剥之噬嗑林辭非，據津逮本改。
⑤ "危難"，津逮本作"厄難"。"危去"，津逮本作"去危"，元本、尚本作"厄去"。"悔"，津逮本、尚本作"誨"。
⑥ "經，元"，底本作"元，陰"，津逮本作"陰，元"，據尚本改。
⑦ "搖"，津逮本作"婬"。

蒙 天孫帝子，與日月處。光榮於世，福禄繁祉①。解之臨。

需 三年人妻，相隨奔馳。終日不食，精氣勞疲②。乾之大畜，坎之家人。

訟 禹召諸侯，會稽南山。執玉萬國，天下康寧③。姤之臨，鼎之艮，損之旅。

師 早霜晚雪，傷害禾麥。損功棄力，飢無所食④。比之遯，豐之離，需之咸。

比 嵩融持戟，杜伯荷弩。降觀下國，誅逐無道。夏商之季，失執外走⑤。

小畜 生有聖德，上配大極。皇靈建中，受我以福⑥。家人之需，歸妹之需。

履 下田陸黍，萬華生齒。大雨霖集，波病潰腐⑦。

泰 子畏於匡，困厄陳蔡。明德不危，竟克免害。渙之坎，大過之晉。

否 有兩赤頭，從五嶽來。謠言無祐，趨爾之林。俯伏聽命，不敢動搖⑧。

---

① “繁祉”，元本、尚本作“祉祉”。

② “三年人妻”，元本作“三人爭妻”，津逮本作“三年爭妻”，尚本作“三羊爭雌”。“疲”，元本作“罷”。

③ “侯”，津逮本作“神”。“康寧”，津逮本作“安寧”，尚本作“康安”。

④ “損”，元本作“捐”。

⑤ “執外”，津逮本、尚本作“福逃”。

⑥ “生”，津逮本作“主”。“大”，津逮本、尚本作“太”。

⑦ “波病”，頗費解，翟本謂當作“被病”，似可從。津逮本作“潰”。“潰”，津逮本作“潰”。

⑧ “頭”，尚本作“鶹”。“嶽來”，津逮本作“嶽遊”，尚本作“隼噪”。“謠言無祐，趨爾之林”，津逮本作“淫言無祐，趨爾之丘”，尚本作“操矢無笘，趨釋爾射”。“俯”，尚本作“扶”。

同人 當得自如，不逢凶災。衰者復興，終無禍來[1]。

大有 朽根刖樹，華葉落去。卒逢大焱，隨風僵仆[2]。屯之坎，噬嗑之否，艮之需，夬之恒。

謙 葛生衍蔓，絺綌爲願。家道篤厚，父兄悦喜。

豫 東行求玉，反得弊石。名曰無直，字曰醜惡，衆所賤薄。家人之否。

隨 瞻白因弦，駕屛恐怯。任力墮劣，如蜩見鵙。偃視恐伏，不敢拒格[3]。

蠱 瘡痍多病，宋公危殆。吳子巢門，無命失所[4]。

臨 東山西嶽，會合俱食。百喜送從，以成恩福[5]。

觀 舞非其處，失節多悔，不合我意。

噬嗑 南循汝水，茂樹斬枝。過時不遇，怒如周飢[6]。

賁 公孫駕驪，載遊東齊。延陵說產，遺我紵衣[7]。艮之未濟。

剥 乘輿八百，以明文德。踐土葵丘，齊晉受福[8]。巽之大壯。

復 雄處弱水，雌在海邊。別離將食，哀悲於心[9]。

无妄 結網得解，受福安坐，終無患禍[10]。

---

① "如"，津逮本、尚本作"知"。"者"，津逮本作"來"。"無禍"，津逮本作"得福"。
② "刖"，津逮本作"枯"。"大"，津逮本、尚本作"火"。"僵"，元本作"偃"。
③ "因"，津逮本、尚本作"用"。"墮劣"，津逮本作"隨身"。"恐伏"，津逮本作"怒賜"。
④ "無"，尚本作"隕"。
⑤ "百喜送從"，津逮本作"爲吳從送"。
⑥ "茂"，津逮本、尚本作"伐"。"周"，元本作"旦"。
⑦ "我"，津逮本、尚本作"季"。
⑧ "晉"，津逮本作"魯"。
⑨ "邊"，尚本作"濱"。"哀悲"，尚本作"悲哀"。
⑩ "解"，津逮本、尚本作"鮮"。

大畜 秋南春北，隨時休息。處和履中，安無憂凶①。

頤 啓户開門，巡狩釋冤。夏臺羑里，湯文悦喜。

大過 符左契右，相與合齒。乾坤利貞，乳生六子。長大成就，風言如母②。

坎 飢蠶作室，絲多亂緒，端不可得。

離 東壁飾光，數暗不明。主母嫉妒，亂我業事③。革之謙，大壯之恒，謙之屯。

咸 白茅縮酒，靈巫拜禱。神嗜飲食，使君壽考④。

恒 范公陶夷，巧賈貨資。東之營丘，易字子皮。抱珠載金，多得利歸⑤。

遯 三豝五牂，相隨俱行。迷入空澤，循谷宜北。經涉六駁，爲所傷賊⑥。

大壯 雄鵠延頸，欲飛入關。雨師洒道，灑我袍裘。重車難前，侍者稽止⑦。

晉 中年蒙慶，今歲受福。必有所得，榮寵受禄。

明夷 禄如周公，建國洛東，父子俱封。革之明夷。

家人 安牀厚褥，不得久宿。棄我嘉讌，困於東國。投杼之憂，不成災福⑧。家人之睽，艮之節。

---

① "安無"，津逮本作"無有"。
② "齒"，津逮本作"屬"。"風"，津逮本作"夙"。
③ "飾"，津逮本、尚本作"餘"。"業事"，津逮本、尚本作"事業"。
④ "縮"，元本作"醴"，津逮本作"醮"。
⑤ "夷"，津逮本、尚本作"朱"。
⑥ "宜"，津逮本、尚本作"直"。"迷入空澤"後，津逮本有"經涉虎廬"四字。"爲所傷賊"後，津逮本有"死於牙腹"四字。
⑦ "重車"，津逮本、尚本作"車重"。"止"，津逮本、尚本作"首"。
⑧ "災福"，津逮本作"禍災"。

睽　蓄積有餘，糞土不居①。

蹇　心願所喜，乃今逢時。得我利福，不離兵革②。既濟之復。

解　目不可合，憂來搔足。怵惕危懼，去其邦族。萃之睽。

損　福德之士，懽悅日喜。夷吾相桓，三歸爲臣，賞流子孫。

益　夏姬附耳，心聽悅喜，利以博取③。

夬　叔迎兄弟，遇恭在陽。君子季姬，並坐鼓簧④。咸之震。

姤　徙巢去家，南遇白烏。東西受福，與喜相得。

萃　舜登大禹，石夷之野。徵詣玉闕，拜治水土⑤。乾之中孚，
師之小畜。

升　江河淮海，天之都市。商人受福，國家富有。

困　隱隱填填，火燒山根。不潤我鄰，獨不蒙恩⑥。賁之蹇。

井　闇昧不明，耳聾不聰。陷入深淵，滅頂憂凶。巽之小畜。

革　鳥鳴喈喈，天火將下。燔我館舍，災及妃后⑦。中孚。

鼎　十雊百雛，常與母俱。抱雞搏虎，誰敢難者⑧。

震　營城洛邑，周公所作。世建三十，年歷七百。福祐盟
執，堅固不落⑨。井之升。

艮　三人俱行，別離將食。一身五心，反復迷惑⑩。

---

① “糞土不居”後，津逮本有“利有所得”四字。
② “得我”，津逮本作“我得”。
③ “博”，底本作“傅”，據尚本改。
④ “兄弟”，尚本作“伯兄”。“恭”，津逮本、尚本作“巷”。
⑤ “玉闕”，津逮本、尚本作“王庭”。
⑥ “填填”，津逮本作“煩煩”。“不”，津逮本作“下”。
⑦ “舍”，元本作“屋”。
⑧ “十雊”，元本作“十雌”，尚本作“十雞”。“誰敢難者”，尚本作“誰肯爲侶”。
⑨ “七”，津逮本、尚本作“八”。“盟執”，津逮本、尚本作“盤結”。
⑩ “復”，元本、尚本作“覆”。

漸　三虎搏狼，力不相當。如鷹格雉，一發破亡①。

歸妹　養虎畜狼，還自賊傷。年歲息長，疾君拜禱，雖危不凶②。

豐　後時失利，不得所欲。

旅　雉兔之東，以野爲場。見鷹驚走，死於谷口③。

巽　秋蛇向穴，不失其節。夫人姜氏，自齊復入④。

渙　鳥鳴巢端，一呼三顛。搖動東西，危魂不安⑤。

節　命夭不遂，死多鬼祟。妻子啼痞，早失其雄⑥。

中孚　茆屋結席，崇我文德。三辰旒旗，家受行福⑦。

小過　羅網四張，鳥無所翔。征伐困極，飢窮不食⑧。

既濟　天成地安，積石爲山。潤洽萬里，人賴其歡⑨。

未濟　銅人鐵柱，暴露勞苦。終日卒歲，無有休止⑩。

渙之第五十九

渙　望幸不到，文章未就。王子逐兔，犬踦不得。<small>未濟之兌，謙之既濟。</small>

---

① “如鷹格雉”，元本作“如雉鷹格”。“發”，津逮本、尚本作“擊”。
② “年歲息長，疾君拜禱，雖危不凶”，尚本作“無事招禍，自取災殃”。
③ “以野爲場”，底本作“以理爲傷”，據津逮本、尚本改。“驚”，津逮本作“奔”。
④ “向”，津逮本作“見”。
⑤ “巢”，尚本作“葭”。“魂”，津逮本作“嵬”。
⑥ “鬼”，津逮本作“爲”。“痞”，津逮本、尚本作“暗”。
⑦ “旒”，津逮本作“斾”。“行”，學津本、尚本作“其”。
⑧ “四”，津逮本作“一”。“所”，津逮本作“一”。
⑨ “天成地安”，元本作“天地城安”。
⑩ “日”，津逮本、尚本作“月”。

乾　焱風阻越，車馳揭揭。棄古追思，失其和節，心憂惙惙①。需之小過。

坤　蛇得澤草，不憂危殆。

屯　兩犬爭鬪，股瘡無處。不成仇讐，行解邲去②。

蒙　因禍受福，喜盈其室，求事皆得。

需　江多寶珠，海多大魚。疾行亟至，可以得財③。節之中孚。

訟　二牛生狗，以戌爲母。荊夷上侵，姬伯出走④。坤之震，否之姤，需之訟，賁之復。

師　安息康居，異國穹廬。非吾習俗，使我心憂⑤。

比　行觸天罡，馬死車傷。身無聊賴，困窮乞糧⑥。

小畜　裸裎逐狐，爲人觀笑。牝雞司晨，主母亂門⑦。大有之咸。

履　爲季求婦，家在東海。水長無船，不見所歡。屯之蹇。

泰　男女合室，二姓同食。婚姻孔云，宜我多孫⑧。

否　太微帝室，黄帝所直。藩屏周衛，不可得入。常安常存，終無禍患⑨。

同人　齎金觀市，欲買騮子。猾偷竊發，盜我黄寶⑩。

---

①　"焱"，尚本作"猋"。"棄古追思"，元本作"棄古退思"，津逮本作"棄名追亡"。"心憂"，津逮本、尚本作"憂心"。

②　"邲"，底本作"邪"，津逮本作"卻"，據尚本改。

③　"江多"，津逮本、尚本作"江有"。"疾行亟至"，津逮本、尚本作"亟行疾去"。

④　"二"，津逮本、尚本作"三"。

⑤　"使我心憂"，津逮本、尚本作"使伯憂惑"。

⑥　"乞"，津逮本、尚本作"乏"。

⑦　"母"，底本作"作"，據津逮本、尚本改。

⑧　"宜我多孫"，元本作"宜室我家"。

⑨　"太微"，津逮本作"天門"。"常存"，津逮本、尚本作"長在"。

⑩　"買"，津逮本作"置"。

大有　三人俱行，欲歸故鄉。望邑入門，拜見家懽①。

謙　娶於姜呂，駕迎新婦。少齊在門，夫子悦喜②。

豫　伯仲旅行，南求大恙。長孟病足，倩季負糧。柳下之貞，不失驪黃③。

隨　潔身白齒，衰老復起。多孫衆子，宜利姑舅。

蠱　獨宿憎夜，嫫母畏晝。平王逐建，荆子憂懼④。

臨　追亡逐北，呼還幼叔。至止而得，復歸其室⑤。<small>未濟之大過，需之渙。</small>

觀　鳥飛無翼，兔走折足。雖欲會同，未得豎功⑥。

噬嗑　抱空握虛，鳴教我賈，利去不來⑦。<small>離之家人。</small>

賁　山作天池，陸地爲海⑧。

剥　爲虎所齧，太山之陽。衆多從者，莫敢救藏⑨。

復　逶迤四牡，思歸念母。王事靡鹽，不得安處。<small>旅之漸。</small>

无妄　獮猴所言，語無成全。誤我白烏，使乾口來⑩。

大畜　飛不遠去，卑斯内侍，禄養未富。<small>豐之渙。</small>

---

①　“人”，津逮本作“思”。“懽”，津逮本、尚本作“親”。

②　“呂”，津逮本作“女”。“悦”，元本作“懽”。

③　“長孟病足”，津逮本作“孟長痛足”。“倩”，元本作“請”。“糧”，底本作“囊”，據尚本改。“貞”，尚本作“寶”。“驪黃”，津逮本、尚本作“我邦”。

④　“憎”，津逮本作“深”。

⑤　“止”，津逮本作“山”。此林辭尚本作“追亡逐北，至山而得。稚叔相呼，反其室廬”。

⑥　“得豎”，津逮本作“得其”，尚本作“見其”。

⑦　“鳴教我賈”，津逮本、尚本作“鴉驚我雛”。“利去不來”，津逮本作“利出不成”。

⑧　“天”，津逮本、尚本作“大”。“陸地爲海”後，津逮本有“各得其所”四字。

⑨　“齧”，元本作“齒”。

⑩　“烏”，津逮本、尚本作“馬”。“使乾口來”，津逮本作“使口不至”。

頤　大尾細腰，重不可搖。陰權制國，平子逐昭①。

大過　旦生夕死，名曰嬰鬼，不可得祀②。小畜之升，未濟之乾，震之坤③。

坎　子畏於匡，困於陳蔡。明德不危，竟免厄害④。兌之泰，大過之晉，師之鼎。

離　畏昏潛處，候時朗昭。卒逢白日，爲世榮主⑤。

咸　白烏銜餌，鳴呼其子。施翼張趐，來從其母⑥。晉之震。

恒　宮商角徵，五音和起。君臣父子，弟順有序。唐虞襲德，國無災咎。

遯　季姬踟躕，望孟城隅。終日至暮，不見齊侯。謙之巽。

大壯　鬼哭於社，悲商無後。甲子昧爽，殷人絶祀⑦。大過之坤。

晉　天子所予，福祿常在，不憂危殆⑧。小畜之遯，損之遯，臨之復。

明夷　比目附翼，相恃爲福。姜氏季女，與君合德⑨。節之隨。

家人　翕翕輼輼，稍崩墜顛。滅其令名，長没不全⑩。泰之謙，否之離，益之坎。

睽　折若蔽目，不見稚叔。三足孤烏，遠去家室⑪。師之蒙。

---

① “腰”，元本、尚本作“要”。
② “祀”，底本作“視”，據津逮本、尚本改。
③ “升”，底本作“萃”，據津逮本、尚本改。
④ “於”，元本作“在”。
⑤ “朗昭”，元本作“昭昭”，津逮本、尚本作“昭朗”。
⑥ “烏”，津逮本、尚本作“鳥”。“施翼”，津逮本、尚本作“旋枝”。
⑦ “商”，底本作“傷”，據尚本改。
⑧ “子”，津逮本、尚本作“之”。
⑨ “附”，尚本作“四”。“恃”，津逮本作“待”。
⑩ “輼輼”，津逮本作“輼輼”。“墜”，元本作“墮”。“長没不全”，底本無，據津逮本、尚本補。
⑪ “若”，津逮本作“葉”。

蹇 羊腸九縈，相推稍前。止須王孫，乃能上天[①]。豐之升，履之師，蠱之剝，損之屯。

解 坤厚地德，庶物蕃息。平康正直，以綏大福。泰之解，巽之困，賁之履。

損 有莘外野，不逢堯主。復居窮處，心勞志苦[②]。

益 胸長景行，來觀柘桑。上伯日喜，都叔允臧[③]。

夬 周師伐紂，勝於牧野。甲子平旦，天下大喜[④]。謙之噬嗑，節之升，復卦。

姤 踰江求橘，并得大栗。烹羊食炙，飲酒歌笑[⑤]。

萃 敝笱在梁，魴逸不禁。漁父勞苦，筐筥乾口，空虛無有[⑥]。遯之大過。

升 生有陰孽，制家非陽，遂送還牀。張氏易公，憂禍重凶[⑦]。

困 絕域異路，多有怪惡。使我驚懼，思我故處[⑧]。

井 迷行失道，不得牛馬。百賈逃亡，市空無有[⑨]。

---

① "推"，津逮本作"摧"。

② "居"，津逮本、尚本作"歸"。

③ "胸"，津逮本、尚本作"耳"，尚秉和謂"耳"爲"邑"之訛字。"柘桑"，底本作"桑柘"，據津逮本、尚本改。"上"，津逮本作"止"，尚本作"土"。"日"，津逮本作"自"，尚本作"有"。"臧"，底本作"藏"，據津逮本、尚本改。

④ "勝"，津逮本、尚本作"戰"。"大喜"，津逮本作"喜悦"。

⑤ "炙"，津逮本、尚本作"豕"。"酒"，津逮本作"食"。

⑥ "敝"，元本作"弊"。"筐筥乾口"，津逮本作"口燋喉乾"，尚本作"焦喉乾口"。"空虛"，津逮本、尚本作"虛空"。

⑦ "遂送還牀"，津逮本作"遂受還作"。"公"，津逮本作"休"。

⑧ "怪"，尚本作"畏"。"思我"，尚本作"思吾"。

⑨ "牛馬"，津逮本作"馬牛"。"空"，津逮本作"没"。

革　雌鸞生雛，祥異興起。乘雲龍騰，民戴爲父①。

鼎　壘壘纍纍，如岐之室。畜一息十，古公始邑②。恒之小過。

震　瘡瘍疥瘙，孝婦不省。君多疣贅，四牡作去③。

艮　羊頭兔足，羸瘦少肉。漏囊敗粟，利無所得。剝之恒，既濟
之訟。

漸　薜篋從靡，空無誰是。言季子明，樂減少解④。

歸妹　妹爲貌愨，敗君正色。作事不成，自爲心賊⑤。

豐　四馬共轅，東上太山。騄驪同力，無有重難，與君笑
言⑥。剝之解。

旅　陰變爲陽，女化作男。治道得通，君臣相承⑦。豐之節，未
濟之夬，屯之離。

巽　南國少子，材略美好。求我長女，賤薄不與。反得醜
惡，後乃大悔⑧。比之漸，泰之震，漸之困。

兌　昭公失常，季氏悖狂。遜齊處野，喪其寵光⑨。遯之蠱。

節　天山紫芝，雍梁朱草。長生和氣，王以爲寶。公尸宥

①　“鸞”，元本、尚本作“鷟”。“祥”，津逮本、尚本作“神”。“乘”，底本作“束”，據津逮本、尚本改。

②　“壘壘”，津逮本、尚本作“疊疊”。“岐”，元本作“歧”。“始”，津逮本、尚本作“治”。

③　“瘙”，底本作“搔”，據津逮本、尚本改。“四牡作去”，津逮本作“四時作災”，尚本作“四牧作去”。

④　“薜篋從靡”，津逮本、尚本作“蘖薆徙靡”。“子”，津逮本、尚本作“不”。

⑤　“妹爲貌愨”，底本作“妹爲貌熟”，津逮本作“妹貌親熟”，據尚本改。

⑥　“太”，津逮本作“泰”。“難”，津逮本作“艱”。

⑦　“作”，津逮本作“爲”。“承”，津逮本作“衞”。

⑧　“材”，津逮本作“才”。

⑨　“氏”，底本作“女”，據元本、津逮本、尚本改。

食，福祿來處①。同人之剥，豐之家人。

  中孚 牽羊不前，與心戾旋。聞言不信，誤紿大人②。

  小過 東山西山，各自止安。心雖相望，竟未同堂③。姤之坤，漸之屯，中孚之賁。

  既濟 鹿求其子，虎廬之里。唐伯李耳，貪不我許④。隨之否。

  未濟 三虎上山，更相喧唤。志心不親，如仇與怨⑤。姤之小過。

節之第六十

  節 海爲水王，聰聖且明。百流歸德，無有叛逆，常饒優足⑥。

  乾 虎呴怒咆，慎戒外憂。上下俱搔，士民無聊⑦。

  坤 探巢得雛，仇鵲俱來，使我心憂⑧。

  屯 日望一食，常恐不足，禄命寡薄。

  蒙 良馬疾走，千里一宿。逃難它鄉，誰能追復⑨。

---

 ① “天”，津逮本、尚本作“文”。“長生”，津逮本、尚本作“生長”。“宥”，津逮本、尚本作“侑”。

 ② “大”，津逮本、尚本作“丈”。

 ③ “未”，津逮本作“不”。

 ④ “李”，底本作“季”，據津逮本、尚本改。“貪”，底本作“貧”，據元本、津逮本、尚本改。

 ⑤ “喧唤”，津逮本作“跑哮”。“志心”，津逮本、尚本作“心志”。

 ⑥ “常饒優足”後，津逮本有“不利攻玉，所求弗得”八字。

 ⑦ “呴”，津逮本、尚本作“豹”。

 ⑧ “仇”，津逮本、尚本作“鳩”。

 ⑨ “逃難”，津逮本作“離逃”。“它”，元本、津逮本作“他”。

需 鵲巢烏城，上下不親。内外乖畔，子走失願①。

訟 雲龍集會，征討西戎。招邊定衆，誰敢當鋒。

師 春多膏澤，夏潤優渥。稼穡成熟，畝獲百斛。臨之明夷。

比 童妾獨宿，長女未室，利無所得②。豫之益，蠱之履，觀之蒙。

小畜 四亂不安，東西爲患。退止我足，無出邦域。乃得全完，賴其生福③。觀之小過，大有之暌。

履 長寧履福，安我百國。嘉賓上堂，與季同牀④。

泰 騏驎綠耳，章明造父。伯夙成季，衰續厥緒。共成霸功，爲晉元輔⑤。

否 張陳嘉謀，贊成漢都。主歡民喜，其樂休休。張良、陳平也。

同人 大面長頸，來解君憂。遺吾福善，與我嘉惠⑥。

大有 畏昏不行，待旦昭明。燎獵受福，老賴其慶。夬之損。

謙 伯去我東，首髮如蓬。長夜不寐，憂繫心胸⑦。姤之遯。

豫 朽條腐索，不堪施用。安静候時，以待親知。

隨 比目四翼，相倚爲福。姜氏季女，與君合德⑧。渙之明夷。

---

① "烏城"，津逮本作"鳩城"，尚本作"鳩成"。"内外"，元本、尚本作"外内"。"失願"，底本作"矢頑"，據津逮本、尚本改。

② "童"，津逮本、尚本作"僮"。

③ "亂"，津逮本、尚本作"野"。"退止我足"，津逮本、尚本作"退身止足"。

④ "履"，元本作"理"。"國"，津逮本作"穀"。

⑤ "騏"，津逮本、尚本作"驥"。"綠"，元本作"騄"。"伯夙成季"，津逮本、尚本作"伯夙奏獻"。"衰續厥緒"，底本無，據津逮本、尚本補。"共成霸功"，津逮本、尚本作"佐文成霸"。

⑥ "頸"，津逮本、尚本作"頭"。"來"，底本作"未"，據津逮本、尚本改。"遺吾福善，與我嘉惠"，底本無，據津逮本補。

⑦ "憂繫心胸"，津逮本、尚本作"輾轉空牀，内懷惆悵，憂摧肝腸"。

⑧ "季女"，底本作"季氏"，據津逮本、尚本改。

蠱　履堦升墀，高登崔嵬。福禄洋溢，依天之威①。

臨　奢淫愛嗇，神所不福。靈祇憑怒，鬼障其室②。

觀　大步小車，南到喜家。送我豹裘，與福載來③。中孚之泰，未濟之坤。

噬嗑　東行西步，失次後舍。與彼作期，不覺至夜。乾侯野井，昭君失居④。

賁　喜樂抃躍，來迎名家。鵲巢百兩，獲利養福⑤。

剥　非理後來，誰肯相與。往而不獲，徒勞道路⑥。

復　北虜匈奴，數侵邊境。左衽爲長，國猶未慶⑦。

无妄　征不以禮，辭乃無名。縱獲臣子，伯功不成⑧。

大畜　景星照堂，麟遊鳳翔。仁施大行，頌聲作興⑨。豫之節，損之坤。

頤　文明之世，銷鋒鑄耜。以道順民，百王不易⑩。一作：焚膏銷鋒，鎮壓危凶。招來文德，君安其國。

大過　鳥飛無羽，雞鬭折距。徒自長嗟，誰肯爲侶。

---

①　“高登”，元本、津逮本作“登高”。

②　“愛”，津逮本、尚本作“嗇”。“障”，津逮本、尚本作“瞰”。

③　“小”，津逮本、尚本作“上”。“豹”，津逮本、尚本作“狐”。

④　“舍”，津逮本作“合”。“與彼作期，不覺至夜。乾侯野井，昭君失居”，津逮本、尚本作“乾侯野井，昭君失居。與彼作期，不覺至夜”。

⑤　“抃”，津逮本、尚本作“踴”。“名家”，津逮本作“歡客”。“獲利養福”，津逮本、尚本作“以成嘉福”。“獲利養福”後，津逮本有“多獲利益”四字。

⑥　“後來”，津逮本、尚本作“所求”。“肯”，尚本作“敢”。“而”，津逮本、尚本作“來”。

⑦　“左衽爲長，國猶未慶”，底本無，據津逮本、尚本補。

⑧　“禮”，學津本、尚本作“理”。“辭”，津逮本、尚本作“伐”。“縱”，元本作“從”。“伯”，元本作“霸”，二字古通。此林辭津逮本作“續事康域，鍼折不成。嬰兒短舌，說辭無名”。

⑨　“照”，津逮本作“明”。

⑩　“民”，津逮本作“昌”。

坎　羣隊虎狼，齧彼牛羊。道路不通，妨農害商①。

離　商伯沉醉，庶兄奔走。淫女蕩夫，仁德並孤②。

咸　三狸搏鼠，遮遏前後。當此之時，不能脫走③。

恒　陶叔孔圍，不處亂國。初雖未萌，後受福慶。

遯　奮翅鼓翼，翱翔外國。逍遙北域，不入溫室。

大壯　德音孔愽，升在王室。八極蒙祐，受其福祿。

晉　當變立權，擿解患難。霍然冰釋，大國以安④。升之震。

明夷　羽動角，甘雨續。草木茂，年歲熟。

家人　天所佑助，福來禍去，君王何憂⑤。

睽　方啄宣口，聖智仁厚。釋解倒懸，唐國大安⑥。小畜之噬嗑。

蹇　葛藟蒙棘，華不得實。讒佞亂政，使恩壅塞。泰之蒙，蠱之明夷，師之中孚。

解　皇母多恩，字養孝孫。脫於襁褓，成就為君。

損　積冰不溫，北陸苦寒。露宿多風，君子傷心⑦。睽之巽。

益　伯夷叔齊，貞廉之師。以德防患，憂禍不存⑧。革之否，歸妹之臨，中孚之解。

夬　一雌二雄，子不知公。亂我族類，使吾心憤⑨。

---

① "齧"，津逮本、尚本作"嚙"。"農"，津逮本作"人"。
② "醉"，元本、尚本作"酒"。"走"，津逮本作"遠"。"淫"，津逮本作"遊"。
③ "遮"，津逮本作"路"。"能"，元本作"得"。
④ "擿"，元本、尚本作"摘"。"霍"，津逮本、尚本作"渙"。
⑤ "佑"，元本、尚本作"祐"。
⑥ "啄"，津逮本、尚本作"喙"。"宣"，津逮本作"廣"。
⑦ "積冰不溫"，津逮本作"積水下濕"。
⑧ "憂禍不存"，元本作"憂福不凶"。
⑨ "二"，尚本作"三"。"知"，津逮本作"得"。"憤"，津逮本、尚本作"憒"。

姤 主安多福,天禄所伏。居之寵昌,君子有光。

萃 千歲槐根,身多斧瘢。樹維枯屈,枝葉不出①。

升 周師伐紂,勝殷牧野。甲子平旦,天下大喜。謙之噬嗑,渙之夬,復。

困 日走月步,趨不同舍。夫妻反目,主君失居。豐之同人,小畜之同人,豫之睽。

井 宣髮龍叔,爲王主國。安土成稷,天下蒙福②。

革 諷德誦功,周美盛隆。奭旦輔成,光濟沖人③。明夷之蒙,益之升。

鼎 三夜不寢,憂來益甚。戒以危懼,棄其安居④。

震 思願所之,乃今逢時。洗濯故憂,拜其懽來⑤。睽之艮。

艮 噂噂囁囁,夜行晝伏。謀議我資,來竊吾室。空盡己財,幾無所食⑥。

漸 騂牛亡子,鳴於大野。申復陰徵,還歸其母,説以除悔⑦。

歸妹 王良善御,伯樂知馬。周旋步趨,行中規矩。止息有節,延命壽考⑧。遯之豫。

---

① “身”,底本作“利”,據津逮本、尚本改。
② “宣髮龍叔”,津逮本作“宣勞就力”。“福”,元本作“恩”。
③ “周美”,津逮本、尚本作“美周”。“奭”,底本作“惠”,據元本、津逮本、尚本改。
④ “寢”,元本作“寐”。“其”,元本作“去”。
⑤ “思”,底本作“恩”,據元本、津逮本、尚本改。
⑥ “囁囁”,津逮本作“懾懾”。“行”,元本、尚本作“作”。“伏”,尚本作“匿”。“竊”,津逮本作“攻”。“空盡己財,幾無所食”,底本無,據津逮本補,尚本同於津逮本,唯改“所”作“以”。
⑦ “亡”,尚本作“無”。“復”,津逮本作“後”。“以”,津逮本作“我”。
⑧ “趨”,津逮本、尚本作“驟”。

豐　釋然遠咎，避患害早。田獲三狐，以貝爲寶①。

旅　仁獸所處，國無凶咎。市賈十倍，復歸惠里。

巽　六目俱視，各欲有志。心意不同，乖戾生訟②。

兌　傅説王良，驂御四龍。周徑萬里，無有危凶③。

渙　仲伯季叔，日暮寢寐。醉醒失明，喪其貝囊，臥拜道旁④。謙之蠱。

中孚　江有寶珠，海多大魚。亟行疾至，所以得財⑤。渙之需。

小過　遠視千里，不見所持。離婁之明，無益於耳。

既濟　弱足刖跟，不利出門。市賈無贏，折亡爲患⑥。乾之鼎。

未濟　利盡得媒，時不我來。鳴雌深涉，寡宿獨居。

①　“害早”，津逮本作“革害”。
②　“心意”，津逮本、尚本作“一言”。
③　“王良”，津逮本作“休明”。
④　“仲伯季叔”，津逮本、尚本作“伯仲叔季”。“寐”，元本、尚本作“醉”。“醉醒失明”，元本作“醒失期明”。
⑤　“所”，元本、津逮本、尚本作“可”。
⑥　“贏”，元本作“盈”。

焦氏易林卷第十六

中孚之第六十一

中孚　烏鳥譆譆，天火將下。燔我屋室，災及妃后①。兌之革。

乾　黃虹之野，賢君所在。管仲爲相，國無災咎②。

坤　符左契右，相與合齒。乾坤利貞，乳生六子。長大成就，抛吾如母③。

屯　蝗齧我稻，驅不可去。實穗無有，但見空藁。豫之師。

蒙　嬰孩求乳，母歸其子，黃麢悅喜④。

需　折若蔽目，不見稚叔。失旅亡民，遠去家室⑤。

訟　牂羊肥首，君子不飽。年飢孔荒，士民危殆⑥。

師　靈龜陸處，盤桓失所。伊子退耕，桀亂無輔。歸妹之井，歸妹之剥。

比　威約拘囚，爲人所誣。皋陶平理，幾得脱免⑦。

小畜　烏升鵲舉，照臨東海。庬降庭堅，爲陶叔後。封於英

---

①　“烏鳥”，津逮本、尚本作“鳥鳴”。“譆譆”，津逮本作“嗜嗜”。

②　“仲”，元本、尚本作“叔”。

③　“符左契右”，津逮本作“叔梁有名”。“符左契右”後，底本有“梁叔有若”四字，據尚本刪。“抛吾”，津逮本、尚本作“風言”。

④　“孩”，元本作“孫”，津逮本作“兒”。

⑤　“若”，津逮本作“葉”。“遠去家室”，元本作“不見衛國”。

⑥　“肥”，津逮本、尚本作“羵”。

⑦　“平”，元本作“評”。“脱免”，元本作“免脱”。

六，福履綏厚^①。謙之頤，需之大畜，觀之頤。

履　四目相視，稍近同軌。日昳之後，見吾伯姊^②。益之需。

泰　大步上車，南到喜家。送我狐裘，與福載來^③。節之觀，未濟之坤。

否　卒都和合，未敢面見。媒妁無良，使我不香^④。

同人　鴻飛循陸，公出不復，伯氏客宿^⑤。剝之升。

大有　代戍失期，患生無知。懼以發難，爲我開基，邦國憂愁^⑥。

謙　齊魯爭言，戰於龍門。搆怨結禍，三世不安^⑦。

豫　周政養賤，背生人足。陸行不安，國危爲患^⑧。

隨　蜩螗歡翹，草木嘉茂。百果蕃生，日益多有^⑨。謙之解。

蠱　薄災暴虐，風吹雲卻。欲上不得，復歸其宅^⑩。

臨　乘騮駕驪，遊至東齊。遭遇行旅，逆我以資，厚得利歸^⑪。

觀　鳳生七子，同巢共乳，歡悦相保^⑫。

噬嗑　桃雀竊脂，巢於小枝。搖動不安，爲風所吹。心寒漂

---

① “烏”，津逮本作“鳥”。“厖”，津逮本、尚本作“龙”。“英六”，津逮本作“蓼丘”。“履”，元本作“禄”。
② “稍近同軌”，津逮本作“稍延同執”。
③ “到”，津逮本、尚本作“至”。
④ “卒都和合”，津逮本、尚本作“穿都相合”。“香”，津逮本、尚本作“鄉”。
⑤ “循”，津逮本、尚本作“遵”。“出”，津逮本作“母”。
⑥ “生”，津逮本作“至”。“知”，底本作“聊”，據尚本改。
⑦ “齊魯”，津逮本、尚本作“伯氏”。“搆”，元本作“構”。
⑧ “賤”，津逮本、尚本作“賊”。
⑨ “翹”，津逮本、尚本作“喜”。“多”，津逮本、尚本作“富”。
⑩ “薄災暴虐”，津逮本作“薄災暴虎”，尚本作“魃爲災虐”。“止”，尚本作“上”。
⑪ “逆我以資”，津逮本作“送我以貨”。
⑫ “七”，津逮本作“十”。

搖，常憂殆危①。損之渙。

　賁　東山西山，各自止安。雖相登望，竟未同堂②。姤之坤，漸之屯，渙之小過。

　剥　匍伏走出，驚懼皇恐。白虎生孫，蓐收在後③。

　復　重弋射隼，不知所定。質疑蓍龜，明神祭報。告以肥牡，宜利止居④。

　无妄　開門内福，喜至我側。嘉門善祥，爲吾室宅。宮城洛邑，以昭文德⑤。

　大畜　烏飛狐鳴，國亂不寧。下強上弱，爲陰所刑⑥。

　頤　三雞啄粟，八雛從食。飢鳶卒擊，失亡兩叔⑦。

　大過　歎息不悦，憂從中出。喪我金嬰，无妄失位⑧。

　坎　剛柔相呼，二姓爲家。霜降既同，惠我以仁⑨。家人之損，漸之離。

　離　送我季女，至於蕩道。齊子旦夕，留連久處⑩。

　咸　低頭竊視，有所遇避。行作不利，酒酸魚餒，衆莫貪嗜⑪。鼎之解。

---

① “搖動”，津逮本、尚本作“動搖”。“漂”，津逮本作“慄”。
② “竟未”，津逮本作“不得”。
③ “匍伏走出”，津逮本、尚本作“匍匐出走”。“皇”，元本、尚本作“惶”。
④ “明神祭報，告以肥牡”，津逮本、尚本作“告以肥牡，明神答報”。
⑤ “嘉門”，津逮本、尚本作“加以”。“室”，津逮本作“家”。“昭”，底本作“招”，據元本、尚本改。
⑥ “烏”，元本、津逮本、尚本作“鳥”。
⑦ “鳶”，津逮本、尚本作“鷹”。
⑧ “嬰”，津逮本、尚本作“罌”。“從”，津逮本作“逆”。
⑨ “二”，底本作“三”，據津逮本、尚本改。
⑩ “送我”，尚本作“襄送”。“留連久處”，元本作“久留連處”。
⑪ “遇”，津逮本、尚本作“畏”。“酸”，元本、尚本作“酢”。“餒”，津逮本作“敗”。

恒 典策法書，藏閣蘭臺。雖遭亂潰，獨不遇災①。巽之明夷，坤之大畜，大有之恒。

遯 旦醉病酒，暮多瘳愈，不反爲咎②。

大壯 畫龍頭頸，文章未成。甘言美語，說辭無名。升之蒙，蒙之噬嗑，家人之賁。

晉 日月運行，一寒一暑。榮寵赫赫，不可得保。顛躓殞墜，更爲士伍③。巽之震。

明夷 爭利王市，朝多君子。蘇氏六國，獲其榮寵。

家人 六蛇奔走，俱入茂草。驚於長塗，畏懼啄口④。井之兌，豐之巽。

睽 懸狟素餐，食非其任。失輿剝廬，休坐徙居⑤。頤之益。

蹇 歡欣九子，俱見大喜。携提福善，王孫是富⑥。

解 伯夷叔齊，貞廉之師。以德防患，憂禍不存。革之否，歸妹之臨，節之益。

損 雄聖伏，名人匿，麟驚走，鳳飛北，亂潰未息⑦。否之大過，剝之臨。

益 久鰥無偶，思配織女。求其非望，自令寡處。

夬 破亡之國，天所不福，難以止息。

姤 老傭多卻，弊政爲賊。阿房驪山，子嬰失國。

萃 三羖六牂，相隨俱行。迷入空澤，遙涉虎廬。爲所傷

---

① “策”，尚本作“册”。“閣”，津逮本作“在”。“遇”，元本作“逢”。
② “多”，津逮本、尚本作“即”。“不反爲咎”，津逮本、尚本作“獨不及咎”。
③ “寵”，津逮本作“光”。“顛躓殞墜”，元本作“顛殞墜墮”。
④ “塗”，元本、尚本作“途”。
⑤ “餐”，元本作“飱”。
⑥ “善”，津逮本、尚本作“至”。
⑦ “麟”，元本作“驎”。

賊，死於牙腹①。

升　囁囁處懼，昧冥相搏。多言少實，語無成事②。明夷之豫，謙之乾。

困　武陽漸離，擊筑善歌。慕丹之義，爲燕助軻。陰謀不遂，矐目死亡，功名賈施③。

井　尹氏伯奇，父子分離。無罪被辜，長舌爲災。

革　五精亂行，政逆皇恩。湯武赫怒，共伐我域④。

鼎　西歷玉山，東入玉門。登上福堂，飮萬歲漿。

震　行觸夫忌，與司命牾。執囚束縛，拘制於吏，幽人有喜⑤。

艮　機父不賢，朝多讒臣。君失其政，使家久貧⑥。

漸　三人俱行，北求大牂。長孟病足，請季負糧。柳下之貞，不失我邦⑦。

歸妹　鵲思其雄，欲隨鳳東。順理羽翼，出次須日。中留北邑，復歸其室⑧。益之觀，需之離，豐之泰。

豐　常得自如，不逢禍災⑨。如一作加。

---

①　“遙”，津逮本、尚本作“經”。

②　“囁囁處懼”，尚本作“喋喋喙嚾”。“搏”，底本作“搏”，據尚本改。

③　“武”，津逮本、尚本作“舞”。“矐目”，底本作“霍自”，據尚本改。“賈”，津逮本、尚本作“何”。

④　“皇恩”，尚秉和謂爲“怠遑”訛字。“共伐我域”，津逮本作“天伐利域”。

⑤　“夫忌”，元本作“天忌”，津逮本作“忌諱”，尚本作“大忌”。“牾”，津逮本、尚本作“忤”。“幽”，津逮本作“迷”。

⑥　“使”，底本作“保”，據學津本及尚本疑語改。“家”，津逮本作“我”。

⑦　“請”，津逮本、尚本作“倩”。“糧”，底本作“囊”，據尚本改。“貞”，尚本作“寶”。“邦”，底本作“糧”，據津逮本、尚本改。

⑧　“鵲”，津逮本、尚本作“鵠”。“須日，中”，津逮本作“日中，雖”。“歸”，津逮本作“反”。

⑨　“得”，津逮本、尚本作“德”。

旅　白鵠遊望，君子以寧。履德不愆，福祿來成。

巽　膚敏之德，發憤晨食。虞豹擒説，爲王得福①。大有之困。

兑　百足俱行，相輔爲強。三聖翼事，王室寵光，國富民康②。屯之履。

涣　生不逢時，困且多憂。年衰老極，中心悲愁③。

節　出門蹉跌，看道後旅。買羊逸亡，取物逃走。空手握拳，坐恨相咎④。

小過　牧羊稻田，聞虎喧謹。畏懼惕息，終無禍患⑤。隨之漸，井之否，剥之損。

既濟　龍潛鳳北，其子變服，陰孽萌作⑥。

未濟　國無比鄰，相與爭強。紛紛匈匈，天下擾憂⑦。

小過之第六十二

小過　初雖驚惶，後反無傷。受其福慶，永永其祥⑧。

乾　積德累仁，靈祐順信，福祉日增。

坤　謹慎重言，不幸遭患。周邵述職，脱免牢開⑨。

---

①　“晨”，津逮本作“忘”。“擒”，元本、尚本作“禽”。
②　“王室寵光”，底本無，據津逮本、尚本補。
③　“衰老”，津逮本、尚本作“老衰”。
④　“取物”，津逮本作“所謂”。“相”，津逮本、尚本作“爲”。
⑤　“惕”，元本、尚本作“悚”。
⑥　“北”，津逮本作“池”。“其”，津逮本、尚本作“箕”。
⑦　“匈匈”，津逮本作“凶凶”。“憂”，津逮本、尚本作“攘”。
⑧　“反”，學津本、尚本作“乃”。“傷”，元本作“憂”。“永永其祥”，底本無，據津逮本、尚本補。
⑨　“邵”，津逮本、尚本作“召”。“開”，津逮本、尚本作“門”。

屯　　鳥飛鼓翼，喜樂堯德。虞夏美功，要荒賓服①。

蒙　　牙孽生齒，室堂啓户。幽人利貞，鼓翼起舞②。

需　　使伯東求，拒不肯行。與叔爭訟，更相毀傷③。

訟　　手足易處，頭尾顛倒。公爲雌嫗，亂其蠶織。

師　　匠卿操斧，豫章危殆。袍衣脱剥，禄命訖已④。

比　　天女踞牀，不成文章。南箕無舌，飯多砂糠。虚象盗名，雌雄折頸⑤。大畜之益。

小畜　　大椎破轂，長舌亂國。墙茨之言，三世不安。

履　　銜命辱使，不堪厥事。中墜落去，更爲負載⑥。

泰　　三蛇共室，同類相得。甘露時降，生我百穀。

否　　衣繡夜遊，與君相逢。除患解惑，使我不憂⑦。

同人　　被髪獸心，難與爲鄰。來如風雲，去如絶絃，爲狼所殘⑧。

大有　　剛柔相呼，二姓爲家。霜降既同，惠我以仁。家人之損，中孚之坎，漸之離。

謙　　牛耳聾瞶，不曉齊味。委以鼎俎，治亂憒憒⑨。

豫　　低頭竊視，有所畏避。行作不利，酒酢魚餒，衆莫貪嗜。⑩鼎之解。

---

① “美”，津逮本作“著”。
② “孽”，津逮本作“蘖”。
③ “東求”，尚本作“采桑”。
④ “脱”，津逮本作“既”。
⑤ “砂”，尚本作“沙”。“虚象”，津逮本、尚本作“虐衆”。
⑥ “墜”，尚本作“墮”。“負載”，尚本作“斯史”。
⑦ “繡”，尚本作“宵”。“逢”，尚本作“遭”。“我”，津逮本作“君”。
⑧ “雲”，津逮本作“雨”。“絃”，津逮本作“弦”。
⑨ “耳”，尚本作“馬”。“齊”，津逮本作“聲”。“憒憒”，津逮本作“潰潰”。
⑩ “作”，津逮本作“旅”。“酢”，津逮本作“酸”。

隨　雨師娶婦，黃巖季子。成禮既婚，相呼南上。膏我下土，年歲大有①。井之坤，恒之晉，豐之比，豐之大過。

蠱　戴盆望天，不見星辰。顧小失大，遁逃墻外。賁之蒙，巽之漸，益之中孚。

臨　二人輦車，徙去其家。井沸釜鳴，不可以居。

觀　攘臂反肘，怒不可止。佷戾腹心，無以爲市②。

噬嗑　湯世之憂，轉解喜來③。

賁　忠信輔成，王政不傾。公劉肇舉，文武綏之④。

剝　登高斬木，頓躓陷險。車傾馬疲，伯叔吁嗟⑤。

復　桑方隕落，黃敗其葉。失勢傾側，如無所立⑥。

无妄　鸞鳳翱翔，集於喜國。念我伯姊，與母相得⑦。

大畜　陰淫所居，盈溢過度，傷害禾稼。

頤　霄冥高山，道險峻難。王孫罷極，困於阪間。

大過　和璧隋珠，爲火所燒。冥昧失明，奪精無光，棄於道傍⑧。

坎　虞君好神，惠我老親。恭承宗廟，雖慍不去，復我

内事①。

離　爪牙之夫，怨毒祈父。轉憂與己，傷不及母②。謙之歸妹。

咸　倉盈庾億，宜稼黍稷，年歲有息。

恒　窗牖户房，通利光明。賢智輔聖，仁德大行。家給人足，海内殷昌③。大畜之升。

遯　切切之患，凶重憂荐，爲虎所吞④。

大壯　水無魚滋，陸爲海涯。君子失居，小人相攜⑤。

晉　九疑鬱林，沮濕不中。鸞鳳所惡，君子攸去。无妄之巽。

明夷　六翩況飛，走歸不及。脱歸王室，亡其騅特⑥。

家人　不直莊公，與我争訟。媒伯無禮，自令塞雍⑦。

睽　瘖痿多病，宋公危殆。吴子巢門，殞命失所⑧。

蹇　失羊捕牛，無損無憂。

解　夏麥穄黀，霜擊其芒。疾君敗國，使我誅傷。泰之賁。

損　昧昧暗暗，不知白黑。風雨亂擾，光明伏匿，幽王失國⑨。

益　執斧破薪，使媒求婦。和合二姓，親迎斯須。色比毛嬙，姑翁悦喜⑩。

---

① “神”，津逮本作“田”。“雖”，津逮本作“長”。
② “夫”，津逮本、尚本作“士”。
③ “房”，津逮本作“傍”。“光明”，津逮本、尚本作“明光”。
④ “切切”，津逮本作“忉忉”。“憂”，津逮本作“與”。
⑤ “滋”，底本作“池”，據津逮本、尚本改。
⑥ “況”，津逮本、尚本作“泛”。
⑦ “塞雍”，津逮本、尚本作“雍塞”。
⑧ “瘖痿多病”，底本作“倉庾多億”，據尚本改。
⑨ “暗暗”，元本、尚本作“闇闇”。
⑩ “親迎斯須”，津逮本、尚本作“親御飲酒”。“翁”，津逮本、尚本作“公”。“悦”，津逮本作“説”。

夬　六疾生狂，癡走妄行。北入患門，與禍爲鄰。

姤　驅羊就羣，佷不肯前。慶季愎諫，子之被患①。

萃　二人異路，東趨西步。十里之外，不相知處②。

升　義不勝情，以欲自營。覭利危躬，折角摧頸③。

困　騷騷擾擾，不安其類。疾在頸項，凶危爲憂。

井　三河俱合，水怒湧躍。壞我王屋，民困於食④。

革　陽曜旱疾，傷病稼穡，農人無食。

鼎　流浮出食，載券入屋。釋鞍繫馬，西南廡下⑤。

震　門户之居，可以止舍。進仕不殆，安樂相保⑥。

艮　過時不歸，雌雄苦悲。徘徊外國，與母分離。咸之遯，豫之大壯。

漸　中田有廬，疆埸有瓜。獻進皇祖，曾孫壽考⑦。

歸妹　失恃無友，嘉福出走，儌如喪狗⑧。

豐　反鼻岐頭，三寡獨居⑨。

旅　衣裳顛倒，爲王來呼。成就東周，封受大福。

巽　飛不遠去，還歸故處，興事多悔。

兑　含血走禽，不曉五音。瓠巴皷瑟，不悦於心⑩。

---

① “佷”，津逮本作“狼”。
② “異”，尚本作“共”。
③ “覭”，尚本作“幾”。“危”，津逮本作“爲”。
④ “屋”，津逮本、尚本作“室”。
⑤ “券”，津逮本、尚本作“豢”。“鞍”，津逮本、尚本作“轡”。
⑥ “仕”，津逮本作“士”。
⑦ “埸”，學津本、尚本作“場”。
⑧ “恃”，津逮本、尚本作“時”。“嘉福”，津逮本、尚本作“覆家”。“儌”，津逮本作“何”。
⑨ “三”，津逮本、尚本作“二”。
⑩ “瓠”，底本作“匏”，據元本、尚本改。

渙　求玉獲石，非心所欲，祝願不得。

節　山崩谷絶，大福盡歇。涇渭失紀，玉石既已①。

中孚　雜目懼怒，不安其居。散渙府藏，無有利得②。

既濟　衆邪充側，鳳凰折翼。微子復北，去其邦國。

未濟　六月采芑，征伐無道。張仲方叔，尅敵飲酒③。離之坎。

既濟之第六十三

既濟　玄兔指掌，與足相恃。謹訊詰問，誣情自直。冤死誰告，口爲身禍④。

乾　游駒石門，駬耳安全。受福西鄰，歸邑玉泉⑤。

坤　陽春生草，萬物盛興。君子所居，災禍不到⑥。

屯　人無足，法緩除，才出雄，走羊驚，不失其家⑦。

蒙　太山止奔，變見太微。陳吳廢忽，作爲禍患⑧。

需　乘龍吐光，先暗後明。燎獵大得，六師以昌⑨。

訟　羊頭兔足，羸瘦少肉。漏囊貯粟，利無所得。渙之艮，剥

---

① “歇”，尚本作“竭”。“石”，尚本作“歷”。

② “雜”，尚本作“瞋”。“渙”，津逮本作“漫”。

③ “方叔”，津逮本作“叔季”。“尅敵”，津逮本作“孝友”。

④ “指”，津逮本作“捐”。“恃”，津逮本作“視”。“謹”，津逮本作“證”。“誣情自直”，津逮本作“注情自侶”。“冤死誰告”，津逮本作“死誣難告”，元本、尚本作“宛死誰告”。

⑤ “邑”，津逮本、尚本作“隱”。

⑥ “生草”，津逮本、尚本作“草生”。“盛”，津逮本、尚本作“風”。“災禍”，津逮本、尚本作“禍災”。

⑦ “緩”，津逮本作“綏”。“才”，津逮本、尚本作“牛”。

⑧ “止”，津逮本、尚本作“上”。“吳”，津逮本作“吾”。

⑨ “吐光”，津逮本作“光土”。“先”，底本作“使”，據津逮本、尚本改。“暗後”，元本作“闇復”。“六”，津逮本作“太”。

之恒。

師 因禍受福，喜盈其室。螟蟲不作，君無苛忒[①]。

比 舜升大禹，石夷之野。徵詣王闕，拜治水土[②]。乾之中孚，
師之小畜，兌之萃。

小畜 烏子鵲雛，常與母俱。顧類羣族，不離其巢[③]。

履 夷羿所射，發輒有獲。矰加鵲鷹，雙鳥俱得[④]。

泰 晨風文翰，大舉就溫。昧過我邑，羿無所得[⑤]。小畜之革，
大過之豫，大壯之震。

否 六喜三福，南至歡國。與喜忻樂，嘉我潔德[⑥]。

同人 鬭龍股折，日遂不明。自外爲主，弟伐其兄[⑦]。

大有 蒙慶受福，有所獲得，不利出門[⑧]。

謙 蠻戎夷狄，太陰所積。涸水冱寒，君子不存[⑨]。

豫 畏昏潛處，候時昭明。卒遭白日，爲榮祿主[⑩]。

隨 水流趨下，欲至東海。求我所有，買魴與鯉[⑪]。姤之否，損
之需，益之无妄。

蠱 冠帶南遊，與福喜期。徵於嘉國，拜位逢時[⑫]。

臨 莎雞振羽，爲季門户。新沐彈冠，仲父悦喜。

---

① "苛忒"，底本作"可得"，津逮本作"苛惑"，據尚本改。
② "王闕"，津逮本作"黃門"，尚本作"王庭"。"詣"，元本作"諸"。
③ "俱"，津逮本作"居"。"族"，津逮本作"聚"。
④ "鵲"，津逮本作"倉"。
⑤ "大"，津逮本作"火"。
⑥ "忻"，津逮本、尚本作"同"。"嘉"，底本作"珪"，據津逮本、尚本改。
⑦ "日遂不明"，津逮本作"日就遂明"。
⑧ "門"，津逮本、尚本作"域"。
⑨ "戎夷"，津逮本、尚本作"夷戎"。"涸"，元本作"固"。
⑩ "時"，尚本作"旦"。"遭"，尚本作"逢"。"榮祿"，尚本作"世榮"。
⑪ "魴"，津逮本、尚本作"鮪"。
⑫ "拜位"，底本作"拜爲"，津逮本作"釋爲"，據尚本改。

觀 結衿流粥，遭讒桎梏。周召述職，身受大福①。

噬嗑 田鼠野雞，意常欲逃。拘制籠檻，不得動搖。_{夬之謙，需之隨，巽之隨。}

賁 居華巔，觀浮雲。風不搖，雨不濡。心平安，无咎憂②。

剥 傾倚將顛，不能得存。英雄作業，家困無年③。

復 心願所喜，今乃逢時。保我利福，不離兵革④。_{兌之蹇。}

无妄 靈龜陸處，盤桓失所。阿衡退耕，夏封於國。

大畜 弱水之右，有西王母。生不知老，與天相保，不利行旅。

頤 抱璞求金，日暮坐吟。終月卒歲，竟無成功⑤。

大過 言笑未畢，憂來暴卒。身加搤檻，囚繫縛束⑥。

坎 望幸不到，文章未成。王子逐兔，犬踦不得。_{未濟之兌，渙。}

離 震慄恐懼，多所畏惡。行道留難，不可以步⑦。

咸 雄狐綏綏，登山崔嵬。昭告顯功，大福允興。

恒 火起吾後，喜炙倉廩。龍銜水深，澳注屋柱，雖憂无咎⑧。

遯 危坐至暮，請求不得。膏澤不降，政戾民忒。_{剥之頤，需之}

---

① "粥"，津逮本作"弻"。"召"，元本作"邵"。

② "巔"，元本作"顛"。此林辭津逮本作"居華山巔，遊觀浮雲。有雨不濡，心樂無憂"。

③ "不能得存"，津逮本、尚本作"亂不能存"。

④ "今乃"，津逮本作"乃今"。

⑤ "璞"，津逮本、尚本作"瑰"。

⑥ "搤檻"，津逮本、尚本作"檻纜"。

⑦ "慄"，津逮本、尚本作"悚"。"惡"，津逮本、尚本作"忌"。

⑧ "倉"，津逮本、尚本作"我"。"龍銜水深"，津逮本作"蒼龍含水"，尚本作"蒼龍銜水"。"澳注"，津逮本作"深嘆"，尚本作"泉嘆"。

頤,漸之坎。

大壯 孟春和氣,鷹隼搏鷙,衆雀憂憒①。

晉 緩法長奸,不肯理冤。浮沉失節,君受其患②。

明夷 魚鱉貪餌,死於網釣。受危國寵,爲身殃咎③。

家人 金精輝怒,帶劍過午。徘徊高庫,宿於山谷。兩虎相拒,弓矢滿野④。震之豫。

睽 四目相望,稍近同光,並坐鼓簧⑤。

蹇 茹芝餌黃,飲酒玉英。與神流通,長無憂凶⑥。

解 求璋嘉鄉,惡蛇不行。道出岐口,還復其牀⑦。

損 天門地户,幽冥不覩,不知所在⑧。

益 跌足息肩,有所忌難。金城鐵郭,以銅爲關。藩屏自衛,安止無患⑨。遯之旅。

夬 三雁俱飛,欲歸稻池。先涉蓳澤,爲矢所射,傷我胸臆⑩。

姤 濟流難渡,濡我衣袴。五子善櫂,脱無他故⑪。

---

① "憒",元本作"憤",津逮本作"潰"。
② "肯",津逮本、尚本作"能"。"浮沉",尚本作"沈湎"。
③ "釣",尚本作"鉤"。"國",津逮本作"囚",尚本作"因"。
④ "輝",津逮本、尚本作"耀"。"庫",津逮本作"原"。"拒",津逮本作"距"。"矢",尚本作"弩"。
⑤ "稍",津逮本作"精"。
⑥ "飲酒",尚本作"壼飲"。"英",津逮本作"漿"。
⑦ "璋",津逮本、尚本作"獐"。"道出岐口",津逮本作"幽歧口還"。"還復",津逮本、尚本作"復反"。
⑧ "覩",津逮本作"觀"。
⑨ "跌",津逮本、尚本作"跛"。"自",津逮本作"息"。
⑩ "先",津逮本、尚本作"經"。"蓳",津逮本作"山"。"傷我胸臆",津逮本無。
⑪ "流",津逮本、尚本作"深"。"五",津逮本作"王"。"脱",津逮本作"決"。

萃　飲酒醉酗，跳起爭鬭。伯傷叔僵，東家治喪①。比之鼎，大畜之晉，益之蒙。

升　跌躓未起，失利後市。蒙被咎殃，不得鹿子②。

困　辰次降婁，建星中堅。子無遠行，外顚霄陷，遂命訖終。

井　商風召寇，來呼外盜。間諜內應，與我爭鬭。殫己寶藏，主人不勝。

革　甘露醴泉，太平機關。仁德感應，歲樂民安。

鼎　祭仲子突，要門逐忽。禍起子商，弟伐其兄，鄭久不昌③。

震　反蟄難步，留不反舍。露宿澤陂，亡其襦袴④。

艮　狼虎結謀，相聚爲保。伺候牛羊，病我商人。

漸　明德克敏，重華貢舉。放勳徵用，八哲蒙佑⑤。

歸妹　貧鬼守門，日破我盆。毀罍傷瓶，空虛無子⑥。損之剝。

豐　天命赤鳥，與兵徵期。征伐無道，箕子遊遨。

旅　威約拘囚，爲人所誣。皋陶平理，剖械出牢，脫歸家間。

巽　羊驚虎狼，聳耳羣聚。無益威彊，爲齒所傷⑦。

兌　初雖號啼，後必慶笑。光明照耀，百喜如意⑧。

---

① “酗”，津逮本作“飽”。“起”，津逮本作“趨”。
② “跌”，津逮本、尚本作“跂”。“失利後市”，底本作“後失利市”，據津逮本、尚本改。“咎殃”，元本、津逮本、尚本作“殃咎”。“不得鹿子”，底本無，據津逮本、尚本補。
③ “商”，津逮本作“傷”。“伐”，津逮本、尚本作“代”。“久”，津逮本、尚本作“文”。
④ “反舍”，津逮本、尚本作“及舍”。
⑤ “重華”，津逮本作“乘興”。“佑”，元本、尚本作“祐”。
⑥ “傷瓶”，津逮本作“破甕”。
⑦ “彊”，津逮本作“僵”，元本、尚本作“強”。
⑧ “號啼”，津逮本、尚本作“啼號”。“耀”，元本作“曜”。

渙　馬服長股，宜行善市。蒙祐諧耦，獲金五倍①。

節　應門內崩，誅賢殺暴。上下咸悖，景公失位。長歸無恒，望妻不來②。

中孚　執斧破薪，使媒求婦。好合二姓，親御斯須。色比毛嬙，姑悦公喜③。小過之益。

小過　兩輪日轉，南上大阪。四馬共轅，無有險難，與禹笑言。賁之需。

未濟　千柱百梁，終不傾僵，周宗寧康④。

未濟之第六十四

未濟　忠慢未習，單酒糗脯。數至神前，欲求所顧，反得大患⑤。

乾　旦生夕死，名曰嬰鬼，不可得祀。渙之大過，震之坤，小畜之升⑥。

坤　大步上車，南到喜家。送我狐裘，與福喜來⑦。節之觀，大過之困，中孚之泰。

屯　西多小星，三五在東。早夜晨行，勞苦無功⑧。大過之夬。

---

① "耦"，津逮本作"偶"。

② "無恒"，津逮本、尚本作"元洹"。

③ "好"，元本、尚本作"和"。"斯須"，津逮本作"斯酒"，尚本作"飲酒"。"姑悦公喜"，元本作"姑公悦喜"。

④ "宗"，津逮本作"家"。

⑤ "忠"，津逮本、尚本作"志"。"顧"，元本、津逮本、尚本作"願"。

⑥ "祀"，底本作"視"，據津逮本、尚本改。"升"，底本作"萃"，據小畜之升林辭改。

⑦ "到"，津逮本作"至"。"喜"，尚本作"載"。

⑧ "行"，尚本作"興"。"三"，元本作"參"。

蒙　北陸藏冰，君子心悲。困於粒食，鬼驚我門。

需　山水暴怒，壞折梁柱。稽難行旅，留連愁苦①。

訟　比目四翼，來安吾國。福喜上堂，與我同牀。損之隨，同人之兌，比之離。

師　狡兔趯趯，良犬逐咋。雄雌爰爰，爲鷹所獲。

比　增禄益福，喜來入室，解除憂惑。

小畜　騎龍乘風，上見神公。彭祖受剌，王喬贊通。巫咸就位，拜福無窮②。家人之剥。

履　天火卒起，燒我旁里。延及吾家，空盡己財。

泰　金帛共寶，宜與我市。嫁娶有息，利得過倍③。

否　鬼魅之居，凶不可舍。

同人　鳥飛兔走，各有畏惡。鵰鷹爲賊，亂我室舍④。

大有　初雖驚惶，後乃無傷，受其福慶。

謙　兩金相擊，勇氣均敵。日月鬭戰，不破不缺。

豫　曳綸河海，掛釣魴鯉。王孫利德，以享仲友⑤。

隨　犬畏狼虎，依人有輔。三夫執戟，伏不敢起，身安无咎⑥。

蠱　蜘蛛作網，以伺行旅。青蠅嘬聚，以求膏腴。觸我羅絆，爲網所得⑦。

---

① “水”，津逮本作“泉”。“折梁”，元本、津逮本、尚本作“梁折”。
② “風”，津逮本作“鳳”。“剌”，津逮本作“制”。“福”，元本作“受”。
③ “共”，津逮本、尚本作“黄”。“過”，津逮本作“萬”。
④ “鳥飛兔走”，津逮本作“飛鳥逐兔”。
⑤ “德”，元本、尚本作“得”。“享”，元本作“饗”。“友”，津逮本作“發”。
⑥ “有”，津逮本、尚本作“作”。
⑦ “絆”，津逮本、尚本作“域”。“以求膏腴”，津逮本無。“爲網所得”後，津逮本有“死於網羅”四字。

臨　所望在外，鼎金方來。抌爵滌罍，炊食待之，不爲季憂①。

觀　日月並居，常暗匪明。高山崩顛，丘陵爲谿。蹇之咸。

噬嗑　春服既成，載華復生。莖葉盛茂，實穗泥泥②。

賁　華首山頭，仙道所由。利以居止，長无咎憂③。

剝　三狐羣哭，自悲孤獨。野無所遊，死於丘室④。

復　火中暑退，禾黍其食。商人不至，市空無有⑤。

无妄　獨立山顛，求鹿耕田。草木不闢，秋飢無年⑥。

大畜　火雖熾，在吾後。寇雖近，在吾右。身安吉，不危殆。歸妹之震。

頤　齫齫讘讘，貧鬼相責。無有懽怡，一日九結⑦。豐之晉。

大過　追亡逐北，呼還幼叔。至山而得，反歸其室⑧。渙之臨，需之渙。

坎　銜命辱使，不堪厥事。遂墮落去，更爲斯吏。

離　被珠衡玉，沐浴仁德。應聘唐國，四門穆穆。蝨賊不作，凶惡伏匿⑨。

咸　機關不便，不能出言。精誠適通，爲人所冤⑩。

---

① “金”，津逮本、尚本作“命”。
② “盛茂”，津逮本作“茂盛”。
③ “由”，津逮本、尚本作“遊”。
④ “羣”，津逮本、尚本作“嗥”。“遊”，津逮本作“由”。
⑤ “禾黍”，津逮本作“求藿”。
⑥ “鹿”，津逮本、尚本作“麋”。
⑦ “讘讘”，尚本作“囁囁”。
⑧ 此林辭尚本作“追亡逐北，至山而得，稚叔相呼，反其室廬”。
⑨ “衡”，元本、尚本作“函”。
⑩ “精誠適通”，底本作“精成通道”，據津逮本、尚本改。

恒　甕破盆缺，南行亡失①。

遯　脣亡齒寒，積日凌根。朽不可用，爲身災患。

大壯　蒙惑憧憧，不知西東。魁罡指南，告我失中。利以宜止，去國憂患②。

晉　鳥鷗搏翼，以避陰賊。盜伺二女，賴厥生福。旱災爲疾，君無黍稷③。

明夷　名成德就，項領不試。景公耄老，尼父逝去④。

家人　言與心詭，西行東坐。鯀湮洪水，佞賊爲禍⑤。

睽　獫狁匪度，治兵焦穫。伐鎬及方，與周争彊。元戎其駕，衰及夷王⑥。末句一作：以安我王。

蹇　三火起明，雨滅其光。高位疾顛，驕恣誅傷。

解　承川決水，爲吾之祟。使我心憒，毋樹麻枲，居止凶咎⑦。

損　厭浥晨夜，道多湛露。沾我襦袴，重難以步⑧。

益　宜行賈市，所求必倍。載喜抱子，與利爲友。大過之恒，巽之損。

夬　陰變爲陽，女化爲男。治道得通，君臣相承⑨。渙之旅，豐之節，屯之離。

---

① “盆”，津逮本、尚本作“缶”。“失”，元本作“夫”。
② “知”，元本作“曉”。“失”，底本作“室”，據津逮本、尚本改。
③ “鳥”，津逮本、尚本作“烏”。
④ “試”，津逮本作“伐”。“老”，津逮本作“耋”。
⑤ “坐”，津逮本作“望”。“洪”，元本作“鴻”。
⑥ “匪”，元本作“非”。“元”，津逮本作“獲”。
⑦ “承川決水，爲吾之祟”，津逮本、尚本作“陰涿川決，水爲吾祟”。“咎”，津逮本、尚本作“殆”。
⑧ “沾我”，元本、尚本作“瀸衣”。
⑨ “化爲”，尚本作“化作”。

姤　樹蔽牡荆，生礜山旁。仇敵背憎，孰肯相迎①。

萃　坐茵乘軒，據德宰臣。虞叔受命，六合和親②。

升　雲興蔽日，雨集草木，年茂歲熟。

困　播梅折枝，與母別離，絕不相知③。旅之大過。

井　天旱水涸，枯槁無澤。困於沙石，未有所獲。

革　圭璧琮璜，執禮見王。百里甯戚，應聘齊秦④。

鼎　龍渴求飲，黑雲景從。河伯捧醴，跪進酒漿，流潦
潣潣⑤。

震　雹梅零蔕，心思憒憒，亂我靈氣⑥。

艮　鹿求其子，虎廬之里。唐伯李耳，貪不我許⑦。渙之既濟，
隨之否。

漸　穿匏挹水，篝鐵燃火。勞疲力竭，飢渴爲禍⑧。

歸妹　龍生馬淵，壽考且神。飛騰上天，舍宿軒轅，常居
樂安⑨。

豐　崔嵬北嶽，天神貴客。溫仁正直，主布恩德。閔哀不
已，蒙受大福⑩。

旅　鬼夜哭泣，齊失其國，爲下所賊。

---

① "樹"，津逮本作"淵"。"旁"，元本作"傍"。
② "據"，津逮本作"握"。
③ "播"，底本作"蟠"，據元本、津逮本、尚本改。"梅折枝"，津逮本作"枝折岐"。
④ "禮"，津逮本、尚本作"贄"。
⑤ "黑雲"，津逮本作"雲黑"。
⑥ "蔕"，尚本作"墜"。"思"，元本作"積"。"憒憒"，津逮本作"積憒"。"靈"，津逮本作"雲"。
⑦ "里"，津逮本作"西"。"李"，底本作"季"，據津逮本、尚本改。
⑧ "燃"，元本、尚本作"然"。"疲"，元本作"罷"。
⑨ "常居樂安"，津逮本作"居樂長安"。
⑩ "閔哀"，底本作"衣冠"，據尚本改。"大"，津逮本作"天"。

巽 二政多門，君失其權。三家專制，禍起季孫。

兌 望幸不到，文章未就。王子逐兔，犬跨不得①。渙卦。

渙 伯虎仲熊，德義昭明。使布五教，陰陽順序②。

節 兩足四翼，飛入家國。寧我伯叔，與母相得③。

中孚 春秋禱祀，解禍除憂，君無災咎④。

小過 牧羊稻園，聞虎喧讙。懼畏悚息，終無禍患⑤。剝之損，井之否，隨之漸。

既濟 大蛇巨魚，相搏於郊。君臣隔塞，郭公出廬⑥。

---

① "王"，津逮本作"三"。
② "昭明"，津逮本、尚本作"淵泓"。"序"，元本作"敘"。
③ "叔"，津逮本、尚本作"姊"。
④ "祀"，津逮本、尚本作"祝"。"災咎"，元本作"咎憂"。
⑤ "懼畏"，津逮本、尚本作"畏懼"。
⑥ "郭公出廬"，尚本作"衛侯廬漕"。

後　序

　　此書今本之誤，非校宋本不能正者，如賁之鼎"東門之壇"，乃《詩‧鄭風》文。《正義》云，徧檢諸本，字皆作壇。又云，今定本作墠。《釋文》云，壇音善，依字當作墠。可見作《易林》時，固是壇字，今作墠者誤。依定本以後，《毛詩》所改，似是實非。

　　頤之解"飢人入室"，乃《史記‧殷本紀》所謂"及西伯伐飢國滅之"。徐廣曰：飢一作阢，又作耆，即《尚書大傳》之"西伯戡耆也"。今飢人作箕仁，臆改而誤。

　　萃之漸"橘柚請佩"，乃《韓詩內傳》"漢有游女"事，所謂聘之橘柚者也。今橘柚作禱神，亦臆改耳。

　　旅之蒙"封豕溝瀆"，全取《史記‧天官書》語。今豕作涿，失之遠矣。其類甚夥，咸有如風庭之掃葉也。

　　顧君千里見語曰：讀此書之法，又有三焉，以複見求之也，以所出經子史等求之也，以韻求之也。

　　如比之震"扶仗伏聽"，誤，无妄之中孚扶下無杖字，聽下有命字者，是。兌之否"扶作俯"，亦非。扶伏者，匍匐也。大過之蠱"故革懈惰"，誤，遯之益、鼎之既濟作五粲解墮者是。粲，或體作糳也。豐之困"膠牢振振，冠帶無憂"，誤，明夷之旅作"膠目啓牢，振冠無憂"者是。《呂覽‧贊能》説管仲事，正曰"膠其目"也。此皆可得之於複見者。

　　如乾之咸"反得丹穴，女貴以富"，貴當作清，本《史記‧貨殖列傳》"而巴蜀寡婦清，其先得丹穴"。大畜之訟"哀相無極"，哀相當作衺祖，本《左氏傳》“皆衺其祖服”。小畜之漸“鳴鳩飛來”，晉之艮作“餌吉知來”，家人之大畜作“神鳥來見”，皆誤，當作“鳱鵠知來”，本《淮南·氾論訓》“乾鵠知來而不知往”。鄭注《大射儀》引作鳱，此與之同。姤之晉“販鼠賣卜”，卜當作朴，本《戰國策》“周人謂鼠未臘者朴”。升之艮“扶陝之岐”，扶陝當作杖策，本《尚書大傳》“遂杖策而去，過梁山，邑岐山”，今本《大傳》杖策誤倒。震卦“枯瓠不朽”，朽當作材，本《國語》“苦匏不材於人”。既濟之鼎“禍起子商”，子當作于。于，於也；商，宋也，謂禍起於宋雍氏，本《左氏傳》也。此皆可得之於所出經子史等者。

如訟之損“更相擊劍”，劍當作詢，明夷之臨不誤。大畜之家人作詢，亦非。以詢與下走爲恊。晉之漸“神君之精”，之精當作乏祀，以祀與上起、理爲恊。革之豫“沾我袴襦，重難以涉”，袴襦當倒，涉當作步。未濟之損不誤，以袴步爲恊。兌之噬嗑“茂樹斬枝”，枝當作枚，以枚與下飢爲恊。此皆可得之於韻者。其類亦甚夥，難以悉數。

又如豫之豐云“一説文山蹲鴟”，一説即一作也。由是以推，凡一繇數句而上下語意不類，蓋皆脱去一作字，而誤相連并耳。此又一法也。

讀者苟於校宋本得之之外，循是而各求之，思過半矣。

予甚然其言，附著於末，以貽好學者。若夫繁文衆詞，自我作古，冀博善讀書之名，而其意不在書，乃顧君生平深惡痛絶者。予雖不敏，亦未忍爲此態也已。

閏五月廿四日丕烈又書。

易林跋

從兄藎臣向假得瞿曇谷宋校本《易林》，勘得刻本，字句碩異。余借校此帙，未及卒業而罷，距今已十有一載，而藎臣遺世亦已五年矣。頃從友人借得曇谷校本，勘畢，覆勘一過，復多是正，遂於此書無憾。蓋宋本出之□①翁家藏，絳雲樓一炬，久爲劫灰。此書種子幸留人間，亦可寶也。據曇谷云，宋本本有全注，未及舉録，失之一時，奪之千載，能無奇書不傳之嘅。

丁未仲夏九日燈下記，常熟陸貽典。

---

① 校者按，原本作框闕之，當是"牧"字，謂錢謙益也。

附録一　四庫全書總目提要·易林提要

《易林》四卷[1]江蘇巡撫採進本

　　漢焦延壽撰。延壽字贛，梁人。昭帝時由郡吏舉小黄令。京房師之，故《漢書》附見於房傳。黄伯思《東觀餘論》以爲名贛，字延壽，與史不符。又據《後漢小黄門譙君碑》，稱贛之後裔，疑贛爲譙姓。然史傳無不作"焦"，漢碑多假借通用，如"歐陽"之作"歐羊"者，不一而足，亦未可執爲確證。至舊本《易林》，首有費直之語，稱"王莽時建信天水焦延壽"。其詞蓋出僞托，鄭曉嘗辨之審矣。贛嘗從孟喜問《易》，然其學不出於孟喜，《漢書·儒林傳》記其始末甚詳。蓋《易》於象數之中，别爲占候一派者，實自贛始。所撰有《易林》十六卷，又《易林變占》十六卷，並見《隋志》。《變占》久佚，惟《易林》尚存。其書以一卦變六十四，六十四卦之變共四千九十有六，各繫以詞，皆四言韻語。考《漢·藝文志》所載《易》十三家，《蓍龜》十五家，不及焦氏。《隋·經籍志》始著録於五行家。唐王俞始序而稱之，似乎後人所附會。故鄭曉《古言》疑其明夷之咸林，似言成帝時事；節之解林，似言定陶傅太后事，皆在延壽後。顧炎武《日知録》亦摘其可疑者四五條。然二家所云某林似指某事者，皆揣摩其詞。炎武所指"彭離濟東，遷之上庸"者，語雖出《漢書》，而事在武帝元鼎元年，不必《漢書》始載。又《左傳》雖西漢未立學官，而張蒼等已久相述説。

---

[1]　據清乾隆五十四年武英殿本《四庫全書總目提要·子部·術數類二》録文。

延壽引用《傳》語，亦不足致疑。惟“長城既立，四夷賓服，交和結好，昭君是福”四句，則事在元帝竟寧元年，名字炳然，顯爲延壽以後語。然李善注《文選》任昉《竟陵王行狀》，引《東觀漢記》曰：“沛獻王輔永平五年秋，京師少雨，上御雲臺，詔尚席取卦具自卦，以《周易卦林》占之，其繇曰：‘螳封穴户，大雨將集。’明日大雨，上即以詔書問輔曰：‘道寧有是耶？’輔上言曰：‘案《易》卦震之蹇“蟻封穴户，大雨將集”，蹇艮下坎上，艮爲山，坎爲水，出雲爲雨，蟻穴居而知雨，將雲雨，蟻封穴，故以蟻爲興文。’”云云。今書蹇繇實在震林。則書出焦氏，足爲明證。昭君之類，或方伎家輾轉附益，竄亂原文，亦未可定耳。《崇文總目》言其推用之法不傳，而黃伯思記王佖占，程迥記宣和、紹興二占，皆有奇驗，則其術尚有知之者。惟黃伯思謂《漢書》稱延壽《易》分六十四卦，更直日用事者，乃《變占》法，非《易林》法。薛季宣《易林序》則謂《易林》正用直日法，辨伯思之説爲謬，並爲圖例以明之，其説甚辨。今録季宣序與王俞序以存一家之言。俞序本名《大易通變》，與諸本不同，疑爲後來卜筮家所改，非其舊也。此書《隋》《唐》《宋志》俱作十六卷，故季宣序稱每卷四林，每林六十四變。今本作四卷，不知何時所併，無關宏旨，今亦姑仍之焉。

案《漢書·儒林傳》曰孟喜受《易》於田王孫，得《易》家候陰陽災變書，詐言田生且死時，枕喜膝獨傳。同門梁邱賀疏通證明之，曰：“田生絕於施讎手中，時喜歸東海，安得此事？”焦延壽嘗從孟喜問《易》，京房以爲延壽即孟氏學。翟牧、白生不肯，皆曰非也。劉向校書，以爲諸《易》家説，皆祖田何、楊叔、丁將軍，大義略同。惟京氏爲異黨。延壽獨得隱士之説，托之孟氏，不與相同。然則陰陽災異之説，始於孟喜，別得書而托之田王孫，焦延壽又別得書而托之孟喜，其源實不出於經師。朱彝尊《經義考》備列焦、京二家之書，蓋欲備《易》學宗派，不得不爾。實則以《隋志》列五行家爲允也。今退置《術數類》中，以存其真。

附録二　尚秉和焦氏易林注例言①

一、西漢釋《易》之書，其完全無缺者，祇有《焦氏易林》與揚子《太玄》。乃《太玄》至漢末宋衷首爲之注，吳陸績因之作《釋失》，范望更因宋、陸而集其成。至唐王涯，宋許翰、司馬光等，更起迭爲，而注益詳。獨《易林》無注者，烏程蔣氏影元本略注其故實，然甚鮮，十卦九注未詳，偶有注者，皆《左傳》、《國語》所習見，無大益也。後牟庭作《校略》，丁晏作《釋文》，陳喬樅據《易林》以解《齊詩》，顧千里、黃丕烈等於字句皆略有考訂。而丁晏解“彙”爲“蝟”，以“李耳”爲虎名，最爲精當。然皆病其太略，且所釋祇名物故實。至於以卦象釋《易林》文者，訖無一人。蓋自東漢以來，《易》象即失傳，後儒所知卦象，皆以漢魏人所用者爲範圍。而《易林》之辭，無一字不從象生，其所用之象，與《易》有關者，約百七十餘，皆爲東漢人所不知，故東漢人解《易》多誤。後儒不知其誤，而反疑《易林》，以其用象與漢魏人不合也。於是《林》辭之難解過於《易》矣。其詳盡在《焦氏易詁》中。

二、《易林》雖不明解《易》，然能注《易》者，莫過於《易林》。如以坤爲水、爲魚、爲心志、爲疾；以艮爲牛、爲龜、爲國、爲邑、爲牀；以兌爲華、爲老婦；以巽爲少姬等逸象，《易》之不能解者，皆賴以得解。及其既解，然後知《易林》所取之象，仍本之《易》，至

①　尚秉和先生《焦氏易林注》例言，於《易林》之大旨、源流、故實等，尤其象學一義，皆有獨到見解，實可作爲讀《易林》之通例，頗爲重要。今據張善文先生校理《焦氏易林注》（中國大百科全書出版社 2005 年版）録文，附録於後。

爲明白。無如二千年學者，竟熟視無睹也。而尤要者，則在其正覆象並用。聖人敘卦，除乾、坤、坎、離、頤、大過、中孚、小過正覆不變外，餘一正卦必次以覆卦，而《雜卦》震起、艮止、兌見、巽伏、咸速、恒久諸辭，尤示人以象正如此、覆則如彼之義。乃自正覆象失傳，凡《易》之言正覆象者，多不得解。獨《易林》知之。凡遇正覆震相背者，不曰"讒"，即曰"訟"，於是震卦之"婚媾有言"，《左傳》之以謙爲讒得解。凡正反兌相背者，不曰"讒佞"，即曰"争訟"，於是困之"有言不信"，訟之"小有言"得解。其正覆震相對者，不曰"此鳴彼應"，即曰"此唱彼和"，於是中孚之"鶴鳴子和"得解。其餘象覆即於覆象取義，象伏即於伏象取義者，亦皆本之《易》，而先儒皆不知，致《易》義多晦。故唯《易林》能補二千年《易》注之窮。

三、《繫辭》云："聖人觀象繫辭。"是所有卦爻辭皆從象生也。而《說卦》之象，皆舉其綱領，使人類推，非謂象止於此也。又示人以複象，如乾爲馬，震、坎亦爲馬；坤爲輿，震、坎亦爲輿；坤爲腹，離亦爲腹。非謂某卦有某象，即不許某卦再有某象也，視其義何如耳。而其例甚繁，爲筆所難罄，蓋其詳盡在口傳。至東漢口傳一失，所有《易》象大都不知，而浪用卦變，不變不能得象。如頤、損、益之龜象，虞翻不知艮即爲龜，必使某爻變成離，以取龜象。由漢迄清，幾視爲天經地義。至焦循遂以一卦變爲六十四卦，而《易》學之亡，遂與王弼以來之掃象等矣。愚初亦惑其說，故讀《易林》皆莫知其所指。及印證既久，始知《易林》之象，盡本於《易》，或本於《左傳》、《國語》，近在眉睫，日睹之而不識。然後悟無情無理之卦變、爻變，直同兒戲，又何怪王弼等之掃象不談。

　　四、《易林》於《説卦》象，《九家》逸象，《左氏》、《國語》象，無不用之。惟虞氏逸象，其誤者不見於《易林》，其不誤者《易林》皆用之。故《易林》實爲易象之淵藪。其爲各家所無，《易林》所獨有之象，遇之多年，皆莫知其所指。後與《易》回環互證，知其仍本之《易》。如以兑爲華、爲老婦，則本之大過；以艮爲臣、爲祖，則本之小過。如是者共百七十餘象，其詳説皆在《焦氏易詁》中，兹不復贅。

　　五、本注釋以《易》象爲重，《易》象得《林》辭與《易》辭始能解；次則《林》中所用故實，凡以前舊注所釋者是也。總各家所注，寥寥無幾事。兹重加搜討，增舊注所無者約數千則，正舊注之誤者約數十則。然《易林》所據之書，如《左》、《國》、《詩》、《書》，尚易研討。最難者，談妖異、説鬼怪，其詳蓋在《虞初志》諸小説部中，而其書久佚。故明知其有故實，而不得其詳。如恒之晉“雨師娶婦，黄嚴季子”，元刊注引《博物志》太公爲灌壇令事當之，於事實不合，是不能注也。又如兑之比云：“嵩融持戟，杜伯持弩。降觀下國，誅逐無道。夏商（應作周）之季，失勢逃走。”杜伯之鬼，白日射死宣王，見《國語》，人皆知之。嵩融事必與杜伯相類，而注家皆不知。後讀《墨子·非攻篇》云：“有神謂商湯曰，余得請於帝，帝命融隆火於夏之城。”融隆即嵩融，《楚辭》及《淮南子》又作豐隆，皆音同字異，由《楚辭》及《淮南注》知融隆爲雷師。《國語》云：“夏之亡也以回禄，帝命融隆火於夏之城。”即帝命雷師以雷火燒夏桀之城也。於《國語》及《林》辭，夏周之季皆合，而持戟事則不能詳。又如涣之大壯云：“鬼哭於社，悲商無後。”自來注家亦不知，後讀《墨子·非攻篇》云：“至商王紂，婦妖宵出，有鬼宵吟。”又《論衡》云：“紂之時，鬼郊夜哭。”又云：“紂郊鬼哭。"其事得矣，而太簡略。如此者，無可如何也。

六、《易林》用韻甚古。凡"亥"皆音"喜"，"殆"皆音"以"，"罷"皆音"婆"，"下"皆音"虎"，"家"皆音"姑"，而尤與豪韻，真與東韻，如此者尤多。有注出者，有不及注者，讀者知其例則無扞格矣。且可以正《易》韻俗讀之失，如乾象辭"下"與"普"韻，中孚三爻"罷"與"歌"韻是也。

七、《易林》説《詩》之處最多。昔儒考其淵源，以焦氏學於孟喜，喜父孟卿，家傳《齊詩》，故焦氏所説，皆《齊詩》。不惟於《毛詩》十九不同，於《魯》、《韓》亦多異。如《凱風》，毛謂有母不安於室，焦謂母亡思母。《毛傳》謂刺淫，焦謂傷讒。如此者有數百則之多。又其字與《毛》異而義勝者尤多，皆隨文注出。然以其過多，恐有遺漏，故特舉出，以見《易林》不惟能傳《周易》絕學，且能傳《齊詩》。《齊詩》至東漢末即亡，亦絕學也。

八、《林》辭重出者甚多，本宜全注。後詳加觀察，凡卦不同而辭同者，其象必同。如坤之離云："齊魯爭言。"離中爻互兑、巽，巽齊兑魯，又爲正反兑，故曰"爭言"。而比之蠱、謙之咸，亦用此辭，則以蠱初至四、咸二至上，亦兑、巽也。注其一，餘即可隅反，以期簡約。

九、《易經》所有人名、地名，無不從象生。如泰五之"帝乙"，以震爲帝，坤爲乙；明夷之文王、箕子，以坤爲文，以震爲王，故曰"文王"。震爲子、爲箕，故曰"箕子"。既濟之"鬼方"，以坎爲鬼也。《易林》之注，凡人名、國名、鳥獸名、地名，隨手舉來，無不與象妙合。如遇剥曰"高奴"，高奴，地名，見《漢書·地理志》，則以艮爲奴，艮一陽在上，故曰"高奴"。遇謙曰"重耳"，互坎爲耳，坤爲重，故曰"重耳"。學者苟由是以求其機趣，必更有進於是者。

十、《易林》於既濟、未濟等卦，偶用半象，又常用遇卦象。《左氏》云："震之離，亦離之震。"《易》於既濟、未濟蓋兼用半象，故悉本之。凡遇此等，必先注曰"此用遇卦象"、"此用半象"，以期易明。

十一、易數至爲繁瑣，皆用漢儒常用之數注之。惟邵子所傳一、二、三、四、五、六、七、八之先天八卦數，漢儒無知者，而《易林》每用之，如遇兑每言二是也。注中遇此必指明，曰"卦數幾"，以爲區別，俾閲者知其所自來。八卦數之名，實愚所創，具詳於《焦氏易詁》。後閲宋王湜《易學》，有專論八卦數一篇。謂："一二三四以在陽位，故左旋而東；五六七八以在陰位，故右轉而西。各起於南，而終於北。是則取八卦以制數，故起於一而終於八。"云云。按王湜專紹述邵學者，故能補邵子所未言。而其書只一卷，祇通志堂有之，他無刊本。前未見之，故矜爲創論，而不知宋時已言之。補詳於此，以見余之陋，且喜余説之有本也。

十二、本注意在指明《易》象，俾學《易》者有所裨益，以正舊解之誤，而濟《易》注之窮。至《林》辭義意有極淺顯者，則不必注。有極奧深者，則詳稱博引，使昆侖之語明晰而後已，故又不免於繁冗，閲者諒之。

十三、初讀《易林》，即疑其本象以繫辭。無如初學《易》，於《易》象既不嫻熟，於失傳之象，尤茫然不知其所謂，故求之十年之久，訖不能通其辭。後閲蒙之節云："三夫共妻，莫適爲雌。子無名氏，翁不可知。"恍然悟節上坎、上互艮、下互震，三男俱備，下兑爲女，故曰"三夫共妻"。震爲子，艮爲名，坎隱伏，故"子無名氏"。艮爲壽、爲祖，故曰"翁"。坎伏，故"不可知"。悟《林》辭果從象生，由是言正象者皆解。又久之，閲剥之巽云："三人同行，一人言北。伯仲欲南，少叔不得。中路分道，爭鬭相賊。”巽通震，震爲人、爲行，二至四覆震，上下震，故曰“三人同行”。震爲南，上震下震，皆南行，二至四艮，艮爲少男，故曰“少叔”。震長爲伯，坎中男爲仲，故曰“伯仲欲南”。獨少叔一人不南而北也。坎爲中，震爲道路，伯仲南，少叔北，故曰“分道”。艮爲手，二至上正反艮相背，故曰“爭鬭”。坎爲盜賊，故“相賊”。自通此辭，知《林》用覆象神妙已極。於是凡言正覆象者皆解，《易經》亦然。而以此二《林》爲入門之始，故特志之，以示不忘。

十四、《說卦》係自古相傳之象，至《周易》愈演愈精，故經用象每與《說卦》異。如《說卦》以震爲長男，兑爲少女，經則間以震爲小子，兑爲老婦。蓋以二人言，初生者長，後者少；以一人言，初少上老，此其義，唯《易林》知之。以《易林》書太古，尚存古義，能得《周易》真解，爲後儒所不知。如旅之大壯云：“獨夫老婦。”以大壯上震爲獨夫，互兑爲老婦也。又觀之睽云：“老女無夫。”亦以睽下兑爲老女。又夬之中孚云：“道路不通，孩子心憒。”以中爻震爲孩子。又家人之巽云：“孩子貪餅。”巽伏震，亦以震爲孩子。皆以《易》隨卦二三兩爻“係小子”、“失小子”爲本。又《易林》遇巽，每曰“少齊”，亦以大過下巽爲女妻爲本也。又《說卦》以坎爲月，而經則多以兑爲月。至東漢馬、鄭、荀、虞諸儒，皆不知此義，故經多誤解，於是後人並《易林》用象亦不知矣。

十五、《逸周書》所載《周公時訓》之七十二候，與卦氣圖相附而行。後細按七十二候之辭，皆由卦象而生。如蚯蚓結，識中孚之候，則以中孚上巽爲蟲、爲蚯蚓，而下兑爲覆巽，正反巽集於中，故曰“蚯蚓結”。於復曰“麋角解”，復下震爲鹿，艮爲角，震爲覆艮，角覆在地，則角解矣。於屯曰“水泉動”，屯上坎爲水泉，下震，故曰"動"。於屯上又曰"雁北鄉"，則以屯上互艮爲雁，坎北，故曰"北鄉"。以艮爲雁，於是《易》"漸鴻"象得解。統七十二候語，無不與卦密合，且用正象、用覆象，無不精妙，而皆爲《易林》之所本。故《易林》實集象學之大成。

京氏易傳

〔漢〕京　房　撰

〔吴〕陸　績　注

趙爲亮　點校

【題解】

《京氏易傳》三卷,舊本題漢京房撰,吳陸績注。

按宋朱震《漢上易傳・進周易表》云"一行所集房之《易傳》,論卦氣、納甲、五行之類",其所言之《易傳》,或即今本《京氏易傳》,則《京氏易傳》爲唐僧一行據當時所傳京氏説彙集而成,方成爲一部體系宏大之書。其中容有後代研易者本京氏解易之説而增益的部分,可視其爲京氏一派之學。

《漢書・京房傳》謂京房字君明,東郡頓丘人。本姓李,推律自定爲京氏。治《易》,事梁人焦延壽。元帝時以言災異得幸,爲石顯等所嫉。出爲魏郡太守,卒以譖誅。京房的著述,《漢書・藝文志》載有:《孟氏京房》十一篇,《災異孟氏京房》六十六篇,《京氏段嘉》十二篇;《漢書・五行志》又引京房《易傳》《易妖占》二書;《隋書・經籍志》則增至二十餘種。現在僅存《京氏易傳》三卷完整之作。

據《三國志》陸績本傳,陸績字公紀,吳郡吳人。陸績容貌雄壯,博學多識,星曆算數無不該覽。虞翻舊齒名盛,龐統荆州令士,年亦差長,皆與陸績友善。雖有軍事,著述不廢,作《渾天圖》,注《易》釋《玄》,皆傳於世。張惠言謂:"京氏章句既亡,存於唐人所引者僅文字之末,而京氏自言即孟氏學,由公績之説,京氏之大指庶幾見之。"可見陸氏所治的易學,就是京氏易。陸氏《京氏易傳注》,爲現存最早注釋《京氏易傳》的著作,其注以象數爲主,兼顧義理,其發明京書體例,多爲後世學者所本。

京氏易自漢元帝時立爲博士,曾盛極一時,晉永嘉之後,因無傳習者,沉晦已久。北宋晁説之自元豐壬戌年(1082)放棄應試後，即志在學《易》，於《京氏易傳》用功頗深，他在《京氏易傳》卷後跋文中，論述了《京氏易傳》的大旨、八宮世魂、飛伏世應、建候積算、互體、節候、五星二十八宿等原理，《京氏易傳》的輪廓大體可見。

《京氏易傳》書名不一，《漢》《隋》兩志所載京房著作，因其書多不存，此書是否在其中，未易遽定。明著《京氏易傳》及京房撰、陸績注者，始自南宋，《中興書目》《郡齋讀書記》《直齋書錄解題》《通志·藝文略》等皆有著錄。或屬經部易類，或屬陰陽家類，《四庫提要》則入子部術數類。

現存的《京氏易傳》分三卷，上中兩卷闡釋八宮卦體系，下卷爲全書綜論。《四庫全書總目提要》云："上卷、中卷以八卦分八宮，每宮一純卦統七變卦，而注其世應、飛伏、游魂、歸魂諸例。下卷首論聖人作易揲蓍布卦，次論納甲法，次論二十四氣候配卦，與夫天、地、人、鬼四易，父母、兄弟、妻子、官鬼等爻，龍德、虎刑、天官、地官與五行生死所寓之類，蓋後來錢卜之法，實出於此。"論述《京氏易傳》的體例頗爲全面。

《京氏易傳》一書爲納甲筮法的基礎理論著作，所謂納甲筮法，尚秉和先生説就是"以《周易》卦爻體系爲本，將干支排納於六爻中，而以干支所屬之五行及筮時時日，視其生克以斷吉凶也。"（尚秉和《周易古筮考》卷八）《火珠林》就是本於《京氏易傳》而發揮其説的著作，其於後世的筮法影響很大。

《京氏易傳》難治的原因有三：一是京氏易學衰微，此書獨存，無他書可資取證；二是文字訛誤殊多，無善本正其乖違；三是其書在流傳過程中，整體系統出現失誤，諸家補正的方法多相齟齬，難有定論。民國時期，最有功於京氏易的學者，當推南通徐昂和如皋冒鶴亭兩位先生，二君相識，有書信往來，同治京氏易。

　　徐昂的書爲《京氏易傳箋》，其書甚爲精博，兼釋京書和陸注，爲現存箋釋《京氏易傳》書中比較詳細的。《京氏易傳箋》體例是箋校並舉，然而重在箋釋，校勘則次之。徐氏所創釋例，變動《京氏易傳》巽兑兩宮十六卦的建候干支，積算與氣候分數因之而變，其變動可謂不小。雖然徐氏言之成理，使得《京氏易傳》的結構更加謹嚴，若謂其本來面目必如是者，恐亦未必盡然。（本書所引徐氏《京氏易傳箋》爲民國二十七年南通翰墨林書局鉛字排印本）

　　冒鶴亭撰有《京氏易三種》，含《京氏易傳校記》《京氏易表》《京氏易義》三種。其《京氏易傳校記》並非全録京書及陸注，而僅擇其可言者及存在異文的地方。其書廣列諸本，重在校勘，可取之處很多，也有采前人之説箋釋正文之處，通變極數，對於探究《京氏易傳》可以説是一部必不可少的著作。（本書所引冒氏書爲 2009 年成都巴蜀書社《冒鶴亭京氏易三種》本）

　　《京氏易傳》的版本，校者所見有如下六種：

　　1.上海涵芬樓景印明嘉靖范欽天一閣刊本（簡稱天一閣本）；

　　2.明萬曆二十年程榮刻《漢魏叢書》本（簡稱漢魏本）；

　　3.明天啓三年樊維城刻《鹽邑志林》本（簡稱志林本）；

　　4.明崇禎毛氏汲古閣刻《津逮祕書》本（簡稱津逮本）；

　　5.1987 年上海古籍出版社影印清乾隆文淵閣《四庫全書》抄本（簡稱四庫本）；

　　6.清嘉慶十年張氏照曠閣刻《學津討原》本（簡稱學津本）。

　　諸本中以天一閣本最早；津逮本較優；學津本依津逮本重

刻，故文字多同於津逮本；志林本與四庫本有多處異於諸本，可資校勘者頗多。

本次點校以津逮本爲底本，通校天一閣本，並參校漢魏本、志林本、四庫本、學津本。兼采前人校勘的成果，如徐昂《京氏易傳箋》、冒鶴亭《京氏易三種》、郭彧《京氏易傳導讀》、盧央《京氏易傳解讀》、許老居《京氏易傳發微》等。其底本不誤而校本誤者不出校，於己巳已、土士上、八入、戊戌等，據文意可定奪孰是者，徑改不出校，其不可知者，則於校勘記中加以説明。

目　録

京氏易傳卷之上

吳鬱林太守陸績注

▤乾下乾上

乾，純陽用事。象配天，屬金。與坤爲飛伏，居世。壬戌土，癸酉金。《易》云："用九，見羣龍无首，吉。"純陽，用九之德。九三三公爲應，肖乾乾、夕惕之憂。甲壬配外內二象。乾爲天地之首，分甲壬入乾位。積算起己巳火，至戊辰土，周而復始。吉凶之兆，積年起月，積日起時，積時起卦入本宮①。五星從位起鎮星，土星入西方，麗西北，居壬戌爲伏位。參宿從位起壬戌，壬戌在世，居宗廟。建子起潛龍，十一月冬至，一陽生。建巳至極，主亢位。四月龍見于辰，陽極陰來，吉去凶生，用九吉。配於人事：爲首，乾爲首也。爲君父。乾象堅剛，天地之尊，故爲君父。於類：爲馬，爲龍。天行運轉不息。降五行，頒六位。十二辰分六位，升降以時，消息吉凶。居西北之分野，陰陽相戰之地。《易》云："戰于乾。"乾爲陽，西北陰，陽入陰，二氣盛必戰。天六位，地六氣。六象六包，四象分萬物。陰陽無差，升降有等。陰陽二十四候，律呂調矣。人事吉凶，見乎其象，造化分乎有無。故云：變動不居，周流六虛。六位純陽，陰象在中。陽中陰，陰中陽。陽爲君，陰爲臣；陽爲民，陰爲事。陽實陰虛，明暗之象，陰陽可知。三五爲陽，二四爲陰，初上潛亢。水配位爲福德，甲子水是乾之子孫。木入金鄉居寶貝，甲寅木是乾之財。土臨內象爲父母，甲辰土是乾之父母。火來四上嫌相敵，壬午火是乾之官鬼。金入金鄉木漸微。壬

---

① 徐昂謂"積年起月"後略"積月起日"一語。

申金同位傷木。宗廟上建戌亥，乾本位。戌亥，乾之位。陽極陰生。降入姤卦。八卦例諸。

☰ 巽下乾上

姤，陰爻用事。金木互體，天下風行曰姤。姤，遇也。《易》曰：“陰遇陽。”一陰初生，陽氣猶盛，陰未爲敵。與巽爲飛伏，元士居世。辛丑土，甲子水。尊就卑，子孫與父母相代位。定吉凶，只取一爻之象。多以少爲貴。九四諸侯堅剛在上，陰氣處下。《易》云：“繫于金柅。”巽積陰入陽，辛壬降内外象，建庚午至乙亥。芒種，小雪。積算起乙亥水至甲戌土，周而復始[1]。災福之兆，生乎五行升降也。五星從位起太白，太白在西，居金位。井宿從位入辛丑，辛丑入土[2]，元士臨父母也[3]。建午起坤宫初六爻。《易》云：“履霜，堅冰至。”建亥，龍戰于野。戌亥是乾之位。乾伏本位必戰，積陰之地猶盛，故戰。配於人事[4]：爲腹，爲母。坤順，容於物。於類爲馬。《易》云：“行地无疆[5]。”此釋一爻配坤象，本體是乾巽，今贊一爻起陰，假坤象言之。内巽爲風，乾爲天，天下有風行，君子以號令告四方。巽，入也。風入於坤，皆動也，故知天下有風動其物也。天風氣象三十六候。三十六候節氣，降大風象[6]。木入金爲始[7]，金納木也。陰不能制於陽，附於金柅。《易》之“柔道牽也”。五行升降，以時消息，陰盪陽，降入遯。天山遯卦。

───────────

① “甲”，底本作“丙”，據志林本改。
② “辛丑入土”，疑當作“入辛丑土”。
③ “父”，底本及校本皆無，據徐昂、冒鶴亭説補之。
④ “於”，底本作“與”，據四庫本及徐昂、冒鶴亭説改。
⑤ “无”，底本及校本皆作“無”，按：《易》内皆作“无”，無作“無”者。
⑥ “大”，冒鶴亭謂當作“天”。
⑦ “始”，冒鶴亭謂當作“姤”。

䷠艮下乾上

遯，陰爻用事，陰盪陽。遯，金土見象，山在天下爲遯。遯，退也。陰來陽退也。小人君子污隆，契斯義也。《易》云：“遯世无悶①。”與艮爲飛伏，大夫居世②。建辛未爲月。丙午火，甲寅木③。六二得應，與君位遇建焉，臣事君，全身遠害。遯，俟時也。建辛未至丙子，陰陽遯去，終而伏位。從六月至十一月也。積算起丙子至乙亥，周而復始。金土同宮，天與山遯④。陽消陰長，無專於敗。《繫》云：“能消者息，必專者敗⑤。”五星從位起太陰，鬼宿入位降丙午⑥。丙午臨大夫⑦。配於人事：爲背，爲手。艮爲背、手。於類：爲狗，爲山石。內外升降，陰陽分數二十八候。分陰陽進退。土入金爲緩⑧，積陽爲天，積陰爲地。山地高峻，逼通於天⑨。是陰長陽消，降入否。陰逼陽去，入天地否卦。

䷋坤下乾上

否，內象陰長，純陰用事⑩。天氣上騰，地氣下降，二象分離，萬物不交也。小人道長，君子道消。陰小人，陽君子。《易》云：“否之匪人。”與坤爲飛伏，三公居世。乙卯木，甲辰土。上九宗廟爲應。君子以俟時，小人爲災。乙卯泰來。建壬申至丁丑，陰氣浸長。七月立秋，

① “无”，底本及校本皆作“無”，按：《易》内皆作“无”，無作“無”者。
② “艮”，底本作“民”，據四庫本、學津本改。
③ “甲”，底本及校本皆作“丙”，據徐昂、冒鶴亭説及飛伏通例改。
④ “金”，底本及校本皆作“火”，據徐昂、冒鶴亭説改。
⑤ “能消者息”，底本及校本皆作“能消息者”，據冒鶴亭引《乾鑿度》文改。
⑥ “午”，底本及校本皆作“辰”，據徐昂、冒鶴亭説改。
⑦ “大夫”，底本及校本皆作“元士”，據冒鶴亭説改。
⑧ “緩”，冒鶴亭謂當作“遯”。
⑨ 底本及校本“山”後皆有“所”字，據徐昂、冒鶴亭説刪。
⑩ “純陰用事”，底本作“純用陰事”，據志林本及徐昂、冒鶴亭説改。

至十二月大寒。積算起丁丑至丙子，周而復始。金丑土同宮，吉凶見矣^①。五星從位起歲星，木星入卦用事。柳宿從位降乙卯。乙卯臨三公。分氣候三十六^②。六六三十六，積算吉凶。陰陽升降，陽道消鑠，陰氣凝結，君臣父子，各不迨及。陰盪陽來，道行矣。《易》云："其亡其亡，繫于苞桑。"苞桑則叢桑也。天地清濁，陰薄音搏陽消，天地盈虛，與時消息。危難之世，勢不可久。五位既分，四時行矣。君子當危難世，獨志，難不可久；立特處，不改其操，將及泰來。上九云："否極則傾，何可長也。"否極則泰來。陰長，降入於觀。九四被陰逼入觀卦。

坤下巽上

觀，內象陰道已成，威權在臣。雖大觀在上，而陰道浸長。與巽爲飛伏。諸侯臨世，辛未土，壬午火。反應元士而奉九五。君位也。《易》云："觀國之光，利用賓于王。"臣道出於六四爻也。建癸酉至戊寅，陰陽交伏。秋分至立春。積算起戊寅至丁丑，周而復始。用金爲首。金土火互爲體。五星從位起熒惑，火星入卦用事，吉凶^③。星宿從位降辛未。星宿入諸侯宮，木星同位。土木分氣二十八。積算分配六位，吉凶爻定數。陰陽升降，定吉凶成敗取六四，至于九五，成卦之終也。《易》云："觀我生。"我生即道也。又云："風行地上。"君子之德風，小人之德草也。列象分爻，以定陰陽進退之道，吉凶見矣。地上見巽，積陰凝盛，降入于剝。九五退陰，入剝卦。

---

① "金丑土"，徐昂謂當作"申金丑土"，冒鶴亭謂當作"金土"，二者皆可通。
② 底本及校本"分"前皆有"氣"字，據徐昂、冒鶴亭說刪。
③ "用"，底本作"周"，據天一閣本、漢魏本、志林本、四庫本、學津本改。

䷖坤下艮上

剝，柔長剛滅，天地盈虛。建戌至建亥。體象金爲本，隨時運變，水土用事。成剝之義，出於上九。《易》云："碩果不食，君子得輿，小人剝廬。"君子全得剝道，安其位，小人終不可安也。與艮爲飛伏。丙子水，壬申金。天子治世，反應大夫。建甲戌至己卯，陰陽定候。寒露至春分。積算起己卯木至戊寅木，周而復始。吉凶之兆，見于有象。純土配金用事。五星從位起鎮星，土星入卦。張宿從位降丙子。張宿入天子宫。金土分氣三十六。積算六位起吉凶，天地盈虛氣候。《易》象云："山附於地，剝。"君子俟時，不可苟變，存身避害，與時消息。春夏始生，天氣盛大；秋冬嚴殺，天氣消滅。故當剝道已成，陰盛不可逆，陽息陰專。升降六爻，反爲游魂，盪入晉。積陰反入晉卦。

䷢坤下離上

晉，陰陽返復，進退不居，精粹氣純，是爲游魂。爲陰極剝盡，陽道不可盡滅，故返陽道。不復本位①，爲游魂例八卦②。金方以火土運用事，與艮爲飛伏。己酉金，丙戌土。諸侯居世，反應元士。建己卯至甲申，陰陽繼候。春分，立秋。積算起甲申金至癸未土，周而復始。游魂取象，配於正位，吉凶同矣。五星從位起太白，卦配金星入用。翼宿從位降己酉金。翼宿南方，入晉卦行事③。二象分候二十八，運配金土，積算起候④，無差於晷刻，吉凶列陳，象在其中矣。天地運轉，氣在其中矣。乾道變化，萬物通矣。乾分八卦，至大有復卦。六爻交通，至

---

① 底本及校本"不"前皆有"道"字，據徐昂、冒鶴亭説删。
② "游"，底本及校本皆作"歸"，據徐昂説改。
③ "南"，底本及校本皆作"北"，據徐昂、冒鶴亭説改。
④ "起"，天一閣本、漢魏本、四庫本、志林本作"氣"。

於六卦,陰陽相資相返,相剋相生。至游魂復歸本位,爲大有,故曰:"火在天上。"大有爲歸魂卦。定吉凶,配人事,五行象乾爲指歸地①。凡八卦分爲八宮,每宮八卦,八八六十四卦。定吉凶,配人事。天地、山澤、草木、日月、昆蟲②,包含氣候,足矣。

䷍乾下離上

大有,卦復本宮曰大有。内象見乾是本位。八卦本從乾宮起,至大有爲歸魂。純金用事,與坤爲飛伏。甲辰土,乙卯木。三公臨世,應上九爲宗廟。建戊寅至癸未,立春正月,至大暑時也。積算起癸未土至壬午火,周而復始。吉凶與乾卦同用。五星從位起太陰,太陰水星入卦用事。軫宿從位降甲辰。二十八宿分軫星入大有卦用事,行度吉凶可見。金土分象三十六候,配陰陽升降。六位相盪,返復其道。復歸本位也。吉凶度數與乾卦同。分六五陰柔爲日,照於四方,象天行健③。六龍御天。少者爲多之所宗,六五爲宗也④。柔處尊位,以柔履剛,以陰處陽,能柔順於物,萬物歸附,故曰:照於四方。《易》曰:"火在天上,大有。"離爲火、爲日,故曰大有。陰陽交錯,萬物通焉。陰退陽伏,返本也。乾象分盪八卦,入大有終也。乾生三男,次入震宮八卦。乾生三男,坤生三女。陽以陽,陰以陰,求奇耦定數於象也。

䷲震下震上

震,分陰陽,交互用事。屬於木德,取象爲雷,出自東方。震

---

① "地",徐昂謂當作"也"。
② "蟲",底本作"虫",據志林本、四庫本改。按:蟲、虫古非一字,音義有別。
③ "於",底本作"與",據天一閣本、漢魏本、四庫本改。
④ "宗",天一閣本、漢魏本、四庫本、學津本作"尊"。

有聲，故曰雷。雷能警於萬物，爲發生之始，故取東也。爲動之主，爲生之本。《易·繫》云："帝出乎震。"安爲動主，静爲躁君。與巽爲飛伏。庚戌土，辛卯木。宗廟處上六①。陰爲陽之主，震動，動須由陰陽交互。震，動也。運數入丙子至辛巳，大雪至小滿。積算起辛巳至庚辰土宮，配吉凶，周而復始。吉凶配木宮，以土用事。五星從位起歲星，木星入卦用事。角宿從位降庚戌土。庚戌入震用事，臨上六爻，庚戌土位爲元首。内外木土，二象俱震。《易》曰："震驚百里。"又云："畏鄰戒也。"震爲雷，聲驚于百里，春發秋收，順天行也。取象定吉凶。取象爲陽，配爻屬陰，故曰：陰陽交錯而爲震。氣候分數三十六。定吉凶於頃刻，毫釐之末，無不通也，無不備也。定陰陽數，考人之休咎，起于積算，終于六位也②。陰陽交互，陽爲陰，陰爲陽，陰陽二氣盪而爲象，故初九三陰爲豫。入豫卦。

▤ 坤下震上

豫，卦配水火木，以陽用事③。《易》云："利建侯行師。"又云："天地以順動，故日月不過，四時不忒。坤順，震動。聖人以順動，則刑罰清而民服。"與坤爲飛伏。乙未土，庚子水。世立元士，爲地易，奉九四爲正應。建丁丑至壬午，大寒，芒種。積算起壬午至辛巳，以六爻定吉凶，周而復始。火土算休咎。五星從位起熒惑，熒惑火星入卦用事。亢宿從位降乙未土，亢宿配乙未土。上木下見土，内順外動，故爲悦豫。時有屯夷，事非一揆，爻象適時，有凶有吉。人之生世，亦復如斯。或逢治世，或逢亂時，出處存亡，其道皆系。《易》云：

---

① "處"，底本作"應"，據天一閣本、漢魏本、四庫本、志林本改。
② 疑"人"下當有"事"字。
③ 底本及校本"陽"前皆有"爲"字，據徐昂、冒鶴亭説删。

"大矣哉。"陰陽升降，分數二十八，極大小之數，以定吉凶之道。<small>積算壬午入乙未推吉凶。</small>豫以陽適陰爲内順，成卦之義，在於九四一爻。以陽盪陰，君子之道，變之於解。<small>豫卦以陰入陽，成九四之德。之入解卦，陽入陰，成解之德。</small>

䷧坎下震上

解，陰陽積氣，聚散以時，内險外動，必散。《易》云："解者，散也。"解也，品彙甲坼^①，雷雨交作，<small>震雷坎雨。</small>積氣運動，天地剖判。成卦之義，在於九二。與坎爲飛伏。<small>戊辰土，庚寅木。</small>立大夫於世爲人，而六五降應，委權命於庶品。建戊寅至癸未，<small>立春，大暑。</small>推吉凶於陰陽，定運數于歲時。積算起癸未至壬午，周而復始。<small>土火入數起宫。</small>五星從位起鎮星，<small>鎮星土位。</small>氐宿從位降戊辰。<small>氐宿入戊辰。</small>木下見水，動而險。陰陽會散，萬物通焉。升降屬陽盪陰，以陽爲尊，尊者高而卑者低。變六三爲九三，恒卦。分氣候定數，極位於三十六。<small>金水入數，合卦成數，定日月時。</small>變坎入巽，居内象，爲雷風運動鼓吹萬物，謂之恒。<small>入恒卦。</small>

䷟巽下震上

恒，久於其道，立於天地。雷與風行，陰陽相得，尊卑定矣。號令發，而萬物生焉。<small>萬物得其道也生者。道，一作進也。</small>雷風行，而四方齊也。<small>齊者，整肅。</small>與巽爲飛伏。<small>辛酉金，庚辰土。</small>三公治世，應於上六宗廟。<small>宗廟爻。</small>建己卯至甲申，<small>春分，立秋。</small>金木起度數，積算起甲申至癸未，周而復始。<small>金木入宫。</small>五星從位起太白，<small>太白金星入卦用事。</small>

---

① "坼"，底本及校本皆作"拆"，據開成石經《周易》改。

房宿從位降辛酉。房宿入卦，立秋用事①。上下二象見木，分陰陽於內外。內巽陰，外震陽。氣候分數二十八②。金木入卦分節候。九三至於陽屯之位③，不順所履，無定其位。恒者，常也。而九三以陽居位，列④于陰陽交互之上，是知不久爲□所然⑤。《易》云："不恒其德，或承之羞。"陰陽升降，反於陰。君道漸進⑥，臣下爭權，運及於升。次降入升卦。

☷☴ 巽下坤上

升，陽升陰，而陰道凝盛，未可便進，漸之曰升。升者，進也。卦雖陰，而取象於陽，故曰以陽用事。內巽陰，木陽也。與坤爲飛伏。癸丑土，庚午火。諸侯在世，元士爲應。候建庚辰至乙酉，清明，秋分。積算起乙酉至甲申，周而復始。金水合木宮見象，定吉凶。五星從位起太陰，太陰水星，入卦取象。心宿入位降癸丑。心宿入卦配土位。土下見木，內外俱順。動陰陽而長，歲時、人事配吉凶，發乎動。占歲時、人事，吉凶之兆，見乎動。《易·繫》云："吉凶悔吝，生乎動。"氣候配象數位三十六。分陰爻數，分陽爻數。自下升高，以至於極。至極而反，以修善道，而成其體。合抱之木，始於毫末。陰道革入陽，爲坎水與風，見井。入井卦。

☵☴ 巽下坎上

井，陰陽通變，不可革者，井也。井道以澄清不竭之象，而成

---

① "事"，底本及校本皆脱，據徐昂、冒鶴亭説補。
② "二"，底本及校本皆作"三"，據徐昂、冒鶴亭説改。
③ "屯"，冒鶴亭謂當作"互"。按：以下文陸注"列于陰陽交互之上"視之，似是。
④ "列"，天一閣本、漢魏本、志林本、四庫本作"立"。
⑤ "□"，冒鶴亭疑當作"勢"。
⑥ "進"，冒鶴亭謂當作"退"。

於井之德也。《易》云："井者，德之基。"又云"往來井井"，見功也。"改邑不改井^①"，德不可渝也。井道以澄清見用爲功也，井象德不可渝變也。與坎爲飛伏。戊戌土，庚申金。九五處至尊，應用見本象。建辛巳至丙戌，小滿，寒露。積算起丙戌至乙酉，周而復始。火土入卦起算數。五星從位起歲星，木星入卦，東方用事。尾宿從位降戊戌。尾宿配戊戌入卦宮。坎下見風，險於前，内外相資，益於君。井以德立，君正民信，德以其道也。賢人有位，君子不孤。《傳》曰："德不孤，必有鄰。"六爻各處其務，反覆陰陽變化，各得其道也。氣候所象，定數於二十八。爻配陰陽，分人事，吉凶具見矣。天地之數，分於人事，近取諸身，遠取諸物。吉凶之兆，定於陰陽。陰生陽消，陽生陰滅，二氣交互，萬物生焉。震至於井，陰陽代位，至極則反，與巽爲終，退復於本。故曰游魂，爲大過。降入大過卦。

䷛巽下兑上

大過，陰陽代謝，至於游魂。《繫》云："精氣爲物，游魂爲變，是故知鬼神之情狀。"互體象乾，以金土定吉凶。去本末，取二五爲過之功。大者相過。與坎爲飛伏。丁亥水，戊申金。降諸侯立元首，元士居應上。建丙戌至辛卯，起元氣從丙戌至辛卯爲卦建^②，建者，則所生之位。今立建起至辛卯，取陰陽至位極處也。寒露至春分^③。積算起辛卯至庚寅，周而復始。土木入卦用事。五星從位起熒惑，熒惑火星入卦。箕宿從位降丁亥。箕宿配丁亥水，合卦宮也。陰陽相盪，至極則反，反本及末於游魂。分氣候三十六。六爻極陰陽之數三十六，五行分配，定吉凶於積

---

① "邑"，底本作"易"，據天一閣本、漢魏本、學津本、四庫本、志林本改。

② "氣"，徐昂、冒鶴亭皆謂當作"首"。

③ "春"，底本及校本皆作"秋"，據徐昂、冒鶴亭説改。

算。陽入陰，陰陽交互，反歸於本，曰歸魂，降隨卦。入澤雷隨卦。

☳震下兌上

隨，震象復本曰隨。內見震也。內象見震曰本。從震起，至隨爲歸魂。純木用事，與巽爲飛伏。庚辰土，辛酉金。世立三公，應宗廟。建乙酉至庚寅，秋分，立春。積算起庚寅至己丑，土木入卦起算[1]。周而復始。吉凶定於算數爲准。五星從位起鎮星，鎮星土入卦用事。計都從位降庚辰。計都配庚辰土，入卦分吉凶。氣候分數二十八。定數於六位。六位雖殊，吉凶象震，進退隨時。各處其位，無差忒刻。內外二象，悦而動，隨附於物，係失在於六爻。《易》云：係丈夫，失小子。又云：係小子，失丈夫。此之謂也。吉凶定於起算之端，進退見乎隨時之義。金木交刑，水火相敵。休廢于時，吉凶生焉。震以一君二民，動得其宜。震一陽二陰，陽君陰民，得其正也。本於乾而生乎震，故曰長男。陰陽升降爲八卦，至隨爲定體。資於始而成乎終。次降中男，而曰坎[2]。互陽爻居中，爲坎卦。

☵坎下坎上

坎，積陰，以陽處中，柔順不能履重剛之險。故以剛克柔而履險，而曰陽，是以坎爲屬中男，分北方之卦也[3]。與離爲飛伏。戊子水，己巳火。世立宗廟，居於陰位。比近九五，全於坎道，遠於禍害。三公居應，亦爲陰暗。成坎之德，在於九五、九二也。內外居

---

① "起"，底本作"氣"，據學津本及冒鶴亭説改。

② "次"，底本及校本皆作"坎"，據徐昂、冒鶴亭説改。

③ "分"，冒鶴亭謂當作"正"。

坎，陽處中而爲坎主。純陰得陽，爲明臣得君，而安其居也。君得一作臣[1]，而顯其道也[2]。建起戊寅至癸未，立春，大暑[3]。積算起癸未至壬午，周而復始。金水入卦本同宫，氣候起算時日歲月吉凶。五星從位起太白，太白金星入水宫。牛宿從位降戊子。二十八宿，從位入卦，周而復始。歲候運數三十六[4]。配六位，分陰陽，三百六十五餘日四分之一[5]。分五行，配運氣，吉凶見矣。內外俱坎，是重剛之位。《易》曰："坎，陷也。"坎水能深陷于物，處坎之險，不可不習，故曰習坎。便習之，習後可得履于險而不陷没者[6]，不以剛履柔，不能成坎之道也。震以陽居初，能震動於物，能爲動主。乾生震，一陽居於初，震爲長男。坎以陽居中，爲重剛之主，故以坎爲險。陽變陰，成於險道。今以陰變陽，止於爲節。次入于節卦。

☱ 兑下坎上

節，水居澤上，澤能積水。陽止于陰，故爲節。節者，止也。陽盪陰而積實居中，悦內而險於前。陰陽進退，金水交運，與兑爲飛伏。丁巳火，戊寅木。元士立元首，見應諸侯。金火受其氣，納到內[7]。建起甲申至己丑，爲本身節氣，立秋，大寒。積算起己丑至戊子，周而復始。金水坎火運入卦，雜定吉凶。五星從位起太陰，太陰屬水，入卦用事。女宿從位降丁巳。配象入積算。金上見水，本位相資，二氣交爭，失節則嗟。《易》云："不節若，則嗟若。"分氣候二十八。積算起數二十八。中男入兑少女，分盪入陰，中位見陽，升降見長男。次

---

① 竊謂"一作臣"爲"得"下陸注之小注，乃後人校勘所加。

② "其"，底本作"具"，據天一閣本、漢魏本、學津本、四庫本、志林本改。

③ "立春大暑"，底本及校本皆作"大暑大雪"，據徐昂、冒鶴亭説改。

④ "候"，四庫本、漢魏本、志林本作"數"。

⑤ "六十五"，底本及校本皆作"五十六"，據冒鶴亭説改。

⑥ "者"，疑當作"也"。

⑦ 冒鶴亭、徐昂皆謂"內"後當有"卦"字。

入水雷屯。是則節險入陽①，盪九二爻，體歸於陽，之入屯卦。

☳震下坎上

屯，內外剛長，陰陽升降，動而險。凡爲物之始出，皆先難後易。今屯則陰陽交爭，天地始分，萬物萌兆，在於動難，故曰屯。水在雷上，如雲雷交作，天地草昧，經綸之始，無出於此也。故《易》曰："屯如邅如，乘馬班如，泣血漣如。"屯難之際，盤桓不進之貌。難定乃通。《易》云："女子貞不字，十年乃字。"字，愛也。時通則道亨，合正匹也。土木應象見吉凶，與震爲飛伏。庚寅木，戊辰土。世上見大夫，應至尊。陰陽得位，君臣相應，可以定難於草昧之世。建乙酉至庚寅，秋分，立春。積算起庚寅至己丑，周而復始。土木配本宮起積算。五星從位起歲星，木星入卦。虛宿從位降庚寅。虛宿入六二庚寅位。分氣候二十八②。定吉凶之數。陽適陰，入中女，子午相敵見吉凶。動入離象見既濟。

☲離下坎上

既濟，二氣無衝，陰陽敵體。世應分君臣，剛柔得位，曰既濟。離坎分子午，水上火下，性相交，故不間隔，是曰既濟也③。與離爲飛伏。己亥水，戊午火。世上見三公，應上見宗廟。內外陰陽相應，坎離相納，上下交。坎水潤下，離火炎上，二氣相交爲既濟。五行相配，吉凶麗乎爻象。吉凶之兆，見乎爻象。建丙戌至辛卯，寒露，春分。卦氣分節氣，始丙戌受氣，至辛卯成正象。考六位，分剛柔，定吉凶。積算起

---

① "險"，天一閣本、漢魏本、志林本作"儉"。冒鶴亭謂當作"陰"。
② "二十八"，底本及校本皆作"三十六"，據徐昂、冒鶴亭説改。
③ "故"，天一閣本、漢魏本、學津本、四庫本、志林本作"敵"。

辛卯至庚寅，周而復始。<small>土木見運入卦。</small>五星從位起熒惑，<small>熒惑火星入</small>
<small>卦。</small>危宿從位降己亥。<small>危宿入己亥。</small>分氣候三十六^①。<small>定六爻之類，考吉</small>
<small>凶之兆。</small>坎入兌，爲積陰，<small>二象分，俱陰。</small>上下反覆，卦變革。<small>坎入</small>
<small>革，六四盪之入陽，變體爲陰也。</small>

☰☱離下兌上

革，二陰雖交，志不相合。體積陰柔，爻象剛健，可以革變。
兌上離下，<small>中虚。</small>務上下積陰，變改之兆，成物之體，故曰革。
《易》云：“君子豹變，小人革面。”與兌爲飛伏。<small>丁亥水，戊申金。</small>諸侯
當世，見應元士^②。九五、六二爲履正位，天地革變，人事隨而更
也。<small>更者，變也。</small>建始丁亥至壬辰，<small>小雪，清明。</small>水土配位。<small>土水入卦。</small>
積算起壬辰至辛卯，周而復始。五星從位起鎮星，<small>土星入卦。</small>室宿
從位降丁亥。<small>二十八宿，室宿入卦，革丁亥上。</small>分氣候二十八^③，其數起
元首。<small>分陰陽之象數，吉凶生矣。</small>上金下火，金積水而爲器，<small>器能盛納於</small>
<small>物。</small>火變生而爲熟。生熟稟氣於陰陽，革之於物，物亦化焉。<small>五行</small>
<small>類五色，五色類萬物。稟和氣，氣節順。剛即逆，逆即反，反即敗。</small>《易》云：“己日
乃孚^④。”<small>孚猶信也。</small>陰陽更始，動以見吉凶。<small>震主動也。</small>動以柔當位，
剛會之光大，革變于豐。<small>外卦兌入震，爲豐卦。</small>

☰☳離下震上

豐，雷火交動，剛柔散氣，積則暗，動乃明。《易》云：“豐其

---

① “三十六”，底本及校本皆作“二十八”，據徐昂、冒鶴亭説改。

② “應”，底本及校本皆無，據徐昂、冒鶴亭説補。

③ “二十八”，底本及校本皆作“三十六”，據徐昂、冒鶴亭説改。

④ “己”，底本及校本皆作“巳”，黄壽祺、張善文《周易译注》引衆説謂當作“己”，
徐昂亦謂作“己”，據改。

屋，蔀其家，窺其户，闃其无人①，三歲不覿，乃凶。"上六積暗而動凶之，於上反下，見陰之兆。火木分象，配於積陰，與震爲飛伏。庚申金，戊戌土。陰處至尊爲世，大夫見應。君臣相暗，世則可知。臣强君弱，爲亂世之始。建生戊子至癸巳②，大雪，小滿。雷與火震動曰豐，宜日中，夏至積陰生，豐當正應，吉凶見矣。日中也。積算起癸巳至壬辰，周而復始。火土起算。五星從位起太白，太白金星入卦。壁宿從位降庚申，壁宿入坎，至豐庚申入土。分氣候三十六③。積算定六位，起數三十六。上木下火，氣稟純陽。陰生於内，陽氣雜，正性潰，亂極乃反爲游魂，入積陰。震入坤也。陰陽升降，反歸於本。變體於有無，吉凶之兆，或見於有，或見於無。陰陽之體，不可執一爲定象，於八卦，陽盪陰，陰盪陽，二氣相感而成體，或隱或顯。故《繫》云④："一陰一陽之謂道。"一者，道也。外卦震降陰，入明夷。次入明夷卦⑤。

☳☷離下坤上

明夷，積陰盪陽，六位相傷。外順而隔於明，處暗不分，一作明傷於正道，曰明夷。夷者，傷也。五行升降，八卦相盪，變陽入純陰。春夏之秋冬也。陰道危，陽道安，故與震爲飛伏。癸丑土，庚午火⑥。傷於明而動乃見志，震，動也。退位入六四，諸侯在世，元士爲應。君暗臣明不可止。箕子與紂也。建起六四癸巳至戊戌，游魂及六四爻數

---

① "无"，底本及校本皆作"無"，按：《易》内皆作"无"，無作"無"者。
② "生"，冒鶴亭謂當作"始"。
③ "三十六"，底本及校本皆作"二十八"，據徐昂、冒鶴亭説改，下注同。
④ "繫"，底本作"係"，據四庫本、學津本改。
⑤ 底本"入"後有"明之於人"四字，衍文，據四庫本及冒鶴亭、徐昂説删。
⑥ "午"，底本作"寅"，據天一閣本、漢魏本、志林本、四庫本、學津本改。

起，小滿至寒露。積算起戊戌至丁酉，周而復始。土金入卦起算數。五星
從位起太陰，太陰水星入卦。奎宿從位降癸丑，奎宿入明夷，配六四癸丑土
上。分氣候二十八①。二十八數入卦，起算推吉凶。地有火，明於内，暗
於外。當世出處，爲衆所疑之，所及傷於明。《易》曰："三日不
食，主人有言。"陰陽進退，金水見火，氣不相合。六位相盪，四時
運動，静乃復本，故曰游魂。以本宫八卦相盪，六位推遷也。次降歸魂入
師卦。

䷆坎下坤上

師，變離入陰，傷於正道，復本歸坎，陽在其中矣。内卦坎爲本
宫。處下卦之中，爲陰之主，利於行師。《易》云："師者，衆也。"衆
陰而宗于一陽②，得其貞正也。與離爲飛伏。離入坎也。陰陽相
薄，剛柔遷位。戊午火，己亥水。世主三公，應爲宗廟。建始壬辰至
丁酉，清明，秋分。積算起丁酉至丙申，周而復始。金火入卦起數③。五
星從位起歲星，歲星木入卦。婁宿從位降戊午，婁宿入坎卦歸魂六三爻④。
分氣候三十六⑤。起算入卦吉凶。地下有水，復本位，六五居陰處陽
位，九二貞正，能爲衆之主，不潰於衆。《易》云："師，貞丈人吉。"
入卦始於坎，陰陽相盪，反至於極，則歸本坎中男。陽居九二，稱中
男。升降得失，吉凶悔吝，策於六爻。六爻之設，出於蓍，蓍之得
象而卦生。積算起於五行，五行正則吉，極則凶。吉凶之象，顯
於天地、人事、日月、歲時。坎之變於艮，艮爲少男。少男處卦之

---

① "二十八"，底本及校本皆作"三十六"，據徐昂、冒鶴亭説改，下注同。
② 天一閣本、漢魏本、志林本"陽"前有兩"一"字。
③ "數"，天一閣本、漢魏本、志林本、四庫本、學津本作"算"。
④ "三"，底本作"四"，據天一閣本、漢魏本、志林本、四庫本改。
⑤ "三十六"，底本及校本皆作"二十八"，據徐昂、冒鶴亭説改。

末，**爲極也。**震一陽居初爻，坎二陽處中，艮三陽處卦之末。故曰陽極爲少男，又云止也。**次入艮卦。**

☶艮下艮上

艮，乾分三陽，爲長中少，至艮爲少男。本體屬陽，陽極則止，反生陰象。《易》云："艮，止也。"於人爲手、爲背；取象爲山、爲石、爲門、爲狗。上艮下艮二象，土木分氣候，與兑爲飛伏。丙寅木，丁未土。爲少男取少女相配。世上見宗廟，三公爲應。陰陽遷次，長幼分形。乾三生男，將至艮極，少長分形，長中分之爲也①。建庚寅至乙未，立春，大暑。陰長陽極，升降六位，進退順時，消息盈虚。積算起乙未至甲午②，周而復始。木土入卦。五星從位起熒惑，熒惑火星入卦。胃宿從位降丙寅。胃宿入卦分位。分數位三十六。配位六卦分吉凶③。金木相敵，升降以時。艮止於物，背於物。《易》云："時止則止，時行則行。"剛極陽反，陰長積氣，止於九三。初六變陽，取其虚中，文明在內，成於賁。次降入賁卦。

☲離下艮上

賁，泰取象上六柔來文剛④，九二剛上文柔。成賁之體，止於文明。賁者，飾也。五色不成謂之賁，文彩雜也。山下有火，取象文明，火土分象，與離爲飛伏。己卯木，丙辰土。世立元士，六四諸侯在應。陰柔居尊，文柔當世，素尚居高，侯王無累。《易》云：

① "爲"，天一閣本、漢魏本、志林本作"謂"。底本及校本"爲"後皆有"建"字，徐昂、冒鶴亭謂正文誤入注中，今移"庚寅"前。
② "乙未至甲午"，底本及校本皆作"庚寅至己丑"，據徐昂、冒鶴亭説改。
③ "卦"，疑當作"爻"。
④ "文"，底本及校本皆作"反"，據徐昂、冒鶴亭説以及《周易》象傳改。

"賁于丘園，束帛戔戔。"建始辛卯至丙申，_{春分，立秋}。積算起丙申至乙未，周而復始。_{金土入卦起算}。五星從位起鎮星，_{鎮星入卦}。昴宿從位降己卯，_{昴宿配賁卦初九陽位起算}。分氣候二十八。_{起六位五行算吉凶}。土火木分陰陽，相應爲敵體。上九積陽素尚，全身遠害，貴其正道。起於潛，至於用九。_{假乾初上爲喻也}。陰陽升降，通變隨時。離入乾，將之大畜。次降六二中虛爲三連，入大畜卦。_{陰消陽長}。

　　䷙乾下艮上

大畜，陽長陰消，積氣凝盛，外止内健，二陰猶盛，成於畜義。《易》云："既處。"畜消時行，陽未可進，取於下卦，全其健道，君子以時順其吉凶。與乾爲飛伏。_{甲寅木，丙午火}。建始壬辰至丁酉，_{清明，秋分}。積算起丁酉至丙申，周而復始。_{金土入卦分吉凶起算}。五星從位起太白，_{太白金星入卦推吉凶}。畢宿從位降甲寅。_{畢宿入大畜九二甲寅上}。九二大夫應世[①]，應六五爲至尊，陰陽相應，以柔居尊。□□□□□□□爲畜之主。分氣候三十六[②]。_{極陰陽之數，定吉凶之兆}。山下有乾，金土相資。陽進陰止，積雨潤下，畜道光也。乾象内進，君道行也。吉凶升降，陰陽得位，二氣相應，陽上薄陰，陰道凝結。上於陽長，爲雨反下，九居高位，極於畜道。反陽爲陰，入於兌象。六三應上九，上有陽九，反應六三，成于損道。次降損卦。_{乾入兌，九三之變六三[③]}。

---

① "應"，徐昂謂當作"臨"，冒鶴亭謂當作"居"，二字皆可，作"應"顯誤也。
② "三十六"，底本及校本皆作"二十八"，據徐昂、冒鶴亭説改。
③ "三"，底本及校本皆作"二"，據徐昂、冒鶴亭説改。

☷兌下艮上

損，澤在山下，卑險於山。山高處上，損澤益山，成高之義，在於六三。在臣之道，奉君立誠。《易》云："損下益上。"乾九三變六三，陰柔益上九，臣奉君之義。與兌爲飛伏。丁丑土，丙申金。三公居世，宗廟爲應①。六三，上九。建始癸巳至戊戌，小滿，寒露。積算起戊戌至丁酉，周而復始。土火入宮起積算。五星從位起太陰，太陰水星入卦用事。觜宿從位降丁丑，二十八宿配觜宿入損卦六三爻，起算歲月日時。土金入卦配吉凶②，陰陽相盪，六位不居③。土金入損卦起算，陰陽相生，六位變動不居也。六爻有吉凶，四時變更，不可執一以爲規。六爻吉凶，隨時更變。或春或夏，或秋或冬，歲時運動。分氣候二十八。二十八起數，算吉凶入卦。陰陽升降，次艮入離，見睽之象。損益六爻，剛長陰消④，次入火澤睽卦。

☲兌下離上

睽，火澤二象，氣運一作轉。非合。陰消陽長，取象何比⑤，惟陽是從。陰陽動静，剛柔分焉。先睽後合，其道通也⑥。文明上照，幽暗分矣。兌處下，爲積陰暗之象也；離在上，爲明照於下。《易》云："見豕負塗，載鬼一車，先張之弧，後説之弧，往遇雨則吉。羣疑亡也。"先疑，暗也；後説，明也。與離爲飛伏。己酉金，丙戌土。諸侯立九四爲世，初元士爲應。建始甲午至己亥，芒種，小雪。積算起己亥至戊

---

① "爲應"，底本無，據四庫本補。
② "金"，底本及校本皆作"星"，據徐昂、冒鶴亭説以及陸注改。
③ "六"，底本及校本皆脱，據徐昂、冒鶴亭説以及陸注補。
④ "消"，底本及校本皆脱，據徐昂、冒鶴亭説補。
⑤ "何"，冒鶴亭引沈祖緜説謂當作"阿"。
⑥ "道"，底本及校本皆作"消"，據徐昂、冒鶴亭説改。

戌。_{水土入卦。}五星從位起歲星，_{歲木星入卦。}參宿從位降己酉，_{二十八宿配參宿，入卦己酉上。}分氣候三十六。_{起數積算。}金火二運合土宮，配吉凶于歲時。六五陰柔，應文明九二，四得立權臣①。陰陽相盪，六位逆遷，變離入乾。健於外象，次入履②。_{陰陽推遷，變化六爻。吉凶之兆，著于要之爻。如臣事君，近多憂也。}次降入天澤履卦。

䷉_{兌下乾上}

履，天下有澤曰履。_{履者，禮也。}得位吉，失位凶，_{當履之時。}素尚吉。《易》云："視履考祥，其旋元吉。"與乾爲飛伏。_{壬申金，丙子水。}六丙屬八卦，_{艮，六丙也。}九五得位爲世身，九二大夫合應象。建始乙未至庚子，_{大暑，大雪。}積算起庚子至己亥③。_{金水入卦，配六位，算吉凶。}五星從位起熒惑，_{熒惑火星入卦。}井宿從位降壬申，_{二十八宿入卦，井宿入壬申。}分氣候，_{金火入卦，起於極數二十八。}二十八數，起丙辰，推吉凶④。陽多陰少，宗少爲貴。得其所履則貴，失其所履則賤。《易》云："眇能視，跛能履。"_{此履非其位六三也。}吉凶取此文爲準。六位推遷，積欠起算數⑤，休王相破，資益可定吉凶也。升降反位，歸復止於六四，入陰，爲游魂中孚卦。_{次入中孚卦。}

䷗_{兌下巽上}

中孚，陰陽變動，六位周匝，反及游魂之卦。_{金木合土運入卦象。}

---

① "應"，天一閣本、漢魏本、志林本、四庫本作"處"，則此句句讀應爲：六五陰柔處文明，九二、四得立權臣。

② "次"，底本及校本皆作"坎"，據徐昂説改。

③ "庚子至己亥"，底本作"乙亥至庚子"，據志林本改。

④ "丙辰"，冒鶴亭謂當作"乙未"。

⑤ "積欠起算數"，冒鶴亭謂當作"積算起數"。

互體見艮^①，止於信義。中孚，信也。與乾爲飛伏。辛未土，壬午火。艮道革變升降，各稟正性。六四諸侯立世，應初九元士。九五履信，九二反應，氣候相合，内外相敵。陰勝陽，陽勝陰，剛柔相薄，六爻反應，柔順相合，吉凶見矣。建始庚子至乙巳，大雪，小滿。積算起乙巳至甲辰，周而復始。火土入卦起積算。五星從位起鎮星，鎮星，土星。鬼宿從位降辛未，二十八宿，配鬼宿入卦推吉凶。分氣候三十六，配卦算吉凶之位。風與澤，二氣相合，巽而説，信及於物，物亦一作必。順焉。《易》云："信及豚魚。"豚魚，幽微之物，信尚及之，何況於人乎。兑入艮，六三入陽，内二陽歸陰。陰陽交互，復本曰歸魂，次降歸魂風山漸卦。内見艮。

☴ 艮下巽上

漸，陰陽升降，復本曰歸魂之象。巽下見艮，陰長陽消，柔道將進，艮變八卦終於漸，漸終，降純陰入坤。分長女，三陰之兆也，柔道行也^②。與兑爲飛伏。丙申金，丁丑土。九三三公居世，宗廟爲應。建始己亥至甲辰^③，小雪，清明。積算起甲辰至癸卯，周而復始。土木見運入卦算吉凶。五星從位起太白，太白，西方之卦，定吉凶。柳宿從位降丙申^④，二十八宿，柳宿入卦定吉凶。分氣候二十八。定數配吉凶，入卦起算。上木下土，風入艮象，漸退之象也。互體見離，主中文明。九五傳位，得進道明也。九五處互體卦之上，進文明也。六二陰柔得位，應至尊。《易》云："鴻漸於磐，飲食衍衍。"賢人進位也。陰陽升降，八卦將盡。

---

① "艮"，底本作"民"，據四庫本改。

② "長"，冒鶴亭謂當作"三"。

③ "己"，底本作"乙"，據天一閣本、漢魏本、志林本、四庫本、學津本改。

④ "申"，底本作"辰"，據天一閣本、漢魏本、志林本、四庫本、學津本改。

四十八爻①，陰陽相雜，順道進退，次于時也。少男之位，分於八卦，終極陽道也。陽極則陰生，柔道進也，降入坤宫八卦。_{陽卦三十二宫爲陽，乾、震、坎、艮也。}

京氏易傳卷之中

吳鬱林太守陸績注

䷁坤下坤上

坤，純陰用事，象配地，屬土。柔道光也，陰凝感，與乾相納，臣奉君也①。《易》云：“黃裳元吉。”六二內卦陰處中，臣道正也。與乾爲飛伏，癸酉金，壬戌土。宗廟居世，三公爲應。未免龍戰之災，無成有終。陰臣陽君，臣不敢爲物之始。陽唱陰和，君命臣終其事也。初六起履霜，至於堅冰。陰雖柔順，氣亦堅剛，爲無邪氣也。建始甲午至己亥，芒種，小雪②。積算起己亥至戊戌，周而復始③。純土用事，入積算，定吉凶。五星從位起太陰，太陰水星入卦西南方之卦。水星入卦配坤西南④。星宿從位降癸酉金。二十八宿入卦，星宿降坤上六癸酉金。分氣候三十六。起積爲數三十六。陰中有陽，氣積萬象，故曰陰中陽⑤。陰陽二氣，天地相接，人事吉凶，見乎其象。六位適變，八卦分焉。六位變動，八卦顯著。陰雖虛，納于陽位稱實。六五、六三之類也。升降反復，不能久處，千變萬化，故稱乎易。易者，變也。陰極則陽來，陰消則陽長，衰則退，盛則戰。《易》云：“上六，龍戰于野，其

---

① “陰凝感”，胡一桂《周易本義啓蒙翼傳》作“陰氣凝盛”。
② “甲午至己亥”，胡一桂《周易本義啓蒙翼傳》作“壬午至丁亥”。“雪”，底本及校本皆作“滿”，據徐昂説改。“芒種，小雪”，胡一桂《周易本義啓蒙翼傳》作“夏至，立冬”。
③ “己亥至戊戌”，胡一桂《周易本義啓蒙翼傳》作“丁亥至丙戌”。
④ “水”，底本及校本皆作“鎮”，據徐昂説改。
⑤ “陽”，底本及校本皆作“陰”，據胡一桂《周易本義啓蒙翼傳》及冒鶴亭説改。

血玄黃。"陽屬。乾配西北積陰之地，陰盛故戰，乾坤併處，天地之氣雜，稱玄黃也。陽來盪陰，坤內卦初六適變入陽，曰震。陰盛陽微，漸來之義，故稱復。次降陽，入地雷復卦。

䷗震下坤上

復，陰極則反，陽道行一作正也。《易》云："君子道長，小人道消。"又曰："七日來復。"七日，陽之稱也，七九稱陽之數也。謂坤上六，陰極陽戰之地，陰雖不能勝陽，然正當盛，陽不可輕犯。六陽涉六陰反下，七爻在初，故稱七日。日亦陽也。六爻反復之稱。注在前。《易》云："初九，不遠復，无祇悔①。"反至初九，陽來陰復去，違也。六爻盛卦之體總稱也。月一陽爲一卦之主②，與震爲飛伏。庚子水，乙未土。初九元士之世，六四諸侯見應。建始乙未至庚子，大暑、大雪見候，起坤六月，至十一月庚子爲正朔，見復之兆③。積算起庚子至己亥，積算起庚子至己亥，十一月至十月④，年亦然。周而復始。土水見候。五星從位起歲星，歲星木星入復卦，合水土，配吉凶。張宿從位降庚子，二十八宿分張宿，入復卦庚子水上。分氣候二十八。積算起數二十八，定吉凶六爻。坤上震下，動而順，是陽來盪陰，陰柔反去，剛陽復位，君子進，小人退。《易》云："休復，元吉。"陽升陰降，變六二入兌象，次併臨，二陽將進，內爲悅。陰去陽來，氣漸隆，陰不敢拒陽，奉命而已。次入地澤臨卦⑤。

---

① "祇"，四庫本作"祇"。
② "月"，徐昂謂之衍文，冒鶴亭謂當作"復"。
③ "庚"，底本及校本皆作"戊"，據徐昂、冒鶴亭說改。
④ "十一月至十月"，底本及校本皆作"十月至十一月"，據徐昂說改。
⑤ "次"，底本及校本皆作"火之"，據徐昂、冒鶴亭說改。

䷒兌下坤上

臨，陽長陰消，悦而順，金土應候，剛柔分。震入兌，二陽剛，本體陰柔，降入臨。臨者，大也。陽爻健順，陰爻退散。《易》曰：“君子之道。”《易》云：“至於八月，凶。”建丑至未也。陽長，六爻反復，吉凶之道可見矣。至於八月入遯。與兌爲飛伏，丁卯木，乙巳火。九二大夫立世，六五至尊應上位。建始丙申至辛丑，立秋，大寒。七月積氣至六月，吉凶隨爻，考污隆。旺則隆，衰則污。積算起辛丑至庚子。積算起金土入卦，推休咎於六爻。五星從位起熒惑，熒惑火星，入卦用事。翼宿從位在丁卯，二十八宿，翼宿入臨卦九二爻木上。分氣候三十六。定陰陽之數，起於三十六積算。坤下見兌悦澤。臨，陽升陰降，入三陽，乾象入坤，即泰卦。臨卦內象先陽長逼陰，成乾，爲泰象。外坤積陰，內兌亦爲陰，二陰合體，柔順之道，不可貞。吉凶以時，配于六位，用於陽長之爻，成臨之義。六三將變陽爻，至次降入泰卦。次入地天泰卦。

䷊乾下坤上

泰，乾坤二象合爲一，運天入地交泰，萬物生焉。小往大來，陽長陰危，金土二氣交合。《易》云：“泰者，通也。”通於天地，長於品彙。陽氣內進，陰氣升降，升降之道，成於泰象。與乾爲飛伏。甲辰土，乙卯木。三公立九三爲世，上六宗廟爲應。候建始丁酉至壬寅，秋分，立春。積算起壬寅至辛丑，周而復始。金土位上起積算吉凶。五星從位起鎮星，土星入卦。軫宿從位降甲辰，分氣候二十八。積算起二十八數於甲辰位。地下有天，陽道浸長，不可極，極則否成。三陽務上，坤順而往，往而不已，否道至。存泰之義，在於六五，陰居陽位，能順於陽，陰陽相納，二氣相感，終於泰道。外卦純陰，陽來剛柔，

成於震象。陰降陽升，居乾上，成大壯。<small>次降陰升陽，入雷天大壯卦。</small>

☳ <small>乾下震上</small>

大壯，内外二象動而健，陽勝陰而爲壯。<small>内陽升降，二象俱陽，曰大</small>
壯。《易》曰："羝羊觸藩，羸其角。"進退難也。壯不可極，極則敗，
物不可極，極則反。故曰："君子用罔，小人用壯。"與震爲飛伏。
<small>庚午火，癸丑土。</small>九四諸侯立世，初九元士在應。建始戊戌至癸卯，
<small>寒露至春分。</small>積算起癸卯至壬寅[①]，周而復始。<small>土木入卦起積算。</small>五星
從位起太白，<small>太白金星入卦。</small>角宿從位降庚午。<small>二十八宿入卦，配角宿，入</small>
<small>大壯庚午九四爻上。</small>分氣候三十六。<small>積算起數庚午火，定吉凶。</small>雷在天上，
健而動，陽升陰降，陽來盪陰，吉凶隨爻，著於四時。九四庚午火
之位，入坤，爲卦之本。起于子，滅于寅。陰陽進退，六位不居，
周流六虚。外象震入兑，爲陰悦，適爻爲剛長。次降入夬，陽決
陰之象，入澤天夬卦。

☱ <small>乾下兑上</small>

夬，剛決柔，陰道滅。五陽務下，一陰危上，將反游魂，九四
悔也。澤上於天，君道行也。<small>夬，五世。六位周而復始，爲游魂。至九四成</small>
<small>陰，入坎爲需。與兑爲飛伏。丁酉金，癸亥水。</small>九五立世，九二大夫爲
應。<small>九五在兑象爲世，澤小於天也。</small>建始己亥至甲辰，<small>小雪，清明。</small>積算起
甲辰至癸卯，周而復始。金木分乾兑入坤象。<small>入坤宮起積算。</small>五星
從位起太陰，<small>太陰水星[②]，入卦起算。</small>亢宿從位降丁酉，<small>二十八宿配亢宿，入</small>

---

① 按：依本書積算通例，"壬寅"下當有"周而復始"四字，底本及校本皆無，今補。
② "位"，底本作"星"，據四庫本及冒鶴亭説改。

夬卦丁酉金上起①。分氣候二十八。積算起宮二十八，入卦甲辰，還丁酉金上定吉凶。《易》云："澤上於天，夬。""揚于王庭。"柔道消，消不可極，反於游魂。九四柔來文剛，陰道存也。陰之道不可終否，剛柔相濟，日月明矣；天地定位，人事通也。凡卦，陰極陽生，陽極陰生，生生之義，不絕之貌。日月循環，天地交泰，陰陽相盪，六位交分，萬物生焉。故曰：雷動風行，山澤通氣。人之運動，體斯合矣。人稟五常、三焦、九竅，風火遞相兼濟，以一位虧，四體羸焉。陰陽升降，反復道也。次降入游魂水天需卦。

☵ 乾下坎上

需，雲上於天，凝於陰而待於陽，故曰需。需者，待也。三陽務上，而隔於六四，路之險也。外卦坎水爲險，亦陰稱血也。坤之反覆，適陽入陰，夬卦九四入需卦，成六四陰之位也。陰陽交會運動，陰雨積而凝滯于陽，通乃合也。羣陽務上，一陰報之，故凝滯雨乃合。與兑爲飛伏。戊申金，丁亥水。游魂立世諸侯，應初九元士。建始甲辰至己酉，清明，秋分。積算起己酉至戊申，周而復始。金土入乾坎。積算起宮定吉凶。五星從位起歲星，歲星木星入卦。氐宿從位降戊申。二十八宿降氐宿，入坤宮游魂卦六四戊申金上，起積算吉凶。分氣候三十六。定吉凶，總三十六位起算。乾外見坎，健而進，隘在前也②。需與飲食，爭於坎也③。陰陽相激，勝負有倚，反爲不速，敬終有慶。陰陽漸消④，陽

---

① 疑"起"下當有"算"字，或"起"爲衍文。
② "隘"，四庫本作"險"。
③ "與"，今本《周易》作"於"。
④ "陰陽漸消"，冒鶴亭謂當作"陽漸消"，徐昂謂當作"陰漸消陽"，二者意同。

道行行①，反復其位，不妄於陰。次降入歸魂水地比卦，坤之歸魂也②。

䷇坤下坎上

比，反本復位，陰陽相定，六爻交互，一氣在也。水在地上，九五居尊，萬民服也。比卦一陽五陰，少者爲貴，衆之所尊者也。比親於物，物亦附焉。原筮於宗，歸之於衆。諸侯列土，君上崇之，奉于宗祧，盟契無差，邦必昌矣。與乾爲飛伏。乙卯木，甲辰土。歸魂六三三公居世，應上六宗廟。建始癸卯至戊申，春分，立秋。積算起戊申至丁未，周而復始。五星從位起熒惑③，火星入卦。房宿從位降乙卯，二十八宿配房宿，入坤歸魂乙卯木位上。分氣候二十八。積算起二十八數。陰道將復，以陽爲主，一陽居尊，羣陰宗之。六爻交分，吉凶定矣。地道之義，妻道同也，臣之附君，比道成也。歸魂復本，陰陽相成，萬物生也。故曰：坤生三女巽離兌，分長中下。巽長女，離中女，兌少女。以陽求陰，乾之巽，爲長女。

䷸巽下巽上

巽，陽中積陰而巽順，本乾象，陰來盪，成巽。巽者，順也。風從穴，入於物，號令齊順，天地明也。内外稟於一陰，順於天地道也。聲聞於外，遠彰柔順，陰陽升降，柔於剛也。本於堅剛，陰來又柔，東南向明，齊肅陰陽。與震爲飛伏。辛卯木，庚戌土。宗廟居世，三

---

① "陽道行行"，冒鶴亭謂當作"陰道行"，徐昂謂當作"陽道上行"。
② "次"，底本及校本皆作"坎"，據徐昂、冒鶴亭說改。
③ "起戊申至丁未，周而復始。五星從位"十四字，底本脫，據四庫本及徐昂、冒鶴亭說補。

公在應。上九，九三。建始辛丑至丙午，大寒，芒種。積算起丙午至乙巳，周而復始。五星從位起鎮星，心宿從位降辛卯[1]。火木與二十八宿[2]，分心宿入巽上九辛卯木上[3]。分氣候其數二十八[4]。分二十八數入卦起算。陰氣起陽，陽順於陰，陰陽和柔，升降得位，剛柔分也。陰不可盈，晷刻傾也。初六適變，陽來陰退，健道行也。三陽務進，外陰陽也，適變於內，外未從也。次降陰交於陽九，爲小畜卦。初六變初九也。

☰☴ 乾下巽上

小畜，《易》云：“密雲不雨，自我西郊。”小畜之義，在於六四。三陽連進，於一危也。外巽體陰，畜道行也。巽之初六，陰盪陽，氣感積陰不能固，退復本位。三連同往而不可見，成於畜義，外象明矣。一陰劣，不能固，陽是以往也。外巽積陰能固，陽道成在上九一爻之法也。《易》云“既雨既處”也。與乾爲飛伏。甲子水，辛丑土。初九元士居世，六四諸侯在應。建始壬寅至丁未，立春，大暑。積算起丁未至丙午，周而復始。木土入乾巽。入宮起算法。五星從位起太白，金星入卦，起算吉凶。尾宿從位降甲子，二十八宿入卦，分尾宿以小畜甲子水上起算。分氣候其數三十六[5]。分三十六數起宮推算。一陰居六四，建子入陽

---

① “五星從位起鎮星，心宿從位降辛卯”十四字，底本及校本皆脫，據本書通例及徐昂、冒鶴亭説補。

② 冒鶴亭據下卷晁公武跋文於“與”下補“巽同宮”三字，徐昂謂“火木與”三字衍文，皆可參。

③ “心”，底本及校本皆作“虛”，據本書通例及徐昂、冒鶴亭説改。“巽”，底本作“翼”，據四庫本及徐昂、冒鶴亭説改。“木上”，底本作“土木”，據四庫本及徐昂、冒鶴亭説改。

④ “二十八”，底本及校本皆作“三十六”，據冒鶴亭説改，注同。

⑤ “三十六”，底本及校本皆作“二十八”，據冒鶴亭説改，注同。

宮，推其休咎，處吉凶。剛健立陽爻，陰凝在巽體。《易》云："輿說輹，夫妻反目。"不義之兆。夏至起純陰，陽爻位伏藏；冬至陽爻動，陰氣凝地。陰陽升降，以柔爲剛，見中虛文明，積氣居內象。九二適變入離。次降入風火家人卦。

䷤離下巽上

家人，乾剛俱變文明，內外相應，九五應六二爻。陰陽得位，居中履正。火上見風，家人之象。閑邪存誠，嗃嗃得中，互體見文明，家道明也。內平遇坎險象，家人難也。酌中之義，在於六二。與離爲飛伏。己丑土，辛亥水。建始癸卯至戊申，春分，立秋。積算起戊申至丁未，金土入離巽。金土入卦同積算。大夫居世，應九五立君位。五星從位起太陰，太陰北方，入卦起宮推算。箕宿從位降己丑，二十八宿，分箕宿入家人卦，在己丑土上。分氣候其數二十八①。二十八起數家人卦，推入積算休咎。火木分形，陰陽得位，內外相資，二氣相和。君君臣臣，父父子子，兄兄弟弟。《易》曰："家人嗃嗃，父子嘻嘻②。"治家之道，分於此也。吉凶之義，配五行進退，六五進退吉凶於陰陽③。陰陽得起，在於四時運動，吉凶見矣，分內外矣。二象配天地星辰，合命定吉凶。文明運動，變化之象。九三適陰入震，風爲雷，合曰益。次降風雷益卦。

䷩震下巽上

益，天地不交曰否。六二陰上乘剛，九四下降積陰，故爲益。

---

① "二十八"，底本及校本皆作"三十六"，據冒鶴亭説改，注同。
② "父"，今本《周易》作"婦"。
③ "六五"，冒鶴亭謂當作"六二"，徐昂謂當作"五行"，作"六五"則不通也。

《易》曰："損上益下。"雷動風行,男下女上。震男,巽女。陽益陰,君益於民之仰也①。互見坤,坤道柔順。又外見艮,艮止陽益,陰止於陽,柔道行也。內外順動,風雷益。四象分明,剛柔定矣。與震爲飛伏。庚辰土,辛酉金。六三三公居世,上九宗廟爲應。建始甲辰至己酉,清明,秋分。積算起己酉至戊申,周而復始。土金入震巽。起積配風雷益卦起宮。五星從位起歲星,木星入卦。計宿從位降庚辰,二十八宿,分計宿入風雷益六二庚辰土上。分氣候三十六②。起三十六數,積算吉凶,周而復始。陰陽二木,合金土配象,四時運轉,六位交分,休廢旺生,吉凶見乎動。爻配日月星辰進退,運氣升降,復當何位。金、水、木、火、土。適變於外,陽入陰爻。二象健而動,屬於天地也。天陽,震雷亦陽也。二氣相激,動而健,天行也。陰陽相盪,次降入天雷无妄卦。

☰震下乾上

无妄,乾剛震動,二氣運轉,天下見雷,行正之道,剛正陽長,物无妄矣。內互見艮,止於純陽;外互見巽,順于陽道。天行健而動,剛正於物,物則順也。金木配象,吉凶明矣。金木配乾震入卦。與乾爲飛伏。壬午火,辛未土。九四諸侯在世,初九元士立應上。建始乙巳至庚戌,小滿,寒露。積算起庚戌至己酉,周而復始。火土入乾震。火土分乾震,入无妄卦起積算。五星從位起熒惑,火星入卦定吉凶。牛宿從位降壬午,二十八宿,分牛宿入无妄壬午火位上。分氣候二十八③。二十八數,起卦積算。上金下木,二象相推④,陰陽升降,健而動。內

---

① "仰",冒鶴亭謂當作"象"。
② "三十六",底本及校本皆作"二十八",據冒鶴亭説改,注同。
③ "二十八",底本及校本皆作"三十六",據冒鶴亭説改,注同。
④ "推",天一閣本、漢魏本、志林本、學津本、四庫本作"衝"。

見一陽，應動剛①。五行分配，吉凶半矣。二氣各爭。九五適變入文柔，陰盪陽爻歸復位。剛柔履次，明在外，進退吉凶，見中虛。次降入火雷噬嗑卦。

☲☳震下離上

噬嗑，柔來文剛②，積氣居中，陰道明白，動見文明。雷電合，分威光而噬嗑也。《易》曰：“頤中有物，曰噬嗑。”陰陽分中，動而明；象雷電也。物有不齊，齧而噬。吉凶之道，象於五行。順則吉，逆則凶。火木合卦配升降。與離爲飛伏。己未土，辛巳火。六五居尊，應六二大夫。建始丙午至辛亥，芒種，小雪。積算起辛亥至庚戌，周而復始。火土入離震。分火土二位入噬嗑卦，起積算爻，推配星辰、歲月、日時，進退吉凶。五星從位起鎮星，土星入卦。女宿從位降己未土，二十八宿，分女宿入卦六五己未土也。分氣候三十六③。從三十六位數起入卦，算吉凶。火居木上④，陽中見陰，陽雜氣渾而溷，吉凶適變，隨時見也。返復陰，游魂入卦。降下九四陽入陰。五行進退，始終之道，斯可驗矣。升降六爻，極返終下，降山雷頤卦。

☶☳震下艮上

頤，六位上下，周而復始，内外交互，降入純陰。見坤象居中。地之氣，萃在其中。上下陽位包陰。積純和之氣，見浩然之道，明矣。土木配象，吉凶從六虛。六虛即六爻也。與離爲飛伏⑤。丙戌土，己酉

---

① “動”，冒鶴亭謂當作“乾”。

② “來”，底本作“乘”，據四庫本及冒鶴亭説改。

③ “三十六”，底本及校本皆作“二十八”，據冒鶴亭説改，注同。

④ “木”，底本及校本皆作“水”，據徐昂、冒鶴亭説改。

⑤ “離”，底本及校本皆作“震”，據徐昂説改。

金。六四諸侯在世，元士之初九見應。建始辛亥至丙辰，小雪，清明。積算起丙辰至乙卯，周而復始。土木入艮震。分土木二象，入卦算吉凶。五星從位起太白，金星西方，入八月卦上衝。虛宿從位降丙戌土，二十八宿，分虛宿入頤六四丙戌土上。分氣候二十八①。起數二十八，推六爻吉凶之位。山下有雷，止而動，陰陽通變分氣候。內外剛而積中柔，升降游魂，下居六四，位特分復歸於本。游魂返居六四，入卦周始，爻位遷次，明矣。吉凶起於六四，次環六位，星宿躔次也。極則反本，降入歸魂山風蠱卦。

☴下艮上

蠱，適六爻陰陽上下，本道存也，氣運周而復始。山下見風，止而順，內互悅而動。《易》云：“蠱者，事也。”先甲後甲，事分而令行。金土合木象，復本曰歸魂。與震爲飛伏。辛酉金，庚辰土。九三歸魂立三公在世，應上九見宗廟。建始庚戌至乙卯，寒露，春分。積算起乙卯至甲寅②，周而復始。土木入艮巽。土木分艮巽宮。五星從位起太陰，太陰水星入卦用事③。危宿從位降辛酉金，二十八宿，危宿入巽歸魂山風蠱九三辛酉金位上。分氣候三十六④。起積算數三十六，卦宮定吉凶。木上見土，風落山貞，幹於父事。陰陽復位，長幼分焉。八卦循環，始於巽，歸魂內象見還元。六爻進退，吉凶在於四時。積算起宮，從乎建始。卦用及身也。升陰陽⑤，巽宮適變入離，文柔

---

① “二十八”，底本及校本皆作“三十六”，據冒鶴亭説改。
② “甲”，底本作“庚”，據志林本改
③ “事”，底本及校本皆脱，據徐昂、冒鶴亭説補。
④ “三十六”，底本及校本皆作“二十八”，據冒鶴亭説改，注同。
⑤ 徐昂謂“陽”前當有“降”字，似是。

分矣①。陰入陽退，見中虛，次水中女②。八卦相盪，陰陽定位，遷入離宮八卦，純火以日用事。

☲離下離上

離，本於純陽，陰氣貫中，稟於剛健，見乎文明。故《易》曰："君子以繼明照於四方。"離卦中虛，始於乾象。純剛健，不能柔明，故以北方陰氣貫中，柔剛而文明也。陽爲陰主，陽伏於陰也。成卦義在六五。是以體離，爲日爲火，始於陽象而假以陰氣。純用剛健，不能明照，故以陰氣入陽，柔於剛健而能順柔，中虛見火象也。是以離取中虛，氣炎方能照物，日昌火，本陽象也。純以陰又不能乾於物，純以陽又暴於物，故取陰柔於中女，能成於物也。與坎爲飛伏。己巳火，戊子水③。宗廟爲世，應上見三公。上九，九三。建始戊申至癸丑，立秋至大寒。積算起癸丑至壬子，火取胎月至本月。周而復始。土水二象入離火位，土水二位入卦起算。五星從位起歲星，木星入火宮卦。室宿從位降己巳火。二十八宿，分室宿入離宮上九己巳火上也。分氣候三十六。積算起數三十六，立位定吉凶。内外二象，配於火土爲祥。土火入離爲祥。互見悦順，著於明兩。兑巽二象。陰陽升降，入初九，適變從陰，止於艮象。内卦變也。吉凶從位，起至六五，休廢在何爻。看當何位，金水木火土，與本宮刑宫。次降入火山旅卦。初九爻變之。

☶艮下離上

旅，陰中見陽，盪入陽中，陰陽二氣交互見本象。火居山上，

① "文"，徐昂謂當作"剛"。
② "水"，冒鶴亭謂當作"離"，徐昂謂之衍文，皆可，作"水"則顯誤也。
③ "水"，底本及校本皆作"土"，據徐昂、冒鶴亭説改。

爲旅之義。離爲陰,初九爲陽;艮爲陽,初六爲陰。二氣交互,上下見木也[1]。火在上,無止象,旅之義。《易》曰:"旅人先笑後號咷。"又曰:"得其資斧。"仲尼爲旅人,固可知矣。旅卦爲取象,火在山上,顯露無止,五行八卦消息,去此還也。與艮爲飛伏。丙辰土,己卯木。世居初六元士,九四諸侯見應。建始己酉至甲寅,秋分,立春。積算起甲寅至癸丑,周而復始。火土木入離艮。火木土入卦起積算。五星從位起熒惑,火星入卦,見本象。壁宿從位降丙辰[2],二十八宿,壁宿入旅卦初六丙辰土位上起算。分氣候二十八[3]。分二十八數起卦推算。火土同宮,二氣合應,陰陽相對,吉凶分乎陰位。上九陽居宗廟,得喪于易。六五爲卦之主,不係于一,凶其宜也。內象適變,盪陰入陽,巽順於物[4],進退意器,外象明應內爲鼎。次降火從風入鼎。初九之初六,六二之九二,巽爲風,離象火,曰鼎。

☲ 巽下離上

鼎,木能巽火,故鼎之象。亨飪見新,供祭明矣。《易》曰:"鼎取新。"木見火中發,火木相資,象鼎之兆。下穴爲足,中虛見納,飪熟之義明矣。凡飪熟,亨祀爲先。故曰供祭明矣。變生也。陰陽得應,居中履順,三公之義,繼於君也。九三成鼎之德,六五委任,得賢臣,假之位,以斯明矣。陰穴見火,順於上也;中虛見納,受辛於內也。金玉之鉉在乎陽,饗新亨飪在乎陰。與巽爲飛伏。辛亥水,己丑土。九二立大夫爲世,六五居尊見應。建始庚戌至乙卯,寒露,春分。積算起乙卯至甲寅,周而

---

① "木",徐昂、冒鶴亭皆謂作"本"。
② "丙",底本作"甲",據天一閣本、漢魏本、學津本、志林本、四庫本改。
③ "二十八",底本及校本皆作"三十六",據徐昂、冒鶴亭説改,下注同。
④ "物",底本作"外",據天一閣本、漢魏本、學津本、志林本改

復始。分土木入離巽。分土木二象入離巽，配鼎卦。五星從位起鎮星，土星入火宮。奎宿從位降辛亥水，二十八宿，分奎宿入鼎卦九二辛亥位上。分氣候三十六。起宮數三十六宮，配卦算吉凶。火居木上，二氣交合，陰陽巽順，器具形存。金玉堅剛，配象陰陽，吉凶六位[①]，遞相遷次，九三適變，以陽入陰，見乎坎險。鼎九三爻之義，陰成坎卦，外象[②]，內坎外離，二氣不交，見未濟卦。降入火水未濟卦[③]。

☲☵坎下離上

未濟，陰陽二位，各復本體，六爻交互，異於正象，離炎上，坎務下，二象不合，各殊陰陽交納，是以異於本象也。故取未濟名之。世應得位，陰陽殊塗，九二，六五。性命不交，吉凶列矣。坎性，離命。與坎爲飛伏。戊午火，己亥水。六三三公爲世，應宗廟。上九。建始辛亥至丙辰，小雪，清明。積算起丙辰至乙卯[④]。水土二象入離坎。分水土入卦。五星從位起太白，金星入離宮卦分六爻。婁宿從位降戊午火，二十八宿，分婁宿入未濟六三戊午火位上[⑤]，定吉凶，入積算。分氣候二十八。積算二十八數至吉凶處。水火二象，坎離相納，受性本異，立位見隔，睽於上下，吉凶生也。子午之位。受刑見害，氣不合也。陰陽升降，入於外卦，適離爲艮，上著於象。艮上著離也。天地盈虛，與時消息，其大也。次降入山水蒙卦。

---

① “吉凶”，天一閣本、漢魏本、學津本、志林本、四庫本作“升降”。

② “外象”，疑爲衍文，或“外”當作“內”，句讀屬上。

③ “火水”，底本及校本皆作“水火”，據未濟卦象改。

④ “乙”，底本作“丁”，據志林本改。

⑤ “六三”，底本作“九二”，據二十八宿入卦通例改。

䷃坎下艮上

蒙,積陽居陰,止於坎陷。養純正素,居中得位。《易》云:
"山下出泉,蒙。"二象摽正,天下通也。擊暗釋疑,陽道行也;內
實外正,暗得明,陰附於陽,稚道亨也。故曰:"蒙養正。"與艮爲
飛伏。丙戌土,己酉金①。諸侯立世,元士爲應。六四,初六。建始壬子
至丁巳,大雪,小滿。積算起丁巳至丙辰,周而復始。火土入艮坎。
火土二象入卦同算。五星從位起太陰,水星北方,入卦起算。胃宿從位降
丙戌土,二十八宿,分胃宿入蒙卦六四丙戌土上。分氣候三十六。起數三十
六②,從六位推算。山下見水,畜聚居中,分流萬派,六位不居,吉凶
適變,水土分也。五行入卦算吉凶,逐四時,行囚廢王③,吉則王,凶則廢。陰
陽進退,歲時物也。六五陽中積陰,入巽見陰中陽,二氣相盪,不
可盈望。次降入風水渙卦。六五變入九五,陽中陰,入陰中陽,適變往於他
宮,位不出本宮。

䷺坎下巽上

渙,水上見木④,渙然而合。渙者,散也。內外健而順,納實居中
正,互見動而止⑤,虛舟行也。陰陽二象,資而益也。風行水上,處
險非溺也。木浮于水也。九五履正思順,非偪也。與巽爲飛伏。辛
巳火,己未土。九五居尊,大夫應。九二爻也。建始癸丑至戊午,大寒,
芒種。積算起戊午至丁巳⑥,周而復始。火土入坎巽。火土二象入坎

---

① "己",底本及校本皆作"乙",據徐昂、冒鶴亭說改。
② "三十六",底本及校本皆作"二十八",據冒鶴亭說及正文改。
③ "囚",天一閣本、漢魏本、志林本作"因"。
④ "木",底本作"水",據天一閣本、漢魏本、志林本改。
⑤ "止",底本及校本皆作"上",據徐昂、冒鶴亭說改。
⑥ "巳",底本作"酉",據天一閣本、漢魏本、志林本、四庫本、學津本改。

巽，配火宫涣卦起算。五星從位起歲星，木星入火宫本象。昂宿從位降辛巳火，二十八宿，分昂宿入涣九五辛巳火位上。分氣候其數二十八。起算從二十八位上，推六爻吉凶，歲月日時爲候。内卦坎中滿，一陽居中，積實於内，風在外行，虛聲外順。吉凶之位，考乎四序，盛衰之道，在乎機要。陰陽死于位，生於時；死于時，生于位。進退不可詰，正盛則衰來，正衰則盛來。《易》曰："積善之家，必有餘慶，積不善之家，必有餘殃。"八卦始終，六虛反復，游魂生巽入乾，爲天水訟卦。

☰坎下乾上

訟，生生不絶之謂道。六位不居，返爲游魂。離宫八卦以訟爲反四，五至四也。天與水違行①，曰訟。天道西行，水東流，其路背也。外象乾，西北方之位②；内坎水，正北方之卦，其流東也。二氣不交，曰訟。五行所占六位定吉凶，非所背順爲正。金與水，二氣相資，父子之謂。健與險，内外相激，家國之義。出象故以則，斯可驗矣。與巽爲飛伏。壬午火，辛未土。諸侯居世，元士見應。九四，初六。建始戊午至癸亥，芒種，小雪。積算起癸亥至壬戌，周而復始。火水入卦。火水二象入離宫，配六位積算，推日月歲時。五星從位起熒惑，火星入火宫，同起積算。畢宿從位降壬午火，二十八宿，分畢宿東方宿，入離游魂天水訟卦九四壬午火上也。分氣候三十六。起宫從三十六位算吉凶。天下見水，陰陽相背，二氣不交，物何由生。吉凶宗於上九，進退見於九四，二居中履正，得其宜也。陰陽升降，復歸内象。陰去陽來，復本位，内見離，同人。次降天火同人卦。次本陽③，上下二爻陰，適變從離也。

---

① "行"，底本及校本皆脱，據今本《周易》及冒鶴亭説補。
② "位"，天一閣本、漢魏本、志林本、四庫本、學津本作"卦"。
③ "次"，疑當作"坎"。

䷌離下乾上

同人,二氣同進,健而炎上,乾務上,離務下。同途異致,性則合也。《易》曰:"出門同人,又誰咎也。"九二得位居中,六三積陰待應①。《易》曰:"先號咷而後笑。"隔於陽位,不能決勝先②,故曰號咷;後獲合方喜也,故曰後笑也。八卦復位,六爻遷次,周而復始。上下不停,生生之義,易道祖也。天與火,明而健。陽道正,陰氣和也。六二居內卦中,能奉於陽。吉凶故象,五行昭然。金木水火土,配六位相生。與坎爲飛伏。己亥水,戊午火。歸魂立三公爲世,上九宗廟爲應。候建始丁巳至壬戌,小滿,寒露。積算起壬戌至辛酉,周而復始。火土入乾離。火土二象入乾離,配六宮起積算。五星從位起鎮星,土星入卦,定其吉凶。觜宿從位降己亥水,二十八宿,分觜宿入離歸魂,配天火同人九三己亥水上。分氣候二十八。起積算二十八位數,巡六爻,有吉凶入何位。火上見金,二氣雖同,五行相悖。六爻定位,吉凶之兆,在乎五二,得時則順,失時則逆。陰陽升降,歲月分焉,爻象相盪,內外適變,八卦巡迴,歸魂復本。本靜則象生,故適離爲兌入少女,分八卦於兌象。次入兌宮八卦。

䷹兌下兌上

兌,積陰爲澤,純金用體,畜水凝霜,陰道同也。上六陰生,與艮爲合③。兌上六陰凝④,艮土於陽健⑤,納兌爲妻,二氣合也。土木入兌,

---

① 徐昂謂此句"九二""六三"指訟卦下坎而言,誠卓識也。
② 明姚士粦所輯《陸氏易解》(四庫全書本)"先"下有"克"字。
③ "艮",底本作"民",據四庫本改。
④ "上",底本及校本皆作"下",據徐昂、冒鶴亭説改。
⑤ "土",四庫本、漢魏本、志林本作"上"。

水火應之，二陰合體，積于西郊。秋王。衝艮入乾①，氣類陰也；配象爲羊，物類同也。與艮爲飛伏。丁未土，丙寅木。上六宗廟在世，六三三公爲應。建始乙卯至庚申，春分，立秋。積算起庚申至己未，周而復始。金土入兌宮。金土入兌宮起積算。五星從位起太白，太白金星入卦。參宿從位降丁未土，二十八宿，分參宿入兌上六丁未土上。分氣候二十八②。起宮算從二十八數起，定吉凶。內卦互體見離巽，配火木入金宮，分貴賤於強弱，火強木弱。吉凶隨爻算，歲月運氣逐休王。陰陽升降，變初九入初六，陽入陰，爲坎象。正體見陽位，剛柔分，吉凶見也。適變內象入坎，爲困卦。兌內卦初九變入坎。

䷮ 坎下兌上

困，澤入坎險，水不通，困。外稟內剛，陰道長也，陰陽不順，吉凶生也。《易》云：“困于石，據于蒺藜，入于其宮，不見其妻，凶。”上下不應，陰陽不交，二氣不合。困卦上下無應，陰陽不交。六三陰，上六亦陰，無匹。入九五求陽，陽亦無納也。五行配六位，生悔吝，四時休王。金木交爭，萬物之情，在乎幾微。與坎爲飛伏。戊寅木，丁巳火。初六元士爲世，九四諸侯在應。建始丙辰至辛酉，清明，秋分。積算起辛酉至庚申，周而復始。土金入坎兌。分土金入坎兌，配金宮起算。五星從位起太陰，水宿入兌卦起算。井宿從位降戊寅③，二十八宿，分井宿入困卦初六戊寅木。分氣候其數三十六④。三十六起宮入積算，定吉凶。坎象互見離火入兌，金水見運，配吉凶。陰陽升降，坎入坤，陰氣

---

① “艮”，天一閣本、漢魏本、志林本、學津本作“震”。
② “二十八”，底本及校本皆作“三十六”，據冒鶴亭説改，下注同。
③ 底本“位”後有“起太陰”三字，衍文，據天一閣本、四庫本刪。
④ “三十六”，底本及校本皆作“二十八”，據冒鶴亭説改，下注同。

凝盛，降入萃。<small>變通入萃卦。</small>

䷬<small>坤下兌上</small>

萃，金火分氣候，土木入兌宮升降，陰氣盛，剛柔相應合，九五定羣陰，二氣悦而順。<small>萃卦丁酉金，乙巳火，二象刑而合也。</small>澤上於地，積陰成萃。《易》曰："萃者，聚也。"吉凶生，陽氣合而悦。<small>凡聚衆，必慎防閑，假陽爲主，成萃之義，伏戎必豫備，衆聚去疑心。</small>與坤爲飛伏。<small>乙巳火，丁卯木。</small>六二大夫居世，九五至尊見應。建始丁巳至壬戌①，<small>小滿，寒露②。</small>積算起壬戌至辛酉③，周而復始。土木入坤兌。<small>分土木入兌宮起算。</small>五星從位起歲星④，<small>木星入金宮⑤，推吉凶也。</small>鬼宿從位降乙巳⑥，<small>二十八宿，分鬼宿入萃六二位上。</small>分氣候二十八。<small>積算起二十八數，六爻見吉凶。</small>澤下見坤，二氣順，木土入宮有愛惡。<small>木惡土愛也。</small>陰陽升降，陽氣來，止於坤象，互見艮。<small>艮爲陽。</small>兌象納艮，陰氣強，男下女。次降澤山咸卦。

䷞<small>艮下兌上</small>

咸，山上有澤⑦，虛已畜物，陽中積陰，感於物也。陽下於陰，男女之道，内外相應，感類於象也。六二待聘，九五見召，二氣交感，夫婦之道，體斯合也。《易》曰："咸，感也，利取女，吉。"艮少男，

<hr>

① "丁巳至壬戌"，底本及校本皆作"戊寅至癸未"，據冒鶴亭説及前後卦建候推知。
② "小滿寒露"，底本及校本皆作"立春大暑"，據冒鶴亭説改。
③ "壬戌至辛酉"，底本及校本皆作"癸未至壬午"，據冒鶴亭説改。
④ "歲星"，底本及校本皆作"熒惑"，據徐昂説及五星入卦次第改。
⑤ "木"，底本及校本皆作"火"，歲星，木星也。底本"金"後有"水"三字，衍文，據徐昂説删。
⑥ "鬼"，底本及校本皆作"翼"，據徐昂説及二十八宿入卦次第改，下注同。
⑦ "上"，底本作"下"，據志林本及今本《周易》象傳改。

兌少女，男下於女，取婦之象。與艮爲飛伏。丙申金，丁丑土^①。九三三公居世，上六宗廟爲應。建始戊午至癸亥，芒種，小雪。積算起癸亥至壬戌，周而復始。火土入艮兌。分火土象，入艮兌也。五星從位起熒惑，火星南方，入金宫。柳宿從位降丙申，二十八宿，分柳宿入咸九三丙申金爻上。分氣候三十六。積算起數，分三十六位起吉凶。土上見金，母子氣和，陰陽相應，剛柔定位。吉凶隨爻，受氣，出則吉，刑則凶。陰陽等，降入外險，止於内象，爲水山蹇卦^②。九四爻之入陰中剛。

☶艮下坎上

蹇，利於西南，民道通也。水在山上^③，蹇險難進，陰陽二氣否也。陰待於陽，柔道牽也，險而逆止，陽固陰長。處能竭至誠，於物爲合，蹇道亨也。《易》曰："王臣蹇蹇，匪躬之故。"六二。與坎爲飛伏。戊申金，丁亥水。六四諸侯居世，初六元士在應。建始己未至甲子，大暑，大雪^④。積算起甲子至癸亥，周而復始。土水入坎艮。水土二象入艮，配金宫起算。五星從位起鎮星，土星入金宫。星宿從位降戊申，二十八宿，分星宿入蹇六四戊申金上。分氣候其數二十八^⑤。積算起數二十八，從六位五行。土上見水，柔而和此^⑥，五行相推，二氣合，取象則陰陽相配也^⑦。九五適變入坤宫，宫比得朋，陰氣合也。外卦九五變入坤内，見艮，故曰得朋也。將入謙卦取象。次降入地山謙。

---

① "土"，底本作"木"，據天一閣本、漢魏本、志林本、學津本改。

② "水山"，底本及校本皆作"山水"，據蹇卦上水下山改。

③ "上"，底本作"下"，據天一閣本、漢魏本、志林本、四庫本、學津本改。

④ "雪"，底本及校本皆作"寒"，據徐昂、冒鶴亭説改。

⑤ "二十八"，底本及校本皆作"三十六"，據冒鶴亭説改，下注同。

⑥ "此"，疑當作"比"。

⑦ "配"，天一閣本、漢魏本、志林本、四庫本作"背"。

䷎ 艮下坤上

謙,六位謙順,四象無凶,一陽居内卦之上,爲謙之主。《易》曰:"謙謙君子,利涉大川。"陰陽不争,處位謙柔,陰中見陽,止順於謙。有無之位,上下皆通。《易》曰"撝謙",無不順也。與坤爲飛伏。癸亥水,丁酉金。六五居世①,大夫在應。建始庚申至乙丑,立秋,大寒。積算起乙丑至甲子,周而復始。金土入坤艮。金土二象,入兑宫起算也。五星從位起太白,太白金星入兑宫卦。張宿從位降癸亥,二十八宿,分張宿入謙六五癸亥水上。分氣候三十六②。積算起數三十六位。坤在艮上,順而止,五行入位象謙柔。吉凶隨爻適變。陰陽升降,至六五位返入游魂,變歸六四,盪六四,一爻入陽也。八卦相離,四象分也。次降入雷山小過卦。

䷽ 艮下震上

小過,六四適變,血脈通也。陽入陰,陰入陽,二氣降内外象。上下反應③,二剛相適。九三,九四。土木入卦,分於二象。内艮外震。雷處高山,亢之極也。内柔無正性,危及於外。《易》曰:"飛鳥遺之音,不宜上,宜下。"與坤爲飛伏。庚午火,癸丑土。反歸九四,諸侯立世,元士見應。建始乙丑至庚午,大寒,芒種。積算起庚午至己巳,周而復始。土火入震艮。外土火二象入兑宫。五星從位起太陰,水星入卦游魂。翼宿從位降庚午,二十八宿,分翼宿入兑宫游魂小過卦九四庚午火上。分氣候二十八④。積算二十八數六位吉凶。木下見土,二

---

① "五",底本作"位",據四庫本改。

② "三十六",底本及校本皆作"二十八",據冒鶴亭説改,下注同。

③ "反",底本及校本皆作"返",據徐昂、冒鶴亭説改。

④ "二十八",底本及校本皆作"三十六",據冒鶴亭説改,下注同。

陽畜陰，六位相刑，吉凶生也。上升下^①，陰陽反應，各私其黨。六爻適變，陰道悖也。升降進退，其道同也。之艮入兌，陰納與陽也。反復其位，次降入歸魂雷澤歸妹卦。

䷵兌下震上

歸妹，陰復於本^②，悦動於外，二氣不交，故曰歸妹。歸者，嫁也。互見離坎，同於未濟，適陽從陰，剛從外至。九四至剛，六三悦柔，返無其應，凶。兌羊涉卦之終^③，長何吉也。與艮爲飛伏。丁丑土，丙申金。三公歸魂之世，上六宗廟見應。建始甲子至己巳，大雪，小滿。積算起己巳至戊辰，周而復始。水土入震兌。分水土二象入兌宫。五星從位起歲星，木星東方入兌宫歸魂。軫宿從位降丁丑土，二十八宿，分軫宿入兌歸魂六三丁丑土上^④，分吉凶起算。分氣候三十六^⑤。積算起三十六數，六位推五行數吉凶。雷居澤上，剛氣亢盛，陰陽不合，進退危也。震長男，兌少女，少女匹長男，氣非合也。吉凶在上六，處於動極，適變位定時，不可易之道也。五行考象，非合斯義，陰陽運動，適當何爻。或陰或陽，或柔或剛，升降六位，非取一也。兌歸魂，配六十四卦之終也。

---

① 徐昂謂“下”後當有“降”字，似是。
② “復”，底本作“伏”，據天一閣本、漢魏本、志林本、四庫本改。
③ “兌”，底本作“並”，據四庫本改。
④ “三”，底本及校本皆作“二”，據冒鶴亭説改。
⑤ “六”，底本及校本皆作“八”，據冒鶴亭説改，下注同。

京氏易傳卷之下

吳鬱林太守陸績注

夫易者，象也；爻者，效也。聖人所以仰觀俯察，象天地日月星辰草木萬物。順之則和，逆之則亂。夫細不可窮，深不可極，故揲蓍布爻，用之於下筮①。分六十四卦，配三百八十四爻，序一萬一千五百二十策，定天地萬物之情狀。故吉凶之氣，順六爻上下，次之八九六七之數，內外承乘之象。故曰："兼三才而兩之。"孔子曰："陽三陰四，位之正也。"三者，東方之數，東方日之所出，又圓者徑一而開三也。四者，西方之數，西方日之所入，又方者徑一而取四也。言日月終天之道。故易卦六十四，分上下，象陰陽也。奇耦之數，取之於乾坤。乾坤者，陰陽之根本；坎離者，陰陽之性命。分四營而成易，十有八變而成卦。卦象定吉凶，明得失。降五行，分四象，順則吉，逆則凶。故曰："吉凶悔吝生乎動。"又曰："明得失於四序。"言吉凶生乎動，五行休廢，內犯胎養，合五行。運機布度，其氣轉易，王者亦當則天而行，與時消息。安而不忘亡，將以順性命之理。極蓍龜之源，重三成六，能事畢矣。

分天地乾坤之象，益之以甲乙壬癸，乾坤二象，天地陰陽之本，故分甲乙壬癸，陰陽之終始②。震巽之象配庚辛，庚陽入震，辛陰入巽。坎離之象配戊己，戊陽入坎，己陰入離。艮兌之象配丙丁。丙陽入艮，丁陰入兌。

---

① "下"，冒鶴亭謂之衍文。
② "終始"，漢魏本、學津本、四庫本作"始終"。

八卦分陰陽，六位五行。光明四通，變易立節，天地若不變易，不能通氣。五行迭終，四時更廢，變動不居，周流六虛，上下無常，剛柔相易。不可以爲典要，惟變所適。吉凶共列於位，進退明乎機要。易之變化，六爻不可據，以隨時所占。

《周禮·太卜》：“一曰《連山》，二曰《歸藏》，三曰《周易》。”初爲陽，二爲陰，三爲陽，四爲陰，五爲陽，六爲陰。一三五七九，陽之數；二四六八十，陰之數。陰主賤，陽主貴。陰從午，陽從子，子午分行。子左行，午右行，左右凶吉，吉凶之道，子午分時。立春正月節在寅，坎卦初六，立秋同用。雨水正月中在丑，巽卦初六，處暑同用。驚蟄二月節在子，震卦初九，白露同用。春分二月中在亥，兑卦九四，秋分同用[①]。清明三月節在戌，艮卦六四，寒露同用。穀雨三月中在酉，離卦九四，霜降同用。立夏四月節在申，坎卦六四，立冬同用。小滿四月中在未，巽卦六四，小雪同用。芒種五月節在午，震卦九四[②]，大雪同用。夏至五月中在巳，兑卦初九[③]，冬至同用。小暑六月節在辰，艮卦初六[④]，小寒同用。大暑六月中在卯，離卦初九[⑤]，大寒同用。

孔子云：“《易》有四易[⑥]：一世二世爲地易，三世四世爲人易，五世六世爲天易，游魂歸魂爲鬼易。”八卦鬼爲繫爻，財爲制爻，天地爲義爻，天地即父母也。福德爲寶爻，福德即子孫也。同氣爲專爻。

---

① 底本“秋”前有“春”，衍文，據志林本刪。
② “震卦”，底本及校本皆作“乾宫”，據冒鶴亭説及上下文例改。
③ “卦”，底本及校本皆作“宫”，據上下文例改。
④ “卦”，底本及校本皆作“宫”，據上下文例改。
⑤ “卦”，底本及校本皆作“宫”，據上下文例改。
⑥ “云易”，天一閣本、漢魏本、志林本作“易云”。

兄弟爻也。龍德十一月在子，在坎卦，左行；虎刑五月在午①，在離卦，右行。甲乙、庚辛天官，申酉地官；丙丁、壬癸天官，亥子地官；戊己、甲乙天官，寅卯地官；壬癸、戊己天官，辰戌地官。靜爲悔，發爲貞，貞爲本，悔爲末。初爻上，二爻中，三爻下。三月之數②，以成一月。初爻三日，二爻三日，三爻三日，名九日。餘有一日，名曰閏餘。初爻十日爲上旬，二爻十日爲中旬，三爻十日爲下旬，三旬三十，積旬成月，積月成年。八八六十四卦，分六十四卦配三百八十四爻，成萬一千五百二十策。定氣候二十四，考五行於運命，人事天道，日月星辰，局於指掌，吉凶見乎其位。《繫》云："吉凶悔吝生乎動③。"寅中有生火，亥中有生木，巳中有生金，亦云上生之位。申中有生水。丑中有死金，戌中有死火，未中有死木，辰中有死水，土兼於中。建子陽生，建午陰生，二氣相衝，吉凶明矣。積算隨卦起宮，乾坤震巽坎離艮兌，八卦相盪，二氣陽入陰，陰入陽，二氣交互不停。故曰："生生之謂易。"天地之內，無不通也。

乾起巳，坤起亥，震起午，巽起辰，坎起子，離起丑，艮起寅，兌起□④。分於六十四卦⑤，遇王則吉，廢則凶，衝則破，刑則敗，死則危，生則榮。考其義理，其可通乎。

分三十爲中，六十爲上，三十爲下，總一百二十，通陰陽之數也。新新不停，生生相續，淡泊不失其所，確然示人。陰陽運行，

---

① "在"，底本及校本皆無，據冒鶴亭説補。

② "月"，冒鶴亭言當作"旬"。

③ "生"，底本作"主"，據《繫辭》及天一閣本、學津本，志林本、漢魏本改。

④ "□"，底本缺，冒鶴亭言當爲"申"字，《説郛》之《京氏易略》作"酉"，學津本作"卯"。

⑤ "分"，底本缺，冒鶴亭言《説郛》之《京氏易略》作"分"，據補。

一寒一暑，五行互用，一吉一凶。以通神明之德，以類萬物之情。故《易》所以斷天下之理，定之以人倫，而明王道。

八卦建五氣，立五常，法象乾坤，順於陰陽，以正君臣父子之義。故《易》曰："元亨利貞。"夫作《易》所以垂教，教之所被，本被於有無，且《易》者包備有無。有吉則有凶，有凶則有吉。生吉凶之義①，始於五行，終於八卦。從無入有，見災於星辰也。從有入無，見象於陰陽也。陰陽之義，歲月分也。歲月既分，吉凶定矣。故曰："八卦成列，象在其中矣。"六爻上下，天地陰陽運轉，有無之象，配乎人事。八卦仰觀俯察，在乎人；隱顯災祥，在乎天；考天時，察人事，在乎卦。八卦之要，始於乾坤，通乎萬物。故曰："易窮則變，變則通，通則久。"久於其道，其理得矣。卜筮非襲於吉，唯變所適，窮理盡性於茲矣。

晁氏公武曰②：《漢藝文志》，《易》京氏凡三種，八十九篇。《隋・經籍志》，有《京氏章句》十卷，又有占候十種，七十三卷。《唐・藝文志》，有《京氏章句》十卷，而易占候存者五種，二十三卷。今其《章句》亡矣，乃略見於僧一行及李鼎祚之書。今傳者曰：《京氏積算易傳》三卷，《雜占條例法》一卷，或共題《易傳》四卷，而名皆與古不同③。今所謂《京氏易傳》者，或題曰《京氏積算易傳》，疑《隋》《唐志》之《錯卦》是也④。《雜占條例法》者，疑《唐

---

① "生"，冒鶴亭謂之衍文。

② 其下引文"漢藝文志"至篇末"具如別錄"，見晁說之《嵩山文集》卷十八《記京氏易傳後》，文字稍有差異，可是正本篇訛誤者頗多，故下文多有引之。晁公武《郡齋讀書志》中《京氏易傳》解題，當節略《記京氏易傳後》一文而成。

③ "京氏積算易傳""雜占條例法"，《記京氏易傳後》分別作"易傳""積算雜占條例法"。

④ "京氏積算易傳"後，底本及校本皆有"者"字，衍文，據《記京氏易傳後》刪之。

志》之《逆刺占災異》是也①。《錯卦》在隋七卷，唐八卷，所謂《積算雜逆刺占災異》十二卷是也②。至唐《逆刺》三卷，而亡其九卷③。元祐八年，高麗進書，有京氏《周易占》十卷，疑隋《周易占》十二卷是也。是古易家有書，而無傳者多矣④。京氏之書，幸而與存者，纔十之一，尚何誰之師哉⑤。

景迂嘗曰：余自元豐壬戌，偶脫去舉子事業，便有志學《易》，而輒不好王氏⑥。妄以謂弼之外，當自有名家者，果得《京氏傳》。而文字顛倒舛訛，不可訓知。迨其服習甚久，漸有所窺。今三十有四年矣，乃能以其象數，辨正文字之舛謬，於邊郡山房寂寞之中。而私識之，曰：是書兆乾坤之二象，以成八卦，卦凡八，變而六十有四⑦。於其往來升降之際，以觀消息盈虛，於天地之元而酬酢乎萬物之表者，炳然在目也。大抵辨三易，運五行，正四時，

① "刺"，天一閣本、漢魏本作"剌"，下同。

② "《雜占條例法》者，疑《唐志》之《逆刺占災異》是也。《錯卦》在隋七卷，唐八卷，所謂《積算雜逆刺占災異》十二卷是也"，以上幾句存在順序錯亂、文字訛誤，几不可通，當依《記京氏易傳後》作"《錯卦》在隋七卷，唐八卷。所謂《積算雜占條例法》者，疑隋《逆刺占災異》十二卷是也"，前後語意方爲連貫。

③ "九"，底本及校本皆作"八"，據《記京氏易傳後》及冒鶴亭説改。

④ "是"，《記京氏易傳後》作"自"；"傳"，《記京氏易傳後》作"師"，義長。冒鶴亭未見《記京氏易傳後》一文，亦作此校勘，歎其功深。

⑤ "尚何誰之師哉"，底本及校本皆作"尚何離夫師説邪"，語意不通，據《記京氏易傳後》改。按《記京氏易傳後》此句下有"説之"二字，晁氏名也，疑底本及校本涉此而淆亂。

⑥ "輒不好王氏"，底本作"輒好王氏本"，天一閣本作"輒本好王氏"，據《記京氏易傳後》改。按天一閣本作"輒本好王氏"，底本校刻者覺其不通，理校改作"輒好王氏本"，其後諸刻本皆從之，不知"本"乃"不"字形近而誤。依下文"妄以謂弼之外，當自有名家者"，知晁氏不重王弼之學，何好之有？作"不"方與下文意協。天一閣本爲《京氏易傳》現存最早刻本，文字雖有誤，尚存原本之面貌。

⑦ "卦凡八"之"卦"，底本及校本皆無，兹據《記京氏易傳後》及《郡齋讀書志》補。

謹二十四氣，志七十二候，而位五星，降二十八宿①。其進退以幾，而爲一卦之主者，謂之世。奇耦相與，據一以起二，而爲主之相者，謂之應②。世之所位，而陰陽之肆者，謂之飛。陰陽肇乎所配，乾與坤，震與巽③，坎與離④，艮與兌。而終不脱乎本。以飛某卦之位，乃伏某宫之位⑤。以隱賾佐神明者，謂之伏⑥。起乎世而周乎内外，參乎本數以紀月者，謂之建。終之始之，極乎數而不可窮，以紀日者，謂之積⑦。含於中而以四爲用，一卦備四卦者，謂之互⑧。乾建甲子於下，坤建甲午於上⑨。八卦之上，乃生一世之初。初一世之五位，乃分而爲五世之位。其五世之上，乃爲遊魂之世。五世之初，乃爲歸魂之世。而歸魂之初，乃生後卦之初。其建，剛日則節氣，柔日則中氣。其數，虛則二十有八，盈則三十有六。蓋其可言者如此。

若夫象遺乎意，意遺乎言，則錯綜其用，唯變所適。或兩相配而論内外二象，若世與内，革，水火配位，内離火，四世水⑩。若世與外。困，金木交争，外兌金，初世木。或不論内外之象，而論其内外之位。

---

① "志"，《記京氏易傳後》及《郡齋讀書志》作"悉"，義長。

② "起"，《記京氏易傳後》《郡齋讀書志》《文獻通考》皆作"超"，義長。按，超，越也，此謂應爻與世爻之間隔兩爻，故云"據一以超二"。作"起"亦勉强可通，故不徑改，以存底本之舊。

③ "巽"，底本及校本皆作"坎"，據《記京氏易傳後》《郡齋讀書志》及冒鶴亭説改。

④ "坎"，底本及校本皆作"巽"，據《記京氏易傳後》《郡齋讀書志》及冒鶴亭説改。

⑤ "卦之位"，底本及校本皆作"位之卦"，據《記京氏易傳後》《郡齋讀書志》《文獻通考》改。

⑥ "賾"，底本及校本皆作"顯"，據《記京氏易傳後》《郡齋讀書志》《文獻通考》改。

⑦ "終之始之"，《記京氏易傳後》《郡齋讀書志》作"終終始始"。

⑧ "含"，底本及校本皆作"會"，據《記京氏易傳後》《郡齋讀書志》《文獻通考》及冒鶴亭説改。

⑨ "下"，《記京氏易傳後》《文獻通考》作"初"。

⑩ "内"，底本及校本皆無，據《記京氏易傳後》補。

萃，土水入坤兑^①，初土、四水^②。或三相參而論内外與飛。賁，土火木分陰陽，艮土、離火、飛木。若伏。旅，火土木入離艮，離火、艮土、伏木^③。或相參而論内外世應建伏。觀，金土火木互爲體，建金、世應^④、内土、伏火、外木。或不論内外，而論世建與飛伏。益，金土入震巽，世與飛土，建與伏金。或兼論世應飛伏。復，水土見候，世應水土，飛伏水土。屯，土木應象，世應土木，飛伏土木。或專論世應。夬，金木合乾，兑入坤象，世金應木。蠱，金木入艮巽，世金應木。或論世之所忌。履，金火入卦，初九火□九四火^⑤，克九五世金爻及乾之金^⑥。或論世之所生。巽，火木與巽同宫，世木巽木見火。於其所起，見其所滅。大壯，起於子、滅於亥^⑦。於其所刑，見其所生。隨，金木交刑，水火相激，兑金震木^⑧。故曰：死於位，生於時；死於時，生於位。苟非彰往而察來、微顯而闡幽者，曷足以與此。

前是小黄變四千九十有六卦，後有管輅定乾之軌七百六十有八，坤之軌六百七十有二^⑨。其知之者，將可以語邵康節之易矣^⑩。從小王之徒，唯知尚其詞耳，其謂斯何^⑪？昔魯商瞿子木，

---

① "水"，底本作"木"，據天一閣本、漢魏本、志林本、學津本及《記京氏易傳後》改。"坤"，底本及校本皆作"艮"，據《京氏易傳》卷中萃卦正文改。

② "水"，底本作"木"，據天一閣本、漢魏本、志林本、學津本、四庫本及《記京氏易傳後》改。

③ 底本及校本"土"後皆有"休"字，據《記京氏易傳後》及冒鶴亭説删之。

④ "世應"，底本及校本皆作"水應"，據《記京氏易傳後》改，冒鶴亭謂當作"應木"亦可通。

⑤ "□"，疑當作"及"，《記京氏易傳後》中間無闕文。

⑥ "之"，底本及校本皆作"爻"，據《記京氏易傳後》改。

⑦ "亥"，冒鶴亭謂當作"申"，似是。

⑧ "震"，底本及校本皆作"巽"，據冒鶴亭説改。

⑨ "黄"，底本及校本皆作"王"，據《記京氏易傳後》及冒鶴亭説改。"十有八"，底本作"卦復有人"，據《記京氏易傳後》及《易緯稽覽圖》改。

⑩ "之"，底本及校本皆作"三"，據《記京氏易傳後》及冒鶴亭説改。

⑪ "從"，《記京氏易傳後》作"彼"。

受《易》孔子。五傳而至漢田何子裝，何授洛陽丁寬，寬授碭田王孫①，王孫授東海孟喜，孟喜授梁焦贛延壽，延壽授房，房授東海殷嘉、河東姚平、河南乘弘。由是《易》有京房之學，而傳盛矣。有瞿牧、白生者②，不肯學京氏，曰：京非孟氏學也③。劉向亦疑京託之缺一字。孟氏，不知當時爲何説也④。今以當時之書驗之，蓋有《孟氏京房》十一篇，《災異孟氏京房》六十六篇⑤，與夫《京氏殷嘉》十二篇，同爲一家之學，則其源委孰可誣哉。此亦學者不可不知也。若小王者，果何所授受邪？蓋自京氏爲王學有餘力，而王學之適京氏，則無緣矣。或傳是書，而文字舛謬，得以予言而考諸。凡學不可就正者，缺以待來哲。《積算雜占條例法》，具如別録。

乾：姤、遯、否、觀、剥、晉、大有

震：豫、解、恒、升、井、大過、隨

坎：節、屯、既濟、革、豐、明夷、師

艮：賁、大畜、損、睽、履、中孚、漸

坤：復、臨、泰、大壯、夬、需、比

---

① 兩“寬”，底本及校本皆作“光”，據冒鶴亭説及《漢書·儒林傳》改。

② “白”，底本及校本皆作“自”，據《漢書·儒林傳》改。

③ “不肯學”之“學”字，疑衍文。按據《漢書·儒林傳》，瞿牧、白生受學孟喜，二家皆立爲博士，而京房受學焦延壽，延壽嘗云從孟喜問《易》，二人當爲長輩，焉有學京房之理？《儒林傳》云：“會喜死，房以爲延壽《易》即孟氏學，瞿牧、白生不肯，皆曰非也。”細繹之，知“學”當爲衍文。

④ “缺一字”，冒鶴亭謂《漢書·儒林傳》亦作“託之孟氏”，此處實不缺字。“不知”前，《記京氏易傳後》及《文獻通考》皆有“予”字，冒鶴亭謂此即所謂“缺一字”者，則“缺一字”實校刻者誤置於彼。

⑤ “災”，底本及校本皆作“以大”，據《記京氏易傳後》及《漢書·藝文志》改。

巽：小畜、家人、益、无妄、噬嗑、頤、蠱

離：旅、鼎、未濟、蒙、渙、訟、同人

兌：困、萃、咸、蹇、謙、小過、歸妹

附録一　冒廣生京氏易傳校記沈祖緜序^①

　　海内之言《易》者夥矣，競事述作，浮誕虚玄，欲贊一辭，而未遑暇也。近如皋冒君鶴亭以所著《周易京氏義》《京房易傳校記》《京氏易表》，請一言以爲序。讀竣，深歎君通變極數，明道察故，有功於京氏之學大矣。曩以惠、張、王、嚴、孫、馬諸氏所述京氏《易》，未得其蘊，爰作《周易京氏學》《京氏易傳授考》，闡述大義，於京氏微旨，尚未賾隱探索。及覽君書，深愧不已。其致力之深，守法之嚴，唐宋以降，言京氏《易》者，孰能與之頡頏哉！

　　漢儒言《易》，唯京氏爲異，不囿衆説，亦別成家，世稱“孟京”。《漢書·藝文志》載《孟氏京房》十一篇，《災異孟氏京房》六十六篇，余疑班《志》孟、京並列者，殆欲使後人辨二家之異同，非以孟説即京學也。若同而無異，翟牧、白生之倫，何至不肯刅也？自唐一行議曆，以孟氏卦氣誤爲京房，人皆信之，豈知孟氏卦氣源出《稽覽圖》，京氏積算源出《乾鑿度》。而寒温清濁，京亦采《稽覽圖》，爲孟氏之所不道，是爲兩家門户各異之證。非兩書相董理，不足發明京學也。《京氏易傳》云：“陽三陰四，位之正也。三者東方之數，東方日所出，又圓者徑一而開三也。四者西方之數，西方日所入，又方者徑一而取四也。”《乾鑿度》以“三者”以下爲鄭玄注語。鄭玄注“開”作“周”，“取”作“匝”。蓋鄭氏初師京氏，取京説以解《乾鑿度》者也。今君以卦氣與積算異，孟、京分

途，以訂一行之誤，將數千年疑義大明於世，此足以翼京者一也。

《京房易傳》，《隋書‧經籍志》未載，世或目爲僞書，聚訟紛紛，未能知其所出。晁公武博學之士，亦云：“今傳者曰《京氏積算易傳》三卷、《雜占條例》一卷，或共題四卷，而名皆與古不同。”晁氏不知今之所謂《易傳》者，係一行所集，朱震《進漢上易傳表》文可證也。余嘗惜晁氏所謂元祐八年，高麗進書，有《京氏周易占》十卷，疑隋《周易占》十二卷者，書在禁中，草莽之士，未得取與《易傳》校訂。高麗本殆佚於靖康之亂，否則朱氏見之，其於京氏之學必大有所獲，得上窺西京之經説也。今君據朱震表文，正其非僞，此足翼京者二也。

律者，《易》之餘也。《乾鑿度》曰：“五音、六律、七變，由此作焉，故大衍之數五十，所以成變化而行鬼神也。日十干者，五音也。辰十二者，六律也。星二十八者，七宿也。”李鼎祚《集解》引京房曰：“五十者，謂十日，十二辰，二十八宿也。”京蓋據《乾鑿度》之説，淺人讀之，多未理解。至其六十相生之法，實即六律、六吕與五音相因之數。律始於黃鍾，終於中吕，此五尺之童類能知之者也。若中吕上生執始，執始下生去滅，上下相生，而六十律畢。歷代學者，如何承天、沈約、甄鸞、孔穎達之輩均未明其術，妄加訛議，使其學久絶於世。今君作《京氏律表》三，而第三表尤苦心推求，以補劉昭《續漢志》之不足。律至南事，始有緒可尋。以數千年沉埋之學，如屯之始生，復萌於世，此足以翼京者三也。

凡此三者，大義昭然，足以傳諸百世而無疑矣。

顧京氏主星宿出大衍之數，余則主《漢書‧律曆志》以五乘十之説。因其言簡而明，所包者廣，而於諸家之解皆能貫穿，此

《易》所謂“莫益之，或擊之”，“損而有孚”，“與時偕行”之道也。天下之理，不損則益，損有所長，益亦有所短。能明損益，方盡消息之能事。余之損京氏者，非好爲譏短，欲以見《易》道之大也。今就京言京，在《易傳·乾卦》云“甲壬配內外二象”，此十日也。“積算起己巳火至戊辰土”，此辰十二也。“參宿從位起壬戌”，此二十八宿也。然以二十八宿配六十四卦，其數未能適合。君初亦以是爲疑，蓋泥於《繫辭》乾、坤之策，“凡三百有六十，當期之日”之文。以二十八宿除三百有六十，則不足四日也。不知《繫辭》言三百有六十，是指日月軌度，合一歲之大概言。陸績注“三百五十四日有奇”，是指日月交會，準月建之大小言，而京房之法所注重在節中，惟其間進退，或有差一宿至二宿者。大率一年以三百六十有五日計，以二十八宿除之，歲得宿十三周，餘二十八分之一，此一者，即爲下年冬至之宿。例如：今年甲申，冬至之日，其宿爲鬼；去年癸未，其宿必爲井；明年乙酉，其宿必爲柳；此子興氏所謂“千歲之日至，可坐而致也”。迨二十八年周而復始，仍爲鬼宿，以配六十四卦，無不合也，此可補君所撰《星宿表》之遺也。

又君以《易傳·姤卦》云“坤宮初六爻，《易》云‘履霜堅冰至’，建亥，龍戰於野。配於人事爲腹，爲母。於類爲馬，《易》云‘行地无疆’”，以爲《坤卦》之錯簡。又《遯卦》“配於人事爲背，爲手。於類爲狗，爲山石”，以爲《艮卦》之錯簡。余亦以爲未是。陸績注《姤》之“建亥，龍戰於野”云：“戌亥是乾之位，乾伏本位必戰，積陰之地猶盛，故戰。”又注“爲母”云：“坤順容於物。”總釋云：“此釋一爻配坤象，本體乾巽，今贊姤，一爻起陰，假坤象言之。”陸氏假象之義，又見於《賁卦》“起於潛至於用九”之注云：

"假乾初上爲喻也。"陸氏所謂"假",即《文言》所謂"旁通",《繫辭》所謂"變通"。乾《文言》:"六爻發揮,旁通情也。"陸氏注云:"乾六爻發揮變動,旁通於坤,坤來入乾,以成六十四卦,故曰旁通情也。"又《繫辭》:"易窮則變,變則通,通則久。"陸氏注云:"陰窮則變爲陽,陽窮則變爲陰,天之道也。"與《遯卦》之注義合,是旁通,變通,即爲假象也。干寶習《京氏易》者,注乾之初九曰:"陽在初九,十一月之時,自復䷗來也。"九二曰:"陽在九二,十二月之時,自臨䷒來也。"九三曰:"陽在九三,正月之時,自泰䷊來也。"九四曰:"陽氣在四,二月之時,自大壯䷡來也。"九五曰:"陽在九五,三月之時,自夬䷪來也。"上九曰:"陽在上九,䷀四月之時也。"坤之初六曰:"陰氣在初,五月之時,自姤䷫來也。"六二曰:"陰氣在二,六月之時,自遯䷠來也。"六三曰:"陰氣在三,七月之時,自否䷋來也。"六四曰:"陰氣在四,八月之時,自觀䷓來也。"六五曰:"陰氣在五,九月之時,自剝䷖來也。"上六曰:"陰在上六,䷁十月之時也。爻終於酉,而卦成於乾。乾體純剛,不堪陰盛,故曰'龍戰'。戌亥,乾之都也,故稱龍焉。"干氏亦指假象言也。陸、干二家,大誼相通,以彼証此,似非錯簡,未知君以余言爲然否耶?至於《積算表》案語,當增《乾》以戊日爲閏。《盈虛表》當增盈三十六,虛二十八,爲六十四卦之加減。

處此艱貞晦明之際,余與君每一相見,必以經義互相講習。義有未安,必磋切不已,幾不知天崩地坼,尚有人間世也。世之學者,倘不以余二人當遯世無悶,尚析疑明辨,以求同心之言爲迂闊歟!

民國三十三年,歲次甲申仲春,杭縣沈祖緜拜序於上海寓次。

附録二　漢書・京房傳

　　京房字君明，東郡頓丘人也。治《易》，事梁人焦延壽。延壽，字贛，贛貧賤，以好學得幸梁王，王共其資用，令極意學。既成，爲郡史，察舉補小黄令。以候司先知姦邪，盜賊不得發。愛養吏民，化行縣中。舉最當遷，三老官屬上書願留贛，有詔許增秩留，卒於小黄。贛常曰：“得我道以亡身者，必京生也。”其説長於災變，分六十四卦，更直日用事，以風雨寒温爲候，各有占驗。房用之尤精。好鍾律，知音聲。

　　初元四年以孝廉爲郎。永光、建昭間，西羌反，日蝕，又久青亡光，陰霧不精。房數上疏，先言其將然，近數月，遠一歲，所言屢中，天子説之。數召見問，房對曰：“古帝王以功舉賢，則萬化成，瑞應著。末世以毀譽取人，故功業廢而致災異。宜令百官各試其功，災異可息。”詔使房作其事，房奏考功課吏法。上令公卿朝臣與房會議温室，皆以房言煩碎，令上下相司，不可許。上意鄉之。時部刺史奏事京師，上召見諸刺史，令房曉以課事，刺史復以爲不可行。唯御史大夫鄭弘、光禄大夫周堪初言不可，後善之。

　　是時中書令石顯顓權，顯友人五鹿充宗爲尚書令，與房同經，論議相非。二人用事，房嘗宴見，問上曰：“幽、厲之君何以危？所任者何人也？”上曰：“君不明，而所任者巧佞。”房曰：“知其巧佞而用之邪，將以爲賢也？”上曰：“賢之。”房曰：“然則今何以知其不賢也？”上曰：“以其時亂而君危知之。”房曰：“若是，任賢必治，任不肖必亂，必然之道也。幽、厲何不覺寤而更求賢，曷爲卒任不肖以至於是？”上曰：“臨亂之君各賢其臣，令皆覺寤，天下安得危亡之君？”房曰：“齊桓公、秦二世亦嘗聞此君而非笑之，然則任豎刁、趙高，政治日亂，盜賊滿山，何不以幽、厲卜之而覺寤乎？”上曰：“唯有道者能以往知來耳。”房因免冠頓首，曰：“《春秋》紀二百四十二年災異，以視萬世之君。今陛下卽位已來，日月失明，星辰逆行，山崩泉涌，地震石隕，夏霜冬靁，春凋秋榮，隕霜不殺，水旱螟蟲，民人飢疫，盜賊不禁，刑人滿市，《春秋》所記災異盡備。陛下視今爲治邪，亂邪？”上曰：“亦極亂耳。尚何道！”房曰：“今所任用者誰與？”上曰：“然幸其瘉於彼，又以爲不在此人也。”房曰：“夫前世之君亦皆然矣。臣恐後之視今，猶今之視前也。”上良久乃曰：“今爲亂者誰哉？”房曰：“明主宜自知之。”上曰：“不知也；如知，何故用之？”房曰：“上最所信任，與圖事帷幄之中、進退天下之士者是矣。”房指謂石顯，上亦知之，謂房曰：“已諭。”

房罷出，後上令房上弟子曉知考功課吏事者，欲試用之。房上中郎任良、姚平，“願以爲刺史，試考功法，臣得通籍殿中，爲奏事，以防雍塞”。石顯、五鹿充宗皆疾房，欲遠之，建言宜試以房爲郡守。元帝於是以房爲魏郡太守，秩八百石，居得以考功法治郡。房自請，願無屬刺史，得除用它郡人，自第吏千石已下，歲竟乘傳奏事。天子許焉。

房自知數以論議爲大臣所非，內與石顯、五鹿充宗有隙，不欲遠離左右，及爲太守，憂懼。房以建昭二年二月朔拜，上封事曰：“辛酉以來，蒙氣衰去，太陽精明，臣獨欣然，以爲陛下有所定也。然少陰倍力而乘消息。臣疑陛下雖行此道，猶不得如意，臣竊悼懼。守陽平侯鳳欲見未得，至己卯，臣拜爲太守，此言上雖明下猶勝之效也。臣出之後，恐必爲用事所蔽，身死而功不成，故願歲盡乘傳奏事，蒙哀見許。乃辛巳蒙氣復乘卦，太陽侵色，此上大夫覆陽而上意疑也。己卯、庚辰之間，必有欲隔絕臣令不得乘傳奏事者。”

房未發，上令陽平侯鳳承制詔房，止無乘傳奏事。房意愈恐，去至新豐，因郵上封事曰：“臣前以六月中言遯卦不効，法曰：‘道人始去，寒，涌水爲災。’至其七月，涌水出。臣弟子姚平謂臣曰：‘房可謂知道，未可謂信道也。房言災異，未嘗不中，今涌水已出，道人當逐死，尚復何言？’臣曰：‘陛下至仁，於臣尤厚，雖言而死，臣猶言也。’平又曰：‘房可謂小忠，未可謂大忠也。昔秦時趙高用事，有正先者，非刺高而死，高威自此成，故秦之亂，正先趣之。’今臣得出守郡，自詭效功，恐未效而死。惟陛下毋使臣塞涌水之異，當正先之死，爲姚平所笑。”

房至陝，復上封事曰：“乃丙戌小雨，丁亥蒙氣去，然少陰並力而乘消息，戊子益甚，到五十分，蒙氣復起。此陛下欲正消息，雜卦之黨並力而爭，消息之氣不勝。彊弱安危之機不可不察。己丑夜，有還風，盡辛卯，太陽復侵色。至癸巳，日月相薄，此邪陰同力而大陽爲之疑也。臣前白九年不改，必有星亡之異。臣願出任良試考功，臣得居内，星亡之異可去。議者知如此於身不利，臣不可蔽，故云使弟子不若試師。臣爲刺史又當奏事，故復云爲刺史恐太守不與同心，不若以爲太守，此其所以隔絕臣也。陛下不違其言而遂聽之，此乃蒙氣所以不解，太陽亡色者也。臣去朝稍遠，太陽侵色益甚，唯陛下毋難還臣而易逆天意。邪説雖安于人，天氣必變，故人可欺，天不可欺也，願陛下察焉。”房去月餘，竟徵下獄。

初，淮陽憲王舅張博從房受學，以女妻房。房與相親，每朝見，輒爲博道其語，以爲上意欲用房議，而羣臣惡其害己，故爲衆所排。博曰："淮陽王上親弟，敏達好政，欲爲國忠。今欲令王上書求入朝，得佐助房。"房曰："得無不可？"博曰："前楚王朝薦士，何爲不可？"房曰："中書令石顯、尚書令五鹿君相與合同，巧佞之人也，事縣官十餘年；及丞相韋侯，皆久亡補於民，可謂亡功矣。此尤不欲行考功者也。淮陽王卽朝見，勸上行考功，事善；不然，但言丞相、中書令任事久而不治，可休丞相，以御史大夫鄭弘代之，遷中書令置他官，以鉤盾令徐立代之，如此，房考功事得施行矣。"博具從房記諸所説災異事，因令房爲淮陽王作求朝奏草，皆持束與淮陽王。石顯微司具知之，以房親近，未敢言。及房出守郡，顯告房與張博通謀，非謗政治，歸惡天子，詿誤諸侯王，語在《憲王傳》。

初，房見，道幽、厲事，出爲御史大夫鄭弘言之。房、博皆棄市，弘坐免爲庶人。房本姓李，推律自定爲京氏，死時年四十一。

易洞林

〔晉〕郭　璞　撰
趙爲亮　點校

【題解】

《易洞林》三卷，晉河東郭璞撰。

按《晉書》本傳，郭璞（276－324）字景純，河東聞喜人。曾師事郭公，郭公以《青囊中書》九卷贈之，於是遂洞五行、天文、卜筮之術。官至尚書郎。著述頗豐，有《新林》十篇、《卜韵》一篇，注釋《爾雅》，別爲《爾雅音義》《爾雅圖譜》。又注《三蒼》《方言》《穆天子傳》《山海經》及《楚辭》《子虚》《上林賦》數十萬言，所作詩賦誄頌亦數萬言。曾撰前後筮驗六十餘事，名爲《洞林》。元胡一桂《周易本義啓蒙翼傳》云：“所謂林者，自爲韵語，占決之辭也。”《洞林》即爲洞悉卜筮之書。此書《隋書·經籍志》作《易洞林》三卷，《舊唐書·經籍志》《新唐書·藝文志》皆作《周易洞林解》三卷，《通志·藝文略》作《周易洞林》三卷，《周易本義啓蒙翼傳》引作《郭氏洞林》三卷，《宋史·藝文志》作《周易洞林》一卷。又有《洞林記》一名，按書中“義興方叔保得傷寒”條，《初學記》卷二十九引作郭璞《洞林》，《太平御覽》卷八百九十九引作《洞林記》；“晉中宗爲丞相”條，《太平廣記》卷一百三十五引作《洞林記》，《太平御覽》卷九百二十二引作郭璞《洞林》；“郭璞避難新息射茱萸”條，《藝文類聚》卷八十九引作《洞林》，陳仁錫《潛確居類書》卷九十八引作《洞林記》，則《洞林記》或即《洞林》，蓋因《洞林》中皆有完整敘事，故名爲“記”。書名、卷數不一，今從《隋志》及馬國翰輯本定名爲《易洞林》。

王應麟《玉海·藝文志》引《（中興館閣）書目》云：“止存一卷，載二十二事。朱震《易叢説》引之。”則當時官府藏書中所存的《洞林》已是殘本，僅存全書的三分之一左右。元時修《宋史》

時，多依兩宋《三朝國史藝文志》《兩朝國史藝文志》《四朝國史藝文志》以及《中興國史藝文志》等删並而成，並非據元末實有之書編定，這大概是《宋史·藝文志》著録《周易洞林》僅有一卷的原因。然而當時全本《洞林》尚有流傳，不過流傳稀少，很少有人能夠得見。胡一桂曾於友人處得到過三卷本《洞林》，見《周易本義啓蒙翼傳》，其《洞林序》云："案《洞林》上、中、下三卷，晉河東郭璞景純之所撰也，世皆罕有其書。余從王浩古仲氏楚翁才古得《洞林》書，撮抄其事之重大者一二于左，以見一書之大概云。"《周易本義啓蒙翼傳外篇》中有"前一則《洞林》下卷之首，後一則《洞林》下卷之終，皆取其事體之重者載之，以見卜筮之有關於國家也如此"。又有"前一則上卷之首，後一則亦上卷内，皆卜避難之事"。又有"此一則係上卷，卜疾有自然救禦之道"。又有"右二則，前一則在上卷，此一則在中卷，皆卜病，皆以食兔愈病也"。又有"右一則亦中卷，此可謂占法之奇中者。卷内他皆稱是，難以盡書，姑録此八則，亦可概見矣"。從胡氏所描述如此明確的分卷情況來看，細揣其意，其所見者必是全本《洞林》。只是胡氏所引八則，以類相從，並非依照《洞林》舊次。胡氏所引《洞林》首尾完具，後來的《洞林》輯佚多賴之。

　　至於《洞林》亡於何時，學者多有論述。魏代富先生云："陶宗儀《説郛》有輯本，不用胡氏書，且無與胡氏書合者，則其時《洞林》已佚。"[1]然而明人所撰《斷易大全》載有《洞林》四則。其中三則，朱震《漢上易傳》、胡一桂《周易本義啓蒙翼傳》所引及後來的

---

① 　魏代富：郭璞《洞林》的版本及價值，載《周易研究》2015 年第 6 期。下文凡引魏先生説者，皆見此文，不再出注。

《洞林》輯佚書籍皆無，另一則柳道明婦夢嫁一事，馬國翰輯本據《北堂書鈔》輯入，但缺少所卜得的卦象，《斷易大全》所引則有"晉之剥"，比《北堂書鈔》所引更具體，這一點尚秉和先生前已指出。又明楊時喬《周易全書·傳易考卷二》謂："郭璞仕晉，作《洞林》，後世占卦者多用之，其書至今盛行。"綜合上兩條，則全本《洞林》明中後期或許尚有傳本，清王謨輯本《洞林》注有出處，較爲全面，其時已不見《洞林》，其書或許亡於明末清初。

《洞林》爲胡一桂《周易本義啓蒙翼傳》所録者，皆有注，朱震《周易叢説》引郭璞《洞林》"豫之小過曰：五月晦日，羣魚來入州城寺舍"，云："注以乙未爲魚星，非也。"則朱震所見本《洞林》亦有注。兩《唐志》書名作《周易洞林解》，或許即因書中有注而然。按史志書目未言有爲《洞林》作注者，尚秉和《周易古筮考》卷四謂"蓋璞自爲注"，近是。

《洞林》斷卦之例，於卦體上隨意取象，如"離爲朱雀，兑爲白虎"之類，注中屢見，尚存古義，尚秉和先生《周易尚氏學》多有取於郭氏的卦象。胡一桂《周易本義啓蒙翼傳》也對《洞林》評價很高，謂其"全用五行六神青龍、朱雀等，及年月日諸煞神占，靈驗无比，不可勝書"。然而其卜筮中又雜以説相、葬法、行符、猒勝之術，頗具神秘色彩，有浓厚的道教化倾向，这大概与当时的天师道盛行有关。總之，《洞林》一書是郭璞最重要的易學著作，在魏晉易學史上有其重要地位，對於研究郭璞的易學思想及筮法的發展演變也都有很高的參考價值。

目前所見《易洞林》的版本皆殘闕不全，除胡一桂《周易本義啓蒙翼傳》直接引自原書的八則外，其餘多爲輯佚本。計有：

1.明末刻清初李際期宛委山堂續刻彙印本《説郛》一百二十

卷本,其第五卷收有《易洞林》一卷(簡稱説郛本);

2.清嘉慶三年金谿王謨輯刻《漢魏遺書鈔·經翼》第一册《周易洞林》一卷(簡稱王謨本);

3.清道光十五年朝邑劉際清等刻《青照堂叢書》次編《諸經緯遺》收有《易洞林》一卷(簡稱青照堂本);

4.清道光黄氏刻民國二十三年江都朱長圻補刊本黄奭輯《黄氏逸書考·子史鉤沈》收有《易洞林》,不分卷(簡稱黄本);

5.清光緒九年長沙瑯環仙館刻馬國翰輯《玉函山房輯佚書·子編·雜占類》收有《易洞林》三卷、補遺一卷(簡稱馬本)。

説郛本收有《易洞林》八條,作者闕名,佚文不注出處。青照堂本亦收八條,排次全同説郛本,蓋從説郛本抄得。

王謨本輯自《藝文類聚》三條,《北堂書鈔》三條,《初學記》兩條,《太平御覽》九條,《太平廣記》《説郛》各兩條,《經義考》九條,共三十條。其中得有卦之占十四條,餘十六條失其本卦。體例不善,間有誤收。尚秉和先生言:"王輯有卦之條,而皆失其事實,閲之不解其爲何事而占。其失去本卦者,又祇有占辭,而不得其所取易象,最爲無用。"可謂一語中的。實際上,王本轉引自《經義考》,《經義考》節自《周易本義啓蒙翼傳》並略其事實,故王本亦略事實,而於注佚文出處時,又言出自《周易本義啓蒙翼傳》。其書誤收之條,如據《藝文類聚》輯入梁元帝《洞林序》,此條他本皆無。按《隋書·經籍志》有梁元帝《洞林》三卷,且據《序》云:"山陽王氏,直解談玄;河東郭生,纔能射覆。兼而兩之,竊自許矣。"明爲己書作序,非爲郭氏《洞林》作序,王謨歸之郭氏書,未審。

馬國翰輯本,據胡一桂《周易本義啓蒙翼傳》所言各條所在卷次,分爲上中下三卷,從胡一桂以類相從的引文排次中,恢復了《洞林》舊次,頗有章法。其餘輯自《初學記》《北堂書鈔》《太平御覽》《太平廣記》《事類賦》《説郛》者則列入《補遺》中。共得有卦之占十九條,餘二十三條皆有占驗敘事,而本卦不存。馬氏輯本每條皆有引文出處,間有辨各本文字異同之處,較爲完備,編次亦善。唯其文字訛誤殊多,校勘不精,所注引書所在卷數又多與實際不符,恐非皆爲刻工之誤。所引唐宋類書版本有不善者,如《北堂書鈔》用陳禹謨補注本,此本有增删修訂,已非《北堂書鈔》原貌。

黄奭輯本不分卷,其本小注多同於王本,蓋有參用。然其引文較王本全面,且依《周易本義啓蒙翼傳》補王本所略之事實。其所輯之佚文,條數雖比馬本多三條,然爲一事重出,實際上無有出馬本之外者。編次混亂,不及馬國翰輯本善。

綜上,衆輯本中以馬國翰輯本最全,涵蓋其餘輯本全部佚文,編次體例又最善,故本次點校整理以馬本爲底本,各輯本之間不再對校。僅核其佚文所引之書最善版本,與之對校,撰其校勘記,皆隨文腳注於下,首次引書注其全名,餘則用簡稱,以便檢閲。校勘記中引用前人研究成果者,亦隨文腳注於下。馬本之外,整理者又續有所輯,皆擇其善本,注其出處;前人所輯佚文,亦標注何人所輯,庶免攘善之譏,俱列入《續補遺》中。佚文有存疑者,與郭璞或《洞林》相關者,列入《存疑》中,以資參考。

底本中避清帝諱及孔子諱者,如"玄""弘""曆""丘"等,徑改不出校。異體字、俗體字徑改不出校。"戌""戍""戊"及"己""已""巳"等極易混之字,徑改不出校。

目　録

易洞林卷上①

余鄉里曾遭危難，因之災癘、寇戎並作，百姓遑遑，靡知所投。時姑涉《易》義，頗曉分蓍，遂尋思貞筮，鉤求攸濟。於是普卜郡內縣道可以逃死之處者，皆遇明夷䷣之象。乃投策喟然歎曰：“嗟乎黔黎，將湮異類，桑梓之邦，其爲魚乎！”②於是潛命姻妮密友，得數十家，與共流遁③。當由吳坂，遇賊據之，乃卻回，從蒲坂而之河北。

時草賊劉、石，又招集羣賊，專爲掠害，勢不可過。於是同行君子皆欲假道取便，又未審所之，乃令吾決其去留。卦遇同人䷌之革䷰④，其林曰：“朱雀西北，白虎東走⑤。離爲朱雀，兌爲白虎，言火能銷金之義。姦猾銜璧，敵人束手。兌爲口，乾爲玉，玉在口中，故曰銜璧。占

---

① 馬國翰輯本《洞林》上中下三卷，皆輯自胡一桂《周易本義啓蒙翼傳》，今校以日本內閣文庫所藏元刻本（簡稱元本）及納蘭性德《通志堂經解》本（簡稱通志堂本）。

② “將湮”，底本及校本皆作“時漂”，魏代富先生據《晉書‧郭璞傳》“黔黎將湮於異類，桑梓其翦爲龍荒乎”，認爲“時漂”或爲“將湮”之形訛。又谷繼明先生點校本《周易本義啓蒙翼傳》（中華書局 2019 年版，簡稱谷繼明先生校本《翼傳》）謂清嘉慶慶餘堂刻本作“將湮於”。茲據二説改。

③ “友”，元本及通志堂本皆作“交”，二字形近，然皆可通。

④ “䷰”，底本脫，據元本及通志堂本補。

⑤ “走”，元本及通志堂本皆作“起”。按此節僅見胡一桂《周易本義啓蒙翼傳》，未見他書有引此者。然今所見《周易本義啓蒙翼傳》諸版本皆作“起”，馬國翰《玉函山房藏書簿錄》卷二經編易類載其家藏《周易本義啓蒙翼傳》版本爲“通志堂校勘汲古元本”，亦作“起”。馬氏改作“走”，與“手”“咎”合韻，意亦稍勝，惟不知馬氏何據，或爲臆改。黃奭輯本亦作“走”，二人同時，或有因襲。清光緒十七年思賢書局刊陳寶彝校本《周易集解纂疏》履卦所引《洞林》此節，即作“白虎東走”，或據馬、黃輯本《洞林》改。又朱彝尊《經義考》卷十按語引《洞林》此節作“朱雀西飛，白虎東起”，或亦於此句有疑，故改“北”作“飛”，俾前後對仗意協。待考。

行得此，是謂无咎。”

余初爲占，尚未能取定，衆不見從。卻退猗氏縣，而賊遂至。諸人遑窘，方計舊之，從此至河北，有一間逕，名焦丘，不通車乘，惟可輕步，極險難過，捕姦之藪。然勢危理迫，不可得停①。復自筮之如何，得隨䷐之升䷭。其林曰：“虎在山石，馬過其左。兌虎，震馬，互艮山石。駮爲功曹，猏爲主者②。駮猏能伏虎。垂耳而潛，不敢來下。兌虎去，不能見。爰升虛邑，遂釋魏野③。隨時制行，卦義也。升，賊不來，知無寇。當魏，則河北亦荒敗。”便以林義通示行人，説欲從此道之意，咸失色喪氣，無有讚者④。或云：“林迮誤人，不可輕信。”吾知衆人阻貳，乃更申命，候一月，契以禍機。約十餘家，即涉此逕，詣河北。後賊果攻猗氏，合城覆没，靡有遺育。胡一桂《易學啓蒙翼傳》外篇引《郭氏洞林》，云“上卷之首”。朱氏《經義考》據胡氏引隨之升，曰“虎在山石，馬過其左。駮爲功曹，猏爲主者。”今本脱“者”字。

昌邑不静，復南過潁。由脈頭口渡，去三十里，所傳高賊屯駐，柵斷渡處，以要流人。時數百家，車千乘，不敢前。令余占可決，得泰䷊，欣然語衆曰：“羣類避難，而得拔茅彙征之卦，且泰者，通也，吉又何疑。”⑤吾爲前驅，從者數十家，至賊界，賊已去。

---

　　① “得停”，底本脱，據元本及通志堂本補。

　　② “猏”，魏代富先生據《史記·龜策列傳》集解所引郭璞“猏能制虎”説，認爲“猏”爲“豜”之形譌，可從，下注同。“者”，底本脱，據元本及通志堂本補。

　　③ “釋”，胡一桂《周易本義啓蒙翼傳》於此字下注“恐誤”，蓋謂其義不可通也。按《焦氏易林》大有之訟云：“虎臥山隅，鹿過後胸。弓矢設張，猏爲功曹。伏不敢起，逐至平野，得我美草。”與《洞林》句類似，“釋”“至”音近，“釋”或爲“至”之音譌。又明季本《易學四同別録》卷四引此句謂“釋謂舍而不攻”，似可通，姑存其舊。

　　④ “意”，底本脱，據元本及通志堂本補。

　　⑤ “余”，底本脱，據元本及通志堂本補。

餘皆回避檿津渡，爲賊所劫，人僅得在，悔不取余卦①。

至淮南安豐縣，諸人緬然懷悲，咸有歸志，令余卦決之。卜住安豐，得既濟☵☲，其林曰："小狐迄濟，垂尾累衰。言垂渡而困。初雖偷安，終靡所依。案卦言之，秋吉春悲。"

卜詣壽春，得否☰☷，其林曰："乾坤蔽塞道消散，虎刑挾鬼法凶亂。十一月虎刑在午爲鬼，鬼即賊。亂則何時時建寅，火鬼生處。僵尸交林血流漂，火刑與鬼並。此占行者入塗炭。"

卜詣松滋，不吉。卜詣合淝，又不吉。卜詣陽泉，得小過☳☶之坤☷☷。其林曰："小過之坤卦不奇，雖有旺氣變陽離。卜時立春，其氣變入坤，中氣廢。初見勾陳被牽羈，暫過則可羈不宜②。將見劫追事幾危，賴有龍德終無疵。十二月龍德在艮，凡有月德終無患。"於是諸計皆不可，伴人悉散，乃獨往陽泉。會壽春有事，周馥反，爲陽泉羣凶所迫，登時遑慮，卒無所至，乃至廬江③。其春三月，諸家住安豐者爲賊所得，所謂"春悲"也。松滋、合淝殘夷更相攻，人無有全者。《啓蒙翼傳》外篇引云"亦上卷"。

義興郡丞仍叔寶，得傷寒疾，積日危困④。令卦，得遯☰☶之姤☰☴。其林曰："卦象出墓氣家凶，艮爲乾墓，世主丑，故卜時五月，申金在

---

① 朱熹《周易本義》注泰卦"初九，拔茅茹，以其彙，征吉"引郭璞《洞林》讀至"彙"字絕句。又《朱子語類》卷七十云："'以其彙'屬上文，嘗見郭璞《洞林》，亦如此作句，便是那時人已自恁地讀了。蓋拔茅連茹者，物象也，以其彙者，人也。"殆謂此。然由此條觀之，郭璞似以"拔茅""彙征"並列，作"拔茅，茹以其彙征"，與鄭玄注"臣下引其類而仕之"同。而非如朱熹所言六字一句"拔茅茹以其彙"，朱熹與胡一桂所見《洞林》版本文字有異乎？

② "勾陳"，底本作"陳勾"，據元本及通志堂本正。

③ "遑"，元本及通志堂本作"惶"，王念孫《廣雅疏證·釋詁二》謂"遑與惶同"。

④ "丞"後，底本有"相"字，衍文，據元本及通志堂本刪。

囚①。變身見絕鬼潛遊。身在丙午，夏入辛亥，在五月。爻墓充刑鬼煞俱②，上戌爲鬼墓，而初六爲戌刑，刑在占，故言充刑③。五月白虎在卯，與月煞並也④。卜病得此歸蒿丘。誰能救之坤上牛，以下爻丑爲牛，丑爲子能扶身，克鬼之厭虎煞上，令伏不動⑤。若依子色吉之尤。巽主辛丑，初丑爲白虎金色，復徵以和，解鬼及虎煞，皆相制也⑥。"案林，即令求白牛，而廬江荒僻，卒索不得。羊子玄有一白牛，不肯借之。璞爲致之，即日有大牛從西南來詣，途中仍留一宿，主人乃知過將去。去之後尋，復挽斷綱來臨叔寶，叔寶驚愕起，病得愈也⑦。此即救禦潛應，感而遂通⑧。同上，云"係上卷"。徐堅《初學記》卷二十九引云："義興方叔保得傷寒垂死，令璞占之，不吉。令求白牛厭之，求之不得。唯羊子玄有一白牛，不肯借之⑨。璞爲致之，即日有大白牛從西來，逕往臨叔保，驚惶，病即愈。"《太平御覽》卷八百九十九引同，惟無羊子玄二句。此並脫"璞爲致之"句，據補。

丞相掾桓茂倫嫂病困，慮不能濟。令余卦，得賁䷕之豫䷏。其林曰："時陰在初卦失度，卜時四月，降陰在初，而見陽爻，此爲失度。殺陰爲刑鬼入墓。四月殺陰在申，申爲木鬼，與殺陰並，又身爲卯，變入乙未，未是

---

① "故"，底本無，據元本及通志堂本補。

② "充"，民國十五年刊尚秉和《周易古筮考》卷四引此作"衝"，謂"初爻身值辰，復爲上爻戌所衝"，似可從，下注同。

③ "上"，底本作"生"，據元本改。"占"，底本作"古"，據通志堂本改。

④ "也"，底本無，據元本及通志堂本補。

⑤ "下"，底本作"卜"，據元本改。

⑥ "巽主辛丑"，底本作"辛丑主巽"，據元本及通志堂本改。"初"，元本及通志堂本無，疑此爲馬氏所增，然亦可通。"及"，底本作"反"，據元本及通志堂本改。

⑦ "尋，復"，底本作"復尋"，據元本改。

⑧ "此即救禦潛應，感而遂通"，底本無，據元本及通志堂本補。按元本及通志堂本《周易本義啓蒙翼傳》此句俱作大字正文，下換行空一格有"此一則係上卷，卜疾有自然救禦之道"，此胡一桂言，其"疾有自然救禦之道"當由"救禦潛應"而發，知底本所闕者，乃《洞林》原文。

⑨ "唯"，底本脫，據乾隆內府刻《欽定古香齋袖珍十種》本《初學記》補。

木墓。建未之月難得度,消息卦爻爲扶助。馮馬之師乃寡嫗,馬午,
午爲火,馮亦馬,申爲殺陰,以火姓消之,巽爲寡婦①。自然奇救宜殯兔。兔屬
卯,所謂破墓出身。子若恤之得守故。"茂倫歸,求得兔,令嫂食之,便
心痛不堪,於是病癒②。《易學啓蒙翼傳》外篇引云"在上卷"。

---

① "午爲火",底本作"午爲父",據元本及通志堂本改。
② "不"後,元本及通志堂本有"可"字。

易洞林卷中

東中郎參軍景緒病，經年不瘥，在丹徒遣其弟景歧來卦。六月癸酉日，得臨䷒之頤䷚。其林曰："卯與身世並，而扶天醫。六月天醫在卯。案卦，病法當食兔乃瘥。"①弟歸，捕獲一頭，食之果瘥。《易學啟蒙翼傳》外篇引次"丞相掾"節，云："此一則在中卷，皆卜病，皆以食兔愈病也。"

余至揚州從事弘泰言家時，坐有衆客，語余曰："家適有祥，試爲卦，若得吉者，當作二十人主人②。"即爲卜之，遇豫䷏之解䷧。其林曰："有釜之象無火形，不見離也。變見夜光連月精。坎爲月。潛龍在中不遊行，言蟠者。案卦卜之澡盤鳴③。金妖所憑无咎慶。澡盤非鳴，或有鳴者，其家至今無他。"弘泰言大駭，云："前夜月出，盥盤忽鳴，中有盤龍象也。"同上。

---

① 此林底本及校本皆同，按既名爲"林"，必是韻語，而此句非韻語，疑此林有誤，胡一桂時或已如此。

② "得"底本作"爲"，據元本及通志堂本改。"吉"，疑當作"中"。"主"，底本作"王"，據元本改。

③ "在"，底本作"狂"，形近而訛，據元本及通志堂本改。

易洞林卷下

　　歲在甲子正月中，丞相揚州令余卦安危諸事如何，得咸䷞之井䷯。案卦，東北郡縣有武名，地當有銅鐸六枚，一枚有龍虎象，異祥①。兌爲金，金有口舌。來達號令者，銅鐸也。山陵神氣出此，則丞相創以令天下。見在丑地，則金墓也。起之以卦，爲推立之應，晉陵武進縣也。又當犬與豬交者。狗變入居中，鬼與相連，其事審也。戌亥世應，土勝水，二物相交，象吾和合爲一體，此丞相雄有江東也。民當以水妖相警。歲在水位，而水爻復變成坎，當出大水之象，以此知其靈應②。巽木成言，果又妖生，二月變爲鬼，戌土所克，果無他。水乃金子，來扶其母，是亦丞相當興之象也③。西南郡縣有陽名者，井水當自沸。卦變入井，內丙午變而犯升陽，故知井湧也④。於分野，應在歷陽。虎來入州城寺。兌者虎，出山而入門闕。正月戌爲天煞，即刺史宅。虎屬寅，與月並而來，此大人將興之應⑤。東方當有蟹鼠爲災，必食稻稼。有離體，眼相連之象。艮爲鼠，又煞陰在子，子亦鼠，而歲子來刑卯，故知東方有災⑥。又當以鵝應翔爲瑞。鵝有象鳥而爲徵，以應象，出其相，其應將登其祚也。其年，晉陵郡武進縣民陳龍，果於田中得銅鐸六枚⑦。言六者，用坎數也。銅者，咸本家兌故也。口有龍虎文，又得者名龍，益審。陳，土姓，金之

---

①　"名"後，疑當有"者"字，依下文"西南郡縣有陽名者，井水當自沸"例，當如是。
②　"大"，底本作"火"，形近而訛，據元本及通志堂本改。
③　"當"，元本及通志堂本作"將"。
④　"丙"，底本脱，據元本及通志堂本補。
⑤　"而來"，底本脱，據元本及通志堂本補。
⑥　"刑"，底本作"寅"，據元本改。按子卯相刑。
⑦　"郡"，底本脱，據元本及通志堂本補。

用也；進者，乃生金也。丹徒縣流民趙子樂家，有狗與吳人豬相交①。其年六月，天連雨，百姓相驚。妖言云：“當有十丈水，翕然駭動，無幾自静。”又衆人傳言：“延陵大陂中有龍生，草蓐復數里。”竟不知其信否。其明年丑歲九月中，吳興臨安縣民陳嘉親得石瑞，此祥氣之應也②。六月十五己未日未時，歷陽縣中井水沸湧，經日乃止。陰陽相感，各以其類，亦是金水之應也。六月晦日，虎來州城，浴井中，見覺便去③。其秋冬，吳諸郡皆有蟹鼠爲災。鼠爲子，子水，蟹亦水物，皆金之子。晉王初登祚，五日，有羣鵝之應④。此論一歲異事，略舉一卦之意。惟不得臘中行刑，有血逆之變。將推之不精，亦自無徵，不登於卦乎？死者，晉陵令淳于伯也⑤。《易學啓蒙翼傳》外篇。朱氏《經義考》引豫之小過曰：“五月晦日，羣魚來入州城寺舍。”⑥與此條舛異。

　　攝提之歲，晉王將即祚。太歲在寅，爲攝提格。余自通占國家徵瑞之事，得豫䷏之睽䷥⑦。案卦論之曰：會稽郡當出鍾，以告成功，王者功成作樂。會稽，晉王初所封國；又會稽山，靈祥之所

---

　　①　“樂”，元本及通志堂本作“康”。

　　②　“中”，底本脱，據元本及通志堂本補。“嘉親”，底本兩字相連，中間無空格，元本空一格，通志堂本作〇，亦謂缺一字，蓋陳氏其名三字也，惜無他本可補之。

　　③　“城”，底本脱，據元本及通志堂本補。

　　④　“王”，元本及通志堂本作“主”。按司馬睿初即晉王位，後即帝位，作“王”亦可通，下節“攝提之歲，晉王將即祚”，亦可證。

　　⑤　“死者，晉陵令淳于伯也”，底本作大字，乃《洞林》原注誤入正文，今據元本及通志堂本改爲小字注文。

　　⑥　按此所引朱彝尊《經義考》條見朱震《漢上易叢説》，朱震明言此爲郭璞《洞林》文，與本節所得卦象、事實全不同，爲二事明矣。不知馬氏何以引此與本節對比，以其皆有“月晦日”“州城”乎？今列入書後《續補遺》中，此處不删，以存底本原貌。

　　⑦　“占”，底本作“古”，形近而訛，據元本及通志堂本改。“家”，底本脱，據元本及通志堂本補。

興也。神出於家井者，子爻並，知此實王者受命之事也①。上有銘勒，坤爲文章，與天子爻並，故知晉王受命之事準此，應在民間井池中得之。鍾出於民家井中者，以象晉王出家而王也②。金以水爲子，子相扶而生，此即家之祥徵事也③。繇辭所謂：“先王作樂崇德，殷薦之上帝。”④言王者祭天，以告成功，亦安樂無復事也。其後歲在執徐，會稽郡剡縣陳青井中得一鍾，長七寸四分，口徑四寸半⑤。器雖小，形製甚精，上有古文奇書十八字，時人莫之能識。蓋王者踐阼，必有薦符，塞天下之心，與神物契合，然後可受命。觀鐸啓號於晉陵，鍾告成於會稽，瑞不失類，皆出以方，豈不偉哉⑥！若夫鐸發其響，鍾徵其象，器以數臻，事以實應，天人合際，不可不察也。並《易學啓蒙翼傳》外篇，引云：“前一則，《洞林》下卷之首，後一則，《洞林》下卷之終。皆取其事體之重者載之，以見卜筮之有關於國家也。”案《晉書·郭璞傳》云：“時元帝初鎮建業，導令璞筮之，遇咸之井，璞曰：‘東北郡縣有名武者，當出鐸，以著受命之符⑦。西南郡縣有陽名者，井當沸。’其後晉陵武進縣人於田中得銅鐸五枚，歷陽縣中井沸，經日乃止⑧。及帝爲晉王，又使璞筮，遇豫之睽，璞曰：‘會稽當出鍾，以告成功，上有銘勒，應在人家井泥中得。繇辭所謂先王以作樂

---

① “子”前，疑當有“天”字。

② “民家”，底本作“民間”，據元本及通志堂本改。

③ “案卦論之曰”至“此即家之祥徵事也”，谷繼明先生校本《翼傳》疑其中有注文亂入正文者，此誠卓識。並據《晉書·郭璞傳》，定此處正文爲：“按卦論之曰：會稽郡當出鍾以告成功，上有銘勒，應在民間井池中得之。”其餘皆爲注文。校者按，疑“神出於家井者，子爻並，知此實王者受命之事也”亦是正文，餘則從谷先生訂文。

④ “繇辭”，底本作“繇應”，元本及通志堂本作“由應”，谷繼明先生校本《翼傳》據慶餘堂本改作“繇辭”，又《晉書·郭璞傳》所引，亦作“繇辭”，據改。“所”，底本脫，據元本及通志堂本補。“先王”，底本脫，據元本及通志堂本補。

⑤ “口”，底本脫，據元本及通志堂本補。

⑥ “陵”，底本作“陽”，據元本及通志堂本改。“瑞”，元本及通志堂本作“端”。

⑦ “名武”，民國時涵芬樓影印百衲本《晉書》（簡稱百衲本《晉書》，下引《晉書》皆此本）作“武名”。

⑧ “陵”，底本作“陽”，據百衲本《晉書》改。下“觀五鐸啓號於晉陵”同。

崇德，殷薦之上帝者也。’及帝即位，太興初，會稽剡縣人果於井中得一鍾，長七寸二分，口徑四寸半，上有古文奇書十八字，云‘會稽嶽命’，餘字時人莫識之。璞曰：‘蓋王者之作，必有靈符，塞天人之心，與神物契合，然後可以言受命矣。觀五鐸啓號於晉陵，棧鍾告成於會稽，瑞不失類，出皆以方，豈不偉哉！若夫鐸發其響，鍾徵其象，器以數臻，事以實應，天人之際不可不察。’”蓋撮《洞林》之文。“豈不偉哉”已下二十二字，據《晉書》補。

易洞林補遺

惠懷之際，河東先擾。璞筮之，投策而嘆曰："嗟乎！黔黎將淪於異類，桑梓其翦爲龍荒乎！"於是潛結姻昵及交遊數十家，欲避地東南。抵將軍趙固，會固所乘良馬死，固惜之，不接賓客。璞至，門吏不爲通。璞曰："吾能活馬。"吏驚入白固。固趨出，曰："君能活吾馬乎？"璞曰："得健夫二三十人，皆持長竿，東行三十里，有丘林社廟者，便以竿打拍，當得一物，宜急持歸。得此，馬活矣。"固如其言，果得一物似猴，持歸。此物見死馬，便噓吸其鼻。頃之馬起，奮迅嘶鳴，食如常，不復見向物。固奇之，厚加資給。《晉書·郭璞傳》不言《洞林》，以後文皆約用《洞林》占驗事，知此節亦取以爲言，據補。

璞既過江，宣城太守殷祐引爲參軍。時有物大如水牛，灰色卑腳，腳類象，有三甲，皆如驢蹄，赤色。"有三甲"已下九字，據《初學記》補。胸前尾上皆白，大力而遲鈍，來到城下，衆咸異焉。祐使人伏而取之，令璞作卦，遇遯之蠱，其卦曰："艮體連乾，其物壯巨。山潛之畜，匪兕匪虎。身與鬼并，精見二午。法當爲禽，兩翼不許[①]。遂被一創，還其本墅。按卦名之，是爲驢鼠。"卜適了，伏者以戟刺之，深尺餘，遂去不復見。郡綱紀上祠，請殺之。巫云："廟神不悅，曰：'此是邺亭驢山君鼠，使詣荆山，暫來過我，不須觸之。'"《晉書·郭璞傳》。案徐堅《初學記》卷二十九引《洞林》曰："宣城郡有隱鼠，

---

① "翼"，百衲本《晉書》作"靈"。

大如牛，形似鼠。象腳，腳有三甲，皆如驢蹄。身赤色，胸前尾上白^①。"白居易《六帖》卷九十八引云："宣城郡有隱鼠，大如牛，似鼠，身赤，胸尾白。"皆文義不具，本傳所載頗詳，並據校録。

祐遷石頭督護，璞復隨之。時有鼺鼠出延陵，璞占之曰："此郡東當有妖人欲稱制者，尋亦自死矣。後當有妖樹生，然若瑞而非瑞，辛螫之木也。儻有此者，東南數百里必有作逆者，期明年矣。"無錫縣欻有茱萸四株交枝而生，若連理者，其年盜殺吳興太守袁琇。或以問璞，璞曰："卯爻發而沴金，此木不曲直而成災也。"《晉書·郭璞傳》。

王導深重璞，引參己軍事。嘗令作卦，璞言："公有震厄，可命駕西出數十里，得一柏樹，截斷如身長，置常寢處，災當可消矣。"導從其言。數日果震，柏樹粉碎^②。

庾翼幼時嘗令璞筮公家及身，卦成，曰："建元之末丘山傾，長順之初子凋零。"及康帝即位，將改元爲建元^③。或謂庾冰曰："子忘郭生之言邪？丘山上名，此號不宜用^④。"冰撫心歎恨。及帝崩，何充改元爲永和，庾翼歎曰："天道精微，乃當如是。長順者，永和也，吾庸得免乎！"其年翼卒。

冰又令筮其後嗣，卦成，曰："卿諸子並當貴盛，然有白龍者，凶徵至矣。若墓碑生金，庾氏之大忌也。"後冰子蘊爲廣州刺史，妾房内忽有一新生白狗子，莫知所由來，其妾祕愛之，不令蘊知。

---

① "色"，底本脱，據乾隆内府刻《欽定古香齋袖珍十種》本《初學記》補。

② 按《世說新語·術解第二十》云："王丞相令郭璞試作一卦，卦成，郭意色甚惡。云：'公有震厄。'王問：'有可消伏理不？'郭曰：'命駕西出數里，得一柏樹，截斷如公長，置牀上常寢處，災可消矣。'王從其語，數日中，果震柏粉碎。子弟皆稱慶。大將軍云：'君乃復委罪於樹木！'"與本條所引爲同一事，然較本條稍詳，録以參考。

③ "改元爲建元"，底本作"元爲元"，據百衲本《晉書》改。

④ "山"，底本作"出"，據百衲本《晉書》改。

狗轉長大，蘊入，見狗眉眼分明，又身至長而弱，異於常狗，蘊甚怪之①。將出，共視在眾人前，忽失所在。蘊慨然曰："殆白龍乎！庾氏禍至矣。"又墓碑生金。俄而爲桓溫所滅，終如其言。並同上。

文獻曾令璞筮己一年中吉凶，璞曰："當有小不吉利。可取廣州二大甖，盛水，置牀帳二角，名曰鏡耗，以厭之②。某時撤甖去水，如此其災可消③。"至日忘之，尋失銅鏡，不知所在。後撤去水，乃見所失鏡在於甖中。甖口數寸，鏡大尺餘。王公復令筮鏡甖之意，璞云："撤甖違期，故致此妖④。邪魅所爲，無他故也。使燒車轄以擬鏡，立出。"陶潛《續搜神記》。案此條亦本《洞林》，據補。

璞避難至新息，有人以茱萸令璞射之。璞曰："子如小鈴含玄珠，構支言之是茱萸。"歐陽詢《藝文類聚》卷八十九。《太平御覽》卷九百六十。陶宗儀《説郛》載《洞林》第一節。

太子洗馬荀子驥家中，《説郛》引作"荀子家冀中"⑤。以龍銅魁作食，欻鳴。《太平御覽》卷七百五十八。《説郛》載《洞林》第二節，下有"李尤《羹魁銘》曰：羊羹不徧，駟馬長驅。"案此乃《御覽·魁篇》另節文，陶氏誤收，今刪去。

丞相從事中郎王文英家枕自作聲。《太平御覽》卷七百七。《説郛》載《洞林》第三節。

曲阿令趙元瞻兒子字虎舒，從吾學卜⑥。自求蓍作卦，見吾

----

① "轉"，底本脱，據百衲本《晉書》補。
② "帳"，底本作"張"，據民國時上海涵芬樓影印日本岩崎氏静嘉堂文庫藏宋刊本《太平御覽》（簡稱宋本《太平御覽》）改。
③ "甖"，底本脱，據宋本《太平御覽》補。
④ "甖口數寸，鏡大尺餘，王公復令筮鏡甖之意，璞云撤"，底本無，據宋本《太平御覽》補。
⑤ 按明末刻清初李際期宛委山堂續刻彙印本《説郛》（簡稱宛委山堂本《説郛》）作"荀子冀家中"，底本所引誤。
⑥ "子"，宛委山堂本《説郛》及宋本《太平御覽》皆無。

有盛艾小陵龜，欲得之。不與，語之曰："當作卦相爲致此物，令自來。"復數日，果有一龜入廄[1]。虎舒後見吾，言："偶有一物，試可占之，若得，當再拜輸一好角弓。"即便作卦，曰："案卦之是爲龜。"[2]虎舒奉弓起，再拜。《太平御覽》卷三百四十七。《説郛》載《洞林》第四節。

璞爲左尉周都[3]《御覽》《説郛》並作"周恭"。卜云："君墮馬傷頭。"尉後乘馬行，黃昏，坂下有犢車觸馬，馬驚，頭打石上，流血殆死。《藝文類聚》卷十七[4]。《太平御覽》卷三百六十四。《説郛》載《洞林》第五節。

日爲流珠，青龍之俱。《説郛》載《洞林》第六節。案此條出魏伯陽《參同契》，《太平御覽》卷三引亦作《參同契》，陶氏收入《洞林》，未知所據，姑依録之。

東夷之人以牛骨占事，呈示吉凶，無往不中。牛非含智之物，骨有如此之效[5]。《説郛》載《洞林》第七節。案《初學記》卷二十九、《太平御覽》卷七百二十六，又八百九十九並引作楊方《五經鉤沈》。陶氏收入《洞林》，姑依録之。

趙朔善占卦氣，客有卜田者，得履之四，朔曰："子歸有逸豚。"[6]已而果然。《説郛》載《洞林》第八節。

水不下潤，雲不登天，泥沈致寇，官守不堅[7]。虞世南《北堂書鈔》引《易卦洞林》。

---

① "人"，底本作"八"，形近而訛，據宛委山堂本《説郛》改。

② "便"，底本作"使"，形近而訛，據宛委山堂本《説郛》改。

③ "都"，上海古籍出版社 2013 年影印《宋本藝文類聚》（簡稱宋本《藝文類聚》）亦作"恭"，不知底本所據爲何本。

④ "七"，底本作"一"，經查此條在《藝文類聚》卷十七，徑改。

⑤ "如"，宛委山堂本《説郛》作"若"。

⑥ "四"，王謨輯本作"巽"。"歸"後，宛委山堂本《説郛》有"笠"字。

⑦ "泥沈"，光緒十四年南海孔氏三十有三萬卷堂刻《北堂書鈔》（簡稱南海孔氏刻《北堂書鈔》）作"沈泥"。"寇"，底本作"□"，據南海孔氏刻《北堂書鈔》補。

臨淮太守柳道明令璞作卦，説之曰："法君婦常夢嫁。"①問之，果然。便教令取井底泥泥竈，欲常應，道明如法，日中塗之，至黃昏火凡十起，燒竈室兩間而止，其婦果亡②。《北堂書鈔》卷一百五十九③。

卷縣令施安置鑷，《御覽》作"上懷鑷"。令璞射之④。璞曰："非簪非釵，常在頷下⑤。鬢髮飾物，是有兩歧⑥。"《北堂書鈔》卷一百三十六。《太平御覽》卷七百一十四引作："此是鑷，是有兩歧⑦。"朱氏《經義考》云："《洞林》之文有三言者，如簪非簪，釵非釵。"與下文句不叶，殊誤⑧。

---

① "常"，南海孔氏刻《北堂書鈔》作"當"。

② "明"，南海孔氏刻《北堂書鈔》作"即"。"燒"，底本無，據南海孔氏刻《北堂書鈔》補。

③ "卷一百五十九"，底本無，按依馬氏輯本注引書出處例，皆有具體卷數，此獨無，於例不合，據《北堂書鈔》補其卷數。此節亦出自《易卦洞林》，上所輯"水不下潤"條，亦在同卷。又余興國編輯《斷易大全·〈洞林秘訣〉論飛伏》亦引有此條，存有本卦，可補此條之闕。因《斷易大全》引此條時，又有注釋，不便輯出，通録全文如下。其言曰："柳道名占晉之剥卦，晉是遊魂，遇魂主夢，凶。元己酉屬金，元係本宮壬午火，伏乾家丈夫。第四爻變剥，丙戌土是火鬼墓，已酉身安在丈夫墓上，而不見丈夫。壬戌土鬼墓金，已巳火鬼而有墓主出，所以夢嫁也者，去尋丈夫也。問之，果然應所言。"上引文據清末錦章圖書局石印本《卜筮源流斷易大全》（簡稱錦章本《斷易大全》），並參考尚秉和先生《周易古筮考》卷七《筮林補遺》（中國大百科全書出版社 2005 年版）校訂。下所引二書皆同。

④ "安置鑷"，南海孔氏刻《北堂書鈔》亦作"上懷鑷"，馬氏所據本乃陳禹謨補注本《北堂書鈔》。

⑤ "頷"，底本作"領"，據南海孔氏刻《北堂書鈔》改。

⑥ "鬢髮飾物，是有兩歧"，南海孔氏刻《北堂書鈔》作"段髭鬚，是鐵物，有兩歧"。

⑦ "此是鑷，是有兩歧"，宋本《太平御覽》作"此是鏡物，有兩歧"。按疑"鏡"乃《北堂書鈔》"鐵"字之訛，"此"即《北堂書鈔》之"髭"，《太平御覽》引文有脱，亦可證此條所引當以南海孔氏刻《北堂書鈔》爲是。

⑧ 按朱震《漢上易叢説》云："又筮遇節之噬嗑，曰'簪非簪，釵非釵'，此以内卦兑言也，兑爲金。大抵斷卦當先自内。又曰'在下頭斷髭鬚'，所謂頭者，坎中之乾也；鬚者，在首下而裔也柔，坎也。"按《釋名·釋首飾》云："鑷，攝也，攝取髮也。"鑷可斷髮鬚。核其文意，兩處引文當是一事。則本節所缺之本卦，可據《漢上易叢説》補"節之噬嗑"，則此條完具也。

東中郎參軍周稚琰薑蛾、載蟲，使璞射之①。璞曰：“射覆得此大落度，必是薑蛾及毛蟲。”稚琰饒鬢，故因以調之也②。《太平御覽》卷三百七十四。《藝文類聚》卷九十七引首二句作：“東中郎參軍周稚琰封薑蛾，令吾射之。”③

殷鴻喬令吾作卦，得大壯之夬，語之云：“慎勿與許姓者共事田作也，必鬭相傷。”殷還宣城，遂與許姓共田，田熟有所爭。此人舉杖欲撞之，喬退思中間之戒，辭謝，僅乃得休。《太平御覽》卷四百九十六。

吳興太守袁玄瑛當之官，筮卦吉凶④。曰：“法至官，當主赤蛇爲妖，不可殺⑤。”至，果有赤蛇在銅虎符石函上蟠，玄瑛摑殺之⑥。其後果爲賊徐馥所害。《太平御覽》卷八百八十五。

殷洪業來作卦，身在申，本命酉，乘馬南行西北走，迳趨木家化爲狗，賴子救之不成咎⑦。洪業丁酉生。後八月中，有急事，借馬南出，行數里，馬欻驚。更西北走，向戌地，入李家，遂落地，馬因齧之。主人出救，得免，不見傷也。《太平御覽》卷八百九十三。

揚州從事慎曜伯婦病困，經日發作，有時如聞物往來者⑧。其兄周彥武令吾作卦，得蹇⑨。身在戊戌，與坎鬼並卦中，當有從

---

① “琰”，底本作“玉”，據宋本《太平御覽》及宋本《藝文類聚》改。

② “琰”，底本脫，據宋本《太平御覽》補。

③ “九十七”，底本作“六十五”，經查此條在卷九十七《蟲豸部·蛾》，徑改。“東”，底本脫，據宋本《藝文類聚》補。

④ “筮”，宋本《太平御覽》作“卜”。

⑤ “法”，宋本《太平御覽》空格。“主”，宋本《太平御覽》作“有”。

⑥ “蟠”，底本脫，據宋本《太平御覽》補。“摑”，宋本《太平御覽》作“摘”。

⑦ “洪”，宋本《太平御覽》作“鴻”，本條並同。“救”，底本作“求”，據宋本《太平御覽》改。按“身在申”至“賴子救之不成咎”爲韻語，當爲林辭，疑“身”字前有脫文，可據通例補爲“其林曰”，唯所卜得卦象已無從補也。

⑧ “困”，底本作“因”，據宋本《太平御覽》改。

⑨ “吾”，宋本《太平御覽》作“人”，當是馬氏所改，以合於郭璞所言。

東北田家市黑狗畜之，以代之任患死①。當有無幾時，狗便死。復更養如前，凡三過養，輒皆吐血而死，婦亦病差②。《太平御覽》卷九百五。

　　鄉里人柳休祖婦病鼠瘻，積年不差③。及困垂命，令兒來從吾乞卜④。《太平廣記》引作"有日者柳休祖善卜筮⑤。其妻曾病鼠瘻，積年不差。漸困垂命，休祖遂占之"。占得頤之復，案卦應得人師姓石者而治之，《廣記》作"按卦曰，應得姓石者治之"。當以鼠出《廣記》作"當獲炙鼠"。而愈者也。休祖兒歸，有一賤家奴姓石，自言由來能治此病，《廣記》無"休祖兒歸"句，作"既而鄉里有一賤家，果姓石，自言能除此病"。且灸其三處而止，《廣記》作"遂灸病者頭上三處"。婦尋差⑥。有一老鼠，色正蒼黃，逕就其前，□□，《廣記》作"覺佳，俄有一鼠，色黃秀，逕前，噲噲然⑦"。伏而不動，呼犬齧《廣記》作"噬"⑧。殺之，鼠頭上有灸處，病便差⑨。《廣記》作"視鼠頭上，有三灸處，病者自差"。《太平御覽》卷九百十一。《太平廣記》卷二百十六。

　　寧遠參軍弘景則，其姊適吳，病四十餘年。暫來歸，在其家，令吾卦之，得明夷之小過。然病每欲動時，輒有烏來鳴，即便發作。案卦中，當得獨蹄豬畜之⑩。原注云："江東名之爲獨足豬。"後婦人如欲眠，而見一丈夫，衣服盡墨，在戶前立⑪。遙呼婦人，語其來

---

① "之"，宋本《太平御覽》作"人"。
② "過"，宋本《太平御覽》作"遇"。"亦病"，宋本《太平御覽》作"病亦"。
③ "婦"，底本作"父"，據宋本《太平御覽》改，又據《太平廣記》"其妻"，亦可證之。
④ "卜"，宋本《太平御覽》作"卦"。
⑤ "休"，明嘉靖談愷刻本《太平廣記》作"林"，本節並同。
⑥ "且"，底本作"旦"，據宋本《太平御覽》改。"婦"，宋本《太平御覽》作"歸"。
⑦ "秀"，底本作"考"，據談愷刻本《太平廣記》改。
⑧ "噬"，談愷刻本《太平廣記》作"噬"。
⑨ "犬"，宋本《太平御覽》作"狗"。"上"，底本脱，據宋本《太平御覽》補。
⑩ "當"後，宋本《太平御覽》有"時"字。
⑪ "墨"，宋本《太平御覽》作"黑"。

前，不肯言，言有所畏，遂泣而去①。病始小間。吾與殷侯共論此事，曰：「烏，日之禽；豬，月畜。水火相忌，自然之數。故取玄陰之伏物，用消太陽之飛精。日中三腳，故以獨足者當之。」②《太平御覽》卷九百二十。吳淑《事類賦》卷十九《烏賦注》「景則」上脱「弘」字，「其姊」下脱「適吳」二字，無「暫來歸，在其家」及「然病」至「發作」三句，「畜之」下有「如其言」句，「欲眠」作「始眠」，下無「而」字，「盡黑」下脱「在户前」句，「來」下有「前」字，「言」字不疊，「吾與」作「吾嘗論此事」，「禽」上無「之」字，「取」上無「故」字，「消」上無「用」字，「三腳」作「三足」。

晉中宗爲丞相時，府中有雞將雛③。《御覽》《事類賦注》並作「丞相府有將雛雞」，據《廣記》訂補。雀飛集《御覽》脱「集」字④。其背上，驅之去，復來，《廣記》作「驅而復來」，《事類賦注》脱「去」字，兹據《御覽》。如此再三。令璞占之，曰：《廣記》作「占者云」，《御覽》脱「曰」字，據《事類賦注》補。「雞者酉，酉者金，夫雀變而來赴之，此晉王踐祚之象也。」「雞者」三句，《御覽》《事類賦注》並脱，據《廣記》補。末句《廣記》作「即王」，《御覽》《事類賦注》作「即祚之漸」，互校訂。《太平御覽》卷九百二十二⑤。《太平廣記》卷一百三十五。《事類賦》卷十九《雀賦注》。

流移道路，諸人並欲令璞射覆，人人自持五月五日蜘蛛，諸物悉驗，遂不復射⑥。《太平御覽》卷九百四十八⑦。

元帝時，三雀共登一雄雞背，三入安東廳。占者以爲當進三

---

① 「前」，底本脱，據宋本《太平御覽》補。「不肯」後，宋本《太平御覽》僅有一「言」字，即如馬氏所謂《事類賦》「言」字不疊。

② 按朱熹《周易本義》注小過卦「初六，飛鳥以凶」，云：「郭璞《洞林》，占得此者，或致羽蟲之孽。」或即謂此條弘景則姊病一事，不敢必謂其是，姑録於此，以備參考。

③ 「晉」，底本無，據談愷刻本《太平廣記》補。

④ 按宋本《太平御覽》有「集」字。

⑤ 「二」，底本無，經查，此條在《太平御覽》卷九百二十二，徑補。

⑥ 「諸」，底本及宋本《太平御覽》皆作「者」，此據文淵閣《四庫全書》本《太平御覽》改。

⑦ 「八」，底本作「六」，經查，此條在《太平御覽》卷九百四十八，徑改。

爵爲天子①。《太平廣記》卷一百三十五。

揚州別駕顧球娣生十年便病，至年五十餘②。令璞筮之，得大過之升，其辭曰："大過卦者義不嘉，塚墓枯楊無英華。振動遊魂見龍車，身被重累嬰天邪。法由斬祀殺靈蛇，非己之咎先人瑕，案卦論之可奈何③。"球乃訪跡其家事。先世曾伐大樹，得大蛇殺之，女便病。病後有羣鳥數千回翔屋上，人皆怪之，不知何故。有縣農行過舍邊，仰視，見龍牽車，五色晃爛，甚大非常，有頃遂滅④。《太平廣記》卷二百十六引《搜神記》。按亦採自《洞林》，據補。

---

① 按此條與上"晉中宗爲丞相時"條，同在《太平廣記》"晉元帝"一節，均爲《太平廣記》引《洞林記》。"晉中宗"條，有《藝文類聚》《太平御覽》《事類賦》並引作《洞林》，則此條亦當出自《洞林》。

② "至年"之年，底本無，據談愷刻本《太平廣記》補。

③ "祀"，明沈氏野竹齋抄本《太平廣記》作"樹"。

④ "農"，底本脱，據談愷刻本《太平廣記》補。

續補遺[①]

顧士羣母病，命筮之，得歸妹之隨，云："命盡秋節。"至七月遂亡。歸妹，女之終，兌主秋，至立秋日亡。出自胡一桂《周易本義啓蒙翼傳·下篇·筮法·附抄》。朱震《周易叢説》引云："顧士犀母病，得歸妹，七日亡者，歸妹女之終也。"與此文略異。

顧行常不宜兒子，其婦將産，求術於郭璞。爲作卦，得家人之蒙。其辭曰："巽子在上變值蒙，女蘿覆高松。蒞養徵火捍其凶，養子之人名宜同。法當字乳婢曰青蘿。"如其言，呼兒果無恙。出自宋葉廷珪《海録碎事·卷七下·聖賢人事部上·乳母門》引《侍兒小録》。朱震《漢上易傳·説卦傳第九》云："《洞林》家人之蒙，巽震交坎爲長松，其在震九四爲棘匕，在涣九二爲机。"所言蓋一事。知此條出自《洞林》，《海録碎事》首尾完具，據以録文。

豫之小過曰："五月晦日，羣魚來入州城寺舍。"出自朱震《周易叢説》[②]。朱震云："注以乙未爲魚星，非也。"則此條原有注"乙未爲魚星"。朱彝尊《經義考》卷十一《易》十亦引此條，無注。

巽爲大雞，酉爲小雞。出自《漢上易傳·説卦傳第九》。又《周易叢説》謂："《洞林》以巽爲大雞，酉爲小雞。"又江藩《周易述補》注巽卦云："郭璞《洞林》曰：巽爲大雞。"

---

① 此爲整理者所補。
② 朱震《周易叢説》據清納蘭性德《通志堂經解》本整理，《漢上易傳》據上海涵芬樓影印宋刊本《漢上易傳》整理，下所引並同。

元帝大興中[1]，割晉陵郡封少子，以嗣太傅東海王。俄而世子母石婕好疾病。使郭璞筮之，遇明夷之既濟，曰："世子不宜裂土封國，以致患悔，母子並貴之咎也。法所封內，當有牛生一子兩頭者，見此物則疾瘳矣。"其七月，曲阿縣陳門牛生子兩頭，郡縣圖其形而上之[2]。元帝以示石氏，石氏見而有間。或問其故，曰："晉陵土，上所以受命之邦也。凡物莫能兩大，使世子並其方，其氣莫以取之。故致兩頭之妖，以爲警也。"[3]出自《開元占經》卷一一七引《搜神記》。案《漢上易傳·説卦傳第九》引《洞林》云："明夷之既濟曰：當有牛生一子。"又《周易叢説》云："郭璞爲東海世子母病筮，得明夷之既濟，坤變坎，曰'不宜封國列土以致患，母子不並貴'，坤爲國邑，坎折之，坤母坎子，土克水也。又曰'當有牛生一子而兩頭'，一子謂坤變坎，此《説卦》所謂子母牛也。兩頭者，坎離相應，離中爻有田。"正與此條合，則《搜神記》當引自郭璞《洞林》，此條明爲《洞林》文。《開元占經》所引文義並具，據以輯入。

璞筮遇咸之漸，曰："兌爲賤女，戲倒陰陽。"出自朱震《漢上易傳·説卦傳第九》。又《周易叢説》云："兌爲妾，變爲巽，巽爲近市利，則倚市門矣。故《洞林》咸之漸，兌成巽，曰'妾爲倡'。"兩處蓋一事，知本條所引出自《洞林》。又"妾爲倡"亦當是《洞林》文。

筮得升之比，和氣氤氳感潛鴻。朱震《周易叢説》引此云："郭璞筮升之比，升二三五變也。五變坎，曰'和氣氤氳感潛鴻'，坎下伏離，離爲飛鳥，鵝鳧同象。"此是朱震引郭璞書，而間有論釋，故整理者節錄其文作正文於前。此處雖未明言出自《洞林》，然由前後所引皆出自《洞林》，且引文爲七字句，合於《洞林》之辭，必是《洞林》文無疑。下五條引朱震書者並同此意。

---

① 本條據文淵閣《四庫全書》抄本《開元占經》整理，校勘記參考李劍國先生輯校《新輯搜神記》。"元帝大興中"，《宋書·五行志五》作"晉愍帝建武元年"，《晉書·五行志下》作"元帝建武元年七月"。

② "曲阿"，四庫本作"曲河"，李劍國先生據《宋書·州郡志一》載晉陵郡屬縣有曲阿，改"曲河"爲"曲阿"，兹從其校。

③ "曰"，四庫本無，李劍國先生據己意補"曰"字，文義稍順，兹從。

璞得大有之泰，云：“七月中有蛇在屋間，出食雞雛。”_{出自朱震}《周易叢説》。

郭璞筮遇乾之離，曰：“驊騮綠耳，遂玄黃於坎離。”出自朱震《漢上易傳·説卦傳第九》。

郭璞筮遇需之復，曰：“鼉也。”出自朱震《漢上易傳·説卦傳第九》。

郭璞得大壯之頤，曰：“柔内剛外則畜緇。”出自朱震《周易叢説》。

郭璞筮得中孚之需，曰：“虛中象道若虛舟。”出自朱震《周易叢説》。

郭璞曰：“魚者，震之廢氣也，巽王則震廢。”出自朱震《周易叢説》。惠棟《周易述》卷四剥卦謂之《洞林》文。

有荀子曰澤家五月占，否卦之小過①。詩云：“否之小過大不良，世爻乙卯克昇陽。人命不利當逢喪，酉月不見戌所傷。二者之名爲何當，婦女胎反見華蓋，沈不見水身在旁。”其後至九月，澤妹名沈，又有弟婦名節華，姓董，因産得病，兒娘各死。自後累試，凡動克身爻，到月皆有哭泣死亡之災，如巳午爻爲昇受克，即應在四五月方冀。出自余興國編輯《斷易大全·升降章》，並據尚秉和先生《周易古筮考》卷七《筮林補遺》校訂。因《斷易大全》引此條時，又有論釋，不便輯出，遂通録全文如上，下皆倣此。

趙某占節之坎，云：“坎宮火世家卜精，居人子立財爻並。此非庶鬼即家生，身年十二桃根名。猴猻青龍共相攪，若其不戒懼溺沈。”若坎爲水宫，丁巳火爲財，在初爻不旺，變爲戊寅木，木爲子孫，木在水上，怪異爲名②。七月陰煞在寅，寅刑巳，巳刑申，申刑寅。七月怪爻在戊申，爲猴猻。初爻爲巳火，月鬼合寅，爲一

---

① “荀子曰澤”，疑即《補遺》中所引“太子洗馬荀子驥家中”一條之“荀子驥”。“否”字前疑當有“得”或“遇”字。

② “木在水上”，尚秉和《周易古筮考》作“木出水下”。

寅刑帶殺陰，戊寅木子孫在水底下①。後問之，果然。趙某有子庶生，名桃根，年十二歲。七月七日與羣兒戲，見大蛇遶猴猻，衆見驚走，惟桃根驗，跌墮井中而死。水變三刑帶煞之驗有如此。出自余興國編輯《斷易大全·占怪異第二十八》，並據尚秉和先生《周易古筮考》卷七《筮林補遺》校訂。

諸葛道明癸酉年五月占，得剝之晉，云：此厚下安宅，吉先遠之卦，謂剝之晉也。丙子歲東出郡，何以知之？卦世在子，下伏印綬，爲駙馬所扶，遷期必用月衝，所以當五月位也。注丙子世身也，伏神在壬申金，金主水受，印綬也。五月駙馬在申，印綬伏爻，五月衝子，歲刑亦在子，子年身旺，逢衝起刑，發後至丙子年臘月，道明果出東受會稽太守也。占卜者細攻伏爻，豈止只知時下？故《洞林》載錄之。出自明徐紹錦校《新鍥纂集諸家全書大成斷易天機·占仕宦第十一》及余興國編輯《斷易大全·占仕宦第十一》，據二書互校。

《洞林》説鼎是乾家内戒，主内亂。出自余興國編輯《斷易大全·十六變章》。

卷令施安上家釜九鳴，旬月之中，尋有九喪②。出自《開元占經》卷一百十四，此條魏代富先生輯出。

永嘉初，元帝以安東將軍鎮建業，時歲、鎮星、辰、太白四星聚於牛、女之間，常裴回進退。愍帝建興四年，晉陵武進人陳龍在田中得銅鐸五枚，柄口皆有龍虎形；又有將雛雞雀集其前，皆驅去復還，至于再三；又有鵝三四頭，高飛且鳴，周回東西，晝夜不下，如此者六七日。會稽剡縣陳清又於井中得棧鐘，長七寸二

---

① "合"，原作"令"，據尚秉和《周易古筮考》改。

② 此條據文淵閣《四庫全書》抄本《開元占經》整理。按《補遺》中有"卷縣令施安上懷鑷"一條，殆即同一人。

分，口徑四寸，其器雖小，形制甚精，上有古文書十八字，其四字可識，云：“會稽徽命。”豫章有大樟樹，大三十五圍，枯死積久，永嘉中，忽更榮茂。景純並言是元帝中興之應①。出自《宋書》卷二十七《符瑞志上》。此條亦魏代富先生輯出。按此條雖多與前文所輯佚者重複，然文字亦稍有不同，亦有前文所不具之事，並録以備參考。

---

① 據點校本二十四史修訂本《宋書》（中華書局 2018 年版）録文。

存 疑^①

乾一，坤二，震三，巽四，坎五，離六，艮七，兌八。占人及物數皆準此^②。<small>出自《續修四庫全書》影印上海圖書館藏稿本《玉函山房輯佚書續編·子編·雜占類》，王仁俊輯。王氏從《續博物志》採得郭氏《易占》一節。按孫啓治、陳建華編《古佚書輯本目録》謂："《隋》《唐志》不載《易占》，此或即《易洞林》之文。"</small>

郭璞云："乾兌爲刀，震巽爲砧，刀在砧上忌死，刀在砧下不妨。若值大過、无妄二卦則忌死，若大壯、中孚無妨。"<small>出自余興國編輯《斷易大全·占牛馬第三十三》。</small>

許邁字叔玄，一名映，丹楊句容人也。家世士族，而邁少恬靜，不慕仕進。未弱冠，嘗造郭璞，璞爲之筮，遇泰之大畜，其上六爻發。璞謂曰："君元吉自天，宜學升遐之道。"<small>出自《晉書》卷八十《許邁傳》。兹條轉引自尚秉和《周易古筮考》卷四一爻動下。</small>

---

① 此爲整理者所補。

② "準"，王仁俊稿本作"非十"，顯由一字而誤分，日本寬政至文化間活字印佚存叢書本《五行大義》亦引此條作"準"，據改。

附録　晉書·郭璞傳①

郭璞字景純，河東聞喜人也。父瑗，尚書都令史。時尚書杜預有所增損，瑗多駁正之，以公方著稱，終於建平太守。璞好經術，博學有高才，而訥於言論，詞賦爲中興之冠。好古文奇字，妙於陰陽算曆。有郭公者，客居河東，精於卜筮，璞從之受業。公以《青囊中書》九卷與之，由是遂洞五行、天文、卜筮之術，攘災轉禍，通致無方，雖京房、管輅不能過也。璞門人趙載嘗竊《青囊書》，未及讀，而爲火所焚。

惠懷之際，河東先擾。璞筮之，投策而嘆曰："嗟乎！黔黎將湮於異類，桑梓其翦爲龍荒乎！"於是潛結姻昵及交遊數十家，欲避地東南。抵將軍趙固，會固所乘良馬死，固惜之，不接賓客。璞至，門吏不爲通。璞曰："吾能活馬。"吏驚入白固。固趨出，曰："君能活吾馬乎？"璞曰："得健夫二三十人，皆持長竿，東行三十里，有丘林社廟者，便以竿打拍，當得一物，宜急持歸。得此，馬活矣。"固如其言，果得一物似猴，持歸。此物見死馬，便噓吸其鼻。頃之馬起，奮迅嘶鳴，食如常，不復見向物。固奇之，厚加資給。

行至廬江，太守胡孟康被丞相召爲軍諮祭酒。時江淮清宴，孟康安之，無心南渡。璞爲占曰"敗"，康不之信。璞將促裝去

① 《晉書·郭璞傳》文字多録自《洞林》，亦間有郭璞卜筮之事，附録於後，以備參考。

之，愛主人婢，無由而得，乃取小豆三斗，繞主人宅散之。主人晨見赤衣人數千圍其家，就視則滅，甚惡之，請璞爲卦。璞曰："君家不宜畜此婢，可於東南二十里賣之，慎勿爭價，則此妖可除也。"主人從之。璞陰令人賤買此婢。復爲符投於井中，數千赤衣人皆反縛，一一自投於井，主人大悦。璞攜婢去。後數旬而廬江陷。

璞既過江，宣城太守殷祐引爲參軍。時有物大如水牛，灰色卑腳，腳類象，胸前尾上皆白，大力而遲鈍，來到城下，衆咸異焉。祐使人伏而取之，令璞作卦，遇遯之蠱。其卦曰："艮體連乾，其物壯巨。山潛之畜，匪兕匪虎。身與鬼並，精見二午。法當爲禽，兩靈不許。遂被一創，還其本墅。按卦名之，是爲驢鼠。"卜適了，伏者以戟刺之，深尺餘，遂去不復見。郡綱紀上祠，請殺之。巫云："廟神不悦，曰：'此是邺亭驢山君鼠，使詣荆山，暫來過我，不須觸之。'"其精妙如此。祐遷石頭督護，璞復隨之。時有鼳鼠出延陵，璞占之曰："此郡東當有妖人欲稱制者，尋亦自死矣。後當有妖樹生，然若瑞而非瑞，辛螫之木也。儻有此者，東南數百里必有作逆者，期明年矣。"無錫縣欻有茱萸四株交枝而生，若連理者，其年盜殺吳興太守袁琇。或以問璞，璞曰："卯爻發而漺金，此木不曲直而成災也。"

王導深重之，引參己軍事。嘗令作卦，璞言："公有震厄，可命駕西出數十里，得一柏樹，截斷如身長，置常寢處，災當可消矣。"導從其言。數日果震，柏樹粉碎。

時元帝初鎮建鄴，導令璞筮之，遇咸之井。璞曰："東北郡縣有'武'名者，當出鐸，以著受命之符。西南郡縣有'陽'名者，井當沸。"其後晉陵武進縣人於田中得銅鐸五枚，歷陽縣中井沸，經日乃止。及帝爲晉王，又使璞筮，遇豫之睽，璞曰：“會稽當出鍾，以告成功，上有勒銘，應在人家井泥中得之。繇辭所謂‘先王以作樂崇德，殷薦之上帝’者也。”及帝即位，太興初，會稽剡縣人果於井中得一鍾，長七寸二分，口徑四寸半，上有古文奇書十八字，云“會稽嶽命”，餘字時人莫識之。璞曰：“蓋王者之作，必有靈符，塞天人之心，與神物合契，然後可以言受命矣。觀五鐸啓號於晉陵，棧鍾告成於會稽，瑞不失類，出皆以方，豈不偉哉！若夫鐸發其響，鍾徵其象，器以數臻，事以實應，天人之際不可不察。”帝甚重之。

璞著《江賦》，其辭甚偉，爲世所稱。後復作《南郊賦》，帝見而嘉之，以爲著作佐郎。於時陰陽錯繆，而刑獄繁興，璞上疏曰：“臣聞《春秋》之義，貴元慎始，故分至啓閉以觀雲物，所以顯天人之統，存休咎之徵。臣不揆淺見，輒依歲首粗有所占，卦得解之既濟。案爻論思，方涉春木王龍德之時，而爲廢水之氣來見乘，加升陽未布，隆陰仍積，坎爲法象，刑獄所麗，變坎加離，厥象不燭。以義推之，皆爲刑獄殷繁，理有壅濫。又去年十二月二十九日，太白蝕月。月者屬坎，羣陰之府，所以照察幽情，以佐太陽者也。太白，金行之星，而來犯之，天意若曰刑理失中，自壞其所以爲法者也。臣術學庸近，不練內事，卦理所及，敢不盡言。又去秋以來，沈雨跨年，雖爲金家涉火之祥，然亦是刑獄充溢，怨歎之氣所致。往建興四年十二月中，行丞相令史淳于伯刑於市，而血逆流長摽。伯者小人，雖罪在未允，何足感動靈變，致若斯之怪邪！明皇天所以保祐金家，子愛陛下，屢見災異，殷勤無已。陛下宜側身思懼，以應靈譴。皇極之謫，事不虛降。不然，恐將來必有愆陽苦雨之災，崩震薄蝕之變，狂狡蠢戾之妖，以益陛下旰食之勞也。臣謹尋按舊經，《尚書》有五事供禦之術，《京房易傳》有消復之救，所以緣咎而致慶，因異而邁政。故木不生庭，太戊無以隆；雊不鳴鼎，武丁不爲宗。夫寅畏者所以饗福，怠傲者所以招患，此自然之符應，不可不察也。案解卦繇云：'君子以赦過宥罪。'既濟云：'思患而豫防之。'臣愚以爲宜發哀矜之詔，引在予之責，蕩除瑕釁，贊陽布惠，使幽斃之人應蒼生以悅育，否滯之氣隨谷風而紓散。此亦寄時事以制用，藉開塞而曲成者也。臣竊觀陛下貞明仁恕，體之自然，天假其祚，奄有區夏，啓重光於已昧，廓四祖之遐武，祥靈表瑞，人鬼獻謀，應天順時，殆不尚此。然陛下卽位以來，中興之化未闡，雖躬綜萬機，勞逾日昃，玄澤未加於羣生，聲教未被乎宇宙。臣主未寧于上，黔細未輯于下，鴻鴈之詠不興，康哉之歌不作者，何也？杖道之情未著，而任刑之風先彰，經國之略未震，而軌物之迹屢遷。夫法令不一則人情惑，職次數改則覬覦生，官方不審則秕政作，懲勸不明則善惡渾，此有國者之所慎也。臣竊爲陛下惜之。夫以區區之曹參，猶能遵蓋公之一言，倚清靖以鎮俗，寄市獄以容非，德音不忘，流詠於今。漢之中宗，聰悟獨斷，可謂令主，然屬意刑名，用虧純德。《老子》以禮爲忠信之薄，況刑又是禮之糟粕者乎！夫無爲而爲之，不宰以宰之，固陛下之所體者也。恥其君不爲堯舜者，亦豈惟古人！是以敢肆狂瞽，不隱其懷。若臣言可採，或所以爲塵露之益；若不足採，所以廣聽納之門。願陛下少留神鑒，賜察臣言。"疏奏，優詔報之。

其後日有黑氣，璞復上疏曰："臣以頑昧，近者冒陳所見，陛下不遺狂言，事蒙御省。伏讀聖詔，歡懼交戰。臣前云升陽未布，隆陰仍積，坎爲法象，刑獄所麗，變坎加離，厥象不燭，疑將來必有薄蝕之變也。此月四日，日出山六七丈，精光潛昧，而色都赤，中有異物大如雞子，又有青黑之氣共相薄擊，良久方解。案時在歲首純陽之月，日在癸亥全陰之位，而有此異，殆元首供禦之義不顯，消復之理不著之所致也。計去微臣所陳，未及一月，而便有此變，益明皇天留情陛下懇懇之至也。往年歲末，太白蝕月，今在歲始，日有咎謫。曾未數旬，大眚再見。日月告釁，見懼詩人，無曰天高，其鑒不遠。故宋景言善，熒惑退次；光武寧亂，呼沱結冰。此明天人之懸符，有若形影之相應。應之以德，則休祥臻；酬之以怠，則咎徵作。陛下宜恭承靈譴，敬天之怒，施沛然之恩，諧玄同之化，上所以允塞天意，下所以弭息羣謗。臣聞人之多幸，國之不幸。赦不宜數，實如聖旨。臣愚以爲子產之鑄刑書，非政事之善，然不得不作者，須以救弊故也。今之宜赦，理亦如之。隨時之宜，亦聖人所善者。此國家大信之要，誠非微臣所得干豫。今聖朝明哲，思弘謀猷，方闢四門以亮采，訪輿誦於羣心，況臣蒙珥筆朝末，而可不竭誠盡規哉！"

頃之，遷尚書郎。數言便宜，多所匡益。明帝之在東宮，與溫嶠、庾亮並有布衣之好，璞亦以才學見重，埒於嶠、亮，論者美之。然性輕易，不修威儀，嗜酒好色，時或過度。著作郎干寶常誡之曰："此非適性之道也。"璞曰："吾所受有本限，用之恒恐不得盡，卿乃憂酒色之爲患乎！"

璞既好卜筮，縉紳多笑之。又自以才高位卑，乃著《客傲》，其辭曰："客傲郭生曰：'玉以兼城爲寶，士以知名爲賢。明月不妄映，蘭葩豈虛鮮。今足下既以拔文秀於叢薈，蔭弱根於慶雲，陵扶搖而竦翮，揮清瀾以濯鱗，而響不徹於一皐，價不登乎千金。傲岸榮悴之際，頡頏龍魚之間，進不爲諧隱，退不爲放言，無沈冥之韵，而希風乎嚴先，徒費思於鑽味，摹《洞林》乎《連山》，尚何名乎！夫攀驪龍之鬣，撫翠禽之毛，而不得絕霞肆、跨天津者，未之前聞也。'郭生粲然而笑曰：'鷦鵬不可與論雲翼，井蛙難與量海鼇。雖然，將袪子之惑，訊以未悟，其可乎？乃者地維中絕，乾光墜采，皇運暫迴，廓祚淮海。龍德時乘，羣才雲駮，藹若鄧林之會逸翰，爛若溟海之納奔濤，不煩咨嗟之訪，不假蒲帛之招，羈九有之奇駿，咸總之于一朝，豈惟豐沛之英，南陽之豪！昆吾挺鋒，驪軒軫髦，杞梓競敷，蘭茞爭翹，嚶聲冠於伐木，援類繁乎拔茅。是以水無浪士，巖無幽人，刈蘭不暇，爨桂不給，安事錯薪乎！且夫窟泉之潛不思雲翬，熙冰之采不羨旭晞，混光耀於埃藹者，亦曷願滄浪之深，秋陽之映乎！登降紛於九五，淪湧懸乎龍津。蚖蛾以不才陸槁，蟒蛇以騰鶩暴鱗。連城之寶，藏於褐裏，三秀雖艷，靡于麗采。香惡乎芬？賈惡乎在？是以不塵不冥，不驪不騂，支離其神，蕭悴其形。形廢則神王，跡粗而名生。體全者爲犧，至獨者不孤，傲俗者不得以自得，默覺者不足以涉無。故不恢心而形遺，不外累而智喪，無巖穴而冥寂，無江湖而放浪。玄悟不以應機，洞鑒不以昭曠。不物物我我，不是是非非。忘意非我意，意得非我懷。寄羣籟乎無象，域萬殊于一歸。不壽殤子，不夭彭涓，不壯秋豪，不小太山。蚊淚與天地齊流，蜉蝣與大椿齒年。然一闔一開，兩儀之跡，一沖一溢，懸象之節，渙沍期於寒暑，凋蔚要乎春秋。青陽之翠秀，龍豹之委穎，駿狼之長暉，玄陸之短景。故皋壤爲悲欣之府，胡蝶爲物化之器矣。夫欣黎黃之音者，不顰蟪蛄之吟；豁雲臺之觀者，必悶帶索之歡。縱蹈而詠採菁，擁壁而歎抱關。戰機心以外物，不能得意於一弦。悟往復於嗟歎，安可與言樂天者乎！若乃莊周偃蹇於漆園，老萊婆娑於林窟，嚴平澄漠於塵肆，梅真隱淪乎市卒，梁生吟嘯而矯跡，焦先混沌而槁杌，阮公昏酣而賣傲，翟叟遁形以倏忽。吾不能幾韵於數賢，故寂然玩此員策與智骨。'"

永昌元年，皇孫生，璞上疏曰："有道之君未嘗不以危自持，亂世之主未嘗不以安自居。故存而不忘亡者，三代之所以興也；亡而自以爲存者，三季之所以廢也。是以古之令主開納忠讜，以弼其違；摽顯切直，用攻其失。至乃聞一善則拜，見規誡則懼。何者？蓋不私其身，處天下以至公也。臣竊惟陛下符運至著，勳業至大，而中興之祚不隆、聖敬之風未躋者，殆由法令太明，刑教太峻。故水至清則無魚，政至察則眾乖，此自然之勢也。臣去春啓事，以囹圄充斥，陰陽不和，推之卦理，宜因郊祀作赦，以蕩滌瑕穢。不然，將來必有愆陽苦雨之災，崩震薄蝕之變，狂狡蠢戾之妖。其後月餘，日果薄鬪。去秋以來，諸郡並有暴雨，水皆洪潦，歲用無年。適聞吳興復欲有構妄者，咎徵漸成，臣甚惡之。頃者以來，役賦轉重，獄犴日結，百姓困擾，甘亂者多，小人愚嶮，共相扇惑。雖勢無所至，然不可不虞。案《洪範傳》，君道虧則日蝕，人憤怨則水涌溢，陰氣積則下代上。此微理潛應已著實於事者也。假令臣遂不幸謬中，必貽陛下側席之憂。今皇孫載育，天固靈基，黔首顒顒，實望惠潤。又歲涉午位，金家所忌。宜於此時崇恩布澤，則火氣潛消，災譴不生矣。陛下上承天意，下順物情，可因皇孫之慶，大赦天下。然後明罰敕法，以肅理官，克厭天心，慰塞人事，兆庶幸甚，禎祥必臻矣。臣今所陳，暫而省之，或未允聖旨；久而尋之，終亮臣誠。若所啓上合，願陛下勿以臣身廢臣之言。臣言無隱，而陛下納之，適所以顯君明臣直之義耳。"疏奏，納焉，即大赦改年。

時暨陽人任谷因耕息於樹下，忽有一人著羽衣就淫之，既而不知所在，谷遂有娠。積月將產，羽衣人復來，以刀穿其陰下，出一蛇子便去，谷遂成宦者。後詣闕上書，自云有道術。帝留谷于宮中。璞復上疏曰：“任谷所爲妖異，無有因由。陛下玄鑒廣覽，欲知其情狀，引之禁內，供給安處。臣聞爲國以禮正，不聞以奇邪。所聽惟人，故神降之吉。陛下簡默居正，動遵典刑。案《周禮》，奇服怪人不入宮，況谷妖詭怪人之甚者，而登講肆之堂，密邇殿省之側，塵點日月，穢亂天聽，臣之私情竊所以不取也。陛下若以谷信爲神靈所憑者，則應敬而遠之。夫神，聰明正直，接以人事。若以谷爲妖蠱詐妄者，則當投畀裔土，不宜令褻近紫闥。若以谷或是神祇告譴、爲國作眚者，則當克己修禮以弭其妖，不宜令谷安然自容，肆其邪變也。臣愚以爲陰陽陶烝，變化萬端，亦是狐貍魍魎憑假作惡。願陛下採臣愚懷，特遣谷出。臣以人乏，忝荷史任，敢忘直筆，惟義是規。”其後元帝崩，谷因亡走。

璞以母憂去職，卜葬地於暨陽，去水百步許。人以近水爲言，璞曰：“當即爲陸矣。”其後沙漲，去墓數十里皆爲桑田。

未朞，王敦起璞爲記室參軍。是時潁川陳述爲大將軍掾，有美名，爲敦所重，未幾而没。璞哭之哀甚，呼曰：“嗣祖，嗣祖，焉知非福！”未幾而敦作難。時明帝即位踰年，未改號，而熒惑守房。璞時休歸，帝乃遣使齎手詔問璞。會暨陽縣復上言曰赤烏見，璞乃上疏請改年肆赦，文多不載。

璞嘗爲人葬，帝微服往觀之，因問主人何以葬龍角，此法當滅族。主人曰：“郭璞云此葬龍耳，不出三年當致天子也。”帝曰：“出天子邪？”答曰：“能致天子問耳。”帝甚異之。

璞素與桓彝友善，彝每造之，或値璞在婦間，便入。璞曰："卿來，他處自可徑前，但不可廁上相尋耳，必客主有殃。"彝後因醉詣璞，正逢在廁，掩而觀之，見璞躶身被髮，銜刀設醊。璞見彝，撫心大驚曰："吾每屬卿勿來，反更如是！非但禍吾，卿亦不免矣。天實爲之，將以誰咎！"璞終嬰王敦之禍，彝亦死蘇峻之難。

王敦之謀逆也，溫嶠、庾亮使璞筮之，璞對不決。嶠、亮復令占己之吉凶，璞曰："大吉。"嶠等退，相謂曰："璞對不了，是不敢有言，或天奪敦魄。今吾等與國家共舉大事，而璞云大吉，是爲舉事必有成也。"於是勸帝討敦。初，璞每言"殺我者山宗"，至是果有姓崇者構璞於敦。敦將舉兵，又使璞筮。璞曰："無成。"敦固疑璞之勸嶠、亮，又聞卦凶，乃問璞曰："卿更筮吾壽幾何？"答曰："思向卦，明公起事，必禍不久。若住武昌，壽不可測。"敦大怒曰："卿壽幾何？"曰："命盡今日日中。"敦怒，收璞，詣南岡斬之。璞臨出，謂行刑者欲何之，曰："南岡頭。"璞曰："必在雙柏樹下。"既至，果然。復云："此樹應有大鵲巢。"衆索之不得。璞更令尋覓，果於枝間得一大鵲巢，密葉蔽之。初，璞中興初行經越城，間遇一人，呼其姓名，因以袴褶遺之。其人辭不受，璞曰："但取，後自當知。"其人遂受而去。至是，果此人行刑。時年四十九。及王敦平，追贈弘農太守。

初，庾翼幼時嘗令璞筮公家及身，卦成，曰："建元之末丘山傾，長順之初子凋零。"及康帝即位，將改元爲建元，或謂庾冰曰："子忘郭生之言邪？丘山上名，此號不宜用。"冰撫心歎恨。及帝崩，何充改元爲永和，庾翼歎曰："天道精微，乃當如是。長順者，永和也，吾庸得免乎！"其年翼卒。

冰又令筮其後嗣，卦成，曰："卿諸子並當貴盛，然有白龍者，凶徵至矣。若墓碑生金，庾氏之大忌也。"後冰子蘊爲廣州刺史，妾房内忽有一新生白狗子，莫知所由來，其妾祕愛之，不令蘊知。狗轉長大，蘊入，見狗眉眼分明，又身至長而弱，異於常狗，蘊甚怪之。將出，共視在衆人前，忽失所在。蘊慨然曰："殆白龍乎！庾氏禍至矣。"又墓碑生金。俄而爲桓温所滅，終如其言。璞之占驗，皆如此類也。

璞撰前後筮驗六十餘事，名爲《洞林》。又抄京、費諸家要最，更撰《新林》十篇、《卜韵》一篇。注釋《爾雅》，別爲《音義》《圖譜》。又注《三蒼》《方言》《穆天子傳》《山海經》及《楚辭》《子虚》《上林賦》數十萬言，皆傳於世。所作詩賦誄頌亦數萬言。子鼇，官至臨賀太守。

易占(一)P2482VD

佚　名　撰

關長龍　點校

【題解】

底卷編號爲伯二四八二背 D，存一紙，首尾全，有字二十二行，行抄約二十三字左右。其内容爲八宮卦卦變例。據王晶波《敦煌占卜文獻與社會生活》（甘肅教育出版社 2013 年）考訂，其前抄有"常樂副使田員宗啓、雜寫及大晉天福八年（943）九月十五日題記"（頁 25），後抄"推男［女］生宮法"。底卷正面抄有墓志銘、邈真贊等五種，且有"於時大晉開運三年（946）十二月丁巳三日己未題記"。

《四庫全書總目》之《京氏易傳》下云："房所著有《易傳》三卷，《周易章句》十卷，《周易錯卦》七卷，《周易妖占》十二卷，《周易占事》十二卷，《周易守林》三卷，《周易飛候》九卷，又六卷。《周易飛候六日七分》八卷，《周易四時候》四卷，《周易混沌》四卷，《周易委化》四卷，《周易逆刺占災異》十二卷，《易傳積算法雜占條例》一卷，今惟《易傳》存。……其書雖以《易傳》爲名，而絶不詮釋經文，亦絶不附合易義。上卷、中卷以八卦分八宮，每宮一純卦統七變卦，而注其世應、飛伏、遊魂、歸魂諸例。下卷首論聖人作易揲蓍布卦，次論納甲法，次論二十四氣候配卦，與夫天、地、人、鬼四易，父母、兄弟、妻、子、官鬼等爻，龍德、虎形、天官、地官與五行生死所寓之類，蓋後來錢卜之法，實出於此。故項安世謂以《京易》考之，世所傳火珠林即其遺法。"

底卷之内容與京房所創之八宮卦變同，是其産生時間或即在西漢之際，而文本前後有五代後晉（946－947）年號題記數種，皆可證其抄寫時間當在後晉之後。

底卷王愛和《敦煌占卜文書研究》（蘭州大學 2003 年博士學

位論文，以下簡稱"王文"）最早録校，關長龍《敦煌本數術文獻輯校》（中華書局 2019 年）據國際敦煌項目（IDP）在綫圖版重加録校，並擬題作《易占》（一）P2482VD。

乾：一世天風遘①，二世天山遁，三世天地否②，四世風地觀，五世山地剥，四世遊魂火地晉，三世歸魂火天大有。

坎：一世水澤節，二世水雷屯，三世水火既濟，四世澤火革，五世雷火豐③，四世遊魂地火明夷。三世歸魂地水師④。

艮：一世山火賁，二世山天大畜，三世山澤損，四世火澤睽，五世天澤履，四世遊魂風澤中浮⑤，三世遊魂風山漸。

震：一世雷地預⑥，二世雷水解，三世雷風恒，四世地風昇⑦，五世水風井，四世遊魂澤風大過，三世歸魂澤雷隨。

巽：起一世風天小畜，二世風火家人，三世風雷益，四世天雷无妄⑧，五世火雷噬嗑，四世遊魂山雷頤，三世歸魂山風蠱。

離：一世火山旅，二世火風鼎，三世火水未濟，四世山水蒙，五世風水渙，四世遊魂天水訟，三世歸魂天火同人。

坤：一世地雷復，二世地澤臨，三世地天泰，四世雷天大壯，五世澤天夬，四世遊魂水天需，三世歸魂水地毗⑨。

兑：一世澤水困，二世澤地萃，三世澤山咸，四世水山蹇，五世地山謙，四世遊魂雷山小過，三世歸魂雷澤歸妹。

---

① "遘"，通行本《周易》多作"姤"，按陸德明《經典釋文》引"薛云：古文作遘，鄭同"，今唐《開成石經》本《周易》、宋越州八行本《周易注疏》雜卦傳皆作"遘，遇也"，尚存古文之舊，它處皆已改作"姤"。《説文・辵部》"遘，遇也"，而"姤"爲《説文》新附字，似以作"遘"是。

② "地"，底卷承前誤作"山"，依《周易》文例當作"地"字，王文已揭此，兹從校改。

③ "火"，底卷形訛作"水"，依文例當爲"火"字，王文已揭此，兹從校改。

④ "三世歸魂地水師"七字，此處依文例底卷脱抄，王文已揭此，兹從補。

⑤ "浮"，通行本《周易》作"孚"。

⑥ "預"，通行本《周易》作"豫"。

⑦ "昇"，通行本《周易》作"升"。按"昇"爲後起分別字，"升"爲本字，當以作"升"是。

⑧ "四世"之"世"，依文例底卷抄脱，兹從補。

⑨ "毗"字，通行本《周易》作"比"。

易占(二)P2832A

佚　名　撰

關長龍　點校

【題解】

底卷編號爲浙敦伯二八三二 A，存一紙，首尾殘泐，有字四十五行，行抄約三十四字左右。內容爲兌宮的純兌及一世困、二世萃、三世咸四卦。背抄木材帳及《唐大順二年辛亥歲具注曆日》等。

底卷諸卦下先引《周易》卦辭及彖、象傳，唯引文中頗有王弼注摻入。又引有《林》曰、《雜占》之文，黃正建《敦煌占卜文書與唐五代占卜研究》（學苑出版社 2001 年）疑其所引二書爲《易林》和《周易雜占》之省稱。按《隋書·經籍志》載有《易林》四種、《周易林》二種、《周易雜占》五種，今唯存焦贛《易林》一種，而與底卷引文不符。考《初學記》卷二天部下引《周易集林雜占》曰："占天雨否，外卦得陰爲雨，得陽不雨。其爻發變，得坎爲雨，得離不雨。巽化爲坎，先風後雨；坎化爲巽，先雨後風。"《太平御覽》卷十天部十同，與本篇所引《雜占》相類，只是更加詳細而已，疑本篇所引之《雜占》或即《周易集林雜占》。

王愛和《敦煌占卜文書研究》（簡稱"王文"）據底卷引《易》問及王弼之注，而斷其產生時間不會早於三國魏時。鄭炳林、陳于柱則據其背抄文字而斷其抄寫時代當在唐昭宗大順二年（891）之後，可參。

底卷王文最早錄校，關長龍《敦煌本數術文獻輯校》（中華書局 2019 年）據國際敦煌項目（IDP）在綫圖版及李德範《敦煌西域文獻舊照片合校》（簡稱"《舊照片》"）重加錄校，並擬題作《易占》（二）P2832A。

☰☰純兌。《易》曰：兌，亨，利貞。象曰：兌，悦也。剛中而柔□，□□□□，□□□□□□□□人①。悦以先民，民忘其勞；悦以犯難，人忘其死，悦之大，民勸矣哉。象曰：麗澤②，兌，君子以朋友講習③。麗猶連，悦而違剛則諂，剛而違悦則暴，天，剛不失悦者也④。

《林》曰：兌，十月卦⑤，是建陰之卦。正月合，十一月向，十二月往，九月背，四月破，五月、六月空亡。兌□□内外⑥，喜悦之卦。本宮爲金，世爻在末，父母飛來持世，身被抑。□爲喜悦⑦，無憂苦事。病者仏像爲祟，求事者成。

《雜占》曰：純兌，悦也。占人相□□當丞相⑧，小人有官而已，但不宜子孫，不利長兄。占歲中有澤，多雨傷蕩，宜芣瓝。占晴□□⑨。占身平安。占求官終得。占見貴人喜。占婚許人。占生子女。占居宅不吉。占葬大凶。占□□⑩。占出兵不利。

---

① “柔”下至行末底卷殘泐，據空間，約可抄十三字左右，《周易》相關内容作“剛中而柔外，説以利貞，是以順乎天而應乎人”，與底卷所殘空間略合，蓋可據補，姑從擬補十三個缺字符。

② “曰：麗澤”三字，底卷殘泐，缺字居行末，兹據通行本《周易》補，下文“麗猶連”亦可證。

③ “朋”字，底卷殘泐，兹據通行本《周易》補。

④ “者也”二字，底卷殘泐，兹據《周易正義》補。

⑤ “《林》曰：兌，十”，四字居底卷行首，殘泐，兹依文例補。“月”字，底卷存下部漫漶的筆畫，兹依文例補作“月”字。

⑥ 第一缺字居底卷行末，殘泐。第二殘字次行行首，存左部似“水”字左部形筆畫。

⑦ 缺字居底卷行末，殘泐，依文義疑或可補作“兌”字。

⑧ 缺字居底卷行末，殘泐。

⑨ 缺字居底卷行末，依文義疑或可補作“不晴”二字。

⑩ 第一“□”，底卷有漫漶，存似“不”形殘畫。第二“□”，居底卷行末，殘泐。

占攻城不得。占出行平，或云不死。占遠人來。占求財不得①。占出財吉，内則□□宜金鐵帛②。占亡人得。占官事不成。占繫無罪。占病不死，無咎。占六畜病③，見刀像□得濟④。占見恠無凶。之乾、蒙、訟、小畜、同人、謙、賁、咸、剥、无妄、大畜、頤、大過、恒、晉、明夷、蹇、益、夬、姤、萃、升、震、歸妹、未濟，吉。

䷀兑一世，困。《易》曰：困，亨，貞，大人吉，无咎。有言不信。彖曰：困，剛揜也⑤，剛見揜於柔也。險以説。困而不失其所⑥，亨。處險而不改其悦，困而不失其所亨也⑦，其唯君子乎。貞，大人吉⑧，剛中也。有言不信，尚口乃窮也。處困，言不見信之時，非行言之時，欲用言以免也，貞則吉。象曰：澤无水，困，君子致命遂志。水在澤下，困之象，君子固窮，道可忘乎⑨。

《林》曰：困，五月卦，是建陰之卦。四月向，三月王，六月合，一云背，七月背，十一月破，九月、十月空亡。困者塞也⑩，多是困窮不通之卦。本宫爲金，世爻在寅，多是憂，論妻財窮難不通，事宅凶，下濕，求事者多不稱心也。

《雜占》曰：占相人貧薄，不宜父母。占身憂患不申，後娶孀

---

① “求財”二字，底卷殘渤，又“不”字底卷亦僅存右側少許筆畫，此並據《舊照片》録定。

② 殘字居底卷行末，存漫漶的筆畫，疑或爲“不足”二字之殘形。

③ “無咎。占六”四字，據《舊照片》移録，底卷相應位置作“求財□得”（殘字存左部筆畫），疑爲附近殘片脱落而誤黏於此者。

④ 缺字居底卷行末，殘渤，依文義疑或可補作“不”字。

⑤ “不”“困”二字底卷殘渤，此據《舊照片》録定。“信。象曰”三字，底卷及《舊照片》皆漫滅，兹據通行本《周易》補。“剛揜也”之“揜”，底卷抄脱，兹據通行本《周易》補。

⑥ “困”字，底卷殘渤，缺字居行末，兹據通行本《周易》補。

⑦ “失”字底卷殘渤，“其所”二字僅存左側少許筆畫，此並從《舊照片》録定。

⑧ “吉”字居底卷行末，殘渤，此從《舊照片》録定。

⑨ “道可忘乎”四字，底卷殘渤，兹據《周易》王弼注補。

⑩ “空亡。困”三字，爲底卷行末缺字，殘渤，兹據文例補。

婦,有母子。占年中有水,猶無雨澤,五穀多傷,田薄收,占求官凶。占見貴人不吉。占婚不吉。占男生男。占居宅不吉。占雨有雨。占晴不晴。占葬大吉,後困窮。占居官有憂。占出兵凶。占攻城不吉。占行不利,不可行千里,必爲圖謀。占來人留滯。占求財□①。占出財凶,內財吉。占商人宜魚鹽。占亡人得。占官事不成。占繫難出。占病恐死,外得之。占六畜病困不死,占見恠無凶。之乾、師、比、小畜、履、泰、豫、隨、蠱、臨、觀、剝、无妄、大畜、頤、□②、離、咸、晉、蹇、姤、升、歸妹、巽、渙、中孚、小過,凶。

☱兌二世,萃。《易》曰:萃,亨。王假有廟,利見大人③,亨,利貞,用大牲吉,利有攸往。象曰:萃,聚也。順以悅,剛中而應,故聚也。王假有廟,致孝亨也。利見大人,亨,聚以正也。用大牲,吉,利有攸往④,順天命也。觀其所聚,而天下萬物之情可見矣⑤。方以類聚,物以羣分,情同而後乃聚,氣合而後乃羣。象曰:澤上於地,萃。君子以除戎器戒不虞⑥。聚而無防,則眾生心。

《林》曰:萃,六月卦,是建陰之卦。七月合,八月王。一云五月合,四月背,十二月破。一云五月破,正月、二月空亡。聚萃者也,多是男女聚會,亦是□眾喜悅之事⑦,或憂口舌之事,事在眾人爲之。六畜病盲,求婚爲合也。

《雜占》曰:兌萃,占人相有爵,不宜兄弟,少子息,壽命不長。

----

① 殘字居底卷行末,存上部少許漫漶的筆畫。
② 殘字底卷存上部及左側少許筆畫,疑爲"坎"字殘形,俟考。
③ 此前底卷蓋因《周易》王弼注而誤衍"假至有"三字,茲依文例刪之。
④ "用大牲"前底卷因前句誤衍一"利"字,茲參通行本《周易》刪之。
⑤ "下"字,通行本《周易》作"地",疑底卷誤作。"萬"字,底卷脫抄,茲參通行本《周易》補。又"可見矣"三字,底卷留空,茲據通行本《周易》補。
⑥ "除"字,爲底卷行末缺字,殘漶,茲據通行本《周易》補。
⑦ 缺字居底卷行末,殘漶,疑可依文義補作"聚"字。

占身吉。占求官久得。占見大人吉。占婚悦，可不成。占年平，宜穀粟，田作薄收。占雨有雨氣。占晴多陰翳。占生子女。占居宅吉。占葬大吉。占出征吉。占攻城不得。占出行吉。占來人未來。占出財吉，内財凶。占追亡遠。占官事不成。占繫無罪。占病不死。占六畜病不死。見恠無凶。之坤、屯、比、同人、豫、蠱、噬嗑、无妄、大畜、坎、離、恒、晉、解、益、夬、姤、升、井、震、艮、歸妹、豐、涣、中孚、既濟、未濟，吉。

䷞兑三世，咸。《易》曰：咸，亨，利貞，娶女吉。彖曰：咸，感也，柔上而剛下，二氣感應以相與，止而説，男下女，是以亨，利貞，娶女吉。天地感而萬物化生，聖人感人心而天下和平，觀其所感，而天地萬物之情可見矣[1]。象曰：山上有澤，咸。君子以虛受人。以虛受人，物乃感應也。

《林》曰：咸[2]，正月卦，十月王，十一月向，二月、三月背，七月破，五月、六月空亡。咸，感也，遝也，行不可必應，所作皆成，病者重，亦憂父母象。失物者西出，盜從南來。

《雜占》曰：咸，感也。占人相禄，亦有官爵，不宜妻，不利父。占身平安。年内平和，宜豆及五穀苆瓠。占田作有收。占雨不雨。占晴當晴。求官久得。見貴人吉。占婚姻吉。占生子男。占居宅吉，中有𡧤墓不安[3]。人不宜小兒。占葬大吉，宜子孫。居官吉。出征無戰。攻城不得[4]，官事不

（後缺）

---

① “地”字，底卷作“也”，不辭，兹從《周易》校改。
② “咸”，底卷誤作“感”字，兹據上文“兑三世，咸”改。
③ “𡧤”字，疑爲“窋”之俗訛字，俟考。
④ “攻”，底卷誤作“功”字，兹據上文兑、困、萃三卦“占攻城”改。

易占（三）S4863

佚　名　撰

關長龍　點校

【題解】

底卷編號爲斯四八六三，存一紙，首尾全，正反抄，有字十六行，行抄約十八字左右。從底卷的抄寫及內容情況看，蓋學童習書之作，故其內容雖有不備，然作爲寫卷則首尾全而未殘。其正面抄有八宮卦卦變及月卦序例，背面則自正面之尾部回抄，爲起卦圖，其中前三圖爲試繪圖，內容稍簡且已塗墨示删，實存者僅“乾爲天”一圖。

黃正建《敦煌占卜文書與唐五代占卜研究》（學苑出版社2001年）引《唐六典》卷十四太常寺太卜令所掌之易占云：“凡八純之卦十六變而復：初爲一變，次曰二變，三曰三變，四曰四變，五曰五變，六爲遊魂，七爲外戒，八爲内戒，九爲歸魂，十爲絶命，十一爲血脈，十二爲飢（肌）肉，十三爲體（骸）骨，十四爲棺椁，十五爲冢墓。”正與底卷所載之變卦例同。鄭炳林、陳于柱《敦煌占卜文獻叙錄》（蘭州大學出版社2014年）又引元胡一桂《周易啓蒙翼傳》外篇所載京房世卦起月例云：“一世卦陰主五月，一陰在午也；陽主十一月，一陽在子也。二世卦陰主六月，二陰在未也；陽主十二月，二陽在丑也。三世卦陰主七月，三陰在申也；陽主正月，三陽在寅也。四世卦陰主八月，四陰在酉也；陽主二月，四陽在卯也。五世卦陰主九月，五陰在戌也，陽主三月，五陽在辰也。八純上世陰主十月，六陰在亥也；陽主四月，六陽在巳也。遊魂四世所主與四世卦同；歸魂三世所主與三世卦同。”其世卦起月之結果與底卷所載一致。

底卷不避“世”字，王晶波《敦煌占卜文獻與社會生活》（甘肅教育出版社2013年）認爲“抄於唐以後的可能較大”（頁24）。

　　底卷王愛和《敦煌占卜文書研究》（蘭州大學 2003 年博士學位論文，以下簡稱"王文"）最早録校，關長龍《敦煌本數術文獻輯校》（中華書局 2019 年）據國際敦煌項目（IDP）在綫圖版重加録校，並擬作《易占》（三）S4863。

乾絶命①。一世外戒，遘，五月②。二世內戒，遯，六月③。三世骸骨，否，七月。四世棺槨，觀，八月。五世血脈，剝，九月。四世游魂肌肉，晉，二月。三世歸魂塚墓，大有，正月。

坎。一世，節，十一月④。二世，屯，六月。三世，既濟，正月。四世，革，二月。五世，豐，九月。四世遊魂，明夷，八月。三世歸魂，師，七月。

艮。一世，賁，十一月。二世，大畜，十二月。三世，損，七月。四世，睽，二月。五世，履，三月。四世遊魂，中浮⑤，八月。三世歸魂，漸，正月。

震。一世，豫喻⑥，五月。二世，解，十二月。三世，恒，正月。四世，昇，八月⑦。五世，井，三月。四世遊魂，大過，二月。三世歸魂，隨，七月。

巽。一世，小畜，十一月⑧。二世，家人，六月。三世，益，七月。四世，无妄，二月。五世，噬嗑，九月。四世遊魂，頤移，八月。三世歸魂，蠱，正月。

離。一世，旅呂，五月。二世，鼎頂，十二月。三世，未濟，七月。四世，蒙，八月。五世，渙，三月。四世遊魂，訟，二月。三世歸魂，同人，正月。

---

① "絶命"底卷書於"乾"字右側，今以小一號字録文，以示區別，後同。

② "五月"底卷作小字抄寫，今爲別於側寫字號，皆改作正文録入，後同。"五"，底卷誤作"四"，蓋誤移乾之月卦於此，遘之月卦爲五，兹爲校改。

③ "六"，底卷誤作"五"，按遯之月卦爲六，兹爲校改。

④ "十一"之"一"字，底卷抄脱，兹據節之月卦爲十一補。

⑤ "浮"，通行本《周易》作"孚"。

⑥ "喻"底卷書於"豫"字右下角，以示注音，今亦以小一號字録文，以示區別，後同。

⑦ "昇"，通行本《周易》作"升"。按"昇"爲後起分別字，"升"爲本字，當以作"升"是。

⑧ "十一"，底卷誤作"十二"，按小畜之月卦爲十一，兹爲校改。

坤。一世，復，十一月。二世，臨，十二月。三世，泰，正月。四世，大壯，二月。五世，夬，三月①。四世遊魂，需，八月。三世歸魂，比，七月。

兌。一世，困，五月。二世，萃，六月。三世，咸，正月。四世，蹇乾見反，八月。五世，謙，九月。四世遊魂，小畜，二月。三世歸魂，歸妹，七月。

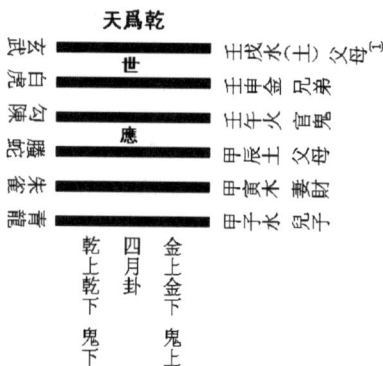

②

剋官。財爻剋父母。父母爻剋子。兄弟爻剋妻。子爻不見父母。官爻③

---

① “夬”，底卷誤作“快”，按坤宫五世爲夬卦，兹爲校改。

② 按此前底卷有三個試繪圖，上有墨塗抹示刪，故不爲具録，唯其可辨爲二個“乾爲天”圖及一個“天風遘”圖，其中第一個“乾爲天”較簡，下即接繪“天風遘”圖，第二個“乾爲天”圖稍繁，然亦不及底卷正圖之備。又圖注：〔1〕“水”字依文例當作“土”，底卷誤作，兹爲校改。

③ 底卷内容止此，雖内容未抄完，然其下似亦無殘斷之迹。

易占(四)浙敦 131

佚　名　撰

關長龍　點校

【題解】

底卷編號爲浙敦一三一，存一紙，上部及前後有殘泐，有字十二行。内容爲坤卦世應、飛伏、納甲、月卦、占斷、變卦諸信息。

底卷引及郭璞之説，文中又不避"世"、"純"等唐諱，黄正建《敦煌占卜文書與唐五代占卜研究》（學苑出版社 2001 年）認爲蓋著於晉以後，而抄寫則當在唐後的五代時期。

底卷黄正建書及王愛和《敦煌占卜文書研究》（蘭州大學2003 年博士學位論文，以下簡稱"王文"）皆有録文，關長龍《敦煌本數術文獻輯校》（中華書局 2019 年）據《浙敦》重加録校，並擬作《易占》（四）浙敦 131。

（前缺）

□□□絶命①，十月卦，世在上六，癸酉金爲飛，壬戌土爲伏②，妻財坤鬼九，家有二兄弟，應在六三爻乙卯木③。

☷筮得純坤卦者，大吉之卦。坤者順也，爲地載，百事平安，所作皆順。地性柔順，生養萬物，豐多、番息之事，地能吐生萬物，入而不出，包□之象④，多是老母、寡婦⑤。坤，順也，不動，陰生萬物，上□後⑥，病亦無憂。陰氣生於午，利見公王大人，吉。□□酉⑦，被扶之卦。

郭景純曰：占人相有禄，富貴。占病患腹⑧，祟在土公。占囚繫無罪。占遺失不□⑨，衰耗。占葬凶，煞家長。占失物，東南出，西北去。占悗無咎⑩。占逃亡西南得，寄客吉。忌中男病。庚子水爲飛，乙未土爲伏，坤兄弟去，庚子水□⑪

（後缺）

---

① 前二"□"，居底卷行首，殘泐。第三"□"，底卷存下部似"不"字下部形筆畫。又按：此段文字似亦論坤卦内容，坤爲本宮卦，正十六變卦之絶命所在，後文"癸酉金""壬戌土"云云，亦爲坤卦之飛伏所在。

② 土字底卷僅存上部"十"形筆畫，此參文例録定。又"爲伏"二字，爲底卷行首缺字，殘泐，兹據文例補。

③ "木"字，爲底卷行末缺字，殘泐，兹據文例補。

④ 缺字底卷存右部少許似"卜"形筆畫，黃書疑爲"舉"字之殘，又依文例亦疑爲"藏"字殘形。

⑤ "寡"字底卷作似"宣"形，王文録作"寡"字，義長，底卷俗作，兹從之。

⑥ 缺字居底卷行首，殘泐，按依上文"吐生萬物，入而不出"，疑此當爲"出"字。

⑦ 前一"□"，底卷存上部"亠"形筆畫。後一"□"，居底卷行首，殘泐。

⑧ "占"字，爲底卷行末缺字，殘泐，黃書據文義補作"占"字，兹據補。

⑨ 缺字居底卷行末，殘泐，依文例疑或可補作"得"字。

⑩ "占"字，爲底卷行末缺字，殘泐，兹據文例補。

⑪ 缺字居底卷行末，殘泐。按"坤兄弟去"即所伏之"乙未土"，坤爲土也，故爲兄弟。由"庚子水爲飛"，疑此即"來"字，正與"去"字對文。

易占(五)北大 D197

佚　名　撰

關長龍　點校

【題解】

底卷編號爲北大 D 一九七，存一紙，正反抄，首尾似全。正面有字六行，背面二行，行抄約三十字左右，其内容正反相接，中無殘泐，蓋本即於一紙條上雜抄此一段内容而已。

底卷《北大》擬名作《十二月消息卦》，王愛和《敦煌占卜文書研究》（蘭州大學 2003 年博士學位論文，以下簡稱"王文"）從之。審其所載，乃以十二消息卦統領六十四卦以配十二月，與其他諸卷常用的京房世卦起月法不同，王文引宋劉牧《易數鉤隱圖遺論九事》之《重六十四卦推蕩訣圖》以證其所出，王晶波《敦煌占卜文獻與社會生活》略同，且指出其"八純十六變"内容與《易占》（三）S4863 所載之名序完全相同。鄭炳林、陳于柱《敦煌占卜文獻叙録》（蘭州大學出版社 2014 年）謂孟喜創十二月卦説，且引《易緯稽覽圖》所載推六十四卦流轉法爲例，而爲底卷擬題作《易占書·孟喜十二月卦與八卦十六變》。

底卷王文最早録校，關長龍《敦煌本數術文獻輯校》（中華書局 2019 年）據《北大》重加録校，並擬題作《易占》（五）北大 D197。

陽月爲大，陰月爲小。陽曰大，陰曰小。正月、三、五、七、九、十一月名陽月，爲大。陰月爲小，二月、四月、六月、八月、十月、十二月名陰月，爲小。

諸卦得何月？

蒙、小過①、益、漸、泰是正月卦，

震、需、隨、晉、解、大壯是二月卦，

豫、訟、蠱、革、夬是三月卦，

旅、師、比、小畜、乾是四月卦②，

離、大有、家人、井、咸、姤是五月卦，

鼎、豐、渙、履、遯是六月卦③，

恒、節、同人、損、否是七月卦，

兌、巽、萃、大畜、賁、觀是八月卦，

歸妹、无妄、明夷、困、剝是九月卦④，

艮、既濟、噬嗑、大過、坤是十月卦，

坎、未濟、蹇、頤、中孚、復是十一月卦，

屯、謙、睽、昇、臨是十二月卦⑤。

一世爲外戒，二世爲内戒，三世爲骸骨，四世爲棺槨，五世爲

---

① "小過"，底卷誤作"遘"字。"遘"通"姤"，然底卷"姤"字後文五月卦有出，而底卷十二月卦中脱"小過"一卦，王文據宋劉牧《易數鈎隱圖遺論九事》之《重六十四卦推蕩訣圖》證其當爲"小過"之誤，按《易緯稽覽圖》卷下載同，蓋底卷因"過""遘"形近而訛，兹從校改。

② "卦"字，底卷脱抄，兹據文例補。

③ "渙"，底卷作"換"字，兹據通行本《周易》改。"卦"字，底卷脱抄，兹據文例補。

④ "卦"字，底卷脱抄，兹據文例補。

⑤ "昇"，通行本《周易》作"升"。按"昇"爲後起分别字，"升"爲本字，當以作"升"是。

血脈，八純爲絶命，四世遊魂爲肌肉①，三世歸魂爲塚墓②。

---

① “四世”二字底卷誤置於下句“歸魂”前，今依文例移正。
② “二世”二字底卷因誤置“四世”於“歸魂”前而補抄於本句末（參前條校記），今依文例移正。

火珠林

（舊題）麻衣道者　撰

趙爲亮　點校

【題解】

通行本《火珠林》一卷，題麻衣道者著。

《火珠林》是目前所知最早的一部系統論述納甲筮法的著作，故納甲筮法又被稱作火珠林筮法。其書自宋代開始便廣泛流行，在此基礎上，明清時湧現了很多同類著作，如《斷易天機》《增删卜易》等，卜筮方法得以不斷改進與完善，至今尚有行其術者。對於《火珠林》，贊譽者有之，如朱熹謂有"許多道理在其間"，胡煦稱其"每有征驗"，"咸有奇中"等；批評者有之，如趙汝楳《周易輯聞》謂其棄辭屏象，學者當謹慎所從；強烈抵制者亦有，如王夫之謂其爲"鄙俗""鬻技之陋術"。雖褒貶不一，然其影響力由此可見一斑。

關於《火珠林》得名之故，前人少有言之者，校者推測可能在於通過"火珠"的靈異，燭鑒萬物，以神化卜筮之術，"林"字揭示其生生不已，變化無窮之道，可以感格神靈，事來即應，受命如響，無有遠近幽深，遂知來物。通行本《火珠林》首節《易中明義》爲總論，然後專論五鄉公私兩用，再分論所卜各類事項，《占法卦數》則以一變卦爲例，爲前文所論諸方法事項的綜合實踐，最後以《易道心性》作結。各節前皆有一首四言韻語（《占法卦數》一節爲特例除外），每首四句，總括全節大旨，然後採用"注云"發揮此四言韻語之義，接著又以問答的形式對其中疑難之處進一步闡釋。其書體系較爲完善，漸成通行之本。

《火珠林》有宋本與通行本之別，彼此差異很大。宋本一系，大約成書于唐末宋初，作者不詳，以日本真福寺藏北宋刻一卷殘本、《永樂大典》殘本中僅存的賁卦和兌卦兩卦部分爲代表，其特點是按照京房八宮六十四卦的順序排列。通行本一系，成書於明末清初，以清道光四年（1824）湖邊程芝雲刻《百二漢鏡齋秘書四種》本一卷、光緒七年（1881）藝林山房《文選樓叢書》本一卷爲代表，其特點是在總論規則後即以占事類別爲目加以編排。宋本以納甲排卦取象爲主，而以頌贊歌訣解之；而通行本是對宋本的裝卦、斷卦之理加以總結，而後附以占事類別的取用之理。通行本與宋本《火珠林》雖有較大差別，但其論六親財官輔助，合世應、日月、飛伏、動靜，並克害刑合、墓旺空沖等來判斷吉凶，其主體思想、卜筮的方法理念則無二致。宋本殘存較少，不易獲得，因此本次整理僅涉及通行本。

通行本舊題麻衣道者，其人生平事蹟不詳，據宋邵伯温《聞見前録》卷七載，錢若水爲舉子時，曾在華山見過其人，且爲陳摶"素所尊禮"，可知麻衣當爲唐末宋初人。《正易心法》舊本題麻衣道者撰，希夷先生受并消息，朱子力辨其書爲戴師愈僞作，已成定讞。至於《火珠林》，亦是托名麻衣道者所著。通行本《火珠林》書後有程芝雲跋文，對麻衣所著已有所懷疑，並提出三點證據，一是麻衣爲唐末宋初人，若是其所著，宋人何以不知；二是《卜筮元龜》系宋以後之書，篇中何由援引；三是篇末問答不應自稱名而繫邵子之詩。程氏所列的這些都是有力證據。除篇末所繫詩，還有《占來情》一節："思慮未起，鬼神莫知。不由乎我，更由乎誰？"亦出自邵雍，見《伊川擊壤集·思慮吟》和《無名君傳》。

明徐紹錦校正《斷易天機》，有嘉靖十七年魏禎序，其書卷二多與通行本《火珠林》相同，然而未言引自《火珠林》。其書卷五卷六有多處明引《火珠林》原文，多爲七言韻語，皆不同于通行本《火珠林》。這説明徐紹錦未見通行本《火珠林》。可知通行本

《火珠林》必作於明嘉靖之後,萬曆間胡氏刻《百家名書》本尚不注作者,只是一直以抄本形式流傳,少有人見到,作者漸漸不傳,收藏者便題以麻衣道者名,正如杭辛齋所言:"蓋宋時希夷之名,傾動一世,麻衣爲希夷所師事之人,更足取重於人,而其人又別無著作,名僅附於希夷傳中,僞託其書,無可辨證,用心亦云巧矣。"直到道光間程芝雲刻本問世後,才開始廣泛流行。因此通行本《火珠林》當是明末清初時書,只是作者名姓已無考。大概是其時研習納甲筮法的學者或術士,用舊著《火珠林》之名,或據原書增損改編,並參考前代典籍如《海底眼》《斷易天機》等以及自己卜筮的實踐心得,而成今帙。不過通行本與宋本在內在理路上則是有一致性的,宋本以納甲排卦取象爲主,而以頌贊歌訣解之;而通行本是對宋本的裝卦、斷卦之理加以總結,而後附以占事類別的取用之理。此正如《禮記》對《儀禮》的展開,雖體例、內容皆異,但其釋禮之旨趣則仍有一致性。

本次點校以哈佛大學藏程刻本爲底本,以北京燕山出版社《術藏》第二卷影印民國大德書局石印本(簡稱術藏本)爲校本。程刻本爲通行本《火珠林》首刻,校勘精審,文字錯訛較少,術藏本則誤者頗多,然亦間有可以正底本之誤者。限於種種條件,校者未能見到更多版本,姑且僅以此兩本對校。點校的過程中,對時賢整理本,如郭志誠等編著《中國術數概觀卜筮卷》,鄭同點校的《京氏易精粹》第一册,閔兆才編校的《易隱 附火珠林、斷易天機》等,有所採納。異文中底本不誤而校本誤者不出校,異體字、俗字徑改不出校,避清帝諱者,如"玄"等,徑改不出校。

目　録

火珠林序

易以卜筮尚其占，該括萬變，神矣妙矣。繼自四聖人，後易卜以錢代蓍，法後天八宮卦變以致用，實補前人未備之一端，見《京房易傳》，未詳始自何人。先賢云：後天八宮卦變六十四卦，即火珠林法。則是書當爲錢卜所宗仰也，特派衍支分，人爭著述，炫奇標異，原旨反晦。今得麻衣道者鈔本，反覆詳究，其論六親財官輔助，合世應、日月、飛伏、動靜，並剋害刑合、墓旺空沖以定斷，與時傳易卜同中有異，古法可參。如所云卦定根源，六親爲主，爻究傍通，五行而取，即京君明《海底眼》不離元宮五向推之旨也。又云惟以財官伏五鄉而定吉凶，以世下伏爻爲的，即郭景純飛伏神以世爻爲準，卦卦宜詳審之之訣也。中間條解詳明，圓機獨握。蓋《易》貴通變，尤貴充微，是書潔凈精微，真易卜之正義也[1]。至神而明之，存乎其人，是在善於學《易》者。

古歙吳智臨序。

---

[1] "充"，底本及術藏本作"充"，時人點校整理本多作"玄"，二字字形相近，然底本因避康熙帝諱"玄"皆作"元"，可知底本非"玄"字，若以文義論，又似以作"玄"爲是。

易中明義

四營成易，八卦爲體。

三才變化，六爻爲義。

注云：畫有三而異用，卦皆八以爲經①。一曰《連山》，二曰《歸藏》，三曰《周易》。自秦焚書坑儒，《連山》《歸藏》不傳於世矣。又云：一曰治天下，二曰論長生，三曰卜吉凶。夫三才者，天干爲上，能占九天之外，日月星辰、風雷云雨陰晴之事；地支爲中，能占九地之上，山川草木、人倫吉凶、否泰存亡之事；納音爲下，能占九泉之下，幽冥虛無、六道四生之事。夫乾坤二體，各生三索而爲六子，六子配合而成八卦。八卦上下變通，遂成六十四卦。夫易本無八卦，只有乾坤；本無乾坤，只有太易。易者，在天爲日月，在地爲陰陽，在人爲心目。煉其心而心自靈，修其目而目自見，先達人事，後敷卦爻，人事變通，卦爻自曉，吉凶應驗，歷歷不爽矣。

或問：何謂四營成易？答曰：易有太極，是生兩儀，兩儀生四象，四象生八卦，所謂四營成易也。

又問：納音爲下，能占九泉、六道、四生、虛無等事？答曰：六十甲子生成變化而行鬼神，是故天干管天文，地支管人事，納音

---

① “畫”，術藏本作“書”，意謂《連山》《歸藏》與《周易》三書，亦可通。按丁柔克《柳弧》卷五謂：“易後有易，焦贛之《易林》《火珠林》二書，更舉圖書卦畫，同源而共流。”則丁氏所見本《火珠林》似亦作“畫”。又以“畫有三而異用”解“四營成易”，以“卦皆八以爲經”解“八卦爲體”，依下文問答以“易有太極，是生兩儀，兩儀生四象，四象生八卦”釋“四營成易”，而非如朱子所謂十有八變之一變也，則四象所生八卦即八經卦也，爲三畫卦，此或即“畫有三”之謂也，由是似亦當作“畫”，姑存底本之舊。

管地理。如乾初爻甲子動，占天文，主風；占人事，主子孫、六畜、花本、酒饌、憂喜等事；占地理，主穴中有石之類①。

如占葬地，得姤之鼎卦，掘地五尺，土中有石，其色大赤，離穴四十步，西南近柳樹，當有伏屍，葬出刀傷之人，並主火災。問曰：如何斷之？答曰：世持辛丑土，伏甲子金，世下伏金，是土中有石也。巽下伏乾，是乾爲大赤也，第五爻壬申化己未火，火剋本宮爲鬼，是伏屍鬼，申化未是西南方也。掘下五尺見石者，土類五也。離穴四十步有伏屍者，壬申金，金數四，加丑未土類五，二五成十，併申金四是四十步也。出刀傷人者，壬申乃劍鋒金也。主火災者，己未化火，來剋辛丑世也。樹傍者，己未火鬼，與壬午木合住，壬午乃楊柳木也。

又請占祟例爲式。答曰：如遯之姤卦，此卦是子孫鬼，一男一女，爲釵釧珥物等事來沈滯。男兒赤，性燥；女兒潔白，性剛。其墳墓現在西北，恐有動犯，告之則吉。問曰：何以知之？曰：二爻丙午火是鬼，化辛亥水是子孫，丙午納音屬水，化辛亥又屬水，加二乾宮子孫，故曰子孫鬼也。一男丙午，一女辛亥也。火主赤，金主白，火燥金剛，皆以五行之性言之也。爲釵釧者，辛亥乃釵釧金也。言墳墓在西北者，火墓在戌，又火絕在亥，亥，西北也。墓有犯者，艮屬土，化巽爲木，木去剋土也。

六親根源

卦定根源，六親爲主。

爻究傍通，五行而取。

注云：根源者，八卦之宮主也，而元有六親。傍通者，六爻之飛象也，而上下相乘。五行者，金木水火土也，而定四時。六親者，主宮也，六爻，父、子、兄弟、妻財、官鬼，定一宮，管八卦，七卦皆從一宮出。傍通者，上下宮飛象六爻也。蓋本宮在下，爲伏之六親，傍宮在上，爲飛之六親，如六壬課有天盤、地盤。先看六親之下，後看六親之上，所乘得何爻，而辨吉凶存亡也。

或問：六親爲主，父母、兄弟、妻財、子孫、官鬼，止有五件，而曰六親，何也？答曰：卦身當一親。曰：如何爲卦身？曰：陽世則從子月起，陰世還當午月生，此即卦身也。而《元龜》以月卦言之，所以吉凶不應。曰：卦身亦主甚吉凶？曰：如本卦世空，卻去看身，豈爲無用？

又問：何謂傍通？曰：本宮之六親在飛象之下，爲之親爻，爲之伏神。傍宮之飛象加伏神之上，爲飛象，親爻世下之爻爲伏。知飛伏二爻之來歷，然後可與言八卦六親矣。

財官輔助

財官異路，可辨五鄉。

用有輔助，類可忖量。

注云：財者，妻財；官者，官鬼。是故至柔者財，至剛者鬼，而有輔體。輔體者，用官鬼以父母輔之，用妻財以子孫輔之。值旺相爲有氣，休囚爲無氣，得生扶爲吉，剋破爲凶。

春：寅卯木旺，巳午火相，亥子水休，申酉金囚，辰戌丑未土死。

夏：巳午火旺，辰戌丑未土相，寅卯木休，亥子水囚，申酉金死。

秋：申酉金旺，亥子水相，辰戌丑未土休，巳午火囚，寅卯木死。

冬：亥子水旺，寅卯木相，申酉金休，辰戌丑未土囚，巳午火死。

獨發亂動

獨發易取，亂動難尋。

先看世應，後審淺深。

注云：亂動之法，思之最難。一看世上傍爻生財旺相，忌應爻尅世；二看世下親爻財官喜靜；三看何爻最旺爲用神，如發動，動要生世；四看獨發之爻，旺相最急，休囚事慢。

官用，官鬼爲主。伏旺、動生世者，出現發動，看變得何爻。父母爲輔，喜生現發動者。凡官鬼、父母乘旺相俱動大吉。

私用，妻財爲主。伏旺、動生世者，忌伏鬼下，並出現發動。子孫爲輔，喜旺相發動者。凡財官乘旺相俱動，公私兩用皆可成。

或問：世上傍爻生財旺相，下面注云忌應動尅世，不知尅世上何爻？又問：忽有亂動卦，世上與財官持世，如何斷？答曰：豈不見又言二看世下親爻財官喜靜，蓋旁爻無財官，便去搜尋伏神之財官。

又問：既言世上財官，是伏藏者本靜，何故言喜靜？曰：汝看誤矣！世下親爻本靜，或有沖尅，即非靜，故曰喜靜，蓋不欲亂動之爻,去沖剋之也。

又問:三看何爻最旺爲用神,而注云發動要生世,何爲用神?何爲發動?曰:亂動之卦,只取旺爻,旺爻即用神也。生剋吉凶,皆在此爻。若伏藏安靜,要旺相;若發動,卻要生世之爻爲用神,又不專泥旺相爻也。

又問:何謂伏旺生世者?曰:用此已分明,人自不察耳。伏爻要旺相,動爻要生世,官用取官,私用取私,如上篇,卻要輔助之爻動發,時人併作一句讀之,所以失其義也。

世應相剋

旁爻持世,旺相得地。

應與動爻,不剋方是。

占財,子孫旺相,妻財持世。

占官,父母旺相,官鬼持世。

已上皆可許,忌應爻、動爻剋之。

世爻乃我家情由,應爻爲彼之事理。

或問:應與動爻不剋方是,竟不知剋甚爻? 答曰:汝道不知剋甚爻? 不剋輔爻耳。

又問:忌動爻應爻墓剋之,如何? 曰:占財要財爻持世,占官要官爻持世,若應爻是世之墓,動爻是世之墓,皆不中矣。墓是自墓,剋是自剋。

公私用事

陰陽男女，次第推排。

官用取官，私用取財。

占病鬼祟，占失看賊，占求官事，占官詞訴，占婚問夫，已上皆看官爻。

占買賣財，占家宅事，占奴婢事，占求財事，占婚姻事，已上皆看財爻。

或問：言公私用事，止言財官，而不及父、子、兄弟，何也？答曰：天下之事，散而言之，紛若物色；總而言之，不出財官二字。占官必用父母，占財必用子孫。兄弟是破財之人，不爲主，不爲輔，何必看也？

凡卜筮者，但用心於財官，則括天下之理，此法簡而最捷。若分支劈脈、瑣碎求之，則萬物紛然，無以折衷，用心多，功力少，《元龜》"六神"之類是也。故吾捷法，惟以財官伏五鄉而定吉凶，自然神妙。

出現伏藏

出現旺相，爲久爲遠。

伏藏有氣，只利暫時。

出現爲重疊，爲再用，爲兩事，財官兩事，出現旺相，可宜久遠，若持世，忌動。

伏藏旺相，更看日辰透出，或伏世下，可取，雖成，只利暫時，不能久遠也。

或問：出現爲重疊，爲再用，爲兩事，何也？答曰：且如乾卦爲主，後七卦皆從乾卦中來，其出現財是伏藏中而又出現也，豈非重疊乎？故取占事爲再用，爲兩事。

又問：伏藏有氣，只利暫時？答曰：本宮財官伏世下，方可取，不伏世下，則不取也。旁爻財官非也，必要細看，不可忽。

占財伏鬼

財伏鬼鄉，買賣遭傷。

日辰福德，方始榮昌。

財爻伏官鬼之下，乃財爻泄鬼無氣，須是子孫旺相，透出日辰，或持世上，方有，蓋子孫能剋官鬼也。

或問：兄弟能剋財，官鬼不傷財，官鬼剋兄弟，何故買賣遭傷？答曰：不曉其理，則斷卦不靈。財伏鬼鄉，財則去生官，財爻泄氣。況用財以子孫爲輔，官鬼生父，父去剋子，財爻內外受傷，故買賣不能獲利，反能傷財。若日辰是子孫，子能生財，剋去官鬼；日辰是財，財能剋父，使得出現，亦有財也。

占財伏兄

用財伏兄，口舌相侵。

若在世下，旺相可成。

財伏兄弟之下，本無氣無財，卻喜財爻旺相，貼世下透出，值日辰，方有。

或問：用財伏兄，口舌相侵矣，緣何在世下，又旺相可成？答曰：財伏在兄弟爻下，是財被他人把住，故生口舌。若伏世下，世持兄弟，我去剋財，財又旺相，豈得不成乎？

財伏父子

財伏父母，旺相得半。

財伏子孫，有氣必滿。

財爻旺相，伏父母爻下，求財有一半。

財伏子孫之下，世應不剋，終是有財。

若子孫旺，父母爻持世應，亦不能剋子孫，求財亦有。

或問：財伏父母，旺相得半，不審何故？答曰：用財須子能輔財，財伏父下，則子不能生財矣。止有本等財，故曰一半。

又問：財伏子孫，世應不剋，久必有財，是不剋何爻？曰：不剋子孫爻也。故下云，若子孫旺相，縱父母持世應，亦不能剋子孫，求財亦有也。

占鬼伏兄

用鬼伏兄，同類欺凌。

若不虛詐，人不一心。

官鬼伏兄之下，爲同類欺凌、不忠。若官鬼旺相，喜持世，透出日辰，吉。

或問：用鬼伏兄？答曰：兄爲虛詐，爲口舌，又與同類爲劫財。占官事而鬼伏兄，主同類欺凌，官府多詐，吏貼賺錢，所謀之事，到底脫空。若旁爻官鬼旺相、持世，日辰是官鬼，方可用，蓋官鬼能剋兄也。

占鬼伏財

鬼伏財鄉，因財有傷。

官吏阻節，獨發乖張。

鬼伏財下，因財不吉，官吏阻節，須是官鬼旺相，伏世下，或與父爻俱透出，直日辰方許，又忌獨發。

或問：財能生官，何故因財有傷？答曰：財固生官，但用官爲主，必用輔之。父母爲文書，官伏財下，財去剋了文書，主官人要錢，文書有阻。

若官爻伏財，是世下，或父母透出，直日辰，如此可用。若父母持世，獨發則重疊艱辛，事不濟矣。

官伏父母

鬼伏父母，舉狀經官。

若財世上，求之不難。

鬼伏父下，爲官化文書，要貼世，或官鬼旺相，或文書直日，利經官下狀及補名目之事。

或問：鬼伏父母，如何處用？答曰：鬼伏父母，若在世下，方利下狀趲補名目事；若在他處，則亦艱辛矣，蓋父母爲重疊神也。

官伏子孫

鬼伏子孫，去路無門。

官乘旺相，透出可分。

鬼伏子孫，只宜散憂，若用官，須是官鬼旺相，透出直日辰方可。

若子孫旺相，占看夫病即死。

或問：官伏子孫，去路無門？答曰：如羝羊觸藩，不能進退。若官爻旺相在世下，世上旁爻子孫無氣落空，則不如此斷。徜子孫旺相，官爻無氣落空，亦不如此看。可斷有人關節，或官吏阻滯而已。

官鬼伏官

官鬼伏官，小人作難。

若親見貴，方許開顔。

若官伏鬼下，乃關隔之象，又主小人作難，若得旺相相扶，親見貴人可就。

或問：鬼伏官下，乃關隔之象，主小人作難，何也？答曰：親爻官鬼是貴人也，旁爻官鬼是吏貼也，官人被吏貼遮蔽，不能出現，此所以小人作難也。

又問：若親見貴人，如何又得開顔？曰：凡用官伏官，皆被旁爻所隔，若用官伏官之卦，但世爻動化官鬼、父母，故宜動身親去見官。官則用爻之神，父則輔助之物，於官有益，不至相傷，所以開顔也。

出現重疊

出現重疊，還須旺相。

若乘土爻，更看勾象。

世爻出現，乘父母、官鬼、子孫、妻財，旺相可取，休囚不可取。若乘辰戌丑未，更看勾合何爻也。假令大有卦，甲辰父母持世，爲雜氣，能勾申子辰化水局，子孫不宜官用。

或問：更看勾象，如何看？答曰：如火天大有，能勾申子辰水局，傷官者，以甲辰土父墓持世也。若不乘土爻，便不看勾象矣。

又如隨卦，世持庚辰，能勾申子辰合水局，利幹文書之事。

若中孚卦，世持辛未官墓，不能勾亥卯未官局，以艮宮親爻寅木是官，卯木非官也。

子孫獨發

子孫獨發，爲退爲散。

若乘旺相，亦可求財。

子孫爲傷官之神，發動利脱事，若乘旺相，亦可求財，出現更看變爻。子孫又爲九流、中貴、福德、醫藥、蠱禽。乾和尚，震道士，兌尼姑，巽道姑，坎醫藥，離卜士，艮法術，坤師巫。

或問：乾和尚，如何説？曰：乾爲圓、爲首，和尚圓頂，象天也。又問：子爲和尚？曰：子孫在乾宮，其類神，乃爲和尚也，余以類推之。

兄弟獨發

兄弟獨發，爲詐爲虛。

若乘旺相，財破嗟吁。

兄弟爲劫財之神，大忌隱伏。動發，主虛詐不實之事，凶不凶，吉不吉。若旺相，主口舌憂疑破財，如出現發動，更看變得何如，大怕化鬼爻，凶。

或問：兄弟爲劫財之神，大忌隱伏發動，何也？答曰：隱伏看兄弟伏在世爻下也，不伏世爻下，非爲隱伏。動發者，兄弟獨發也。

父母獨發

父母獨發，重疊艱辛。

若乘旺相，文書可成。

父母爲重疊之神，大忌出現發動。若趕補名闕、求書劄、取契，得旺相動發可成；若坐休囚，不可憑準矣。

或問：父母爲重疊之神，何故爲重疊？答曰：凡六親衹有一重，惟父母有兩重，如祖父母、父母也，故父母發動，重疊艱辛。

又問：如坐休囚，不可憑準？曰：父母發動，旺相尚自重疊艱辛，若休囚，豈可憑乎？

附：動止章

凡占官上馬，看文書爻入墓絕日去，墓，藏也；絕，止也。占自身，或占父，在外欲回家，看世爻絕墓日動身。又看世持甚爻，待日辰沖便歸。如卦中化出爻來生合世爻，或去刑剋沖害世爻，便是此事搭住，如財爻是婦人類。

官鬼獨發

官鬼獨發，爲欺爲盜。

若臨吉神，功名可望。

官鬼爲官吏，若求名遇吉神，必主立身清高；若臨凶神，必主興訟、賊盜、弄魅害人之事。

妻財獨發

妻財獨發，生鬼傷父。

問病難痊，占親無路①。

大抵財動剋父，亦能生鬼。然財爻宜旺，不宜空，宜靜，不宜動。惟占脫貨，要財爻發動。如占婚姻，財動必剋翁姑；占訟，主剋文書，若財鬼俱動者，父有元神，而翁姑不剋，文書有成。

已上專論五鄉公私兩用，爲卜易者提綱捷訣也。

占身命

世爻爲命，月卦爲身。

得則富貴，失則賤貧。

---

① "痊"，術藏本作"瘳"，瘳，疾愈也，亦可通。

人之身命，冬至後占得陽卦陽爻爲吉。假如正月占得二月卦爲進，更加旺相禄馬，有子有財，居於有德之位，誠爲有福貴人。如冬至占得陰卦陰爻，不吉①。正月占得十二月卦爲退，兼以相刑相剋、休囚，又無財無子，坐於不吉之爻，則爲貧賤下命，俱以得時爲吉，失時爲凶也。

占形性

外卦爲形，内卦爲性。

若占其人，以用而定。

以外卦爲形貌，内卦爲性情。

乾在外，頭大面圓，逢剋則破相；在内，則心寬量大。

兑在外，則和説多言；在内，則心小膽大。

離在外，文彩；在内，聰明。

震在外，身長有鬚；在内，心暴不定。

巽在外，身長有鬚；在内，心毒而忍，安身不穩。

坎在外，形黑活動；在内，心險多智。

艮在外，其頭上尖下大；在内，心志固執。

坤在外，厚重；在内，主静，逢凶則魯鈍。

再以五行隨卦之金木水火土通論：

金爲人潔白貞廉，骨細肉膩，聲音響亮，爲性不受激觸，處事多能，好學，好酒，好歌唱，如帶殺重乃武夫，或多武藝。

木主人物修長，聲音暢快，鬚髪美，眉目秀，坐立身多欹側，

① "冬至"後，依前文"冬至後占得陽卦陽爻爲吉"句，似當有"後"字。

爲事窒塞,無通變之謀,如死絕則人物瘦小,髮黃眉結,柔語細聲,不能自立之人也。

水爲人背小團面,色或焦,行動搖擺,爲性大寬小急,處事無定見,喜淫,好酒,少誠實,若帶吉神貴福者,乃志量廣大,包含宇宙之才也。

火人面貌,上尖下闊,印堂窄,鼻露竅,精神閃爍,語言急速,性躁聲焦,其色赤或青不定,坐須搖膝,立不移時,臨事敏速,旺乃聰明文章之士。

土人頭圓、面方、背方、腹闊,爲性持重,處事沈詳,語言簡默,動止不輕,如遇墓絕,乃塊然一物,無智、無謀、無能之愚人也。

論女人性形:

金財端正德貞潔,美貌團團似明月。心性聰明針指高,肌膚一片陽春雪。

木財嬌態勝仙娃,能梳雲鬢似堆鴉。身體修長眉眼秀,金蓮慢把翠臺遮。

水性爲人多變更,未有風來浪自生。若加玄武咸池併,巧似楊妃體態輕。

火財爲人心性急,未有事時言便出。鬢髮焦黃骨肉枯,夫婦和諧難兩立。

土財不短亦不長,絕美人才面色黃。若逢吉曜生佳子,性慢言慳福壽昌。

占運限

大小二限,從初世起。

陽順陰逆,六位周流。

卦之大限,以陽世爲順,陰世爲逆。陽順則自世而上,陰逆則自世而下。每一爻管五年,周而復始。逢生令則吉,遇刑傷則凶。

其小限一年,一位周流而已。

假如丁酉七月甲午己巳時,占得大壯,自一歲在世上,至六歲與十歲在六五,至十一歲在上六,至十六在初九,二十一在九二,二十六在九三,甲辰比肩,但二十七歲小限在上六,故曰大小二限併兄弟,必以先傷妻而後破財。餘倣此。

又有以本體爲初,互體爲中,化體爲末者。

又有以本卦管三十年,每爻五年,以之卦管三十年,每爻五年,學者亦可參之。

占婚姻

喜合婚姻,世應宜静。

財官旺相,婚姻可成。

世應有動便不成,男家娶妻看財爻,代占同。女家嫁夫用鬼爻。忌動,出現怕沖,若旺相可成,世應相尅不久。世夫應婦。又看何人占之,占夫,忌子孫發動,子孫持世不成;占妻,忌兄弟發動,兄弟持世不成。間爻爲媒,父母爲三堂,子孫爲嗣,宜静,卦無子孫不歡喜。

或問：世應有動便不成，何也？答曰：世動，男家進退；應動，女家不肯。世應有空亦然。

問：忌二字動，忌何爻動也？曰：財官二字。

何爲三堂？父母、兄弟、子孫也。

凡財爻與兄弟合，此婦不廉；五爻持鬼，此婦貌醜；財伏墓下，主生離死別；財伏鬼下，主婦人帶疾，兄伏鬼亦然。財伏兄下，主婦人淫蕩；鬼伏兄下，主男子賭博；身爻值鬼，主帶暗疾，此又不傳之妙。

占妻看財爻，宜靜；占夫看官爻，宜靜。陽宮端正，陰宮醜陋，在飛上應頭面四肢，在飛下應拙不穩。男占得震巽，主再婚；女占得坎離，主再嫁。妻在間爻，女有親爲主婚；夫在間爻，男有親爲主婚。但得時旺相，皆許成。出現忌日沖，世動，男不肯；應動，女生疑。用神如發動，成也見分離。間動有阻隔，或是媒人作鬼。如占女人妍醜，第五爻爲面部，如財福旺相持之，絕色；父母次之；兄弟持之，貌醜陋不妍。

上六爻爲頭髮，如火坐之，主鬢髮焦黃色。看大腳小腳，專看初爻。初爻是陽，主大腳；初爻是陰，主小腳；重化拆，半扎腳；交化單，先纏後放。

附：占婢妾，專以財爻爲主象，財爻旺相便吉。若動出官來，主生病招訟；動出兄來，主口舌；若兄爻財爻合住，主有外情不良。如有爻象與財爻三刑六害，必主因此成訟；財化子，性善；財化官，帶疾；財化兄，主淫蕩不良；財化父，老成；財化子，性遲緩不管事。

定婦人、女子，看財福二爻。生身世無沖剋，是女子；財福生官兄,或官兄旺動,是婦人。

凡占僱取僕從,亦用財爻爲主象。財不可太過,又不可無財並空亡,若如此,慵懶不向前。子化財,爲人純善;鬼化財,帶疾;兄化財,不真實,多説謊,瞞騙人家;父化財,性重作事穩;財化兄,多淫蕩難托。財又看身爻,身是鬼,主有疾;身是父,主識字;身是兄,多説謊;身是子,主慈善;身是財,最好。化出鬼,主生病,招口舌;化出兄,主口舌不穩。

占孕產

孕看財爻,胎加龍喜。

旺相爲男,休囚是女。

產孕須尋龍喜胎神。白虎臨於妻財,旺相爲男,休囚是女。

乾兌坎離在下卦,主順生;震巽艮坤在下卦,主逆產。蓋乾首、兌口、坎耳、離目在下爲順,以震足、巽股、艮手、坤腹在下爲逆也。

假令乾宮子孫以水長生在申,到午爲胎爻,三合寅午戌,三日內生也。

要知男女,胎爻屬陽,生男;胎爻屬陰,生女;坤卦六爻安静,生男,此乃陰極,動而生陽,又不可專泥也。

凡占老娘看間爻,持財、子,老娘手段高;持父、兄、官,手段低。占奶子,看財爻旺相,有乳食;財爻無氣或空,乳少。

占科舉

科舉功名，干求進職。

皆取官爻，旺相必得。

凡占赴試謁貴、面君參官、到部謀幹等事，看世上有無文書。若父母旺相，可許。但官爻旺相，便吉。忌子孫持世，不中。占赴任，子孫持世或獨發，必不滿任也。

或問：看世上有無文書，何也？答曰：此專用官爲主，用父爲輔，所以要父母在世上也。以文書爲主，要文書持世，無刑剋太歲貼身，必作狀元①。

凡占試，以鬼爲主，看伏在何爻下，要日辰生扶合出。且如春占剥卦，官在文書爻下，有氣，日辰合出，主試中式。求職請判，宜官鬼出現，忌動發，在任宜鬼静，鬼發有動，子動有替。

若六爻中，只一爻動最急。兄動，事不實，難成。若現有氣，可速成，怕落空。易云：動爻急如火。次或出現文書與貴人，但卦中元無，或不入卦，或落空，其事難。官與文書俱旺相，亦要持世方可成。應爻不剋，事體分明。乾兑坎宫，謀事不一，見官用動，其人多出，見亦生嗔。

占謁貴

官鬼爲主，世我應彼。

---

① "狀元"，術藏本作"部長"。

世應相生，得遇和喜。

凡占謁見，以外卦取，外陽爻可見，外陰爻不見。陰鬼陽世再見，陽鬼陰世已外出。

出現在家，忌外卦獨發。伏藏應動，皆不見。看財爻，旺相出現，忌動用官；看官爻，忌世應坐鬼，又須問見何人，看用爻為主。

謁見，用爻出現，旺相不動，在家；若空、沖、散，不在。世應相生，合則吉，相剋必凶。

世剋應，或剋用爻，皆致怨之象，當俯仰小心。應剋世，或用爻剋世，雖皆願見，亦憂刑。應用相剋，不及相生也。卦有身，相見更看用爻，用爻生身尤好；卦無身，又無用爻，或用爻空亡，終不見。

占買賣

財福出現，買賣必利。

世應相生，交易可成。

卦占買賣，惟要財福出現，如無，不利。若是兄官發動於上爻，必知地頭不吉。凶殺洎四五，途路坎坷多。

財爻持世，剋身得利，發動剋身亦利。外剋內，應剋世，易得財；內剋外，世剋應，難得利。

內旺相，外無氣，其物先貴後賤。

財旺相，主貴，宜賣；財休囚，主賤，宜買。

兄財不利，鬼動賊發，月建臨財則吉，官鬼臨庫，公財吉，私財凶。

卦有二身三身者，財當與人分共。本宮鬼化財，可求；本宮財化鬼，防失。

占求財

財來扶世，求之不難。

財空鬼旺，千水萬山。

卦之占財，要財福旺相，無則不吉。

世爻旺相剋應，徵索可得財，以剋爲索物也，故青龍上臨月合、吉神並世應，而六位有財可得。白虎臨財已先嗔，臨應他先嗔，比和則無關，鬼動則必經營也。應生世，雖無財，亦可求；外生内，應生世，或比和不落空者，雖未有，尚有還財。子爻動，彼自不還。死氣財必長生日得。外剋内卦，宜出財；内剋外卦，宜入財。

將本求利，須要財爻持世應，旺相有氣，乃大吉。財爻無氣，雖有亦無多。財爻空亡，其財決無，尤防破失。財爻生旺，可倍加，休囚，減半。逢沖，將入手有阻。

空手求財，雖有財爻，卻要鬼旺方爲全吉。如財爻旺相，卦中無鬼，雖財可求，實無可得。若有鬼無財，雖有高術，亦不得財。二者必用二全，方爲大吉。父母化財，先難後易；財化父母，先易後難；財化兄弟，先聚後散；兄弟化財，先散後聚。

前卦有財，後卦無財，速謀有得，遲則無。前卦無財，後卦有財，遲取方有，目下未值。財之多寡，須憑爻之衰旺決之。

子孫爲財之源，若加青龍發動，不問財爻衰旺，決可求謀，乃大吉之兆。父母動則子受傷，不能生財，財源已絶，若遇白虎同登，凶。縱其財旺生合世爻，止許一度，不可再圖。

世爲我，若財來生我、尅我皆吉，乃易得之象；若我尅財爻，謂之尅退，財靜猶可，若動，如入下逐高，不能及也。若世安靜，財爻發動，生我、尅我，此財來逐我之象，決主易求。

看得財日，須與日辰合，方得入手。若旺相之財，墓日可得；無氣之財，生旺日乃得也。

占博戲

博戲鬥禽，福旺物真。

財爲利息，鬼動不贏。

世應見鬼爻，皆敗，乃彼我不得地，世旺尅應，我勝；應旺尅世，彼勝。子孫、妻財喜扶世，我勝，子孫旺相喜動。

或問：妻爲我物，鬼爲彼蟲，如何取用？答曰：此言鬥禽蟲也。若轉變之事，則不一同專，要子孫持世旺相或獨發，便贏，若鬼、兄、財爻動，便輸。要知當日，俱以時辰取福德言之。

要知取何爻，財但向五鄉取，何爻若旺者便是，此捷法也。問父動，衝撞多；兄弟動，多鬥；鬼財動，必輸。

占出行

遠行出入，財旺大吉。

鬼旺多凶，持身最吉。

財爲行李，子爲喜悅。凡鬼爻持世，兄弟獨發，鬼爻旺相，鬼墓貼身，遊魂八純，皆不可出行。

或問：遊魂、八純皆不可出行，如何？答曰：遊魂主忘返，八純主賓不和，故不利出入也。

動宜行。世應俱動，宜速行；旁爻動，利行遲；八純不宜遠行。世墓方大忌。

要看第五爻持世爲緊，但宜財爻、子孫持世，或旺相動便好。只怕鬼兄動，世爻化入墓，化出兄鬼，主有口舌，或主病。世空去不成，或動爻沖剋世爻，便斷此人傷我。如鬼爻，鬼賊官事；兄爻，口舌是非；父爻，船事不便，或文書等事。財爻動，當有財物之喜，子孫動，或化子孫，去有財喜。

占行人

行人用財，鬼動必災。

應爻坐鬼，無透不來。

但以財爲用，親爻爲行人，旁爻爲音信，持世立至，遠三日，近當日。財爻出現，旺相來速，休囚來遲。財爻伏藏，旺相直日便至，旺相不直日未來。財爻出現，旺相直墓月分方歸。大忌應爻坐鬼，兄弟須是日日辰透出，安靜，以財生旺日到；亂動，以父母生旺日到。

初爻爲足，二爻爲身，身足俱動，來速，第三爻動，難得來，父母爲信。

或問：親爻爲行人，何爲親爻？答曰：財爻也，乃本宮之財，非旁爻財也。旁爻之財，但爲信，而本宮之財爲行人。

又問：三爻動，如何難得便來？答曰：第三爻化出財爻，乘旺相動，便到；世空，行人便至；應空，未有歸期。

占家親在外，以墓爲歸，若爻神出現，無日辰刑剋，行人可待。若在遠路，看用爻值月何建，以審行人，應空，過一旬，歸魂卦世動，不來，或別處去。

凡占，必用爻三合日歸，如子爻爲用神，取辰日回，如不回，申日回，申子辰三合也。遇空不取。

若用入世墓，亦主回。應空，有阻未至；世空，便到。應持鬼，去遠。子孫、財爻持世，遠三日，近二日回。第五爻動出財來或子孫來，行人在路了。

應動，行人發身了，亦看動出何爻。官鬼主有病；兄弟主口舌，或無盤費；父母動，船中有事，主有信；財動，便至；鬼爻旺相，官事擔任。

占逃亡

逃亡看世，失物看財。

財動物出，世動難來。

凡占人逃去，歸魂自歸，八純卦在親友家。一二三世易尋，四五世難尋。內動近，外動遠。

占六畜、小兒，看子孫；失物，看財。應不動，財不動，兄不動，財不空。鬼不發或伏藏，可見之象。已上雖可尋，若卜得坤艮宮，財在大路，亦不能尋矣。

更問失何物，若失文書牌號，當以父母爻取。

或問：世爻動，如何難來？卜八純卦，何故在親友家？答曰：外卦是六親出現也。

又問：一二三世易尋，何也？曰：一二三世，下爻去沖應，又外卦出現,故曰易尋也。

又問:世在五六爻難尋者? 曰:外卦伏藏也,遊魂主去遠,歸魂主自歸。

逃亡方位

世宮爲方,應宮爲所。

歸魂八純,互換宮取。

世爻之宮爲方,一爻獨發,方可取方。歸魂八純以換卦宮取,乾互坤,坎互離,艮互兌。乾艮宮在山,坎近水,兌奴婢家。大怕鬼爻持世,應變出現鬼爻,乘旺相凶。

或問:世宮爲方,何也? 曰:如天風姤卦,辛丑持世,巽宮乃東南方也。

又問:應宮爲所,何如? 曰:天風姤卦,應在壬午宮,在東南巽方官人家也。

又問:歸魂八純,互換宮取,如何互換? 曰:如占得純乾,去看空,逃亡人在西南坤方也。又如兌卦,往東北艮方尋,艮卦往西方尋,此互換宮方取。

又問:震巽離出外必無歸? 答曰:震巽屬木,離屬火,皆非藏之處者。下文乾坤艮兌而不及震巽離者,此也。震,蘆葦中或舟船中;巽,匠人處,竹木處;離,窰冶處,古廟裏。

世與內動,在近,應與外動,在遠。用神出現,以旺爲方;用神伏藏,以生爲方。丑東北,辰東南,未西南,戌西北。

又斷應與用同,應是兄弟,本貫相識之家;應是官鬼,有勾引人出去,或官司去處;應是父母,投親戚家,或入手藝人家;應是妻財,奴婢、妓弟人家;應是子孫,在寺觀廟宇裏。

占失物鬼祟

陽鬼爲男,陰鬼爲女。

若是伏藏,返對而取。

占賊占祟以鬼,陰陽爲用,占主女男,看得何宮。如占賊,陽宮鬼出現,主男;鬼伏藏,主女。陰宮鬼出現,主女;鬼伏藏,主男。

占祟,鬼無正形,但以支干取之。鬼動,以單爲少陽,拆爲少陰,重爲太陽,交爲太陰。如分老少何人,但看應爻最切。

或問:若是伏藏,返對而取,何謂返對? 答曰:用返卦爲顛倒也。陽取陰,陰取陽之義。

又問:返卦時,何以知賊之巢? 曰:但向鬼生方尋之。問:何以知鬼生方? 曰:但看財爻伏何爻下。如姤卦,財伏子孫下,在西北方,僧道小兒處也。

又問:何以定獲賊之日? 曰:看子孫旺日是也。

占賊盜

若有兩爻,可別單拆。

忽有獨發,鄰中可測。

卦有兩爻鬼者,以單拆分取之。六爻中一爻獨發,亦可取父母爲老,子孫爲幼,兄弟爲男,妻財爲女,官鬼橫惡,占賊過犯人。

或問:若有兩爻,可別單拆,如何別之? 曰:一卦兩爻鬼,以單爲陽人，拆爲陰人。如俱爲拆，只是陰人，鬼化鬼，乃過犯人也。

以應爻爲主，財爲財，鬼爲鬼，出現最急，旁爻爲次。凡財出現於五爻之下，不動可見。

非鬼爲賊，獨發爻亦可取，若有鬼爲賊，更取日干爲主，分辨老少。

凡占六畜，只以子孫爲用，父母動則休矣。

凡失物專看財爻，本象要旺相，不空不動，可見；如財爻空了、動了，是出屋也，更無氣，決不可見。

官鬼爲賊，子孫爲捕捉，兄弟爲衆，父母爲衣服、文書，財爲失物。

如子孫旺相，其賊必獲；子孫無氣或空，難獲。鬼爻空，決尋不見。

六爻無鬼安靜，非賊偷去，乃自失也。

財在內卦安靜、旺相，物不失，必在家中；內外俱有鬼，偷與外人；鬼剋世爻，主驀然撞見賊贓；鬼刑世，主賊再來，必有所損，宜防之。

財化鬼，婦人爲賊；子化鬼，小兒或出家偷盜；鬼化鬼，過犯人拿；父化鬼，掌文書，或老人爲盜；兄化鬼，相識昆仲爲盜，有多伴。

占鬼神

休囚爲鬼，旺相爲神。

本象家親，他宮外人。

六爻定體：

六爻　公婆　家親　佛道

五爻　父母　口願　土神

四爻　叔伯　土神　半天

三爻　兄弟　門户　境神

二爻　夫妻　土地　家神

初爻　小口　竈君　司命

五行鬼：

金木，横死；土，時疫；火，勞血；水，落水。

八純卦：

艮，五聖；震，天神；巽，木神；離，火神；乾，功德；坤，家神；坎，落水；兑，口願。

五鄉獨發，剋日剋世取之，各有兩義：

父母家先，子孫小兒，妻財婦婢，兄弟陽人，官鬼横惡，已上隨爻。

或問：本象家先，他宫外人，何也？答曰：本象鬼動是家親，旁爻鬼動是外人。假如乾卦壬午鬼動，是家親；大有卦己巳鬼動，是外人也。問：土鬼何也？曰：此乃當處靈驗之鬼，俗謂之神者也，旺相爲神，休囚爲鬼，動爻剋世剋日，亦可取祟。

《易鏡》云：察禍推其鬼處，還將身配六親，相剋相生，便見禍之端的①。

　　附：六神

　　青龍：善惡、經文、醮祀、廟香。無氣帶刑，自縊死。

　　朱雀：花旛、口願、符命、竈神。無氣帶刑，勞死鬼。

　　勾陳：天曹、勅土。無氣帶刑，黃病路死鬼。

　　螣蛇：夜夢、驚恐、上許下保福。無氣帶刑，夜夢見鬼。

　　白虎：金劉神、作犯白虎刀傷鬼。無氣帶刑，刀傷鬼。

　　玄武：上真、北陰神。無氣帶刑，落水陰鬼。

　　凡祭賽有三，如祀上帝，即取藏爻中鬼神祇，當用月建；神堂家廟，當用日辰。皆要生合卦身，不宜刑沖，亦不要動爻剋害刑沖。如合生，福利而吉；若帶刑沖，反招禍。卦爻中，鬼自化入墓，必有不了再牽之患。

占詞訟

　　舉訟興詞，要官有氣。

　　若是被論，休囚卻利。

　　凡下狀論人，官爻旺相出現，必贏；若占被論，官爻休囚，鬼爻持應，世爻剋應，子孫持世，反得理，吉。

---

　　① "鏡"，底本及校本皆作"鄰"，依《海底眼》改。按引文同於《海底眼》，但彼處"易鄰"作"易鏡"。《易鏡》爲中條山道士王鄁作，《易鄰》則文獻無載。又《占疾病》："《易鏡》云：且如長男受病，宜純震之不搖，小女染病，則兌卦之不動。"全同《海底眼》。《海底眼》有三處引《易鏡》，《火珠林》同者兩處。此外《占科舉》一節有"《易》云：動爻急如火。"亦見《海底眼》，二者必有因襲，而非同引一書。通行本《火珠林》兩次引《元龜》，當是《卜筮元龜》，其書有元大德十一年蕭吉文序，《文淵閣書目》有著錄，作於元代是沒有問題的，而《海底眼》爲南宋後期書，當是通行本《火珠林》襲《海底眼》。《火珠林》恐是偶誤，當以作"鏡"是。

若代占人坐獄，忌世下坐鬼，鬼墓持世，凶。但鬼爻動，便不可與人爭，財動折理，亦不可訟①。

或問：代人占坐獄，忌世下坐鬼，代占看應，何故反看世也？答曰：此理最微，人所不測，宜於是有疑。唯世下坐鬼，便去沖應合應，故主離脱，汝若不信，請以六十四卦取之。

又問：如何財動折理？曰：財爲理，財動便主理虧，蓋財能傷文書，文書既被傷，安得有理？

又問：財化財如何？曰：雖有理而不勝。

問：官化官如何？曰：推移主有詐僞事在後。

問：父化父如何？曰：事重疊，遲遲未決。

問：子化子何如？曰：主干連小口。

問：兄化兄何如？曰：主對頭争執。

凡外有客，鬼持世，主必遭虧，更有罪名；父動剋世，因勾惹之事。世空，自散宜和解；應空，詞訟没期程②。

凡世持鬼，鬼動入墓，卦中無財，必在獄中死。

凡卦爻變鬼，刑沖害身世，主徙流之罪。

如金爻是鬼，刑剋身世，化死墓絶，必主死罪。官事不宜官鬼動，動則看來生合沖剋世應，以定彼此吉凶。

占脱事散憂

脱事散憂，子孫旺相。

---

① "折"，底本及校本皆作"拆"，依本節下文"又問：如何財動折理"改，"折理"即下文所言之"理虧"也。

② "没"，術藏本作"後"。

世動自消，不成凶象。

凡占脱事散憂，要子孫旺相出現，或子孫獨發，世爻動亦自散。忌應爻剋世，鬼爻旺相、獨發，凶。

或問：世動自消，不成凶象，何也？答曰：只是世動，我可脱，如財動，利乾貨之義。

又問：世動出官鬼，如何？曰：世動只是遲滯難脱，主亦無事，若占論何日出禁，須要得日辰沖散六害，方出。如世爻持未，得丑爻動，或日辰是丑，當是丑日出獄也。身爻世爻被太歲沖生合，有赦也。

假令有人占推役與人，要世空，子托獨發、旺相，又要官鬼空，或官入墓絶，應持鬼，好。若世生官，凶，難脱破財。官鬼動化出，同。

且如疑一人阻我事，要占是他否？專看應爻，持財、子、父並安靜，不是，空亦然；應是官鬼，或化出兄弟，是此人也。

占疾病

凡占疾病，應藥世身。

若坐墓鬼，病主昏沈。

卦有三墓：宮墓、鬼墓，以世爲身，忌生鬼爻。本宮墓鬼得之者，主自身合災，暴病未可，久病必死。

以應爲藥，忌坐鬼爻，旺相凶。本宮墓鬼得之，主無藥，服藥不效，大怕申酉爻持世，占病重大，忌木爻獨發，鬼爻旺相伏世下，旺爻動剋世。

或問：卦有三墓，何謂三墓？答曰：如天風姤卦，旁爻丑持世，乾宮屬金，墓在丑，此是宮墓。如中孚卦，世持辛未，艮宮屬土，以寅木爲鬼，木墓在未，此是鬼墓。如泰卦，甲辰持世，坤宮屬土，以亥水爲財，水墓在辰，此是財墓。問：何謂得之？曰：得之者，世爻上逢之也，世爲我身也，凡墓爻故主自身合災也。暴病未可者，墓滯也，故未可。久病必死者，病久氣衰，而又入墓，豈得不死？

又問：何不言財墓？曰：財墓吉兆，故以財言之。若占婦人，逢此須大忌。

又問：鬼爻旺相伏世下，何也？曰：世爲我身，鬼伏世下，是病隨我，所以忌之。

看鬼伏何爻下，於金木水火土分辨之。伏父母，憂心得，或動土得，或往修造處得。鬼伏兄弟，動失饑傷飽得，或因口舌氣上得。鬼伏子孫，動因牽惹得，或慾事太過得。鬼伏財，飲食得，或買物件得。官鬼出現，驚恐怪異，或寺觀廟宇中得。土下伏土，瘡腫；火下火，手足；金見金，悶亂；木下木，寒熱；水下水，冷疾；金下火，喘滿。陽宮財動，主吐；陰宮財動，主瀉。鬼爻現外，金鬼爻伏裏，主心腹病①。鬼在內動，下受病；鬼在外動，上受病。用爻同。

土動，主瀉；木動，發寒；金動，四肢或滿悶；火動，發熱。木主足，金主頭，土主胸腹，火主手目，水主耳腎。飛伏俱旺相，飛爲起因，以伏爲受病。又世爲動爻，在內，下受病；應爲動爻，在外，上受病。間爻動，主胸膈病症。

《易鏡》云：且如長男受病，宜純震之不搖，小女染病，則兌卦

之不動。大忌申酉持世，木爻獨發者，申爲喪車，酉爲喪服，木爲棺槨耳。

病忌官鬼

以財爲禄，以鬼爲祟。

鬼爻旺相，獨發大忌。

凡占婦人病，喜子孫旺相，持世安静；忌財伏鬼下，兄弟持世，兄弟獨發。世剋應，内剋外，主吐；應剋世，外剋内，主瀉。

或問：婦人病占，喜子孫旺相世安，何也？答曰：此即用財以子孫輔之義。忌財伏鬼，兄弟持世，即用財伏兄之義。

又問：内剋外，何故主吐？曰：内爲腹，外爲口也，外剋内，主瀉。

病忌父兄

主爻伏鬼，或伏兄弟。

或伏父母，旺相大忌。

亂動之卦，只取主爻。大抵休囚伏兄弟、父母、官鬼之下，剋世者死。蓋兄無食，父母無藥，官鬼真病。凡得八純、遊魂卦，病者決主沈重，占小兒主死①。

或問：主爻伏鬼、伏兄、伏父之下？曰：此即財伏兄，財伏父母，官伏兄之義，舉一隅，則三隅反矣。

---

① "沈"，術藏本作"沉"，二字可通，下並同。

又問：八純、遊魂、歸魂卦，占病沈重，占小兒主死，何也？曰：此三卦，世持父母、官鬼、兄弟，或子孫伏父母下，占大人病重，占小兒病死。

占醫藥

以應爲醫，以子爲藥。

鬼爻旺相，大忌獨發。

夫卦之疾病，以用爲主，以鬼爲病。

金鬼，肺腑疾、喘嗽、氣急、虛怯、瘦瘠，或瘡癤、血光，或筋骨病。

木鬼，四肢不遂，肝膽主病，右瘓左癱，口眼歪斜。

水鬼，沈塞、痼冷、腰痛、腎氣淋瀝、遺精、白濁、吐瀉。

火鬼，頭疼發熱、心胸焦渴、加朱雀狂言譫語、陽症、傷寒、嘔逆。

土鬼，脾胃發脹、黃腫虛浮、瘟疫時氣。

凡占病，必察用爻，占父母，必要父母有氣。縱遇凶卦，但主沈重，不致喪亡。若用爻空亡及不上卦，更逢凶殺，決主不起。用爻無氣，若得旁爻動來生扶，此同生旺，決無咎也。若凶殺臨父母，或父母空，便可言雙親有病，諸爻皆然。鬼爻持世，沈重，絶日輕可。鬼化鬼，其病進退，或有變病，或舊病再發，或症候駁雜，一卦二鬼亦然。鬼爻持世，病難除根，鬼帶殺持世，爲瘵病難脫體，乃養老病矣。

青龍臨用爻或福德爻，其病雖重，終可療。青龍空亡，卦無吉解，病凶。

白虎臨父母當損，若值財上，妻遭傷，子孫際遇終成否，兄弟逢之亦不昌。更並官爻臨世上，自身須忌有災殃。

金鬼不宜針，木鬼不宜草木，水鬼不宜湯飲、湯洗之類，火鬼不宜灸熨，土鬼不宜服丸藥。

金鬼可灸，木鬼藥方，火鬼帶服寒劑，水鬼宜服熱劑，土鬼宜服木藥。金鬼利南方，木鬼利西方，水鬼利土值，火鬼利北方，土鬼利東方，求請醫者。又丑鬼不可牛肉，未子孫當食羊。

鬼爻在內，病自內生，鬼爻在外，災自外至。火鬼必在南方；金鬼必在西方，道路生災，又爲主胸，金鬼則病在肺家，逢火作膿，見木生風，遇蛇虛悶。

占家宅

家宅吉占，專用財福。

財旺子空，當無嗣續。

卦之家宅，專用財福，上卦如無財福，便是平常之宅。無刑沖剋制，有青龍龍德臨宅，乃是大吉之家。以內三爻爲宅，逢乾強盛，遇坎則陷，逢艮則止，遇震則動，逢巽則搖，遇離則麗，逢坤則靜，遇兌則說。若陽長則吉，陰長則消。

以印綬爲堂屋，妻財爲廚竈，子孫爲廊廟，官鬼爲前廳，合亦爲門，沖乃爲路，五爲梁柱，上爲棟墻。旺相爲新，休囚爲舊。青龍爲左，白虎爲右，朱雀論前，玄武論後，螣蛇論中。

水爻有水，木爻有木，遇艮有山，逢震有路，父母爲橋道墳墓，子孫爲寺觀廟宇。官鬼旺，則訟庭官族；休囚，則軍匠客墓。妻財帶吉，則富室豪門；伏官，則贅夫招婿之家。逢吉生合身世則吉；逢凶刑剋身世則凶。

父母持世，承祖居；父母化財，必出贅；財爻空或動，難享現成；父母空或身動，難招遺業。

占人口

福應生世，爲我後裔。

兄動財空，斷不可繼。

卦之人口，陽多則男多，陰多則女多。以父母爲家主，以官鬼爲丈夫，以妻財爲婦人，以子孫爲小口，以兄弟爲同氣。

財動傷尊，父動子憂，子動官傷，官動兄弟愁苦，兄弟獨發，又爲剋妻之兆。

妻在內則住近，卦有二財，必主兄弟。子在外則招遲，爻屬水，當主數一。

卦無父母，占人壽命弗延，爻無妻財，兄伯貧窮是準。有子孫龍喜而無父母者，其家有遊子。白虎臨，而出僧道、巫覡，有財而無官者，錢財必耗散。朱雀臨，而習呼唱賭博。有鬼無子，多怪夢而絕嗣，有鬼無財，主疾病以多端。父祖有官，必逢祿馬貴人；本身有藝，定是親神全木。

占起造遷移

起造移屋，財靜人安。

鬼發招禍，遷動俱難。

起造移屋，要子孫、財爻旺相，出現持世，忌官鬼、父母、妻、子、兄弟獨發，凶。父母爲尊長，兄弟爲六親，妻財爲妻奴，子孫爲兒女，官鬼爲凶殃。以上獨發論之，看剋何爻取之。如占住屋居第，二爻動，住不久遠。若脱屋求財利，二爻動，官在第二爻，動必可脱也，不動難得脱也。

或問：財静人安，財動便不安，何也？答曰：蓋父母爲宅，財動便剋父母，所以不安也。

又問：第二爻動，住不久遠，何也？曰：第二爻爲宅，宜静不宜動也。

附：陽宅

鬼墓方爲聖堂，子墓方爲牲畜，財墓方爲倉庫。絶爲廁，兄墓得直方，水生旺處爲井，應爲屋，鬼爲廳，福爲廊，財爲房屋廚櫃，兄爲門。身持兄得五事俱全，不可空，無空沖剋，上等屋也。内有一爻被沖剋，主有損壞，得空爲妙。

如爻在初爻，一層屋，二三爻闊遠，四五爻樓閣遠，上爻者，深遠重疊屋也。如他爻變出爻，屋分兩處，父空二地，地變鬼或伏鬼下，非公吏舍，必是官房，不然有病人，有此象當招口舌，或招官司。父在上未住，在下現住。凡卦身或空，未住；身併，現住。身值鬼，屋下有伏屍。將屋脱錢，要財旺身衰，喜父空，要沖剋，財合身爲妙。不喜化出財爻，剋害爲凶。

内卦二爻爲宅，看動。金動，公事至；木動，風水惡；土動，生瘟氣；水動，傍河不吉；火動，於闊路中，口舌，静吉。

外卦六爻，看動。兄動，夫婦不圓；父動，上人多憂，陰小六畜；子動，爻旺喜事重重；官動，災禍難言；財動，難爲大人，女人不正。

占耕種

父衰財旺，收成有望。

爻值福鄉，花利千倉。

卦之耕種，專要財福上卦，最忌鬼值五位，收成不利。世剋應，倉廩實；外剋內，倉廩虛。又初爻爲田，鬼剋，田瘦薄，難植作。二爻爲種，鬼剋，主再種。三爻爲生長，鬼剋，主不茂。四爻爲秀實，鬼旺，多草費功夫。五爻爲收成，鬼剋，主不利。已上惟土鬼剋不妨。六爻爲農夫，鬼剋，主有疾病。

金鬼旱蝗，火鬼大旱，水鬼水災，木鬼耗捐。一卦兩鬼，兩家合種，年豐必須官鬼空亡。大抵財爻宜旺，不宜落空則吉。金財旺相，早禾倍收。土財旺相，晚禾豐稔。金土二爻，雖不臨財，但遇吉神，亦準可論吉。

占蠶桑

財旺福興，占蠶大吉。

爻鬼交重，不賽終失。

卦占蠶事，先看定值。鬼爻持世不吉，有財有子爲佳。印鬼動當還賽，兄動則有損，子孫木火大吉，亥子濕死，金土白殭，土乃半收。安靜則吉，發動不利。

占畜養

旺財相福，牲畜有益。

虎動鬼興，必防損失。

卦之畜養，須論定體。端要財福上卦，如無，不利。鬼持初爻，雞鴨不吉，官坐五爻，牛馬難安，參合六神論斷。

諸爻最忌兄弟、官鬼。如鬼值上爻，或曰五爻爲主，金鬼牛極瘦，木鬼腳疼或腹風，水鬼散，火鬼觸熱，土鬼發癢瘟黃。

逢所屬木命爻臨財福，無傷則吉[①]。且如兄鬼臨三爻，本爲不佳，卻有亥爻。本命臨財福，吉，亦不爲害。餘倣此推。

占漁獵

福興財旺，前程可望。

財鬼虛臨，山枯海曠。

卦之漁獵，以世爲主，以財爲物，財子俱見，旺相大吉。財值四爻，兔豕堪遇，鬼臨六爻，虎豹須防。震棒、巽弓、離網、艮犬，剋財者宜用之。若財爻值斷，如巽雞、艮豹、震兔、坎狐野豕、兌羊、乾虎、離雉、坤羊之類。

內剋外，內旺相，世剋應，得青龍臨財爻，動不空亡，物可得。惡殺臨財旺相，發動剋世，主有獸傷，凶。

---

① "木"，底本及校本皆作"木"，依下文疑當作"本"。

占墳墓

安墳立陵，福旺家興。

鬼旺宜火，葬防後人。

以鬼爲屍，要無氣；父母爲墳，皆宜静。以財爲禄，以子爲祀，要旺相、出現、持世。世爲風水，應爲棺槨，皆宜静。

或問：旺相宜火之説？曰：鬼旺只是不利，故宜火化，不宜葬也。陰宅先論墓地，次論卦身，要有財福，世應有氣相生爲妙。

未葬時，外亡内塚，相剋吉，不要官鬼旺。已葬後，内亡外塚，相生，鬼旺亡人安。鬼爲亡身，爲塚，若定塚穴高低，如卦身在初、二爻，葬在低處；在三、四爻，葬在平處；在五、六爻，葬在高處。若地位方向，以卦宫長生定之。如坎宫地在北方，坎水長生居申，其穴宜在申上。餘倣此。

占葬年，如身在卯，酉年占，卯數至酉成七，不七年，或卯酉二七十四年，或用月數，如變爻沖卯爻，必地既狹窄，無氣同。

占朝國

世應相得，君臣用心。

六位無剋，萬國咸寧。

世爲帝王，應爲功臣，本宫爲都。内外比和旺相，天生聖主，剛柔動静有常，地出奇材，最宜吉神，切忌大殺。

金爲兵戈忌動，土爲城壘宜安，水爲泛濫，火爲炎晴，木爻風惡，吉神爲瑞。震離坎兑爲四方，艮坤二卦爲中土。

五爻爲至尊，加吉神太歲，仁慈之主也；帶殺白虎，暴虐之君也。與吉神生合，必親賢任能，遠佞去奸。

初爻安靜，吉神持世或生世，萬民悦服。本象二爻爲侍臣，帶吉神左右，必得賢人，加凶殺者，多奸邪便佞。

四爻會吉神剋世生世，必上忠君，下安黎庶。

子孫爲儲君郡主，宜旺相不空，若大殺動刑沖剋，恐有廢立之患。子孫在初爻動，剋三爻或世者，士庶民有上書直言利害；在二爻動，必有才德舌辨之臣入朝上封事；在三爻動，有賢能諸侯謁門直諫；在四爻動，左右近臣必盡忠死諍也。

占征戰

出兵交戰，鬼賊財糧。

鬼旺彼勝，子旺我强。

以鬼爲彼賊，以子爲我軍，子孫旺相，必獲全勝，出現宜先，伏藏宜後，内凡鬼爻旺相或是獨發，或持世身，大敗之兆。若六爻安靜，世旺剋應，必勝。

父母，城池、濠寨、旌旗；子孫，爲兵將、軍馬；兄弟，爲轅門驚恐伏兵；官鬼，爲敵兵、刀劍。

世應空亡，主和；世空，我軍弱；應空，彼兵退；世爻被鬼沖剋，我軍不利；兄弟獨發，凶。

鬼去爻中，兄弟化出官鬼，來合世爻身，主有奸人在軍中，世下伏鬼亦然。

凡變爻沖剋子孫，主損名將。沖剋財爻，並財持世落空，主糧受困。刑剋父母，主戰船城寨有失，指揮號令大不宜。沖剋官爻，彼賊必敗。

凡卦中動火刑父母、剋父母，必然火燒宮室。火沖剋財，主火焚糧草。

又財爲倉庫，如近子近我軍，近父近濠塞，近鬼近賊所①。又父母塞位方，如坤宮西南方也。

占天時

若問天時，須詳内外。

互換干合，方明定體。

仰觀天象者，干；俯察地理者，支。先看内卦有合無合，次看外卦定體。甲己化土，陰雲；丁壬化木，生風；乙庚化金，作雨；丙辛化水，必雨；戊癸化火，主晴。内外無合，次明定體。定體者，看外卦，取獨發論變。乾日月星，坤沙石霧，震雷霆電，巽風，離晴，坎雨，艮陰，兑甘澤。

或問：互換干合，如何互換？答曰：甲日占得離卦，甲己合，則主陰雲也；壬日占得兑卦，丁壬作合木，木世主生風，此化氣也②。若内外卦不與日干合，看外卦以十干求之，以日干落在何宫。假如己未日占得大有卦，日干落在離宫，主晴，己日占得既濟，則日干無所落，便可斷陰雲矣。

---

① “濠塞”，底本及校本皆同，上文有“父母，濠寨”，又有“刑剋父母，主戰船城寨有失”，皆取父母爲濠寨、城寨之義，似當作“寨”，此處作“塞”，疑誤。

② “木世”，底本作“未世”，按巽爲木爲風，故“木世主生風”，據術藏本改。

天道晴雨

每日之事，十干要精。

壬癸動雨，丙丁管晴。

庚辛雨後晴，或次日便晴；壬癸連雨難晴，有風方止；甲乙作雨不妨；丙丁日月晴明；戊己陰雲不定。辰丑動雨，未戌動晴。

內動速，主晝；外動遲，主夜。

或問：十干動，陰晴如何看？答曰：如水火既濟，己亥持世，便斷陰晴不定。財為晴，午火財卻伏在己亥水下，水旺則主雨；火旺或支辰透出午，則便斷晴。但要機變，取時言之，配以六親，百發百中。若不精熟，則不能通應矣。

又問：如何取時日？曰：假如乙日占震卦，則遇辰巳時方晴，乙庚化金作雨，卻緣戌土財持世，又庚辛雨後晴，緣辰巳時天干見庚辛，此兩個時，不能雨止，過辰巳時，主午時方晴。如丙日占震卦，雖庚戌持世，不能作雨，緣日干丙字剋去庚，不能生水也。

又問：辰丑動雨，未戌動晴？曰：辰是水庫，丑中有癸，故此二字動，值戊己不為陰雲，而必陰雨。未戌動晴者，未中有丁，戌是火庫，故此二字動，值戊已不為陰雲而化晴矣。

又問：內動主晝，外動主夜？曰：內為陽，外為陰，晝夜之道也。

又問：未戌動晴，而癸日占得坎宮地水師，如何大雨①？曰：未戌動晴，以其中有丁火也，今戊戌化癸亥，癸字剋了丁火，日辰

---

① "大"，術藏本作"人"。

又逢是癸，併去傷了，豈得不雨？

又問：癸亥日占得坎之蒙，亦是癸日，如何卻晴？曰：未戌動晴，以其有火也，今戊戌化丙子，是戌之火已透出來，日辰癸亥與上戊寅合住，不能傷丙，所以晴也。

又問：壬癸動雨，要言剋日定時取驗，何如？曰：如六月甲辰日占雨，得乾之大壯，當日申時雷雨驟至，此壬癸剋日定時，何以知之？乾爲天，震爲雷，外卦震，內卦乾，豈得無雷？第五爻壬申親爻動，日值甲辰，夜半生甲子，晡時壬申上透出本宮動爻，故應在申時也。

又問：丙申日占得乾卦，壬戌持世，如何壬癸不得雨？曰：戌中有火，透出丙字，如何得雨？

又問：丁酉日占陰晴，得坤卦，此癸酉持世，如何亦不得雨？曰：本主雨，卻緣日辰丁酉，貴人在酉，故丁日見世爻五癸，世在酉，是敗財之內，癸水退讓於丁火，豈得不晴？

鬼動雨，變出子孫，晴。應落空，晴不久。應剋世財，晴。父母生世，雨，又動剋子，亦有雨。

財爲晴，父爲雨，兄爲風，子爲雲霧，在冬爲雪，官鬼爲雷，冬春爲雪，夏爲熱。專看本象，要旺持世本宮。

要知何日雨？曰：父母長生日，帝旺或值日，便有雨。何日雨止？絕日空，便止。餘倣此。

要知何日風？假如兄屬寅，爲東北風，亦要看當時日辰天干爲緊，外卦有動，看變出者，若是水爻出現，便有雨。

占射覆

覆射萬物，表裏各異。

以財爲體，以鬼爲類。

財爲表，鬼爲裏，財鬼出現，表裏皆有。有表無裏，外實内虛；有裏無表，外虛内實；財鬼俱藏，輕虛之物。

或問：表裏各異，何也？答曰：以財爲表，以鬼爲裏，有表裏皆有者，有有裏無表者，此所謂異也。

又問：方圓、長短、新舊，如何定之？曰：陽卦主圓，陰卦主方，應旺主新，應衰主舊，世應被剋空虛，世應相合圓物，世應比和長物，世應相生方物，相刑剋尖物，相剋沖損物。

鬼值八卦

官鬼在兑乾，金玉；在震巽，竹木；在坤艮，土石；在坎，魚綿水貨；在離，絲線綃；在坤離，又爲文書、布帛、專數之物。

覆射物色

以官爲物，爲色爲形。

若居四土，可分重輕。

以官爲色，出現正色，伏藏旁色。伏財能食，伏子能用，伏父能蓋載，伏兄不中，更以金木水火土分之，動亦可取。

或問：以官爲色，出現正色，伏藏旁色，如何？答曰：即官鬼出現是男，伏藏是女，反對取之。官鬼爲正物，隨五行取之。應爲表，爲皮毛；世爲裏，爲形狀。陽爲天，主圓；陰爲地，主方。應在外主長,應在內主短。應旺相主新,應休囚主舊。

子孫爲色,財旺能食,表受刑剋,月破落空則無,裏受刑剋則無,及表裏受刑剋,月破日破不圓,方受刑剋,月破日破不方。

子孫動,物有足;兄動,有皮;財動,物可食;父動,物有生氣;官動,不中。

五鄉一鄉不入,亦可取物色。

合則圓,扶則長,生則方,剋則損,刑則失。

以內卦爲地,外卦爲天。

青龍論左,白虎論右,朱雀觀前,玄武看後,勾陳世爻管中。

覆射者,須定服色事理。

如金爻動在乾者,內赤外白而方圓,見火則軟,逢水則堅,有緣則聚實,散則象錢。若非金銀,必是銅錢。若乾象在外,或世身俱值乾,必具金銀首飾釵釧。旺相金銀,休囚銅鐵。團圓之象,外實內虛,福空,物必空虛,福不空,其物堅實,或內明等物,又能鑒容。若金爻動在兌宮,剛柔曲折,鉛金而澤柔也,內光彩而見火,外圓而象口。旺爲金銀刀鐵,衰爲雉羊。通之器物,應是接續缺口之物也。

木爻動在震宮,內白者鬼象,外青朱純圓,能壯能盛。如蠶作繭,如獸作聲,隨時變易,復死而生。其色蒼蒼然,青變赤,隨時變。上不侵天,下不着地。如非菓實,即是魚筌,魚筌爲竹之器也。若震象在外,或身世值震,即爲鞍轡靴鞋,竹木之物也。若木爻動在巽宮,聲如琴韻,香氣氤氳,謂乘風遠聽馨香象也。形體如彩,影似蜻蜓,羽翼之象。在上爲飛,在下繩索。若巽象在外,或身世在巽,或爲顏色、絮麻、綿線、文書、繩索之物也。

水爻動在坎宮,旺相乘風,飄流轉蓬。外黃而黑,水八爲坎,隱土黑暗，藏而不識，乃爲驢熊羆也。若坎象在外，或身世值坎，麻豆魚鹽，水中所生之物。

火爻動在離宮，先白後赤，水土圓藏。蓋火先見白煙，後見赤焰也。離爲雉，尾而赤色，內柔外剛，雕鏤五色，中應之器也。若離象在外，或身世值離，或顏色、絮麻、繩索、錦緞、布帛之物也。

土爻動在坤宮，坤本外黃內蒼，土實內圓外方。形如瓦礫，復能軟，若非玉器，必是一囊。旺相則堅，休囚則軟，非古器土具之物，即袋也。除此之類，爲馬牛。若坤象在外，或身世值坤，爲五穀、布帛、衣被、瓦瓮之物。若土爻動在艮宮，青山之形，內虛外實。遇合旺相則實，無氣則虛。物形團圓不動，形如覆蓋，春秋不改，冬夏常存，若飛白春則龜文也。若艮象在外，或身世在艮，是衣被、絮帛、土器之物也。

此乃究五行動爻身世之法，定剋應未來之理，可研窮而推究，不可謬意取用。

六爻安靜，先看世應有無生合刑沖剋害。

又要觀發動之爻。次究伏爻在何位下，後審卦身有無吉凶，然後定休咎。法曰：彼來生合我者，順也；我去生合彼者，逆也。此爲吉凶之源，是故生生之謂易，通變之謂事也。

以財爲皮，以鬼爲正色。若有財有鬼，表裏俱備。若空伏，則輕虛之象。有鬼無財，則有裏。有財無鬼，則有表也。旺相重大，休囚輕小，須以同類八卦詳之。若生旺，則生氣之物；休囚，則無氣之物也。以類推之。

占來情

思慮未起，鬼神莫知。

不由乎我，更由乎誰？

夫《易》本無八卦，只有乾坤，本無乾坤，只有太易。太易者，在天爲日月，在地爲水火，在人爲耳目。鍊其耳而耳自聰，修其目而目自明。《易》曰："聖人以此洗心，退藏於密。"

達人事

先達人事，後敷卦爻。

人事亨通，卦爻自曉。

真喜合宅母，必問孕事。隔角剋青龍，無氣動是已死。鬼伏臨酉沖宅長本命，主官非牢獄公事。玄武臨門勾陳動，是失脱事。世應合五爻，水土動，風水事。卦內剋鬼，沖合生財，犯刀砧六畜事。天財帶天火，必占失火事。怪合見月鬼，爲驚恐怪異事。喪車臨怪動，人口死不明事。鬼剋沖基，爲宅不安事。鬼剋沖基，或合太歲，爲起造事。禄馬合月鬼動，占謀望事。卦內驛馬旺剋門，問出門事。遷移臨旺沖動，問移居事。月鬼陰喜動，爲婦人姙怪事。世應和合，禄馬帶財，問代謀財事。文書乘朱動，五爻重隔角，爲代名告狀事。時鬼動沖人口，問住宅不安事。

來意俱不上卦，憑變斷之，重主過去，交主未來。

大抵求財、問病、官訟、出行等事，或占得乾卦，屬金，主四九日見。又當合求旺相、庫墓、三六合，六合看四月相應，九日相應，的是四月見其發動。餘皆做此。

五行生尅訣

假如木旺能尅土，若遇休囚火便生。旺相能生禍福，休囚受制不能行①。

五行類

金四九，木三八，水一六，火二七，土五十。酉四申九，寅三卯八，子一亥六，巳二午七，辰戌五，丑未十。

占姓字

以日配用，四象誰勝。

若無象用，姓字何證。

卦之尅字，以日配用爻，兼內外互卦，正化體象，取勝爲主，然後合成字象。

以上闕此必是錢字，不然則成劉字，蓋錢有兩戈，劉有豎刀故也。

再如甲乙日占賊姓，得純艮卦，土爻體見寅，寅屬木，木鬼配甲乙日，亦屬木，三體相兼，爲林字姓也。他做此。

但以干配姓，以支配合，以納音配字，取象度量，盡其妙理，當慎思之。

八卦類

乾爲圓象，爲點，爲馬，爲金玉，爲言旁，爲頭。

---

① "禍"後，時人點校整理本多補"與"字，此句前後皆七字且押韻，既稱"五行生尅訣"，當整齊劃一，以便記誦，似當有"與"字。

坎爲雨頭,爲點水,爲水目,爲小弓旁,爲内實外虛、屈曲之象。

艮爲橫畫,爲口手,爲門人,爲己田,爲山水易旁,上尖下大,上實下虛。

震爲木象,爲二七,爲竹木,爲立畫偏撥,上大下尖,下虛上實。

巽爲廿頭,爲揵服,爲長擧,爲絞絲,上長下短,爲下點。

離爲日旁,外實内虛,爲中,爲戈,爲日,爲心,爲火。

坤爲橫畫,爲土,爲方,爲木旁。

兑爲金,爲日,爲鉤,爲八字,爲巫,爲微細。

天干類

甲爲木,爲田,爲日,爲方圓,爲有腳,爲果頭。

乙爲草頭,爲反鉤,爲弓,爲曲。

丙爲火,爲丿,爲乀,上尖下㣺。

丁爲□,爲鉤,爲丁,爲木出頭字[①]。

戊爲土,爲戈,爲中開之類。

己爲挑土,爲半口,爲己頭,爲曲。

庚爲金,爲庚。

辛爲金旁,爲辛。

壬爲水,爲曲,爲壬字。

癸爲水,爲冰旁,爲雙頭。

---

① "□",底本及校本皆空格脱一字。按,依下文戊己皆爲土、庚辛皆爲金以及壬癸皆爲水例之,似當爲"火"字。

地支類

子爲水旁，爲子，爲鼠。

丑爲土，爲丑，爲橫畫，爲牛。

寅爲木，爲山，爲宗，爲寅字，爲虎。

卯爲木，爲安頭，爲卯字，爲兔。

辰爲土，爲艮字象，爲長意，爲龍。

巳爲火旁，爲巳字，爲屈曲，爲蛇。

午爲火，爲日，爲干字，爲不字，爲失字頭，爲馬。

未爲土，爲來字，爲多畫，爲木旁，爲羊。

申爲金，爲車旁，爲猴。

酉爲金，爲而旁，爲目旁，爲堅洞旁，爲雞。

戌爲土，爲戌，爲成字，爲犬。

亥爲水，爲絞絲頭，爲猪。

五行類

水爲點水，爲曲，爲一六數。

火爲火旁，爲上尖下闊，爲二七數。

木爲木旁，爲步頭，爲竹頭，爲人十字象，爲三八數。

金爲金旁，爲合字，爲橫畫，爲四九數。

土爲土旁，爲橫畫，爲五十數。

占法卦數

正卦乾 　　　　　　　　　　變卦離

戌 青 父	ー 世		巳 官
申 玄 兄	□ 飛龍在天,利見大人		未 父
午 白 官	ー		酉 兄
辰 臘 父	ー 應		亥 子
寅 勾 才	□ 見龍在田,利見大人		丑 父
子 朱 子	ー		卯 官

假如乙丑年父辛巳月官丁酉日兄丁未時父,占得乾之離卦。

一占來情。以心易敷於有易卦,我觸以干禄之機甚吉,及施乾之九五“飛龍在天,利見大人”,而下兆有“見龍在田”,統思卦象,乾健化離,“出涕沱若,戚嗟若”“黄離,元吉”,復以六親法,卦中多者取來情,惟此印綬爻多,即知來者占求官也。

一占家宅。卦中兩重父母,及年與時兩重,初夏占,其土絶,當知其屋舊象,可存四重或二重房。其三甲辰之屋在内,卻乃日旬空亡,兼以“君子終日乾乾,夕惕若,厲无咎”,離之九三“日昃之離”之父爲鬼,必此一重非言壞則火焚。其上九壬戌之屋,高值青龍,修舊之屋可住,奈九二甲寅財動,青龍修中有剋,乾之上九“亢龍有悔”,離之上九“有嘉折首”,兼以鬼庫在戌,雖有寅爻相合,亦歲君丑刑戌,此屋必因女人或財事破毀。止有年時,及化離丑未,四屋零屋沖散復成之象,否則棄其原而重整其屋。且此土爻爲屋,是前一代午火生來,午火亦是前二代寅木生來,寅木又是前三代子水生來,子水卻是前四代申金生來。其申金乾化離卦，申金受剋，及其丑年爲墓，巳月火，今爲殺，當知此代消散。幸有化出己未，及占時丁未生扶，《易》辭又吉，後復無妨。

一占祖爻。屬火官，四月占當主加四，但火未盛，止以本數二派爲吉。

一占父母。屬土，本卦二重，年時二重，本土數五，蓋夏初占絕滅，止二派半吉。

一占夫妻。寅木發動，及申金兄弟爻動，初夏木病金生，主剋木，數三當減，則二個吉。

一占子爻。甲子水，初夏水絕，主一個吉。

一占孫爻。屬木，主三，初夏雖盛，將衰，終減一數。

一占竈。宜才子爻方，此卦東北西北才子地吉。碓廁以兄弟爻論，安静吉，隨才子爻利。

一占六畜。官鬼持世處，不吉，壬午鬼在四位，其四爻以羊爲論，則當損羊，其餘畜養宜財子方吉。

一占官符。壬午九四安静，兼合戌世爲吉。

一占火盜。玄武臨申，兄弟劫財，七月忌盜；朱雀臨甲子福德，火沈水底無事。

一占墓墳。隨用位而言，九五壬申是父位之墳，兄弟發動，必主遷移。若問父墳，以干爻墓辰九三爻是，乃知不高不低之所，可以類推，生世吉，刑沖破害凶，今辰戌巳亥沖剋，父墳欠利。

一占時下災福。當以乾金爲主，見亥子水爲子孫，有生旺吉扶，主親喜作樂，逢空則見僧道。遇乙午日爲官鬼，主客至，值凶殺，主見惡人，遇吉神則喜客至。逢辰戌月日爲印綬，臨龍德喜神，有文書交易，值凶神，主詞訟交争。逢申酉比肩之月日，凶則失財、口舌，吉則朋友講習。逢寅卯妻財，吉則飲食宴樂，凶則破傷印綬。

一占大小限。五歲行一爻，初從世爻起，陽順陰逆。此卦世在上九，五歲至世，青龍剋世，喜中小滯。六歲至十歲，行初九，逢福德，雖曰"潛龍"，亦吉之兆。十一歲至十五，行九二甲寅，雖云寅午戌相合，終是合中有剋世之嫌，況其爻動，命在須臾。餘做此。

一占婚姻。兄動剋妻，財動傷翁，不吉。

一占形色。內卦爲心，外卦爲貌，此卦占人，頭大貌圓，心事寬大。若占子爻貌，爻屬水貌，水臨於朱雀，其子必是貪酒多口舌之徒，水之貌清秀，朱雀則紅潤。餘類推。

一占求官。《易》辭本吉，甲寅財動傷文，壬申兄動有阻，直待午火官，辰土印綬年可求，吉。

一占蠶。初爲蠶種，子孫臨剋；九二財爻發動，蠶苗大旺；九三辰爻平平；九四火官出翼火時，火鬼旺，不吉；九五上臨比肩，爻動劫財，不利。

一占疾病。壬午火鬼正值九四爻，火鬼主熱，若占父母，其九二木財發動必傷，幸九五金一制，其病可痊，但牽連未脫。餘類推。

一占姓字。水一，火二，木三，金四，土五，隨時加減。其占卦之日丁酉，以金配火鬼，酉四火二，其名則六，又爲四爲二之名，以酉日合乾離火鬼，重離卻成昌字，若發動剋日剋世，同鬼論之。

一占求財。九二財動，求之必有；九五比肩爻動，阻而未得也。買賣同此推之。

一占出行。財動本吉，玄武值乎比肩，臨在道路，主盜失財，行人同忌。

一占行人歸期。本甲寅日或寅日到，因兄弟動，有阻，遇旬方來。

一占怪異。螣蛇臨於九三，豬獺之怪，主子孫不安，財動主失財，兄動反成驚恐。

一占遷居。財動兄發，尊破妻剋。

一占覆射。財官兩見，内外俱實，乾離本圓，其辰戌相沖則破，春末夏初，財鬼兩旺，則銅錢之象。

一占謁人。世應比和，本爲大吉，奈辰戌相沖，財兄俱動，送物不納，反成虛驚。

一占失走。其卦世在上九，走遠；其世爲方，在戌地；其應爲所，值父母，在父母之家。若占失財，財動必出。若占人走，兄動不見。

一占産育。乾在内，化離本易生，奈兄鬼財動，産難之兆。

一占晴雨。木財動而風多，壬水發而雨動，只爲乾化離，不久當晴。

易道心性

易道逐心，出於混元。

大道逐性，出於神仙。

易本逐心，天地合體，陰陽假神，出於混元。一得一失，皆在日月盈虧，一離一合，皆從無而立有，故易本逐心。人靈神輔，顯明在乎信，吉凶在乎人。

或問：易道逐心，何也？答曰：必要至虛至靈，以誠信爲主。

凡占卜，存心道性，不可一毫私念起於中。取用爻象，在乎果決，不要狐疑，妙處當以心會神領，有不可言傳者也。如此則神靈輔助，隨吾取舍而用之，自然靈驗矣，故易道逐心。

又曰：麻衣六親，各有所主，以世應、日月、飛伏、動靜，曉此道理，刻期而應。復以剋合刑害、墓旺空沖，知此八宗，與神奧通。

邵堯夫詩曰：

吉凶只在面前決，禍福無勞日後知。

從此敢開天地口，老夫非是愛吟詩。

火珠林跋

　　案《火珠林》見於宋馬端臨《通考·經籍志》者一卷①，陳氏曰：無名氏，今賣卜擲錢占卦，悉用此書；《宋史·藝文志》，載《六十四卦火珠林》一卷，注不知作者。《朱子語類》曰：今人以三錢當揲蓍，乃漢焦贛、京房之學。又云：卜卦之錢，用甲子起卦，始於京房。項平甫亦云，以京易考之，世所傳《火珠林》即其遺法，《火珠林》即交、單、重、拆也。荊溪任釣臺、婺源江慎修諸儒，亦以後天八卦變六十四卦，即今《火珠林》法。則《火珠林》爲自宋流傳之書，信矣。顧《通考》《宋志》，俱不知撰人名氏，是本題麻衣道者著。考麻衣唐末宋初人，苟其所著，宋人何以不知。且《卜筮元龜》係宋以後之書，篇中何由援引；篇末問答不應自稱名而繫邵子之詩。豈古有是書，後世術家假名而附益之歟？然其論斷以財官伏五鄉而定吉凶，以世爻飛伏爲準，以干占天，支占人，納甲占地，公私兩用，專取財官。微而顯，簡而賅，一滴真金，源流天造，非抉《易傳》《洞林》之秘鑰者不能也。今卜師筮人惟知俗傳《易冒》《易林》《易隱》及《增删卜易》《卜筮正宗》諸書，占事十無九驗。若讀是刻而精研之，出而垂簾都市，當必有詫管輅復生、嚴遵再出者矣。然則世固有能作是書者乎，雖非麻衣，是即麻衣之徒也已。

　　大清道光四年歲在甲申仲春月上浣，白嶽麇生程芝雲識於湘湖之小輪廖館。

---

　　①　按，“志”當作“考”。

附録　永樂大典所録宋本火珠林

賁卦 出自《永樂大典》卷一萬三千八百七十六

官鬼　　　丙寅

妻財　　　丙子

兄弟　應　丙戌

妻財　　　己亥

兄弟　　　己丑

官鬼　世　己卯

七月卦，飛己卯木，伏丙辰土。此卦是管鮑卜得此卦，後獲金，彼此相遜，終顯義名。

贊曰：賁者，飾也。光彩類馬，火色含丹。文章交錯，應雜其間。進耀榮益，束帛戔戔。

頌曰：賁者元來花錦生，居官食禄甚欽榮。初從噬嗑相拋擲，且是安全保利貞。

歌曰：賁見山中火，元明照物莘。拜官離玉案，起婦見金車。楚絹天生好，吳綾本自佳。芳菲星五色，爭似白蓮花。客人尋進退，必得舊還家。

兌卦 出自《永樂大典》卷一萬五千一百四十三

父母　世　丁未

兄弟　　　丁酉

子孫　　　丁亥

父母　應　丁丑

妻財　　　丁卯

官鬼　　　丁巳

十月卦，飛丁未土，伏丙寅火。此卦三藏得之，知必歸唐國也。

贊曰：兌者，悦也。悦以使人，人忘其勞。君子歌歡，澤潤萬物，恩惠養民，居上愛下。悦而忻忻，利有攸往，無不利貞。

頌曰：兩口相重得兌名，説言甘語是和情。動静吉凶看面部，謀神相守第一丁。

歌曰：兌卦多歡悦，臣曾謀國王。凡夫遭口舌，妻女鬪情傷。夏景蘭初吐，秋深菊正芳。大軍懷必勝，風起信旗張。

周易古占法

〔宋〕程　迥　撰

趙爲亮　點校

【題解】

《周易古占法》二卷，宋沙隨程迥撰。

按《宋史》本傳，程迥，字可久，應天府寧陵人，家於沙隨。錢大昕《潛研堂文集》卷二十七認爲“沙隨即寧陵之古名”，稱“應天府寧陵人，家於沙隨”，蓋《宋史》之誤。靖康之亂後，遷至浙江餘姚。隆興元年進士及第，歷揚州泰興尉、饒州德興丞、知隆興府進賢縣等，卒於官，事跡頗詳。程氏著有《古易考》《古易章句》《古占法》《易傳外編》《春秋傳顯微例目》《論語傳》《孟子章句》《文史評》《經史説諸論辨》《太玄補贊》《户口田制貢賦書》《乾道振濟録》《醫經正本書》《條具乾道新書》《度量權三器圖義》《四聲韻》《淳熙雜志》《南齋小集》，今僅存《周易古占法》兩卷。

關於《周易古占法》的分卷，《四庫提要》云：“前卷題曰《周易古占法上》，凡十一篇。後卷雜論《易》説及記古今占驗，題曰《周易古占法下》，又題曰《古周易章句外編》。中有一條云‘迥作《周易古占法》，其序引’云云，顯非《占法》之下卷矣。考《宋史·藝文志》載迥《古易占法》《周易外編》二書，均止一卷。然則止前卷十一篇者爲《周易古占法》，其後卷自爲《周易章句外編》，後人誤合爲一書，因妄標‘卷上’‘卷下’字耳。然陳振孫《書録解題》以迥《周易章句》十卷、《外編》一卷、《占法》一卷、《古易考》一卷並列，而總注其下曰：‘程迥可久撰。其論占法、雜記占事尤詳。’則通爲一編，自宋已然，傳寫淆亂，固亦有由矣。”辨析甚明，只是《四庫提要》所言上卷十一篇，今所見版本包括四庫本在内都是十二篇，非十一篇。《占法》與《外編》上下兩卷通編一書，由來已久，不宜拆分，且下卷亦雜記占驗，與卜筮關係密切，故本次點校整理上下兩卷通收。

　　《周易古占法》是宋代較早的一部系統論述大衍筮法的著作，程迥在序中自述其書大旨，在於"本之《繫辭》《說卦》，發明倍法，用逆數以尚占知來，以補先儒之闕"，其所謂"倍法"，即邵雍"加一倍法"。程迥受王弼等人的啓發，將《繫辭傳》"易有太極"一節置於筮法語境中，提出邵氏的"加一倍法"是言筮法成卦的過程，而非伏羲畫卦的過程[①]。然後又詳細探討了揲蓍求卦的方法，並歸納出變占的五條法則，試圖找到解占可以依循的一般規律，以便決嫌疑、定猶豫，使人無所疑惑。其法頗爲朱子《易學啓蒙》所取，朱子在程氏的基礎上，增衍爲更詳細系統的七條法則，大體同於程氏之說而略有小異，後世多有取之。其書下卷則雜論易說，引前代學者及時賢之說，間下己意，稍有去取，多有前人未發之論，他山之石，足資參考。又記古今占卜的筮例，其中多爲程氏本人的實踐總結，多有應驗，亦可謂善占者。然而我們從其自占筮例中的僧舍起火一事來看，其所用方法全以卦象論斷，無涉卦爻辭，這與其本人所總結的"六爻不變，以卦象占"殊爲不合。可見易道尚變，爲道屢遷，在占者能隨時變通，隨事明爻，非一定例所能拘，無一定法所能循，"苟非其人，道不虛行"。所謂定法，也不過是臨事可作參考罷了，若視其固定不可變，可謂易乎？

　　總體來説，《周易古占法》作爲研究大衍筮法的先導性著作，對後世易學尤其是筮法方面，有其深遠的影響。其書雖以推衍

---

　　①　見林忠軍：論程迥的古筮占研究及其儒學旨歸，周易研究[J]，2021年第三期，下引文並同。

筮法爲主，但林忠軍教授認爲“其筮占研究不妨理解爲對儒家義理易學的一種補充。在他看來，卜筮必須置於儒學的視域當中才能獲得準確的定位。其象數理占兼具、象數義理並重的解易思路，與《易傳》‘觀象繫辭’‘立象盡意’的思想並無二致，是對儒家易學傳統的繼承與發揚”。

《周易古占法》現存版本以明嘉靖間范欽天一閣刻《范氏奇書》本（簡稱天一閣本）最早。明末刻清初李際期宛委山堂續刻彙印本《説郛》一百二十卷（簡稱説郛本），其卷二收有《周易古占》一卷，無下卷，且無小注、圖表。乾隆間文淵閣《四庫全書》本（簡稱四庫本）内容分卷與天一閣本皆同，然文字訛誤較天一閣本爲少，似乎經過校勘。四庫本雖訛誤較少，但爲清廷所修，因觸時忌，屢有改竄，如將本書中“大河出戎虜”，改爲“大河出西域”；將“金虜主”改爲“金主”；將“虜馬”改爲“敵馬”之類。故本次點校整理以天一閣本爲底本，校以四庫本、説郛本，擇善而同。如引有他書他人説，則在校勘記中加以説明。

“无”“無”用法有異，本次點校凡《周易》中語，皆作“无”，其他處則用“無”字。

本書下卷多引他人説，引書後常有程氏評議，有些引語不太容易判定止於何處，姑酌爲點斷，究其是非，請俟達者。

目　録

周易古占法上

迥嘗聞邵康節以易數示吾家伯淳，伯淳曰："此加一倍法也。"其說不詳見於世，今本之《繫辭》《説卦》，發明倍法，用逆數以尚占知來，以補先儒之闕。庶幾象數之學，可與士夫共之，不爲讖緯瞽史所惑。於聖人之經，不爲無助也。昔陸績讀宋氏《太玄》，曰："《太玄》大義在揲蓍，而仲子失其指歸。雖得文間義説，大體乖矣。"迥亦以是論《易》。

紹興三十年夏五月沙隨程迥題。

太極第一

太極者，乾坤未列，無象可見；大衍未分，無數可數。其理謂之道，其物謂之神。莊子謂道"在太極之先而不爲高"者，非也。太極與道，不可以差殊觀也。是故道之超乎象數則爲太極，行乎象數則爲乾坤，一出一入皆道也。雖然，以時論之，不必求諸天地開闢之先。今一晝一夜，陽生於子，陰生於午，蓋有不倚於陰陽而生陰陽者也。太極者，大中也，非若日之中而有昃，國之中而有外，位之中而有上下。太極無方無體，其所謂中者，因陰陽倚於一偏而後見也。先儒謂天地未分，元氣混而爲一，老子謂"道生一"是也。故説者謂太極已見氣也，非無也。胡不以在物者驗之乎？當乾未資始，惡可謂之有氣？未麗天一，惡可謂之有一？故一物具天地之理，明乎此，則可以探《易》之原矣。

兩儀第二

— ̲ ̲

兩儀者，乾坤之初畫也，大衍三變而得之者也。《爾雅》曰：
“儀，匹也。”言陰陽之相匹也。自太極而生兩儀，兩儀生四象，四
象生八卦，因而重之爲六十四。其麗於數者，皆遞升而倍之，則
兩儀爲乾坤之初畫可知矣。劉牧以一二三四爲兩儀，既兩矣而
四之，可乎？先儒以天地爲兩儀，或謂天地爲乾坤之象，四象所
生八卦之二爾。蓋不知兩儀爲乾坤之初畫，八卦爲乾坤三畫之
相變故也。

四象第三

═ ̤̤ ̤̈ ̤̤

四象者，乾坤初與二相錯而成也，大衍六變而得之者也，所
以配陰陽老少之分也。劉牧以九、六、七、八爲四象，夫物生而後
有象，象而後有滋，滋而後有數，謂之九、六、七、八矣，即數也，非
象也。先儒以金、木、水、火爲四象，夫見乃謂之象，形乃謂之器。
是四者既有定形，嘗以配乾、巽、坎、離矣，即器也，非象也。或以
神物、變化、垂象、圖書爲四象，然上與兩儀、下與八卦，不相連
屬。故曰四象者，乾坤初與二相錯而成也。

八卦第四

八卦者,乾坤初二三相錯而成也,大衍九變而得之者也。既已小成,則三才之理備矣。配之以八物,位之以八方,所以通神明之德,類萬物之情者具矣。

重卦第五

陰陽之運,極六月而反,此八卦不得不重也。今每卦之下曰:某下某上,是三畫之卦相配而六也。然麗於數者,亦遞升而倍,故以兩儀乘八卦至四,則其別一十有六,此大衍十有二變得之。以四象乘八卦至五,則其別三十有二,此大衍十有五變得之。以八卦乘八卦至上,則其別六十有四,此大衍十有八變而成卦也。

變卦第六

六畫既成,六十四卦既具,若夫極數之占,則有變卦存焉。其初列六十四卦,以兩儀乘之,其別一百二十八。其二以四象乘之,其別二百五十六。其三以八卦乘之,其別五百一十二。其四列內卦之數,復以兩儀乘之,其別一千二十四。其五復以四象乘之,其別二千四十八。其上復以八卦乘之,其別四千九十六。故朱震曰:"《周易》以變者占,一卦變六十四卦,六十四卦變四千九十有六,此皆出於加一倍法也。"四千九十六變之中,六爻不變與六爻皆變者，其別各六十有四。一爻變與五爻變者，其別各三百八十有四。二爻變與四爻變者，其別各九百有六十。三爻變者，其別一千二百有八十。

占例第七

六爻不變，以卦象占。內卦爲貞，外卦爲悔。

《春秋左氏傳》昭七年，孔成子筮立衛元，遇屯，曰"利建侯"。僖十五年，秦伯伐晉，卜徒父筮之，遇蠱，曰"貞風也，其悔山也"者是也。

一爻變，以變爻占。

閔元年，畢萬筮仕，遇屯之比，初九變也。蔡墨論乾曰"其同人"，九二變也。僖二十五年，晉侯將納王，遇大有之睽，九三變也。莊二十二年，周史筮陳敬仲，遇觀之否，六四變也。昭十二年，南蒯之筮，遇坤之比，六五變也。僖十五年，晉獻公筮嫁伯姬，遇歸妹之睽，上六變也。他做此。

二爻、三爻、四爻變，以本卦爲貞，之卦爲悔。

《國語》重耳筮尚得晉國，遇貞屯悔豫皆八，蓋初與四、五，凡三爻變也。初與五用九變，四用六變，其數不純。其不變者，二、三、上，在屯爲八，在豫亦八，故舉其純者而言皆八也。下章詳出。

五爻變，以不變爻占。

襄九年，穆姜始往東宮，筮之，遇艮之八，史曰："是謂艮之隨。"蓋五爻皆變，唯八二不變也。劉禹錫謂變者五，定者一，宜從少占，是也。然謂八非變爻，不曰有所之，史謂艮之隨爲苟悅於姜者，非也。蓋他爻變，故之隨。惟之隨，然後見八二之不變也。杜征南引《連山》《歸藏》，以七八占，其失遠矣。

六爻變，以乾坤二用爲例。此占法之大略也。若神而明之，則存乎其人。

昭二十九年，蔡墨對魏獻子曰："在乾之坤，曰見羣龍无首，吉。"此六爻皆變也。

占説第八

重耳筮尚得晉國，遇貞屯悔豫，皆曰"利建侯"。屯初九無位而得民，重耳在外之象。九五雖非失位，而所承所應者皆嚮初九，惠、懷無親之象。至豫則九四爲衆陰所宗，無有分其應者。震爲諸侯，坤爲國土，重耳得國之象。利行師，一戰而霸之象。九四總衆陰以安土，如簪之總髮以莊首，重耳率諸侯以尊周室之象。或謂古冠服無簪。按《鹽鐵論》曰：神禹治水，遺簪不顧，即弁服之筓是也[1]。

穆姜比於叔孫僑如，欲廢成公，僑如敗，遷穆姜於東宮。筮之，遇艮之八。史曰："是謂艮之隨。"其辭曰："艮其腓，不拯其隨，其心不快。"腓附下體，六二隨九三，當艮止之時，上下不相與，不見拯者也。艮之隨，亦隨之艮，其辭曰："係小子，失丈夫。"應九五，順也，宜應而失；乘初九，逆也，宜失而係。且諸爻皆動以明，八二之不動，不可出矣。

閔元年初，畢萬筮仕，遇屯之比，辛廖占之曰："吉。屯固比入，吉孰大焉。"昭七年，孔成子筮立衛縶，遇屯之比。史朝曰："嗣吉何建，建非嗣也，孟將不列於宗。"其筮同而占異者，事不同

---

① "即"，底本作"帥"，據四庫本改。

故也。非忠信之事，遇“黄裳元吉”，反以爲凶，則占法大概可知已矣。

孔子筮《易》，遇賁，愀然色不平。貞離，文明柔中而當位，其君位止而不應，此聖人道不行於當世之象。

孫權聞關羽敗，使虞翻筮之。遇節之臨，占曰：不出二日斷頭。節自泰卦中來，乾爲首，九三之五，凡遷二位，故有是象。

緯書有以世應占者，以八純卦自初變，爲某宫一世卦，以至於五，其上爻不變。復變第四爻，爲遊魂。其後舉内卦三爻同爲一變，爲歸魂。是故一卦變八卦，其不相通者五十有六。按《易經》六爻皆九六用變，今乃上爻不變，五既變而不復，自四而下所復不同體，天地之撰，配四時之變通者，如是乎？以其爲數不密，故不得不用六神以配時日，由是與辭象乖矣。陸德明引此以附易音辨，劉禹錫解貞屯悔豫之説，非也。若納甲、卦氣之類，皆出緯書，不能合於正經，今不取。

《連山》《歸藏》宜與《周易》數同，而其辭異。先儒謂《周易》以變者占，非也。《連山》《歸藏》以不變者占，亦非也。古之筮者，兼用三易之法。衛元之筮，遇屯，曰“利建侯”，是《周易》或以不變者占也。季友之筮，遇大有之乾，曰“同復於父，敬如君所”，此固二易辭也。既之乾，則用變矣，是《連山》《歸藏》或以變者占也。

大衍初撰，扐一、二、三者爲少，扐四者爲多，是少者三而多者一也。或以錢寓多少之數，雖適平，而非陽饒陰乏之義。

奇數有一有二有三有四，策數有六有七有八有九，而五與十不用，故成易者無非四營也。

或曰：九變六，六變九。非也，九當變八，六當變七。何以言之？《國語》董因爲晉文公筮，遇泰之八，謂初二三以九變八，而四五上不變爲八，故曰泰之八也。唐人張轅作《周易啓元》，曰："老陽變成少陰，老陰變成少陽。"蓋與此合。

八衍卦數，七衍蓍數，九六不極其衍，故發揮而爲爻①。

貞者静而正，悔者動而過。動乎外，豈皆有悔哉？曰有戒懼之義焉。

大舜志定謀同，然後用筮。楊雄曰："不以其占，不如不筮。"王通曰："驟而語《易》，則玩神。"其旨一也。

一卦變六十四卦，一爻變六十四爻，謂如乾初變姤，則自二至上亦變。姤之九，不待本爻變而後謂之變也。二篇之中，其變二萬四千五百七十六。謂六爻各四千九十有六。

天地數衍爻數，一不用，二衍三，四衍十六，五衍二十五，六衍三十六，七衍四十九，八衍六十四，九衍八十一，十衍百，以上積爲三百八十四爻②。

揲蓍詳説第九

蓍四十九分於兩手，掛一於左之小指，以左手之半四揲之，歸其奇於扐。扐，指間也。復以右手之半四揲之，再扐，是爲十有八變之一。初揲之扐，不五則九，第二、第三揲之扐，不四則八，八九爲多，四五爲少③。三少得老陽之數九，三多得老陰之數

---

① "爻"下，説郛本有"也"字。

② "二衍三"，底本及校本皆同。按"二衍三"，似有脱文，疑當作"二衍四，三衍九"，如此相積方爲三百八十四。

③ "初"，底本作"扐"，據四庫本改。

六，兩多一少得少陽之數七，兩少一多得少陰之數八，皆取過揲之策而四之也。

第一揲，左手餘一，或餘二，或餘三，則併掛一與別手者，共爲五，是少也。左手餘四，則併掛一與別手者，共爲九，是多也。惟掛一，然後得九。

第二揲，取第一揲所餘之數，或四十四，或四十，復分二，掛一，揲之以四，歸奇於扐，又再扐。以求之左手者，餘一或餘二，則併掛一與別手者，共爲四，是少也。餘三或餘四，則併掛一與別手者，共爲八，是多也。或第二第三變不掛一，於文則非再扐而後掛之義，於數則老陽之變二十七，老陰一，少陽九，少陰二十七。於十有八變之間，多不得老陰，蓋不通也。

第三揲，取第二揲所餘之數，或四十，或三十六，或三十二，如第二揲。求之左手，得一二爲少，三四爲多。是故三少之餘，其策三十有六，故四之而得九，謂掛與扐者，十有三也。三多之餘，其策二十有四，故四之而得六，謂掛與扐者，二十有五也。兩多一少之餘，其策二十有八，故四之而得七，謂掛與扐者，二十有一也。兩少一多之餘，其策三十有二，故四之而得八，謂掛與扐者十有七也。

以上三變，然後一畫立。其三變之間，其別六十有四，老陽十二，老陰四，少陽二十，少陰二十八。是故以四營之，而得一三五七之數，皆天數也。蓍得天數，故能圓而神；卦得地數，曰兩儀，曰四象，曰六爻，曰八卦，故能方以智。今詳推變數爲之圖，只點左手扐數，其掛與右手即此可推，皆自下而之中，自中而之上，以傚爻畫云。

三少爲老陽者十二，謂四營得天三之數，積其數一百八，其策四百三十有二①。

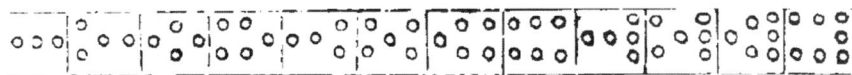

三多爲老陰者四，謂四營之得天一之數，積其數二十有四，其策九十有六。

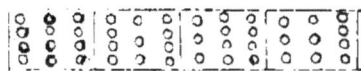

兩多一少爲少陽者二十，謂四營之得天五之數，積其數一百四十，其策五百六十。

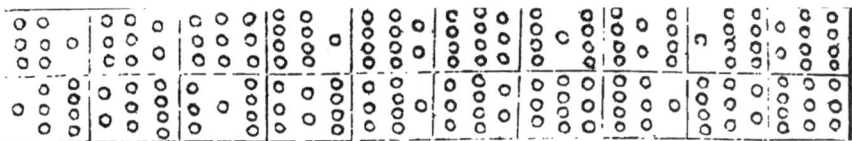

兩少一多爲少陰者二十有八，謂四營之得天七之數，積其數二百二十四，其策八百九十有六。

右陰陽各九百九十二策，合爲一千九百八十有四策，是爲一爻之變數。總六爻之變，得萬有一千九百四策。内爻位當三百八十四，二篇之策當萬有一千五百二十位數也者，合九六而一之也。策數也者，離九六而分之，而又四營之也。《太玄》始於十八，終於五十四，併始終七十二爲一，曰與此義同。

---

① “其”，底本作“有”，據四庫本及下文通例改。

一卦變六十四卦圖第十

乾 餘卦倣此

一爻變者 六	二爻變者 十五	三爻變者 二十	四爻變者 十五	五爻變者 六	六爻變者 一
姤	遯	否	觀	剝	坤
同人	訟	漸	晉	比	
履	巽	旅	萃	豫	
小畜	鼎	咸	艮	謙	
大有	大過	渙	蹇	師	
夬	无妄	未濟	小過	復	
	家人	困	蒙		
	離	益	坎		
	革	噬嗑	屯		
	大畜	隨	頤		
	中孚	蠱	解		
	睽	賁	震		
	兌	損	升		
	需	井	明夷		
	大壯	既濟	臨		
		節			
		恒			
		豐			
		歸妹			
		泰			

天地生成數配律呂圖第十一

天一		天三		天五		天七		天九	
子	生水	寅	生木	辰	生土	午	成火	申	成金
十一月	黃鍾	正月	太簇	三月	姑洗	五月	蕤賓	七月	夷則
宮		商		角		徵		羽	
地二		地四		地六		地八		地十	
未	生火	酉	生金	亥	成水	丑	成木	卯	成土
六月	林鍾	八月	南呂	十月	應鍾	十二月	大呂	二月	夾鍾
徵		羽		宮		商		角	

右各以所王之方而生五行，而土寄王於辰，其成數皆在生數之後，以其周流於十二辰也。自天一至地十，順序生之，則與律呂上生下生之説相符，而虛無射、仲呂爲畸數，故十二律能生六十。

今以五聲十二律，旋相爲宮考之，黃鍾爲宮，下生林鍾徵，又上生太簇商，又下生南呂羽，又上生姑洗角，此天一至天五數也。林鍾爲宮，上生太簇徵，又下生南呂商，又上生姑洗羽，又下生應鍾角，此地六至地十數也。故二均獨無無射、仲呂之聲。以十二律各五聲考之，無射自爲宮，爲夷則之商，蕤賓之角，夾鍾之徵，大呂之羽。仲呂自爲宮，爲夾鍾之商，大呂之角，無射之徵，夷則之羽，故二均竟無黃鍾、林鍾之聲。故曰：無射、仲呂爲畸數也。

乾坤六爻新圖第十二

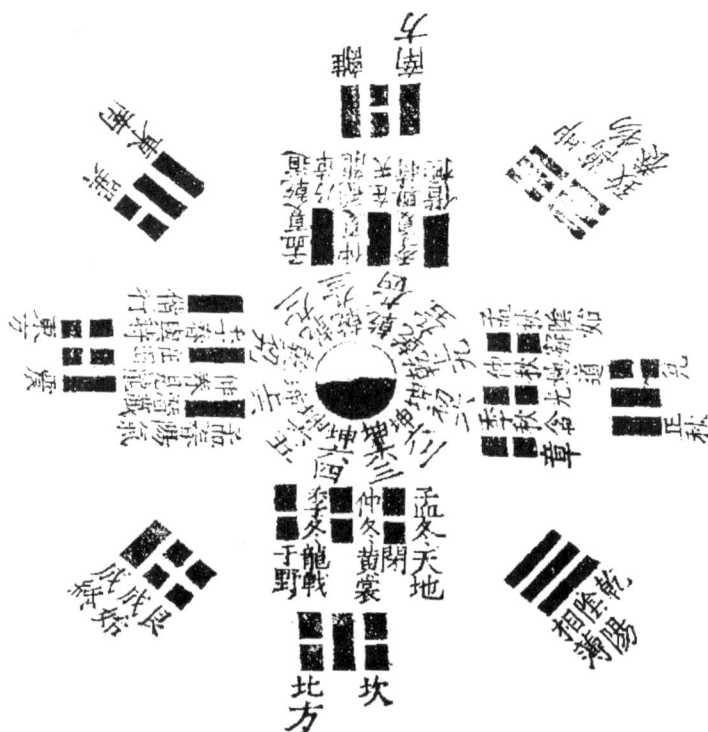

圖之說曰：天形如雞子，地居天之中之半，其勢西北高，東南下。乾，天也，乾之三畫位乎上。坤，地也，坤之三畫位乎下。三也者，三才之象也。然天有十二次，陰陽極六月而反，故重乾之三畫於東南方，重坤之三畫於西北方。然後乾初九位乎寅，伏於地下，經曰"陽氣潛藏"是也。處艮之位，前萬物、成終始是也。九二見於地上，"見龍在田"是也。九三春時已成，而陽方上行，"與時偕行"是也。九四革春而爲夏，"乾道乃革"是也。九五位夏之中，"飛龍在天"是也①。上九夏時已成，而陽已極矣，"與時偕極"是也。

坤之初六，配孟秋之月，"陰始凝"是也。六二應地上，而當正秋之時，"地道光"是也。六三一陽猶存，而伏於地下，"含章"是也。六四純陰用事，"天地閉"是也。六五處中居下，"黃裳"是也；陽生於陰中，"文在中"是也。上六陽將位乎內，陰已極於外，"龍戰于野"是也。

是故二五中爻，位四方之中矣。雖然，陽生於子，故坎位焉；陰生於午，故離位焉。陰陽歷三月而後位，以其被於萬物也。孔子曰："我欲觀夏道，是故之杞，吾得夏時焉。"此《連山》所以首艮也。又曰："我欲觀商道，是故之宋，吾得坤乾焉。"此《歸藏》所以首坤也。今乾初在艮位，坤初在坤位，三易無異致也。夫明夷之謙，初九變也，《左氏》載卜楚丘之言，以爲旦之日。古人以寅配初，其來尚矣。醫家《難經》爲百刻圖，一歲陰陽升降，會於立春；一曰陰陽昏曉會於艮時，此說與《易》合。舊說不同者，不暇辨也。或難之曰："復卦以初九爲主，《大象》何以稱至日？"曰："冬至乃先王朔巡狩之時，是日閉關，無是理也。王曰元后，諸侯曰羣后，后通諸侯，言侯無省方之禮也。""然則奈何曰：《春秋》公行，書至自某者八十三？""先王於至之日閉關，后於至之日不省方是也，如今之歇泊假是也。""然則何爲商旅不行？"曰："出入關者，給納傳符，關吏有假，則商旅不得行矣。"是故陰陽生於子午，已見於坎離之畫，若畫震兌於東西，亦見乾坤始於寅申也。

---

① "夏"，底本爲墨丁缺一字，四庫本小字注"闕"，兹據說郛本補。按"夏之中"即仲夏也，合於圖示，說郛本是也。

周易古占法下　古周易章句外編 雜錄占驗

　　天左旋，一日一周天，日月五星右旋，期三百六十五度畸四分度之一。日行一度，月行十三度有畸。一歲日月相會者十有二，故天有十二次。陰陽中分，所以乾坤皆六爻也。相變而爲六十四，發揮而爲三百八十四爻，所以當期之日，兼閏而除小月六日。蓍法四營，蓋法四時也。

　　王弼謂伏羲重《易》，伊川先生曰：“《舜典》曰‘龜筮協從’，則重《易》尚矣。司馬遷、楊雄謂文王重《易》者非。”伊川先生曰：“蓍之德圓而神，猶日月五緯也。卦之德方以知，猶二十八舍也。”

　　王沇之問六虛，介甫曰：“位虛而爻實之。”

　　或問三極，迥曰：“三才各有不倚於一偏處。”

　　伊川曰：“六爻皆用九，故曰‘見群龍无首吉’，以臨川只在上九一爻爲非。”

　　先儒謂物理深，義理淺。玉泉俞先生曰：“物理義理不可作兩般看。”

　　迥言《易》爻之變，建康李大諒曰：“《易》有活法自此。”始如巽之九五變蠱，乃與蠱卦象相通，先甲先庚是也。先儒言：“變只在蠱之六五爻也。”履六三應上九，然後九五大君以剛健夬決，以決其履也。九五曰“夬履”，六三曰“武人爲于大君”，此以應言也。睽六五曰“厥宗噬膚”，舊説皆以九二爲宗，而不知九二變噬嗑，此應爻自變也。漸初六曰“小子厲，有言”，舊説皆指九三，艮爲少男，爲小子。然初六艮之止體，本不應四，非有乘九三之志，而三乃疑其見乘，故危之以言，謂之小子，非禮法之所在也，實不能相加也，此以應爻之情言之。既濟"西鄰"雖曰六二，自是九五君爻處之，六二之時，不當言九五之君不如六二之臣，故小象以時言之。

紹興中，經筵講頤象。光堯曰："自常人觀之，慎言語所以省禍，節飲食所以省疾。人主則凡自内及外，如言語皆不可不慎；自外及内，如飲食皆不可不節。"

葉石林言："《易》中唯參伍以變，錯綜其數爲難知。"迥謂十有八變成六爻，每爻蓋參以變，故通其變，則陰陽相錯，遂成天地之文。天地之數，五位相得而各有合，蓋伍以變，綜其數而極之，遂定天下之象，如織婦之用綜合衆經相間而上下之也。

建陽丘程，字憲古，嘗賦詩曰："易理分明在畫中，誰知易道畫難窮。不知畫意空箋注，何異丹青欲畫風。"憲古之學，傳鄭東卿。迥謂《易》起數以定畫，因畫以生辭，因辭以明象，立象以盡意。

《繫辭》曰："无咎者，善補過也。"又曰："震无咎者，存乎悔。"王弼《略例》乃曰："罪自己招，无所歸咎，亦曰无咎。"不知何所依據。節六三曰"不節若，則嗟若，无咎"，謂過而不知節，能嗟怨自治，亦得无咎。"嗟"與"戚嗟若"之"嗟"同。象曰"不節之嗟，又誰咎也"，與"出門同人"之象同。唯王介甫於此，不用王弼《略例》。

玉泉先生曰："泰，小人之道消，非消小人也，化小人爲君子也。"

《漢志》曰："商道弛，文王演《周易》；周道敝，孔子述《春秋》。"①必有所傳也。《繫辭》曰："其衰世之意乎？"

迥嘗解坤之六二曰："以敬養其直於内，以義行其方於外。"或曰："不若先儒敬立則内自直，義形則外自方，且曰直方無體可據。"對曰："外不方則害内直，義不立則害内敬。敬見於正心，義見於行事，實相爲形，未嘗無體也。"

"井谷射鮒"，舊説爲蝦蟆子，然古書未有以鮒爲蝦蟆子者。今考《爾雅》等書，宜作"蚹"，爲蠃蛞蝓。郭璞曰"蝸牛"，《古今注》曰"陵螺"，廢井中多有之②。《莊子注》"鮒，小鯫"，顔師古注《急就章》"鯫乃鯽魚"。

"載鬼一車"，舊以爲鬼神。然《易》之爲象也，擬諸其形容，象其物宜，是故謂之象。見鬼神載車，豈物之宜哉！今以爲鬼方之人，所以疑其爲寇，而先張之弧也。本朝獲羌酋曰鬼章，猶以鬼爲氏。

恒上六振動以爲恒，不恒其德者也。九三以當位之剛，自下應之，爭救之者也。上既不恒，安能容受？故羞辱及其所承，此陳之洩冶，唐高宗時褚遂良輩也。《語》曰："南人有言曰：'人而無恒，不可以作巫醫。'善夫！不恒其德，或承之羞。"巫醫，治疾者也。若九三自不恒其德，豈待正固而後吝乎？《論語》古注與此説同。

"其形渥"，渥，厚漬也。公餗所以養賢，九四上不得君，既覆養賢之餗，而膏潤於己者獨厚，所以凶也。所與者才弱不勝其

---

① "商"，今《漢書·五行志》作"殷"，義同。
② "璞"，底本作"樸"，據四庫本改。

任，故以折足云，是亦九四不勝其任也。

“无祇悔”，《中説》薛收問地祇，子曰“示之以民”，此其義也[①]。《詩序》以“鰥”爲“矜”，《漢書·刑法志》“哀鰥折獄”，卻以“矜”爲“鰥”。古書以“祇”爲“示”，今復以爲“祇”，亦如“矜”“鰥”二字可以互用也[②]。韓康伯曰：“祇，大也。”古無以“祇”訓大者，先儒以爲“祇”，然皆改本字矣。

迥謂“天地之大德曰生”，此天地之心達乎外者也。“復其見天地之心”，此天地之德蘊於内者也，不必論動静。

聞人茂德先生謂迥曰：“頃在京師，見人間張無垢曰：‘如何天在山中？’無垢曰：‘是洞天也。’”迥曰：“此是戲言。天之氣在山中，所畜者大也，如天地交泰，亦以氣言。”

以六居五，以九居二者，爲卦一十有六。雖爲時不同，其十有五皆吉。謂人君柔中虚己，而任剛德之臣，其臣亦以剛中應之。唯常卦則不然，常從所應，漢元帝似之[③]。迥嘗爲書以上王刑部，刑部名自勤，字茂德，分水人。

芮祭酒國器謂“包承，小人吉”，且曰小人不當有吉，蓋楊文靖公之論也，如王允之於董卓是也。迥曰：“包承之事，在小人則吉，如婦人吉、女子貞之類；在大人則否而亨，孟軻所以聞王命而不果朝也。此事甚難，非泛言君子者所能堪，故以大人處之。”上饒公汪先生與玉泉書曰：“程可久大不以爲然。”《玉泉易説》與迥略同。

① “无祇悔”，底本及校本皆作“无祇悔”，據唐石經及越州八行本《周易注疏》改。按由程氏引《中説》觀之，其意亦當作“祇”。“地祇”，底本作“地祇”，據四庫本及《文中子中説》改。

② “祇”，底本作“祇”，據四庫本改，本段下同。

③ “常”，底本及校本皆同，疑當作“恒”。按依程氏意，十六卦中十五卦皆吉，則一卦不吉也，其下所論必及不吉之卦，故知當爲恒卦，蓋因避宋真宗諱而改也。

井雖以汲井爲義，然亦有井田之義，“改邑不改井”“舊井无禽，勞民勸相”是也。舊以禽飲不擇潔，豐、鎬之井至深，禽獸安能即之。

天形如雞子，二十八宿布於中規，半覆地上，半繞地下，故大象曰“天行健”，所以寓重乾之象。大河出戎虜，經中國注渤海是也[①]。勢西北高，東南下也，故“地勢坤”，所以寓重坤之象。

北方之氣，至陰之中而陽生焉，象曰：“習坎，重險也。”於物爲龜，爲蛇；於方爲朔，爲北；於《太玄》配罔與冥，所以八純卦中獨冠以“習”。

《記》曰：“不耕獲，不菑畬，凶。”《荀子》曰：“括囊，无咎无譽，腐儒之謂也。”皆未見《彖》《象》《文言》時爲此異論。

迴嘗謂古人思慮之微，猶不出位。舜命禹治水，故思天下有溺者，猶己溺之，與不在其位，不謀其政不同。《禮》曰：“謀人之國邑，危則亡之。”不在其位者，何以任其責？玉泉先生曰：“心之官則思，思則不出其位，凡出其位者，不思者也。”

卦爻之辭，皆古人已行之事，故曰“彰往”。蓋以高宗、帝乙、岐山、箕子之事，微見其端。或以岐山、箕子事在文王後，乃曰周公作爻辭。若文王之前，聖人有辭，安得不用？況文王者乎？如恒九二，解之初六，萃之九四，大壯之九二，皆未有辭，故《小象》略發其義。

《繫辭》多古先聖人爲《易》之辭，如“大衍之數五十，其用四十有九”之類是也。“子曰”者，以別孔子之文。

---

① “戎虜”，四庫本作“西域”，蓋語涉違礙，觸清廷忌諱，於四庫修書時所改，下文遇此例不再出校。

晁説之作古《易》，《彖》《象》別異於卦爻，欲學者不執《彖》以論卦，不執《象》以論爻。

迥作《古易考》，曰《上篇》，曰《下篇》，曰《彖上》，曰《彖下》，曰《象上》，曰《象下》，曰《文言》，曰《繫辭上》，曰《繫辭下》，曰《説卦》，曰《序卦》，曰《雜卦》，凡十有二篇，與邵康節百源《易》次序同。

唐蘇州司户參軍郭京作《周易舉正》，自言得王、韓手寫定本，如曰"即鹿无虞，何以從禽也"，今本脱"何"字。

學者當本末具舉，小學亦不可廢。《小象》有聲韻，"潛龍勿用，陽在下也"，"下"音户，與《詩》"在南山之下"同。"或躍在淵，進无咎也"，"咎"音"咎繇"之"咎"，讀爲上聲。"東北喪朋，乃終有慶"，"慶"音羌。古人文字中多此類，蓋四聲與切響皆借用，不可不知也。"明辨晢也"，與"明星晰晰"之"晰"同音制。

卦反對者，理亦反。如否泰，既濟未濟，是其章著者也。爻之變者，理亦變。一爻變六十四爻，雖初不出初，二不出二，然乘承而有愛惡，應否而有用舍，各隨其時，非一理之能該，故曰"天下之至動，而不可亂也"。

隋煬帝來江都，筮《易》，遇離之賁，乃以離宫爲寺，名曰"山火"，取卦象也。後改曰"山光"，在揚州北十五里地，名灣頭。其辭曰："突如其來如，焚如，死如，棄如。"王觀賦詩曰："不須談賁卦，興廢古今同。"觀，字通叟。

完顔亮入寇，會稽士夫筮之，遇蠱①。迥爲占之曰："内卦巽，初六巽於二剛，惟柔巽者，能發爲剛，故初六'利武人之貞'。至

① "完"，底本無，據四庫本補。

四則田有獲矣，田有獲者，用武而有功也。外卦艮，上下不相與，以剛上窮，其變隨。隨內震爲動，爲威怒；外兌爲毀折。隨自否卦中來，斷乾之首，墜於地下，當殺亮。”

玉泉先生爲都督，張魏公筮，遇蒙之未濟，其伏卦有“震用伐鬼方”之言，魏公書曰：“程君於此學，卻是曾留心也。衰晚日魄罔功，但辦此心一聽之天。”

魏公罷都督，府俾屬官李侍郎椿筮之，遇頤之賁。李曰：“雖不再用，卻無他慮，以之卦有‘終莫之陵也’。”李，字壽翁，洺州人。

迴初寓餘姚僧舍，筮之，遇巽。占曰：“有風火之恐，而不及害。”未幾，舍北火發，焚十餘室，至寓舍止，縣取綱維與遺火僧杖之。其占曰：“巽爲風，互體離爲火，兌爲毀折，變震爲驚懼。初六爲內卦之主，不與離應，故曰不及害。巽爲寡髮，重巽，二僧之象。反對重兌，兌爲決，二僧受杖之象。”

李郁光祖曰：“《易》有辭同而旨異，前發而後明，舉此而見彼者多矣。大抵有類於《春秋》，學者有得於此，則《春秋》庶幾矣。”

荀爽於《說卦》，添物象以足卦爻所載者。查元章曰：“通論類不須添，不然更多，添亦不盡。”

《小象》“又誰咎也”三，其二爻辭有“无咎”字，當如前說。第十三條。獨解之六三曰：“自我致戎，又誰咎也。”其爻中不言“无咎”，雖罪自己招，與王弼《略例》不同。

《小象》稱“固有之也”者二，言貞固乃有是无咎也。

《說卦》於乾、坎、艮、震四陽卦爲馬者三，獨艮不爲馬，以艮止，非馬之性。

《說卦》震爲長男，於坎、艮不列中男、少男，有尊嫡之義。

紹興三十一年，沈丞相判明州時，完顏亮入寇，聞有窺海道者①。沈以《易林》筮之，遇比之隨，曰："過時不歸，若悲雄雌。裴徊外國，與叔分離。"②亮前此來洛中，留今金虜主守國，及虜馬飲江，爲其下所殺，而今虜主代立，所謂"與叔分離"者乎③！然其書於乾之姤曰："仁政不暴，鳳凰來舍，四時順節，民安其處。"曾不與"潛龍"之辭合。乾之同人曰："子號索哺，母行求食。返見空巢，訾我長息。"亦不與"見龍"之辭合。其泰之豫曰："東鄰好女，爲王妃后。莊公築館，以尊主母。歸於京師，季姜悅喜。"其用事蓋誤也。莊公築館，豈妃后事邪？其文不逮《太玄》遠甚。

"君子以施禄及下，居德則忌"，王輔嗣作"明忌"。嘗爲說曰："居德不一出一入也，上六近君，衆君子決之，當知投鼠忌器之嫌。"芮國器曰："《禮運》'百姓明君而自治也'，其'明'亦誤作'則'，蓋八分書石經而明字從目，頗曳其兩旁，歲久剝缺，所以似'則'字也。""不見是而无悶"，朱新仲舍人曰："見人所行不是，吾无悶焉，此心潛法也。若爲人慟哭流涕，身安能潛，我方潛而未見，人孰非之，此《正義》中意。"

司馬溫公議改科舉法，范忠宣曰："朝廷欲求衆人之長，而元宰先之，似非明夷蒞衆之義，不若清心以俟衆論，可者從之，不可者更俟衆賢議之。"忠宣公之意，欲用晦以來衆論。

坎在内卦，或曰"有水"，或曰"無水"，或曰"出泉"，或曰"雨作"，或曰"水違行"之類，殊不以一義該之。他象皆然，非訓詁之家言象者所能及也。

---

① "完"，底本無，據四庫本補。
② "裴徊"，四庫本作"徘徊"，義同。
③ "留今"之"今"，底本無，據四庫本補。

“一陰一陽之謂道”，即乾坤見之；“繼之者善也”，即四德見之；“成之者性也”，即利貞性情見之。

或曰：“《易占法》中，有《天地生成數配律呂圖》，於《易》何用？”曰：“此所以辨六爻圖，乾初始於寅，舊以黃鐘配初九故也。”

漢儒引《易》曰：“君子正其始，萬事理，差之毫釐，繆以千里。”此緯書《通卦驗》之文也，亦猶先儒引《左氏傳》爲《春秋》也。近世儒者，舉此十六字附於坤卦《文言》之中，曹建大不謂然，而黃魯直爲《大易傳》，不知何所本也[①]。

張叔潛知達州，筮之，遇否。張不樂，爲解之曰：“坤爲國土，上承於君，吉占也。但以否故，不召還爾。”成資復得劍州，又得隨州。

芮公以司業召，先筮之，得“亢龍有悔”之爻。次年卒，爲庚寅年。

或人占婚姻，筮之，遇小過，不知其占。再筮之，亦得小過，而占之曰：“内卦兼互體爲漸，‘漸，女歸吉’。外卦互體爲歸妹，‘說以動，所歸妹也’。”

迴鄉作《古占法》時，有九六七八衍策數，今見於此，曰：“二篇之策，萬有一千五百二十，約而半之，得五千七百六十，是謂中數。老陽爻六千九百一十二，饒一千一百五十二策；老陰爻四千六百有八，乏一千一百五十二策。右列饒乏數，以十乘之，復得二篇之策。十也者，自甲至癸以當日。少陽爻五千三百七十六，乏三百八十四策；少陰爻六千一百四十四，饒三百八十四策。右

---

① “黃魯直爲《大易傳》”，元胡一桂《周易本義啓蒙翼傳》下篇引程氏書作“黃魯直引爲《大傳》”，似當從之。

列饒乏數以三十乘之，則復得二篇之策。三十也者，自朔至晦以當月。”

或問乾坤動静，曰：“乾動而坤静，有常也，方乾動而直，坤乃順乾而行，故其動闢。及乾化既終，乃静而專，而坤用事，坤亦静而翕。”

“童蒙”“童觀”，宜作“僮”，“童僕”宜如字。

《列子》曰：“一變而爲七，七變而爲九，九者，究也，乃復變而爲一。”迥謂一變爲七，其中有六；七變爲九，其中有八，九復變而爲一，其中具天地之數。然不若只爲《易》，不必偶合他書。

“朋盍簪”，王弼曰：“簪，疾也。”陸希聲本作“捷”，所以訓爲疾。晁以道云：“古冠服無簪。”故迥於豫傳占法中辯之，即弁服之笄也。

“武人爲于大君”，古今訓詁之家，未有能彷彿者。王沇之問介甫曰：“議者以謂上九爲大君，六三應於上九，有用於大君之象。”介甫曰：“武人以有爲爲大君用。”舊説以陵武加人，欲爲大君，尤不近理。蓋六三應上九，則陰柔乘衆剛，故九五大君以剛健夬決六三之履耳。故九五言“夬履”，六三《小象》言“志剛也”者以此。

先儒曰：“七八卦數，九六爻數。”沈存中《筆談》曰：“卦爻之辭皆九六，惟《連山》《歸藏》以七八占。”迥於《古占法》中辨之矣，然七八之數，必將馴致於六九，謂其無朕，《易》不能言者，非也。

“天地設位，聖人成能”，謂聖人成天地之能也。《易》有陰陽而道行乎其中，非是元氣中列而爲三才也。《漢志》曰：“太極元氣，函三爲一。”而《太玄》三摹以準三才者宜非是。蓋律數三紀，布於十二辰，紀分四辰，初不自太極中分。

蜀人馮時行,字當可,嘗言《易》之象在畫,《易》之道在用。號縉雲先生,其學傳李舜臣,仙井人,字子思,亦有《易傳》。

元城先生論《易》曰:"今之學者,言象數則諱談義理,言義理則恥説象數。若象數可廢,則無《易》矣,若不説義理,又非通論。"

《易》與《太玄》皆以道義配禍福,故爲聖賢之書。陰陽家獨言禍福,而不配以道義,故爲伎術。如李林甫之得君,彼則曰吉。顏魯公以正行乎患難,彼則曰凶。故《文中子》曰:"京房、郭璞,古之亂常人也。"

邵堯夫曰"誰信畫前元有《易》",畫之前豈無天地陰陽乎?或曰:畫前有《易》,其理甚微,不知何故發此語。

近世儒者言:"居廟堂之高則憂其民,處江湖之遠則憂其君。蓋泰言志在外,否言志在君之意也。"此義雖精,而與《易》象不合,廟堂豈初九之位乎?

迥與南康使君朱秘書論太極,曰:"一室之小,六合之大,春熙之而温,秋肅之而涼,晝而明,夜而昏。其體定,不隨温涼、昏明之變化也。推之於一身之近,萬物之散殊,亦莫不然。"

或問性命。迥聞於師曰:"昔者聖人之作《易》也,將以順性命之理,是故乾爲君,坤爲臣者,命也;盡君道,盡臣道者,性也。其他上下交際皆然。"

譙定,字天授,涪州人,嘗授《易》於羌夷中郭載。載告以見乃謂之象,與擬議以成變化之義。郭本蜀人,其學傳自嚴君平。定嘗過武侯廟,觀八陣圖,謂必本於《易》。嘗見伊川先生於涪,伊川欲與同修《易》書,後迥伯舅和國許公薦於朝,授通直郎,扈從維揚。先是胡原仲嘗與定游從於京師,劉勉之爲作傳。

迥謂凡乾道資始者，皆有可見之象也。"鳴鶴在陰"者，則擬《易》而爲言者也；"藉用白茅"，則議《易》而爲動者也。下文七爻，乃發明言動變化之義，不必求之於深遠。

迥作《周易古占法》，其序引曰："邵康節以易數示吾家伯淳。"或謂："明道先生道德嚴重，不當輕易字之。"迥曰："楊修曰吾家子雲老不解事，强作一書，悔其少作，蓋有來處也。聖如仲尼，門人猶字之。"

隨之初九曰："官有渝，貞吉。出門交有功。"此文王之時，二南國君從周召者也。故上六曰："王用亨於西山。"彖曰："大亨貞，无咎。而天下隨時，隨時之義大矣哉。"非文王孰能與於此。

无妄六二《小象》曰"未富也"，蓋本爻以耕獲菑畬爲辭，不耕不菑，方聽九五倡始，未暇爲富也。

《小象》曰："冥升在上，消不富也。"《家語》記孔子曰："凡持滿而能久者，未之有也，非道益之謂也，道彌益而身彌損。"

蠱卦"先甲三日，後甲三日"，巽九五爻"先庚三日，後庚三日"，蓋日有十，辰有十二，相錯而爲六十，其間之日六，故"先甲三日，後甲三日"也。其意義則事物之始必飭，其終必蠱。伊川曰："始終惟一，時乃日新。"[①]先後甲者，屢提其始而飭蠱也，如商人每稱成湯，周人每稱文武，唐人每稱武德、貞觀間，皆此義也。六十之間，庚之日六，"先庚三日，後庚三日"者。於事物過中，則屢施之號令，所以防蠱也。巽九五之爻變蠱，先儒論爻變，只變蠱六五，今乃入蠱之繇辭，其意義特精深。此類不一，蓋於前章論之。

---

① 按"始終惟一，時乃日新"，出自《尚書·咸有一德》，程迥不當引爲伊川語。若是伊川引《尚書》，然"先後甲者"以下數語，又似非出自伊川，反似程迥語，查《二程集》中亦無。姑且如此標點，闕疑俟考。

　　或問：“古人罰弗及嗣，《書》有‘孥戮’之文，何也？”迥曰：“《易》謂小懲而大誡，故誡之之辭可過也。”玉泉先生再三稱之曰：“不著仁心，安能測知淺深也哉！然先儒謂懲治小罪，而大罪知誡，不以爲誡告之辭，當有能辨之者。”先是建炎中，某公謂玉泉先生曰：“圍城中人，大者宜誅三族，小者誅其身，不如是，不足以振起衰弱。”先生曰：“若解近令弟在圍城中，公置太夫人於何地？”某公愕然。字書曰：誡言警也。則迥説爲是。

　　坤，地道也，爲均里井之義。

　　先儒以“西鄰禴祭”爲文王，“東鄰殺牛”爲紂，然文王與紂非既濟之時。

　　伯舅和國《易傳》曰：“乾元，一陽也；坤元，一陰也。”迥謂乾内卦三爻配元，外卦三爻配亨。内卦變配利，外卦變配貞。其四時變通之運如此。

　　先儒曰：“《序卦》非《易》之藴。”朱待制新仲嘗謂迥曰：“《序卦》非聖人書。”唐僧一行《易纂》引孟喜《序卦》曰：“陰陽養萬物，必訟而成之，君臣養萬民，亦訟而成之。”然則今《序卦》亦出於經師可知也，而其間藏反對卦變之義，其雜卦之末，又出一卦，特立之義。

　　《易》有“无悔”“有悔”“悔亡”，又曰“悔吝者，言乎其小疵也”，“震无咎者存乎悔”。《文中子》曰：“平陳之後，龍德亢而卒不悔，悲夫！”乃以龍亢爲非有悔，爲善。以有悔爲善，則无悔爲不善乎？

　　張芸叟疑“大觀在上”之文，且言陸希聲深病爻辭之不類，輒欲去取①。歐陽公《童子問》、王景山《儒志》，亦疑於《易》文。聖人之言遠如天，固難知也，謂不類，非也。

泰"小往大來"，否"大往小來"，陽數饒，其體大，陰數乏，其體小。在人則如《孟子》所謂"養其大體爲大人，養其小體爲小人"。玉泉先生屢言："君子有天下之私，小人有一己之公。"其言本王景山《儒志》所載也。

"君子所居而安者，《易》之序也"，"序"謂"列貴賤者存乎位"，下文"自天祐之，吉无不利"，其言偶與大有上九爻同，實不相謀②。

某公讀迥《古易占法》曰"兩儀者，乾坤之初畫也。四象者，乾坤初與二相錯而成也"，曰："方其爲兩儀四象時，未有乾坤之名。"迥曰："《春秋公羊傳》當隱公時，公子翬謂威公曰'吾爲子曰隱矣'③；《漢紀》高祖嘗繇咸陽，蓋借後來定名，稱於前日也④。"

先儒曰："周以建子爲正，夫陽之始，十干十二辰之端也。日月初躔，爲星之紀，而其辰在丑，故商以之爲正。夏正建寅，人事之所始也，仲尼取之矣。"迥曰："《易》'艮，東北之卦也，萬物之所成終而成始也'，'兌，正秋也'，則夏正建寅可知，不可但言便於人事⑤。"

《易》者，"開物成務，冒天下之道"者也。而辭象變占，皆《易》中之一體，主於一則用其三。至秦指爲卜筮之書，豈秦人以

---

① "取"，四庫本作"之"，似可取。
② "存乎位"，底本作"存乎上"，據四庫本改。
③ "曰隱"，今所見本《春秋公羊傳》皆作"口隱"，何休注云："口猶口語相發動也。"與"曰"意差同。
④ "借"，四庫本作"皆"，均可通。
⑤ "夏正"，底本作"夏王"，據四庫本改。

巽言對暴君，俾得不焚，抑所見者然邪？近世郭兼山乃曰：“《周易》古者卜筮之書。”是襲秦人之繆也①。

伏羲、文王、孔子之爲《易》，由略以致詳，未嘗有異道也。後世訓詁所得有淺深，或支分派别，乃入於讖緯、壬、遁之學耳。故曰前聖後聖其歸一揆。

漢東萊費直序焦延壽《易林》曰：“《易》者，廣矣，大矣，以言乎天地之間則備矣。推此言之，繇辭、《説卦》所以爲未盡也。故《連山》《歸藏》《周易》皆異辭而共卦，雖三家並行，猶一隅爾。”

隱者書曰：“無窮妙義盡在畫中，辭外見義，方審《易》道。”則觀象識辭，可以知變占矣。

杜欽異於王鳳，以剛異柔，故《小象》謂“志窮咎也”。

伊川先生序《易傳》，門人曰：“太漏泄天機。”此未得先生之意者也。乾坤示人以易簡，“易簡而天下之理得”，初未嘗秘，何漏泄之有？

比之初六曰“終來有他吉”，《子夏傳》曰：“非應稱他也。”

《子夏易傳》，京房爲之箋，先儒疑非卜商也。近世有陋儒用王弼本爲之注，鄙淺之甚，亦託云子夏。凡先儒所引《子夏傳》，此本皆無之。熙寧中，房審權萃訓詁百家，凡稱子夏者，乃取後本贋。

奇數一二三四，策數六七八九，五與十不用。變數九六，卦數七八。陽升而陰降，九六者，《易》數之窮也。

水火字立坎離之畫，古文巛字亦坤畫，或曰木字離合巽畫②。

---

① “繆”，四庫本作“謬”，二字可通。
② “巛”，底本作“以”，據四庫本改。

迥隆興甲申《易傳》成，筮之，遇巽之恒。淳熙癸卯，將爲《文史評》，遇大畜。

未濟之九四，應於初六，患在内也；既濟之九三，應上六，患在外也。患在内者，如“薄伐獫狁，至於太原”；患在外者，如抵掌於伊吾之北者矣。

莫子齊爲會稽校官，忽問迥曰：“邵康節云宋四世而盛，九世而中興，何以知其然？”對曰：“周公曰‘商既墜厥命，我有周既受，我不敢知曰厥基永孚於休。若天棐忱，我亦不敢知曰其終出於不祥。’是以聖人爲《易》必於道德，而不必於數。”有以是意告上饒公汪先生者，先生曰：“若以此論康節，則待康節亦淺矣。”

“碩果不食”，“井渫不食”，兩“不食”字辭同而旨異。前“不食”字，謂陽實碩大，不侵食於衆陰也。後“不食”字，言君子之才，既已修治，而不爲時用。前爲美，後爲恨。

迥謂艮爲果蓏，在草曰果蓏，故曰上實而下柔也。舊説木實爲果，草實爲蓏，爲二物，然則與乾爲木果者，何以分別也？《説文》曰：“在木曰果，在地曰蓏。”應邵曰：“木實曰果，草實曰蓏。”張晏曰：“有核曰果，無核曰蓏。”皆指爲二物也。《豳詩》曰：“果贏之實，亦施於宇。”則爲一物可知。若木之實，豈能延施於宇邪？近世有江槃才孺曰：“肉在内，殻在外，有包裹之義者謂之果。核在内，肉在外，有裸露之義者謂之蓏①。”此由《字説》中來，皆臆説也。

待制程昌禹建炎三年，守蔡州，屢挫羣盜，敗虜人。初令術

---

① “肉在外”後，底本有“者”字，據四庫本删。

士趙井筮,得益之无妄,趙曰:吉①。俄除鼎澧鎮撫使,時中原甚亂,蔡人盡隨待制渡江,復破楊么、鍾相、李合戎等劇盜,蓋"利用爲依遷國"之爻也。見劉瑞祐、蔡鼎紀實録。初趙井占曰吉,蓋以興利而且无妄,軍必捷。不出三日,克在西南。井未能知遷國之義也。

京房《易積數》曰:"初爲下貞,二爲中貞,三爲上貞,四爲下悔,五爲中悔,上爲上悔。二三四爲互體,三四五爲約象。"今傳注未有"約象"之名,唯術家見之。

乾九五下應坤六五,坤六五上應乾九五,如舜、湯得皋、伊,故皋、伊爲聖人之耦。

曹建立之以无妄名齋,迴告之曰:"无妄有正與匪正,先儒以无妄對有妄者非,若爲齋名,於理未安。"建玩繹經文,大以爲然。久之,建歿,趙成玉爲作行狀,晦翁朱先生作墓表,皆曰立之以无妄名齋,豈不果改邪?

《繫辭》論《易》,言"非夫古之聰明睿知神武而不殺者,孰能與於此哉",似指文王也。内無睿知爲之主宰,則視聽接於外者必惑,是以《書》稱堯舜聰明,故耳目聰明,皆聖人極則之德也。其曰"古之"云者,非見而知之。

都聖與少卿作《周易變體》,推廣沈丞相《小傳》,如觀之九五,不言"觀我生,君子无咎",獨論剝六五"貫魚以宫人寵",推象數過當。

孫皓筮併天下,遇同人之頤。三四五變也,以乾變坤,内動而外止,尚廣謂"青蓋入洛"者如此。

《象》言象者三,剝也,鼎也,小過也。然《易》者象也,無非象也。

“安土敦乎仁，故能愛”，王介甫曰：“安土則不擇地而安之①。”司馬公謂：“仁者求諸己，不求諸人，安土敦仁，則內重而外物輕，乃能自愛。”迥曰：“君子敦乎仁愛，則使下民安土。彼土政煩賦重，田萊多荒，民卒流亡者，以君子不用仁愛故也②。”

解九二曰“田獲三狐”，劉彝傳曰：“狐者性疑而情姦，晝伏夜動，小人之道也。”其說若有思致，然未濟《象》曰“小狐汔濟，未出中也”，蓋謂九二也，則不見情姦之義。

六爻不變，以卦《象》占。一爻變，以變占。此諸家言占例之所同也。然巽之九五變入蠱卦《象》；履之六三，其凶在所應，此非例之所能拘。故古人三人占，許爲別說。蓋《易》變動不居，非一理之能盡也，當因所問而推其義。

“爻象動乎內，吉凶見乎外”，介甫曰：“內隱而外顯。”今章句曰：指《易》之書言之。蓋爻象動乎《易》書之內，吉凶見乎《易》書之外也。

沙隨卜筮圖

	謀及乃心 自忖度，不離於道，不害於義，然後筮。楊雄曰：“不軌不筮。”
汝有大疑	謀及卿士 是皆識古今、知道義之人，苟可告心，已鮮愧矣。苟與我謀，豈以不義處我哉。
	謀及庶民 彼至愚而神，此可告彼皆孚焉，其害道理者鮮矣。
	謀及卜筮 鬼神聰明正直而一焉，吾齋戒不敢褻，彼所告必不我誣。

① “地”，底本作“也”，據四庫本改。
② “彼土”，四庫本作“彼夫”，亦可通。“重”，底本作“童”，據四庫本改。

附録　宋史·儒林七·程迥傳

　　程迥，字可久，應天府寧陵人。家於沙隨，靖康之亂，徙紹興之餘姚。年十五，丁内外艱，孤貧飄泊，無以自振。二十餘，始知讀書，時亂甫定，西北士大夫多在錢塘，迥得以考德問業焉。

　　登隆興元年進士第，歷揚州泰興尉。訓武郎楊大烈有田十頃，死而妻女存。俄有訟其妻非正室者，官没其貲，且追十年所入租。部使者以諉迥，迥曰："大烈死，貲産當歸其女。女死，當歸所生母可也。"

　　調饒州德興丞。盗入縣民齊匊家，平素所不快者，皆冒絓逮獄。州屬迥決禁囚，辨其冤者縱遣之。匊訟不已。會獲盗寧國，匊猶訟還所縱之人，迥曰："盗既獲矣，再令追捕，或死於道路，使其骨肉何依，豈審冤之道哉！"唐肅宗時，縣有程氏女，其父兄爲盗所殺，因掠女去，隱忍十餘年，手刃盡誅其黨，刳其肝心以祭其父兄。迥取《春秋》復讎之義，頌之曰："大而得其正者也。"表之曰："英孝程烈女。"

　　改知隆興府進賢縣。省符下，知平江府王佐決陳長年輒私賣田，其從子訴有司十有八年，母魚氏年七十坐獄。廷辨按法追正，令候母死服闋日，理爲已分，令天下郡縣視此爲法。迥爲議曰："天下之人孰無母慈？子若孫宜定省温清，不宜有私財也。在律，別籍者有禁，異財者有禁。當報牒之初，縣令杖而遣之，使聽命於其母可矣，何稽滯徧訴有司，而達於登聞院乎？《春秋穀梁傳》注曰'臣無訟君之道'，爲衛侯鄭與元咺發論也。夫諸侯之於命大夫猶若此，子孫之於母乃使坐獄以對吏，愛其親者聞之，不覺泣涕之橫集也。按令文：分財産，謂祖父母、父母服闋已前所有者。然則母在，子孫不得有私財。借使其母一朝盡費，其子孫亦不得違教令也。既使歸於其母，其日前所費，乃卑幼輒用尊長物，法須五年尊長告乃爲理。何至豫期母死，又開他日爭訟之端也？抑亦安知不令之子孫不死於母之前乎？守令者，民之師帥，政教之所由出。誠宜正守令不職之愆與子孫不孝之罪，以敬天下之爲人母者。”

民饑，府檄有愬閉糴及糶與商賈者，迥即論報之曰：“力田之人，細米每斗才九十五文，逼於稅賦，是以出糶，非上戶也。縣境不出貨寶，苟不與外人交易，輸官之錢何由而得？今強者羣聚，脅持取錢，毆傷人者甚衆，民不敢入市，坐致缺食。”申論再三，見從乃已。

縣大水，亡稻麥，郡蠲租稅至薄，迥白於府曰：“是驅民流徙耳！賦不可得，徒存欠籍。”乃悉蠲之。郡僚猶曰：“度江後來，未嘗全放，恐户部不從。”迥力論之曰：“唐人損七，則租、庸、調俱免。今損十矣，夏稅、役錢不免，是猶用其二也，不可謂寬。”議乃息。

境内有婦人傭身紡績舂簸，以養其姑。姑感婦孝，每受食，即以手加額仰天而祝之。其子爲人牧牛，亦乾飯以餉祖母。迥廉得之，爲紀其事，白於郡，郡給以錢粟。

調信州上饒縣。歲納租數萬石，舊法加倍，又取斛面米。迥力止絶之，嘗曰：“令與吏服食者，皆此邦之民膏血也。曾不是思，而橫斂虐民，鬼神其無知乎！”州郡督索經總錢甚急，迥曰：“斯錢古之除陌之類，今其類乃三倍正賦，民何以堪？”反復言之當路。

奉祠,寓居番陽之蕭寺。程祥者,從伯父待制昌禹來居番陽,昌禹死,遂失所依。祥繼亡,祥妻度氏猶質賣奩具以撫育孤子,久之罄竭,瀕死,鄰家皆莫識其面。有欲醮之者,度曰:"吾兒幼,若事他人,使母不得撫其子,豈不負良人乎?"終辭焉。或爲迥言其事,迥走告於郡守,月給之錢粟。

迥居官臨之以莊,政寬而明,令簡而信,綏強撫弱,導以恩義。積年讎訟,一語解去。猾吏奸民,皆以感激,久而悛悔,欺詐以革。暇則賓禮賢士,從容盡歡,進其子弟之秀者與之均禮,爲之陳說《詩》《書》。質疑問難者,不問蚤暮。勢位不得以交私,祠廟非典祀不謁。隱德潛善,無問幽明,皆表而出之,以勵風俗。或周其窮阨,俾全節行。聽決獄訟,期於明允。凡上官所未悉者,必再三抗辨,不爲苟止。貴溪民僞作吳漸名,誣愬縣令石邦彥,迥言匿名書不當受,轉運使不謂然,遂興大獄,瘐死者十有四人。及聞省寺,訖報如迥言。

迥嘗授經學於昆山王葆、嘉禾聞人茂德、嚴陵喻樗。所著有《古易考》《古易章句》《古占法》《易傳外編》《春秋傳顯微例目》《論語傳》《孟子章句》《文史評》《經史説諸論辨》《太玄補贊》《户口田制貢賦書》《乾道振濟録》《醫經正本書》《條具乾道新書》《度量權三器圖義》《四聲韻》《淳熙雜志》《南齋小集》。卒官朝奉郎。

朱熹以書告迥子絢曰:"敬惟先德,博聞至行,追配古人,釋經訂史,開悟後學,當世之務又所通該,非獨章句之儒而已。曾不得一試,而奄棄盛時,此有志之士所爲悼歎諮嗟而不能已者。然著書滿家,足以傳世,是亦足以不朽。"絢以致仕恩調巴陵尉,攝邑事,能理冤獄。孫仲熊,亦有名。

易學啓蒙

〔宋〕朱　熹　撰

趙爲亮　點校

【題解】

《易學啓蒙》四卷，宋新安朱熹撰。

關於《易學啓蒙》一書的分卷，陳振孫《直齋書録解題》、馬端臨《文獻通考·經籍考》均作一卷，胡一桂《周易啓蒙翼傳》作二卷，《宋史·藝文志》作三卷，禦兒吕氏寶誥堂刊《朱子遺書》本及王懋竑《朱子年譜》作四卷。分卷雖有差異，然皆以《本圖書》《原卦畫》《明蓍策》《考變占》四篇爲次則無疑。卷數分合，無關宏旨，今以底本的分卷，題作四卷。

《啓蒙》一名含義，潘雨廷先生論云："書名《啓蒙》甚當，發之在我，或爲童蒙，或爲困蒙，或不幸而不有躬，咸其自取耳。"其説可取。《易學啓蒙》前有朱熹序，作於"淳熙丙午莫春既望"，則書成於宋孝宗淳熙十三年(1186)，朱熹時年五十七歲。王懋竑《朱子年譜》引一説謂《啓蒙》爲朱熹指畫，蔡元定撰。又《宋史·儒林四·蔡元定傳》云："熹疏釋《四書》及爲《易》《詩傳》《通鑑綱目》，皆與元定往復參訂；《啓蒙》一書，則屬元定起稿。"據此，則《啓蒙》當以朱熹、蔡元定合撰爲近實。朱蔡二人關係介於師友之間，《啓蒙》爲二人共同探討的結果，其中觀點是得到朱熹承認的，總體可以代表朱熹的思想，題作朱熹撰亦無可厚非。

朱熹作爲易學史上的重要代表人物，其易學思想主要體現在《周易本義》與《易學啓蒙》中。二書相爲羽翼，《本義》爲體，《啓蒙》爲用。《本義》多次言及説見《啓蒙》，《啓蒙》亦全篇闡釋《本義》的卷首九圖。貫穿於其中的主體思想，便是朱熹一直所堅持的"易本卜筮之書"一説，試圖還原《周易》的本來面目，而非空言義理、牽合象數。《易學啓蒙》四篇與程迴《周易古占法》類似，皆以《繫辭》《説卦》爲本，發揮其精義。《本圖書》本《繫辭》所言"河出圖，洛出書，聖人則之"及天地之數一節，論述河圖洛書的圖示、次序與位數，三者雖有不同，其理則無二致，以明聖人作《易》之本。《原卦畫》論述伏羲畫卦，以太極生兩儀，兩儀生四象，四象生八卦爲次，進而重之爲六十四卦，卦畫之生成，皆出於氣數之自然，非人之心思智慮所能爲。又本《説卦》發明伏羲先天八卦圖與六十四卦方圓圖、文王後天八卦圖的位數，以明先天爲體、後天爲用之理。《明蓍策》詳述大衍筮法揲蓍求卦的流程法式，以及四營成易、十八變成卦的内在之理。《考變占》則爲朱熹在程迥《周易古占法》歸納的五條法則的基礎上，擴展爲更爲詳細系統的解占七條法則。並作有卦變三十二圖，每圖由始卦至終卦爲一圖，由終卦至始卦又爲一圖，呈中心對稱分布，實際上有六十四圖。此與《焦氏易林》的一卦變六十四卦，六十四卦變四千九十六卦相符，《易林》按《序卦傳》之次排列，朱熹的卦變圖與之相較，則更爲條理精密。四篇有本有原，有術有法，體用兼具，構成了一個完備的筮法體系。總之，《啓蒙》有其精深之處，在朱熹易學中占有十分重要的地位，朱熹本人對此書也頗爲看重，認爲其一生中只有《大學章句》與《啓蒙》看得透徹，"見得前賢所未到處"，確非虚言。

《易學啓蒙》版本衆多，然目前所見單行本以清康熙間禦兒吕氏寶誥堂刻《朱子遺書》四卷本最早，其後版本則多爲此本的翻刻本。除單行本外，《啓蒙》的其他版本，或爲彙編本，如明永樂間内府所刻《性理大全書》七十卷，其卷十四至十七爲《啓蒙》，又如清康熙間武英殿刻《周易折中》二十二卷（簡稱折中本），其卷十九卷二十爲《啓蒙》；或爲注釋本，如宋末胡方平《易學啓蒙通釋》，其平生精力盡在此書，爲注釋《啓蒙》的經典之作，意在發明《啓蒙》之旨。今國家圖書館藏有元刻明修本，《中華再造善本》即影印此本（簡稱胡本）。各本前三卷大略相同，僅第四卷《考變占》中圖表有差異。折中本則多存兩可之異文，多無關文義解讀。本次整理點校以《朱子遺書》本爲底本，參校以胡本與折中本。

《易學啓蒙》有王鐵先生點校的《朱子全書》本（上海古籍出版社 2010 年修訂版），劉大鈞先生點校的《周易折中》（巴蜀書社 2008 年版）以及谷繼明先生點校的《易學啓蒙通釋》（中華書局 2019 年《易學典籍選刊》本），三位先生點校的質量均頗高，本次點校多有參考。

目　録

易學啓蒙卷之一

聖人觀象以畫卦，揲蓍以命爻，使天下後世之人，皆有以決嫌疑，定猶豫，而不迷於吉凶悔吝之塗，其功可謂盛矣。然其爲卦也，自本而幹，自幹而支，其勢若有所迫而自不能已。其爲蓍也，分合進退，從橫逆順，亦無往而不相值焉。是豈聖人心思智慮之所得爲也哉？特氣數之自然，形於法象，見於圖書者，有以啓於其心而假手焉耳①。近世學者，類喜談《易》而不察乎此。其專於文義者，既支離散漫而無所根著；其涉於象數者，又皆牽合傅會，而或以爲出於聖人心思智慮之所爲也。若是者，予竊病焉。因與同志頗輯舊聞，爲書四篇，以示初學，使毋疑於其説云。

淳熙丙午莫春既望，雲臺真逸手記。

本圖書第一

《易大傳》曰："河出圖，洛出書，聖人則之。"

孔安國云："河圖者，伏羲氏王天下，龍馬出河，遂則其文，以畫八卦。洛書者，禹治水時，神龜負文而列於背，有數至九，禹遂因而第之，以成九類。"

劉歆云："伏羲氏繼天而王，受河圖，則而畫之，八卦是也②。

---

① "耳"，折中本作"爾"，義同。
② "則"，底本無，依下文"法而陳之"例當有，故據《漢書·五行志》補。

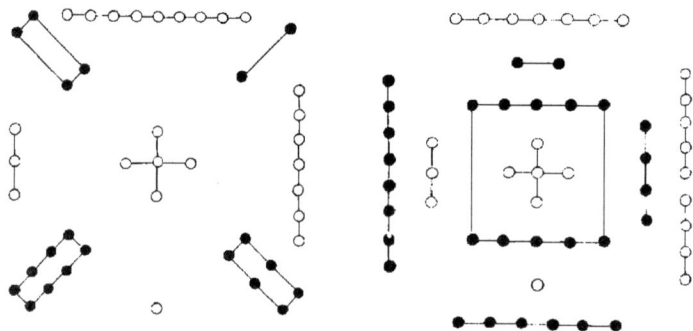

書 洛 圖 河

禹治洪水，賜洛書，法而陳之，九疇是也①。河圖洛書，相爲經緯，八卦九章，相爲表裏。”

關子明云：“河圖之文，七前六後，八左九右。洛書之文，九前一後，三左七右，四前左，二前右，八後左，六後右。”

邵子曰：“圓者星也，曆紀之數，其肇於此乎？曆法合二始以定剛柔，二中以定律曆，二終以紀閏餘，是所謂曆紀也。方者土也，畫州井地之法，其放於此乎？②州有九，井九百畝，是所謂“畫州井地”也。蓋圓者河圖之數，方者洛書之文，故羲、文因之而造《易》，禹箕敘之而作《範》也。”蔡元定曰：“古今傳記，自孔安國、劉向父子、班固，皆以爲河圖授羲，洛書錫禹。關子明、邵康節，皆以十爲河圖，九爲洛書。蓋《大傳》既陳天地五十有五之數，《洪範》又明言‘天乃錫禹洪範九疇’，而九宮之數，戴九履一，左三右七，二四爲肩，六八爲足，正龜背之象也。惟劉牧意見，以九爲河圖，十爲洛書，託言出於希夷，既與諸儒舊説不合，又引《大傳》以爲二者皆出於伏羲之世③。其易置圖書，並無明驗，但謂伏羲兼取圖書，則《易》《範》之數誠相表裏，爲可疑耳。其實天地之理，一而已矣。雖時有古今先

---

① “賜”，折中本作“錫”，二字可通。
② “放”，折中本作“倣”，二字可通。
③ “意”，折中本作“臆”。

後之不同,而其理則不容於有二也。故伏羲但據河圖以作《易》,則不必預見洛書,而已逆與之合矣[1]。大禹但據洛書以作《範》,則亦不必追考河圖,而已暗與之符矣。其所以然者何哉?誠以此理之外,無復他理故也。然不特此耳,律呂有五聲十二律,而其相乘之數,究於六十;日名有十干十二支,而其相乘之數,亦究於六十。二者皆出於《易》之後,其起數又各不同,然與《易》之陰陽策數多少自相配合,皆爲六十者,無不若合符契也[2]。下至運氣、參同、太一之屬,雖不足道,然亦無不相通,蓋自然之理也[3]。假令今世復有圖書者出,其數亦必相符,可謂伏羲有取於今日而作《易》乎?《大傳》所謂"河出圖,洛出書,聖人則之"者,亦汎言聖人作《易》作《範》,其原皆出於天之意[4]。如言"以卜筮者尚其占",與"莫大乎蓍龜"之類,《易》之書豈有龜與卜之法乎?亦言其理無二而已爾。"

天一,地二,天三,地四,天五,地六,天七,地八,天九,地十。天數五,地數五,五位相得而各有合。天數二十有五,地數三十,凡天地之數五十有五,此所以成變化而行鬼神也。

此一節,夫子所以發明河圖之數也。天地之間,一氣而已。分而爲二,則爲陰陽,而五行造化,萬物始終,無不管於是焉。故河圖之位,一與六共宗而居乎北,二與七爲朋而居乎南,三與八同道而居乎東,四與九爲友而居乎西,五與十相守而居乎中。蓋其所以爲數者,不過一陰一陽,一奇一偶,以兩其五行而已。所謂天者,陽之輕清而位乎上者也;所謂地者,陰之重濁而位乎下者也。陽數奇,故一三五七九皆屬乎天,所謂"天數五"也。陰數偶,故二四六八十皆屬乎地,所謂"地數五"也。天數地數,各以類而相求,所謂"五位之相得"者然也。天以一生水,而地以六成之;地以二生火,而天以七成之;天以三生木,而地以八成之;地

---

① "預",折中本作"豫",義同。

② "若合",折中本作"合若",則當句讀爲"無不合,若符契也",亦可通。

③ "太一",折中本作"太乙",義同。

④ "原",底本作"言",據胡本、折中本改。

以四生金,而天以九成之;天以五生土,而地以十成之。此又其所謂“各有合”焉者也。積五奇而爲二十五,積五偶而爲三十,合是二者,而爲五十有五,此河圖之全數,皆夫子之意,而諸儒之説也。至於洛書,則雖夫子之所未言,然其象其説已具於前,有以通之,則劉歆所謂“經緯”“表裏”者可見矣。

或曰:“河圖洛書之位與數,其所以不同,何也?”曰:“河圖以五生數統五成數,而同處其方,蓋揭其全以示人而道其常,數之體也。洛書以五奇數統四偶數,而各居其所,蓋主於陽以統陰而肇其變,數之用也。”

曰:“其皆以五居中者,何也?”曰:“凡數之始,一陰一陽而已矣。陽之象圓,圓者,徑一而圍三;陰之象方,方者,徑一而圍四。圍三者以一爲一,故參其一陽而爲三。圍四者以二爲一,故兩其一陰而爲二。是所謂‘參天兩地’者也。三二之合,則爲五矣,此河圖洛書之數,所以皆以五爲中也。然河圖以生數爲主,故其中之所以爲五者,亦具五生數之象焉。其下一點,天一之象也;其上一點,地二之象也;其左一點,天三之象也;其右一點,地四之象也;其中一點,天五之象也。洛書以奇數爲主,故其中之所以爲五者,亦具五奇數之象焉。其下一點,亦天一之象也。其左一點,亦天三之象也。其中一點,亦天五之象也。其右一點,則天七之象也。其上一點,則天九之象也。其數與位,皆三同而二異。蓋陽不可易,而陰可易。成數雖陽,固亦生之陰也。”

曰:“中央之五,既爲五數之象矣,然其爲數也,奈何?”曰:“以數言之,通乎一圖,由内及外,固各有積實可紀之數矣。然河圖之一二三四各居其五象本方之外,而六七八九十者,又各因五而得數,以附於其生數之外。洛書之一三七九,亦各居其五象本方之外,而二四六八者,又各因其類,以附於奇數之側。蓋中者爲主,而外者爲客;正者爲君,而側者爲臣,亦各有條而不紊也。”

曰:“其多寡之不同,何也?”曰:“河圖主全,故極於十,而奇偶之位均,論其積實,然後見其偶贏而奇乏也①。洛書主變,故極於九,而其位與實,皆奇贏而偶乏也。必皆虚其中也,然後陰陽之數,均於二十而無偏耳。”

曰:“其序之不同,何也?”曰:“河圖以生出之次言之,則始下,次上,次左,次右,以復於中,而又始於下也。以運行之次言之,則始東,次南,次中,次西,次北,左旋一周,而又始於東也。其生數之在内者,則陽居下左,而陰居上右也;其成數之在外者,則陰居下左,而陽居上右也。洛書之次,其陽數,則首北,次東,次中,次西,次南;其陰數,則首西南,次東南,次西北,次東北也。合而言之,則首北,次西南,次東,次東南,次中,次西北,次西,次東北,而究於南也。其運行,則水克火,火克金,金克木,木克土,右旋一周,而土復克水也,是亦各有説矣。”

曰:“其七八九六之數不同,何也?”曰:“河圖六七八九,既附於生數之外矣,此陰陽老少進退饒乏之正也。其九者,生數一三五之積也,故自北而東,自東而西,以成於四之外。其六者,生數二四之積也,故自南而西,自西而北,以成於一之外。七則九之自西而南者也,八則六之自北而東者也,此又陰陽老少互藏其宅之變也。洛書之縱橫十五,而七八九六迭爲消長,虚五分十,而一含九,二含八,三含七,四含六,則參伍錯綜,無適而不遇其合焉,此變化無窮之所以爲妙也。”

---

① “贏”,底本作“赢”,據胡本、折中本改。

曰:"然則聖人之則之也,奈何?"曰:"則河圖者虛其中,則洛書者總其實也。河圖之虛五與十者,太極也。奇數二十,偶數二十者,兩儀也。以一二三四爲六七八九者,四象也。析四方之合,以爲乾坤離坎,補四隅之空,以爲兌震巽艮者,八卦也。洛書之實,其一爲五行,其二爲五事,其三爲八政,其四爲五紀,其五爲皇極,其六爲三德,其七爲稽疑,其八爲庶徵,其九爲福極,其位與數尤曉然矣。"

曰:"《洛書》而虛其中,則亦太極也。奇偶各居二十,則亦兩儀也。一二三四而含九八七六,縱橫十五而互爲七八九六,則亦四象也。四方之正,以爲乾坤離坎。四隅之偏,以爲兌震巽艮,則亦八卦也。河圖之一六爲水,二七爲火,三八爲木,四九爲金,五十爲土,則固《洪範》之五行,而五十有五者,又九疇之子目也。是則洛書固可以爲《易》,而河圖亦可以爲《範》矣。且又安知圖之不爲書,書之不爲圖也耶?"曰:"是其時雖有先後,數雖有多寡,然其爲理則一而已。但《易》乃伏羲之所先得乎圖,而初無所待於書、《範》,則大禹之所獨得乎書,而未必追考於圖耳。且以河圖而虛十,則洛書四十有五之數也;虛五,則大衍五十之數也;積五與十,則洛書縱橫十五之數也;以五乘十,以十乘五,則又皆大衍之數也。洛書之五,又自含五而得十,而通爲大衍之數矣;積五與十,則得十五,而通爲河圖之數矣。苟明乎此,則橫斜曲直,無所不通,而河圖洛書,又豈有先後彼此之間哉!"

易學啓蒙卷之二

原卦畫第二

古者包義氏之王天下也，仰則觀象於天，俯則觀法於地，觀鳥獸之文與地之宜，近取諸身，遠取諸物，於是始作八卦，以通神明之德，以類萬物之情。

易有太極，是生兩儀，兩儀生四象，四象生八卦。

《大傳》又言包義畫卦所取如此，則《易》非獨以河圖而作也。蓋盈天地之間，莫非太極陰陽之妙，聖人於此，仰觀俯察，遠求近取，固有以超然而默契於其心矣。故自兩儀之未分也，渾然太極，而兩儀四象六十四卦之理，已粲然於其中。自太極而分兩儀，則太極固太極也，兩儀固兩儀也。自兩儀而分四象，則兩儀又爲太極，而四象又爲兩儀矣。自是而推之，由四而八，由八而十六，由十六而三十二，由三十二而六十四，以至於百千萬億之無窮。雖其見於摹畫者，若有先後而出於人爲，然其已定之形，已成之勢，則固已具於渾然之中，而不容毫髮思慮作爲於其間也。程子所謂"加一倍法"者，可謂一言以蔽之，而邵子所謂"畫前有《易》"者，又可見其眞不妄矣。世儒於此，或不之察，往往以爲聖人作《易》，蓋極其心思探索之巧而得之，甚者至謂凡卦之畫，必由著而後得，其誤益以甚矣。

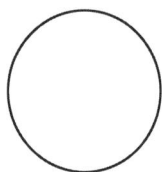

易有太極。

太極者，象數未形，而其理已具之稱；形器已具，而其理無朕之目。在河圖洛書，皆虛中之象也。周子曰："無極而太極。"邵子曰："道爲太極。"又曰："心爲太極。"此之謂也。

是生兩儀。

太極之判，始生一奇一偶，而爲一畫者二，是爲兩儀。其數則陽一而陰二，在河圖洛書則奇偶是也。周子所謂"太極動而生陽，動極而静，静而生陰，静極復動，一動一静，互爲其根，分陰分陽，兩儀立焉"，邵子所謂"一分爲二"者，皆謂此也。

兩儀生四象。

兩儀之上，各生一奇一偶，而爲二畫者四，是謂四象。其位則太陽一，少陰二，少陽三，太陰四。其數則太陽九，少陰八，少陽七，太陰六。以河圖言之，則六者一而得於五者也，七者二而得於五者也，八者三而得於五者也，九者四而得於五者也。以洛書言之，則九者十分一之餘也，八者十分二之餘也，七者十分三

之餘也,六者十分四之餘也。周子所謂"水火木金",邵子所謂
"二分爲四"者,皆謂此也。

坤 艮 坎 巽 震 離 兌 乾
八 七 六 五 四 三 二 一

四象生八卦。

四象之上,各生一奇一偶,而爲三畫者八,於是三才略具,而
有八卦之名矣。其位,則乾一,兌二,離三,震四,巽五,坎六,艮
七,坤八。在河圖,則乾坤離坎分居四實,兌震巽艮分居四虛。
在洛書,則乾坤離坎分居四方,兌震巽艮分居四隅。《周禮》所謂
"三易經卦皆八",《大傳》所謂"八卦成列",邵子所謂"四分爲八"
者,皆指此而言也。

泰 大畜 需 小畜 大壯 大有 夬 乾　　臨 損 節 中孚 歸妹 睽 兌 履

明夷 賁 既濟 家人 豐 離 革 同人　　復 頤 屯 益 震 噬嗑 隨 无妄

升 蠱 井 巽 恆 鼎 大過 姤　　師 蒙 坎 渙 解 未濟 困 訟

謙 艮 蹇 漸 小過 旅 咸 遯　　坤 剝 比 觀 豫 晉 萃 否

八卦之上，各生一奇一偶，而爲四畫者十六。於經無見，邵子所謂“八分爲十六”者是也。又爲兩儀之上，各加八卦。又爲八卦之上，各加兩儀也。

四畫之上，各生一奇一偶，而爲五畫者三十二。邵子所謂“十六分爲三十二”者是也，又爲四象之上各加八卦，又爲八卦之上各加四象也。

五畫之上，各生一奇一偶，而爲六畫者六十四，則兼三才而兩之，而八卦之乘八卦亦周。於是六十四卦之名立，而易道大成矣。《周禮》所謂“三易之別皆六十有四”，《大傳》所謂“因而重之，爻在其中矣”，邵子所謂“三十二分爲六十四”者是也。若於其上，各卦又各生一奇一偶，則爲七畫者百二十八矣。七畫之上，又各生一奇一偶，則爲八畫者二百五十六矣。八畫之上，又各生一奇一偶，則爲九畫者五百十二矣①。九畫之上，又各生一

———————

① “八畫”，底本作“八卦”，據胡本、折中本改。

奇一偶，則爲十畫者千二十四矣。十畫之上，又各生一奇一偶，則爲十一畫者二千四十八矣。十一畫之上，又各生一奇一偶，則爲十二畫者四千九十六矣。此焦貢《易林》變卦之數，蓋以六十四乘六十四也[①]。今不復爲圖於此，而略見第四篇中。若自十二畫上，又各生一奇一偶，累至二十四畫，則成千六百七十七萬七千二百一十六變，以四千九十六自相乘，其數亦與此合。引而伸之，蓋未知其所終極也。雖未見其用處，然亦足以見《易》道之無窮矣。

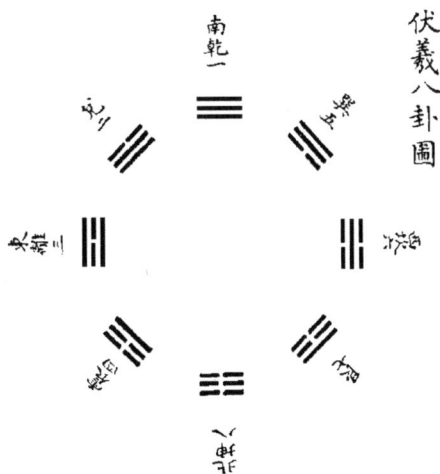

天地定位，山澤通氣，雷風相薄，水火不相射，八卦相錯，數往者順，知來者逆，是故《易》逆數也。

雷以動之，風以散之，雨以潤之，日以烜之，艮以止之，兑以説之，乾以君之，坤以藏之[②]。

邵子曰："此一節，明伏羲八卦也。八卦相錯者，明交相錯而成六十四也。數往者順，若順天而行，是左旋也，皆已生之卦也，

---

① "貢"，折中本作"贛"，二字可通。
② "烜"，底本作"暄"，據唐石經本《周易》及胡本改。

717

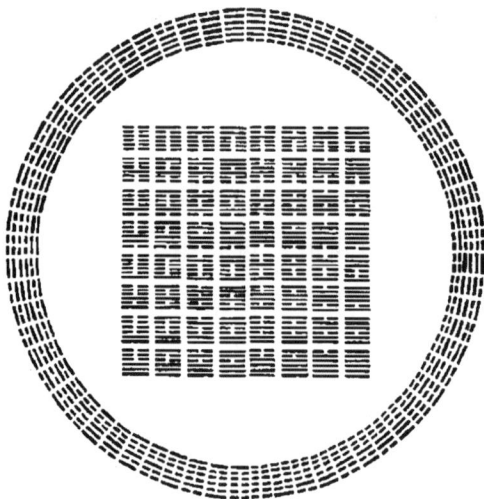

伏羲六十四卦圖

故云‘數往’也。知來者逆，若逆天而行，是右行也，皆未生之卦也，故云‘知來’也。夫易之數，由逆而成矣。此一節直解圖意，若逆知四時之謂也。”以橫圖觀之，有乾一而後有兌二，有兌二而後有離三，有離三而後有震四，有震四而巽五、坎六、艮七、坤八，亦以次而生焉，此《易》之所以成也。而圓圖之左方，自震之初爲冬至，離兌之中爲春分，以至於乾之末而交夏至焉，皆進而得其已生之卦，猶自今日而追數昨日也，故曰“數往者順”。其右方，自巽之初爲夏至，坎艮之中爲秋分，以至於坤之末而交冬至焉，皆進而得其未生之卦，猶自今日而逆計來日也，故曰“知來者逆”。然本《易》之所以成，則其先後始終，如橫圖及圓圖右方之序而已，故曰“易逆數也”。

又曰：“太極既分，兩儀立矣。陽上交於陰，陰下交於陽，而四象生矣。陽交於陰，陰交於陽，而生天之四象。剛交於柔，柔交於剛，而生地之四象。八卦相錯，而後萬物生焉。是故一分爲二，二分爲四，四分爲八，八分爲十六，十六分爲三十二，三十二分爲六十四。猶根之有幹，幹之有枝，愈大則愈小，愈細則愈繁①。是故乾以分之，坤以翕之，震以長之，巽以消之②。長則分，分則消，消則翕也。乾坤定位也，震巽一交也，兑離坎艮再交也。故震陽少而陰尚多也，巽陰少而陽尚多也，兑離陽浸多也，坎艮陰浸多也。”

又曰：“無極之前，陰含陽也。有象之後，陽分陰也。陰爲陽之母，陽爲陰之父。故母孕長男而爲復，父生長女而爲姤，是以陽起於復，陰起於姤也。”

又曰：“震始交陰而陽生，巽始消陽而陰生。兑，陽長也，艮，陰長也。震兑，在天之陰也。巽艮，在地之陽也。故震兑上陰而下陽，巽艮上陽而下陰。天以始生言之，故陰上而陽下，交泰之義也。地以既成言之，故陽上而陰下，尊卑之位也。乾坤定上下之位，坎離列左右之門，天地之所闔闢，日月之所出入，春夏秋冬，晦朔弦望，晝夜長短，行度盈縮，莫不由乎此矣。”

又曰：“乾四十八而四分之，一分爲陰所剋也。坤四十八而四分之，一分爲所剋之陽也，故乾得三十六，而坤得十二也。”兑離以下更思之。今按，兑離二十八陽二十陰，震二十陽二十八陰，艮坎二十八陰二十陽，巽二十陰二十八陽。

又曰：“乾坤縱而六子橫，《易》之本也。”

又曰：“陽在陰中，陽逆行。陰在陽中，陰逆行。陽在陽中，陰在陰中，則皆順行，此真至之理，按圖可見之矣。”

又曰：“復至乾，凡百一十有二陽，姤至坤，凡八十陽。姤至坤，凡百一十有二陰，復至乾，凡八十陰。”

---

① “小”，《正統道藏》本《皇極經世·觀物外篇》作“少”。
② “是”，底本無，據《正統道藏》本《皇極經世·觀物外篇》及胡本、折中本補。

又曰："坎離者，陰陽之限也，故離當寅，坎當申。而數常踰之者，陰陽之溢也，然用數不過乎中也。"此更宜思。離當卯，坎當酉，但以坤爲子半可見矣。

又曰："先天學，心法也，故圖皆自中起，萬化萬事，生於心也。"

又曰："圖雖無文，吾終日言而未嘗離乎是，蓋天地萬物之理，盡在其中矣。"

帝出乎震，齊乎巽，相見乎離，致役乎坤，説言乎兑，戰乎乾，勞乎坎，成言乎艮。萬物出乎震，震，東方也。齊乎巽，巽，東南也。齊也者，言萬物之絜齊也。離也者，明也，萬物皆相見，南方之卦也。聖人南面而聽天下，嚮明而治，蓋取諸此也。坤也者，地也，萬物皆致養焉，故曰"致役乎坤"。兑，正秋也，萬物之所説也，故曰"説言乎兑"。戰乎乾，乾，西北之卦也，言陰陽相薄也。坎者，水也，正北方之卦也，勞卦也，萬物之所歸也，故曰"勞乎坎"。艮，東北之卦也，萬物之所成終而所成始也，故曰"成言乎艮"。神也者，妙萬物而爲言者也。動萬物者莫疾乎雷，橈萬物者莫疾乎風，燥萬物者莫熯乎火，説萬物者莫説乎澤，潤萬物者莫潤乎水，終萬物始萬物者莫盛乎艮。故水火相逮，雷風不相悖，山澤通氣，然後能變化，既成萬物也。

邵子曰：“此一節明文王八卦也。”

又曰：“至哉！文王之作《易》也，其得天地之用乎！故乾坤交而爲泰，坎離交而爲既濟也。乾生於子，坤生於午，坎終於寅，離終於申，以應天之時也。置乾於西北，退坤於西南，長子用事，而長女代母，坎離得位，而兌艮爲偶，以應地之方也。王者之法文王也。其盡於是矣①。”此言文王改易伏羲卦圖之意也。蓋自乾南坤北而交，則乾北坤南而爲泰矣。自離東坎西而交，則離西坎東而爲既濟矣。乾坤之交者，自其所已成，而反其所由生也。故再變則乾退乎西北，坤退乎西南也。坎離之變者，東自上而西，西自下而東也。故乾坤既退，則離得乾位，而坎得坤位也。震用事者，發生於東方，巽代母者，長養於東南也。

又曰：“易者，一陰一陽之謂也。震兌始交者也，故當朝夕之位。坎離交之極者也，故當子午之位。巽艮不交而陰陽猶雜也，故當用中之偏。乾坤純陽純陰也，故當不用之位也。”

又曰：“兌離巽，得陽之多者也。艮坎震，得陰之多者也。是以爲天地用也。乾極陽，坤極陰，是以不用也。”

又曰：“震兌橫而六卦縱，易之用也。”嘗考此圖而更爲之説，曰：震東兌西者，陽主進，故以長爲先而位乎左。陰主退，故以少爲貴而位乎右也。坎北者，進之中也。離南者，退之中也。男北而女南者，互藏其宅也。四者皆當四方之正位，而爲用事之卦。然震兌始而坎離終，震兌輕而坎離重也。乾西北坤西南者，父母既老而退居不用之地也，然母親而父尊，故坤猶半用而乾全不用也。艮東北巽東南者，少男進之後，而長女退之先，故亦皆不用也。然男未就傅，女將有行，故巽稍向用，而艮全未用也。四者皆居四隅不正之位，然居東者未用，而居西者不復用也。故下文歷舉六子而不數乾坤，至其水火雷風山澤之相偶，則又用伏羲卦云。

---

① “之法”二字，底本無，據《正統道藏》本《皇極經世·觀物外篇》及折中本補。

乾健也，坤順也，震動也，巽入也，坎陷也，離麗也，艮止也，兌説也。

程子曰："凡陽在下者動之象，在中者陷之象，在上止之象。陰在下者入之象，在中者麗之象，在上説之象。"

乾爲馬，坤爲牛，震爲龍，巽爲雞，坎爲豕，離爲雉，艮爲狗，兌爲羊。

此遠取諸物之象。

乾爲首，坤爲腹，震爲足，巽爲股，坎爲耳，離爲目，艮爲手，兌爲口。

此近取諸身之象。

乾，天也，故稱乎父。坤，地也，故稱乎母。震一索而得男，故謂之長男。巽一索而得女，故謂之長女。坎再索而得男，故謂之中男。離再索而得女，故謂之中女。艮三索而得男，故謂之少男。兌三索而得女，故謂之少女。

今按：坤求於乾，得其初九而爲震，故曰"一索而得男"。乾求於坤，得其初六而爲巽，故曰"一索而得女"。坤再求而得乾之九二以爲坎，故曰"再索而得男"。乾再求而得坤之六二以爲離，故曰"再索而得女"。坤三求而得乾之九三以爲艮，故曰"三索而得男"。乾三求而得坤之六三以爲兌，故曰"三索而得女"。

凡此數節，皆文王觀於已成之卦，而推其未明之象以爲説，邵子所謂"後天之學，入用之位"者也。

易學啓蒙卷之三

明蓍策第三

大衍之數五十。

河圖洛書之中數皆五，衍之而各極其數以至於十，則合爲五十矣。河圖積數五十五，其五十者，皆因五而後得，獨五爲五十所因，而自無所因，故虛之，則但爲五十。又五十五之中，其四十者，分爲陰陽老少之數，而其五與十者無所爲，則又以五乘十，以十乘五，而亦皆爲五十矣。洛書積數四十五，而其四十者，散布於外，而分陰陽老少之數，唯五居中而無所爲，則亦自含五數，而并爲五十矣[①]。

其用四十有九。

大衍之數五十，而蓍一根百莖，可當大衍之數者二。故揲蓍之法，取五十莖爲一握，置其一不用，以象太極，而其當用之策，凡四十有九，蓋兩儀體具而未分之象也。

分而爲二以象兩，掛一以象三，揲之以四以象四時，歸奇於扐以象閏，五歲再閏，故再扐而後掛。

掛者，懸於小指之間。揲者，以大指食指間而別之。奇，謂餘數。扐者，扐於中三指之兩間也。蓍凡四十有九，信手中分，

---

① "含"，底本作"合"，據胡本、折中本改。

各置一手，以象兩儀。而掛右手一策於左手小指之間，以象三才。遂以四揲左手之策，以象四時。而歸其餘數於左手第四指間，以象閏。又以四揲右手之策，而再歸其餘數於左手第三指間，以象再閏。五歲之象，掛一一也，揲左二也，扐左三也，揲右四也，扐右五也。是謂一變。其掛扐之數，不五即九。

得五者三，所謂奇也。五除掛一即四，以四約之爲一，故爲奇，即兩儀之陽數也。

得九者一，所謂偶也。九除掛一即八，以四約之爲二，故爲偶，即兩儀之陰數也。

一變之後，除前餘數，復合其見存之策，或四十，或四十四，分掛揲歸如前法，是謂再變。其掛扐者，不四則八。

得四者二，所謂奇也。不去掛一，餘同前義。

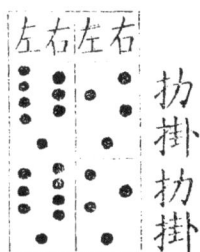

得八者二，所謂偶也。不去掛一，餘同前義。

再變之後，除前兩次餘數，復合其見存之策，或四十，或三十六，或三十二，分掛揲歸如前法，是謂三變。其掛扐者如再變例。

三變既畢，乃合三變，視其掛扐之奇偶，以分所遇陰陽之老少，是謂一爻。

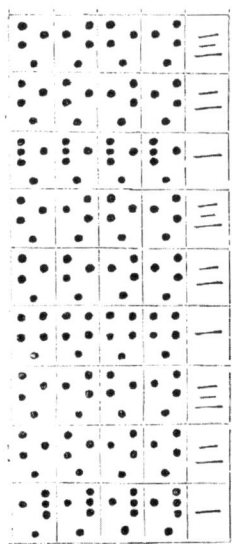

右三奇爲老陽者，凡十有二。掛扐之數十有三，除初掛之一爲十有二，以四約而三分之，爲一者三。一奇象圓而圍三，故三一之中各復有三，而積三三之數則爲九。過揲之數三十有六，以四約之，亦得九焉。掛扐除一，四分四十有八而得其一也。一其十二而三其四也，九之母也。過揲之數，四分四十八而得其三也，三其十二而九其四也，九之子也。

皆徑一而圍三也。即四象太陽居一含九之數也。

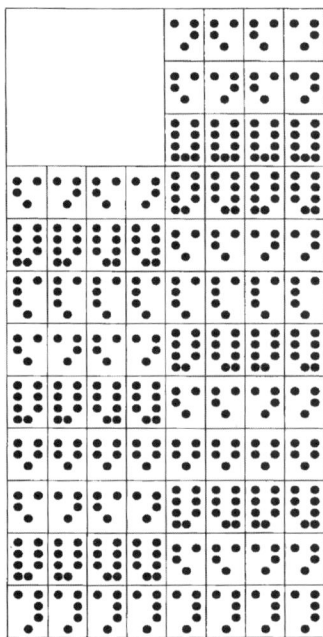

右兩奇一偶，以偶爲主，爲少陰者凡二十有八。掛扐之數十有七，除初掛之一爲十有六，以四約而三分之，爲一者二，爲二者一。一奇象圓而用其全，故二一之中各復有三[①]；二偶象方而用其半，故一二之中復有二焉，而積二三一二之數則爲八[②]。過揲之數三十有二，以四約之，亦得八焉。掛扐除一，四其四也。自一其十二者而進四也，八之母也；過揲之數，八其四也，自三其十二者而退四也，八之子也。即四象少陰居二含八之數也。

右兩偶一奇，以奇爲主，爲少陽者凡二十。掛扐之數二十有一，除初掛之一爲二十，以四約而三分之，爲二者二，爲一者一。二偶象方而用其半，故二二之中各復有二；一奇象圓而用其全，

---

① "二"，底本作"三"，據胡本，折中本改。
② "二偶"，底本作"一偶"，據胡本改。

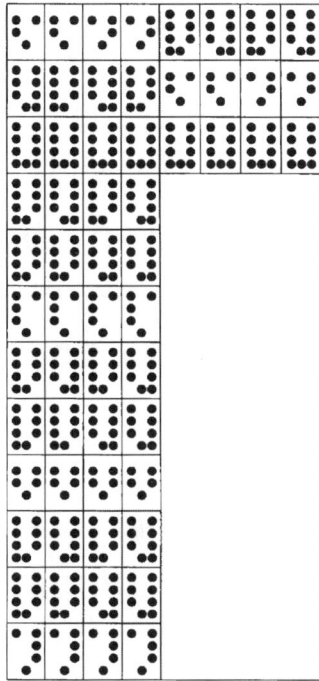

故一一之中，復有三焉，而積二二一三之數則爲七。過揲之數二十有八，以四約之，亦得七焉。掛扐除一，五其四也。自兩其十二者而退四也，七之母也；過揲之數，七其四也，自兩其十二者而進四也，七之子也。即四象少陽居三含七之數也。

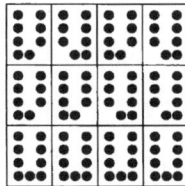

右三偶，爲老陰者四。掛扐之數二十有五，除初掛之一爲二十有四，以四約而三分之，爲二者三。二偶象方而用其半，故三二之中各復有二，而積三二之數則爲六。過揲之數亦二十有四，以四約之，亦得六焉。掛扐除一，六之母也；過揲之數，六之子也。四分四十有八而各得其二也，兩其十二而六其四也，皆圍四而用半也。即四象太陰居四含六之數也。

凡此四者，皆以三變皆掛之法得之，蓋經曰"再扐而後掛"，又曰"四營而成易"，其指甚明。注疏雖不詳説，然劉禹錫所記僧一行、畢中和、顧象之説，亦已備矣。近世諸儒，乃有前一變獨掛，後二變不掛之説。考之於經，乃爲六扐而後掛，不應"五歲再閏"之義，且後兩變又止三營，蓋已誤矣①。且用舊法，則三變之中，又以前一變爲奇，後二變爲偶。奇故其餘五九，偶故其餘四八。餘五九者，五三而九一，亦圍三徑一之義也。餘四八者，四八皆二，亦圍四用半之義也。三變之後，老者陽饒而陰乏，少者陽少而陰多，亦皆有自然之法象焉。蔡元定曰：案五十之蓍，虚一，分二，掛一，揲四，爲奇者三，爲偶者二，是天三地二自然之數。而三揲之變，老陽老陰之數本皆八，合之得十六，陰陽以老爲動，而陰性本静，故以四歸於老陽，此老陰之數所以四，老陽之數所以十二也。少陽少陰之數本皆二十四，合之四十八。陰陽以少爲静，而陽性本動，故以四歸於少陰。此少陽之數所以二十，而少陰之數所以二十八也。《易》用老而不用少，故六十四變所用者十六變②。十六變又以四約之，陽用其三，陰用其一。蓋一奇一偶對待者，陰陽之體；陽三陰一，一饒一乏者，陰陽之用。故四時春夏秋生物，而冬不生物；天地東西南可見，而北不可見；人之瞻視亦前與左右可見，而背不可見也。不然，則以四十九蓍，虚一，分二，掛一，揲四，則爲奇者二，爲偶者二。而老陽得八，老陰得八，少陽得二十四，少陰得二十四，不亦善乎？聖人之智豈不及此，而其取此而不取彼者，誠以陰陽之體數常均，用數則陽三而陰一也。

若用近世之法，則三變之餘，皆爲圍三徑一之義，而無復奇

---

① "三"，底本作"二"，據胡本、折中本改。

② "易"，底本作"陽"，據胡本改。按作"陽"，"陽用老而不用少"，下文並無所謂"陰用"云云與之相對，顯誤。老陽九，老陰六皆爲變爻，爲《易》所用，故謂《易》用老而不用少。"十六"，底本作"十二"，據折中本改。按作"十二"，則顯係上文"易"誤作"陽"，"陽用老而不用少"，老陽則十二變故也。然前後兩"十六變"，似覺重複，故折中本刪其一，僅有一"十六變"，近是。

偶之分。三變之後，爲老陽少陰者皆二十七，爲少陽者九，爲老陰者一，又皆參差不齊，而無復自然之法象，此足以見其説之誤矣。

　至於陰陽老少之所以然者，則請復得而通論之。蓋四十九策，除初掛之一而爲四十八，以四約之爲十二，以十二約之爲四。於其揲之一變也，掛扐之數一其四者爲奇，兩其四者爲偶。其三變也，掛扐之數三其四，一其十二。而過揲之數九其四，三其十二者爲老陽。掛扐過揲之數皆六其四，兩其十二者爲老陰。自老陽之掛扐而增一四，則是四其四也，一其十二而又進一四也。自其過揲者而損一四，則是八其四也，三其十二而損一四也，此所謂少陰者也。自老陰之掛扐而損一四，則是五其四也，兩其十二而去一四也。自其過揲而增一四，則是七其四也，兩其十二而進一四也，此所謂少陽者也。二老者，陰陽之極也。二極之間，相距之數凡十有二，而三分之，自陽之極而進其掛扐，退其過揲，各至於三之一，則爲少陰。自陰之極而退其掛扐，進其過揲，各至於三之一，則爲少陽。老陽居一而含九，故其掛扐十二爲最少，而過揲三十六爲最多。少陰居二而含八，故其掛扐十六爲次少，而過揲三十二爲次多。少陽居三而含七，故其掛扐二十爲稍多，而過揲二十八爲稍少。老陰居四而含六，故其掛扐二十四爲極多，而過揲亦二十四爲極少。蓋陽奇而陰偶，是以掛扐之數，老陽極少，老陰極多，而二少者一進一退而交於中焉，此其以少爲貴者也。陽實而陰虛，是以過揲之數，老陽極多，老陰極少，而二少者亦一進一退而交於中焉，此其以多爲貴者也。凡此不唯陰之與陽，既爲二物，而迭爲消長。而其一物之中，此二端者，又各自爲一物，而迭爲消長，其相與低昂如權衡，其相與判合如符契。固有非人之私智，所能取舍而有無者，而況掛扐之數乃七八九六之原，而過揲之數，乃七八九六之委。其勢又有輕重之不同，而或者乃欲廢置掛扐，而獨以過揲之數爲斷，則是舍本而取末，去約以就煩，而不知其不可也，豈不誤哉①。邵子曰：“五與四四，去掛一之數，則四三十二也。九與八八，去掛一之數，則四六二十四也。五與八八，九與四八，去掛一之數，則四五二十也。九與四四，五與四八，去掛一之數，則四四十六也。故去其三四五六之數，以成九八七六之策。”此之謂也。

一爻已成，再合四十九策，復分掛揲歸以成一變，每三變而成一爻，並如前法。

乾之策，二百一十有六。坤之策，百四十有四，凡三百有六十，當期之日。

乾之策二百一十有六者，積六爻之策各三十六而得之也。坤之策百四十有四者，積六爻之策各二十有四而得之也。凡三百六十者，合二百一十有六，百四十有四而得之也。當期之日者，每月三十日，合十二月，爲三百六十也。蓋以氣言之，則有三百六十六日。以朔言之，則有三百五十四日。今舉氣盈朔虛之中數而言，故曰“三百有六十”也。然少陽之策二十八，積乾六爻之策則一百六十八。少陰之策三十二，積坤六爻之策則一百九十二。此獨以老陰陽之策爲言者，以《易》用九六，不用七八也。然二少之合，亦三百有六十。

二篇之策，萬有一千五百二十，當萬物之數也。

二篇者，上下經六十四卦也。其陽爻百九十二，每爻各三十

---

① “煩”，折中本作“繁”。按《釋名·釋言語》云“煩，繁也”，義同。

六策,積之得六千九百一十二。陰爻百九十二,每爻二十四策,積之得四千六百八,又合二者,爲萬有一千五百二十也。若爲少陽,則每爻二十八策,凡五千三百七十六。少陰則每爻三十二策,凡六千一百四十四,合之亦爲萬一千五百二十也。

是故四營而成易,十有八變而成卦。八卦而小成,引而伸之,觸類而長之,天下之能事畢矣。

四營者,四次經營也。分二者,第一營也。掛一者,第二營也。揲四者,第三營也。歸奇者,第四營也。易,變易也,謂揲之一變也。四營成變,三變成爻。一變而得兩儀之象,再變而得四象之象,三變而得八卦之象。一爻而得兩儀之畫,二爻而得四象之畫,三爻而得八卦之畫,四爻成而得其十六者之一,五爻成而得其三十二者之一,至於積七十二營而成十有八變,則六爻見,而得乎六十四卦之一矣。然方其三十六營而九變也,已得三畫,而八卦之名可見,則内卦之爲貞者立矣,此所謂"八卦而小成"者也。自是而往,引而伸之,又三十六營九變以成三畫,而再得小成之卦者一,則外卦之爲悔者亦備矣①。六爻成,内外卦備,六十四卦之别可見,然後視其爻之變與不變,而觸類以長焉,則天下之事,其吉凶悔吝,皆不越乎此矣。

顯道神德行,是故可與酬酢,可與祐神矣。

道因辭顯,行以數神。酬酢者,言幽明之相應,如賓主之相交也。祐神者,言有以祐助神化之功也。卷内蔡氏説,爲奇者三,爲偶者二。蓋凡初揲,左手餘一餘二餘三皆爲奇,餘四爲偶。至再揲三揲,則餘三者亦爲偶,故曰奇三而偶二也。

---

① "外卦",底本作"外寡",據胡本、折中本改。

易學啟蒙卷之四

考變占第四

乾卦用九:"見群龍无首,吉。"《象》曰:"用九,天德不可爲首也。"

坤卦用六:"利永貞。"《象》曰:"用六永貞,以大終也。"

用九用六者,變卦之凡例也。言凡陽爻皆用九而不用七,陰爻皆用六而不用八。用九故老陽變爲少陰,用六故老陰變爲少陽。不用七八,故少陽少陰不變。獨於乾坤二卦言之者,以其在諸卦之首,又爲純陽純陰之卦也。聖人因繫以辭,使遇乾而六爻皆九,遇坤而六爻皆六者,即此而占之。蓋羣龍无首則陽皆變陰之象,利永貞則陰皆變陽之義也。餘見六爻變例。歐陽子曰:"乾坤之用九用六,何謂也?曰:乾爻七九,坤爻八六,九六變而七八無爲。《易》道占其變,故以其所占者名爻,不謂六爻皆九六也。及其筮也,七八常多,而九六常少,有無九六者焉,此不可以不釋也。六十四卦皆然,特於乾坤見之,則餘可知耳。"愚案:此説發明先儒所未到,最爲有功。其論七八多而九六少,又見當時占法,三變皆掛,如一行説。

凡卦六爻皆不變,則占本卦彖辭,而以内卦爲貞,外卦爲悔。彖辭爲卦下之辭。孔成子筮立衛公子元,遇屯,曰"利建侯"。秦伯伐晉,筮之,遇蠱,曰"貞,風也;其悔,山也"。

一爻變,則以本卦變爻辭占。沙隨程氏曰:"畢萬遇屯之比,初九變也。蔡墨遇乾之同人,九二變也。晉文公遇大有之睽,九三變也。陳敬仲遇觀之否,六四變也。南蒯遇坤之比,六五變也。晉獻公遇歸妹之睽,上六變也。"

二爻變，則以本卦二變爻辭占，仍以上爻爲主。經傳無文，今以例推之，當如此。

三爻變，則占本卦及之卦之彖辭，而以本卦爲貞，之卦爲悔，前十卦主貞，後十卦主悔。凡三爻變者，通二十卦，有圖在後。沙隨程氏曰："晉公子重耳筮得國，遇貞屯悔豫皆八。蓋初與四五凡三爻變也，初與五用九變，四用六變。其不變者二三上，在兩卦皆爲八，故云'皆八'，而司空季子占之曰'皆利建侯'。"

四爻變，則以之卦二不變爻占，仍以下爻爲主。經傳亦無文，今以例推之，當如此。

五爻變，則以之卦不變爻占。穆姜往東宮，筮遇艮之八，史曰："是謂艮之隨。"蓋五爻皆變，唯二得八，故不變也。法宜以"係小子失丈夫"爲占，而史妄引隨之彖辭以對，則非也。

六爻變，則乾坤占二用，餘卦占之卦彖辭。蔡墨曰："乾之坤曰：見羣龍无首吉"，是也。然"羣龍无首"，即坤之"牝馬先迷"也，坤之"利永貞"，即乾之"不言所利"也。

於是一卦可變六十四卦，而四千九十六卦在其中矣，所謂"引而伸之，觸類而長之，天下之能事畢矣"，豈不信哉！今以六十四卦之變，列爲三十二圖。得初卦者，自初而終，自上而下；得末卦者，自終而初，自下而上。變在第三十二卦以前者，占本卦爻之辭，變在第三十二卦以後者，占變卦爻之辭。凡言初終上下者，據圖而言，言第幾卦前後者，從本卦起[①]。

---

① "而言"，底本作"而占"，據胡本、折中本改。

第一圖　乾坤①

乾②

姤　同人　履　小畜　大有　夬

遯　訟　巽　鼎　大過

无妄　家人　離　革

中孚　睽　兌③

大畜　需　大壯④

否　漸　旅　咸

渙　未濟　困

蠱　井　恒

益　噬嗑　隨

賁　既濟　豐

損　節　歸妹　泰⑤

觀　晉　萃

艮　蹇　小過

---

①　"第一圖乾坤"，底本及校本皆無，此爲校者所加，以便省覽查閲。卦象取初終兩卦，以下各圖前序號及卦象並同，不再出校。

②　底本及折中本三十二圖，各圖六十四卦排列位置皆同。按朱子言："得初卦者，自初而終，自上而下；得末卦者，自終而初，自下而上。""以上三十二圖，反復之則爲六十四圖。"則各圖必是呈中心對稱分布，符合此條件者，校本中僅有胡本，底本及折中本則皆有誤置之處。然胡本有補版，第二十一至二十八圖與底本對應部分全同，亦誤。補版部分版心書名、頁數與前後各圖不同，王鐵先生點校《朱子全書·易學啓蒙》與谷繼明先生點校《易學啓蒙通釋 周易本義啓蒙翼傳》皆已指出。二先生皆以胡本爲是，校者亦同意此説法。因底本各圖各卦排列位置全同，爲免校勘記繁瑣，今僅以第一圖爲例，列其異處，餘圖則從略，俾讀者知其底本之原貌。第二十一及二十八圖因各本皆同，今以理校改正，不復出校。

③　底本中孚在无妄下，前空一卦，今據胡本改作空兩卦，其後兩卦睽、兌順延。

④　底本大畜前空一卦，今據胡本改作空三卦，其後兩卦順延。

⑤　底本損前空一卦，今據胡本改作空兩卦，其後三卦順延。

䷃蒙　　䷜坎　　䷧解　　䷭升

䷚頤　　䷂屯　　䷲震　　䷣明夷　䷒臨

䷖剥　䷇比　　䷏豫　　䷎謙　　䷆師　　䷗復

　　　　　　　　　　　　　　　　　　　䷁坤

第二圖　姤復

䷫姤

䷀乾　　䷠遯　　䷅訟　　䷸巽　　䷱鼎　　䷛大過

䷌同人　䷉履　　䷈小畜　䷍大有　䷪夬

　　　　䷋否　　䷴漸　　䷋旅　　䷞咸

　　　　　　　　䷺渙　　䷾未濟　䷮困

　　　　　　　　䷑蠱　　䷯井　　䷟恒

䷘无妄　䷤家人　䷝離　　䷰革

　　　　䷼中孚　䷥睽　　䷹兑

　　　　　　　　䷙大畜　䷄需　　䷡大壯

　　　　䷓觀　　䷢晉　　䷬萃

　　　　　　　　䷳艮　　䷦蹇　　䷽小過

　　　　　　　　䷃蒙　　䷜坎　　䷧解　　䷭升

䷩益　　䷔噬嗑　䷐隨

　　　　䷕賁　　䷾既濟　䷶豐

　　　　䷨損　　䷻節　　䷵歸妹　䷊泰

　　　　䷖剥　　䷇比　　䷏豫　　䷎謙　　䷆師

䷚頤　　䷂屯　　䷲震　　䷣明夷　䷒臨　　䷁坤

　　　　　　　　　　　　　　　　　　　䷗復

第三圖　同人師

☲ 同人

䷠ 遯	䷀ 乾	䷘ 无妄	䷤ 家人	䷝ 離	䷰ 革
䷫ 姤	䷋ 否	䷸ 漸	䷷ 旅	䷞ 咸	
	䷉ 履	䷈ 小畜	䷍ 大有	䷪ 夬	
	䷩ 益	䷔ 噬嗑	䷐ 隨		
	䷕ 賁	䷾ 既濟	䷶ 豐		
䷅ 訟	䷸ 巽	䷱ 鼎	䷛ 大過		
	䷓ 觀	䷢ 晉	䷬ 萃		
	䷳ 艮	䷦ 蹇	䷽ 小過		
	䷨ 中孚	䷥ 睽	䷹ 兌		
	䷙ 大畜	䷄ 需	䷡ 大壯		
	䷚ 頤	䷂ 屯	䷲ 震	䷣ 明夷	
䷺ 渙	䷿ 未濟	䷜ 困			
	䷑ 蠱	䷯ 井	䷟ 恒		
	䷖ 剝	䷇ 比	䷏ 豫	䷎ 謙	
	䷨ 損	䷻ 節	䷵ 歸妹	䷊ 泰	䷗ 復
䷎ 蒙	䷜ 坎	䷧ 解	䷭ 升	䷁ 坤	䷒ 臨
					䷆ 師

第四圖　履謙

☱ 履

䷅ 訟	䷘ 无妄	䷀ 乾	䷼ 中孚	䷥ 睽	䷹ 兌
䷋ 否	䷫ 姤	䷺ 渙	䷿ 未濟	䷜ 困	
	䷌ 同人	䷩ 益	䷔ 噬嗑	䷐ 隨	

		䷈小畜	䷍大有	䷪夬		
			䷨損	䷻節	䷵歸妹	
䷠遯	䷓觀	䷢晉	䷬萃			
	䷸巽	䷱鼎	䷛大過			
		䷃蒙	䷜坎	䷧解		
	䷤家人	䷝離	䷰革			
		䷚頤	䷂屯	䷲震		
		䷙大畜	䷄需	䷡大壯	䷒臨	
䷴漸	䷷旅	䷞咸				
	䷖剝	䷇比	䷏豫			
	䷑蠱	䷯井	䷟恒	䷆師		
	䷕賁	䷾既濟	䷶豐	䷗復	䷊泰	
䷳艮	䷦蹇	䷽小過	䷁坤	䷭升	䷣明夷	
					䷎謙	

第五圖　小畜豫

䷈小畜

䷸巽	䷤家人	䷼中孚	䷀乾	䷙大畜	䷄需
䷴漸	䷺渙	䷫姤	䷑蠱	䷯井	
	䷩益	䷌同人	䷕賁	䷾既濟	
	䷅履	䷨損	䷻節		
	䷍大有	䷪夬	䷊泰		
䷓觀	䷠遯	䷳艮	䷦蹇		
	䷅訟	䷃蒙	䷜坎		
	䷱鼎	䷛大過	䷭升		
	䷘无妄	䷚頤	䷂屯		

　　　　　　離　　革　　明夷
　　　　睽　　兌　　臨　　大壯
　否　剝　比
　　　　旅　　咸　　謙
　　　　未濟　困　　師　　恒
　　　　噬嗑　隨　　復　　豐　　歸妹
　晉　萃　坤　　小過　解　　震
　　　　　　　　　　　　　　　豫

第六圖　大有比

大有

鼎　離　睽　　大畜　乾　　大壯
旅　未濟　蠱　　姤　　恒
　　　噬嗑　賁　　同人　豐
　　　　　　損　　履　　歸妹
　　　　　　小畜　泰　　夬
晉　艮　遯　　小過
　　蒙　訟　　解
　　　　巽　　升　　大過
　　頤　无妄　震
　　　　家人　明夷　革
　　　　中孚　臨　　兌　　需
剝　否　豫
　　漸　謙　　咸
　　渙　師　　困　　井
　　益　復　　隨　　既濟　節

觀　坤　萃　蹇　坎　屯

比

第七圖　夬剝

夬

大過　革　兌　需　大壯　乾

咸　困　井　恒　姤

　　隨　既濟　豐　同人

　　　　節　歸妹　履

　　　　　　泰　小畜　大有

萃　蹇　小過　遯

　　坎　解　訟

　　　　升　巽　鼎

　　坎　震　无妄

　　　　明夷　家人　離

　　　　臨　中孚　睽　大畜

比　豫　否

　　謙　漸　旅

　　師　渙　未濟　蠱

　　復　益　噬嗑　賁　損

坤　觀　晉　艮　蒙　頤

剝

第八圖　遯臨

遯

同人　姤　否　漸　旅　咸

䷀乾　　䷘无妄　　䷤家人　䷝離　　䷰革

　　　　䷅訟　　　䷸巽　　䷱鼎　　䷛大過

　　　　　　　　　䷓觀　　䷢晉　　䷬萃

　　　　　　　　　䷳艮　　䷦蹇　　䷽小過

䷫履　　䷈小畜　　䷍大有　䷪夬

　　　　䷩益　　　䷔噬嗑　䷐隨

　　　　　　　　　䷕賁　　䷾既濟　䷶豐

䷙渙　　䷿未濟　　䷮困

　　　　䷑蠱　　　䷯井　　䷟恒

　　　　　　　　　䷗剝　　䷇比　　䷏豫　　䷎謙

䷚中孚　䷥睽　　　䷹兌

　　　　䷙大畜　　䷄需　　䷡大壯

　　　　　　　　　䷚頤　　䷂屯　　䷲震　　䷣明夷

　　　　　　　　　䷃蒙　　䷜坎　　䷧解　　䷭升　　䷁坤

䷨損　　䷻節　　　䷵歸妹　䷊泰　　䷗復　　䷆師

　　　　　　　　　　　　　　　　　　　　　　　䷒臨

第九圖　訟明夷

䷅訟

䷫履　　䷋否　　　䷫姤　　䷙渙　　䷿未濟　䷮困

䷘无妄　䷀乾　　　䷚中孚　䷥睽　　䷹兌

　　　　䷠遯　　　䷓觀　　䷢晉　　䷬萃

　　　　　　　　　䷸巽　　䷱鼎　　䷛大過

　　　　　　　　　䷃蒙　　䷜坎　　䷧解

䷌同人　䷩益　　　䷔噬嗑　䷐隨

　　　　　　　　　䷈小畜　䷍大有　䷪夬

損　節　　歸妹
漸　旅　咸
剝　比　　豫
蠱　井　恒　師
家人　離　革
頤　屯　震
大畜　需　大壯　臨
艮　蹇　小過　坤　升
賁　既濟　豐　復　泰　謙
明夷

第十圖　巽震

巽

小畜　漸　渙　姤　蠱　井
家人　中孚　乾　大畜　需
觀　遯　艮　蹇
訟　蒙　坎
鼎　大過　升

益　同人　賁　既濟
履　損　節
大有　夬　泰
否　剝　比
旅　咸　謙
未濟　困　師　恒

无妄　頤　屯
離　革　明夷

䷥睽　䷹兌　䷒臨　䷡大壯

䷢晉　䷬萃　䷁坤　䷽小過　䷧解

䷔噬嗑　䷐隨　䷗復　䷶豐　䷵歸妹　䷏豫

䷲震

第十一圖　鼎屯

䷱鼎

䷍大有　䷋旅　䷿未濟　䷑蠱　䷫姤　䷟恒

䷝離　䷥睽　䷙大畜　䷀乾　䷡大壯

䷢晉　䷳艮　䷠遯　䷽小過

䷂蒙　䷅訟　䷧解

䷸巽　䷭升　䷛大過

䷔噬嗑　䷕賁　䷌同人　䷶豐

䷨損　䷉履　䷵歸妹

䷈小畜　䷊泰　䷪夬

䷖剝　䷋否　䷏豫

䷴漸　䷎謙　䷞咸

䷺渙　䷆師　䷮困　䷯井

䷚頤　䷘无妄　䷲震

䷤家人　䷣明夷　䷰革

䷼中孚　䷒臨　䷹兌　䷄需

䷓觀　䷁坤　䷬萃　䷦蹇　䷜坎

䷩益　䷗復　䷐隨　䷾既濟　䷻節　䷇比

䷂屯

第十二圖　大過頤

䷛大過

䷪夬	䷞咸	䷮困	䷯井	䷟恒	䷫姤
䷰革	䷹兌	䷄需	䷡大壯	䷀乾	
	䷬萃	䷦蹇	䷽小過	䷠遯	
		䷜坎	䷧解	䷅訟	
			䷭升	䷸巽	䷱鼎
䷐隨	䷾既濟	䷶豐	䷌同人		
	䷼節	䷵歸妹	䷉履		
		䷊泰	䷈小畜	䷍大有	
	䷇比	䷏豫	䷋否		
		䷎謙	䷴漸	䷷旅	
		䷆師	䷺渙	䷿未濟	䷑蠱
䷂屯	䷲震	䷘无妄			
	䷣明夷	䷤家人	䷝離		
	䷒臨	䷼中孚	䷥睽	䷙大畜	
	䷁坤	䷓觀	䷢晉	䷳艮	䷃蒙
䷗復	䷩益	䷔噬嗑	䷕賁	䷨損	䷖剝
					䷚頤

第十三圖　无妄升

䷘无妄

䷋否	䷉履	䷌同人	䷩益	䷔噬嗑	䷐隨
䷅訟	䷠遯	䷓觀	䷢晉	䷬萃	
	䷀乾	䷼中孚	䷥睽	䷹兌	

家人　　離　　革

頤　　屯　　震

姤　　渙　　困

漸　　旅　　咸

剝　　比　　豫

小畜　大有　夬

損　　節　　歸妹

賁　　既濟　豐　　復

巽　　鼎　　大過

蒙　　坎　　解

艮　　蹇　　小過　坤

大畜　需　　大壯　臨　　明夷

蠱　　井　　恒　　師　　謙　　泰

升

第十四圖　家人解

家人

漸　　小畜　益　　同人　賁　　既濟

巽　　觀　　遯　　艮　　蹇

中孚　乾　　大畜　需

无妄　頤　　屯

離　　革　　明夷

渙　　姤　　蠱　　井

否　　剝　　比

旅　　咸　　謙

履　　損　　節

䷍大有　䷪夬　　䷊泰

䷔噬嗑　䷐隨　　䷗復　　䷶豐

䷄訟　䷃蒙　䷜坎

䷱鼎　䷛大過　䷭升

䷢晉　䷬萃　䷁坤　　䷽小過

䷥睽　䷹兌　䷒臨　　䷡大壯　䷲震

䷿未濟　䷮困　䷆師　䷟恒　　䷏豫　　䷵歸妹

䷧解

第十五圖　離坎

䷝離

䷷旅　䷍大有　䷔噬嗑　䷕賁　　䷌同人　䷶豐

䷱鼎　䷢晉　　䷳艮　　䷠遯　　䷽小過

䷥睽　　䷙大畜　䷀乾　　䷡大壯

䷚頤　　䷘无妄　䷲震

䷤家人　䷣明夷　䷰革

䷿未濟　䷑蠱　䷫姤　䷟恒

䷖剝　䷋否　䷏豫

䷴漸　䷎謙　䷞咸

䷨損　䷉履　䷵歸妹

䷈小畜　䷊泰　䷪夬

䷩益　䷗復　䷐隨　䷾既濟

䷃蒙　䷄訟　䷧解

䷸巽　䷭升　䷛大過

䷓觀　䷁坤　䷬萃　䷦蹇

䷼中孚　䷒臨　䷹兌　䷄需　䷂屯

䷙渙　䷆師　䷅困　䷜井　䷇比　䷻節

　　　　　　　　　　　　　　䷜坎

第十六圖　革蒙

䷰革

䷞咸　䷪夬　䷐隨　䷾既濟　䷶豐　䷌同人

䷛大過　䷬萃　䷦蹇　䷽小過　䷠遯

　　　䷹兌　䷄需　䷡大壯　䷀乾

　　　䷂屯　䷲震　䷘无妄

　　　䷣明夷　䷤家人　䷝離

䷜困　䷯井　䷟恒　䷫姤

　　　䷇比　䷏豫　䷋否

　　　䷎謙　䷴漸　䷷旅

䷻節　䷵歸妹　䷉履

　　　䷊泰　䷈小畜　䷍大有

　　　䷗復　䷩益　䷔噬嗑　䷕賁

䷜坎　䷧解　䷅訟

　　　䷭升　䷸巽　䷱鼎

　　　䷁坤　䷓觀　䷢晉　䷳艮

　　　䷒臨　䷼中孚　䷥睽　䷙大畜　䷚頤

䷆師　䷺渙　䷿未濟　䷑蠱　䷖剝　䷨損

　　　　　　　　　　　　　　　　䷃蒙

第十七圖　中孚小過

䷼中孚

䷺渙　䷩益　䷈小畜　䷉履　䷨損　䷻節

䷓觀	䷸巽	䷅訟	䷃蒙	䷜坎	
	䷤家人	䷘无妄	䷚頤	䷂屯	
		䷀乾	䷙大畜	䷄需	
			䷥睽	䷹兌	䷒臨
䷴漸	䷋否	䷖剝	䷇比		
	䷪姤	䷑蠱	䷯井		
		䷿未濟	䷮困	䷆師	
	䷌同人	䷕賁	䷾既濟		
		䷔噬嗑	䷐隨	䷗復	
		䷍大有	䷪夬	䷊泰	䷵歸妹
䷠遯	䷳艮	䷦蹇			
	䷢晉	䷬萃	䷁坤		
	䷱鼎	䷛大過	䷭升	䷧解	
	䷝離	䷰革	䷣明夷	䷲震	䷡大壯
䷷旅	䷞咸	䷎謙	䷏豫	䷟恒	䷶豐
					䷽小過

第十八圖　睽蹇

䷥睽

䷿未濟	䷔噬嗑	䷍大有	䷨損	䷉履	䷵歸妹
䷢晉	䷱鼎	䷃蒙	䷅訟	䷧解	
	䷝離	䷚頤	䷘无妄	䷲震	
		䷙大畜	䷀乾	䷡大壯	
		䷼中孚	䷒臨	䷹兌	
䷷旅	䷖剝	䷋否	䷏豫		
	䷑蠱	䷪姤	䷟恒		

747

渙　師　困

賁　同人　豐

益　復　隨

小畜　泰　夬　節

艮　遯　小過

觀　坤　萃

巽　升　大過　坎

家人　明夷　革　屯　需

漸　謙　咸　比　井　既濟

蹇

第十九圖　兌艮

兌

困　隨　夬　節　歸妹　履

萃　大過　坎　解　訟

革　屯　震　无妄

需　大壯　乾

臨　中孚　睽

咸　比　豫　否

井　恒　姤

師　渙　未濟

既濟　豐　同人

復　益　噬嗑

泰　小畜　大有　損

蹇　小過　遯

坤　觀　晉

䷭升　　䷸巽　　䷱鼎　　䷃蒙

䷣明夷　䷤家人　䷝離　　䷚頤　　䷙大畜

䷎謙　　䷴漸　　䷐旅　　䷖剝　　䷑蠱　　䷕賁

　　　　　　　　　　　　　　　　　　　䷳艮

第二十圖　大畜萃

䷙大畜

䷑蠱　　䷕賁　　䷨損　　䷍大有　䷈小畜　䷊泰

䷳艮　　䷃蒙　　䷱鼎　　䷸巽　　䷭升

　　　　䷚頤　　䷝離　　䷤家人　䷣明夷

　　　　　　　䷥睽　　䷼中孚　䷒臨

　　　　　　　　　　　䷀乾　　䷡大壯　䷄需

䷖剝　　䷐旅　　䷴漸　　䷎謙

　　　　䷕未濟　䷺渙　　䷆師

　　　　　　　䷫姤　　䷟恒　　䷯井

　　　　䷔噬嗑　䷩益　　䷗復

　　　　　　　䷌同人　䷶豐　　䷾既濟

　　　　　　　䷉履　　䷵歸妹　䷻節　　䷪夬

䷢晉　　䷓觀　　䷁坤

　　　　䷠遯　　䷽小過　䷦蹇

　　　　䷅訟　　䷧解　　䷜坎　　䷛大過

　　　　䷘无妄　䷲震　　䷂屯　　䷰革　　䷹兌

䷋否　　䷏豫　　䷇比　　䷞咸　　䷮困　　䷐隨

　　　　　　　　　　　　　　　　　　　䷬萃

第二十一圖　需晉

䷄需

井	既濟	節	夬	泰	小畜
蹇	坎	大過	升	巽	
	屯	革	明夷	家人	
		兌	臨	中孚	
		大壯	乾	大畜	
比	咸	謙	漸		
	困	師	渙		
		恒	姤	蠱	
	隨	復	益		
		豐	同人	賁	
		歸妹	履	損	大有
萃	坤	觀			
	小過	遯	艮		
	解	訟	蒙	鼎	
	震	无妄	頤	離	暌
豫	否	剝	旅	未濟	噬嗑
					晉

第二十二圖　大壯觀

䷡大壯

恒	豐	歸妹	泰	夬	大有
小過	解	升	大過	鼎	
	震	明夷	革	離	

　　　　　　臨　　兌　　睽
　　　　　　　　　需　　大畜　乾
豫　謙　咸　旅
　　師　困　未濟
　　　井　蠱　姤
　　復　隨　噬嗑
　　　既濟　賁　同人
　　　節　損　履　小畜
坤　萃　晉
　　蹇　艮　遯
　　坎　蒙　訟　巽
　　屯　頤　无妄　家人　中孚
比　剝　否　漸　渙　益
　　　　　　　　觀

第二十三圖　否泰

否

无妄　訟　遯　觀　晉　萃
履　同人　益　噬嗑　隨
　　姤　渙　未濟　困
　　漸　旅　咸
　　剝　比　豫

乾　中孚　睽　兌
　　家人　離　革
　　頤　屯　震
　　巽　鼎　大過

　　　　　　　　䷃蒙　䷜坎　䷧解
　　　　　　　　䷳艮　䷦蹇　䷽小過　䷁坤
　　䷈小畜　䷍大有　䷪夬
　　　　　　　　䷨損　䷻節　䷵歸妹
　　　　　　　　䷕賁　䷾既濟　䷶豐　䷗復
　　　　　　　　䷑蠱　䷯井　䷟恒　䷆師　䷏謙
　　䷙大畜　䷄需　䷡大壯　䷒臨　䷣明夷　䷭升
　　　　　　　　　　　　　　　　　　　　䷊泰

第二十四圖　漸歸妹

䷴漸
䷤家人　䷸巽　䷀觀　䷠遯　䷳艮　䷦蹇
䷈小畜　䷩益　䷌同人　䷕賁　䷾既濟
　　　　䷺渙　䷫姤　䷑蠱　䷯井
　　　　　　　䷋否　䷖剝　䷇比
　　　　　　　䷷旅　䷠咸　䷏謙
䷼中孚　䷀乾　䷙大畜　䷄需
　　　　䷘无妄　䷚頤　䷂屯
　　　　　　　䷝離　䷰革　䷣明夷
　　　　䷅訟　䷃蒙　䷜坎
　　　　　　　䷱鼎　䷛大過　䷭升
　　　　　　　䷢晉　䷬萃　䷁坤　䷽小過
䷊履　䷨損　䷻節
　　　　䷍大有　䷪夬　䷊泰
　　　　䷔噬嗑　䷐隨　䷗復　䷶豐
　　　　䷿未濟　䷮困　䷆師　䷟恒　䷏豫

䷥睽	䷹兑	䷒臨	䷡大壯	䷲震	䷧解
					䷵歸妹

第二十五圖　旅節

䷷旅

䷝離	䷱鼎	䷢晉	䷳艮	䷠遯	䷽小過
䷍大有	䷔噬嗑	䷕賁	䷌同人	䷶豐	
	䷿未濟	䷑蠱	䷫姤	䷟恒	
		䷖剥	䷋否	䷏豫	
			䷴漸	䷎謙	䷞咸
䷥睽	䷙大畜	䷀乾	䷡大壯		
	䷚頤	䷘无妄	䷲震		
		䷤家人	䷣明夷	䷰革	
	䷃蒙	䷅訟	䷧解		
		䷸巽	䷭升	䷛大過	
		䷓觀	䷁坤	䷬萃	䷦蹇
䷨損	䷉履	䷵歸妹			
	䷈小畜	䷊泰	䷪夬		
	䷩益	䷗復	䷐隨	䷾既濟	
	䷺渙	䷆師	䷮困	䷯井	䷇比
䷼中孚	䷒臨	䷹兑	䷄需	䷂屯	䷜坎
					䷻節

第二十六圖　咸損

䷞咸

䷰革	䷛大過	䷬萃	䷦蹇	䷽小過	䷠遯

䷪夬	䷐隨	䷾既濟	䷶豐	䷌同人	
	䷮困	䷯井	䷟恒	䷫姤	
		䷇比	䷏豫	䷋否	
			䷎謙	䷴漸	䷷旅
䷹兌	䷚需	䷡大壯	䷀乾		
	䷂屯	䷲震	䷘无妄		
		䷣明夷	䷤家人	䷝離	
	䷜坎	䷧解	䷅訟		
		䷭升	䷸巽	䷱鼎	
		䷁坤	䷓觀	䷢晉	䷖艮
䷻節	䷵歸妹	䷥履			
	䷊泰	䷈小畜	䷍大有		
	䷗復	䷩益	䷔噬嗑	䷚賁	
	䷆師	䷺渙	䷿未濟	䷑蠱	䷖剝
䷒臨	䷼中孚	䷥睽	䷙大畜	䷚頤	䷃蒙
					䷨損

第二十七圖　渙豐

䷺渙

䷺中孚	䷓觀	䷸巽	䷅訟	䷃蒙	䷜坎
䷩益	䷈小畜	䷥履	䷨損	䷻節	
	䷴漸	䷋否	䷖剝	䷇比	
	䷫姤	䷑蠱	䷯井		
	䷿未濟	䷮困	䷆師		
䷤家人	䷘无妄	䷚頤	䷂屯		
	䷀乾	䷙大畜	䷚需		

		坤睽	兌	臨
遯	艮	塞		
		晉	萃	坤
		鼎	大過	升	解

同人	賁	既濟
噬嗑	隨	復
大有	夬	泰	歸妹
旅	咸	謙	豫	恒
離	革	明夷	震	大壯	小過
					豐

第二十八圖　未濟既濟

未濟

睽	晉	鼎	蒙	訟	解
噬嗑	大有	損	履	歸妹	
		旅	剝	否	豫
		蠱	姤	恒	
		渙	師	困	

離	頤	无妄	震
	大畜	乾	大壯
	中孚	臨	兌
艮	遯	小過	
	觀	坤	萃
	巽	升	大過	坎

賁	同人	豐
	益	復	隨

	䷈小畜	䷊泰	䷪夬	䷻節	
	䷴漸	䷎謙	䷞咸	䷇比	䷯井
䷤家人	䷣明夷	䷰革	䷂屯	䷄需	䷦蹇
					䷾既濟

第二十九圖　困賁

䷮困					
䷹兑	䷬萃	䷛大過	䷜坎	䷧解	䷅訟
䷐隨	䷪夬	䷻節	䷵歸妹	䷉履	
	䷞咸	䷇比	䷏豫	䷋否	
		䷯井	䷟恒	䷫姤	
			䷆師	䷺涣	䷿未濟
䷰革	䷂屯	䷲震	䷘无妄		
	䷄需	䷡大壯	䷀乾		
		䷒臨	䷼中孚	䷥睽	
	䷦蹇	䷽小過	䷠遯		
		䷁坤	䷓觀	䷢晉	
		䷭升	䷸巽	䷱鼎	䷃蒙
䷾既濟	䷶豐	䷌同人			
	䷗復	䷩益	䷔噬嗑		
	䷊泰	䷈小畜	䷍大有	䷨損	
	䷎謙	䷴漸	䷷旅	䷖剥	䷑蠱
䷣明夷	䷤家人	䷝離	䷚頤	䷙大畜	䷳艮
					䷕賁

第三十圖　蠱隨

䷑蠱

䷙大畜	䷳艮	䷃蒙	䷱鼎	䷸巽	䷭升
䷕賁	䷨損	䷍大有	䷈小畜	䷊泰	
	䷖剝	䷄旅	䷸漸	䷎謙	
		䷿未濟	䷺渙	䷆師	
			䷫姤	䷟恒	䷯井
䷚頤	䷝離	䷤家人	䷣明夷		
	䷥睽	䷽中孚	䷒臨		
		䷀乾	䷡大壯	䷄需	
	䷢晉	䷓觀	䷁坤		
		䷠遯	䷽小過	䷦蹇	
		䷅訟	䷧解	䷜坎	䷛大過
䷔噬嗑	䷩益	䷗復			
	䷌同人	䷶豐	䷾既濟		
	䷉履	䷵歸妹	䷺節	䷪夬	
	䷋否	䷏豫	䷇比	䷞咸	䷮困
䷘无妄	䷲震	䷂屯	䷰革	䷹兌	䷬萃
					䷐隨

第三十一圖　井噬嗑

䷯井

䷄需	䷦蹇	䷜坎	䷛大過	䷭升	䷸巽
䷾既濟	䷺節	䷪夬	䷊泰	䷈小畜	
	䷇比	䷞咸	䷎謙	䷸漸	

		䷢困	䷆師	䷺渙	
			䷟恒	䷫姤	䷑蠱

䷂屯	䷰革	䷣明夷	䷤家人		
	䷹兌	䷒臨	䷥中孚		
		䷡大壯	䷀乾	䷙大畜	
	䷬萃	䷁坤	䷓觀		
		䷽小過	䷠遯	䷳艮	
		䷧解	䷅訟	䷃蒙	䷱鼎

䷐隨	䷗復	䷩益			
	䷶豐	䷌同人	䷲賁		
	䷵歸妹	䷉履	䷨損	䷍大有	
	䷏豫	䷋否	䷖剝	䷷旅	䷿未濟
䷲震	䷘无妄	䷚頤	䷝離	䷥暌	䷢晉
					䷔噬嗑

第三十二圖　恒益

䷟恒

䷡大壯	䷽小過	䷧解	䷭升	䷡大過	䷱鼎
䷶豐	䷵歸妹	䷊泰	䷪夬	䷍大有	
	䷏豫	䷎謙	䷞咸	䷷旅	
		䷆師	䷜困	䷿未濟	
		䷯井	䷑蠱	䷫姤	

䷲震	䷣明夷	䷰革	䷝離		
	䷒臨	䷹兌	䷥暌		
	䷗需	䷙大畜	䷀乾		
	䷁坤	䷬萃	䷢晉		

		蹇	艮	遯	
		坎	蒙	訟	巽
復	隨	噬嗑			
		既濟	賁	同人	
		節	損	履	小畜
		比	剥	否	漸	渙
屯	頤	无妄	家人	中孚	觀
					益

　以上三十二圖,反復之則爲六十四圖。圖以一卦爲主,而各具六十四卦,凡四千九十六卦,與焦贛《易林》合。然其條理精密,則有先儒所未發者,覽者詳之。

附録一　筮儀[①]

擇地潔處爲蓍室,南户,置牀于室中央。牀大約長五尺,廣三尺,毋太近壁。蓍五十莖,韜以纁帛,貯以皂囊,納之櫝中,置于牀北。櫝以竹筒,或堅木,或布漆爲之,圓徑三寸,如蓍之長,半爲底,半爲蓋,下别爲臺函之,使不偃仆。設木格于櫝南,居牀二分之北。格以横木版爲之,高一尺,長竟牀,當中爲兩大刻,相距一尺,大刻之西爲三小刻,相距各五寸許,下施横足,側立案上。置香爐一于格南,香合一于爐南,日炷香致敬。將筮,則灑掃拂拭,滌硯一,注水,及筆一、墨一、黄漆版一,于爐東,東上。筮者齋潔衣冠,北向,盥手焚香致敬。筮者北向,見《儀禮》。若使人筮,則主人焚香畢,少退,北向立。筮者進,立于牀前少西,南向受命。主人直述所占之事,筮者許諾。主人右還,西向立;筮者右還,北向立。兩手奉櫝蓋,置于格南爐北,出蓍于櫝,去囊解韜,置于櫝東。合五十策,兩手執之,熏于爐上。此後所用蓍策之數,其説並見《啓蒙》。命之曰:"假爾泰筮有常,假爾泰筮有常,某官姓名,今以某事云云,未知可否。爰質所疑于神于靈,吉凶得失,悔吝憂虞,惟爾有神,尚明告之。"

乃以右手取其一策,反于櫝中,而以左右手中分四十九策,置格之左右兩大刻。此第一營,所謂"分而爲二以象兩"者也。次以左手取左大刻之策執之,而以右手取右大刻之一策,掛于左手之小指間。此第二營,所謂"掛一以象三"者也。次以右手四揲左手之策。此第三營之半,所謂"揲之以四以象四時"者也。次歸其所餘之策,或一,或二,或

① 此據宋咸淳元年吴革刻《周易本義》所附《筮儀》爲底本整理而成,異體字徑改不出校。

三,或四,而扐之左手無名指間。此第四營之半,所謂"歸奇于扐以象閏"者也。次以右手反過揲之策于左大刻,遂取右大刻之策執之,而以左手四揲之。此第三營之半。次歸其所餘之策如前,而扐之左手中指之間。此第四營之半,所謂"再扐"以象"再閏"者也。一變所餘之策,左一則右必三,左二則右亦二,左三則右必一,左四則右亦四。通掛一之策,不五則九。五以一其四而爲奇,九以兩其四而爲偶,奇者三而偶者一也。次以右手反過揲之策于右大刻,而合左手一掛二扐之策,置于格上第一小刻。以東爲上,後放此。是爲一變。

再以兩手取左右大刻之蓍合之。或四十四策,或四十策。復四營,如第一變之儀,而置其掛扐之策于格上第二小刻,是爲二變。二變所餘之策,左一則右必二,左二則右必一,左三則右必四,左四則右必三。通掛一之策,不四則八,四以一其四而爲奇,八以兩其四而爲偶,奇偶各得四之二焉。

又再取左右大刻之蓍合之。或四十策,或三十六策,或三十二策。復四營如第二變之儀,而置其掛扐之策于格上第三小刻,是爲三變。三變餘策與二變同。

三變既畢,乃視其三變所得掛扐過揲之策,而畫其爻于版。掛扐之數,五四爲奇,九八爲偶。掛扐三奇,合十三策,則過揲三十六策而爲老陽,其畫爲□,所謂重也;掛扐兩奇一偶,合十七策,則過揲三十二策而爲少陰,其畫爲□,所謂拆也;掛扐兩偶一奇,合二十一策,則過揲二十八策而爲少陽,其畫爲□,所謂單也①;掛扐三偶,合二十五策,則過揲二十四策而爲老陰,其書爲×,所謂交也。如是每三變而成爻。第一、第四、第七、第十、第十三、第十六,凡六變並同。但第二變以下不命,而但用四十九蓍耳②。第二、第五、第八、第十一、第十四、第十七,凡六變亦同。第三、第六、第九、第十二、第十五、第十八,凡六變亦同。

---

① "而爲",底本作"所謂",據明永樂十三年内府刻本《周易傳義大全》改。
② "二",底本作"三",據明永樂十三年内府刻本《周易傳義大全》改。

　　凡十有八變而成卦，乃考其卦之變，而占其事之吉凶。卦變別有圖，說見《啓蒙》。禮畢，韜蓍襲之以囊，入櫝加蓋，斂筆硯墨版，再焚香致敬而退。如使人筮，則主人焚香，揖筮者而退。

附録二　周易五贊[①]

原　象

　　太一肇判，陰降陽升。陽一以施，陰兩而承。惟皇昊羲，仰觀俯察。奇偶旣陳，兩儀斯設。旣幹乃支，一各生兩。陰陽交錯，以立四象。奇加以奇，曰陽之陽。奇而加偶，陽陰以章。偶而加奇，陰内陽外。偶復加偶，陰與陰會。兩一旣分，一復生兩。三才在目，八卦指掌。奇奇而奇，初一曰乾。奇奇而偶，兌次二焉。奇偶而奇，次三曰離。奇偶而偶，四震以隨。偶奇而奇，巽居次五。偶奇而偶，坎六斯睹。偶偶而奇，艮居次七。偶偶而偶，八坤以畢。初畫爲儀，中畫爲像。上畫卦成，人文斯朗。因而重之，一貞八悔。六十四卦，由内達外。交易爲體，往此來彼。變易爲用，時静而動。降帝而王，傳夏歷商。有占無文，民用弗章。文王繫象，周公繫爻。視此八卦，二純六交。乃乾斯父，乃坤斯母。震坎艮男，巽離兌女。離南坎北，震東兌西。乾坤艮巽，位以四維。建官立師，命曰《周易》。孔聖贊之，是爲《十翼》。遭秦弗燼，及宋而明。邵傳羲畫，程演周經。象陳數列，言盡理

　　① 此亦據宋咸淳元年吳革刻《周易本義》所附《周易五贊》爲底本整理而成。按今所見《周易五贊》多附於《周易本義》後，王懋竑《朱子年譜》據朱熹《與吕子約書》謂："《易五贊》元附《啓蒙》後，而編集者多遺之。"《朱子語類》卷六十七有"敬之問《啓蒙》理定旣實，事來尚虚"云云，正見《周易五贊·警學》。今采王氏之說，附《周易五贊》於後，以備讀者參考。

得。彌億萬年，永著常式。

述　旨

　　昔在上古，世質民淳。是非莫別，利害不分。風氣既開，乃
生聖人。聰明睿智，出類超羣。仰觀俯察，始畫奇偶。教之卜
筮，以斷可否。作爲君師，開鑿户牖。民用不迷，以有常守。降
及中古，世變風移。淳漓質喪，民僞日滋。穆穆文王，身蒙大難。
安土樂天，惟世之患。乃本卦義，繫此彖辭。爰及周公，六爻是
資。因事設教，丁寧詳密。必中必正，乃亨乃吉。語子惟孝，語
臣則忠。鉤深闡微，如日之中。爰暨末流，淫于術數。僂句成
欺，黄裳亦誤。大哉孔子，晚好是書。韋編既絶，八索以袪。乃
作象象，《十翼》之篇。專用義理，發揮經言。居省象辭，動察變
占。存亡進退，陟降飛潛。曰毫曰釐，匪差匪繆。加我數年，庶
無大咎。恭惟三古，四聖一心。垂象炳明，千載是臨。惟是學
者，不本其初。文辭象數，或肆或拘。嗟予小子，既微且陋。鑽
仰没身，奚測奚究。匪警滋荒，匪識滋漏。維用存疑，敢曰垂後。

明　筮

　　倚數之元，參天兩地。衍而極之，五十乃備。是曰大衍，虚
一無爲。其爲用者，四十九蓍。信手平分，置右於几。取右一
蓍，掛左小指。乃以右手，揲左之策。四四之餘，歸之于扐。初
扐左手，無名指間。右策左揲，將指是安。再扐之奇，通掛之算，
不五則九，是謂一變。置此掛扐，再用存策。分掛扐歸，復準前

式。三亦如之,奇皆四八。三變既備,數斯可察。數之可察,其辨伊何。四五爲少,八九爲多。三少爲九,是曰老陽。三多爲六,老陰是當。一少兩多,少陽之七。孰八少陰,少兩多一。既得初爻,復合前蓍。四十有九,如前之爲。三變一爻,通十八變,六爻發揮,卦體可見。老極而變,少守其常。六爻皆守,象辭是當。變視其爻,兩兼首尾。變及三爻,占兩卦體。或四或五,視彼所存。四二五一,二分一專。皆變而他,新成舊毀。消息盈虛,捨此視彼。乾占用九,坤占用六。泰愕匪人,姤喜來復。

稽　類

八卦之象,《説卦》詳焉。考之於經,其用弗專。象以情言,象以象告。惟是之求,斯得其要。乾健天行,坤順地從。震動爲雷,巽入木風。坎險水泉,亦雲亦雨。離麗文明,電日而火。艮止爲山,兑説爲澤。以是舉之,其要斯得。凡卦六虛,奇偶殊位。奇陽偶陰,各以其類。得位爲正,二五爲中。二臣五君,初始上終。貞悔體分,爻以位應。陰陽相求,乃得其正。凡陽斯淑,君子居之。凡陰斯慝,小人是爲。常可類求,變非例測。非常曷變,謹此爲則。

警　學

讀《易》之法,先正其心。肅容端席,有翼其臨。于卦于爻,如筮斯得。假彼象辭,爲我儀則。字從其訓,句逆其情。事因其理,意適其平。曰否曰臧,如目斯見。曰止曰行,如足斯踐。毋寬以略，毋密以窮。毋固而可，毋必而通。平易從容，自表而裏。及其貫之，萬事一理。理定既實，事來尚虛。用應始有，體該本無。稽實待虛，存體應用。執古御今，由静制動。潔静精微，是之謂《易》。體之在我，動有常吉。在昔程氏，繼周紹孔。奥旨宏綱，星陳極拱。惟斯未啓，以俟後人。小子狂簡，敢述而申之①。

---

① “之”字，明永樂間内府刊《性理大全書》卷七十無。按平水韻，“人”“申”同屬上平十一真韻，依韻觀之，當以無“之”爲是。

附録三　胡一桂周易本義啓蒙翼傳序①

　　朱子於《易》有《本義》,有《啓蒙》。其書則古經,其訓解則主卜筮,所以發明四聖人作經之初旨。至於專論卦畫蓍策,則《本圖書》以首之,《考變占》以終之,所以開啓蒙昧而爲讀《本義》之階梯,大抵皆《易經》之傳也。先君子懼愚不敏,既爲《啓蒙通釋》以誨之。愚不量淺陋,復爲《本義附録纂疏》以承先志。今重加增纂之餘,又成《翼傳》四篇者,誠以去朱子纔百餘年,而承學浸失其真。如圖書已釐正矣,復仍劉牧之謬者有之;《本義》已復古矣,復循王弼之亂者有之;卜筮之教炳如丹矣,復祖尚玄旨者又有之。若是者,詎容於得已也哉。故日月、圖書之象數明,天地自然之《易》彰矣;卦爻、《十翼》之經傳分,羲、文、周、孔之《易》辨矣。夏、商、周之《易》雖殊,而所主同於卜筮。古《易》之變復雖艱,而今終不可逾於古傳授。傳注雖紛紛不一,而專主理義。曷若卜筮上推理義之爲實夫! 然後舉要以發其義,而辭、變、象、占尤所當講明。筮以稽其法,而《左傳》諸書皆所當備;辨疑以審其是,而河圖、洛書當務爲急。凡此者,固將以羽翼朱子之《易》,由朱子之《易》以參透夫羲、文、周、孔之《易》也。若夫《易緯》《焦》《京》《玄》《虚》,以至《經世皇極内篇》等作,自邵子專用先天卦外,餘皆《易》之支流餘裔。苟知其概,則其列諸《外篇》固宜。而朱子之《易》卓然不可及者,又可見矣。抑又有説,朱子嘗曰:

---

① 據日本内閣文庫所藏元刻本《周易本義啓蒙翼傳》録文。

"《易》只是卜筮之書，本非以設教。"然今凡讀一卦一爻，便如筮斯得觀象玩辭、觀變玩占，而又求其理之所以然者，施之身心、家國、天下，皆有所用，方爲善讀。是故於乾坤當識君臣父母之分，於咸、恒當識夫婦之別，於震、坎、艮、巽、離、兌當識長幼之序，於麗澤兌當識朋友之講習。以至謹言語、節飲食，當有得於頤；懲忿窒慾、遷善改過，當有得於損、益；不諂不瀆，以謹上下之交，安其身而後動，易其心而後語，定其交而後求，以爲全身之道，當有得於《大傳》。即此而推，隨讀而受用焉，是則君平依孝依忠之微意也。雖曰端策而筮，其根底所在，亦何以尚此。請申之。

皇慶癸丑歲一陽來復之日，新安後學胡一桂庭芳父序。

增注周易神應六親百章
海底眼

〔宋〕王　鼐　撰
〔宋〕何　侁　重編
趙爲亮　點校

【題解】

《增注周易神應六親百章海底眼》前集一卷後集一卷（簡稱《海底眼》），宋臨川王鼒撰，杭都何侅重編，錢塘徐大升校正。

楊士奇等編《文淵閣書目》著錄《海底眼》一部一册，楊士奇《東里集續集》卷二十則作王鼒《易卦海底眼》。高儒《百川書志》作《海底眼》二卷，宋臨川王大鼎撰。朱睦㮮《萬卷堂書目》作《海底眼》一卷。黄虞稷《千頃堂書目》、錢大昕《元史藝文志》及魏源《元史新編》並作王鼒《易卦海底眼》，不注卷數。《鐵琴銅劍樓藏書目錄》作《周易神應六親百章海底眼》二卷，影鈔元本。分卷有一卷兩卷之别，書名亦殊，《宋史·藝文志》著錄有《通玄海底眼》一卷，注云不知作者，未知與本書是否爲同一書，已不可考。

關於本書的作者，據卷端列名，王鼒，字大鼎，宋江南西路臨川（今江西撫州）人；何侅，字信亨，杭都（今杭州）人；徐大升，字進之，錢塘人。《海底眼》書前有何侅序，作於“淳祐甲辰仲春既望”，則是書當成於宋理宗淳祐四年（1244）前後，此三人當爲宋末人，生平事跡不詳。《海底眼》書中有“王曰”“何曰”，王蓋即王鼒，何即何侅。

《海底眼》是闡述纳甲筮法著作中存世较早、保存较爲完備的一種。其書多採用四言或七言韻語的形式，總括一節大義，然後再加以進一步解説，前集言納甲筮法的基本理論，後集則爲卜筮的具體事項。較重六親，不雜神煞，專用五行盛衰生克制化論事之吉凶，頗爲近理。其書對明清时納甲著作的出現與發展有重要影響，被《卜筮全書》《斷易天機》《斷易大全》《卜筮正宗》等多種著作收録和引用。

《海底眼》一書，現存最早版本爲元刻本，爲稽瑞樓主人陳揆舊藏，今藏上海圖書館。郭立暄先生所撰《中華再造善本總目提要金元編·海底眼提要》，認爲此書爲書坊發行的占卜術數書，較爲近實，書中多雜異體俗字。此本所存較爲完整，僅書首書尾有數頁殘闕。其中書首何佚序僅存末頁，書末除《四時空亡》一節有闕文外，據原刻本目錄，尚有《六親用鈐》一節，此本闕。元刻本裏面有收藏者批注，有墨批，也有朱批，唯不知批於何時。其中眉批價值不大，其正文批注則有頗具價值者。其書朱批尚易辨別，不影響底部文字，有的墨批則直接覆蓋原字之上，大概收藏者以爲原字訛誤，批注其所認爲正確者，多致原作何字無法辨別。

《海底眼》所存除元刻本外，國家圖書館尚藏有清抄本兩部，題名皆作《增注周易神應六親百章海底眼》（簡稱清抄本）。其本行款、字體、存闕（卷首《六親雜例》節例外）均與元刻本相同，蓋即抄自元刻本。其中一抄本有“鐵琴銅劍樓”鈐印，此本即《鐵琴銅劍樓藏書目錄》所云“影鈔元本”。另一抄本書中有“莐圃收藏”印一枚，蓋爲吳興張乃熊藏書。兩抄本文字全同，惟一區別僅是鐵琴銅劍樓藏本有豎欄，而張藏本無。

清抄本雖抄自元刻本，但亦不完全相同。如書前《六親雜例》一節，元刻本則無，似爲抄者所補；又如何佚序“泥鬼爲禍，不可執迷子爲福”之“福”字，元刻本殘泐，僅存“示”旁上部，清抄本則作“福”，不知是清抄本據意而補，抑或抄寫之時，元刻本尚不殘。元本殘泐而清抄本獨有，全書僅此一處，或清抄本所據即是上圖藏本，而非另外一部元本。清抄本亦有抄錯之處，如《兄弟類》節“賭撲田塍”，將“撲”抄作“樸”之類，賭撲乃宋元時一種博彩遊戲。不過清抄本無批注，保留了元刻本被批注遮蓋而無法辨別的文字，自有其獨特價值。

元刻本與清抄本爲同一系統，我們可稱之爲元本系統。除此以外，《海底眼》尚有另一種傳本。其書題作《卜易秘訣海底眼》二卷（簡稱秘訣本），亦是清抄本，卷首列名"逸客斗南陸位校輯，錢塘學海樓主人鄭觀卿詳注"。秘訣本與元本系統有相同的部分，大概占五分之四左右，但各節分類和排列次序又有所不同。秘訣本文字訛誤較多，有的地方極其明顯，讀來頗爲費力，加其分類過於瑣細混亂，不及元本一系善。兩個版本即使相同的部分，文字也略有差異，保留了一些有價值的異文，可以校正元本的訛誤，或者兩存其文。本次點校雖不全盤照錄，亦多有採納，列之校勘記中。

本次點校整理，以元刻本爲底本，通校清抄本、秘訣本，並且參考《斷易天機》《斷易大全》等引用《海底眼》的著作，擇善而從。點校過程中，因底本爲坊間刻本，多存異體俗字，徑改不出校。如有不知，或付闕如，以待知者；或兩存其文，以備讀者參考。此外，本次點校還參考了閔兆才先生點校的《卜筮全書 附易冒、海底眼》（華齡出版社 2019 年版，簡稱閔校本），閔校本對於底本缺失殘泐的部分，多有補齊，頗具參考價值。

目　録

何伓序①

泥鬼爲禍,不可執迷子爲福②。萬物□時,豈可一途而取③。但以先定六親,□後配其輕重④。愚自幼學《易》,壯參卜□,尋師訪道,深愛占法,聞者無不相見,聽之無不欽從⑤。偶因湖山訪友,遇一高人,傳授六親秘訣,得其真趣。今因閒暇,條敘紀綱,減擇徑捷,立爲卷首。

歲在淳祐甲辰仲春既望,雙童何伓謹敘。

---

① 標題爲整理者所加,此序殘缺,僅存末頁,據以整理。

② "爲福",底本殘泐,"爲"字存上部,尚可辨認,"福"字存左部"示"旁,據清抄本補。

③ "□",底本缺一字,閔校本補"趨"字。

④ "□",底本殘泐,閔校本補"然"字。

⑤ "□",底本殘泐,閔校本補"法"字。按底本及清抄本存"竹"頭上部,缺兩點,疑當爲"筮"字。

增注周易神應六親百章海底眼前集

易　道

古聖遺書不可輕，留傳今日顯其情。

雖然易理無窮極，也要人心自曉明。

王曰：故《易》云："生生之謂易，成象之謂乾，效法之謂坤，極數知來之謂占，變通之謂事，陰陽不測之謂神。"《易》有爻象，壬有神煞。京房不知《易》道，亂留神煞，以誤後人，不可以煞用之。

易道無窮達理深，何勞物外去求神。

萬法本來歸一體，還將自己內明人。

王曰：《注鏡》云：正統大義，後學難明①。物有萬類，事有千門。達理者尋其捷徑，愚昧者枝葉千篇，自古迄今，本從乎一②。後人不知其理，胡取胡求。有以五鄉二十五變、六爻互體，有以移宮換宮，有以切充切變，有以六神吉凶諸煞，有以生世克世，有以四營空衝並刑。因此往往不知捷徑，亂説經典而不驗也。

何曰：祖師者，乃晉朝逸士無惑先生王鄯，字子路，乃漢上人也。自晉離亂竄命，穴居三十餘載。幸宋東興，遂展其《易》道，引而伸之，廣迫薰蕕，已資教道。愚冥機《易》理，志在安民。近

---

① "注鏡"，秘訣本作"易鏡"，按《宋史·藝文志》有"中條山道士王鄯《易鏡》三卷"，又有"無惑先生《易鏡正經》二卷"，秘訣本作"易鏡"可從。

② "篇"，秘訣本作"端"。

代儒生恣其欺詐，不窮聖課，炫耀虛詞。或一言而仵中，便持博顯神祇，縱一時之苟約，隳萬代之芳儀。赫赫市朝，憒憒悟物，悲哉！痛哉！生靈何負，萬古難憑。《易》本口傳，不立文字，可見世人不稟事條，自爲常例。今則條敘紀綱，集成六親占法，學者審而行之，不須他慮，但究斯文，熟假令之句度，故留晚進，至於後陳。

六　親

六親占法少人知，不離元宮五嚮推。

動變虧盈隨本卦，日月生扶取克期。

王曰：六親者，乃八卦之主也。凡類事爻，只取本宮爲實，一宮管八卦，共六十四卦，皆先看元屬某卦，然後論之①。

何曰：假令以乾宮一卦爲例，餘皆做此。

■父母　壬戌　土

■兄弟　壬申　金

■官鬼　壬午　火

■父母　甲辰　土

■妻財　甲寅　木

■子孫　甲子　水

世爲我之主，應爲彼，本宮爲卦直符。四時分向背，日直取克生衝合，出現取刑墓空亡②。又云：用爻伏是我，爻上飛是彼。

---

① “共”，底本無，據秘訣本補。“某”，底本作“其”，據秘訣本改。

② “直”，秘訣本作“辰”。

有動看動爻，安静看有氣爻。若占官司、疾病，如六爻安静，先看世下伏爻因何而得。

旺　相

生扶旺相合成吉，空併衝刑克墓凶[①]。

但隨日月循環用，八卦分明掌握中。

何曰：旺相爲有氣，休囚爲無氣。

春：木旺，火相，水金土休囚死。

夏：火旺，土相，木水休囚，六月金亦旺。

秋：金旺，水相，土火木休囚死。

冬：水旺，木相，金土火休囚死。

陽日陽爻用同爲扶，陰日陽爻用爲併，無氣旺相亦爲扶。

木爻，亥日爲長生。金爻，巳日爲長生。火爻，寅日爲長生。水爻，申日爲長生。

動静去來有真假，吉凶彼我有疏親。

旺相生扶爲發用，死囚衝併是虚囚。

王曰：春無土，夏無金水，秋無木，冬無火。要日生出方吉，凡受克亦不能生。如午日豫卦，占財，辰在卯下之類。若旺相脱氣生合即吉[②]。

旺相用爻衝必發，休囚衝散脱疏空。

或見飛神如克動，有氣無生亦不中。

---

① "成"，秘訣本作"爲"。

② "脱"，秘訣本作"有"。

何曰:用爻旺相日辰衝者,其爻發出應速。用爻休囚日辰衝者,其爻已散了也。若用爻動旺相,被飛爻克,如無日辰生出扶出,亦不中。

空　亡

四時胎絕臨今日,便是空亡莫亂更。

只求旺相爻生克,自然凶吉事分明。

王曰:若占財,縱生亦輕微,財可得。用爻受克,縱遇日生亦無。且如以木爲財,在火爻下,故木生火爲脱氣,卻要水生木爻。

四時旺相不爲空,日辰生助亦相同。

旬内二爻休定論,内有空亡事卻中。

何曰:春不空於寅卯巳午之類。或日辰長生,或扶出,或生出,雖在六甲空亡之内,切不可論,只取有氣。

旺相空亡過一旬,囚死空亡必不成。

應上空亡宜改托,世落空亡事未萌。

何曰:凡占其事,若遇空亡,而旺相無刑克,須過一旬方可成就。

用爻最怕立時空,吉不能成凶不凶。

春土夏金秋是木,冬天巳午莫相逢。

何曰:用爻怕時空,乃春土、夏金、秋木、冬火是也[1]。凡占事,吉不能吉,凶不能凶。

---

[1]　"秋"字,底本原無,然底本又於"金木"二字左側行間補批一"秋"字,或爲收藏者所加(下文底本上所補所改者同,不再注釋),近是,今據補原文。

刑　克

若見用爻生得地，無克無刑方有氣。

不入時空與併衝，日辰扶助皆如意。

王曰：若傍爻立用，不可動，動則紛争，而難用爻。日辰生用合用，利再用吉①。

何曰：動爻克得静爻，静爻克不得動爻，動爻急。日辰克得卦爻，卦爻克不得日辰，日辰急。旺相克得休囚爻，休囚克不得旺相爻，旺相急。世爻旺相能借用，休囚不能借飛神。飛爻動旺相，克世凶。凡用爻遭飛神所克，不動者須要日辰旺生出，衝去飛②。無氣之日不能生。有動者在克下，日旺生出亦可取。且如占妻病，申日得比之坤，五爻動，癸亥伏在戊戌下，動本不好，卻得日辰長生救出，死中得生也。

五行立用看當時，扶事生身所作宜。

世應相生人漸順，若逢刑克事皆遲。

王曰：凡旺爻乃得時，日辰不能刑克，作事百吉③。若休囚死，日辰能克滯，如伏在生下，遇生合方吉，主遲④。

寅刑巳上巳刑申，子卯逢之無禮星。

---

①　底本於"爻日"二字左側行間補批一"得"字，"得"當屬下，作"得日辰生用合用"，意益明確，不加亦可。

②　"去"，底本原作"出"，清抄本亦作"出"，後底本"出"字被劃掉，於其上方添一"去"字，今從據改。

③　"辰"字，底本原無，然底本又於"日不"二字右側行間補批一"辰"字。按依下文"日辰能克"，知前文亦當有，今據補。"百"，秘訣本作"亦"。

④　"在生"之"生"，底本於其上紅字批注"飛"字。

墓刑不動生淹滯,亥辰午酉自相刑。

墓者,滯也,刑者,損也。凡用爻出現,方可取刑,伏下不可取。

六　合

辰日合酉午合未,亥日寅爻六合神。

旺相長生皆可順,財厚婚姻便結親。

何曰:《易》云:"日月合生從吉説,支神刑克作凶陳。"①

飛　伏

伏克飛神爲出暴,飛生伏下得長生。

卦見伏生飛是脱,用遭飛克事難行②。

何曰:飛生伏用爻,旺相爲得生,日辰生合出。伏用克飛爻爲出暴,要日扶生三六合出。飛克伏爲克殺,日辰旺生有救,或引出取。伏生飛爻爲脱散,要旺相日辰生扶出。飛伏比和,旺則有救。休囚爲刑,無氣。

用爻出現,行人歸,逃亡回,生産當養,求事見頭緒,占財有。忌日辰刑衝克事爻,元無更無氣。行人逃者不歸,生産不收,求事無頭緒,占財不實。

傍求敲象察飛神,克應隨宮配六親。

---

① 按此"易"或爲"易鏡"。
② "用",底本於其上朱批"伏"字。按下文"何曰"文,皆是解釋此詩,由"飛克伏爲克殺"一句觀之,似以作"伏"是。

將本謁人須用靜,脫貨占來動是真①。

何曰:六爻飛上取傍通克應,用爻須是本卦六親。如謁人,要用爻不動有氣。日辰透出或動,不在家。若用在墓動,或應動,人欲出,可速見。

宜用爻不動:

將本營運,放債抽拈。買物停塌,賭鬭撼錢。圖謀赴試,見任官員。上書投謁,守舊常占。娶妻買婢,屋宅墳田。住庵謁人,失物埋冤。用爻宜靜,有氣爲先。

宜用爻動吉:

取索措借,討書請客。生産求歸,脫貨贖解。官員待次,散事散災。改易敍職,告劄干求。行人遠信,出外遷居。脫詐失約,動者無虛。

日　辰

占卦先須究日辰,日辰衝戰不堪親。

若見合生當喜悅,更須輕重卦中因。

王曰:日爲君主,故云:“日時最急,歲月猶賖。”日者日辰,時者時令,歲者太歲,月者卦中月卦也。

世　應

應動托人心易變,身動生憂自不寧。

---

① “本”,秘訣本作“來”。“來”,秘訣本作“求”。

若是用爻居有氣,旺相扶持可速成①。

何曰:身動有憂事,旺見磨折,費力而成,故身爲我之門户也。雖宜動,占出行,若世下鬼發、財發,亦不吉也。應動事變,不可托人。用爻有氣,須是改求,或自去理會吉。

世應相克

宅墓高低産子難,病多進退往行艱。

婚姻有疑逃者近,詞訟留連主繫關。

王曰:用與世爻相克者是。

何曰:凡世應相克,縱然好事,也須費力。

世應當中隔爻

世應當中兩間爻,發動所求多阻隔。

假饒有氣事分明,必見忉忉方始得②。

王曰:凡世應中間兩爻爲中人,不可動,動則有隔③。

何曰:兄弟動,主脱詐口舌;官鬼動,主人事見隔④。占婚爲媒人,占生産爲老娘,占事爲阻節⑤。種田爲農夫,占家宅爲鄰里。

---

① "有氣",底本原作何字已不可辨別,其上以黑字覆蓋批注"有氣"二字,清抄本作"此下",蓋底本亦作"此下"。按由下文"用爻有氣"一句觀之,當是,據改。

② "忉忉",秘訣本作"切切"。

③ "應中"之"中"字,底本原無,然底本又於"應兩"二字右側行間補批一"中"字。按此處非謂世爻與應爻兩爻,依前詩"世應當中兩間爻,發動所求多阻隔",明是世爻與應爻中間兩爻,當有"中"字。秘訣本作"中間"亦可,今據補。

④ "見",底本作"鬼",據秘訣本改。

⑤ "人",底本無,據秘訣本補。

八純重動

八純重動爻叢雜，於中考論加臨法。

木財金鬼土爲兄，水子火印消詳納。

王曰：若重動輕，更看伏爻[①]。乾伏坤，坎伏離，震伏巽，艮伏兌例。

獨　發

本卦一爻如發動，一爻之變可相扶。

更將日上分生克，始知神應出虛無。

王曰：凡一爻動，重主過去，交主未來。若變爻旺相可用，休囚只看本卦六親。

何曰：一爻動可變，傍宮一爻動不可變，只看六親。占陰晴可借取。

亂　動

亂動休將變上尋，只求親上取其真。

審擇用爻何位發，旺相生扶始有因。

王曰：傍宮一爻動，交使本卦，重用六親，分旺相、論輕重言之。

---

① "輕"，秘訣本無。

何曰:六爻亂動,事緒難明,兩爻三爻至六爻動,切不可看變,只取旺相有情者急,更宜仔細言之。

生氣　死氣　日衝　月破

生氣動兮謀往吉,死氣發時病訟凶。

日衝飛上伏爻出,月破爻神所事空。

何曰:生氣者,謂如占文書,旺相出現,或官爻有氣,發動能生父母。死氣者,謂如占病、官司,動爻旺相,克其世身也,謂之死氣。日衝者,謂如占財,財爻伏在無氣爻下,卻得日辰衝去飛爻,其財有也①。月破者,憂者散,病者死,事不成,財氣無。蓋用爻被月建之衝也,有生氣而可再理會。月破爲白虎神,爲解神,爲耗散神,爲破敗神。若爻出現,日辰不克衝,如生世者,亦可有望。

五鄉有無②

五行無者先憂説,無鬼憂官事落空。

結婚買婢成諸事,卦中無子闇重重。

何曰:《易》云:六位既能成,無者先憂説。求喜合之事,而六爻元無子孫,謂之無喜也。

---

① "無氣爻",底本作"無氣之",據秘訣本改。

② "五",底本及清抄本皆作"王",形近而訛,據底本目録改。

各宮不一,單折分之①

男　女

男女包含少正形,須審前爻後卦情②。

陰變陽宮爲男子,陽變陰宮是女人。

欲辨家親與外鄰,鬼臨世應現爲親。

陰宮若見陽官鬼,不是鄉鄰即外人③。

奴婢外人財作用,弟兄同事察同爻。

貴官夫主詳官鬼,父母尊親印綬敲。

何曰:陰宮變陽宮爲男,陽宮變陰宮爲女。動爻亦可取之。

十類神

水爻　冬旺生木

亥子江河雨露池,虞衡鹽酒井溝危④。

奸邪不正並湯散,聰謀智慢事成遲。

乃北方悔朔三更之象,爲五十中之一也。

---

① "各",底本及清抄本皆作"坎",底本"坎"上有墨批"各"字,閔校本改作"八"字,亦可通,然不如作"各","各"與"坎"形稍近,據墨批改。"折",疑當作"拆",重交單拆,錢卜之名。

② "正",秘訣本作"壯"。

③ "官",底本原作何字已不可辨別,其上以黑字覆蓋批注"官"字,清抄本作"干"。秘訣本作"官",據改。"即",底本作"取",據秘訣本改。

④ "危",底本於其右側補批"渠"字。按作"危"合韻,作"渠"不合韻,"危"謂危宿,乃北方玄武七宿之一,今不從墨批所改。

太虛《周易》，雨露江河。壬癸玄武，井穴溝危。醜陋魚鱉，什物冬衣。虞衡鹽酒，恐懼哀悲。粟豆松柳，北道行堤。黑鹹水女，湯散扶持。奸邪不正，瀉冷精遺。恒聽分龠，耳腎①腰衰。聰謀智慢，事事成遲②。

火爻　夏旺生土

巳午星飛閃電神，祖宗先聖竈焚營。

口言明哲官詞牒，膏末瘡痍眼目心。

乃南方望明日中之象，明兩作離③。

公孝神聖，閃電星烈。丙丁朱雀，温燠暑熱。焚營爐竈，有禮明哲。宗廟先祖，宮觀詞牒。文章二禮，羽翼口説。膏末炙烙，眼目心血。尖細微小，勞死冤結。緊急性燥，情美歡悦。

木爻　春旺生火

寅卯風雷山草木，仁慈寬厚舟橋屋。

皮毛手足廟家神，肝膽腥酸主驚哭。

乃東方日出，上弦之象，始分三才，天地人現。

內翰禁庭，風雷恭肅。甲乙青龍，山川草木。仁慈寬厚，《毛詩》語録。東方八數，舟車橋屋。相貌長大，四肢手足。肝膽腥酸，小兒驚哭。家神廟宇，麟角象屬。泰嶽棺槨，妖怪林麓。

---

① “腎”，秘訣本作“腎”。

② “玄”，底本原作何字已不可辨別，其上以黑字覆蓋批注“玄”字，清抄本作“亥”，底本或亦作“亥”。按北方爲玄武，亥則居西北，不合北方水之意，又下節《火爻》有“丙丁朱雀”語，知此當爲“壬癸玄武”，二字形近而訛，據改。“危”，底本原作何字已不可辨別，其上以黑字覆蓋批注“渠”字，清抄本作“危”，底本或亦作“危”，妄改作“渠”，今不從，據清抄本改回“危”字，義同上條校記。“腎”，清抄本作“腎”。

③ “兩”，底本於其上以黑字覆蓋批注“亮”字，然其下字尚可辨認爲“兩”字，清抄本亦作“兩”。按“明兩作離”，蓋取離卦大象文，今不從墨批所改，據清抄本改回“兩”字。

金爻　秋旺生水

申酉金刀省部軍，重權差職義兵刑。

僧尼道行邪魔願，頭眉氣嗽髮丹針。

乃西方日入，下弦之象，而爲四象。

三光明照，方正康寧。庚辛白虎，斗丈金刀。《尚書》《左傳》，省部軍營。重權差職，剛義兵刑。華峰害刃，李麥行程。僧道口願，辣白丹針。肺氣漱喘，骸骨肢筋。眉舌頭腦，毛髮傷身。邪魅橫死，羶臭凶嗔。

土爻　夏旺生金

土地城隍北禁庭，塚墳田野霧砂雲。

師巫卜藥符元子，嘔逆皮膚腹肚鳴。

乃中央戊己之象，而爲五行之主。

睿聖老人，砂石雲霧。土地城隍，壽命君主。守令監官，文章詩賦。嵩洛高崗，北庭州府。嬴物山園，固守大路。思慮牢獄，田野墳墓。貨卜師巫，店業鋪户。甜匾黃褐，倉場庫務。脾胃皮膚，腫脹腹肚。符藥元子，時疫嘔吐。

父母類

父母尊長文書吏，印授衣服轎車船。

契約本事勞心力，天地墳墓屋田園[①]。

天地蓋載，日月星辰。父母伯叔，田土墳塋。尊長貨殖，旌

---

① “約”，底本原作何字已不可辨別，其上以黑字覆蓋批注“約”字，清抄本作“納”，蓋據下文“文書契約，嘔逆勞心”一句改，今從據改。

旗光明。舟車橋轎，軍壘州營。園圃草木，網罟帶繩。兵戈屋宇，牛馬飛鳴。衣服桌凳，期信額名。文榜曉示，交易行程。文書契約，嘔逆勞心。見解學問，容止詞說。文章印綬，官職事業。圖籍號令，差劄敕牒。

故《易》云："方以類聚，物以羣分。"_{獨發主憂疑，旺相可求文書。}

子孫類

福符僧道尼師貴，緝捕醫藥閑漁僧[①]。

皮毛六畜象牙珠，犀角電雪枕玳瑁。

子息鈍訥，生養魚蟲。喜慶雪晴，霽色長空。景風瑞物，持載酒肉。毛甲頭髮，禽獸狗畜。玳瑁珠犀，童稚閑福。師巫捕執，符藥醫卜。道路稱意，人口欽伏。器皿光華，僧道林麓。内行誠實，逍遥退禄。救神正直，空田井峪。

占病爲醫藥，占失爲捕人，占事爲傷官。_{旺相可求財。}

妻財類

妻妾使下及奴婢，飲食財同色信禮。

氣象風雲雨禄來，貨物受用倉爲美[②]。

妻妾財寶，四肢骨脈。什物受用，廚竈毀拆。產業庫務，精神氣色。飲食乳奶，菜蔬米麥。奴婢娼妓，不孝妨克。無學慵

---

① "符"，秘訣本作"德"。

② "禄"，秘訣本作"露"。

懶,泉源雨澤。吏役勢力,瓦礫神宅[①]。理度理直,請給俸禄。肥大妍美,豬羊伏匿。

占買賣爲財,占詞爲理,占婚爲妝奩,占人口爲奴婢,占文書爲鬼賊破事人。爲財爻不伏鬼下,乘旺獨發,三分得一。

官鬼類

官鬼神邪病祟盗,失物輸嗔災夢憂。

雷閃主人廳殿貴,溝渠獄穴制身愁[②]。

官鬼事貴,君主職清。江河溝渠,固密不明。公庭東道,災害傷身。鬼祟凶禍,市肆極刑[③]。嫌疑憎妒,屍骸魂靈。疾病瘡癤,怪夢憂驚。怨謗狡詐,賊盗讎人。丈夫奉佛,敕額遷升。破損不堪,輸竄競□[④]。霜冰雷電,怪異風嗔。

爲官司失脱,憂慮災病事,獨發主病災、損失。

兄弟類

兄弟姊妹及同類,口舌貪淫氣妒生。

好賭失信欲無禮,不正窮醜亂相侵。

---

① “勢”,秘訣本作“勞”。

② “穴”,秘訣本作“居”。

③ “極”,秘訣本作“招”。

④ “輸”,底本字上方有墨批“偷”字,可參。“□”,底本及清抄本皆殘泐,存上部“𠂉”形。按底本蓋元時坊間刻本,多存異體俗字,“爭”則刻作“争”,下節《兄弟類》“争鬥衆人”、《官鬼變》“交加争競鬼相干”皆是,疑此處當爲“争”字,又與上文“清”“明”等合韻。

兄弟昆仲，同居親情。門缺豎立，墻壁圊縈。克妻害婢，賭撲田塍。般唆口舌，爭鬪衆人。同事同類，朋友近鄰。無禮失信，損氣傷神。沐浴孔竅，肘腋撐擎。糞壤臭腐，瘦弱身貧。舒融嫉妒，姊妹貪淫①。傷財私用，霧露風雲。

爲口舌幹用，非禮不正之事。爲虛爻獨發難憑，不然，事可改用。

以上五類，分於六爻內消息，禍福匹配，相刑相克，衝破空亡，偶合吉凶，可仔細推之。

六親爻用

得用者，乃四時之用爻乘旺是也，林先生云：“不但只以乘旺爲用爻，交動亦是。”

父母用

父母當頭克子孫，病人無藥主沉昏。

親姻子息應難得，買賣勞心利不存。

觀望行人書信動，論官下狀理先分②。

士人科舉彰金榜，失物逃亡要訴論③。

子孫用

子孫發用傷官鬼，占病求醫身便痊。

行人買賣身康泰，婚姻喜美是姻緣。

產婦當生子易養，詞訴空論事不全。

---

① “舒融”，底本字上方有墨批“觝觸”字，可參。
② “論”，秘訣本作“訟”。
③ “彰”，秘訣本作“登”。

謁貴無官休進用，守舊常占可自然①。

妻財用

財爻立用克文書，應舉求官總是虛。

買賣交關財利合，親成如意樂無虞。

行人在外身欲動，産婦求神易免除。

失物靜安家未出，病者傷脾腹胃虛。

兄弟用

兄弟同人先克財，患人占者氣衰災②。

應舉雷同文不一，若是常占尚破財。

有害虛詞應帶衆，出路行人身未來③。

貨物經商消折本，買婢求妻事不諧。

官鬼用

官鬼從來克兄弟，婚姻未就生疑滯。

病困門庭禍祟纏，更改動身皆不利。

出外逃亡定見災，詞訟傷身有囚繫。

買賣財輕賭鬪輸，失物難尋多暗昧。

六親爻變

父母變

父化父兮文不實，舉事艱難事非一。

---

① “無”，秘訣本作“求”。

② “患人占者氣衰災”，秘訣本作“病人占者恐悲哀”。

③ “有害虛詞應帶衆”，秘訣本作“見官虛詞應累衆”。

父化子爻宜退散，縱然憂病還爲吉。

父化同人多口舌，用求宛轉須重疊。

父化財爻交易利，家長不寧求事拙。

父化官爻家損失，求官必得遷高職。

卦無父母事無頭，更在休囚空費力。卦中無父母，占事未舉，方欲求圖。若伏在兄弟，名脱氣，須得日辰旺生扶之吉。

子孫變

子化子爻陰小凶，舉訟興官理不同。

子化官爻防禍患，占疾憂疑總不中。

子化父爻憂産婦，無中生有多頭緒。

子化兄爻事不全，脱詐人情疑莫去。子化爲官，妻占夫，主僧道還俗，占訟先慢後緊。

妻財變

子化財爻好望財，財化財爻婦主災。

財化官爻防走失，財化文書用可諧。

財化兄爻財少成，相知脱賺勿交親。

財化子爻宜守舊，托用人情不一心①。

兄弟變

兄化兄爻家不足，兄化財爻財番復②。

兄化官爻休下狀，占病難醫須見哭。

兄化文書利改求，人情後喜主先憂。

兄化子爻憂可散，望者行人信有投。

---

① "宜守舊"，秘訣本作"官事散"。
② "番"，秘訣本作"反"，可通。

占訟必輸，占病無醫，占身進退，官事退散[①]。

官鬼變

官化官兮病未安，見貴求官事總難。

官化文書官未順，交加爭競鬼相干。

官化子兮憂自除，常占小口必災諸[②]。

官化兄兮朋友詐，委托人心不似初。

官化財兮財自得，賭撲爭籌卻主輸。

卦中無鬼休謀事，官員難見事空虛。

---

① 按此句底本及清抄本皆作大字正文，此非七字句，依上文數節例，當爲雙行注文，姑存底本之舊，附識於此。

② “常”，秘訣本作“若”。

增注周易六親百章海底眼後集

占潛虛

坐方立物皆成卦，看其爻發在何時。

潛虛本逐心生起，自然神悟泄天機。

凡坐方立物，飛禽走獸，雲雨風雷，金石絲竹，而皆成卦。且如鴉從西南來，便爲坤卦①。看何時辰，如子午用初爻，丑未二爻，寅申三爻，卯酉四爻，辰戌五爻，巳亥六爻。以別內外，自然知吉凶之理。一字一物，皆可成卦，字數畫物，取五行消息。

占來情

卦中多者取來情，或向空亡無處尋。

又看世爻衝克處，於中一事破來心。

五鄉衝克取來情爻：

衝克父母

衝印契劄及尊長，屋宅墳野與田園。

又取文章並應舉，產業車轎共舟船②。

---

① “南”，底本無，據秘訣本補，按後天八卦坤爲西南。
② “章”，秘訣本作“書”。

衝克兄弟

衝兄争鬭與貪淫，不若克財口舌臨。

切恐妻災防破散，相知嫉妒是同人。

衝克子孫

衝福瑞物及醫藥，七寶貴人寺觀塔。

僧尼佛像所欲生，六畜皮毛與筋角。

衝克妻財

衝克非妻是占財，鋪店絲綿買物來。

或有陰人成合事，金銀銅鐵器和釵。

衝克官鬼

衝克非鬼即求官，更有訟事祟相連。

又或走失兼賊盜，莫把爻中一例言。

此法雖論卦中多者取，看有氣無氣言之，看卦中雖有多者，若臨無氣之月，即不用也①。

---

① 自此以下，底本頁面錯亂，《續修四庫全書》影印之《海底眼》與底本錯亂同，二者同出自上海圖書館所藏元刻本，則原本裝訂似存在問題，非影印時裝訂錯亂。因本次點校底本選用《中華再造善本》影印之《海底眼》，其書無頁碼，各頁版心亦不見頁碼，不易描述。今以《續修四庫全書》本爲例，將四六二頁下欄左下與右下部分，移至四六四頁上下兩欄之間即可，其餘頁不動。清抄本尚不誤，茲並依移動後之頁面整理，下不贅言，讀者詳之。

占應舉①

應舉求官問後先，官旺文書有氣前。

火作文章如直事，月建扶官作狀元。

以文書爻爲主，要文書持世，無刑克太歲。占身亦作狀元。

父母文書是棟梁，推明旺相細鋪張。

官鬼試官題目事，子孫如錦不榮昌②。

兄弟雷同難上榜，妻財美論豈高強。

父化父兮多雜犯，父化官兮意不長。

凡占試，以鬼爻爲主，看伏在何爻下，要日辰生扶合出③。且如春未日，占剥卦。官在文書下，有氣，日辰合出，主試中④。赴詔、面君、干堂⑤。宜鬼旺出現，忌墓藏動發，不順艱難。待次遷除。宜鬼旺出現或動發。赴上忌動發，墓藏安靜未除⑥。求職請判。宜官鬼父母出現，忌動發。在任。宜鬼靜，鬼發有動，子出有替。

---

① “占應舉”，底本及清抄本作黑底空白兩格，底本上有墨批兩“應舉”，觀空白處所缺文字，當爲三字，墨批右側誤矣。按右側空格當爲“占”字，左側空格當爲“應舉”二字，今據刻本目録補“占應舉”三字。

② “不”，秘訣本作“子”。

③ “何”，底本及清抄本皆殘泐，無從辨别，秘訣本作“何”字，據補。

④ “在”，底本及清抄本皆殘泐，無從辨别，明萬曆二十五年書林鄭氏雲齋刻本徐紹錦校正《新鍥纂集諸家全書大成斷易天機》卷五（下引皆此版本）及秘訣本皆作“在”，據補。閔校本補“伏”字，亦可通。

⑤ “堂”，底本及清抄本皆殘泐，上部存“⺍”，下部存“土”，中間缺，徐紹錦校正《斷易天機》及秘訣本皆作“堂”，據補。

⑥ “赴”，徐紹錦校正《斷易天機》作“卦”。“未”，《斷易天機》作“才”，疑是。

占文書

見貴求謀問立身，文書不動應時成。

財動文書空費力，子動傷官事不亨。

事見兩爻須再用，官多宛轉恐艱生。

最要日辰生合助，知音處處得前程。

若六爻中，只一爻動最急，兄弟動，事不實難成。若文書與貴人，俱卦中元無，不入卦，其事亦難成。出現有氣，可速圖。怕落空，《易》云："動爻急如火，次急落空亡。"官與文書要旺相，亦要持世，可成。應爻不克，事體分明。乾兌坎宮，謀事不一。見官用動，其人多出，縱見亦生嗔。

占求財物

占財旺相喜持世，出現生扶可乘勢。

脫貨求財要用興，開店交關安者利。

月破空亡未可憑，飛爻克制徒留意。

若求爭鬭撼錢財，但看財生命者是。

以妻財爻爲主，世空不妨。旅需鼎困豫家人，初見難，終可遂意。凡脫貨，宜動。若開張放債，營運抽拈，停塌賭鬭，撼錢索欠取覓，皆宜静。要財爻旺相，日神生扶，福德直旺相，動亦可有財[①]。凡財爻出現旺相者，日克之便有。日神旺相，財卻不要克

---

① "直"，清抄本作"宜"。

也。若財在伏下，日神衝散飛爻，其財必有。且如寅日卜得風雷
益，討錢，其日便有。蓋日辰_{財墓中也，辛未財出}①。

占博戲

博戲求財財是本，子孫出現世臨之。
更乘旺相無刑克，管取歌歡稱意歸。
世應見鬼應爻克，縱有財神也是輸。
福德休囚遭陷伏，往求空去下工夫。
間爻動，衝撞多；兄弟動，多鬧；官財動，必輸。

占送物

送物與人宜世動，財爻不發去留之。
世應並興歡喜受，續得他家物惠歸。

占養蠶

子爲蠶命宜安静，財爲收斂要扶持。
鬼爻父動重還賽，兄弟爻興一半虧。
子孫木火蠶成繭，申酉扶之盡白彊②。

---

① “財墓中也，辛未財出”一句，底本及清抄本皆作雙行小注，疑此當是正文，不然，“蓋日辰”三字義未盡也。

② “白”，底本原作何字已不可辨別，其上以黑字覆蓋批注“白”字，清抄本作“自”。清末錦章圖書局石印本余興國編輯《卜筮源流斷易大全》（簡稱《斷易大全》，下引皆此本）引此亦作“白”，據改。

亥子二神眠濕死，如逢四土半遭傷①。

巳午爻爲鹽命，但子孫旺相有氣，靜者大收，要水火之爻出現，乘土些少。

占耕種②

農人卜問今年歲，財旺福興收十倍③。

鬼現神祇願未還，父動有害無生氣。

水動多霖火旱枯，木動今春桑葉貴。

土動傷蟲更有災，金動切防官訟至。

占失物

失物未知何物色，先向財爻伏下尋。

財爻不動宜尋覓，鬼現家親見外人④。

妻財在內不出屋，子旺還須禱告親。

應動物藏方變轉，亂發遺亡失不明。

以應爻爲主，財爲物，鬼爲賊。出現最急，傍爻爲次。凡財出現，在五爻之下，不動可見。若伏在下，其物隱藏，須要日辰生扶出可見。

---

① “神”，底本其上以黑字覆蓋批注“爻”字，余興國《斷易大全》引此作“辰”。

② “占”後，底本及清抄本皆有“求”字，據底本原刻目錄删。

③ “十”，底本原作何字已不可辨別，其上以黑字覆蓋批注“十”字，秘訣本亦作“十”，清抄本作“一”。

④ “見”，底本原作何字已不可辨別，其上以黑字覆蓋批注“兒”字，清抄本作“見”，今據清抄本改回。

又云：

損失動爻隨件數，物色還將類上陳。

出現妻財多不失，鬼臨本象主家親。

鬼休財靜終須見，坤艮之宮莫去尋。

應動偷藏賊已去，六爻亂發不分明。

非鬼爲賊，獨發之爻亦可取。若以鬼爲賊，更以日干爲主，分辨老少。凡失六畜，只以子孫爲用。父母動便休也。

占逃亡

走閃先求得用神，福藏寺觀父投親。

兄弟動連必有伴，伏坐財鄉隱婦人。

動官官舍近軍伍，動水河邊近水亭。

木動上船金動瓦，火爲鬧市甚分明。

土城大路山崗嶺，用上親方自得真。

事爻出現人非遠，用墓刑空可速尋。

鬼爻發動人難捉，遊魂應變走他方。

歸魂不久還鄉井，世動興身在路傍。

若本宮化本宮，其人不遠。

又云：

走閃先觀世應神，應爻發動便難尋。

世臨四五無蹤跡，初二三爻在目今。

若占居止，以用爻墓處爲方。

定方：

八純身伏求方所，應現墓方尋的真。無墓取空。

獨發之爻亦可取,自知賊者屈和伸。<small>應動觀變。</small>

世與内動,在近;應與外動,在遠。用神出現,以旺爲方;用神伏藏,以生爲方。 丑<small>東北</small>,辰<small>東南</small>,未<small>西南</small>,戌<small>西北</small>。

八卦定方:

乾圓天父玉樓君,坤方地母釜臺臣。

震長雷霆園林木,巽直風高花草繩。

坎實雨露舟車獄,離虛日火竈牢禽。

艮重門山雲霧露,兑霞缺澤妓軍營。

六親定方：

父母橋園城野郭，池湖塚墓合軍營①。

子孫寺觀樓廚閣，酒肆閑觀閙市人。

財主庫倉茶妓妾，兄弟房廊瓦賭坊。

官鬼山林祠廟宇，廳場金鐵路棋房。

論賊爻：

官鬼當頭是賊爻，交動傷身禍必遭。

再得子孫來解救，不臨旺相也難逃②。

應與用同：

應是兄弟，本貫相識人家。應是官鬼，有勾引人出去，或官司去處。應是父母，投親戚家，或入手業人家。應是妻財，奴婢妓弟人家。應是子孫，在寺觀廟宇處。

占官訟

禁繫憂官兩未萌，應爲對主世爲身。

鬼旺墓鄉須下獄，官臨歲動達朝廷。

鬼爻出現催公判，卦若傷財理不明。

應爻坐鬼他遭責，身下藏官我不贏。

卦值兩官因舊事，兄爻發動起同人。

財多損子災難脫，輕者徒流重者刑。

---

① "合"，底本其上以黑字覆蓋批注"及"字。

② "再"，底本其上以黑字覆蓋批注"更"字。

脫事退官尋福德，父興財發事關身①。

動爻克世人來損，兄動虛憂假作真。

凡占官訟，以世爻爲主，不問旺相休囚，但以世爻持福德，更看克爻定之。凡下狀論官，要官爻旺相，可宜先舉，若休囚，不可用。卦中官鬼持世，去必遭虧，更有罪名②。父動克世，因勾惹之事。世空自散宜和解，應空詞者沒期程。

占事憂疑

世空世動其憂脫，子現官衰事不妨③。

鬼動八純持客世，官興旺相禍難當④。

占生産

生産未知臨幾許，月日長生子當乳。

兄爻旺動母難生，子孫受克兒災苦。

飛去克伏子不收，陽卦爲男陰是女。

兩爻旺相喜神扶，必是雙胎天賜與。

若子爻出現，不出月者，但看世爻何支，數至母長生之日，即爲乳也。假令秋占需卦，戊申持世，癸亥水爲母，長生在申，即言

---

① "退"，底本原作何字已不可辨別，其上以黑字覆蓋批注"散"字，清抄本作"退"，今據清抄本改回。

② "官"，底本及清抄本皆作"客"，蓋形近而訛，據己意改。

③ "妨"，底本及清抄本皆脫，秘訣本作"妨"字，合韻且義通，據改。

④ "客"，底本及清抄本皆同，疑當作"克"。

當日乳臥。未爻持世，來日生。亥子持世，經旬未免①。但憑卦世，不用卜日。世旺克子，落草便死。若在伏藏，可克飛上，下爻便見降生之月，不及月者，主墮胎也。取胎元法：假令乾宮，以子孫爲水，長生在申，至午爲胎。子孫出現，亦爲胎月。

占婚姻

娶妻先向財中覓，嫁夫可類鬼爻推②。

旺相得時成合順，休囚刑害不相宜。

兄旺克妻妻不就，子旺傷夫夫有疑。

八純動者主離別，五世遊魂損小兒③。

占妻，看財，宜静；占夫，看鬼，宜静。陽宮端正，陰宮醜陋。在飛上，應頭面四肢；在飛下，應拙不穩。卦無子，不喜歡。男占得震巽宮，主再婚；女占得坎宮，主再嫁④。妻在間爻，女有親爲主婚；夫在間爻，男有親爲主婚。但得時旺相，而皆有成。出現，忌日衝。世動，男未肯；應動，女生疑。用神如發動，成也見分離。父母爻遭傷，損長親。間動有隔，或是媒人作鬼。

占病患

問患先須得病因，安静先尋世下神。

---

① "未免"，秘訣本作"分娩"。
② "類"，余興國《斷易大全》引此句作"用"。
③ "五"，秘訣本作"立"，疑是。按遊魂爲四世卦，作"五世"恐誤。
④ "巽"，秘訣本無。

次看鬼爻藏伏處，更將爻動察其真。

用是病人宜有氣，福德醫師喜貼身。

子孫發動誤服藥，卦官旺相病逡巡。

六位無財食不納，兄弟交重氣積頻。

鬼多不一元曾病，用發休囚損病人。

看鬼伏何爻下，於金木水火土分下論之。

父母：憂心得，或動土得，或往修造處得。

兄弟：因失飢傷飽，或因口舌氣得。

子孫：牽惹得，或慾事太過得病。

妻財：飲食得，或買物得。

官鬼：出現驚恐怪異，或寺觀廟宇中去得。

土下伏土：瘡腫。火下火：手足。金見金：悶亂。木下木：寒熱。水下水：冷疾。金下火，喘滿。陽宮財動主吐，陰宮財動主瀉。鬼爻現，外表。鬼爻伏裏，裏心腹病。鬼在內，或動，下受病，用爻同。鬼在外動，上受病，用爻同。

又云：

問災先問卜何人，父母逢之父母陳。

官鬼臨身愁旺相，子孫克世藥無靈[①]。

財爲祿命忌飛克，印綬交重病困沉。

大忌世官乘月建，又嫌墓發克其身[②]。

鬼在內兮當夜重，官在外兮夜必輕。

內外有鬼人昏困，不然舊病再來侵[③]。

---

① "官"，底本及清抄本皆作"客"，蓋形近而訛，據余興國《斷易大全》所引改。

② "建"，秘訣本作"破"。

③ "不然"，秘訣本作"提妨"。

代占最怕應持鬼，官墓持身命亦傾①。

占病症

候證金同木四肢，感寒痰喘氣尫羸。

辰戌胃胸生嘔逆，丑連腹肚未傷脾。

火動熱極三焦渴，血心眼目及瘡痍②。

水主發寒因冷得，泄瀉虛勞耳腎衰。

土動生吐，水動生瀉，木動發寒，火動發熱，金動四肢或滿悶。木主足，金主頭，土主胸腹，火主手，水主耳腎。飛伏俱旺相，飛爲起因，以伏爲受病。又世爲動爻，在內，下受病。應爲動爻，在外，上受病。間爻動，主胸膈病。《易鏡》云："且如長男受病，宜純震之不搖。少女染疾，則兌卦之不動。"

占　祟

何以辨分神與祟，八純鬼旺可求神。

艮廟五郎離井竈，乾出天神坎水神。

震巽願牽東嶽下，坤出家神宅不寧。

兌有師巫神佛施，鬼爻動卦亦占親。

伏下交重主禍隨，遊魂絕命夢中知。

金木二爻爲橫惡，火勞帶血土瘟時。

---

① "持"，底本原作何字無法辨別，清抄本空格，余興國《斷易大全》引此作"持"，據補。

② "渴"，秘訣本作"竭"，疑是。

坎象臨官求落水，乾坎艮震是男兒。

要知內外何人作，廟動家親更莫疑。

旺相爲神，休囚爲鬼。動爻克世克日，亦可取祟。《易鏡》云："察禍推其鬼處，還將身配六親，相克相生，便見禍之端的①。"

又云：

父動克日求祖先，或因修造不安然。

財興克日陰私惱，或因買賣禍來纏。

子孫克日兒女作，或是妖邪畜類傳。

兄動克日衝無主，路死傷亡作禍先。

官來克日招邪祟，或是神明口願牽。

更將日干分老幼，仔細消詳莫亂言②。

六爻各有定體：

■上爻：祖先、公婆。

■五爻：口願、父母。

■四爻：土神、叔伯。

■三爻：門户、弟兄。

■二爻：土地、夫妻。

■初爻：司命、小口。

占還賽

還賽神祇求保護，大要生身旺子孫。

---

① "生"，底本及清抄本皆脱，清道光四年程氏刻《百二漢鏡齋秘書四種》本《火珠林·占鬼神》引此句作"生"，據補。

② "消"，秘訣本及余興國《斷易大全》引此句皆作"推"，原作"消詳"亦可通。

五世遊魂還未盡,傷身鬼旺禍難分。

福德動吉,只以親爻取。

占行人

久望行人欲候歸,爻神出現必歸期。

信來父母交重發,旺相生扶可待時。

鬼動克身凶信至,若不遺亡禍必隨[①]。

要知行者來何日,先問來人占是誰。

占家親在外,以墓爲歸。若爻神出現,無日辰刑克,行人可待。若在遠路,看用爻值何月建,以定行人。

又云:

動變行人應取之,日辰生旺定歸期。

出現有氣生克世,不落空亡亦主歸。

間動人來又阻期,月破親爻去不回。

伏藏扶世日辰出,消息遠來無改移[②]。

但以足爻、身爻動,行人皆至。世空來速,應空過一旬,歸魂卦、世動不來,或別處去。

---

① “遺亡”,余興國《斷易大全》引此句作“還之”,疑是,此蓋形近而訛。

② “消息遠來無改移”後,《斷易大全》所引尚有:“若占行人看應爻,應爻合處是歸期。外陰內陽人即到,外陽內陰人未歸。應爻旺相身安康,應若休囚事未諧。”錄之以備參考。

占出行

遠行世墓身難動，鬼發財興莫上舟。

絕命遊魂休舉步，扶身福德任前求①。

父母發兮風雨阻，動爻克世路艱難。

子孫出現官爻伏，旺相財爻千里安②。

世動，宜行；世應俱動，宜速行；傍爻動，利遲行；八純不宜遠出，世墓方大忌。

占謁人

謁人須問謁何人，世應坐鬼枉勞心。

用爻出現不乘吉，往之必不在家庭③。

占人口④

添人進口求財福，財爲奴婢要安然。

---

① “求”，底本及清抄本皆脫，余興國編輯《斷易大全》引此句作“求”，“求”與“舟”合韻，據補。

② “旺相財爻千里安”後，《斷易大全》所引尚有：“凡占遠行，財旺子孫持世大吉。財爲行李，子孫爲福神。”錄之以備參考。

③ “吉”，秘訣本及余興國《斷易大全》引此句皆作“旺”。“往之必不在家庭”後，《斷易大全》所引尚有：“凡欲謁人，以外卦取，外陽可見，外陰不見。化陽宜再見，陽化陰身已出，要外卦出現，在家。忌外卦獨發伏藏，應動皆不見，一見財爻旺相出現，忌動見官爻。謁人須問謁何人，忌世應坐鬼。”則此節似有脫文，錄之以備參考。

④ “占”後，底本原刻目錄有“添進”二字。

應爻變動人難托,財動休囚心必偏。

父母動兮居不久,鬼多交變禍連綿。

兄動家中生口舌,財陷空亡事不圓。

占家宅

遷動占家起蓋同,先尋父母在何宮。

最要財爻無損害,子孫出現得榮豐。

鬼旺交重災禍至,動爻克世主人凶[1]。

父動住家多惱括,絕命遊魂最不中[2]。

占墳葬

壘土立墳占向後,五事俱全不要傷。

父動必是還魂地,在艮亡人可葬山。

巳午離宮宜火化,葬之白蟻不能安。

兄動木爻風勢惡,財動家衰禍事幹[3]。

穴中有水泉渠破,穴上安金在石崗。

但得子孫無損害,枝枝葉葉永無妨。

未葬之時,擇地,以父母爲主。已葬了時,擇屍,以官鬼爲主。最凶者,鬼旺動克世也,官鬼要休囚安靜。世爲家長,應爲卑幼,六親財爲家業,子孫爲祭祀。並宜靜,不可動。

---

① "人",秘訣本及余興國《斷易大全》引此句皆作"大"。

② "中",余興國《斷易大全》引此句作"亨"。

③ "事幹",秘訣本作"自干"。

占陰晴

天象陰晴父母推，雨雲擊剥五行隨。

子孫霞氣並雲彩，冬水冰寒雪不移。

財動乍晴陰不定，弟兄風霧露霜持①。

鬼興霹靂神龍急，雷雹滂沱閃電飛。

水動雨兮土動陰，木動生風火動晴。

卦中無水必無雨，六爻無火不光明。

外卦有動，看變出者，是水爻出現有雨；一爻變出水爻，亦有雨。

又云：

坎兌滂沱坤艮陰，震巽風雷雨便晴。

但向外宮分緊慢，乾離二象主晴明②。

蓋取坎水兌澤爲雨之象，坤艮爲陰，必難晴霽。

■上爻　盈不久

■五爻　滿滂沱

■四爻　聚連日

■三爻　散不定

■二爻　主微細

■初爻　虧漸布

---

①　"兄"，余興國《斷易大全》引此作"動"，疑是。

②　"宮"，秘訣本作"卦"。

占覆射

覆射包含世應中，方圓表裏在何宮。

旺扶重大實沉厚，休囚輕小細微空。

父母持世爲殺物，光華藥石子孫同。

妻財受用或能食，兄弟爻持物不中。

官鬼爲正物，隨五行取之。應爲表，爲皮毛；世爲裏，爲形狀。陽爲天，主圓；陰爲地，主方。應在外主長，應在內主短。應旺相主新，應休囚主舊。子孫爲色，財旺能食。表受刑克則虛，落空亡無皮。裏受刑克則虛，落空亡無裏形。圓受刑克，月破日破，不圓。方受刑克，月破日破，不方。子動物有足，兄動物有皮，財動物可食，父動物生氣，官動物不中。五鄉一鄉不入，亦可取色。物合則圓，扶則長，生則方，克則損，刑則尖。

占征戰

出戰交鋒問敗贏，怕嫌鬼旺克持身。

世墓我軍不可動，應衰彼陣折人兵。

世坐陰宮宜後舉，身臨陽象利先征。

子孫得地將軍勝，妻財糧草要相應。

火鬼克身防劫寨，水發官鄉不可停。

土動八方兵不一，木官生世有生兵。

金火不宜持世應，兩家流血害交征。

兄弟奪糧嫌變發，父母旌旗忌動興。

土爲炮石金爲刃，木爲舟車火作營。

動爻克世防刺客，世應俱空報太平。

雜占門例

　　且如春卜需卦，上六爻之小畜，伏神坤家酉金，上有戊子變化入辛卯充刑，便是坤宮義財之子。斷云：女子之家，喪亂陰私，寡婦妓娼，常人損失憂官，女病一生九死。

　　假令萃之豫卦。動爻克世下伏神，斯乃橫禍臨門，最是妻財悲苦，愁生萬緒，總被賊之分財。縱使自有家財，當被女人用度，或若欠他人財物，速便還他，稍有遲疑，立見陳詞官府。緣世下伏神丁卯，乃兑宮本祖家財，今疏乙巳火爻，乃是其家官鬼[1]。丁酉遥克，遞互相欺，稍入陰私，即好通和而已。

五行定位加臨法[2]

　　水：北方之氣，道一。數爲五十中之一□，□□□子孫，在物爲輕細微小[3]。故水動能潤萬物，而爲子孫也。

　　木：東方之氣，是生兩儀。自立春之後，草木甲拆，萬物暢茂。在鄉爲妻財，類物爲厚實重大，天三地八之數。故木動能結

---

　　[1]　"乙"，底本原作何字已不可辨別，其上以黑字覆蓋批注"乙"字，清抄本作"丁"。按萃卦六二世爻爲乙巳火，今據墨批改。"官"，底本及清抄本皆作"客"，形近而訛，按乙巳火爲官鬼，據改。

　　[2]　"位"後，底本原刻目録有"動爻"二字。

　　[3]　"一子"之間，底本及清抄本皆空四字位置，今補四個缺字符，閔校本補作"六，在鄉爲"，是也，可從，依下文木火金土例即可看出。

物,而爲妻財也。

火:南方之氣,始生三才。離日當中,聖人南面而聽天下。在鄉爲父母,類物爲至重至大,天七地二之數。故火動能實物,而爲父母也。

金:西方之氣,始生四象。自立秋之後,草木凋衰,秋行殺令。在鄉爲官鬼,在物爲輕重不等,天九地四之數。故金動能殺物,而爲官鬼也。

土:辰戌丑未,中央之氣,始分八卦。八卦定吉凶,吉凶生大業,四時運用,濟物利人。在鄉爲不定之爻,類物爲虛實表裏,天五地十之數。故土動則生養萬物,而爲不定之爻也。

四德用神

春震巽寅卯木,夏離巳午火,秋乾兑申酉金,冬坎亥子水。

凡喜事得時生助爲吉,凶事得時刑克爲害。且□春占,丙申日卜得剥卦,求財①。蓋乾宮以寅卯木□妻財,乘旺地,雖日辰丙申金而不能□旺也②。故□云:"君子行此四德,故曰:元亨利貞。"③

---

① "□",底本及清抄本皆脱,閔校本補作"如",按《雜占門例》節有"且如春卜需卦",與此相似,補"如"可從。

② 前一"□",底本及清抄本皆脱,閔校本補作"爲"字,可從。後一"□",底本及清抄本殘泐,尚存上部"□"字,閔校本補作"克"字,按此謂金雖克木,然木乘旺地,金不能克旺也,故補"克"可從。

③ "□",底本及清抄本皆脱,閔校本補作"乾文言"三字,按引文雖係乾卦《文言》文,然此處底本僅空一格,作三字不合,疑當作"易"字。

四時空亡

春土，夏金，秋木，冬火。凡卦有旺氣，不可見此爻，故不能用也[1]。

六親用鈐

一看世爻旺相發動，忌應爻刑墓克世。不畏衝，春夏大壯卦是也。若月建持世，或日辰生扶世，日辰衝克應爻，卻喜之。

二看世下財有無。用官伏世下，忌伏財。用財伏世下，忌伏官。卻要日辰生扶用爻。如用官，要官爻直日，或透文書。用財，要妻財直日，或子孫直日生財。假令子爻爲財，申金旺相直日，爲子孫生財。假令亥爻爲官，木旺相直日爲文書，事可成。

三看財官出現。旺相有氣成，休囚無氣不成。若日辰旺相生用卻成。假令酉爻爲財出現，春夏占未日是也。子見子、亥見亥爲比，能生能克。子見亥、亥見子爲不比，不能生不能克。比者，乃一家之事也。

四看財官旺相，伏於何爻之下。用官喜伏官鬼父母之下，忌伏財於兄弟之下。用財喜伏子父之下，忌伏鬼兄之下。須是財官透出直日辰，或日辰旺相，克去鬼爻。

---

① 底本及清抄本皆止於此，下有缺頁。除本節《四時空亡》以下有闕文外，據原刻本目録，尚有《六親用鈐》一節。閔校本據余興國《斷易大全》所載（徐紹錦校正《新鍥纂集諸家全書大成斷易天機》卷二亦收録），補入《六親用鈐》，雖不知相關幾何，聊勝於無，今從其法，據以補入。

　　五看忌爻持世。用官忌子持世，用財忌兄持世，須是日辰旺相透出，用爻方不畏，亦費力中得。

　　六看一爻獨發。用官，官旺相，伏藏，動要生世。用父母，旺相，伏藏要生世。用財，財旺相，伏藏，動要生世。用子，旺相，伏藏，出現動亦有。若用爻出現，或休囚，皆忌動。

補　遺①

若占音書看應爻，應爻合處是佳人。

外陰内陽書即到，外陽内陰書未回。

父母生克應爻動，須臾路上信如飛。

出自余興國編輯《斷易大全・占音信第十八》。按《斷易大全》所引《海底眼》，多
與本書合。然唯此一節，《斷易大全》所引謂"《海底眼》云"云云，本書無《占音信》，補録
於後，以備參考。

---

① 此爲整理者所補。

附録一　卜易秘訣海底眼陸位序

　　上古伏羲出而王天下也，觀象於天，體法於地，遠取諸物，近取諸身，遂爲八卦之文，以通神明之德。及夫龍馬負圖出於河，神龜戴文出於洛，然八卦著於世，得龍天降此法，以曉悟世人。其法以二四爲肩，金木之始；六八爲足，水火之終；五行中宫，天地通理。夫五行者，在天爲五星，在地爲五方，在人爲五事，五性爲五常，在曆爲五紀，在德爲五運。孤陰不成，獨陽不生，交錯相配。天一生水，歷五數而成地六；地二生火，歷五數而成天七；天三生木，歷五數而生地八；地四生金，歷五數而成天九；天五生土，歷五數而成地十。其相生猶父子，其相合猶夫婦，其相配猶君臣，其相摩猶昆玉。成敗之形著矣，興衰之理判矣。化行鬼神，開物成務，如斯而已矣。今之卜者不一，皆泥於卦名之善惡，神煞之吉凶。殊不知卦例之出現，内外之飛伏，爻象之動靜，六親之逆順，五行之生克，有絶處而逢生者，有貪生而忘克者，有動興而泄氣者。若不推究其理，而概以卦例、爻象、神煞吉凶而斷之，則鑿矣。善卜者幸鑒焉。

　　逸客斗南陸位謹識。

附録二　清抄本周易神應六親百章海底眼・六親雜例①

日辰:休囚不可用,日辰旺相,能透出用爻,能克用爻。

爻神:旺相爻克得休囚爻,休囚爻克不得旺相爻。動爻克得安静爻,安静爻克不得動爻。

空爻:親爻伏藏不論空,傍爻忌空亡。出現休囚怕空,旺相不怕空。

用爻:大忌月破出現獨發。月破者,月建對衝是也。先看財官,次分亂動,可仔細消息。

六甲空:甲子旬,戌亥;甲戌旬,申酉;甲申旬,午未;甲午旬,辰巳;甲辰旬,寅卯;甲寅旬,子丑。

大凡求財,財旺便有。官用,官爻旺相。已上出現任亂動,終是吉也。

六親所用:官鬼,宜旺相,伏藏要生世,休囚不中。父母,宜旺相,伏藏生世,皆可用;忌休囚動發,不利。妻財,宜旺相出現,伏世下要生世,皆可用,動不中,只宜脱貨②。兄弟,此謂隔神,忌動。子孫,此謂散神,旺相貼世可求財,忌休囚動發,只宜散憂脱事。

用爻:宜出現旺相,忌休囚,忌動。按正經云:"動則凶,静則吉也。"

---

① 清抄本《海底眼》雖抄自元刻本,然此《六親雜例》節爲元刻本所無,兹依清抄本録文附後。

② "不",清抄本作"□",今據徐紹錦校正《斷易天機》卷二補。

圖書在版編目(CIP)數據

周易:外十二種 / 趙爲亮，關長龍點校. —杭州：
浙江大學出版社，2022.12(2024.8 重印)
ISBN 978-7-308-23410-8

Ⅰ．①周… Ⅱ．①趙… ②關… Ⅲ．①周易—研究
Ⅳ．①B221.5

中國版本圖書館 CIP 數據核字(2022)第 245737 號

周易(外十二種)

趙爲亮　關長龍　點校

出 品 人	褚超孚	
項目統籌	宋旭華	
責任編輯	周挺啓	
責任校對	吳　慶	
封面設計	周　靈	
出版發行	浙江大學出版社	
	(杭州市天目山路 148 號　郵政編碼 310007)	
	(網址:http://www.zjupress.com)	
排　　版	浙江時代出版服務有限公司	
印　　刷	杭州宏雅印刷有限公司	
開　　本	710mm×1000mm　1/16	
印　　張	52.25	
字　　數	584 千	
版 印 次	2022 年 12 月第 1 版　2024 年 8 月第 2 次印刷	
書　　號	ISBN 978-7-308-23410-8	
定　　價	348.00 圓	